Gemeinschaftsunternehmen unter europäischem und chinesischem Kartellrecht

Europäische Hochschulschriften Recht

European University Studies in Law

Publications Universitaires Européennes de Droit

Band/ Volume **6052**

Xiaojie Huang

Gemeinschaftsunternehmen unter europäischem und chinesischem Kartellrecht

PETER LANG

Bibliografische Information der Deutschen Nationalbibliothek
Die Deutsche Nationalbibliothek verzeichnet diese Publikation in der Deutschen Nationalbibliografie; detaillierte bibliografische Daten sind im Internet über http://dnb.d-nb.de abrufbar.

Zugl.: Erlangen-Nürnberg, Univ., Diss., 2018

D 29 (n 2)
ISSN 0531-7312
ISBN 978-3-631-77352-9 (Print)
E-ISBN 978-3-631-77372-7 (E-PDF)
E-ISBN 978-3-631-77373-4 (EPUB)
E-ISBN 978-3-631-77374-1 (MOBI)
DOI 10.3726/b14891

Diese Publikation wurde begutachtet.

www.peterlang.com

Meinen Eltern
黄炳森 陈一萍

Meinem Sohn
Constantin

求学异乡恰秋深，寒灯勤学静无声。
遥忆父母点滴恩，萦绕心田促发奋。
稚子牙牙初长成，却道故游似远征。
盼君常怀思乡梦，他朝重逢沐春风。

Vorwort

Die Arbeit wurde im Sommersemester 2018 vom Fachbereich Rechtswissenschaft an der Rechts- und Wirtschaftswissenschaftlichen Fakultät der Friedrich-Alexander-Universität Erlangen-Nürnberg als Dissertation angenommen. Literatur und Rechtsprechung wurden nach Möglichkeit bis April 2018 berücksichtigt.

Mein herzlicher Dank gilt zuallererst meinem Doktorvater, Herrn Prof. Dr. Jochen Hoffmann, der mir einen grundlegenden Einblick in die deutsche juristische Denkweise gegeben hat. Während der Promotion stand er mir jederzeit mit hilfreichen Ratschlägen und Anregungen zur Seite. Seine hervorragende Betreuung hat entscheidend zum Gelingen der Arbeit beigetragen. Herrn Prof. Dr. Robert Freitag, Maître en droit (Bordeaux), danke ich für die Erstellung des Zweitvotums. Bedanken möchte ich mich ebenfalls herzlich bei Herrn Prof. Dr. Franz Hofmann, LL.M. (Cambridge), für sein Mitwirken in der Prüfungskommission.

Ein besonderer Dank gebührt weiterhin Herrn Kai-Marian Büttner, der das sorgfältige Korrekturlesen übernahm. Frau Ling Shen und Frau Zhengqiu Hu schulde ich Dank für die Hilfe bei den kontinuierlichen Recherchen der chinesischen Literatur. Von ganzem Herzen danke ich meiner Freundin, Frau Weining Zhang, für ihre stete Hilfebereitschaft und konstruktive fachliche Diskussionen. In tiefer Dankbarkeit ist diese Arbeit meiner Familie gewidmet, die mir bei der Promotion in Deutschland und auf meinem bisherigen Werdegang die liebevolle und geduldige Unterstützung zukommen lassen hat.

Coburg, im Mai 2018 Xiaojie Huang

Inhaltsverzeichnis

Abkürzungsverzeichnis

ABl.	Amtsblatt
Abs.	Absatz
AEUV	Vertrag über die Arbeitsweise der Europäischen Union
AG	Aktiengesellschaft
a. F.	alte Fassung
AMG	Antimonopolgesetz der VR China
Art.	Artikel
AWG	Außenwirtschaftsgesetz
AWV	Außenwirtschaftsverordnung
BB	Betriebs-Berater (Zeitschrift)
BGBl.	Bundesgesetzblatt
BGH	Bundesgerichtshof
BKartA	Bundeskartellamt
BMWi	Bundesministerium für Wirtschaft und Energie
BOT	Build-Operate-Transfer
bzw.	beziehungsweise
CBRC	China Banking Regulatory Commission
CIRC	China Insurance Regulatory Commission
CJV	Contractual (Cooperative) Joint Venture
CO	Companies Ordinance
Co., Ltd.	Company, Limited
CSRC	China Securities Regulatory Commission
Div.	Division
DOJ	Department of Justice
E.C.L.R.	European Competition Law Review (Zeitschrift)
Einl.	Einleitung
EG	Europäische Gemeinschaft
EGV	Vertrag zur Gründung der Europäischen Gemeinschaft
EFTA	Europäische Freihandelsassoziation
EJV	Equity Joint Venture
etc.	et cetera
EU	Europäische Union
EuG	Gericht der Europäischen Union
EuGH	Europäischer Gerichtshof
EuZW	Europäische Zeitschrift für Wirtschaftsrecht (Zeitschrift)
EWG	Europäische Wirtschaftsgemeinschaft
EWS	Europäisches Wirtschafts- und Steuerrecht (Zeitschrift)

F&E-GVO	Verordnung (EU) Nr. 1217/2010 der Kommission vom 14. Dezember 2010 über die Anwendung von Artikel 101 Absatz 3 des Vertrags über die Arbeitsweise der Europäischen Union auf bestimmte Gruppen von Vereinbarungen über Forschung und Entwicklung
ff.	fortfolgende
FKVO	Verordnung (EG) Nr. 139/2004 des Rates vom 20. Januar 2004 über die Kontrolle von Unternehmenszusammenschlüssen („EG-Fusionskontrollverordnung")
FMC	Federal Maritime Commission
FRAND	Fair, Reasonable and Non-discriminatory
FTC	Federal Trade Commission
FTCA	Federal Trade Commission Act
GmbH	Gesellschaft mit beschränkter Haftung
GmbH & Co., KG	Gesellschaft mit beschränkter Haftung & Compagnie Kommanditgesellschaft
GRUR	Gewerblicher Rechtsschutz und Urheberrecht (Zeitschrift)
GRUR Int.	Gewerblicher Rechtsschutz und Urheberrecht Internationaler Teil (Zeitschrift)
GVO(en)	Gruppenfreistellungsverordnung(en)
GWB	Gesetz gegen Wettbewerbsbeschränkung
HHI	Herfindahl-Hirschman-Index
h.M.	herrschende Meinung
Hrsg.	Herausgeber
i. S. d.	im Sinne des/der
i. S. v.	im Sinne von
i. V. m.	in Verbindung mit
JV	Joint Venture(s)
KPCh	Kommunistische Partei Chinas
Kfz	Kraftfahrzeug
KG	Kommanditgesellschaft
KMU	kleine und mittlere Unternehmen
lit.	Litera
LLP	Limited Liability Partnership
Mio.	Million
MOFCOM	Ministry of Commerce of People's Republic of China (Das Handelsministerium)
MOFTEC	Ministry of Foreign Trade and Economic Cooperation of People's Republic of China (Ministerium für Außenhandel und internationale Zusammenarbeit)
Mrd.	Milliarden

NDRC	National Development and Reform Commission of People's Republic of China (Staatliche Kommission für Entwicklung und Reform)
NJW	Neue Juristische Wochenschrift (Zeitschrift)
Nr.	Nummer
NVK	Nationaler Volkskongress
OEM	Original Equipment Manufacturer
OHG	Offene Handelsgesellschaft
PBC	People's Bank of China
PRC	People's Republic of China
PreisG	Preisgesetz in der VR China
RIW	Recht der internationalen Wirtschaft (Zeitschrift)
RMB	Renminbi (chinesische Währung)
Rn.	Randnummer
S.	Seite(n)/Satz
SAIC	State Administration for Industry and Commerce of People's Republic of China (Staatliche Verwaltungskommission für Industrie und Handel)
SASAC	State-Owned Assets Supervision and Administration Commission (Staatliche Kommission für die Beaufsichtigung und Verwaltung der staatseigener Vermögenswerte)
Sec.	Section
SIC!	Zeitschrift für Immaterialgüter-, Informations- und Wettbewerbsrecht (Zeitschrift)
SIEC	Significant Impediment to Effective Competition
SLC	Substantial Lessening of Competition
SPEZ-GVO	Verordnung (EU) Nr. 1218/2010 der Kommission vom 14. Dezember 2010 über die Anwendung von Artikel 101 Absatz 3 des Vertrags über die Arbeitsweise der Europäischen Union auf bestimmte Gruppen von Spezialisierungsvereinbarungen
sog.	sogenannt(e)
Subdiv.	Subdivision
u. a.	unter anderem/unter anderen
Unterabs.	Unterabsatz
USA	United States of America (Vereinigte Staaten von Amerika)
UWG (China)	Gesetzes gegen unlauteren Wettbewerb der Volksrepublik China
Var.	Variante

Vertikal-GVO	Verordnung (EU) Nr. 330/2010 der Kommission vom 20. April 2010 über die Anwendung von Artikel 101 Absatz 3 des Vertrags über die Arbeitsweise der Europäischen Union auf Gruppen von vertikalen Vereinbarungen und abgestimmten Verhaltensweise
VO	Verordnung
VPG	Verwaltungsprozessgesetz
VR China	Volksrepublik China
VWG	Verwaltungswiderspruchsgesetz
WFOE	Wholly Foreign Owned Enterprise
WiRO	Wirtschaft und Recht in Osteuropa (Zeitschrift)
WRP	Wettbewerb in Recht und Praxis (Zeitschrift)
WTO	World Trade Organization (Welthandelsorganisation)
WuW	Wirtschaft und Wettbewerb (Zeitschrift)
z. B.	zum Beispiel
ZChinR	Zeitschrift für Chinesisches Recht (Zeitschrift)
ZHR	Zeitschrift für das gesamte Handelsrecht und Wirtschaftsrecht (Zeitschrift)
Ziff.	Ziffer
ZWeR	Zeitschrift für Wettbewerbsrecht (Zeitschrift)

1. Kapitel: Einleitung

1.1 Ausgangspunkt

Seit dem Beitritt zur WTO hat sich China weitaus dynamischer entwickelt, da Investitionsbeschränkungen angesichts der Versprechungen Chinas Schritt für Schritt gesenkt worden sind. Zahlreiche Möglichkeiten bieten sich durch die ökonomische Reformpolitik. Für global agierende Unternehmen gehört China zu einem der interessantesten Wirtschaftsumfelder und einem der Schlüsselmärkte des 21. Jahrhunderts.

Deutsche Unternehmen sind inzwischen aktiv auf dem chinesischen Markt präsent. Beispielsweise haben die Branchenführer in der Automobilindustrie, VW und BMW, bereits eine neue „Familie“ in China gegründet, um ihre wirtschaftliche Weltmacht zu festigen. Im Chemiesektor zählen prominente deutsche Konzerne wie BASF, Henkel und Bayer zu wichtigen „Market Playern“.[1] Mittelständische Unternehmen, die mit der Globalisierung Schritt halten wollen, haben sich ebenso an kleinen oder mittleren Investitionsprojekten beteiligt. Als Beispiel ist zu nennen: Zahlreiche deutsche Zulieferer sind nun in der Automobilbranche tätig.

Eine ausländische Direktinvestition wird vor allem durch die gemeinsame Arbeit mit lokalen Partnern ermöglicht. In dieser Hinsicht gewinnt die Gründung eines sog. Joint-Venture (deutsch Gemeinschaftsunternehmen) zunehmend an Bedeutung. Unter Gemeinschaftsunternehmen versteht man eine Zusammenarbeit zwischen zwei oder mehr Partnerunternehmen,[2] die rechtlich und wirtschaftlich voneinander getrennt sind. Solch eine Korporation ist in China eine beliebte Form der grenzüberschreitend unternehmerischen Verbindung. Ein Hauptgrund dafür ist, dass sie ausländischen Investoren den Einsatz in Kerngeschäftsfeldern ermöglicht. Es besteht zugleich aber auch das Risiko, da bei der Bildung oder während des Betriebs des Gemeinschaftsunternehmens gegen Gesetze verstoßen werden könnte. Diesbezüglich fehlt es ausländischen Partnern an wesentlichen Erfahrungen insbesondere auf dem Gebiet des Wirtschaftsrechts, in dem das Kartellrecht als wichtige Rahmenbedingung dient.

Weltweit stellt sich die Gewährleistung eines funktionierenden Marktes als Herausforderung dar. Es ist nach Erfahrungen der Industrieländer notwendig, den wirksamen Wettbewerb zu bewahren bzw. eine angemessene Anzahl der Marktakteure zu erhalten. Eine übermäßige Zahl von Zusammenschlüssen kann sich nachteilig auf die Wirtschaftsstruktur auswirken, da der Wettbewerb durch die

---

1 Nippa/Werner, Markterfolg in China, S. 19–21.

2 Mestmäcker/Schweitzer, Europäisches Wettbewerbsrecht, § 27 Rn. 2; Emmerich, Kartellrecht, § 17 Rn. 1; Picot/Hahn, Unternehmenskauf und Restrukturierung, § 11 Rn. 52; Zündorf, Quotenkonsolidierung versus Equity-Methode, S. 6 ff.

Reduzierung der Marktteilnehmer beschränkt werden kann. Stimmen die voneinander unabhängigen Unternehmen ihr Verhalten durch die Vereinbarungen oder andere Verhaltensweisen ab, kann der Wettbewerbsdruck ebenfalls geschwächt werden. Diese zwei Hauptprobleme werden durch die Bildung eines Gemeinschaftsunternehmens verkompliziert, da sie in einigen Fällen sowohl Fusionskontrolle als auch Kartellverbot tangieren kann. Aus diesem Grund wird das Gemeinschaftsunternehmen als Organisation zwischen Fusionskontrolle und Kartellverbot behandelt. Die Erforschung darüber besitzt einen eigenen Stellenwert im Rahmen des Kartellrechts.

1.2 Problemstellung und Zielsetzung

International haben Industrieländer die Regelungen über die besondere Behandlung der Gemeinschaftsunternehmen in ihrem Kartellrecht vorgeschrieben, die sich im Hinblick auf den Forschungsstand weiter entwickeln. Im Vergleich zu der Entwicklung der EU ist das chinesische Anti-Monopolgesetz (kurz: AMG) verhältnismäßig jung. Das AMG trat nach langen Vorbereitungen und intensiven Beratungen erst am 1. August 2008 in Kraft. Zuvor waren wettbewerbsrechtliche Fragen nur fragmentiert reguliert worden. Erst nach dem Beitritt zur WTO spielt ein kartellrechtliches Regime in China, das sich klar von anderen Gesetzen abgrenzt, zur Aufrechterhaltung des ökonomischen Schwungs eine ausschlaggebende Rolle.

International stößt die Veröffentlichung des chinesischen Kartellgesetzes auf große Aufmerksamkeit. Es gilt einerseits zu überzeugen, dass sich das Land schrittweise in eine regelorientierte Richtung entwickelt. Internationale Experten waren als Berater am Gesetzgebungsprozess beteiligt, weswegen sich das chinesische Kartellgesetz grundsätzlich den internationalen Rechtsverordnungen angenähert hat.[3] Andererseits melden ausländische Juristen ihre Bedenken an, die sich auf zwei Aspekte beziehen: Zuerst ist noch nicht geklärt, ob das AMG nach gebräuchlicher Auslegung die gleichen Schutzeffekte erzielen kann wie die europäischen Normen. Neben der Suche nach Spuren der internationalen Kernbereiche sorgen überdies andere Bestimmungen, die speziell mit der sozialistischen Marktwirtschaft Chinas verbunden sind, für Diskussionen. Als Beispiel wird angeführt, dass eine zusätzliche Staatssicherheitsprüfung für Unternehmen mit ausländischer Beteiligung die Aufmerksamkeit nicht nur von Investoren, sondern auch von Kartellrechtswissenschaftlern auf sich zieht.

Es fehlt zurzeit bezogen auf die Eigenschaften des Gemeinschaftsunternehmens noch an theoretischen Erörterungen und deren Praxisanwendung in China. Vor diesem Hintergrund widmet sich diese Arbeit der Auslegung des AMG im

3 Zhang, Gesamtkonzeption und Entwicklung der Gesetzgebung des Antimonopolrechts in China; Podszun, GRUR Int. 2008, S. 880; Seitz/Kock, GRUR Int. 2012, S. 719; Mao/Glass, GRUR Int. 2008, S. 105; Mao/Glass, WiRO 2008, S. 31; Lorenz, WuW 2008, S. 814; Ritzenhoff, GRUR 2014, S. 37; Mao/Glass, ZWeR 2008, S. 89.

Hinblick auf die Behandlung des Gemeinschaftsunternehmens und den Vergleich zu kartellrechtlichen Ansätzen auf europäischer Ebene. Hierbei wird in erster Linie erklärt, wie die Prüfung des Gemeinschaftsunternehmens im Rahmen des jeweiligen Kartellrechts erfolgt. Dazu werden chinesische Rechtsbesonderheiten nach Aufgreif- und Eingreifkriterien im Einzelnen dargestellt. Es wird weiterhin versucht, gesetzliche Defizite (z. B. Regelungen für Nebenabreden, Behandlungsmethode für kooperative Gemeinschaftsunternehmen sowie das Verhältnis zwischen Fusionskontrolle und Kartellverbot) unter Rückgriff auf das europäische Recht aufzudecken. Die Arbeit zielt ebenso darauf ab, behördliche Entscheidungen problemorientiert zu analysieren und bessere Anwendungsmethoden nach europäischem Vorbild zu finden.

1.3 Methodik der Untersuchung

Wichtige Regelungen im AMG werden untersucht, um herauszufinden, inwiefern Ähnlichkeiten und Unterschiede zu europäischem Gesetz sowie seinen Verordnungen wahrzunehmen sind. Relevante Artikel werden miteinander verglichen, welche den eigenen Wettbewerbsgedanken des jeweiligen Gesetzgebers widerspiegeln. Die im Vergleich zum europäischen System noch offenen Punkte oder die darüber hinausgehenden Regelungen werden einer näheren Betrachtung unterzogen. In diesem Sinne stellt die Untersuchung der staatlichen Einflussmöglichkeiten einen wichtigen Ansatzpunkt dar. Dies betrifft insbesondere die Besonderheiten des chinesischen Rechtssystems und die damit verbundene politische Richtschnur. Einige Regelungen, die in verschiedenen Entwürfen des AMGs heftig diskutiert und im Laufe der Entwicklung mehrfach modifiziert worden sind, werden auch erfasst, um das chinesische Kartellrechtssystem zu skizzieren.

Auf dieser Basis werden jüngste Entscheidungen zum Thema „die Bildung des Gemeinschaftsunternehmens nach fusionskontrollrechtlicher Prüfung" gewürdigt, um einen besseren Überblick über die chinesische Systematik zu erlangen und unterschiedliche Vorgehensweisen der Kartellbehörde darzustellen. Insbesondere wird hier den Kernproblemen, den Behandlungsmethoden der Gemeinschaftsunternehmen, nachgegangen. Eigene Forschungsergebnisse werden anhand der Auslegung der gesetzlichen Vorschriften zum Schluss rückgekoppelt.

1.4 Gang der Darstellung

Im 2. Teil der Arbeit wird die Rechtsstellung der Gemeinschaftsunternehmen in China dargestellt. Die Hintergründe für die Auswahl der Zusammenarbeit mit inländischen Unternehmen werden aus verschiedenen Aspekten (z. B. ökonomischer und politischer Natur) näher erörtert, um ein besseres Verständnis über Gemeinschaftsunternehmen zu erlangen. Anschließend werden potenzielle Risiken für die Bildung bzw. den Betrieb eines Gemeinschaftsunternehmens erläutert, die besonders im Bereich des Kartellrechts bestehen.

Im 3. Teil werden zunächst die Grundprinzipien in einem Wettbewerbssystem dargelegt. Danach wird die Entwicklung des chinesischen Kartellrechts geschildert, um die Grundkenntnisse über das AMG sowie die Kartellbehörden zu gewinnen. Mithilfe der Darstellung der Gemeinsamkeiten und Differenzen mit dem europäischen Kartellrecht wird ein Einblick in die Grundgedanken des AMG verschafft.

Im 4. Kapitel werden wichtige Ansatzpunkte im Bereich der Fusionskontrolle aufgezeigt. Einzugehen ist insbesondere auf die Aufgreif- sowie Eingreifkriterien. Im Mittelpunkt stehen die Identifikation und die Behandlung der verschiedenen Typen von Gemeinschaftsunternehmen. Es wird in diesem Kapitel weiterhin versucht, das Verhältnis zwischen Fusionskontrolle und Kartellverbot zu klären. Hierbei wird ein geeignetes Modell zur Behandlung der Gemeinschaftsunternehmen im Rahmen des AMG dargestellt. Schließlich wird näher untersucht, welche Absprachen als Nebenabreden einzustufen sind, die automatisch mit der Freistellung des Zusammenschlusses abgedeckt werden können. Selektive Aspekte (z. B. Wettbewerbsverbot, Lizenzierungen oder Liefer- und Bezugspflichten) werden am Ende des Kapitels dargestellt.

Die Untersuchung erfolgt unter Berücksichtigung des aktuellen Geschehens in der Judikatur. Die Arbeit im Kapitel 5 richtet einen Fokus auf die Analyse der bisher veröffentlichten Fallbeispiele im Bereich der Zusammenschlusskontrolle. Ausgewählte Entscheidungen dienen einerseits der Herstellung eines Konnexes zwischen Theorie und Praxis und bilden andererseits die Basis zur Darstellung der Unterscheide zwischen chinesischem und europäischem Kartellrecht. Es wird dadurch aufgezeigt, inwieweit sich das AMG nachvollziehen und durchsetzen lässt und ob die Entscheidungen stichhaltig zu begründen sind. Nach der Fallstudie wird versucht, eine eigene Interpretation auszuführen.

Ein weiteres Thema über die Kooperationsmöglichkeit der Mutterunternehmen, die durch die Bildung eines Gemeinschaftsunternehmens eröffnet oder erhöht werden kann, wird im Teil 6 erläutert. Es wird näher geprüft, in welchen Konstellationen die Bildung eines Gemeinschaftsunternehmens als Ersatz der Vereinbarung zwischen den voneinander unabhängigen Marktakteuren anzusehen ist und sodann in den Anwendungsbereich des Kartellverbots fällt.

Abschließend werden die Ergebnisse der Auseinandersetzungen über Gemeinschaftsunternehmen im Kapitel 7 zusammengefasst. Danach werden plausible Vorschläge für die Problemlösungen unterbreitet, die diese Arbeit abrunden.

2. Kapitel: Grundlagen der Gemeinschaftsunternehmen in China

2.1 Wirtschaftssystem in China

Um ein besseres Verständnis über Gemeinschaftsunternehmen zu erlangen, bietet sich zuerst ein kurzer Blick auf die Wirtschaftsentwicklung Chinas an. China ist ein Schwellenland und sein Markt befindet sich seit Langem im Prozess der Liberalisierung. Die Wirtschaftsstruktur war ursprünglich keine sozialistische Marktwirtschaft, sondern wurde als Planwirtschaft bezeichnet. Unter der Führung des Parteichefs Mao Zedong war die Wirtschaftsentwicklung seit 1949 völlig von Ausländern isoliert.[4] Erst Ende der 1970er-Jahre wurde eine wirtschaftliche Reform durch den ehemaligen Staatspräsidenten Deng Xiaoping eingeführt.[5] Die Wirtschaftspolitik hat sich während der langen Übergangsperiode (von der administrativen Planwirtschaft zur sozialistischen Marktwirtschaft) in eine flexiblere und adaptivere Richtung entfaltet. Gesetzlich ist der Begriff der „sozialistischen Marktwirtschaft" in der Präambel sowie in den Art. 11 und 15 des Verfassungsrechts verankert.[6] Es ist aber auch zu beachten, dass ein solches Modell den eigenen Charakter der chinesischen Wirtschaftsordnung reflektiert. Folgend werden die Wirtschaftsentwicklung sowie die Besonderheiten der sozialistischen Marktwirtschaft dargestellt.

2.1.1 Entwicklung der „Sozialistischen Marktwirtschaft"

2.1.1.1 Zentrale Staatswirtschaft zwischen 1949 und 1978

Seit der Gründung im Jahr 1949 schlug China einen zentralverwaltungswirtschaftlichen Weg ein. Der Wiederaufbau des jungen Staates wurde nach dem Bürgerkrieg (1945–1949) zum Ziel gesetzt. Bezüglich der Wirtschaftspolitik richtete die politische Führung ihre Aufmerksamkeit auf die Verstaatlichung der Unternehmen und die Kollektivierung der Landwirtschaft, denn China war nach dem Krieg ein vorindustrieller Agrarstaat.[7] Es wurde darüber hinaus in den Fünfjahresplänen festgelegt, dass Investitionen in die Entwicklung der Schwerindustrie stark gefördert

---

4 Fischer/Mülller-Hofstede/Stahl, Länderbericht China, S. 184 ff., S. 210.

5 Yang, Control Mechanisms in Sino-German Joint Ventures, S. 14.

6 Fischer/Mülller-Hofstede/Ahl, Länderbericht China, S. 289.

7 Owen/Sun/Zheng, Antitrust in China: The Problem of Incentive Compatibility; Guo, Rechtsfragen der Gründung und des Betriebs von Joint Ventures in der Volksrepublik China, S. 12 ff.

werden sollten, um das Defizit auszugleichen.[8] Die Wirtschaftsentwicklung in diesem Zeitraum zeigte einen ganz komplizierten Prozess auf: Die Ökonomie wurde völlig mit administrativen Mitteln gesteuert, wobei politische Strategien oft rasant gewechselt wurden.

2.1.1.2 Transformation zur sozialistischen Marktwirtschaft von 1978 bis 2001

1978 ist als Wendepunkt in der chinesischen Wirtschaftsgeschichte zu bezeichnen.[9] Ein Richtungswechsel wurde zuerst durch den Staatspräsidenten Deng Xiaoping initiiert, damit die Wirtschaftsleistung gesteigert werden konnte.[10] Die Umgestaltung des ökonomischen Ordnungsrahmens wurde auf dem XIV. Parteitag der kommunistischen Partei Chinas im Jahr 1992 bestätigt und nochmals fundiert ausgeweitet.[11] Die Zielsetzung lag darin, das Modell der sozialistischen Marktwirtschaft in China zu errichten. Es wurde 1997 auf dem XV. Parteikongress wieder betont, dass die Politik der sozialistischen Marktwirtschaft im Zuge der Wirtschaftsreform stetig fortgeführt werden sollte.[12] Laut der Beschlüsse der II. Versammlung des IX. Volkskongresses im Jahr 2000 seien grundlegende Ziele der Wirtschaftsreform kontinuierlich einzuhalten.[13] Das frühere Planwirtschaftssystem hingegen, in welchem die Zentralverwaltung herrschte, wurde schrittweise abgelöst.[14]

Besonders in den 1990er-Jahren wurde das wirtschaftliche Umfeld dramatisch verändert. Unternehmen, die die wichtigsten Beteiligten an der Wirtschaft sind, haben von der Wirtschaftsöffnung erheblich profitiert. Private Unternehmen orientieren sich immer mehr am Angebot-Nachfrage-Mechanismus, wobei die Organisationsstruktur der Staatsunternehmen auch fundamental geändert wurde. Diese wurden durch den Erlass der „Regeln zur Umwandlung der Betriebsmechanismen der volkseigenen Industrieunternehmen“ von 1992 dazu veranlasst, sich an

---

8 Holtbrügge/Puck, Geschäftserfolg in China, S. 20–21; Fischer/Müller-Hofstede/Stahl, Länderbericht China, S. 194 ff.

9 Pearson, Joint Ventures in the People's Republic of China, S. 51 ff.

10 Xinhuanet, Die 3. Plenartagung des 11. Zentralkomitees der Kommunistischen Partei Chinas (1978); Wu, Jiangxi Social Sciences 2008 Heft 7, S. 7–8; Qin, Neue Theorien über Sozialismus mit chinesischer Prägung, S. 71, S. 75–78; Wang, WTO fördert Gesetzgebung des Anti-Monopolgesetzes; Wang, GRUR Int. 1992, S. 489.

11 PCCPL/Huang/Huang, Report on Competition Law and Policy of China 2010, S. 55 ff.; Hippe, ZChinR 2006, S. 354.

12 Qin, Neue Theorien über Sozialismus mit chinesischer Prägung, S. 71–72.

13 NPC, Beschluss des Arbeitsberichts des Ständigen Ausschusses des Nationalen Volkskongresses in der II. Versammlung des IX. Volkskongresses.

14 Berger/Borges/Herrmann/Schlüter/Wackerbarth/Shen, Zivil- und Wirtschaftsrecht im europäischen und globalen Kontext, S. 126 ff.; Koslowski/Chen/Wang, Sozialistische Marktwirtschaft – Soziale Marktwirtschaft, S. 109.

die Bedürfnisse des Marktes anzupassen und unternehmerische Risiken selbst zu übernehmen.[15]

Die vollzogene Reformierung hat nicht nur innerstaatlichen Unternehmen Freiräume eröffnet, sondern die Förderung des internationalen Handels ist seit der Gründung Chinas erstmals geschaffen worden.[16] Dies stellte einen Meilenstein im Wirtschaftswandel dar.[17] Besonders wurde die Zusammenarbeit der internationalen Unternehmen mit lokalen Partnern in Form des Gemeinschaftsunternehmens gefördert.[18] Durch eine solche Kooperationsform können auf einer Seite ausländische Investoren an Lebenskraft auf dem inländischen Markt gewinnen; auf der anderen Seite kann die Regierung mittels der Gemeinschaftsunternehmen ausländische Direktinvestitionen besser steuern. Vor diesem Hintergrund spielen Gemeinschaftsunternehmen eine ausschlaggebende Rolle in der Wirtschaftsentwicklung.

Hierbei bleibt zu beachten, dass neben der Marktstrukturierung zugleich die Neuausrichtung der Rechtsentwicklung herbeigeführt worden ist.[19] Der Ausbau des Rechtssystems sowie der Rechtsinstitutionen bildete sich allmählich heraus, worin wesentliche Elemente der sozialistischen Marktwirtschaft inkorporiert wurden. Dies äußert sich insbesondere darin, dass der Begriff „sozialistischer Rechtsstaat" seinen Niederschlag im Verfassungsrecht findet.[20]

In einer Gesamtschau ist festzuhalten, dass die Wirtschaft in dieser Reformära ein hohes Wachstum erlebt hat, das weit über das Vorbild der Sowjetunion hinausgeht.[21] Die staatliche Verwaltung wandelt sich allmählich in eine am Markt und am Recht orientierte Organisation.[22] Aber es bleibt auch zu bemerken, dass konservative Kräfte aus Sorgen vor Schwächung der Führungskraft der

---

15 Koslowski/Chen/Wang, Sozialistische Marktwirtschaft – Soziale Marktwirtschaft, S. 109–110; Fikentscher, GRUR Int. 1993, S. 905.

16 Dies wurde zuerst durch die Kooperationsform, das sog. Gemeinschaftsunternehmen, in den Sonderwirtschaftszonen ermöglicht.

17 Siehe auch in Nippa/Taube, Markterfolg in China, S. 30 ff.; Jiang, Bericht im XIV. Parteitag der KPCh 1992; People Com, Historischer Punkt: Aufbau der sozialistischen Marktwirtschaft in China.

18 Guo, Rechtsfragen der Gründung und des Betriebs von Joint Ventures in der Volksrepublik China, S. 15 ff.

19 Heuser, Einführung in die chinesische Rechtskultur, S. 159 ff.; Levy, Der Deutsch-Chinesische Rechtsstaatsdialog, S. 229 ff.

20 Ruppel, Deutsche Unternehmen in China, S. 38–39.

21 Qin, Neue Theorien über Sozialismus mit chinesischer Prägung, S. 74–75; Heilmann/Heilmann, Das politische System der Volksrepublik China, S. 192; Berger/Borges/Herrmann/Schlüter/Wackerbarth/Shen, Zivil- und Wirtschaftsrecht im europäischen und globalen Kontext, S. 126; Mesenbrink, Das Antimonopolgesetz der VR China im Spannungsfeld zwischen Politik und Wettbewerbsrecht, S. 11.

22 Heilmann/Heilmann/Shih/Rudolf, Das politische System der Volksrepublik China, S. 124 ff.

Modernisierungspolitik widersprachen, was dazu beitrug, dass einzelne Reformmaßnahmen mit Grundwerten der sozialistischen Bewegung nur schwer kompatibel waren.[23] Vor diesem Hintergrund hat sich die Integration der ausländischen Investitionen in die inländische Ökonomie langsamer vollzogen. Der Weg zur Erschließung eines Ordnungssystems beruhte in diesem Zeitraum eher auf einer Reihe von Experimenten, wobei ein umfassendes Rechtsregime nicht vollständig aufgebaut wurde.[24]

2.1.1.3 Vertiefung der sozialistischen Marktwirtschaftsreform nach dem WTO-Beitritt 2001

Der Höhepunkt des Aufbaus der Marktwirtschaft wurde mit dem Eintritt in die Welthandelsorganisation (WTO) erreicht, die die Existenz einer marktwirtschaftlichen Struktur fordert.[25] Während dieser Periode hat die Volkswirtschaft mithilfe von ausländischem Kapital einen weiteren Wachstums- und Entwicklungsprozess durchlaufen, was eng mit den zunehmend marktwirtschaftlichen Ordnungselementen zusammenhängt.

Unternehmerische Richtlinien haben sich kontinuierlich verbessert, um einen stabilen Zufluss von ausländischen Investitionen zu fördern.[26] Als Beispiel wird angeführt, dass Investoren neben der ursprünglichen Investitionsform (Gemeinschaftsunternehmen) 100%ige Tochterunternehmen in den meisten Industriezweigen gründen dürfen, die sich vollständig im ausländischen Besitz befinden. Dies steht in Übereinstimmung mit den Rahmenbedingungen der WTO, die sich auf den Abbau tarifärer und nicht tarifärer Handelshemmnisse beziehen.

Zur vollständigen Erfüllung der Beitrittsbedingungen hat die chinesische Führungsseite zudem die Rechts- und Wirtschaftsordnung in Anlehnung an internationale Standards eingeführt.[27] Eine Reihe von Gesetzen, die unabdingbar für die Erfüllung der Verpflichtung der WTO sind, wurden in den letzten Jahren erlassen. Ein repräsentatives Beispiel dafür ist die Lockerung der Investitionsbestimmungen

---

23 Ein Beispiel dafür ist die Umstrukturierung der Staatsunternehmen, die der Konkurrenz im Laufe der Reform ausgesetzt worden sind. Siehe auch in Wang, GRUR Int. 1992, S. 490 ff.; Liu, Controlling in deutsch-chinesischen Gemeinschaftsunternehmen, S. 10–11.

24 Fischer/Mülller-Hofstede/Taube, Länderbericht China, S. 645; Meyer, Nach dem Sturm erhebt sich der gebeugte Bambus, S. 64; Sieren, Der China-Code, S. 48–50.

25 Fischer/Mülller-Hofstede/Taube, Länderbericht China, S. 660; PCCPL/Huang/Huang, Report on Competition Law and Policy of China 2010, S. 61; Zinzius, China-Handbuch für Manager, S. 7 ff.

26 Fischer/Mülller-Hofstede/Schüller, Länderbericht China, S. 739 ff.

27 Heilmann/Heilmann/Stepan, Das politische System der Volksrepublik China, S. 111 ff.; Levy, Der Deutsch-Chinesische Rechtsstaatsdialog, S. 231–234.

nach dem Leitprinzip der nationalen Behandlung, wodurch die Eigentumsbeschränkungen maßgeblich aufgehoben wurden.[28]

2.1.1.4 *Soziale Marktwirtschaft versus sozialistische Marktwirtschaft*

In einer sozialen Marktwirtschaft sorgt das Wirtschaftssystem u. a. für den Marktaufbau nach dem Angebot-Nachfrage-Prinzip, den Schutz des Marktes gegen Verfälschungen des Wettbewerbs sowie die Verhinderung und Bekämpfung der Fehlentwicklung des Marktes.[29] Die deutsche soziale Marktwirtschaft hat sich die Gewährleistung der Wirtschaftsfreiheit zum Ziel gesetzt.[30] Das bedeutet, der Wettbewerb ist als zentraler Parameter in der sozialen Marktwirtschaft einzustufen. Unter einer solchen Ordnung gehen Unternehmen in Konkurrenz, solange sich die Marktwirtschaft der „unsichtbaren Hand" (Angebot-Nachfrage-Mechanismus) zunutze macht.[31] Marktbeteiligte müssen selbstständig im Markt tätig sein, um die Verantwortung für Gewinn und Verlust zu tragen.[32]

Man versteht unter dem Begriff der „sozialistischen Marktwirtschaft" Chinas eine Umsetzung der marktwirtschaftlichen Elemente in die sozialistische Gesellschaftsordnung. Sie hat neben dem Grundkonzept im Westen noch ihre eigene Bedeutung, die auf den Beschluss des XIV. Nationalkongresses zurückzuführen ist. Das Protokoll über die Beschlussfassung zeigt zwar deutlich, dass die Regierung versucht, in Richtung Marktwirtschaft zu gehen und sich grundsätzlich von der zentralen Verwaltungswirtschaft abzuwenden. Es wird aber zugleich auf negative Auswirkungen auf die Wirtschaftsordnung und die Gesellschaftsstruktur verwiesen, die eine soziale Marktwirtschaft haben kann. Dagegen könne die staatliche Steuerung als ergänzendes Mittel zur Verstärkung und zur Verbesserung des Wirtschaftssystems dienen, da marktwirtschaftliche Aufgaben im Notfall durch einen vernünftigen Befehlsplan besser zu erfüllen seien.[33] Es ist hierbei zu beachten, dass

---

28 Art. 13 des Verfassungsrechts.

29 Koslowski/Chen/Koslowski, Sozialistische Marktwirtschaft – Soziale Marktwirtschaft, S. 1 ff.; Duden Wirtschaft, Soziale Marktwirtschaft; Fikentscher, GRUR Int. 1993, S. 904–905; Neumann, Wettbewerbspolitik, S. 5; Hoppmann, Wirtschaftsordnung und Wettbewerb, S. 356 ff.

30 Koslowski/Chen/Koslowski, Sozialistische Marktwirtschaft – Soziale Marktwirtschaft, S. 1; Fikentscher, GRUR Int. 1993, S. 905.

31 Koslowski/Chen/Koslowski, Sozialistische Marktwirtschaft – Soziale Marktwirtschaft, S. 1; Neumann, Wettbewerbspolitik, S. 5

32 Koslowski/Chen/Wang, Sozialistische Marktwirtschaft – Soziale Marktwirtschaft, S. 108; Fikentscher, GRUR Int. 1993, S. 902 ff.; Wang, GRUR Int. 1992, S. 489; Goll, GRUR 1976, S. 486.

33 Koslowski/Chen/Wang, Sozialistische Marktwirtschaft – Soziale Marktwirtschaft, S. 110–111.

China sich nicht vom Sozialismus lösen will, weshalb essenzielle Faktoren nach wie vor auf der volkseigenen Wirtschaft beruhen.[34]

Die sozialistische Marktwirtschaft in China darf nicht mit der deutschen sozialen Marktwirtschaft verwechselt werden. Grundsätzlich unterscheiden sie sich durch das Verhältnis zwischen marktwirtschaftlicher Freiheit und administrativ geplanter Anweisung.[35] Von der sozialen Marktwirtschaft wird gesprochen, wenn sich selbst durchgängige wirtschaftliche Regeln im Markt bilden können. Nur in extremen Fällen geschieht eine staatliche Lenkung. Es besteht im Modell der sozialistischen Marktwirtschaft ein anderes Verhältnis. Nach dem Beschluss 1984 wurde zwar anerkannt, dass die nationale Wirtschaft auf der sozialistischen Marktwirtschaft beruht.[36] Es wurde auch im Protokoll betont, dass sich die Planung nunmehr auf entwicklungspolitische Strategien bezieht.[37] Aber es gibt keine hinreichenden Nachweise dafür, inwiefern staatliche Überwachungsmittel in Betracht kommen sollen und in welchem Ausmaß die Wirtschaftsordnung marktorientiert werden soll. Es werden immer Ausnahmefälle zugelassen, in denen eine wirtschaftliche Planung durch die Regierung vorgenommen werden kann, solange dies für die Gesamtwirtschaft und das Wohl des Volkes von Belang ist.[38] Anzumerken bleibt außerdem, dass das staats- oder volkseigene Eigentum nach wie vor den Hauptpfeiler im Wirtschaftsleben Chinas darstellt, wobei Privateigentum und ausländisches Kapital nur wichtige und ergänzende Bestandteile bilden.[39]

2.1.1.5 Ergebnis

Seit über 30 Jahren versucht China, sein Wirtschaftssystem von der Planwirtschaft in eine sozialistische Marktwirtschaft umzuwandeln.[40] Nach der Rückschau der Entwicklung ist die Reform seit 1978 für den Wirtschaftserfolg äußerst bedeutsam. Sie hat einen vitalen Mechanismus in Gang gesetzt. Dies äußert sich darin, dass sich die Kapazität der Produktion durch die Befreiung der Privatwirtschaft erhöht und somit eine rationale Verteilung der Produktionsmittel ermöglicht wird.

Bei dieser Wirtschaftsreform sind zwei Merkmale beachtenswert. Zunächst ist der chinesische Wirtschaftsmarkt hauptsächlich unter dem Konzept „Marktmechanismus“ bekannt. Dies äußert sich darin, dass sich das Verhältnis zwischen Staat und Unternehmen mehrfach tiefgehend verändert hat. Es ist nunmehr China

---

34 Koslowski/Chen/Koslowski, Sozialistische Marktwirtschaft – Soziale Marktwirtschaft, S. 1, S. 5 ff.

35 Fikentscher, GRUR Int. 1993, S. 905 ff.

36 Jiang, Bericht im XIV. Parteitag der KPCh 1992; People Com, Historischer Punkt: Aufbau der sozialistischen Marktwirtschaft in China.

37 Jiang, Bericht im XIV. Parteitag der KPCh 1992.

38 People Com, Beschluss der Reformation der Wirtschaftsstruktur.

39 Jiang, Behandlung der wichtigen Verhältnisse im Zuge der Modernisierung der sozialistischen Wirtschaft.

40 Kuhn/Ning/Shi/Ning, Markt China, S. 57.

gelungen, eine funktionsfähige Wirtschaftsordnung grundsätzlich aufzubauen.[41] Die Wirtschaftsstruktur muss in Zukunft so weitreichend umstrukturiert werden, dass sich die Volkswirtschaft immer stärker an marktwirtschaftlichen Prinzipien orientiert.[42]

Zweitens bleibt aber zu bemerken, dass die staatliche Einflussmöglichkeit in bestimmten Fällen eingeräumt wird. Als Beispiel wird angeführt, dass sich die Preisbildung gem. Art. 3 des Preisgesetzes (kurz: PreisG) zwar hauptsächlich durch marktwirtschaftliche Prinzipien bestimmt, aber staatlich kontrollierte Preise in Ausnahmefällen erlaubt sind. Dies zeigt, dass bisher keine entwickelten Systeme in allen Wirtschaftsbereichen etabliert wurden.[43] Chinesische Märkte in Kernbereichen (z. B. Preise, Zinsen, Steuern) werden noch administrativ gelenkt oder reguliert.[44] Es ist zusammenfassend festzuhalten, dass unter der sozialistischen Marktwirtschaft Chinas ein Versuch der Integration von Grundelementen der Marktwirtschaft in das sozialistische System zu verstehen ist.[45]

2.1.2 Aktuelle Marktstrukturen in China

Wie bereits erläutert, wird der chinesische Binnenmarkt staatlich überwacht. Dabei spielt der Investitionslenkungskatalog (Englisch: Catalogue of Industries for Guiding Foreign Investment), in dem die je nach Industriezweig variierenden Voraussetzungen des Marktzugangs aufgelistet sind, eine bedeutende Rolle für Ausländer, die zur unmittelbaren Leitung bzw. Kontrolle der einheimischen Unternehmen tendieren.[46] Der Lenkungskatalog stuft die Industriesektoren in vier Kategorien ein, und zwar den verbotenen (prohibited), eingeschränkten (restricted),

41 Wang, Journal of Graduate School of Chinese Academy of Social Sciences 2009 Heft 4, S. 58; Cao, Social Sciences Review 2016 Heft 2, S. 110; Huang, Antitrust Law Journal 2008, S. 118 ff.

42 Aufbau einer sozialistischen Marktwirtschaft aus dem XIV. Parteitag der KPCh 1992, siehe auch People Com, Historischer Punkt: Aufbau der sozialistischen Marktwirtschaft in China; Jiang, Bericht im XIV. Parteitag der KPCh 1992.

43 Siehe auch in Ni, Exploration and Free Views 2009 Heft 7, S. 111; Geinitz, China ist erst zu einem Fünftel eine Marktwirtschaft.

44 Nippa/Taube, Markterfolg in China, S. 31.

45 Heilmann/Heilmann, Das politische System der Volksrepublik China, S. 190 ff.; Yu, Fragen und Antworten zum Anti-Monopolgesetz, S. 82–83.

46 Ausländische Portfolio-Investitionen werden hingegen auf eine kurz- oder langfristige Beteiligung der Geldanlage in der Form von z. B. Aktien oder Anleihen an anderen Unternehmen ausgerichtet. Siehe in Gao, Rechtsprobleme des Investitionsschutzes im deutsch-chinesischen Rechtsverkehr, S. 10 ff.; Guo, Rechtsfragen der Gründung und des Betriebs von Joint Ventures in der Volksrepublik China, S. 6; Tietje/Reinisch, Internationales Wirtschaftsrecht, § 8 Rn. 30; Herrmann/Weiß/Ohler/Weiß, Welthandelsrecht, § 17 Rn. 785 ff.

geförderten (encouraged) und erlaubten (permitted) Bereich. Die jüngste Neufassung trat am 10. April 2015 in Kraft, die die Version 2011 ablöst.[47]

In dieser Version werden Beschränkungen in vielen Wirtschaftszweigen aufgehoben. Als Beispiel ist zu nennen, dass das Verbot des Markteintritts in einige Dienstleistungsbereiche (einschließlich der Unternehmensberatungs-, Telekommunikations- oder Finanzdienstleistungen) gelockert ist. Der Lenkungskatalog bietet noch eine Möglichkeit der steuerlichen Begünstigung, wenn die Investitionsvorhaben besonders im Bereich der High-Technologie stattfinden. Einige Industriezweige, die eng mit dem Gesamtinteresse des Volks zusammenhängen, bleiben aber immer noch unzugänglich für ausländische Investoren.

2.1.2.1 Verbotene Bereiche

Wird ein Investitionsvorhaben in die Kategorie „verboten" eingeteilt, ist der Markt für ausländische Investitionen geschlossen. Dies trifft meist für geschützte Marktsegmente zu, die der volkswirtschaftlichen Sicherung, dem Schutz des nationalen Kulturerbes sowie der Vorbeugung von Umweltschädigungen dienen.[48] Den ausländischen Unternehmen wird z. B. eine Erschließung der sich nicht regenerierenden Bodenschätze in China verboten. Darüber hinaus wird ein Marktzugang in lebenswichtigen Bereichen wie dem Betrieb der schulpflichtigen Bildungsorganisation, der Herausgabe von Büchern oder Zeitungen, den Leistungen der Rechtsberatung oder der Veranstaltung von Glücksspielen sehr streng vom Staat reglementiert, weswegen dies den Ausländern unzugänglich ist.[49]

2.1.2.2 Begrenzt geöffnete Märkte

In einem beschränkten Wirtschaftsbereich kann eine ausländische Investition mit verschiedenen Auflagen verbunden sein. Das bedeutet, ein Markteintritt für internationale Investoren ist zwar nicht ausgeschlossen, aber sie müssen sich in den meisten Fällen an einem Gemeinschaftsunternehmen beteiligen.[50] Es bestehen noch weitere Beteiligungsgrenzen, die je nach dem Wirtschaftszweig variieren können. Häufig wird vorausgesetzt, dass ein chinesisches Mutterunternehmen die Anteilsmehrheit behält, um den bestimmenden Einfluss auf das Gemeinschaftsunternehmen auszuüben. Es ist z. B. im Automobilsektor vorgesehen, dass (die) chinesische Partei(en) über 50 % der Anteile des Gemeinschaftsunternehmens

---

47 Siehe in Ren, Vergleich des Investitionskatalogs zwischen V.2011 und V.2015.

48 Lucks/Beyer von Morgenstern/Albrecht, M&A in China, S. 80.

49 Ren, Vergleich des Investitionskatalogs zwischen V.2011 und V.2015.

50 Holtbrügge/Puck, Geschäftserfolg in China, S. 93; Lucks/Beyer von Morgenstern/Albrecht, M&A in China, S. 80.

halten muss bzw. müssen.[51] Ähnliche Restriktionen finden sich auch in der Telekommunikationsbranche.

2.1.2.3 Geförderte Wirtschaftsbereiche

Gefördert werden solche Investitionen, die als Anreize für die Wirtschaftsentwicklung bezeichnet werden. Eine ausländische Beteiligung (z. B. an der technischen Forschung zur Energie- und Materialeinsparung) kann ein gigantisches Potenzial für die Innovation bringen, worin chinesische Unternehmen noch einen Nachholbedarf haben. Vor diesem Hintergrund werden solche Investitionen dadurch begünstigt, dass die Steuern deutlich herabzusetzen sind.[52]

2.1.2.4 Freie Marktzugänge

Ein Vorhaben, das nicht ausdrücklich anderweitig im Lenkungskatalog erwähnt wird, ist als „erlaubt" einzustufen. Investitionsprojekte in diesen Sektoren werden grundsätzlich genehmigt, aber sie werden nicht von Steuern entlastet.

2.2 Formen der ausländischen Investitionen

Ausländischen Gesellschaftern, die in China investieren wollen, stehen verschiedene Unternehmensformen zur Verfügung. Als Probeschritt kann man zunächst eine Repräsentanz (Representative Offices) einrichten. Nach ausführlicher Marktforschung entscheidet sich dann, ob die Gründung einer Niederlassung in Erwägung gezogen wird. Dabei unterscheidet man zwischen Gemeinschaftsunternehmen und 100%igen ausländischen Tochterunternehmen (Wholly Foreign Owned Enterprise, kurz: WFOE), die zu den wichtigsten Investitionsformen in China zählen.

Auf gesetzlicher Ebene ist das erste Gesetz über Gemeinschaftsunternehmen auf die im Jahr 1979 beschlossenen Regelungen über Equity Joint Venture (kurz: EJV) zurückzuführen, die zuletzt im Jahr 2016 geändert wurden.[53] Neben dem Gesetz wurde noch eine Durchführungsverordnung zum Equity Joint Venture-Gesetz, die 1983 vom Staatsrat herausgegeben wurde, im Jahr 2014 neu überarbeitet. Im Jahr 1986 wurde erstmals gesetzlich eingeräumt, dass sich Ausländer durch die Gründung 100%iger Tochterunternehmen wirtschaftlich in China betätigen dürfen.[54] Die detaillierte Durchführungsverordnung zum Wholly Foreign Owned Enterprise-Gesetz folgte erst im Jahr 1990[55] und wurde 2014 erneuert. Das bei Contractual

51 Hanschen, Weiterentwicklung internationaler Joint Ventures als Gestaltungsobjekt des strategischen Managements, S. 10.
52 Bu, Einführung in das Recht Chinas, § 19 Rn. 2.
53 Equity Joint Venture-Gesetz.
54 Wholly Foreign Owned Enterprise-Gesetz.
55 Hanschen, Weiterentwicklung internationaler Joint Ventures als Gestaltungsobjekt des strategischen Managements, S. 10; Zinzius, China Business, S. 87.

(oder Cooperative) Joint Venture (kurz: CJV) anzuwendende Gesetz, das 1988 in Kraft getreten ist, wurde im Jahr 2016 durch den Ständigen Ausschuss des nationalen Volkskongresses (kurz: NVK) revidiert.[56] 2014 wurde noch eine neue Version der Durchführungsverordnung zum Contractual Joint Venture-Gesetz verabschiedet. Im Hinblick auf die möglich widersprüchlichen Klauseln in oben erwähnten Gesetzen versucht der Gesetzgeber nunmehr, ein einheitliches ausländisches Investitionsrecht (Foreign Investment Law) zu veröffentlichen, das sich noch in der Entwurfs- und Anhörungsphase befindet.[57]

2.2.1 100%ige ausländische Tochterunternehmen (WFOE)

Das WFOE wird als vollständig mit ausländischem Kapital gebildetes Unternehmen bezeichnet, das oft in der Rechtsform von juristischer Person mit beschränkter Haftung, also GmbH, auftritt. In diesem Fall richtet sich die Haftungsbeschränkung auf das registrierte Kapital. Es wird aber auch eine solche Möglichkeit, das WFOE als Partnergesellschaft zu gründen, nicht ausgeschlossen, soweit die zuständige Behörde diese Rechtsform im Einzelfall genehmigt.[58] In der Praxis kommt ein WFOE in Form der Partnergesellschaft aber ganz selten vor, da der ausländische Investor persönlich haften muss, was zu unvorhersehbaren Risiken führen kann. Weitere Voraussetzungen für die Bildung eines WFOE ergeben sich aus dem Gesetz über WFOE in Verbindung mit seinen Durchführungsbestimmungen. Ergänzend findet z. B. das Gesellschaftsgesetz Anwendung, wenn es sich um eine Mindestforderung über das Investitionskapital handelt.

Es ist gegenwärtig ausländischen Investoren in den meisten Branchen gestattet, ein Unternehmen mit 100 % eigenem Kapital aufzubauen oder ein bereits bestehendes Unternehmen völlig zu übernehmen.[59] Es zeigt sich auch tendenziell, dass mehr ausländische Investoren ihre Beteiligungsanteile an Gemeinschaftsunternehmen erhöht bzw. neue WFOE aufgebaut haben, um die Mehrheit oder 100 % der Stimmrechte zu erzielen.[60] Dies ist darauf zurückzuführen, dass in der Regel die Gründung eines WFOE ohne lokale Partizipation schneller geht als die Gründung eines Gemeinschaftsunternehmens. Zudem fällt die Managementkontrolle ausschließlich den ausländischen Investoren zu, wodurch sie eine flexible Unternehmensführung genießen können.[61] Bezüglich des technischen Aspekts dient ein WFOE dem Schutz des Know-hows und des geistigen Eigentums, während beim

56 Contractual Joint Venture-Gesetz.

57 Ausländisches Investitionsrecht (Meinungseinholungsentwurf), siehe in Sun, Untersuchung nach unternehmerischen Problemen im Zuge der ausländischen Akquisitionen, S. 249–253; Schmitz-Bauerdick, VR China präsentiert neues Investitionsgesetz.

58 Art. 18 der Durchführungsverordnung zum Wholly Foreign Owned Enterprise-Gesetz.

59 Bu, Einführung in das Recht Chinas, § 19 Rn. 1; Liu, Chinese Business, S. 114.

60 Bu, Einführung in das Recht Chinas, § 19 Rn. 1.

61 Ranft/Schewe/Koch/Fromm, Chinesisches Wirtschaftsrecht, S. 101.

Gemeinschaftsunternehmen der Technologietransfer oder -austausch Gefahren bergen kann.[62]

Nichtsdestotrotz ist zu bemerken, dass eine Investitionsform wie WFOE in meisten beschränkten Geschäftsfeldern unzugänglich ist. Ohne lokale Unterstützung wird eine ausländische Beschäftigung in wirtschaftlich sensiblen Bereichen vom chinesischen Gesetzgeber nicht gestattet.

2.2.2 Rechtsform der Gemeinschaftsunternehmen

Das Gemeinschaftsunternehmen wird als wirtschaftliche Zusammenarbeit in einem gemeinsamen Tochterunternehmen zwischen zwei oder mehreren Unternehmen definiert. Das Gemeinschaftsunternehmen ist kein 100%iges Tochterunternehmen eines Unternehmens, sondern wird von mindestens zwei Mutterunternehmen gemeinsam geführt, die wirtschaftlich und rechtlich nicht voneinander abhängen, aber durch gemeinsame Interessen miteinander verbunden sind.

2.2.2.1 Internationale Klassifizierung der Gemeinschaftsunternehmen

International lassen sich Gemeinschaftsunternehmen nach unterschiedlichen Kriterien einteilen. Nach der Organisationsstruktur wird zwischen dem CJV und EJV differenziert.[63] Die zwei Arten der Gemeinschaftsunternehmen sind angesichts ihrer Gesellschaftsstrukturen und -funktionen zu unterscheiden, was letztendlich die Interessen der Investoren reflektiert.

Unter dem EJV versteht man eine selbstständige Einheit, die durch mindestens zwei rechtlich und wirtschaftlich unabhängige Partner gebildet wird.[64] Die JV-Partner müssen zunächst ihre gemeinschaftlichen Aktivitäten in diesem neuen Unternehmen zusammenführen. Davon spricht man, wenn die Partnerunternehmen einheitliche Unternehmensziele verfolgen und somit die Führungsverantwortung gemeinsam tragen. Zweitens ist entscheidend, dass sich die Partner finanziell an dem EJV beteiligen müssen.[65] Man gelangt zu dem Schluss, dass es beim EJV zu einer organisatorischen Verselbstständigung der gemeinsamen Betätigung kommt. Diese Kooperationsform wird oft für eine langfristige Zusammenarbeit konzipiert.

Die Rechtsform des CJV ist grundsätzlich flexibler als die des EJV. Eine solche Zusammenarbeit beruht vor allem auf einem Kooperationsvertrag, der sich auf Kosten, Risiken und Gewinne zwischen den Partnern bezieht. Dies erfordert aber nicht unbedingt eine rechtliche Selbstständigkeit des Gemeinschaftsunternehmens,[66]

62 Lucks/Friedrich/Tse, M&A in China, S. 133

63 Mellewigt, Management von Strategischen Kooperationen, S. 15 ff.

64 Schulte/Schwindt/Kuhn, Joint Ventures, § 3 Rn. 4.

65 Göthel, Joint Ventures im internationalen Privatrecht, S. 44.

66 Göthel, Joint Ventures im internationalen Privatrecht, S. 125; Schulte/Schwindt/Kuhn, Joint Ventures, § 1 Rn. 4.

denn ein CJV erfüllt oft einzelne oder zeitlich begrenzte Aufgaben für die Mutterunternehmen.

Die oben benannten Unterschiede werden größtenteils in China anerkannt. Dennoch bezieht sich ein Gemeinschaftsunternehmen in China vor allem auf eine Zusammenarbeit zwischen chinesischem und ausländischem Partner (sog. „ausländische Beteiligung").[67] Das Gesetz verlangt zudem von den JV-Partnern (einschließlich der Gründungsunternehmen eines CJV) noch, ein Unternehmen zu gründen, an dem sie sich mit dem Kapital beteiligen, was nach internationaler Praxis oft beim CJV nicht zwingend erfordert wird.[68] Vielmehr reicht bei dessen Gründung eine rein vertragliche Bindung aus,[69] die auf einer schuldrechtlichen Absprache basiert.[70] Eine solche Form ist aber nach chinesischen Gesetzen nicht vorgesehen.[71] Das heißt, dass es sich in China sowohl beim EJV als auch beim CJV um ein eigenes Unternehmen handelt, welches die geschäftlichen bzw. gewerblichen Tätigkeiten ausüben kann und durch die eigene Organisation nach außen auftritt.[72] Die folgende Arbeit richtet sich nach chinesischen Rechtsbegriffen.

2.2.2.2 Equity Joint Venture

Das EJV ist gem. Art. 4 Abs. 1 des EJV-Gesetzes eine juristische Person in Form der Gesellschaft mit beschränkter Haftung. Strukturell ähnelt es der deutschen GmbH. Andere Rechtsformen von Kapitalgesellschaften wie AG oder von Personengesellschaften in ihren unterschiedlichen Ausprägungen (z. B. OHG, KG oder GmbH & Co. KG) stehen für die Gründung eines chinesischen Gemeinschaftsunternehmens nicht zur Verfügung.[73]

Im Verhältnis zur Gesamtinvestition muss die ausländische Beteiligung mindestens 25 % des Stammkapitals (Mindesteinlage) betragen.[74] In Schlüsselmärkten

---

67 Siehe auch Jiang/Huang, Law Science Magazine 2012 Heft 10, S. 144 ff. Dies wird in 4.1.3.2.1 näher erläutert.

68 Art. 9 des CJV-Gesetz i. V. m. Art. 52 und 53 der Durchführungsverordnung zum Contractual Joint Venture-Gesetz; Fett/Spiering/Billing, Handbuch Joint Venture, § 8 Rn. 9.

69 Göthel, Joint Ventures im internationalen Privatrecht, S. 45–46; Wienke, Die Besteuerung von Joint Ventures, S. 5; Göthel/Göthel, Grenzüberschreitende M&A-Transaktionen, § 39 Rn. 25.

70 Schulte/Schwindt/Kuhn, Joint Ventures, § 1 Rn. 1.

71 Gem. Art. 8 und 9 des CJV-Gesetzes müssen alle Beteiligten Kapital oder vergleichbares Vermögen in ein CJV einbringen.

72 Auf internationaler Ebene fehlt es häufig beim CJV an einer separaten Organisation. Siehe auch in Fett/Spiering/Billing, Handbuch Joint Venture, § 8 Rn. 15.

73 Wienke, Die Besteuerung von Joint Ventures, S. 5.

74 Kasperk/Woywode/Kalmbach, Erfolgreich in China, S. 103; Ye/Bao, Rechtliche Analyse der ausländischen Fusion und Übernahme der chinesischen Unternehmen, S. 255–256.

unterliegt sie noch einer Obergrenze: Ihre Anteile dürfen z. B. in der Kfz-Industrie die Schwelle, 50 % nicht überschreiten. Aber in einigen staatlich geförderten Bereichen kann sie hingegen überwiegende Anteile am Gemeinschaftsunternehmen halten, was sich nach dem Investitionslenkungskatalog richtet. Neben der neuen Errichtung eines EJV, was auch einen Großteil der Unternehmensgestaltung ausmacht, kann die ausländische Seite überdies ein bereits existierendes chinesisches Unternehmen anteilig übernehmen. Ein solcher Anteilserwerb hat die gleiche Rechtsstellung wie die Neugründung.

Die Existenz eines EJV beruht auf einem gemeinsamen Zweck der Stammunternehmen. Ein EJV kann zur Realisierung der Erweiterungsziele der Mutterunternehmen in einem neuen Industriebereich tätig sein. Es kann aber auch einige Funktionen von den Mutterunternehmen übernehmen, um bestimmte Aufgaben effizienter zu erledigen. Mit rechtlicher Selbstständigkeit kann das EJV Vermögen besitzen, Rechte erwerben und Verbindlichkeiten eingehen. Es kann klagen oder verklagt werden, wobei sich die Haftung ausschließlich auf die von Investoren eingebrachten Einlagen (z. B. Kapital, Sacheinlagen oder immateriellem Vermögen) beschränkt. Im Innengeschäftsverhältnis sind Gewinne, Risiken und Verluste nach der Investitionsquote zu verteilen. Zusammenfassend wird das EJV als Unternehmensform mit begrenzter Haftung und anteiliger Gewinnverteilung bezeichnet, während sich beim CJV unterschiedliche Wesensmerkmale ergeben.

2.2.2.3 Contractual Joint Venture

In erster Linie wird ein EJV für die Investoren, die sich mit langfristigen Engagements beschäftigen wollen, als populäre Investitionsform angesehen, während ein CJV sich für diejenigen eignet, die eine Kooperation mit kurzer Laufzeit planen. Das CJV wird insbesondere für die einmalige Durchführung eines gemeinsamen Investitionsvorhabens konzipiert. Ein klassisches Beispiel dafür ist ein Projekt wie Build-Operate-Transfer (kurz: BOT), bei dem sich ein ausländischer Investor in einem gewissen Zeitraum zur Errichtung der vertraglich vorgeschriebenen Infrastrukturen verpflichtet und im Gegenzug eine Erstattung der Gebühren verlangen kann.[75] Nach der Laufzeit des Projekts wird dem chinesischen Partner die Nutzungsbefugnis vollständig übertragen. Das CJV wird daraufhin aufgelöst, wenn alle ausländischen Beteiligten ausscheiden.

Wie bei der Gründung eines EJV wird eine vertragliche Vereinbarung (JV Contract), die als „Drehbuch" der Leitung des Tagesgeschäfts bezeichnet wird,[76] zwischen den Kooperationspartnern unterzeichnet. Es ist besonders zu beachten, dass hier der Gründungsvertrag im Vergleich zu demjenigen des EJV eine wichtigere Rolle beim Geschäftsbetrieb spielt. Beispielsweise können die Vertragsparteien selbst die Entscheidung über die Gewinnverteilung treffen, wohingegen

75 Kasperk/Woywode/Kalmbach, Erfolgreich in China, S. 106.
76 Fett/Spiering/Fett/Spiering, Handbuch Joint Venture, § 7 Rn. 111.

die Gewinnanteile beim EJV nach dem Beteiligungsverhältnis bestimmt werden müssen.[77] Es wird möglicherweise vor der Gründung eines CJV eine Verständigung zwischen den Vertragsparteien darüber erzielt, inwieweit die Erträge reinvestiert oder abgeschöpft werden. Sie können auch miteinander vereinbaren, ob der ausländische Investor ab einem gewissen Zeitpunkt bis zur Rückführung seiner Investition einen erhöhten Gewinnanteil als Vorzug genießen darf. Als Gegenleistung muss er gewähren, dass das Eigentum der von ihm eingebrachten Sacheinlagen bis zur Beendigung des CJV auf das lokale Mutterunternehmen übergehen wird. Dies ermöglicht dem ausländischen Investor, nach dem Technologietransfer sein Kapital aus dem Gemeinschaftsunternehmen in einem kürzeren Investitionsablauf zurückzuziehen. Gesetzlich wird hingegen beim EJV keine Rückerstattung ausländischen Anlagekapitals während des Betriebsvorgangs erlaubt.

Auffällig ist ebenfalls, dass das CJV gesetzlich nicht zwingend als GmbH vorgesehen ist.[78] Vielmehr bietet das Gesetz den Investoren mehr Freiraum, ihr Wahlrecht auszuüben. Ein CJV kann zunächst als Personengesellschaft (im Sinne einer deutschen OHG) funktionieren,[79] in der alle Partner für die Gesamtschuld mit ihrem ganzen Vermögen haften. Im Innenverhältnis kann die Aufteilung der Haftung zwischen den Partnern nach ihrem eingebrachten Kapitalbeitrag erfolgen. Ein CJV kann auch in Form einer juristischen Person auftreten. Darauf sind die Einzelheiten eines EJV weitgehend übertragbar.

Ein weiterer Unterschied zum EJV liegt darin, dass sich das CJV ohne Rechtspersönlichkeit nicht an eine Untergrenze der Kapitaleinlage halten muss.[80] Beim ihm wird die genaue Höhe der Einlagen auch nicht so streng überprüft, was mit der unbegrenzten Haftung jedes Beteiligten zusammenhängt. Bei der Gründung einer GmbH werden hingegen materielle sowie immaterielle Vermögenswerte durch die Gutachter bewertet, da die beschränkte Haftung jedes Partners auf seiner jeweiligen Einlageleistung beruht.

Nicht zuletzt ist beim CJV durchaus möglich, dass der ausländische Anleger trotz der kleineren Anteile am Kapital zur Geschäftsführung zugelassen wird. Besonders in einigen Branchen, in denen die Beteiligungsbeschränkungen vorgeschrieben sind, bietet das CJV ausländischen Gesellschaftern aufgrund der engeren Bindungen und der flexibleren Strukturierung die Möglichkeit der tatsächlichen Kontrolle über ein Gemeinschaftsunternehmen.

---

77 Art. 8 des EJV-Gesetzes i. V. m. Art. 43 der Durchführungsverordnung zum Contractual Joint Venture-Gesetz.

78 Kuhn/Ning/Shi/Ning, Markt China, S. 168.

79 Art. 2 Abs. 3 des Gesetzes über Partnerschaftsunternehmen, siehe auch in Liu/Deng, Internationales Wirtschaftsrecht, S. 389.

80 Art. 4 des EJV-Gesetzes i. V. m. Art. 18 Abs. 3 der Durchführungsverordnung zum Contractual Joint Venture-Gesetz.

2.2.2.4 Ergebnis

Zusammenfassend lässt sich folgendes behaupten: Das CJV stellt sich als flexible Organisationsform dar, da bei ihm rechtlich keine starre Struktur festgelegt wird und die Verhandlungsfreiheit der Parteien auch großzügiger gewährt wird. Unter dieser Voraussetzung können die Mutterunternehmen die Rahmenbedingungen eines CJV individuell abstimmen. Es ist aber darauf hinzuweisen, dass beim CJV ohne Rechtspersönlichkeit eine größere Rechtsunsicherheit besteht. Aus dieser Rechtsform entsteht eine unbeschränkte Haftung, wobei die Investoren in der Regel weniger Interesse daran haben, mit ihrem Privatvermögen zu haften. Im Gegensatz dazu wird beim EJV fast jeder Aspekt, von der Gründung bis hin zur Liquidation, vom Gesetz über EJV und dessen Ausführungsregeln erfasst. Infolgedessen werden die Investitionen umfangreich abgesichert. Vor diesem Hintergrund werden die Durchführungsbestimmungen der CJV tendenziell an die der EJV angeglichen, wobei wesentliche Merkmale des CJV eingebüßt werden. Die CJV machen momentan nur einen geringen Bruchteil an ausländischen Direktinvestitionen aus, da sich ihre Entwicklung in einer Stagnation befindet. Bezüglich der Stabilität und der Rechtssicherheit ziehen ausländische Investoren, die auf mittel- oder langfristigen Erfolg zielen, die Form des EJV vor.[81]

2.3 Vorteile der Gemeinschaftsunternehmen

Obwohl einige Unternehmen ihre Gemeinschaftsunternehmen in die WFOE transformiert haben, bleibt die strategische Bedeutung der Gemeinschaftsunternehmen aber nach wie vor erhalten. Ein Hauptgrund dafür ist, dass das Gemeinschaftsunternehmen als einzige Investitionsmethode in bestimmten Sektoren dient. Weitere wirtschaftliche und wettbewerbliche Vorteile machen die Gemeinschaftsunternehmen ebenso unersetzbar.

2.3.1 Schneller Eintritt in den ausländischen Markt

Aufgrund der länderspezifischen Besonderheiten könnte der Geschäftserfolg bei Investitionen rein ausländischer Herkunft länger dauern. Ein Kernhindernis liegt darin, dass sich ausländische Investoren mit wirtschaftlicher sowie rechtlicher Lage in einem anderen Land nicht gut auskennen. Das Rechtssystem im Zielland könnte sich völlig von dem des Heimatlandes unterscheiden. Bereits beim Antrag auf die Unternehmensgründung steht ausländischen Investoren oft ihre Unerfahrenheit im Weg. Dahingegen verfügen einheimische Partner über mehr Marktkenntnisse,

81 Hanschen, Weiterentwicklung internationaler Joint Ventures als Gestaltungsobjekt des strategischen Managements, S. 63.

was die erste Marktstudie in einem Fremdmarkt erleichtert.[82] Dies trägt weiterhin dazu bei, dass internationale Investoren schnellstmöglich Fuß im Zielmarkt fassen. Hinzu kommt, dass eine bestimmte Investitionsform in geschützten Geschäftsfeldern gesetzlich festgelegt wird. Die einzige Möglichkeit für ausländische Investoren, um diese beschränkten Märkte zu durchdringen, ist die Partizipation an Gemeinschaftsprojekten mit einheimischen Partnern.[83]

2.3.2 Verstärkung der Wettbewerbsfähigkeiten

Bei freier Auswahl eines Gemeinschaftsunternehmens lassen sich verschiedene ökonomische und wettbewerbliche Gründe aufführen.[84] Die Globalisierung zwingt jedes Unternehmen dazu, trotz der heftigen Konkurrenz zu überleben.[85] Dabei steht die Verstärkung der Konkurrenzfähigkeit im Vordergrund. Chinesische Wirtschaftswissenschaftler sehen eine solche Zusammenarbeit positiv an, da die Gründung eines Gemeinschaftsunternehmens mehr ausländisches Kapital und moderne Technologien nach China fließen lässt. Ein positives Argument für ausländische Investoren besteht darin, dass sich die unternehmerische Konkurrenzfähigkeit durch die Erschließung der neuen Märkte und die Verringerung der Einstandskosten verstärken kann.

2.3.2.1 Kostenvorteile der einheimischen Unternehmen

Um die eigene Wertschöpfung weiter zu vertiefen, bemüht sich jeder Marktbeteiligte darum, günstigere Erzeugnisse auf den Markt zu bringen und eine höhere Produktionskapazität zu erlangen. Dies kann durch die Zusammenarbeit mit chinesischen Gesellschaftern ermöglicht werden. Zunächst ist die Knappheit an Rohmaterialien und Arbeitskräften in Herkunftsländern mittels der Erschließung eines neuen Marktes zu überwinden. Durch eine enge Koalition sind die Geschäftsaktivitäten so zu optimieren, dass die Versorgung der Rohmaterialien und die Fertigung der Produkte vor Ort sichergestellt sind. Die Ersparnisse von Logistikkosten sind für die Investoren als sehr positiv einzuschätzen, da sie ihre Güter nur über kurze Distanzen zu transportieren brauchen. Ferner verkürzt sich der Produktionszyklus durch eine rationale Aufgabenverteilung zwischen Mutter- und Gemeinschaftsunternehmen, was zugleich das Absenken der Verkaufspreise für jedes Einzelstück bewirken kann.[86] Ausländische Investoren können nicht nur vom vorhandenen

---

82 Büchel, Development of Joint Ventures, S. 22 ff., S. 135 ff.; Corsten/Reiß/Staudt, Handbuch Unternehmungsführung, S. 727 ff.; Schulte/Schwindt/Kuhn, Joint Ventures, § 1 Rn. 12; Lucks/Friedrich/Tse, M&A in China, S. 133, S. 135 ff.

83 Liu, Chinese Business, S. 113 ff.; Nippa/Nippa/Klossek, Markterfolg in China, S. 124–126.

84 Schulte/Schwindt/Kuhn, Joint Ventures, § 1 Rn. 12.

85 Lucks/Beyer von Morgenstern/Albrecht, M&A in China, S. 79.

86 Basedow/Jung, Strategische Allianzen, S. 9.

Kundennetzwerk der einheimischen Partner profitieren,[87] sondern sie können auch lukrativere Umsätze durch den Rückgang des Aufwands für die Errichtung des Vertriebskanals erhalten.[88] Gegebenenfalls kann eine enge Zusammenarbeit das Produktspektrum erweitern. Dies ist der Fall, wenn das Gemeinschaftsunternehmen zur Einrichtung spezialisierter Produktlinien gebildet wird, wobei die Mutterunternehmen noch nicht in diesem Bereich tätig sind. Diese strategische Kooperation kann in einem beträchtlichen Umfang die Wettbewerbsposition der Mutterunternehmen in China oder sogar in ihren übrigen Märkten auf der ganzen Welt steigern. Unter diesem Aspekt bedeutet die Bildung eines Gemeinschaftsunternehmens für einige ausländische Investoren eine größere Überlebensfähigkeit im Produktmarkt.

2.3.2.2 Minimierung des unternehmerischen Risikos

Aufgrund finanzieller Engpässe besitzt die Bildung eines Gemeinschaftsunternehmens eine hohe Attraktivität für multinationale Unternehmen.[89] Dies gilt insbesondere für die Investoren, die zu kleinen oder mittelständigen Unternehmen gehören. Der Kapitalzufluss vom lokalen Partner lockert die Intensität, wenn ein international tätiger Investor noch nicht über den ausreichenden Kapitalverkehr verfügt. Hinzu kommt, dass unternehmerische Risiken mithilfe der einheimischen Beteiligung geteilt werden. Ein solches Gemeinschaftsprojekt ist oft als Absicherungsmaßnahme gegen Investitionsrisiken in einem Markt anzusehen, der noch völlig fremd für die Investoren ist.[90]

2.3.2.3 Schnelle Reaktion auf die Globalisierung

Man verspricht sich eine globale Entwicklung vom großen Marktpotenzial, das vor allem durch die Gründung eines internationalen Gemeinschaftsunternehmens entsteht. Insbesondere wenn sich der Standortwettbewerb in verschlossenen Wirtschaftsräumen verschärft, ist die globale Integration entscheidend.

Vor diesem Hintergrund wird das Kapital zunehmend über Ländergrenzen hinweg investiert, wodurch eine direkte und dauerhafte Beziehung zwischen beteiligten Unternehmen aus verschiedenen Volkswirtschaften hergestellt wird.[91]

---

87 Nippa/Nippa/Klossek, Markterfolg in China, S. 112 ff.; Luo, Guanxi and Business, S. 159 ff.

88 Kasperk/Woywode/Kalmbach, Erfolgreich in China, S. 107–108.

89 Dai, Kontrolle der Gemeinschaftsunternehmen unter AMG; Oman, New Forms of International Investment in Developing Countries, S. 14.

90 Kasperk/Woywode/Kalmbach, Erfolgreich in China, S. 107–108; Langefeld-Wirth/Langefeld-Wirth, Joint Ventures im internationalen Wirtschaftsverkehr, S. 46.

91 Hanschen, Weiterentwicklung internationaler Joint Ventures als Gestaltungsobjekt des strategischen Managements, S. 1; Holtbrügge/Puck, Geschäftserfolg in China, S. 101.

Nunmehr sind die meisten internationalen Unternehmen in blühenden Märkten tätig, um ihre Fähigkeiten auf der internationalen Bühne weiter auszubauen.[92] Es ist vielfach auch der einzige Weg, aktiv im weltweiten Markt zu agieren. Ein gut funktionierendes und langjähriges Gemeinschaftsunternehmen stellt weder kompromiss-getriebene Kooperationsform noch Notlösung für global agierende Investoren dar, die sich nicht bloß in Kerngeschäftsfeldern einsetzen wollen. Vielmehr bedeutet diese anspruchsvolle und komplexe Kooperationsform die Stärkung ihres Einflusses auf die internationale Wirtschaft. Von vornherein hat das Gemeinschaftsunternehmen eine Reihe von wirtschaftlichen Pluspunkten. Dies äußert sich besonders darin, dass jeder Partner seine Stärke in das Gemeinschaftsunternehmen einbringt.[93] In diesem Sinne führt die Ergänzung bzw. Verstärkung der Vorteile zu einer Steigerung der Erfolgsrate im internationalen Wirtschaftsleben.[94] Eine globale Herausforderung ist des Weiteren besser zu bewältigen, wenn der sog. Lerneffekt zwischen den verschiedenen Gesellschaftern zu erzielen ist. Im Erfolgsfall steht den internationalen „Market Playern" der Weg frei, in einem großen Schwellenland zu nachhaltigen und leistungsfähigen Konzernen zu wachsen.

2.3.3 Förderung der Forschung und Entwicklung

Im Lauf der wirtschaftlichen Entwicklung sind technische Fortschritte und technologische Innovationen von großem Wert für den Unternehmenserfolg. Nur ein kleiner Teil internationaler Konzerne kann sich allein die zeitraubende und fast unbezahlbare Forschung leisten, da allein die Forschungskosten, abgesehen vom Einsatz der Fachkräfte, im Einzelfall sehr hoch sein können. Mithilfe der Zusammenarbeit sind solche Leistungen zu verwirklichen, die von einem Partner allein nicht geschafft werden könnten. Ein Zusammenführen des Wissens trägt weiterhin zur Beschleunigung der Forschung und zur Vereinheitlichung der Industriestandards bei, was oft durch die Bildung eines Gemeinschaftsunternehmens ermöglicht wird.[95] Der Austausch der beschränkten Ressourcen wie Know-how kann den Entwicklungsstand des Gemeinschaftsunternehmens sowie seiner Gründerunternehmen schnell auf ein neues Niveau bringen.[96] Aus diesen Gründen suchen mehr und mehr Unternehmen eine Partnerschaft, um den neuen Herausforderungen besser begegnen zu können.

---

92 Nippa/Nippa/Klossek, Markterfolg in China, S. 107–108.

93 Kasperk/Woywode/Kalmbach, Erfolgreich in China, S. 107–108.

94 Nippa/Reden/Fischer/Junkes, Markterfolg in China, S. 95–96.

95 Yuan, Gemeinschaftsunternehmen im europäischen, amerikanischen und chinesischen Kartellrecht, S. 22; Langefeld-Wirth/Langefeld-Wirth, Joint Ventures im internationalen Wirtschaftsverkehr, S. 46; Sullivan/Grimes, The Law of Antitrust, S. 656, S. 658.

96 Hanschen, Weiterentwicklung internationaler Joint Ventures als Gestaltungsobjekt des strategischen Managements, S. 64 ff.; Schulte/Schwindt/Kuhn, Joint Ventures, § 1 Rn. 12.

Ein klassisches Modell des Gemeinschaftsunternehmens in China ist, dass ein ausländisches Unternehmen für notwendige Produktionsausstattungen und das technologische Know-how aufkommt, während ein lokaler Investor die Verantwortung für die Versorgung der Rohmaterialien und die Einrichtung der Infrastruktur übernimmt. Dies hängt damit zusammen, dass die Regierung technische Errungenschaften und Innovationen zur Förderung der Wirtschaftsentwicklung für fundamental hält und eine solche internationale Zusammenarbeit den Technikbedarf decken kann. Chinesische Unternehmen wünschen sich zudem, ein ausgereiftes Geschäftsmodell durch die technische Ausbildung und den Zugang zu jüngst entwickelten Technologien herauszubilden.[97] Aus der Perspektive der internationalen Akteure ist es angesichts der marktspezifischen Bedürfnisse notwendig, technologisches Wissen mit lokalen Forschungsnetzwerken zu erarbeiten und weiterzuentwickeln. Solche Aufgaben können durch ein Gemeinschaftsunternehmen schneller und effizienter übernommen werden.

2.3.4 Ergebnis

Das Gemeinschaftsunternehmen gewinnt in jeder Hinsicht an strategischer Bedeutung, da diese Organisationsform Interessen von allen Seiten, und zwar den chinesischen Partnern, den ausländischen Investoren sowie der chinesischen Regierung, vereinen kann. Ein Gemeinschaftsunternehmen wird von staatlicher Seite aufgrund der Förderung der Innovation und der Ankurblung der Wirtschaft bevorzugt. Auf unternehmensstrategischer Seite unterscheiden sich die Motive für eine solche Zusammenarbeit: Für chinesische Unternehmen steht der Technologiezugang im Mittelpunkt. Für ausländische Unternehmen bietet das Gemeinschaftsunternehmen die (manchmal auch einzige) Möglichkeit, Fuß in einem chinesischen Marktsektor zu fassen. Selbst wenn ein Marktzugang für jeden Investor möglich ist, wird eine langfristige Investition durch die Partizipation eines örtlichen Partners verstärkt. Nicht zu vernachlässigen ist auch der Aspekt, dass einheimische Unternehmen oft ein besseres Kontaktnetz zu staatlichen Behörden haben. Des Weiteren ist es für ausländische Investoren sinnvoll, den Kapitalbedarf zu decken und fehlende Marktkenntnisse zu kompensieren. Die Unternehmensrisiken lassen sich im Vergleich zum WFOE durch mehrseitige Beteiligungen minimieren. Aus ökonomischer Sicht gehört die Kostenersparnis zu einem der Ziele von der Errichtung eines Gemeinschaftsunternehmens. Dies wird vor allem durch ansässige Produktionsstätten und günstigere Entstehungskosten ermöglicht. Eine solche Zusammenarbeit dient zudem der Schaffung von Skaleneffekten (Economies of Scale) im internationalen Wirtschaftsverkehr,[98] da die Produktionskapazität durch

97 Guo, Rechtsfragen der Gründung und des Betriebs von Joint Ventures in der Volksrepublik China, S. 8; Yang, Control Mechanisms in Sino-German Joint Ventures, S. 8.
98 Basedow/Jung, Strategische Allianzen, S. 8 ff.; Sullivan/Grimes, The Law of Antitrust, S. 653–654, S. 657–658.

eine sinnvolle Aufgabenverteilung zwischen Mutter- und Gemeinschaftsunternehmen zu erweitern ist. Das Gemeinschaftsunternehmen kann letztlich nicht nur den Wert jedes Mutterunternehmens schnellstmöglich steigern, sondern ihnen auch die Wettbewerbskraft in den Heimatmärkten sichern.

Es ist dann festzuhalten, dass Gemeinschaftsunternehmen in Bezug auf ihre besonderen Eigenschaften nicht verschwinden werden.[99] Sie sind als „Treibstoff“ für das Wachstum der Wirtschaft anzusehen und stellen die bedeutendste Investitionsform der transnationalen Zusammenarbeit in China dar. Es ist damit zu rechnen, dass die Parallelexistenz zweier Geschäftsmodelle zukünftig weiter bestehen wird.

2.4 Potenzielle Risiken von Gemeinschaftsunternehmen

Als intensivste zwischenbetriebliche Kooperationsform[100] bringt das Gemeinschaftsunternehmen für ausländische Investoren zwar zahlreiche Vorteile mit sich. Aber es ist auch zu bemerken, dass ein solches Engagement im Auslandsmarkt häufig mit einem gewissen Grad von Unsicherheit verbunden ist. Die Risiken reichen vom fremden Rechtssystem, über die unternehmerische Operation bis hin zu wettbewerblichen Bedenken.

2.4.1 Koordinationsproblem bei der allgemeinen Geschäftsführung

Killing hat in seinem Werk verdeutlicht: „Learning to live with two parents is harder than managers think“.[101] Eine Interpretation dieser Aussage ist, dass den Mutterunternehmen für die Etablierung eines erfolgreichen Gemeinschaftsunternehmens eine Gleichrichtung der Geschäftsführung abgefordert wird, was in der Tat schwieriger ist als die Führung eines allein kontrollierten Unternehmens.[102]

Von Anfang an treten bei grenzüberschreitenden Kooperationen kulturelle Differenzen auf, die die Überlebensfähigkeit des Gemeinschaftsunternehmens gefährden können.[103] Die Gründerunternehmen entstammen zwei unterschiedlichen

---

99 Mohr, Erfolg deutsch-chinesischer Joint Ventures, S. 24–25; Guo, Rechtsfragen der Gründung und des Betriebs von Joint Ventures in der Volksrepublik China, S. 7–9; Ranft/Schewe/Koch/Fromm, Chinesisches Wirtschaftsrecht, S. 102; Nippa/Nippa/Klossek, Markterfolg in China, S. 107 ff.; Lucks/Friedrich/Tse, M&A in China, S. 133.

100 Hanschen, Weiterentwicklung internationaler Joint Ventures als Gestaltungsobjekt des strategischen Managements, S. 2–3; Yang, Control Mechanisms in Sino-German Joint Ventures, S. 14.

101 Killing, Harvard Business Review 1982 May-June, S. 120; siehe auch in Ermisch, Management strategischer Kooperationen im Bereich Forschung und Entwicklung, S. 12.

102 Mohr, Erfolg deutsch-chinesischer Joint Ventures, S. 24–25.

103 Koslowski/Chen/Peill-Schoeller, Sozialistische Marktwirtschaft – Soziale Marktwirtschaft, S. 219 ff.; *Mellewigt,* Management von Strategischen Kooperationen, S. 24.

Kulturen und verfolgen verschiedenartige Geschäftspraktiken.[104] Häufig führen kulturelle Missverständnisse zu potenziellen Inkongruenzen. Allein fehlende Sprachkenntnisse können als gravierendes Problem bewertet werden, denn ein Dolmetscher kann die Probleme nicht im vollen Umfang lösen. Stattdessen rufen solche Hindernisse sogar weitere Konflikte hervor, solange eine integrierte Unternehmenskultur nicht erzielbar ist.

Das zweite Problem liegt im Aufbau des Vertrauensverhältnisses zwischen den Geschäftspartnern. Ohne Vertrauen kann keine Win-win-Beziehung realisiert werden.[105] Es stellt sich oft die Frage, ob der Informationsaustausch ohne Weiteres erfolgen kann oder ob übliche Standards aus dem jeweiligen Heimatland ohne Veränderung in dieses gemeinsame Tochterunternehmen umgesetzt werden können. Weiterhin basieren die Zuverlässigkeit und die Vertrauenswürdigkeit auf der Finanztransparenz, der Personalbesetzung und der gerechten Vermögensbewertung, was in der Praxis nicht völlig reibungslos zu realisieren ist.

In jedem Gemeinschaftsunternehmen bildet die Auswahl der Partner einen Schwerpunkt des Investitionsprojekts. Die Einigung in Zielsetzungen und Geschäftsentscheidungen setzt eine geeinigte Partnerschaft voraus und die Beteiligten müssen sich von Anfang an mit einer durchsetzbaren Strategie auseinandersetzen. Bei der Fortführung eines Gemeinschaftsunternehmens spielt die einheitliche Führungsmethode noch eine wichtige Rolle, da diese die Geschäftsaktivitäten im großen Umfang bewirken und die positive Wirtschaftsentwicklung fördern kann. Wenn ein Gesellschafter nur den Gegenwind des anderen spürt, würde die Geschäftsführung in eine ernsthaft schwere Lage geraten.

2.4.2 Abfluss des Know-hows und der Patente

Wie bereits erwähnt, setzen sich die Ressourcen eines Gemeinschaftsunternehmens im typischen Fall aus den von chinesischen Partnern beigesteuerten Produktionsmitteln sowie den von ausländischen Investoren bereitgestellten Techniken zusammen.[106] Durch die Hilfs- und Unterstützungsleistungen von Mutterunternehmen zielt das Gemeinschaftsunternehmen in technischer Hinsicht auf einen Zugang zu verbesserten Forschungsnetzwerken und eine verfeinert technologische Ausstattung ab.[107] Es wird grundsätzlich in einem Gründungsvertrag geregelt, wie der Technologietransfer in gewissen Sparten voranzubringen ist. Allerdings erhalten die meisten standardisierten Gesellschaftsverträge keine klaren Bestimmungen über Nutzungsbefugnisse des Produktions- und Prozesswissens. Es bleibt daher fraglich, inwieweit das Gemeinschaftsunternehmen die Technologien oder

104 Schulte/Schwindt/Kuhn, Joint Ventures, § 1 Rn. 16; Liu, Controlling in deutsch-chinesischen Gemeinschaftsunternehmen, S. 34 ff.
105 Mohr, Erfolg deutsch-chinesischer Joint Ventures, S. 25.
106 Bu, Einführung in das Recht Chinas, § 20 Rn. 9.
107 Corsten/Reiß/Posth, Handbuch Unternehmungsführung, S. 739.

das Know-how vom ausländischen Mutterunternehmen verwenden darf und ob eine klare Abgrenzung im Einzelfall möglich ist. Dazu ist es in jeder Hinsicht wichtig, dass Näheres über einen Wechsel des Eigentumsverhältnisses im Vertrag oder in der Gesellschaftssatzung geregelt wird, besonders wenn die ausländische Partei im Gegenzug für die Nutzungsbefugnisse einen steigenden Anteil an der Wertschöpfung genießt.

Die Festlegung solcher Klauseln wird aber in der Praxis als vertrauensbelastende Herausforderung für beide Parteien angesehen, obwohl ein Partnerunternehmen dem anderen seine eigenen Betriebsgeheimnisse oder das Know-how während der Bildung oder der Führung eines Gemeinschaftsunternehmens unvermeidbar offenlegen muss. Dieses Problem resultiert hauptsächlich aus divergierenden Vorstellungen zweier Parteien. Nach der Anschauung des chinesischen Investors erstreckt sich die Gründung eines Gemeinschaftsunternehmens darauf, sich die von internationalem Unternehmen vermittelten Erfindungspatente, Gebrauchs- und Geschmacksmuster oder das technologische Know-how anzueignen. Auf ausländischer Seite könnten ganz unterschiedliche Ziele gesetzt werden. Von einer Zusammenarbeit verspricht sich der ausländische Investor neben dem Zugriff auf das länderspezifische Wissen noch einen besseren Gewinn auf dem Fremdmarkt. Auf keinen Fall ist er bereit, den Abfluss von Technologien oder Know-how in Kauf zu nehmen. Aufgrund der verschiedenen Vorstellungen verlangsamen sich oft die Verhandlungen über solche Vereinbarungen und zuweilen sind sie sogar zum Scheitern verurteilt. Wenn diese Vorgänge nicht im Vertrag genauer vorgeschrieben werden und faktisch die Abstimmung des lokalen Partners fehlt, droht der Missbrauch des geistigen Eigentums. Das Thema ist noch empfindlicher, wenn ein Gemeinschaftsunternehmen angesichts der Zugangsbedingungen zu über 50 % im Besitz eines chinesischen Investors steht. Unter diesen Umständen sieht der ausländische Partner die Risiken der Technologieabsorption noch höher an, da die kontrollierende Partei den direkten Zugang zu Kerntechnologien hat.

Im weiteren Sinn hängt dies eng mit der Rechtslage bezüglich des Schutzes des geistigen Eigentums zusammen, da China, wie andere Entwicklungsländer, lange Zeit dem gewerblichen Schutzrecht keinen besonderen Stellenwert zugemessen hatte[108] und diesbezüglich als problematisches Land galt. Seit dem WTO-Beitritt hat die Regierung spürbare Schritte zur Absicherung des Schutzes des geistigen Eigentums in die Wege geleitet und die Regelungen über die Marken- und Patentrechte verschärft. Nichtsdestotrotz können internationale Konzerne bisweilen wenig vornehmen, um die Schutzeffektivität zu steigern.[109] Dies hängt damit zusammen, dass die Regelungen in gewissem Ausmaß noch hinter internationalen Standards zurückbleiben. In China bestehen z. B. noch erhebliche Defizite an

---

108 Fuchs, Piraten, Fälscher und Kopierer, S. 67 ff.; Zinzius, China Business, S. 147 ff.

109 Beispiele von Ranft/Schewe/Jüngst/Wu, Chinesisches Wirtschaftsrecht, S. 135 ff.; Lucks/Büttner, M&A in China, S. 99 ff.; Pattloch, GRUR Int. 2003, S. 703 ff.

Schutz des Know-hows. Es gibt auch oftmals nicht so viele sinnvolle Maßnahmen gegen die Verlustgefahren.[110]

Im engeren Sinn liegt die Ursache darin, dass ausländische Unternehmen meistens angesichts der mangelnden Informationen nicht vorher ihre Patente und Designs nochmals in China registriert haben. In einem anderen Fall ist es schwer für sie, einen Missbrauch der gewerblichen Schutzrechte frühzeitig zu entdecken und den Fall unverzüglich anzuzeigen,[111] weswegen die behördliche Hilfe nicht rechtzeitig in Anspruch genommen wird. In allen Varianten könnte daraus ein schwerer Technologieverlust folgen. Wenn die in das Gemeinschaftsunternehmen eingebrachten Technologien missbräuchlich betrieben werden oder wenn vertrauliche Informationen an unberechtigte Dritte weitergegeben werden, leidet das betroffene Unternehmen unter schwerwiegenden Einbußen bis hin zur Existenzgefährdung.

2.4.3 Störung wirksamen Wettbewerbs

Durch ein Gemeinschaftsunternehmen werden zwei selbstständige Unternehmen gekoppelt, damit die Mutterunternehmen ihren Geschäftsumfang vergrößern und die Wettbewerbsfähigkeit entsprechend steigern können. Diese Entwicklung ist aber nicht unproblematisch. Kartellrechtlich sind Gemeinschaftsunternehmen häufig im Grenzbereich zwischen Fusionskontrolle und Kartellverbot angesiedelt.

Vor allem wird durch den Zusammenschluss (Hinzutritt bzw. Austritt der Wettbewerber) die Marktstruktur erheblich verändert (sog. „Strukturkontrolle"). Häufig übertragen die Mutterunternehmen ihre Aktivitäten auf das Gemeinschaftsunternehmen und treten sie aus dem betroffenen Markt aus. Eine negative Folge dessen ist, dass der Wettbewerbsdruck aufgrund der Reduzierung der Konkurrenten geschwächt wird. Ziel der Strukturkontrolle ist die Aufrechterhaltung bzw. die Wiederherstellung der Marktstrukturen, in denen der Wettbewerb im Mittelpunkt steht. Zweitens ist es durchaus möglich, dass kooperative Vorgänge durch die Plattform des Gemeinschaftsunternehmens leichter durchzuführen sind (sog. „Verhaltenskontrolle"). Dies ist darauf zurückzuführen, dass die Gründung eines Gemeinschaftsunternehmens die Verhaltenskoordinierung der Mutterunternehmen bezwecken oder bewirken kann. Aufgrund des Innenverhältnisses zwischen Mutter- und Gemeinschaftsunternehmen könnte noch eine einheitliche Geschäftspolitik entstehen. Zu hinterfragen ist, ob der Wettbewerb durch den zugänglichen Informationsaustausch,[112] die anpassende Preissetzungs- und

110 Details in Straub, RIW 2011, S. 830 ff.; Ruppel, Deutsche Unternehmen in China, S. 109 ff.

111 Lucks/Büttner, M&A in China, S. 91, S. 93.

112 Yuan, Gemeinschaftsunternehmen im europäischen, amerikanischen und chinesischen Kartellrecht, S. 26–28.

Vertriebsstrategie[113] sowie die „hausgemachte“ Konkurrenz erheblich beschränkt wird.

In der Praxis finden sich verschiedene Formen der Gemeinschaftsunternehmen, die zwischen beiden Extremen (Zusammenschluss einerseits und Kartell andererseits) gestaltet werden. Gemeinschaftsunternehmen, die mehr oder weniger konzentrative oder kooperative Effekte haben, können eine große Bandbreite verschiedenartiger Probleme auslösen, weswegen die Erforschung ihrer wettbewerblichen Auswirkungen sehr kompliziert ist.

Es ist noch darauf hinzuweisen, dass sich das wirtschaftliche Umfeld in China, das auf dem gegenwärtigen Gesellschaftssystem basiert, von der Wirtschaftsstruktur im Westen differenziert. Es handelt sich eher um historisch bedingte Besonderheiten, die sich z. B. in der dominanten Marktstellung der Staatsunternehmen niederschlägt. Durch die modernisierte sozialistische Ordnung und strikte Sanierung wurde zwar erreicht, dass sich Staatsunternehmen in der Wettbewerbsposition befinden.[114] Aber sie stellen nach wie vor eine zentrale Säule der Wirtschaft dar und verfügen normalerweise über einen sehr hohen Marktanteil,[115] was eine Reihe von kartellrechtlichen Problemen hervorrufen kann. Ein beobachtbarer Entwicklungstrend ist, dass chinesische Staatsunternehmen mit ausländischen Investoren Gemeinschaftsunternehmen aufbauen, um ihre internationale Wettbewerbskraft zu sichern. In den meisten Fällen spielen sie sogar eine Kernrolle im Wirtschaftsleben, da im beschränkten Investitionsbereich die Kontrolle eines Gemeinschaftsunternehmens oft in der Hand des chinesischen Partners liegt.[116]

Als Beispiel ist zu nennen, dass der VW-Konzern für seine chinesischen Gemeinschaftsunternehmen zwei Staatsunternehmen als Partner aufgenommen hat. Im Jahr 1984 hat VW mit der Firma Shanghai Automotive Industry Cooperation (SAIC) sein erstes Gemeinschaftsunternehmen (SVW) in China gegründet.[117] Sechs Jahre später wurde eine Partnerschaft mit der First Automotive Works (FAW) durch das zweite Gemeinschaftsunternehmen (FAW-VW) gegründet.[118] SAIC und

---

113 Kuhn, Kooperative Aspekte von Gemeinschaftsunternehmen im Europäischen Kartellrecht, S. 15 ff.; Schröter/Jakob/Klotz/Mederer/Hirsbrunner/Rating, Europäisches Wettbewerbsrecht, S. 1652 Rn. 50.

114 Liu, Chinese Business, S. 102; Jiang, Journal of Graduate School of Chinese Academy of Social Sciences 2009 Heft 4, S. 68; Wang, Research on Rule of Law 2007 Heft 5, S. 18; Sun, Journal of East China University of Political Science and Law 2015 Heft 4, S. 18–19, S. 22–23.

115 Sun, Journal of East China University of Political Science and Law 2015 Heft 4, S. 23; Xu, Journal of East China University of Political Science and Law 2015 Heft 4, S. 38–39; PCCPL/Huang, Report on Competition Law and Policy of China 2013, S. 34; Liu, Chinese Business, S. 102 ff.; Nippa/Taube, Markterfolg in China, S. 35–36.

116 Wang, Überwachung des Missbrauches der öffentlichen Gewalt unter Anti-Monopolgesetz.

117 Holtbrügge/Puck, Geschäftserfolg in China, S. 238.

118 Lucks/Schröder, M&A in China, S. 213; Corsten/Reiß/Posth, Handbuch Unternehmungsführung, S. 738.

FAW zählen zu den größten Automobilherstellern in China, die im direkten Wettbewerb zueinander stehen.[119] Zur Vorbeugung vor Wettbewerbsproblemen hat die Staatsregierung angeordnet, dass die Produktlinien des VW-Konzerns in zwei chinesische Gemeinschaftsunternehmen geteilt werden müssen. Während die Fahrzeuge unter der Marke Audi bei FAW-VW produziert werden, ist SVW für die Fertigung der Skoda-Serie zuständig. Jedes Gemeinschaftsunternehmen hat seine eigenen Entwicklungskräfte über eine ganze Skala von Zulieferern bis hin zur individuellen Preisgestaltung. Im Wirtschaftsleben leisten sie, wie ihr jeweiliges chinesisches Mutterunternehmen, einen Kampf um die Marktführerschaft in der Automobilindustrie.

Nichtsdestotrotz sind einige Fragen bislang unbeantwortet geblieben. Es ist vor allem unklar, ob ein solcher Zusammenhalt wirklich der Gestaltung und der Aufrechterhaltung wirksamen Wettbewerbs dient. Hinsichtlich der großen Marktanteile der Staatsunternehmen können die Gefahren darin bestehen, dass sich der Wettbewerb nicht an Angebot und Nachfrage anpasst, soweit der relevante Markt von der Zentralregierung überwacht und gelenkt wird.[120] Es ist daher immer fragwürdig, ob der Wettbewerbsdruck auf einem solchen Markt, der für die chinesische Wirtschaft von Belang ist, stark genug ist. Zudem können die Mutterunternehmen durch die Zusammenführung der Ressourcen im Gemeinschaftsunternehmen die Marktstruktur dauerhaft beeinflussen. Eine mögliche Folge dessen ist, dass die Marktmacht der Mutterunternehmen nochmals verstärkt werden kann, wenn es weniger vergleichbare Konkurrenten auf dem Markt gibt. Im Extremfall sind die Mutterunternehmen (besonders auf einem hoch konzentrierten Markt) in der Lage, die Preise leicht anzuheben. Es ist auch merkwürdig, wie sich die Mutterunternehmen verhalten, wenn sie sich als Wettbewerber gegenüberstehen und ihr Gemeinschaftsunternehmen zugleich auf demselben Markt bleibt. Zu fragen ist, ob sie zur Gewinnmaximierung Rücksicht aufeinander nehmen, was den Wettbewerb signifikant beschränken kann. Nicht zuletzt ist daran zu denken, dass wettbewerbsbeschränkende Vereinbarungen zwischen den Mutterunternehmen (z. B. Lizenzverträge oder Informationsaustausch) aufgrund der engen Verbindung nicht leicht zu entdecken sind.

2.5 Zusammenfassung

Das Gemeinschaftsunternehmen ist ein wichtiges Instrument zur Verwirklichung des gemeinsamen Zwecks mehrerer unabhängiger Mutterunternehmen.[121] Zu

119 Lucks/Schröder, M&A in China, S. 214 ff.

120 PCCPL/Wu/Chen/Wang/Ma, Report on Competition Law and Policy of China 2013, S. 224–225; Wang, Überwachung des Missbrauches der öffentlichen Gewalt unter Anti-Monopolgesetz.

121 Wiedemann, Gemeinschaftsunternehmen im deutschen Kartellrecht, S. 40–41; Mestmäcker/Schweitzer, Europäisches Wettbewerbsrecht, § 27 Rn. 2, Rn. 9; Motta, Competition Policy, S. 202.

nennen sind hier insbesondere die Ausweitung der Produktionspalette, die Förderung neuer Technologien sowie die Verstärkung der Wettbewerbsfähigkeit. Das Gemeinschaftsunternehmen kann der Erschließung eines neuen Tätigkeitsbereiches dienen, oder es kann auch einige existierende Funktionen der Mutterunternehmen integrieren.[122] Die Grundregelungen dazu werden in einer Vereinbarung entsprechend geregelt.[123] In China ermöglicht einerseits diese Kooperationsform den ausländischen Investoren, die Barrieren der Branchenzugehörigkeit durch den Anteilserwerb oder die Vermögensübernahme eines lokalen Unternehmens oder durch die Einbringung des Kapitals in ein neues Unternehmen zu durchbrechen.[124] Andererseits löst eine solche Zusammenarbeit aufgrund ihrer komplizierten Struktur mehr Konflikte (z. B. aus dem Aspekt der Geschäftsführung oder des Schutzes vom geistigen Eigentum) aus.

Als Kooperationsform hat das Gemeinschaftsunternehmen große kartellrechtliche Bedeutung. In der EU stellt die Gründung eines Gemeinschaftsunternehmens knapp die Hälfte der geprüften Zusammenschlussvorhaben dar,[125] während dies in China gleichermaßen zunimmt. Die Bildung eines Gemeinschaftsunternehmens kann dem Marktwettbewerb zugutekommen, woraus sich die Steigerung der Skalenerträge ergeben kann. Andere Konkurrenten müssen gegenüber dieser Veränderung verbesserte Produkte bzw. Dienstleistungen anbieten, um mehr Konsumenten anzuziehen und zu marktführenden Unternehmen aufzuholen. Dies verstärkt wiederum den Wettbewerbsdruck.

Allerdings kann die Bildung eines Gemeinschaftsunternehmens die Wettbewerbsordnung stören, da die Marktkräfte der Mutterunternehmen dadurch maßgeblich gestärkt werden können. Als gegenläufige Effekte können andere Marktteilnehmer aktuell oder später an den Marktrand gedrängt werden,[126] was zur Reduzierung der Angebote auf einem relevanten Markt führt. Die Überwachung der Marktveränderung stellt folglich einen Eckpunkt der Fusionskontrolle dar. Es ist aber auch möglich, dass die Mutterunternehmen im Hinblick auf das Gemeinschaftsunternehmen Rücksicht aufeinander nehmen und sodann ihr Wettbewerbsverhalten koordinieren. Aus solchen kooperativen Vorgängen zwischen den voneinander unabhängigen Unternehmen können wettbewerbsschädliche Wirkungen resultieren, was in den Anwendungsbereich des Kartellverbots fällt.

---

122 Wagner, Das Wettbewerbsverbot im Verbands- und Kartellrecht, S. 163 ff.

123 Mestmäcker, Recht und ökonomisches Gesetz, S. 418; Gansweid, Gemeinsame Tochtergesellschaften im deutschen Konzern- und Wettbewerbsrecht, S. 60 ff.; Wiedemann, Gemeinschaftsunternehmen im deutschen Kartellrecht, S. 86 ff.

124 Münzel/Jiang/Zhang/Mi, Konzerne des Ostens, S. 17; Münzel/Wang, Konzerne des Ostens, S. 57.

125 Emmerich, Kartellrecht, § 17 Rn. 1; Schulte/Henschen, Handbuch Fusionskontrolle, S. 413 Rn. 1507; Mestmäcker/Schweitzer, Europäisches Wettbewerbsrecht, § 27 Rn. 2.

126 Huber/Börner/Huber, Gemeinschaftsunternehmen im deutschen und europäischen Wettbewerbsrecht, S. 18.

Zwischenzeitlich haben sich international verschiedene Konzepte im Hinblick darauf herausgebildet, anhand welcher Maßstäbe Gemeinschaftsunternehmen zu überprüfen sind. Aufgrund der komplizierten Erscheinungsformen werden sie als besonderer Teil im Kartellrecht behandelt.[127] Die Kontrolle über Gemeinschaftsunternehmen in der EU ist durch die Überbrückung zwischen Kartellverbot und Zusammenschlusskontrolle zu charakterisieren.[128] In komplexen Fällen werden Prüfungen sogar aus zwei Aspekten betroffen. Aus diesen Gründen gewinnen Gemeinschaftsunternehmen sowohl an wirtschaftlicher als auch an wettbewerblicher Bedeutung.[129]

127 Ye, Analyse der Werte des Anti-Monopolgesetzes, S. 75; Pohlmann, WuW 2003, S. 473; Böni/Wassmer, WuW 2014, S. 689; Emmerich, Kartellrecht, § 17 Rn. 1; Jin, Aufgreifkriterien in der Fusionskontrolle, S. 62; Corsten/Reiß/Staudt, Handbuch Unternehmungsführung, S. 720.

128 Schulte/Henschen, Handbuch Fusionskontrolle, S. 414 Rn. 1511; Mestmäcker/Schweitzer, Europäisches Wettbewerbsrecht, § 27 Rn. 2 ff.; Jin, Aufgreifkriterien in der Fusionskontrolle, S. 56, S. 62; Ding/Lin, Theorie und Praxis der Zusammenschlusskontrolle, S. 10–11; Wagner, Das Wettbewerbsverbot im Verbands- und Kartellrecht, S. 169 ff.; Mehler, Fusionskontrolle und Transnationalisierung, S. 21; Hatje/Müller-Graff/Fuchs, Europäisches Wirtschaftsordnungsrecht, § 11 Rn. 112; Immenga/Mestmäcker/Ellger, Wettbewerbsrecht, Art. 101 Abs. 3 AEUV Rn. 547; Immenga/Mestmäcker/Zimmer, Wettbewerbsrecht, Art. 101 Abs. 1 AEUV Rn. 307.

129 Mestmäcker/Blaise/Donaldson/Mestmäcker, Gemeinschaftsunternehmen (Joint venture – Filiale commune) im Konzern- und Kartellrecht, S. 10 ff.; Habersack/Hüffer/Hommelhoff/Schmidt/Ritter, Festschrift für Peter Ulmer zum 70. Geburtstag am 2. Januar 2003, S. 955 ff.; Habersack/Hüffer/Hommelhoff/Schmidt/Wiedemann, Festschrift für Peter Ulmer zum 70. Geburtstag am 2. Januar 2003, S. 1031 ff.; Göthel/Hartmann-Rüppel, Grenzüberschreitende M&A-Transaktionen, § 41 Rn. 1.

3. Kapitel: Allgemeine Einführung in das AMG

3.1 Entwicklung des Kartellrechts in China

Vor einer tiefer gehenden Forschung nach Wettbewerbsproblemen der Gemeinschaftsunternehmen in zwei Bereichen werden zunächst die Geschichte und Stichpunkte des AMG dargestellt. Hierbei werden seine verschiedenen Merkmale erläutert, um einen ersten Eindruck des chinesischen Kartellrechtssystems zu vermitteln.

3.1.1 Wettbewerb unter der sozialistischen Marktwirtschaft

Jedes Wirtschaftsrecht ist zwar unmittelbar mit der Basisform der nationalen Wirtschaft verbunden, aber das Hauptaugenmerk liegt immer auf den Wettbewerbsschutz. Folgend werden die Theorien des Wettbewerbs als Einstieg vorgestellt.

3.1.1.1 Grundsätze des Wettbewerbs

Nach allgemeiner Wirtschaftstheorie ist der Wettbewerb notwendig, damit elementare Funktionen der Marktwirtschaft verwirklicht werden können. Der Wettbewerb geht aus der freien Marktwirtschaft hervor und wird durch die hochkomplexe Makrostruktur herausgebildet. Eine gesunde Wirtschaftsentwicklung kann den Wettbewerb steigern, denn der Wettbewerb ist unmittelbar mit wirtschaftlichen Rahmenbedingungen verbunden. Ein wirksamer Wettbewerb gewährleistet wiederum eine bessere wirtschaftliche Entwicklung, da der Wettbewerb die Antriebskraft der Marktordnung darstellt und als grundlegendes Instrument zur Erfüllung diverser Marktfunktionen dient.

Der Wettbewerb kann die Unternehmen zur Leistungsverbesserung anspornen.[130] Im Allgemeinen stellen die Preisveränderung von einem Marktteilnehmer Signale für die anderen dar. Die Konkurrenten müssen sodann darauf reagieren, um die Marktanteile und Gewinne zu behalten. Dabei kommt es zu einem dynamischen Ausgleich von Angebot und Nachfrage. Zweitens fördert der Wettbewerb die Innovationsfähigkeit jedes Marktteilnehmers. Zur Konkretisierung werden z. B. die Produktionsverfahren oder -techniken immer verbessert, damit die Produktionsfaktoren möglichst effizienter verwendet werden und die Produktqualität gesteigert wird. Endziel ist, dass die Produkte nach Präferenzen der Konsumenten

---

130 Stober/Paschke/Pietzcker/Bretthauer, Deutsches und Internationales Wirtschaftsrecht, S. 463 Rn. 1625.

auf den Markt gebracht werden können. In diesem Sinne besteht eine weitere Funktion von Wettbewerb darin, dass er für die Wohlfahrt der Verbraucher sorgt.[131]

Für jeden einzelnen Marktbeteiligten bedeutet der Wettbewerb Risiken und Chancen. Eine bessere Marktstellung ist nur erreichbar, wenn Marktbeteiligte die Kaufwünsche in qualitativen und quantitativen Aspekten befriedigen können. Es ist auch zu bemerken, dass sich Marktpositionen dauerhaft verändern können. Dies liegt daran, dass gute Gewinnaussichten immer mehr Marktteilnehmer anlocken. In diesem Sinne setzt der Wettbewerb jeden Marktakteur in Konkurrenz. Derjenige, der die Marktentwicklung falsch beurteilt, wird mit Verlusten bestraft. Dem Wettbewerb wird diese Eigenschaft zugesprochen, dass er im Zuge des dynamischen Prozesses eine rationale Einkommensverteilung ermöglicht.[132]

3.1.1.2 Entwicklung des Konzepts von sozialistischem Wettbewerb

Anders als im Kapitalismus erwies sich im Land China, das auf der sozialistischen Gesellschaft basiert, der Weg von wirtschaftlichen Monopolen bis hin zur freien Marktwirtschaft als schwierig und langwierig. In China herrschte bis 1978 jahrzehntelang Planwirtschaft, welche den Wettbewerb nicht fördern konnte.[133] Gesellschaftliche Produktionskräfte entwickelten sich nicht frei, vielmehr wurden Unternehmen von zentralen Planungsbehörden hoch konzentriert verwaltet.[134] Um den Produktionsplan schneller und besser zu erfüllen,[135] wurden jedem Unternehmen als einem Teil von Produktionseinheit bestimmte Aufgaben zugewiesen. Unter diesem Umstand fehlte die Grundlage für den Wettbewerb.[136]

In der Tat wurde der Begriff „Wettbewerb" in China lange abgelehnt. Damals herrschte noch die durch die Doktrin von Marx und Engels verbreitete Ansicht, dass der Wettbewerb der Erlangung wirtschaftlicher Vorteile für das Privateigentum diene, was im Gegensatz zum Wohlstand der Allgemeinheit stehe.[137] Nach Auffassung von Lenin und Stalin besteht keine Konkurrenz in der sozialistischen Gesellschaft, weil dort kein Privateigentum existiere.[138] Damals wurde auch eine

131 Mestmäcker/Schweitzer, Europäisches Wettbewerbsrecht, § 3 Rn. 4.
132 Koslowski/Chen/Wang, Sozialistische Marktwirtschaft – Soziale Marktwirtschaft, S. 108 ff.
133 Wang, WTO fördert Gesetzgebung des Anti-Monopolgesetzes; Meng, Anti-Monopolgesetz, S. 62–63.
134 Fischer/Mülller-Hofstede/Brink, Länderbericht China, S. 681–682.
135 Hippe, ZChinR 2006, S. 350–351.
136 Liu, Controlling in deutsch-chinesischen Gemeinschaftsunternehmen, S. 10–11.
137 Erläutert von Wang, Oriental Law 2009 Heft 3, S. 75; Wang, Lehrbuch zum Antimonopolgesetz von Xiaoye Wang, S. 39; Masseli, Handbuch chinesische Fusionskontrolle, S. 2; Hippe, ZChinR 2006, S. 349.
138 Dargestellt von Wang, Monopole und Wettbewerb in der chinesischen Wirtschaft, S. 9.

Meinung vertreten, dass staatseigene Unternehmen Gewinne für das ganze Volk bringen können.[139]

Mit dem Beginn der Wirtschaftsreformen 1978 gab es einen wesentlichen Wandel in der Wirtschaft. Der Aufbruch der alten Wirtschaftsstruktur ermöglichte einer Vielzahl von Privatunternehmen, sich frei und rapide zu entwickeln. Zugleich wurden Staatsunternehmen faktisch gezwungen, mit dem rasanten Wachstum Schritt zu halten.[140] Durch die Weiterentwicklung der sozialistischen Marktwirtschaft ist die Handlungsfreiheit für alle Teilnehmer am Wirtschaftsverkehr zunehmend gesichert worden. Vor diesem Hintergrund wurden wichtige Voraussetzungen für das Entstehen von Wettbewerb allmählich geschaffen.[141]

Auffällig ist, dass es in diesem Zeitraum einerseits eine dynamische Wirtschaftsentwicklung in China gab; anderseits fehlte es noch an einem klaren rechtlichen Rahmen, worin die Funktionen von Wettbewerb klargestellt werden konnten. Dies führte unmittelbar zu Monopolisierungen, Marktschließungen und Wettbewerbsbeschränkungen. Um den Markt gegen unkontrollierte Marktmacht zu schützen, wurde das Wandelverhältnis von wirtschaftlichem Monopol zu marktwirtschaftlicher Institution heftig diskutiert. Anfang der 1980er-Jahre wurde der Begriff „sozialistischer Wettbewerb" erst in der vorläufigen Bekanntmachung zur Entfaltung und zum Schutz sozialistischen Wettbewerbs am 17.10.1980 vom Staatsrat festgelegt,[142] derzufolge der Wettbewerb unter engen Bedingungen freigegeben wurde, wenn er den volkswirtschaftlichen Interessen entsprach und sich vom kapitalistischen Wettbewerb abgrenzen konnte. Es ist aber darauf hinzuweisen, dass eine umfangreiche Definition des Wettbewerbs nicht zustande gekommen war.

Eine vertiefte Diskussion fand im Jahr 1984 statt. Im Beschluss des Zentralkongresses über die Reform des Wirtschaftssystems wurde der Begriff des Wettbewerbs endgültig anerkannt.[143] Es wurde demzufolge bekannt gegeben, dass eine dynamische Wirtschaft einen großen Wert auf die Wirksamkeit des Wettbewerbs legt. Die Beziehung zwischen sozialistischen Unternehmen wurde zwar als gegenseitige Kooperation und Unterstützung definiert, aber dies schließt den Wettbewerb nicht aus. Vielmehr können seine Vorteile nicht außer Acht gelassen werden, da der Wettbewerb in erster Linie der leistungsgerechten Gewinnverteilung, der

---

139 Mesenbrink, Das Antimonopolgesetz der VR China im Spannungsfeld zwischen Politik und Wettbewerbsrecht, S. 20.

140 Wang, Oriental Law 2009 Heft 3, S. 77; Shi/Shi, China M&A Law Report, S. 36.

141 Shao/Fang/Wang/Tang, Wettbewerbsrecht, S. 202–203; Wang, RIW 2008, S. 418.

142 Cheng, Marktbeherrschende Staatsunternehmen in der Volksrepublik China, S. 77; PCCPL/Huang/Huang, Report on Competition Law and Policy of China 2010, S. 53; Meng, Anti-Monopolgesetz, S. 63; Wang, GRUR Int. 1992, S. 490; Shao/Fang/Wang/Tang, Wettbewerbsrecht, S. 200; Wang, RIW 2008, S. 417; Maier, Das Lauterkeitsrecht in der Bundesrepublik Deutschland im Vergleich zur Rechtslage in der VR China, S. 39.

143 Wang, Monopole und Wettbewerb in der chinesischen Wirtschaft, S. 21, S. 35 ff.

optimalen Ressourcenallokation sowie den Konsumenteninteressen nutzt.[144] Die Marktakteure werden so motiviert, mehr verbesserte Produkte bzw. Dienstleistungen auf den Markt zu bringen. Ein Unterschied zum Kapitalismus liegt darin, dass die Konkurrenz auf dem Staatseigentum beruht und somit staatlicher Kontrolle untersteht.

Durch die Erneuerung des Verfassungsrechts im Jahr 1993 wurde die Wirtschaft Chinas in Art. 15 als sozialistische Marktwirtschaft definiert.[145] Demnach soll der Wettbewerb als Gestaltungsmechanismus des ordnungsgemäßen Marktes im Mittelpunkt stehen. Alle Unternehmen werden dem Wettbewerb ausgesetzt. Das heißt, Unternehmen können nach dem Wettbewerbsmodul nur mit Überlegenheit in Märkten verbleiben, während die anderen aufgrund ihres Defizits an Wettbewerbsfähigkeiten aus dem Markt ausgesondert werden.[146] Hierfür wird das „Tabu" der Konkurrenz in chinesischen Märkten grundsätzlich aufgehoben.

3.1.1.3 Besonderheiten sozialistischen Wettbewerbs

Wie bereits erläutert, beruht der Wettbewerb auf der Grundform des Marktes und zeigt die wirtschaftliche Entwicklungsrichtung in jeder Marktform.[147] Der sozialistische Wettbewerb ist in diesem Sinne unmittelbar mit den Besonderheiten der chinesischen Wirtschaft verbunden, weswegen er sich von dem sozialen Wettbewerb in Deutschland unterscheidet. Dies wird im Folgenden näher dargestellt.

3.1.1.3.1 Besondere Stellung der Unternehmensgruppen bzw. Staatsunternehmen

Im weitesten Sinne ist der Wettbewerb durch die Einführung einer neuen Rechtsform, der Unternehmensgruppe, entstanden. Zu Beginn der Wirtschaftsreform wurde nicht der Wettbewerb selbst, sondern die wirtschaftliche Kooperation in Form der Unternehmensverbindung gefördert.[148] Unter Unternehmensgruppe versteht man eine Verbindung zwischen zwei oder mehreren rechtlich selbstständigen Unternehmen.[149] Dies ging aus Art. 1 und 5 der vorläufigen Bestimmungen für die unternehmerische Verbindung zur Förderung der Wirtschaft hervor. Nach der Präambel der vorläufigen Bestimmung diente eine solche Form zur Durchbrechung

144 People Com, Beschluss der Reformation der Wirtschaftsstruktur.
145 Masseli, Handbuch chinesische Fusionskontrolle, S. 22; Wang, RIW 2008, S. 417.
146 Hippe, ZChinR 2006, S. 349–350.
147 Gerber, Global Competition: Law, Markets and Globalization, S. 101 ff.; Baetge, Globalisierung des Wettbewerbsrechts, S. 65 ff., S. 173 ff.; Basedow, Weltkartellrecht, S. 41 ff.
148 Wang, Monopole und Wettbewerb in der chinesischen Wirtschaft, S. 2 ff.
149 Koslowski/Chen/Wang, Sozialistische Marktwirtschaft – Soziale Marktwirtschaft, S. 113–114.

der Barrieren in den Branchen oder Regionen, zur Verbesserung der technischen Faktoren sowie zur Erreichung der ökonomischen Effizienz.

Darüber hinaus durfte die Unternehmensgruppe gem. Art. 2 der vorläufigen Bestimmungen die Produkte selbst auf dem Markt absetzen, vorausgesetzt, dass sie staatliche Produktionspläne erfüllt hatte. Dies förderte in großem Umfang die Selbstständigkeit der Marktteilnehmer. Im Allgemeinen ist zu betrachten, dass der erste Schritt zu Marktregeln grundlegend erfolgreich war. Dies äußert sich besonders darin, dass die Ressourcenallokation offensichtlich verbessert und die Unternehmensstruktur rationalisiert wurde.[150] Vorteile, die eine Unternehmensgruppe aus ihrer Größe erzielen kann, wurden gesamtwirtschaftlich erwünscht.

Aber die rasante Marktanteilserhöhung hat auch den Unternehmensgruppen eine Position verschafft, ihre Konkurrenten von dem Markt fernzuhalten. Als Konsequenz daraus wurde die funktionelle Marktordnung erheblich beeinträchtigt. Es bleibt außerdem zu betrachten, dass die meisten Unternehmensgruppen aus staatlichen Unternehmen bestehen.[151] In China wird deren unternehmerische Führung von der Regierung ernannt und deshalb haben diese die höheren Chancen, wesentliche Produktionsmittel wie Rohmaterialien, technische Unterstützungen oder Geldmittel von der Regierung zu erhalten.[152] Unter diesen (schlechten bzw. unvollkommenen) Wettbewerbsbedingungen hatten die Unternehmensgruppen immer mehr Vorteile gegenüber den kleinen Unternehmen, wobei die letzteren faktisch gezwungen wurden, sich einer Unternehmensgruppe anzuschließen. Dies schwächte die Konkurrenzintensität wieder.

3.1.1.3.2 Behördliche Intervention

Als Überbleibsel der Planwirtschaft haben die Verwaltungsmonopole eine wichtige Rolle im chinesischen Wirtschaftsleben gespielt. Die Unternehmensgruppen wurden zu Beginn der Wirtschaftsentwicklung von regionaler Regierung gefördert, um den lokalen Wirtschaftserfolg zu erzielen. Bemerkenswert ist aber, dass die Produktion durch die örtliche Verwaltungsbehörde administrativ gelenkt werden konnte. Dies äußerte sich besonders darin, dass die Preisbildung nicht in der Hand der Unternehmen lag. Als Konsequenz daraus wurden diese nicht mehr als Marktteilnehmer, sondern als Einheit von regionalen Monopolen angesehen. Zur Unterstützung der ortsansässigen Unternehmen waren damals die Verwaltungsmonopole, wie der Aufbau von Handelshindernissen und die Marktabschottung gegenüber extraregionalen Wettbewerbern, ganz üblich.[153] Diese Beschränkungen

150 Hippe, ZChinR 2006, S. 351.
151 Wang, Monopole und Wettbewerb in der chinesischen Wirtschaft, S. 85.
152 Wang, Monopole und Wettbewerb in der chinesischen Wirtschaft, S. 84.
153 Bai, Hebei Law Science 2005 Heft 2, S. 131; Wang, Schwerpunkte im chinesischen Anti-Monopolgesetz.

verschärften die Wettbewerbsprobleme in jeder Region. In gewissem Maße kam es sogar zu einer Rückkehr zur Planwirtschaft.

3.1.1.3.3 Debatte über staatliche Monopole

Es ist fraglich, wie man große Unternehmen im Modell des sozialistischen Wettbewerbs behandeln kann. Näher zu hinterfragen ist, ob der sozialistische Wettbewerb die Staatsmonopole (von Unternehmensgruppen) in bestimmten Bereichen schützen soll.[154]

Die chinesische Regierung ist sich der Nebenwirkungen von staatlichen Wettbewerbsbeschränkungen wie überschüssiger Produktion, verzerrter Preisbildung oder Regionalprotektionismus bewusst. Bereits seit den 80er-Jahren sucht sie Wege, Staatsunternehmen unter dem Prinzip der „Effizienz" zu rekonstruieren.[155] Vor diesem Hintergrund wurde 2003 die Staatliche Kommission für die Beaufsichtigung und Verwaltung der staatseigenen Vermögenswerte (kurz: SASAC)[156] gegründet, die eine Rolle als Hüter des Staatsvermögens ausübt.

Die SASAC nimmt zwar eine positive Haltung gegenüber der Modernisierung und Umstrukturierung großer Staatsunternehmen ein. Aber deren Vorteile, wie z. B. Preisreduzierung durch massive Produktion, Sicherung der nationalen Wirtschaftsentwicklung, werden immer wiederholt. Es ist noch darauf hinzuweisen, dass staatseigene Unternehmen nach wie vor eine sehr wichtige Stellung in der chinesischen Wirtschaft einnehmen.[157] Auf gesetzlicher Ebene wird ihnen dementsprechend eine übergeordnete Stellung eingeräumt. Dies wird durch zwei Punkte verdeutlicht: Zunächst sind den Ausländern einige Branchen, in denen die Staatsunternehmen tätig sind, nach dem Investitionslenkungskatalog nicht zugänglich. Zweitens unterliegen die Staatsunternehmen einer staatlichen Kontrolle.

Aus Angst vor Verlust staatlichen Vermögens wird gefordert, die marktbeherrschende Stellung der Staatsunternehmen in wichtigen Branchen weiter zu sichern.[158] Der Wettbewerb soll einer Ansicht nach zwar gefördert werden, aber große Unternehmen müssen besonders geschützt werden, um die Wettbewerbsintensität zu bewahren.[159] Es wird auch vertreten, dass (administrative) Monopole in einigen Bereichen notwendig seien, da chinesische Unternehmen aufgrund der kurzzeitigen Wirtschaftsentwicklung ihre internationale Wettbewerbsfähigkeit

---

154 Mesenbrink, Das Antimonopolgesetz der VR China im Spannungsfeld zwischen Politik und Wettbewerbsrecht, S. 20; Masseli, Handbuch chinesische Fusionskontrolle, S. 5.

155 Details in 2.1.1.

156 State-Owned Assets Supervision and Administration Commission.

157 Koslowski/Chen/Yu, Sozialistische Marktwirtschaft – Soziale Marktwirtschaft, S. 66.

158 Fang, ZWeR 2008, S. 392 ff.

159 Details in Hippe, ZChinR 2006, S. 355.

noch verstärken müssen.[160] Zur Erfüllung dieses Ziels könne ein staatlicher Eingriff in die wettbewerbsrechtliche Ordnung gerechtfertigt werden.

3.1.1.3.4 Ergebnis

Es ist darauf zu achten, dass die Marktwirtschaft mit chinesischer Prägung einen wesentlichen Einfluss auf das ganze Gesetzessystem ausübt. Die industriepolitische Makrosteuerung hat ihre Spuren in rechtlichen Rahmenbedingungen hinterlassen. Dies betrifft selbstverständlich auch das Wirtschaftsrecht Chinas.

Die sozialistische Marktwirtschaft wird nach dem Marktwirtschaftsbeschluss in der 3. Plenartagung des 14. Zentralkomitees der Kommunistischen Partei Chinas so definiert, dass der Markt die grundlegende Aufgabe, Ressourcenallokation, unter staatlich makroökonomischer Steuerung übernimmt.[161] Dies hängt demzufolge damit zusammen, dass sich China noch in einer Übergangsphase befindet. Der Markt steht am Beginn seiner Entwicklung und ist noch nicht reif genug zur Durchführung aller seiner Funktionen. In dieser Lage müssen einige Aufgaben, wie z. B. die Finanzdienstleistungen oder die Währungspolitik, noch staatlich koordiniert werden, um die Industriestruktur zu verbessern und die Entwicklungsungleichheit zu bekämpfen. Dies wird durch Art. 15 des Verfassungsrechts wieder betont, demzufolge der Staat die Wirtschaftsgesetzgebung stärken und das makroökonomische Steuerungssystem vervollkommnen muss. Er ist ferner verpflichtet, Organisationen und Einzelpersonen die Störung der wirtschaftlichen Ordnung zu verbieten. Dem Wortlaut ist zu entnehmen, dass ein staatlicher Eingriff grundsätzlich gerechtfertigt wird, soweit dieser dem Schutz der wirtschaftlichen oder militärischen Belange dient. Allerdings wurde eine Frage bis jetzt nicht beantwortet, und zwar, inwieweit die staatliche Steuerung beizubehalten bzw. zu entfernen ist. Die Grenze zwischen zentraler Kontrolle und freier Marktentwicklung ist immer noch nicht scharf genug. Vor diesem Hintergrund ist oft in den Gesetzen ein doppelgleisiger Ansatz zu finden. Zum Beispiel gilt nach Art. 14 des Außenhandelsrechts der Grundsatz der Ein- und Ausfuhrfreiheit. Aber es wird gem. Art. 11 eine solche Freiheit derart beschränkt, dass ein Staatsmonopol in bestimmten Bereichen zugelassen wird. Betroffen ist z. B. die Einfuhr von Getreide, Rohöl oder Baumwolle.[162]

Ein solches Problem hatte auch Deutschland. Zu untersuchen war, inwiefern der Staat erhebliche Monopolisierungen, Marktzugangsbeschränkungen sowie Marktschließungen billigen durfte. Die Vertreter der sozialen Marktwirtschaft kritisierten oft die Ausnahmefälle für staatliche Unternehmen,[163] weil die Preise in Anbetracht der Förderung des Wettbewerbs frei zu bilden seien. Dann ist es

160 Dargestellt von Wang, ZChinR 2004, S. 99.

161 People Com, Beschluss der KP über einige Fragen des Aufbaus der sozialistischen Marktwirtschaft.

162 Bu, Einführung in das Recht Chinas 2017, § 21 Rn. 22.

163 Koslowski/Chen/Watrin, Sozialistische Marktwirtschaft – Soziale Marktwirtschaft, S. 88.

möglich, wirtschaftliche Tätigkeiten durch freie Marktkräfte zu regulieren. Es ist in der Gegenwart gelungen, die zwei größten staatlichen Unternehmen in Deutschland, die Bundespost und die Bundesbahn, in privatwirtschaftliche Firmen umzuwandeln.[164] Ebenso findet eine Marktliberalisierung z. B. in Sektoren der Energie und Telekommunikation statt, in denen die Firmen angesichts der Versorgungssicherheit seit Langem eine monopolistische Stellung besaßen.[165]

Eine Marktliberalisierung findet ebenso in China statt,[166] um die Verpflichtungen der WTO zu erfüllen. Es bleibt jedoch unklar, wie lange der ganze Prozess dauern kann. Allein kulturelle Anpassungsvorgänge können viel Zeit benötigen. Wie bereits erwähnt, fällt zurzeit die Ressourcenallokation im chinesischen Wettbewerbssystem nicht völlig unter den Angebot-Nachfrage-Mechanismus. Das bedeutet, Produktionsmittel liegen nicht ganz in privater Hand von Wirtschaftssubjekten. Im Hinblick auf die Priorität der Gesamtwirtschaftsentwicklung sind gegebenenfalls geschäftliche Entscheidungen dem Staat oder seinen Organisationen vorbehalten. In einigen Branchen, besonders diejenigen, die nach dem Investitionslenkungskatalog in die Kategorie „verboten“ oder „beschränkt“ eingestuft werden, können sich ausländische Investoren dem Zugriff der nationalen Aufsichtsbehörden nicht entziehen. Hier kann man nur von einer beschränkten Freiheit sprechen. Dies stellt einen großen Unterschied zur europäischen Wettbewerbspolitik dar: In Art. 119 Abs. 1 und 120 AEUV wird der Grundsatz der offenen Marktwirtschaft verankert, unter dem der Wettbewerb den einzigen Prüfmaßstab darstellt. Ein freies Spiel von Angebot und Nachfrage bleibt im Markt nach Möglichkeit unangetastet.

Es ist auch fragwürdig, ob Monopole, wie behauptet, die internationale Wettbewerbsfähigkeit der chinesischen Unternehmen fördern können. Eigentlich können solche (Staats) Unternehmen mit internationalen Konzernen nicht konkurrieren, wenn sie niemals auf dem nationalen Markt miteinander in Wettbewerb treten. Durch staatliche Subventionen und Wirtschaftslenkungen könnten chinesische Konzerne vorübergehend einen gewissen Wettbewerbsvorsprung halten, aber dies löst zugleich Ungerechtigkeit und Ungleichmäßigkeit für andere Marktbeteiligte aus. In erster Linie soll ein Wettbewerbsmechanismus gleiche Rahmenbedingungen für alle Marktakteure schaffen, egal ob sie privat oder staatlich bzw. groß oder klein sind. Wichtig ist, dass kein Marktbeteiligter durch die Wettbewerbsordnung benachteiligt wird, damit der Wettbewerb wirklich belebt werden kann.

In China bestehen folgende Gefahren: Das Wohlstandspotenzial ist in einer (auch sozialistischen) Marktwirtschaft nicht vollständig auszuschöpfen, soweit staatliche oder staatlich geschützte Monopole eine dominierende Rolle im Wirtschaftsverkehr spielen. Um gesamtwirtschaftliche Ziele zu verfolgen, muss man in

164 Koslowski/Chen/Watrin, Sozialistische Marktwirtschaft – Soziale Marktwirtschaft, S. 93.

165 Fredebeul-Krein/Koch/Kulessa/Sputek, Grundlagen der Wirtschaftspolitik, S. 127 ff.

166 Siehe in 2.1.

erster Linie darüber entscheiden, welche Staatsmonopole abzuschaffen sind. Dies ist zwar der Regierung bewusst, aber die konkreten Schritte zur völligen Marktliberalisierung sind noch auf einem langen Weg zu unternehmen. Vor diesem Hintergrund überrascht es nicht, dass ein Spannungsverhältnis zwischen wettbewerblichen und industriepolitischen Elementen im chinesischen Kartellrecht besteht. Dies wird im Folgenden anhand einer kurzen Schilderung von Entwicklung des AMG veranschaulicht.

3.1.2 Rückblick auf die Geschichte des Kartellrechts

Anlässlich einer ungleichförmigen Wirtschaftsentwicklung haben viele chinesische Juristen, besonders diejenigen, die in Europa oder in den USA ausgebildet wurden, Vorschläge für eine Wettbewerbsgesetzgebung vorgebracht.[167] Das Hauptargument besteht darin, dass wettbewerbsrechtliche Regelungen in einer einheitlichen Wirtschaftsrechtsordnung festgelegt werden müssen. Dennoch löste dieser Diskurs einen weiteren Streit aus, der sich auf die Notwendigkeit der kartellrechtlichen Gesetzgebung bezog.[168] Unter diesem Umstand zog sich der Gesetzgebungsprozess lange Zeit hin.[169]

Die Arbeit an der Ausarbeitung vom Gesetzentwurf begann fast 20 Jahre vor der erlassenen Version.[170] 1987 wurde eine Arbeitsgruppe vom Rechtsbüro des Staatsrats mit der Erarbeitung wettbewerblicher Rahmenbedingungen beauftragt.[171] Als Ergebnis dessen wurde dem Volkskongress ein Entwurf der „Vorläufigen

167 Hippe, ZChinR 2006, S. 350; Huang, Antitrust Law Journal 2008, S. 119.

168 Die Gegner wandten ein, dass die chinesische Wirtschaft für eine Kartellgesetzgebung nicht bereit war, denn chinesische Unternehmen konnten sich aufgrund der schwachen Wettbewerbsfähigkeit nicht auf den Weltmärkten behaupten. Erläutert von Cao, Interpretation des Anti-Monopolgesetzes der Volksrepublik China, S. 124–125; Cheng/Du/Li, Erforschung der chinesischen Wettbewerbsgesetzgebung und Aufschlüsse vom Rechtssystem in der Europäischen Union, S. 84–87; Shi, Anti-Monopolgesetz – Gesetzesauslegung und Erkundung nach Theorien, S. 42; An, Erklärung des Antimonopolgesetzes der Volksrepublik China, S. 7–9; Shi/Wang/Wang/Zu, Auslegung und Anwendung des Anti-Monopolgesetzes, S. 211–214; Koslowski/Chen/Wang, Sozialistische Marktwirtschaft – Soziale Marktwirtschaft, S. 116–117.

169 Im Jahr 1987 beauftragte der Staatsrat eine Arbeitsgruppe mit der Ausarbeitung der umfassenden Regelungen für das chinesische Kartellrecht. Siehe in Mao/Glass, GRUR Int. 2008, S. 105–106.

170 Wang, RIW 2008, S. 419; Shao/Fang/Wang/Tang, Wettbewerbsrecht, S. 202; Mao/Glass, WiRO 2008, S. 31.

171 Shao/Fang/Wang/Tang, Wettbewerbsrecht, S. 201; Wang, Chinese Journal of Law 2003 Heft 2, S. 130; Mao, GRUR Int. 2007, S. 576; Bu/Ruppelt, Chinesisches Zivil- und Wirtschaftsrecht aus deutscher Sicht, S. 167; Mesenbrink, Das Antimonopolgesetz der VR China im Spannungsfeld zwischen Politik und Wettbewerbsrecht, S. 21.

Verordnung gegen Monopole und unlauteren Wettbewerb" vorgelegt.[172] Es ist aber zu notieren, dass damals noch negative Meinungen gegen die Wirtschaftsreform vorherrschten, denenzufolge chinesische Unternehmen hinsichtlich ihrer schwachen Wettbewerbsfähigkeit nicht für einen tiefgreifenden Wandel geeignet gewesen seien. Im Gegensatz dazu könne das sozialistische Monopol zumindest für eine gewisse Übergangszeit eine Reihe von Vorteilen für die Wirtschaftsentwicklung bringen.[173] Vor diesem Hintergrund wurden erste Gedanken zur Regelung des Wirtschaftswettbewerbs nicht realisiert.[174]

3.1.2.1 Gesetz gegen unlauteren Wettbewerb

1993 wurde der vorgenannte Entwurf mit Streichung der meisten kartellrechtlichen Vorschriften in Form des Gesetzes gegen unlauteren Wettbewerb (kurz: UWG) erlassen,[175] welches Maßnahmen gegen die Preisabsprache bei Ausschreibungen sowie gegen die Preisgestaltung unter Produktionskosten beinhaltet und den Missbrauch der Marktmacht bei öffentlichen Versorgungsunternehmen sowie die Wettbewerbsbeschränkungen von örtlichen Regierungen und ihren Abteilungen verbietet.[176] Hierbei ist zu bemerken, dass das UWG einige vereinzelte kartellrechtliche Vorschriften enthält. Zum Beispiel dürfen öffentliche Versorgungsunternehmen und andere Unternehmen, die kraft des Gesetzes eine Monopolstellung besitzen, gem. Art. 6 UWG keine Käufer zwingen, die Waren der von ihnen bestimmten Verkäufer zu beziehen. In Ermangelung eines Kartellrechts war oft auf die Rechtsgrundlage des UWG zurückzugreifen.[177]

---

172 反对垄断和不正当过竞争暂行条例草案. Sie wurde aber nicht erlassen. Siehe auch in Zhang, Forschung nach Antimonopoltheorien, S. 74; Shao/Fang/Wang/Tang, Wettbewerbsrecht, S. 201; Wang, Schwerpunkte im chinesischen Anti-Monopolgesetz; Mao/Glass, GRUR Int. 2008, S. 105.

173 PCCPL/Huang/Huang, Report on Competition Law and Policy of China 2010, S. 54; Mesenbrink, Das Antimonopolgesetz der VR China im Spannungsfeld zwischen Politik und Wettbewerbsrecht, S. 21. Kritisiert von Wang, Chinese Journal of Law 2003 Heft 2, S. 130–131; Wang, WTO fördert Gesetzgebung des Anti-Monopolgesetzes.

174 Cheng, Marktbeherrschende Staatsunternehmen in der Volksrepublik China, S. 78–81; Mao/Hu, Journal of East China University of Political Science and Law 2008 Heft 2, S. 122; PCCPL/Huang/Huang, Report on Competition Law and Policy of China 2010, S. 56–57; Mao/Glass, GRUR Int. 2008, S. 105.

175 Yu, Fragen und Antworten zum Anti-Monopolgesetz, S. 6; Heuser, Einführung in die chinesische Rechtskultur, S. 430 ff.; Hippe, ZChinR 2006, S. 351–353; Koslowski/Chen/Wang, Sozialistische Marktwirtschaft – Soziale Marktwirtschaft, S. 115.

176 Yu, Fragen und Antworten zum Anti-Monopolgesetz, S. 231–234.

177 Li, Monopolverdacht bei Sony im Hinblick auf den Aufbau der technologischen Barrieren; Zhang, Forschung nach Antimonopoltheorien, S. 74–75; Meng, Anti-Monopolgesetz, S. 63; Mackenrodt/Podszun, GRUR Int. 2007, S. 895.

Das AMG (in Deutschland als GWB genannt) weist im Verhältnis zum UWG mehrere Ähnlichkeiten auf: Beide Gesetze verbieten die Gewinnerzielung in unrationeller Weise und schützen die Interessen der Konkurrenten bzw. der Verbraucher. Allerdings folgen sie verschiedenen Schutzzwecken: Während das UWG die Regeln für ein gerechtes Wirtschaftsverhalten beschreibt, schützt das AMG den freien Wettbewerb in der Wirtschaftsstruktur.[178] Unter dem AMG müssen wettbewerbliche Rahmenbedingungen hinsichtlich der Verhinderung der Monopole, des Verbots des Missbrauches der marktbeherrschenden Stellung sowie der Überwachung der Zusammenschlüsse geschaffen werden. Ein Kartellrecht ist keineswegs überflüssig. Nur mit umfassenden Wirtschaftsgesetzen kann der sozialistische Wettbewerb die volkswirtschaftliche Stabilität sichern.[179]

Die Erarbeitung eines Kartellrechts stand wieder auf dem Gesetzgebungsplan des 8. und 9. NVK.[180] Die eingesetzte Arbeitsgruppe hatte an diversen Entwürfen gearbeitet, jedoch konnte keine Einigung über den wesentlichen Teil erzielt werden.[181] Danach ging der Prozess aufgrund der widerstreitenden Interessen nur langsam vorwärts.

3.1.2.2 Preisgesetz

Ein anderes Gesetz, das zum Teil auch kartellrechtliche Elemente enthält, ist das PreisG. Anlässlich der Preisreform bezieht das PreisG eine Reihe von wichtigen marktwirtschaftlichen Elementen mit ein. Zur Aufrechterhaltung der sozialistischen Marktwirtschaft und zur Vorbeugung der Preisverzerrung werden Marktakteure nach dem 1997 in Kraft getretenen PreisG veranlasst, die Produkte mit angemessenen Preisen auf den Markt zu bringen. Dies wird vor allem in Art. 14 i. V. m. Art. 2 PreisG geregelt,[182] in denen wettbewerbsfeindliche Absprachen zwischen den Marktteilnehmern zur Preismanipulation unzulässig sind. Damit wird

---

178 Ein Vergleich durchgeführt von Heuser, Einführung in die chinesische Rechtskultur, S. 435 ff.; Furse, World Competition 2006, S. 330 ff.

179 Zhang, Forschung nach Antimonopoltheorien, S. 86–88; Wang, Journal of East China University of Political Science and Law 2008 Heft 2, S. 102, S. 117–119; Wang, Lehrbuch zum Antimonopolgesetz von Xiaoye Wang, S. 75 ff.; Koslowski/Chen/Wang, Sozialistische Marktwirtschaft – Soziale Marktwirtschaft, S. 116.

180 Cheng/Zhang, Erforschung der chinesischen Wettbewerbsgesetzgebung und Aufschlüsse vom Rechtssystem in der Europäischen Union, S. 16–17; An, Erklärung des Antimonopolgesetzes der Volksrepublik China, S. 2; PCCPL/Wu/Meng, Report on Competition Law and Policy of China 2010, S. 94–95; Wang, WTO fördert Gesetzgebung des Anti Monopolgesetzes; Mao, GRUR Int. 2007, S. 576; PCCPL/Wu/Liu/Lu/Zhang, Report on Competition Law and Policy of China 2010, S. 327.

181 Bu, Einführung in das Recht Chinas, § 23 Rn. 1.

182 Zhang, Forschung nach Antimonopoltheorien, S. 75; Meng, Anti-Monopolgesetz, S. 63; Yu, Fragen und Antworten zum Anti-Monopolgesetz, S. 6–7; PCCPL/Huang/Huang, Report on Competition Law and Policy of China 2010, S. 50–57.

versucht, die Schädigung der Interessen von anderen Wettbewerbern, eventuelle die Behinderung vom potenziellen Markteintritt sowie die Benachteiligung von Verbrauchern zu unterbinden. Es ist noch darauf hinzuweisen, dass die Regelungen lediglich gegen die Preisfestsetzung und -diskriminierung gelten. Auf den Missbrauch einer marktbeherrschenden Stellung oder die Aufsicht der Zusammenschlüsse ist das Gesetz nicht anwendbar.[183]

3.1.2.3 Bestimmungen zum Anteilserwerb an inländischen Unternehmen durch ausländische Unternehmen

Erste Überlegungen, in denen die Fusionskontrolle als wesentlicher Teil eines Gesetzes zu inkorporieren ist, enthielten die vorläufigen Bestimmungen zur Übernahme der staatlich organisierten Kleinunternehmen aus dem Jahr 1989. 2003 kamen vorläufige Bestimmungen zum Anteilserwerb an inländischen Unternehmen durch ausländische Unternehmen zustande, die sich auf die Unternehmensübernahme mit ausländischer Beteiligung richtet. Im Jahr 2006 wurden sie novelliert und fungieren seit dem als endgültige Fassung. Die Bestimmungen enthielten auch Regelungen der Fusionskontrolle.[184] Gem. Art. 51 a. F. der Bestimmungen wurde eine Anmeldepflicht veranlasst, soweit der Zusammenschluss zu den Wettbewerbsbeschränkungen führt oder führen könnte. Es ist aber darauf hinzuweisen, dass eine rein inländische Fusion nicht von diesen Vorschriften erfasst wird, was eine uneinheitliche Rechtsanwendung auslösen kann. Das neue Kartellrecht muss der Kontrolle der nationalen Zusammenschlüsse Rechnung tragen, um das Gesetzessystem zu vervollständigen.[185]

3.1.3 Gesetzgebungsprozess

Der WTO-Beitritt im Jahr 2001 hat wichtige Impulse für die beschleunigte Vorbereitung des Gesetzentwurfs gegeben.[186] Der Aufbau eines vollständigen

---

183 Yu, Fragen und Antworten zum Anti-Monopolgesetz, S. 9–10.

184 Tetz, ZChinR 2006, S. 392. Im Jahr 2009 wurde der fusionskontrollrechtliche Teil in den Bestimmungen ganz gelöscht. Siehe in 3.1.5.

185 Hippe, ZChinR 2006, S. 353 ff.

186 Cheng/Du/Li, Erforschung der chinesischen Wettbewerbsgesetzgebung und Aufschlüsse vom Rechtssystem in der Europäischen Union, S. 87–89; Yu, Fragen und Antworten zum Anti-Monopolgesetz, S. 6; Mao/Hu, Journal of East China University of Political Science and Law 2008 Heft 2, S. 122–123; Wang, Chinese Journal of Law 2003 Heft 2, S. 132–134; Wang, Zwei Probleme bei der Gesetzgebung des Anti-Monopolgesetzes im Rahmen des Eintritts Chinas der WTO; Wang, Lehrbuch zum Antimonopolgesetz von Xiaoye Wang, S. 486 ff.; PCCPL/Huang/Huang, Report on Competition Law and Policy of China 2010, S. 61 ff.; Bu/Ruppelt, Chinesisches Zivil- und Wirtschaftsrecht aus deutscher Sicht, S. 167–168; Li, Ungewissheit des Anti-Monopolgesetzes.

Wettbewerbsmechanismus wurde wieder auf die Agenda gesetzt. Erst im Februar 2002 wurde der erste offizielle Entwurf zur Einholung der Meinungen unter der Leitung des Ministeriums für Außenhandel und internationale Zusammenarbeit (Ministry of Foreign Trade and Economic Cooperation, kurz: MOFTEC)[187] sowie der Staatlichen Verwaltungskommission für Industrie und Handel (State Administration for Industry and Commerce, kurz: SAIC) fertiggestellt.[188]

In diesem ersten Konsultationsentwurf wurden das Verbot der wettbewerbsbeschränkenden Vereinbarungen, die Aufsicht des Missbrauches einer marktbeherrschenden Stellung, die Zusammenschlusskontrolle sowie eine chinesische Besonderheit, das Verbot des Missbrauches von Verwaltungsbefugnissen mit den wettbewerbsbeschränkenden Wirkungen, normiert. Allerdings galt der erste Entwurf nur als Gegenstand zur Diskussion. Die Konkretisierung in einigen Punkten löste mehr Debatten aus. Es wurde z. B. über die Untersagungskriterien in der Fusionskontrolle, die Ausnahmefälle des Kartellverbots sowie die Beurteilungsmaßstäbe für eine marktbeherrschende Stellung heftig diskutiert. Zwei Jahre später hat das MOFCOM (der Nachfolger des MOFTEC) dem Staatsrat einen anderen Entwurf zur Prüfung eingereicht.[189] Seit 2004 zirkulierten mehrere Gesetzentwürfe als Beratungs- oder Diskussionsentwürfe.[190]

Ende Juni 2006 wurde die 1. Lesung dem Ständigen Ausschuss des NVK vorgelegt.[191] Ein Jahr später, im Juli 2007, folgte die 2. Lesung zur Beratung.[192] Die letzte Fassung, die zugleich als Gesetz verabschiedet wurde, entstand am 30. August 2007. Das Kartellrecht in China wird nun als AMG bezeichnet und trat am 1. August 2008 letztendlich in Kraft.

---

187 2003 wurde das MOFTEC aufgelöst und in das Wirtschaftsministerium (Ministry of Commerce, kurz MOFCOM) eingegliedert.

188 中华人民共和国反垄断法草案(征求意见稿). Siehe in Zhang, Forschung nach Antimonopoltheorien, S. 76; Shao/Fang/Wang/Tang, Wettbewerbsrecht, S. 201–202.

189 Z. B.中华人民共和国反垄断法(送审稿). Siehe in Zhang, Forschung nach Antimonopoltheorien, S. 76; Shao/Fang/Wang/Tang, Wettbewerbsrecht, S. 202.

190 Shao/Fang/Wang/Tang, Wettbewerbsrecht, S. 202; Zou/Sun/Zhang, Der Antrag auf Überprüfung des Entwurfs des Anti-Monopolgesetzes lässt die „Wirtschaftsverfassung" in den Prozess der Gesetzgebung eintreten.; Hippe, ZChinR 2006, S. 354; Mesenbrink, Das Antimonopolgesetz der VR China im Spannungsfeld zwischen Politik und Wettbewerbsrecht, S. 26.

191 Zhang, Forschung nach Antimonopoltheorien, S. 78; PCCPL/Huang/Huang, Report on Competition Law and Policy of China 2010, S. 63; Zou/Sun/Zhang, Der Antrag auf Überprüfung des Entwurfs des Anti-Monopolgesetzes lässt die „Wirtschaftsverfassung" in den Prozess der Gesetzgebung eintreten.; Mao/Glass, GRUR Int. 2008, S. 105–106.

192 Lorenz, WuW 2008, S. 815; An, Erklärung des Antimonopolgesetzes der Volksrepublik China, S. 2–3; Zhang, Forschung nach Antimonopoltheorien, S. 78.

3.1.4 Gesamtbewertung

Nach zwei Jahrzehnte langen Vorbereitungen und Auseinandersetzungen können in China die „Früchte" – das AMG – geerntet werden. In vielerlei Hinsicht stellt diese Wirtschaftsverfassung einen Meilenstein in der Rechtsentwicklung dar.[193] Erstmals in diesem Land ist ein ausgewogenes Regelwerk angesichts der zunehmenden Öffnung des inländischen Marktes geschaffen. Es wurden mehrmals internationale Forschungskonferenzen mit ausländischen Experten (z. B. aus Deutschland, den USA und anderen marktwirtschaftlich entwickelten Staaten)[194] bei der Gesetzesvorbereitung einberufen. Wie ein anderes Kartellrecht, dient das AMG zur Absicherung freien Wettbewerbs, was man sich vor 30 Jahren nicht vorstellen konnte.

Die Unterbrechungen, Kontroversen und Anläufe im Prozess zeigen den Mut Chinas, von traditioneller Vorstellung abzugehen. Es ist aber auch zu bemerken, dass einige zentrale Auseinandersetzungen, die im Gesetzgebungsverfahren nicht gelöst wurden, noch in der gültigen Fassung vage bleiben. Zunächst wurden strittige Fragen über die Einrichtung der Anti-Monopolbehörde(n) im Gesetz nicht beantwortet.[195] Hinzu kommt, dass die Aufgreifkriterien der Zusammenschlusskontrolle angesichts der Auseinandersetzungen nur rudimentär im AMG reguliert werden. Als Zwischenlösung wird der Staatsrat dazu ermächtigt, konkretisierende Durchführungsverordnungen zu erlassen. Es ist zu folgern, dass das Gesetz erst im Zusammenspiel mit ergänzenden Bestimmungen seine volle Wirkungskraft erlangen kann.

3.1.5 Verhältnis zu anderen Gesetzen mit kartellrechtlichen Vorschriften

Wie bereits dargestellt, wurden eine Reihe von Verwaltungsvorschriften während des durchlaufenen Gesetzgebungsverfahrens von dem Staatsrat bzw. seinen Unterbehörden bekannt gegeben, um aufgetretene Wettbewerbsprobleme zu lösen. Nach der Bekanntmachung des Gesetzes wurden Fragen über die Gültigkeit dieser Verordnungen aufgeworfen, die sich inhaltlich mit den Regeln des AMG überschneiden oder diesen sogar widersprechen. Als Beispiel wird angeführt, dass die Bestimmungen zum Anteilserwerb an inländischen Unternehmen durch ausländische Unternehmen damals auch eine Fusionskontrolle im Fokus hatten. Das AMG trifft aber keine Aussage darüber, ob dieses Kapitel in Anbetracht des Inkrafttretens

193 Huang, Mit der Marktwirtschaft zusammen wachsen – Betrachtung des chinesischen Antimonopolgesetzes.

194 Zhang, Forschung nach Antimonopoltheorien, S. 76; Wang, Lehrbuch zum Antimonopolgesetz von Xiaoye Wang, S. 45; Hippe, ZChinR 2007, S. 353; Chen, Probleme der europäischen Fusionskontrolle nach der Reform der FKVO, S. 380; Mao/Glass, WiRO 2008, S. 31.

195 Mackenrodt/Podszun, GRUR Int. 2007, S. 897–898.

des AMG unanwendbar ist. Infolgedessen hätte eine Rechtskonkurrenz bei der Zusammenschlusskontrolle bestehen können. Zur Rektifikation hat das MOFCOM am 22.06.2009 in der Verordnung Nr. 6 klargestellt, dass fusionskontrollrelevante Bereiche in den Bestimmungen ganz gestrichen werden.[196]

Dennoch lässt das Gesetz noch viel zu wünschen übrig. Andere Gesetze (z. B. PreisG, UWG), Leitlinien und Regelungen sind immer noch auf kartellrechtliche Fälle anwendbar, sofern keine widersprüchliche Vorschrift im AMG zu finden ist.[197] Dieser Umstand birgt die Gefahr zukünftiger Konflikte.[198] Eine andere Sorge besteht darin, dass kein gleiches System sowohl für ausländische als auch für inländische Unternehmen aufgebaut wird.[199] Die inländische Übernahme wird neben dem AMG vom Gesellschaftsgesetz, Wertpapierrecht sowie von Regelungen über die Übernahme von börsennotierten Unternehmen erfasst,[200] während vorgenannte Bestimmungen für ausländische Beteiligungen an chinesischen Unternehmen noch als gültig zu erklären ist. Es bleibt unklar, inwieweit solche Regelungen je nach der Herkunft der Investoren in der kartellrechtlichen Prüfung herangezogen werden sollen.[201] Dieser Konflikt wird durch die Einführung der Staatssicherheitsprüfung wieder verstärkt.[202]

3.2 Schutzzwecke des AMG

In Art. 1 AMG werden sechs Schutzzwecke nominiert. Es werden die Vorbeugung und Verhinderung von wettbewerbsbeschränkenden Verhaltensweisen, der Schutz fairen Wettbewerbs, die Effizienzerhöhung von Wirtschaftsabläufen, die Sicherung der rechtmäßigen Konsumenteninteressen, die Gewährung des gesamtgesellschaftlichen Nutzens sowie die Förderung der gesunden Entwicklung der sozialistischen

---

196 PCCPL/Wu/Meng, Report on Competition Law and Policy of China 2010, S. 97.

197 Wang, Heiße Fragen im Hinblick auf die Durchführung des Anti-Monopolgesetzes, S. 65 ff.; Shi/Wang/Wang/Zu, Auslegung und Anwendung des Anti-Monopolgesetzes, S. 71–72.

198 Z. B. könnte es hinsichtlich des preisrelevanten Missbrauches zum Konflikt mit dem Preisgesetz kommen. Siehe auch in Xiao, Wettbewerbspolitik und Regierungskontrolle, S. 158–160; Fang, ZWeR 2008, S. 388.

199 Fang, ZWeR 2008, S. 386–387, S. 391 ff.

200 Details in Chu, Anti-Monopolregelungen bei Gemeinschaftsunternehmen, S. 27–28; Shi/Wang/Wang/Zu, Auslegung und Anwendung des Anti-Monopolgesetzes, S. 199; Yu, Fragen und Antworten zum Anti-Monopolgesetz, S. 109.

201 Shi/Wang/Wang/Zu, Auslegung und Anwendung des Anti-Monopolgesetzes, S. 21–22; Ye/Bao, Rechtliche Analyse der ausländischen Fusion und Übernahme der chinesischen Unternehmen, S. 413–414; Wang, Journal of East China University of Political Science and Law 2008 Heft 2, S. 121; PCCPL/Huang/Wu, Report on Competition Law and Policy of China 2014, S. 39–40; PCCPL/Sheng/Lu, Report on Competition Law and Policy of China 2014, S. 365–367.

202 Siehe in 5.2.1.3.

Marktwirtschaft genannt. Dies lässt darauf schließen, dass zu einem Teil die Wettbewerbsordnungen aus Industrieländern oder -gebieten (z. B. aus der Europäischen Union, den USA und Deutschland) ihre Spuren im AMG hinterlassen haben. Zum anderen Teil werden eigene chinesische Wettbewerbsgedanken ins Auge gefasst.

3.2.1 Prävention und Verbot der wettbewerbsbeschränkenden Verhaltensweisen

Die Vorbeugung und Verhinderung von monopolisierenden Verhaltensweisen leitet sich von den Grundprinzipien des Wettbewerbsschutzes ab, in denen der Wettbewerb durch eine Wirtschaftsordnung gesichert wird. Das Monopolverhalten dagegen wird dem Wettbewerb sowie den Wettbewerbsbedingungen schaden, weswegen dieses gesetzlich verboten wird. Im Allgemeinen entfaltet das AMG eine präventive Wirkung, indem die Wettbewerber zur Leistungssteigerung motiviert und somit vom Monopolverhalten abgehalten werden.

3.2.2 Schutz fairen Wettbewerbs

Das Gesetz hat den Wettbewerb sowie den fairen Wettbewerb nicht definiert. Es liegt nahe, dass der faire Wettbewerb durch das Verbot des Monopolverhaltens belebt wird. Dies stimmt mit dem ersten Gesetzeszweck überein. Nach dem Konzept der sozialistischen Marktwirtschaft müssen wettbewerbsfähige und ordnungsmäßige Märkte in China aufgebaut werden. Dabei spielt der (faire) Wettbewerb eine wichtige Rolle, sodass die Wirtschaftsabläufe auf der Grundlage des Konkurrenz-Mechanismus erfolgen können. Es ist aber darauf hinzudeuten, dass nach der Gesetzesauslegung nur faire Marktwettbewerbsprozesse geschützt werden, jedoch nicht einzelne Wettbewerber.

3.2.3 Erhöhung der Effizienz von Wirtschaftsabläufen

Die Effizienzsteigerung hängt eng mit der zweiten Zielsetzung zusammen. In einem hochkomplexen Marktwirtschaftssystem werden ineffiziente Unternehmen aus den Märkten ausscheiden, wobei mehr Plätze für leistungsfähigere Marktteilnehmer gewährleistet werden. Hierbei dient der Wettbewerb einerseits als grundlegende Bedingung zur Erzielung wirtschaftlicher Effizienz, andererseits stellt die Effizienzsteigerung das Ergebnis des Wettbewerbsschutzes dar. Unter wirtschaftlichem Vorteil versteht man herkömmlich die Allokations- sowie Produktionseffizienz. In Bezug auf die Technologieentwicklung wird die dynamische Innovation ebenfalls berücksichtigt.[203] Zur Zielverfolgung werden die Freistellungsmöglichkeiten im Sinne von Art. 15 für Monopolvereinbarungen bzw. Art. 28 AMG für

203 Mesenbrink, Das Antimonopolgesetz der VR China im Spannungsfeld zwischen Politik und Wettbewerbsrecht, S. 77–78.

Zusammenschlüsse eingeräumt, soweit die zu erzielende Effizienz einen Ausnahmefall rechtfertigen kann.

3.2.4 Sicherung der rechtmäßigen Konsumenteninteressen

Das Gesetz enthält auch den Verbraucherschutz, der den ausreichenden Wettbewerb auf dem relevanten Markt voraussetzt. Ein gesunder Wettbewerb veranlasst die Unternehmen dazu, Produkte mit günstigeren Preisen anzubieten und deren Qualität ständig zu verbessern. Als Ergebnis davon steht es den Verbrauchern frei, unter verschiedenen Anbietern auszuwählen und hinsichtlich einer Preissteigerung auf andere Anbieter auszuweichen. Wichtig ist darauf hinzuweisen, dass hier Konsumenten als Gesamtbegriff verwendet werden.

3.2.5 Gewährung des gesamtgesellschaftlichen Nutzens

Schwerer zu interpretieren ist das Allgemeininteresse, das in der fünften Variante verkörpert ist. Eine genaue Definition findet sich im Gesetz nicht.[204] In der chinesischen Literatur ist sein Inhalt umstritten. Unter diesem abstrakten Begriff versteht man z. B. den Schutz der gesamten Volkswirtschaft und die Aufrechterhaltung der nachhaltigen Entwicklung.[205] Eine andere Ansicht verknüpft diesen Begriff eher mit politischen Interessen.[206] Wieder andere sind der Meinung, dass das Allgemeininteresse die soziale Fairness, die Wirtschaftsdemokratie sowie die wirtschaftliche Sicherheit beinhaltet.[207] Weitere Elemente wie der Schutz des internationalen Handels, die Sicherung der Energieversorgung oder die Sicherstellung der Arbeitsplätze können auch zu Allgemeininteressen gehören.[208] Hinweise können aus Art. 54 a. F. der Bestimmungen zum Anteilserwerb an inländischen Unternehmen durch ausländische Unternehmen entnommen werden, in dem vier Varianten als Ausnahmefälle aufgelistet werden. Zu nennen sind die Unternehmensrekonstruktion zur Bewahrung der Arbeitsplätze, die Verbesserung fairer Wettbewerbsbedingungen, die Erhöhung der internationalen Wettbewerbsfähigkeit durch fortschrittliche Technologien und das Management sowie der Schutz der Umwelt. Konkrete Beispiele sind darüber hinaus in Art. 15 Abs. 1 Nr. 4 AMG angeführt, davon werden der Umweltschutz, die Schonung der Ressourcen sowie die Leistung der Katastrophenhilfen erfasst. Es ist schließlich darauf hinzudeuten, dass sich das gesellschaftliche Interesse nicht auf das Interesse einzelner Personen oder Gruppen bezieht, sondern es mit der Wohlfahrt der gesamten Gesellschaft gleichzustellen ist. Dies betrifft also die gesamte chinesische Bevölkerung.

---

204 Wang, RIW 2008, S. 418.
205 Details in Masseli, Handbuch chinesische Fusionskontrolle, S. 20.
206 Lorenz, GRUR Int. 2006, S. 471.
207 Mesenbrink, Das Antimonopolgesetz der VR China im Spannungsfeld zwischen Politik und Wettbewerbsrecht, S. 81 ff.
208 Masseli, Handbuch chinesische Fusionskontrolle, S. 20.

3.2.6 Förderung der gesunden Entwicklung der sozialistischen Marktwirtschaft

Die letzte Zielsetzung wird als Endziel des AMG angesehen. Zur Konkretisierung wird in Art. 4 AMG vorgesehen, dass das Kartellgesetz eine vollkommene, offene sowie wettbewerbsorientierte Marktordnung schaffen muss, die mit der sozialistischen Marktwirtschaft vereinbar ist. Hier ist zu beachten, dass alle oben genannten Zwecke zur Förderung bzw. Aufrechterhaltung einer gesunden sozialistischen Marktwirtschaft dienen, was auch das Hauptanliegen für die Wirtschaftsgesetzgebung ist.

3.2.7 Problem: Zielkonflikte

Es ist auf den ersten Blick erkennbar, dass solche Zielsetzungen auf den wirtschaftlichen und gesellschaftlichen Entwicklungsplan Chinas abgestimmt werden. Vor allem wird gesetzlich die Aufrechterhaltung der sozialistischen Marktwirtschaft in den Vordergrund gestellt. Darüber hinaus soll das Wettbewerbssystem der Optimierung bzw. der Modernisierung der Industriestruktur dienen.[209] Kleine und mittelständige Unternehmen werden im Hinblick auf die dominante Marktstellung der Großunternehmen ermutigt, das Ausmaß ihres Betriebs durch effizientere Ressourcenallokation zu erweitern und damit in Wettbewerb miteinander zu treten. Dieser Aspekt wird nunmehr unter wirtschaftlicher Effizienzsteigerung berücksichtigt, die letztlich zum gesellschaftlichen Reichtum sowie zur sozialen Wohlfahrt beiträgt.

Jedoch stößt die Vielfalt der Ansätze auch auf Kritiken. Einer Auffassung nach ist die Gewichtung der verschiedenen Zwecke schwer zu erkennen. Als Folge davon könnten unterschiedliche Bestrebungen miteinander in Widerspruch stehen.[210] Es ist vor allem fraglich, ob die Gewährleistung der Unternehmensinteressen vor dem Verbraucherschutz stehen soll.[211] Der Schutz des Unternehmensinteresses, der in verschiedenen Entwürfen erschien, wurde zwar im AMG gestrichen, aber es ist theoretisch möglich, dass dieses unter dem allgemeinen Interesse mitberücksichtigt wird. Wenn dies zu bejahen ist, bestünde die Gefahr, dass der Verbraucherschutz durch das unter dem Deckmantel „Gemeinwohl" versteckte Unternehmensinteresse geschwächt werden könnte.

---

209 Fang, ZWeR 2008, S. 390; PCCPL/Zhao, Report on Competition Law and Policy of China 2010, S. 19 ff.

210 Ye, China Legal Science 2012 Heft 3, S. 136, S. 140, S. 143–146; Bu/Ruppelt, Chinesisches Zivil- und Wirtschaftsrecht aus deutscher Sicht, S. 168–169; Mesenbrink, Das Antimonopolgesetz der VR China im Spannungsfeld zwischen Politik und Wettbewerbsrecht, S. 100 ff.

211 Yu, Business 2016 Heft 3, S. 247; Wang, Journal of East China University of Political Science and Law 2008 Heft 2, S. 100; Mao/Glass, GRUR Int. 2008, S. 106; Mao/Glass, ZWeR 2008, S. 90; Wang, RIW 2008, S. 419.

Diese Befürchtung könnte durch Art. 5 AMG vertieft werden, demzufolge Unternehmen ermuntert werden, das Ausmaß ihres Betriebs durch fairen Wettbewerb und freiwillige Verbindungen zu erweitern. Das zeigt, dass die Unternehmensinteressen im Zuge der legalen Geschäftstätigkeiten schützenswert sind.[212] Wenn die Vergrößerung der Unternehmen eine Verletzung des Verbraucherinteresses bedeuten würde, wäre schwer zu klären, wie die Prioritäten zu setzen sind, da das Gesetz keine Hierarchie der verschiedenen Interessen enthält.[213] Dies führt dazu, dass die zuständige Behörde in jedem Einzelfall ihren eigenen Einfluss auf die Entscheidung ausüben kann.[214] Erst nach der Entscheidung kann erkannt werden, welches Ziel Vorrang vor den anderen genießt. Allerdings könnte der Schwerpunkt in einem anderen Fall wieder ganz anders gelegt werden.

Es ist auch auffällig, dass politische Entscheidungen bei der Gewichtung der Interessen eine gewisse Rolle spielen können.[215] Dies äußert sich darin, dass Spuren der politischen Einflussnahme in einigen Regelungen gefunden werden.[216] Hierbei stellt nicht allein der Wettbewerb den zentralen wirtschaftlichen Steuerungsmechanismus dar, sondern es fällt eine Kombination aus wettbewerbsrechtlichen Kriterien und industriepolitischen Erwägungen im Gesetzestext auf. Dahinter steht der Gedanke, dass eine Ausgewogenheit aller denkbaren Interessen zu erreichen ist.[217] Allerdings erzeugt die breite Aufnahme von nicht wettbewerbsrelevanten Aspekten ein Spannungsverhältnis mit wettbewerblichem Kern. Dies spiegelt sich

---

212 Der Schutz der legalen Interessen von Unternehmen war äußerst umstritten. Dieser Begriff erschien im 1. Entwurf, aber wurde in der 2. Lesung gestrichen. Siehe in Wirtschaftsrechtsbüro und Forschungsbüro der Rechtsarbeitskommission des Ständigen Ausschusses des Nationalen Volkskongresses, Fragen und Antworten des Anti-Monopolgesetzes der Volksrepublik China, S. 17 ff.; Wu, Auslegung zum Anti-Monopolgesetz der Volksrepublik China, S. 14–16; Wang, Chinese Journal of Law 2008 Heft 4, S. 80; Zhang/Wang, Legal System and Society 2007 Heft 9, S. 153; Wang, Journal of East China University of Political Science and Law 2008 Heft 2, S. 100; Wang, RIW 2008, S. 418–419.

213 Wu, Auslegung zum Anti-Monopolgesetz der Volksrepublik China, S. 2–5; Hu, Ökonomische Logik im Rahmen des Anti-Monopolgesetzes, S. 297–300; Sprick, ZChinR 2008, S. 130.

214 Wu, Auslegung zum Anti-Monopolgesetz der Volksrepublik China, S. 2; Jin, Science of Law (Journal of Northwest University) 2014 Heft 1, S. 82.

215 Wang, Journal of East China University of Political Science and Law 2008 Heft 2, S. 100; PCCPL/Zhao, Report on Competition Law and Policy of China 2010, S. 21–23; PCCPL/Wang/Ye, Report on Competition Law and Policy of China 2010, S. 137–138; Bu/Ruppelt, Chinesisches Zivil- und Wirtschaftsrecht aus deutscher Sicht, S. 170.

216 Wang, Law Science Magazine 2008 Heft 1, S. 3; Masseli, ZChinR 2007, S. 259.

217 Mao/Glas, ZWeR 2008, S. 90; Wang, Chinese Journal of Law 2008 Heft 4, S. 79–80; Shang, China Surfactant Soap and Detergent Industries 2008 Heft 4, S. 43; Jin, Law Review 2013 Heft 5, S. 17; Jin, Science of Law (Journal of Northwest University) 2014 Heft 1, S. 82; Wang, Lehrbuch zum Antimonopolgesetz von Xiaoye Wang, S. 474 ff.; Sprick, ZChinR 2008, S. 130.

zunächst in der Nennung des Allgemeininteresses wider. Vom Wortsinn her ergeben sich vielfältige Auslegungsmöglichkeiten. Sicherlich kann man zur Konkretisierung dieses elastischen Begriffs etwa Anhaltspunkte in Art. 15 AMG finden, aber es könnten auch andere unvorhergesehene Faktoren durch die offene Klausel, Art. 15 Abs. 1 Nr. 7 AMG, als Allgemeininteresse einbezogen werden. Ein vager Rechtsbegriff führt dazu, dass wettbewerblich relevante Aspekte zurückgedrängt werden können.

Es ist zudem bedenklich, ob staatliche Unternehmen im Hinblick auf die Verfolgung der gesamtgesellschaftlichen Interessen besonders geschützt werden. Art. 7 Abs. 1 AMG lautet: „Der Staat schützt rechtmäßige Geschäftsaktivitäten in Schlüsselindustrien, die staatliche Sicherheitsbelange berühren, in Wirtschaftszweigen, in denen die staatseigene Wirtschaft eine beherrschende Stellung hat, und in Branchen, die nach dem Recht ausschließlich staatlich betrieben oder vertrieben werden. Der Staat überwacht und kontrolliert solche Unternehmensaktivitäten und die Preisgestaltung ihrer Waren und Dienstleistungen nach dem Recht, um das Interesse der Verbraucher zu schützen und technische Fortschritte voranzutreiben." Das verdeutlicht, dass sensible Umfelder im Bereich der Staatswirtschaft (z. B. Energieversorgung, Telekommunikation, Banken oder Elektrizitäts- und Erdölindustrie), in denen staatseigene Unternehmen zur Sicherung des nationalen Interesses tätig sind, nach wie vor besonders behandelt werden können.[218] Es ist auch zu vermuten, dass das AMG auf die Staatsmonopole nicht anwendbar ist.[219] Fraglich bleibt aber, inwieweit eine wettbewerbsbeschränkende Verhaltensweise zugunsten des allgemeinen Interesses zuzulassen ist.[220] Dies verstärkt auch die Zweifel, dass gleiche Wettbewerbsbedingungen für alle Marktbeteiligten immer noch nicht geschaffen werden.[221] Der Konflikt zwischen Wettbewerbsschutz und Allgemeininteresse leitet sich ursprünglich aus den Besonderheiten des sozialistischen Wettbewerbs ab und wird durch die Veröffentlichung des AMG verschärft.

Dasselbe Problem existiert auch bei der Fusionskontrolle: Man kann sich gem. Art. 28 AMG auf das Allgemeininteresse berufen, um ein Zusammenschlussvorhaben zu rechtfertigen. Nach der Vorschrift scheint sich sogar eine Abwägung

---

218 An, Erklärung des Antimonopolgesetzes der Volksrepublik China, S. 24–25; Wu, Auslegung zum Anti-Monopolgesetz der Volksrepublik China, S. 19–23; Wirtschaftsrechtsbüro der Rechtsarbeitskommission des Ständigen Ausschusses des Nationalen Volkskongresses, Erklärung der Gesetzesnormen, Gesetzgebungsgründung und der relevanten Regelungen des Anti-Monopolgesetzes, S. 33–35; Yu, Fragen und Antworten zum Anti-Monopolgesetz, S. 28–29; Huang, For the Public Good 2008 Heft 9, S. 36; Fang, ZWeR 2008, S. 393–394; Jin, Aufgreifkriterien in der Fusionskontrolle, S. 100.

219 Fang, ZWeR 2008, S. 392 ff.; Wang, RIW 2008, S. 421.

220 Xiao, Wettbewerbspolitik und Regierungskontrolle, S. 153–155; Shi/Wang/Wang/Zu, Auslegung und Anwendung des Anti-Monopolgesetzes, S. 54 ff.; Shi, Jurists Review 2008 Heft 1, S. 3; Mao, GRUR Int. 2007, S. 577–578; Sprick, ZChinR 2008, S. 130.

221 Siehe auch in 3.1.1.3.1.

zwischen wirtschaftlichen Gewinnen und nachteiligen Entwicklungen zu erübrigen. Jedenfalls fehlt im chinesischen Gesetz die Formulierung, und zwar „das überragende Interesse“ im Sinne von § 42 Abs. 1 GWB. Solch vage Begriffsabgrenzung birgt eine hohe Flexibilität in sich und wirft folglich eine weitere Frage auf, ob ein anderer Belang leicht in die kartellrechtliche Bewertung einfließen kann.[222] Durch Art. 5 AMG, der als konkretisierte Zielsetzung der Zusammenschlusskontrolle anzusehen ist, werden nur solche Zusammenschlüsse gefördert, die in Einklang mit den Grundsätzen fairen Wettbewerbs stehen. Nach der Gesetzesauslegung erkennt der Gesetzgeber bereits, dass der verzerrte Wettbewerb und dessen negative Einflüsse verhindert werden müssen. Wünschenswert ist allerdings, dass die Reichweite des „allgemeinen Interesses“ durch eine konkretisierende Bestimmung begrenzt wird.[223] Sonst könnte das Bedenken nicht entkräftet werden, dass ein Zusammenschluss im Hinblick auf seine industriellen Vorteile im fusionsrechtlichen Verfahren freigestellt werden kann, selbst wenn er schwerwiegende Wettbewerbsbeschränkungen haben kann.

3.2.8 Ergebnis

Im Vergleich zu anderen Industrieländern, wie den USA am Ende des 19. Jahrhunderts oder Deutschland in der Mitte des 20. Jahrhunderts, in denen die Entwicklung der Marktwirtschaft relativ ausgereift ist, stellt sich die Gestaltung des chinesischen Kartellgesetzes anders dar. Das Gesetz gibt einen aktuellen Ablauf der langsamen Transformation von der zentralen Planwirtschaft zur Marktwirtschaft wieder. Aus diesem Grund wirken in einigen Bereichen einerseits die Spuren der Planwirtschaft nach; andererseits haben internationale Wettbewerbsordnungen (z. B. der Europäischen Union, Deutschlands sowie der USA) die kartellrechtliche Gesetzgebung in China stark beeinflusst.[224] Dies äußert sich darin, dass der chinesische Gesetzgeber einen großen Wert auf die Förderung und den Schutz des Wettbewerbs legt.[225] Dazu besteht die Hauptaufgabe des AMG darin, den fairen Wettbewerb in Märkten aufrechtzuerhalten oder wiederherzustellen.[226]

Basierend auf der gesamten Betrachtung des Gesetzes lässt sich schlussfolgern, dass dem AMG nicht nur ein Einzelziel, sondern eine Vielzahl von Schutzzwecken kumulativ zugrunde liegt. Diese beruhen beispielsweise auf der von der amerikanischen Chicago School vertretenen Doktrin, wonach die Steigerung der

---

222 Wang, Law Science Magazine 2008 Heft 1, S. 5; Ma, Legal System and Society 2009 Heft 7, S. 128.
223 Wang, Chinese Journal of Law 2008 Heft 4, S. 81; Wang, RIW 2008, S. 425.
224 Mao/Glass, GRUR Int. 2008, S. 106.
225 Ge, Modern Business 2008 Heft 18, S. 275.
226 Wang, Anti-Monopolgesetz – Meilenstein in der Reform des chinesischen Wirtschaftssystems.

Wirtschaftseffizienz im Rahmen der Wohlfahrtsökonomik häufig hervorgehoben wird,[227] oder auf dem Konzept des funktionsfähigen Wettbewerbs (Workable Competition) von der amerikanischen Harvard School, demzufolge sowohl ökonomische als auch industriepolitische Ziele in ein Kartellgesetz mit einbezogen werden.[228]

In der EU steht aber die Sicherstellung der Wettbewerbsfreiheit im Mittelpunkt der Rahmenbedingungen.[229] Gem. Art. 119 Abs. 1 und 120 AEUV verpflichtet sich jeder Mitgliedstaat, den freien und fairen Wettbewerb zu gewährleisten. Es zeigt sich in den letzten Jahren tendenziell, dass das europäische Kartellrecht von der angloamerikanischen Wohlfahrtstheorie stark beeinflusst wird.[230] Im sog. „Modernisierungsprogramm" kommt ökonomischer Effizienz ein hohes Gewicht in der Prüfung zu,[231] um gewünschte volkswirtschaftliche Ergebnisse zu erzielen.[232] Aber es ist auch zu bemerken, dass bezüglich der Zielkonflikte zwischen der Erhöhung der Effizienz und der Sicherung des Wettbewerbs der letzten Variante Vorrang eingeräumt wird.[233] Im Gegensatz dazu bringt Art. 1 AMG keinen ähnlichen Ansatz

---

227 Mesenbrink, Das Antimonopolgesetz der VR China im Spannungsfeld zwischen Politik und Wettbewerbsrecht, S. 96–97; Terhechte/Terhechte, Internationales Kartell- und Fusionskontrollverfahrensrecht, § 3 Rn. 3.8, 3.11 ff.; Hertfelder, Die consumer welfare im europäischen Wettbewerbsrecht, S. 30 ff.

228 Konzeptdarstellung von Besters/Hoppmann, Theoretische und institutionelle Grundlagen der Wirtschaftspolitik, S. 146 ff.; Wu/Liu, Unternehmenszusammenschlüsse im Rahmen des Wettbewerbsrechts, S. 12–13; Mesenbrink, Das Antimonopolgesetz der VR China im Spannungsfeld zwischen Politik und Wettbewerbsrecht, S. 95, S. 100.

229 Huber, Europäische und US-amerikanische Fusionskontrollpraxis, S. 53; Mestmäcker/Schweitzer, Europäisches Wettbewerbsrecht, § 3 Rn. 8 ff.; Rittner/Dreher/Kulka, Wettbewerbs- und Kartellrecht, § 6 Rn. 718; Möschel, ZWeR 2007, S. 263; Mao/Glass, ZWeR 2008, S. 90; Bu/Ruppelt, Chinesisches Zivil- und Wirtschaftsrecht aus deutscher Sicht, S. 168; Mesenbrink, Das Antimonopolgesetz der VR China im Spannungsfeld zwischen Politik und Wettbewerbsrecht, S. 97.

230 Leitlinien zur Bewertung horizontaler Zusammenschlüsse, Rn. 8; Leitlinien zur Anwendung von Artikel 101 Absatz 3 AEUV, Rn. 13, siehe auch in Möschel, ZWeR 2007, S. 264.; Immenga, ZWeR 2006, S. 346 ff.; Schmidt, Wettbewerbspolitik und Kartellrecht, S. 241 ff.; Bechtold/Jickeli/Rohe/Hertfelder, Recht, Ordnung und Wettbewerb, S. 281; Roth, ZHR 2008, S. 713–715; Bechtold/Jickeli/Rohe/Riesenkampff, Recht, Ordnung und Wettbewerb, S. 490–491, S. 496 ff. Theorien dargestellt von Cooter/Ulen, Law and Economics, S. 3 ff.; Luescher, E.C.L.R. 2004, S. 82 ff.; Bork, The Antitrust Paradox, S. 50 ff.; Barth/Budde, BB 2011, S. 1926.

231 Immenga, ZWeR 2006, S. 346 ff.; Terhechte/Terhechte, Internationales Kartell- und Fusionskontrollverfahrensrecht, § 3 Rn. 3.3, 3.11; Hatje/Müller-Graff/Schweitzer, Europäisches Wirtschaftsordnungsrecht, § 8 Rn. 12 ff.

232 MüKoEuWettbR/Kerber/Schwalbe, AEUV, Einl. Rn. 131.

233 Mesenbrink, Das Antimonopolgesetz der VR China im Spannungsfeld zwischen Politik und Wettbewerbsrecht, S. 97.

zum Ausdruck. Genau genommen dient in China eine Kombination verschiedener Ziele mit Aspekten der Ökonomie, Industriepolitik sowie Gerechtigkeitsüberlegungen als organische Gesamtheit,[234] wohingegen dem europäischen Gesetz solche gemischten Zwecke nicht bekannt sind.[235] Abgesehen davon könnte eine solche Mischung, wie bereits erörtert, zu Widersprüchen zwischen einzelnen Zielen führen.

Der chinesische Gesetzgeber hat versucht, Beziehungen zwischen Wettbewerbs- und Industriepolitik zu koordinieren und damit andere Industrieziele zu erreichen.[236] Ein konkretes Beispiel dafür ist der Gesetzentwurf des Art. 7 AMG. Diese Regelung war während des Gesetzgebungsprozesses besonders umstritten. Einige Mitglieder des Ständigen Ausschusses und Abgeordnete des NVK wiesen auf potenzielle Gefahren für die staatseigene Wirtschaft hin, wenn alle Branchen im AMG gleich behandelt wurden.[237] Sie drückten zudem ihre Sorgen um den Verlust des staatseigenen Vermögens aus. Nach ihrer Ansicht ist eine Regelung wie Art. 7 Abs. 1 AMG notwendig.[238] Andere vertraten die Auffassung, dass eine besondere Behandlung für die Wirtschaftszweige unnötig sei. Solche Branchen, die im Rahmen des Kartellrechts „schutzbedürftig" sind, sollten durch eine gesetzliche Ausnahmeregelung wie Art. 56 AMG eindeutig bestimmt werden, wonach Landwirte und landwirtschaftliche Organisationen nicht in den Anwendungsbereich des AMG fallen.[239] Als Zwischenlösung wurde Art. 7 Abs. 2 AMG eingeführt, demzufolge Unternehmen in den vom vorigen Absatz bestimmten Wirtschaftszweigen nach dem Recht wirtschaften, Treu und Glauben wahren, strikte Selbstkontrolle wahrnehmen und der öffentlichen Aufsicht unterstehen müssen. Sie dürfen ihre beherrschende Marktstellung oder ihre Stellung als exklusive Betreiber oder Verkäufer nicht nutzen, um den Interessen der Verbraucher zu schaden. Jedoch wird nicht geändert, dass industriepolitische Beweggründe im chinesischen Kartellrecht verkörpert sind, die den Wettbewerbsschutz in großem Maße schwächen oder sogar der Verwirklichung einer einheitlichen Wettbewerbspolitik entgegenstehen können.[240] Es ist in jeder Hinsicht notwendig, die Ausnahmefälle (z. B. unter Berufung auf das allgemeine Interesse) äußerst restriktiv auszulegen.[241] Dies wird im Kapitel 5 näher erläutert.

---

234 Wu, Auslegung zum Anti-Monopolgesetz der Volksrepublik China, S. 2–3; Mesenbrink, Das Antimonopolgesetz der VR China im Spannungsfeld zwischen Politik und Wettbewerbsrecht, S. 95.

235 Mao/Glass, ZWeR 2008, S. 90.

236 Fang, ZWeR 2008, S. 389.

237 Fang, ZWeR 2008 S. 392 ff.; Mao/Glass, GRUR Int. 2008, S. 106.

238 Ding, Northern Legal Science 2008 Heft 3, S. 83 ff.

239 Fang, ZWeR 2008, S. 393.

240 Fang, ZWeR 2008, S. 391.

241 Shang, Theorien über Anti-Monopolgesetz und Analyse über chinesische und ausländische Fälle, S. 302.

3.3 Errichtung der kartellrechtlichen Institutionen

Das Gesetz richtet zwei verschiedene Ebenen der Organisationen ein, die sich mit der Rechtsanwendung befassen. Auf der ersten Stufe befindet sich die Anti-Monopolkommission, die unter dem Staatsrat organisiert ist. Parallel dazu funktionieren die Anti-Monopolbehörden als Vollzugsorgane, die zum Bestandteil der Zentralregierung gehören.[242]

3.3.1 Anti-Monopolkommission

Im Allgemeinen wird die Anti-Monopolkommission, die gem. Art. 9 AMG für die Anleitung der Anti-Monopolarbeit verantwortlich ist, als Überwacher der Gesetzesdurchführung bezeichnet.[243] Ihre Aufgaben verteilen sich auf vier Aspekte, die sich auf die Erarbeitung und Bearbeitung der Umsetzungsleitlinien, die Beaufsichtigung und Bewertung der gesamten Wettbewerbssituation sowie die Erforschung der gegenwärtigen Wettbewerbsverhältnisse beziehen. Angesichts der Aufsplitterung der Verantwortlichkeiten der zentralen Kartellbehörde[244] wird sie noch zur Koordinierung und Konkretisierung der Verwaltungs- und Vollzugsarbeit zwischen den Anti-Monopolbehörden befugt. Die Anti-Monopolkommission wurde erstmalig im Jahr 2008 ins Leben gerufen.[245] Hervorzuheben ist, dass die Kommission eher einer Art Konferenz ähnelt, die unter der Leitung des Staatsrats steht.

3.3.2 Anti-Monopolvollzugsorgane

Funktionell steht die Kommission im direkten Vergleich zu den dem Staatsrat untergeordneten Anti-Monopolbehörden, die für die konkrete Vollzugsarbeit bzw. unmittelbare Ausführung des Gesetzes zuständig sind. Die Formulierung in Art. 10 Abs. 1 AMG lässt in diesem Punkt offen, ob das Gesetz von einer oder mehreren Behörde(n) als Vollzugsamt spricht. In der Tat existiert derzeit keine allein zuständige Kartellbehörde in China. Stattdessen werden aus historischen Gründen drei Behörden als Vollzugsinstitutionen nominiert.[246] Grob unterteilt kann man sagen: Das MOFCOM, das vor Bekanntmachung des Gesetzes vorzugsweise für die Fusionskontrolle mit Beteiligung ausländischer Unternehmen tätig war, nimmt

242 Wang, Auslegung zum Antimonopolgesetz der Volksrepublik China, S. 71–73; Lei, Pioneering with Science & Technology Monthly 2007 Heft 5, S. 143–144.

243 Mao/Glass, WuW 2009, S. 1038–1039.

244 Insgesamt sind drei Behörden als Vollzugsorgane nominiert: Handelsministerium (商务部 Ministry of Commerce „MOFCOM“), Stattliches Verwaltungsamt für Industrie und Handel (国家工商总局 State Administration for Industry and Commerce „SAIC“), Staatliche Kommission für Entwicklung und Reform (国家发展和改革委员会 National Development and Reform Commission „NDRC“).

245 Mao/Glass, WuW 2009, S. 1038.

246 Bu, Einführung in das Recht Chinas, § 23 Rn. 18 ff.

weiter seine Aufgaben wahr.[247] Die SAIC wird ermächtigt, Kartelle zu ermitteln und zu bekämpfen sowie Missbrauchsaufsicht auszuüben,[248] während die Staatliche Kommission für Entwicklung und Reform (kurz: NDRC) vornehmlich mit der Überwachung der Preissetzung und der den Preis betreffenden Vereinbarungen betraut wird.[249]

3.3.2.1 Ministry of Commerce (MOFCOM)

Das MOFCOM ist im Aufgabenbereich der Zusammenschlusskontrolle tätig,[250] denn es ist seit 2003 für die Genehmigung der Investitionsvorhaben besonders im Bereich der fusionskontrollrechtlichen Prüfung tätig. Schon am Gesetzgebungsverfahren hat sich das MOFCOM aktiv beteiligt; nach der Gesetzesverabschiedung wurde noch ein ihm untergeordnetes Anti-Monopoly Bureau zur Prüfung und Bewertung der Unternehmenszusammenschlüsse aufgebaut. Das Bureau wird bevollmächtigt, die Leitlinien bezüglich der Fusionskontrolle zu erarbeiten. Daneben ist das MOFCOM zusammen mit anderen Behörden für eine zweite Untersuchung im AMG zuständig, sofern ein Zusammenschlussvorhaben mit ausländischer Beteiligung die nationale Sicherheit tangiert.[251]

3.3.2.2 State Administration for Industry and Commerce (SAIC)

Neben dem MOFCOM ist die SAIC eine der wichtigsten Behörden, die an der Ausarbeitung des Gesetzentwurfs beteiligt waren. Als Wettbewerbshüter konzentriert sich die SAIC in erster Linie auf die Ermittlung der wettbewerbsbeschränkenden Auswirkungen der Vereinbarungen, die Missbrauchsaufsicht sowie die Überwachung der Verwaltungsmonopole, solange es sich bei diesen Handlungen nicht um

247 Das MOFCOM ist seit 2003 kraft der Vorläufigen Bestimmungen zum Anteilserwerb an inländischen Unternehmen durch ausländische Unternehmen für die Fusionskontrolle mit ausländischer Beteiligung zuständig. Siehe in Mao/Glass, GRUR Int. 2008, S. 107–108.

248 Die SAIC ist seit dem Inkrafttreten des UWG 1993 für die Überwachung des wettbewerbsbeschränkenden Verhaltens zuständig. Siehe in Mao/Glass, GRUR Int. 2008, S. 107–108.

249 Die NDRC ist seit dem Inkrafttreten des PreisG 1998 für die Überwachung der Preismissbräuche zuständig. Siehe in Mao/Glass, GRUR Int. 2008, S. 107–108.

250 Siehe in Bestimmungen über die Hauptamtspflichten, die Organisationsstruktur und den Personalstellenplan des Handelsministeriums, auch in Wu/Liu, Unternehmenszusammenschlüsse im Rahmen des Wettbewerbsrechts, S. 600; Wang, Auslegung zum Antimonopolgesetz der Volksrepublik China, S. 68; Moenbrink, Das Antimonopolgesetz der VR China im Spannungsfeld zwischen Politik und Wettbewerbsrecht, S. 48.

251 I. S. v. Art. 31 AMG und Art. 3 der Durchsetzungsverordnung über die Staatssicherheitsprüfung hinsichtlich der Übernahme der einheimischen Unternehmen durch ausländische Investoren.

die Preisgestaltung handelt.[252] Dies hängt damit zusammen, dass die SAIC bislang für die Arbeit auf der Grundlage des UWG zuständig ist, welches kein unmittelbares Verbot von Preiskartellen enthält.[253]

3.3.2.3 National Development and Reform Commission (NDRC)

Die NDRC ist für die Planung und Entwicklung insbesondere auf dem Gebiet der staatlichen Preisregulierung zuständig. Gemeinsam obliegen der NDRC und der SAIC die Bekämpfung der monopolisierten Vereinbarungen und die Überwachung des Missbrauches der beherrschenden Marktstellung, wobei die NDRC hauptsächlich für die Kontrolle des preisbezogenen Marktverhaltens zuständig ist.[254] Die Befugnisse leiten sich von der zentralen Vorschrift – Art. 14 PreisG – ab.[255] Demnach werden wettbewerbsbeschränkende Verhaltensweisen, wie z. B. die Preise ohne lauteren Grund hochzutreiben, die Produktpreise unter dem Einstandspreis zu vertreiben sowie die Verkaufspreise festzusetzen, von der NDRC geprüft.[256]

Im Vergleich zur SAIC, die sich sogar mangels der gesetzlichen Ermächtigung ganz aktiv für die Bekämpfung von Preiskartellen einsetzte, agierte die NDRC vor der Veröffentlichung des AMG äußerst vorsichtig und zurückhaltend.[257] Eine Verhaltensänderung ist seit der Verabschiedung des Gesetzes spürbar.[258] Anfang August 2007 hat die NDRC erstmalig eine Beschwerde gegen Preiskartell federführend aufgegriffen.[259]

3.3.3 Probleme der behördlichen Einrichtung

3.3.3.1 Verhältnis zwischen Anti-Monopolkommission und Vollzugsorganen

Ein vollständiger Aufbau der kartellrechtlichen Institutionen ist noch abzuwarten.[260] Zunächst herrscht nach dem Gesetzeswortlaut kein hierarchisches

---

252 Siehe in Bestimmungen über die Hauptamtspflichten, die Organisationsstruktur und den Personalstellenplan des Staatlichen Verwaltungsamtes für Industrie und Handel.

253 Wang, Auslegung zum Antimonopolgesetz der Volksrepublik China, S. 68; PCCPL/Huang/Huang, Report on Competition Law and Policy of China 2010, S. 69.

254 PCCPL/Huang/Huang, Report on Competition Law and Policy of China 2010, S. 69.

255 Wu/Liu, Unternehmenszusammenschlüsse im Rahmen des Wettbewerbsrechts, S. 600; Wang, Auslegung zum Antimonopolgesetz der Volksrepublik China, S. 68.

256 Siehe in Bestimmungen über die Hauptamtspflichten, die Organisationsstruktur und den Personalstellenplan der Staatlichen Entwicklungs- und Reformkommission.

257 Mao, GRUR Int. 2007, S. 582.

258 Wang, Law Review 2012 Heft 5, S. 99.

259 Pressermittlung von der NDRC, Ermittlungsergebnis im Fall des Preiskartells in der Branche Fast Noodles.

260 Jin, Science of Law (Journal of Northwest University) 2014 Heft 1, S. 86–87.

Verhältnis zwischen der Anti-Monopolkommission und den Vollzugsbehörden. Zwar ist die Anti-Monopolkommission anhand der ihr zugewiesenen Aufgaben für die Koordinierungsarbeit zuständig, aber das AMG räumt ihr kein Weisungsrecht ein.[261] Das bedeutet, Anti-Monopolkommission hat keine höherrangige Position gegenüber den Vollzugsbehörden. Es ist noch darauf hinzuweisen, dass die Durchführungsvorschriften nicht von der Kommission, sondern von der jeweiligen Anti-Monopolbehörde auszuarbeiten sind. Aus diesen Gründen wird die Macht der Kommission hinsichtlich der Sicherung der einheitlichen Gesetzesanwendung als beschränkt betrachtet.

3.3.3.2 Kompetenzstreitigkeiten in drei Vollzugsbehörden

Bislang gibt es keine einheitliche Verwaltungsbehörde in China. Seitens des Staatsrats ist noch nichts Anderweitiges entschieden worden: Die Aufgabenverteilung zwischen den Anti-Monopolbehörden hat die gleiche Kontur wie in der Vergangenheit.[262] In absehbarer Zeit ist eine zuständige Behörde weder neu zu gründen noch von einer der vorgenannten Behörden zu nominieren. Dieses institutionelle Design ruft zum Teil eine Überlappung von Aufgaben hervor, was gewissermaßen in Widerspruch zum Grundgedanken von effizienter und konsistenter Gesetzesdurchführung steht.[263]

Solche Kompetenzfragen entstehen vor allem in funktionsübergreifenden Aufgabenbereichen von der SAIC und der NDRC, die beide in Wettbewerbsfragen bezüglich des Kartellverbots und der Missbrauchsaufsicht involviert sind.[264] Grundsätzlich überprüft die NDRC nur die Fälle hinsichtlich der Preisabsprachen,[265] während die SAIC die Verantwortung für die Prüfung anderer monopolistischer Vereinbarungen übernimmt. Jedoch erscheinen die sich überschneidenden Kompetenzen in ihren Tätigkeitsbereichen unvermeidlich zu sein, was von Anfang

---

261 Shi, Anti-Monopolgesetz – Gesetzesauslegung und Erkundung nach Theorien, S. 102 ff.; Wu, Entschlüsselung der Antimonopolkommission; Mao/Glass, WuW 2009, S. 1039; Mao/Glass, GRUR Int. 2008, S. 107; Mao, GRUR Int. 2007, S. 581; Wang, ZChinR 2007, S. 166; Bu/Ruppelt, Chinesisches Zivil- und Wirtschaftsrecht aus deutscher Sicht, S. 171; Mesenbrink, Das Antimonopolgesetz der VR China im Spannungsfeld zwischen Politik und Wettbewerbsrecht, S. 59.

262 Masseli, ZChinR 2007, S. 262 ff.; Podszun, GRUR Int. 2008, S. 880.

263 Shi, Anti-Monopolgesetz – Gesetzesauslegung und Erkundung nach Theorien, S. 112 ff.; erläutert von Zhong, Price: Theory & Practice 2008 Heft 7, S. 58; Wang, Chinese Journal of Law 2008 Heft 4, S. 81; Yao, Legality Vision 2015 Heft 6, S. 80–81; Zeng, Law and Social Development 2007 Heft 5, S. 72; Mao/Glass, ZWeR 2008, S. 106–107.

264 Wang, Wettbewerbsrecht, S. 257–258; Wang, Einige Fragen über die chinesische Antimonopolbehörde; Weelden, ZChinR 2010, S. 209 ff.

265 Mesenbrink, Das Antimonopolgesetz der VR China im Spannungsfeld zwischen Politik und Wettbewerbsrecht, S. 47–48.

an auf die vage Definition der preisrelevanten Vereinbarungen zurückzuführen ist. Eine Monopolvereinbarung hat oft preisliche Fragen zum Gegenstand, auch wenn eine bestimmte Klausel nicht direkt zum Ausdruck gekommen ist. Problematisch wird es, wenn sich die Vereinbarungen zugleich auf Preisabsprachen und Gebietsaufteilungen beziehen, da sich dann drei Möglichkeiten (NDRC, SAC oder beide Behörden) für die Zuständigkeit ergeben. Im Jahr 2009 wurden die Verfahrensbestimmungen über Ermittlung und Handhabung der Sachverhalte bezüglich der Monopolvereinbarungen und des Marktmachtmissbrauches von der SAIC veröffentlicht.[266] Eine Trennung der Zuständigkeitsbereiche zwischen den beiden Behörden wird wieder in Art. 2 und 30 der Verfahrensbestimmungen hervorgehoben. Aber es bleibt zu beachten, dass die umstrittenen Fragen noch nicht geklärt werden.[267] Als Zwischenlösung forciert Art. 28 der Verfahrensbestimmung nur den Informationsaustausch und die Koordination mit anderen Kartellbehörden.

Bei der Fusionskontrolle ist eine doppelte Zuständigkeit zwischen dem MOFCOM und der SAIC grundsätzlich aufgehoben worden:[268] Gem. Art. 10 der Bestimmungen zum Anteilserwerb an inländischen Unternehmen durch ausländische Unternehmen ist die SAIC für die Registration der Übernahme verantwortlich, wobei das MOFCOM diese ausführlich prüfen und dann eine Entscheidung darüber treffen muss. Es ist auch zu bemerken, dass das MOFCOM und die NDRC gem. Art. 3 Abs. 2 der Mitteilung zur Einrichtung der Staatssicherheitsprüfung für die Übernahme der einheimischen Unternehmen durch ausländische Investoren beide mit einer Staatssicherheitsprüfung beauftragt werden. Es könnte im Hinblick auf die komplizierte Aufgabenverteilung eine höhere Anforderung an beteiligte Unternehmen stellen. Bevor ein Antrag gestellt wird, müssen sie sich vorab mit der Zuteilung der behördlichen Aufgaben gut auskennen.

3.3.3.3 Ergebnis

Die fragmentierte Organisationsstruktur der Kartellbehörden kann unabsehbare Risiken in sich bergen. Dies äußert sich, wie bereits erwähnt, in den Kompetenzkonflikten und der unterschiedlichen Gesetzesauslegung.[269] Abgesehen davon bestehen in solchen Fällen große Herausforderungen für die Ausführung bzw. Koordinierung der kartellrechtlichen Arbeit.

Die Errichtung einer einheitlichen Vollzugsbehörde könnte aber wegen der historisch bedingten Aufgaben länger dauern. Um beurteilen zu können, ob drei

---

266 Qin, Drei Verordnungen zur Klärung der kartellrechtlichen Funktionen der SAIC.

267 PCCPL/Wang/Ye, Report on Competition Law and Policy of China 2010, S. 136.

268 Siehe in Li/Tang, Journal of China National School of Administration 2008 Heft 1, S. 43; Mesenbrink, Das Antimonopolgesetz der VR China im Spannungsfeld zwischen Politik und Wettbewerbsrecht, S. 54.

269 Wang, Wettbewerbsrecht, S. 400, S. 408–409, S. 419–422; Wang, RIW 2008, S. 419.

Ministerien als Wettbewerbsrechtswächter gleichzeitig fungieren können, ist in der Praxis zu beobachten, ob sie mit ihren betrauten Einzelzuständigkeiten zurechtkommen.[270] Dazu ist es im Hinblick auf die aktuelle Lage wichtig, eine den Vollzugsbehörden übergeordnete Institution einzurichten, die sich unter anderem mit der Verfolgung der landesweiten Monopolverstöße, der Koordinierung der behördlichen Aufgaben sowie der Genehmigung der Leitlinien befasst.[271] In einer Gesamtschau kann die Anti-Monopolkommission eine einheitliche Verwaltung implementieren und die Behördenstränge binden. Ihr muss noch eine Entscheidungsbefugnis zustehen, eine Hauptbehörde mit der Prüfung einer Vereinbarung mit verschiedenen Komponenten von Fall zu Fall zu betrauen. Schließlich muss sie auch dafür zuständig sein, einer Vollzugsbehörde die sich im Zuge der Wirtschaftsentwicklung neu ergebenden Aufgaben zuzuweisen, um Einzelfragen zu beantworten sowie Lösungsansätze zu bieten.

3.4 Kernbereiche des AMG

Das Gesetz wird in einen allgemeinen Teil mit Grundsatzbestimmungen und einen besonderen Teil mit einzelnen wettbewerbsbeschränkenden Verhaltensweisen aufgeteilt. Die allgemeinen Regelungen beziehen sich auf die Schlüsselfragen; dazu gehört neben der Zielsetzung noch der Anwendungsbereich (Art. 2 AMG). Es ist darauf hinzudeuten, dass der Geltungsbereich auf die Ausschaltung oder Beschränkung des Wettbewerbs im Binnenmarkt zu richten ist, gleichgültig ob diese Wirtschaftstätigkeiten innerhalb oder außerhalb des Hoheitsgebiets Chinas wahrgenommen werden.[272] Darüber hinaus enthält Art. 3 AMG ein Verbot des monopolistischen Verhaltens, das in drei Erscheinungsformen auftreten kann.

---

270 Z. B. das US-amerikanische Model, bei dem zwei Durchführungsorgane eingerichtet sind. Details in Zhang, Forschung nach Antimonopoltheorien, S. 259–260, S. 270 ff.; Sun, Anti-Monopolgesetz – Rechtssystem und -theorien, S. 195; Xiao, Wettbewerbspolitik und Regierungskontrolle, S. 158–214 ff.; Cheng/Xu/Wang, Erforschung der chinesischen Wettbewerbsgesetzgebung und Aufschlüsse vom Rechtssystem in der Europäischen Union, S. 146 ff.; Shi/Wang/Wang/Zu, Auslegung und Anwendung des Anti-Monopolgesetzes, S. 263–264; Zeng, Law and Social Development 2007 Heft 5, S. 72–73; Cao, Social Sciences Review 2016 Heft 2, S. 113; PCCPL/Wang, Report on Competition Law and Policy of China 2011, S. 38–39; Masseli, Handbuch chinesische Fusionskontrolle, S. 26; Wang, ZChinR 2007, S. 168.

271 Shi/Wang/Wang/Zu, Auslegung und Anwendung des Anti-Monopolgesetzes, S. 268–270.

272 Rechtszentrum des Rechtsverlags, Kommentare des Anti-Monopolgesetzes, S. 2; Wirtschaftsrechtsbüro und Forschungsbüro der Rechtsarbeitskommission des Ständigen Ausschusses des Nationalen Volkskongresses, Fragen und Antworten des Anti-Monopolgesetzes der Volksrepublik China, S. 23–24; Shi, Anti-Monopolgesetz – Gesetzesauslegung und Erkundung nach Theorien, S. 9 ff.; An, Erklärung des Antimonopolgesetzes der Volksrepublik China, S. 13.

Materiell werden im besonderen Teil drei klassische Säulen, nämlich Kartellverbot,[273] Missbrauchsaufsicht sowie Fusionskontrolle, wie im anderen Kartellrecht aufgestellt.[274] Das AMG kommt in Betracht, wenn die Verhaltensweise den Wettbewerb ausschließende oder beschränkende Wirkungen hat oder haben könnte. Darüber hinaus kennt das Gesetz mit dem Verbot des Verwaltungsmonopols noch eine Besonderheit. Damit ist die Verhinderung oder die Beseitigung des Wettbewerbs durch die Handlungen von Verwaltungsträgern (z. B. von Behörden oder sonstigen Trägern der öffentlichen Gewalt) gemeint. Sie werden dazu angehalten, ihre Verwaltungsmacht nicht zur Ausschaltung oder Beschränkung des Wettbewerbs auszunutzen.

3.4.1 Monopolisierende Vereinbarungen

Der erste Schwerpunkt des Gesetzes liegt im Verbot der wettbewerbsschädlichen Absprachen zwischen den selbstständigen Unternehmen, das als eines von drei Fallbeispielen in Art. 3 AMG umfasst wird und vier Paragrafen im besonderen Teil enthält. Eine ergänzende Definition über Kartellvereinbarungen findet sich in Art. 13 Abs. 2 AMG, wonach Vereinbarungen, Beschlüsse oder sonstige aufeinander abgestimmte Verhaltensweisen zur Ausschaltung oder Beschränkung des Wettbewerbs als Monopolvereinbarungen benannt werden. Nach europäischem Vorbild können die Koordinierungen des Marktverhaltens zwischen einzelnen Unternehmen in zwei Erscheinungsformen, und zwar als horizontale und vertikale Monopolvereinbarungen auftreten, die jeweils in Art. 13 und 14 AMG getrennt geregelt werden. Der Abschluss von wettbewerbsbeschränkenden Vereinbarungen wird im Allgemeinen untersagt, es sei denn, die Ausnahmetatbestände werden erfüllt. Es handelt sich dabei um eine Freistellung des Kartellverbots, wenn eine der in Art. 15 AMG aufgelisteten Konstellationen vorliegt.

Das Kartellverbot setzt sich grundsätzlich aus dem Verbot der aufgelisteten Fallgruppen und einer ergänzenden Unterbindung durch die vom AMG ermächtigten Behörden zusammen. Ausführliche Angaben zu einer solchen Gesetzesstruktur erübrigen sich auf gesetzlicher Ebene. Es ist aber zu vermuten, dass sämtliche wettbewerbsbeschränkende Vereinbarungen in der Praxis nicht aufgezählt werden können. Andere Vereinbarungen, die zwar nicht explizit in Art. 13 und 14 AMG genannt werden, aber den Wettbewerb ausschließen oder beschränken können, werden durch die Öffnungsklausel, Art. 13 Abs. 1 Nr. 6 bzw. 14 Nr. 3 AMG, untersagt. Zuständige Behörden können demzufolge allein darüber entscheiden, inwiefern vorgenommene Handlungen oder getroffene Vereinbarungen als rechtswidrig angesehen werden.[275]

273 Im AMG wird dies als monopolisierende Vereinbarungen bezeichnet.
274 Podszun, GRUR Int. 2008, S. 880.
275 Shi/Wang/Wang/Zu, Auslegung und Anwendung des Anti-Monopolgesetzes, S. 105.

3.4.1.1 *Horizontale wettbewerbsbeschränkende Vereinbarungen*

Man versteht unter horizontaler Vereinbarung die Verhaltenskoordinierung zwischen im Wettbewerbsverhältnis zueinander stehenden Unternehmen, die auf die Beschränkung oder Ausschaltung des Wettbewerbs abzielen. Begangene Handlungen sind laut dem Wortlaut des Art. 13 Abs. 1 AMG unzulässig, sofern sie Hardcore-Kartelle, wie die Änderung oder Festsetzung der Warenpreise, die Beschränkung der Produktions- und Absatzvolumen oder die Aufteilung der Absatz- und Beschaffungsmärkte für Rohstoffe, zum Inhalt haben.[276] Zudem gilt eine Abrede über die Beschränkung der Anschaffung neuer Technologien oder Anlagen auch als unvereinbar mit dem AMG. Hinzu kommt, dass sich Art. 13 Abs. 1 Nr. 5 AMG auf den Gruppenboykott bezieht. Damit gemeint sind gemeinsame Aktionen (z. B. Liefer- oder Bezugssperren) zwischen mindestens zwei Unternehmen, die auf eine unbillige Interessenbeeinträchtigung eines bestimmten Kreises von Unternehmen abzielen. Letztlich ist durch den Auffangtatbestand des Art. 13 Abs. 1 Nr. 6 AMG auf andere Kartellarten zu verweisen, die zukünftig von Anti-Monopolbehörden als wettbewerbswidrig bewertet werden.

Inhaltlich entspricht die Begrifflichkeit im AMG teilweise dem heutigen Verständnis im europäischen Kartellrecht. Der Verbotskatalog in Art. 13 AMG wurde grundsätzlich nach dem Vorbild des Art. 101 Abs. 1 AEUV konzipiert.[277] Die in europäischer Praxis am häufigsten vorkommenden Vereinbarungen (wie z. B. Festsetzung der Preise oder Aufteilung der Märkte) werden in chinesischen Regelbeispielen wiedergegeben. Weitere Fallgruppen im Unionsrecht wie diskriminierendes Verhalten gegenüber Handelspartnern (Art. 101 Abs. 1 lit. d AEUV), Kopplungsgeschäfte (Art. 101 Abs. 1 lit. e AEUV) oder die Festsetzung der sonstigen Geschäftsbedingungen (Art. 101 Abs. 1 lit. a AEUV) finden aber noch keinen Einzug in das chinesische Kartellverbot. Der letzte Artikel – Nennung der weiteren Regelbeispiele durch ermächtigte Behörden – wird eher mit chinesischen Besonderheiten garniert, während sich die Paragrafen im europäischen System aus einer allgemeinen Verbotsnorm in Verbindung mit den Regelbeispielen zusammensetzen.[278]

3.4.1.2 *Vertikale wettbewerbsbeschränkende Vereinbarungen*

Bei Wettbewerbsbeschränkungen im Vertikalverhältnis handelt es sich um eine rechtswidrige Vereinbarung zwischen Verkäufer einerseits und Käufer andererseits. Die Gesetzesstruktur in Art. 14 AMG ähnelt der in Art. 13 AMG. Demnach werden

276 Mao/Glass, ZWeR 2008, S. 95 ff.; Mesenbrink, Das Antimonopolgesetz der VR China im Spannungsfeld zwischen Politik und Wettbewerbsrecht, S. 125–126; Bu, Einführung in das Recht Chinas, § 23 Rn. 11 ff.

277 Mesenbrink, Das Antimonopolgesetz der VR China im Spannungsfeld zwischen Politik und Wettbewerbsrecht, S. 156.

278 Xu, Law Science Magazine 2008 Heft 1, S. 19; Mao/Glass, GRUR Int. 2008, S. 108.

vertikale Vereinbarungen in drei Einzeltatbestände unterteilt: (1) Festlegung der Preisgestaltung zum Weiterverkauf an Dritte, (2) Vereinbarungen des Mindestpreises zum Weiterverkauf, (3) sonstige Absprachen, die die Anti-Monopolbehörden für monopolisierend halten. Es ist anzudeuten, dass Art. 14 AMG allein die Preisbindung als Regelungsgegenstand ansieht. Alle übrigen vertikalen Vereinbarungen wie Alleinbezugs- und Alleinvertriebsvereinbarung oder Beschränkung des Vertriebsgebiets, die in der EU als kritisch bewertet werden, werden hier nicht ausdrücklich verboten. Der mögliche und zugleich alleinige Anknüpfungspunkt für das Verbot solcher Vereinbarungen besteht in Art. 14 Nr. 3 AMG, wonach es den Kartellbehörden zusteht, Maßnahmen gegen andere Kartellverbote zu ergreifen.[279]

3.4.1.3 Freistellung des Kartellverbots

Ungeachtet des Kartellverbots nach Art. 13 und 14 AMG wird eine Freistellungsmöglichkeit durch die korrektive Klausel – Art. 15 Abs. 2 AMG – eingeräumt; vorausgesetzt, dass diese Vereinbarungen den Wettbewerb nicht gravierend beeinträchtigt. Kumulativ wird gefordert, dass die Verbraucher an den Gewinnen teilhaben können, die von der Durchsetzung der Vereinbarungen erzielt werden. Andere Freistellungsbedingungen ergeben sich aus Art. 15 Abs. 1 AMG; demnach werden Ausnahmefälle in sieben Fallgruppen unterteilt, die sowohl auf horizontale als auch auf vertikale Vereinbarungen zutreffen.

Es ist besonders zu beachten, dass die aufgezählten Ausnahmebeispiele gem. Art. 15 Abs. 2 AMG nach zwei Bezeichnungen „privilegiert" und „nicht privilegiert" identifiziert werden.[280] Dem Wortlaut des 2. Absatzes ist zu entnehmen, dass die Beweise für die Erfüllung der Freistellungsvoraussetzungen, und zwar die geringfügige Wettbewerbsverhinderung sowie die Vorteilsweitergabe an die Konsumenten, bei der sechsten und siebten Konstellation nicht erforderlich sind. Diese Beweispflichten betreffen ausschließlich die ersten fünf Varianten.[281] Es ist festzuhalten, dass die Freistellungsvoraussetzungen je nach der Fallgruppe zu differenzieren sind.

Ein gesetzlicher Rechtfertigungsgrund in der nicht privilegierten Kategorie kann in verschiedenen Formen erfolgen. Zu denken ist dabei an die Verbesserung des technischen Fortschritts (Nr. 1) oder die Steigerung der Effizienz durch

279 Shi, Anti-Monopolgesetz – Gesetzesauslegung und Erkundung nach Theorien, S. 163; Shi/Wang/Wang/Zu, Auslegung und Anwendung des Anti-Monopolgesetzes, S. 111–113; Bu/Ruppelt, Chinesisches Zivil- und Wirtschaftsrecht aus deutscher Sicht, S. 170; Wang, Wettbewerbsrecht, S. 285; Xu, Law Science Magazine 2008 Heft 1, S. 19.

280 Mesenbrink, Das Antimonopolgesetz der VR China im Spannungsfeld zwischen Politik und Wettbewerbsrecht, S. 156–157.

281 Wirtschaftsrechtsbüro und Forschungsbüro der Rechtsarbeitskommission des Ständigen Ausschusses des Nationalen Volkskongresses, Fragen und Antworten des Anti-Monopolgesetzes der Volksrepublik China, S. 70–71.

die Erhöhung der Produktqualität, das Absenken der Produktionskosten sowie die Standardisierung der Normen (Nr. 2). Ein besonderes Augenmerk ist auf die Förderung der Wettbewerbsfähigkeit der kleinen und mittleren Unternehmen (kurz: KMU) zu richten. In Übereinstimmung mit Art. 5 AMG ist eine Ausnahme durch Art. 15 Abs. 1 Nr. 3 AMG zustande gekommen, soweit die abgeschlossenen Vereinbarungen zwischen den KMU die Steigerung der Betriebseffizienz zum Ziel haben. Anschließend wird die Wahrnehmung der öffentlichen Wohlfahrt in der vierten Variante verkörpert. Zur Konkretisierung werden hier einige Beispiele wie Umweltschutz, Energiesparen, Katastrophenhilfe oder andere gemeinnützige Aktivitäten genannt. Hinzu kommt, dass der Kampf gegen den konjunkturbedingten abrupten Nachfrageeinbruch oder gegen den erheblichen Produktionsüberschuss einen weiteren Ausnahmetatbestand darstellt.[282]

Im sechsten Fallbeispiel werden berechtigte Gewinne im Außenhandel oder in der internationalen wirtschaftlichen Zusammenarbeit berücksichtigt, die zugleich auch die einzige Freistellungsvoraussetzung darstellen. Schließlich ist der Umfang der Ausnahmefälle gem. Art. 15 Abs. 1 Nr. 7 AMG durch Gesetze oder staatliche Bestimmungen zu erweitern.

Ausnahmebestimmungen für verbotene Vereinbarungen kennt auch das europäische Recht.[283] Im Vergleich zur Freistellungsklausel im Sinne des Art. 101 Abs. 3 AEUV ist der Ausnahmekatalog in Art. 15 AMG relativ großzügig.[284] Einige allgemein anerkannte Kriterien wie die Förderung des technischen Fortschritts als Hauptquelle zum Vorantrieb des wirtschaftlichen Wachstums stehen in Übereinstimmung mit Art. 101 Abs. 3 AEUV.[285] Die Freistellung von Mittelstandskartellen ist zwar ohne Parallele im Unionsrecht,[286] aber es wird ein starker Bezug zu § 3 GWB hergestellt.[287] Ebenfalls findet man bezüglich der Strukturkrisenkartelle eine Parallele in § 6 GWB a. F., der jedoch in der 7. GWB-Novelle zur Angleichung an

282 Lorenz, GRUR Int. 2006, S. 471; Immenga, RIW 2007, S. 668.

283 Mesenbrink, Das Antimonopolgesetz der VR China im Spannungsfeld zwischen Politik und Wettbewerbsrecht, S. 121; Straub, RIW 2011, S. 828.

284 Die Begriffserklärung von Wang, Auslegung zum Antimonopolgesetz der Volksrepublik China, S. 123.

285 Lorenz, WuW 2008, S. 818–819; Mesenbrink, Das Antimonopolgesetz der VR China im Spannungsfeld zwischen Politik und Wettbewerbsrecht, S. 162.

286 Im Vergleich dazu gibt es keinen speziellen Ausnahmetatbestand im Unionsrecht: Die Vereinbarungen zwischen KMU werden im Hinblick auf die Spürbarkeit der Beeinträchtigung des zwischenstaatlichen Handels nach Rn. 3 der De-Minimis-Bekanntmachung und Rn. 50 der Leitlinien über den Begriff der Beeinträchtigung des zwischenstaatlichen Handels geprüft. Siehe auch in Fett/Spiering/K.Westermann/Bergmann, Handbuch Joint Venture, § 5 Rn. 148.

287 Mao, GRUR Int. 2007, S. 577; Mesenbrink, Das Antimonopolgesetz der VR China im Spannungsfeld zwischen Politik und Wettbewerbsrecht, S. 162; Immenga, RIW 2007, S. 668.

das Unionsrecht weggefallen ist.[288] Anzuzweifeln ist allerdings, inwiefern Unternehmen miteinander eine wettbewerbswidrige Absprache treffen können, um die Auswirkungen einer ökonomischen Depression abzumildern oder zu beheben. Bedenklich erscheint ferner eine individuelle Rechtfertigung aufgrund der Energieeinsparung, des Umweltschutzes oder sonstigen Gründen im Sinne vom öffentlichen Wohl zu sein, wohingegen sich eine Freistellung nach europäischem Gesetz in erster Linie auf die Verbesserung der Warenerzeugung richtet.[289] Mit anderen Faktoren, die wenig Relevanz für die Wettbewerbspolitik haben, geht die Kommission eher zurückhaltend um. Nicht zuletzt werden die Vereinbarungen zum Zweck des Schutzes des außenwirtschaftlichen Interesses als Ausnahmefälle in das AMG aufgenommen, was in gewissem Maße mit den US-amerikanischen Regelungen zu vergleichen ist.[290] Mögliche Gründe ergeben sich aus dem Ausgleich der Devisenbilanz oder der Verbesserung der internationalen Wettbewerbsfähigkeit. Es ist aber fraglich, ob das AMG eine Vielzahl der wettbewerblich irrelevanten Elemente zum Tragen bringen kann. In diesem Punkt gewährt das europäische Recht hingegen keine Freistellung von Exportkartellen.

Gem. Art. 15 Abs. 2 AMG wird eine Ausnahme nur gerechtfertigt, wenn die bedenkliche Verhaltensweise nachweislich den Wettbewerb nicht wesentlich beschränkt und sich die Verbraucher gleichzeitig an dem davon entstehenden Gewinn beteiligen können. Dies entspricht beinahe wörtlich dem europäischen Kartellrecht. Aber bei den Exportkartellen erübrigen sich diese zwei Freistellungsvoraussetzungen. Es besteht folglich die Gefahr, dass eine Kernbeschränkung ungeachtet ihrer ganz negativen Marktwirkungen erlaubt wird,[291] da allein die Einstufung in diese Fallgruppe bereits für eine Freistellung ausreicht. Die offene Klausel in Art. 15 Abs. 1 Nr. 7 AMG, bei der sich das gleiche Problem stellt und die oft als Einfallstor zur Industriepolitik anzusehen ist, stößt auf viel Kritik.[292]

Es ist für den Wettbewerbsschutz entscheidend, inwieweit zuständige Behörden von diesen Vorschriften Gebrauch machen und ob in der Praxis eine Abwägung zwischen wettbewerbsfördernden und wettbewerbsbeschränkenden Auswirkungen bei den letzten zwei Varianten analog Art. 15 Abs. 2 AMG vorzunehmen ist.

---

288 Lorenz, GRUR Int. 2006, S. 471; Lorenz, WuW 2008, S. 818; Jung, ZWeR 2007, S. 153 ff.; Immenga, RIW 2007, S. 668; Mesenbrink, Das Antimonopolgesetz der VR China im Spannungsfeld zwischen Politik und Wettbewerbsrecht, S. 165.

289 Immenga/Mestmäcker/Fuchs, Wettbewerbsrecht, § 2 GWB Rn. 196 ff.

290 Shi, Anti-Monopolgesetz – Gesetzesauslegung und Erkundung nach Theorien, S. 188–189; Wang, Chinese Journal of Law 2008 Heft 4, S. 71; Tao, Legality Vision 2016 Heft 2, S. 64–65; Wang/Wang/Zhu, Heiße Fragen über Antimonopolgesetzgebung, S. 45–48; Mesenbrink, Das Antimonopolgesetz der VR China im Spannungsfeld zwischen Politik und Wettbewerbsrecht, S. 175; Bu, Einführung in das Recht Chinas, § 23 Rn. 16; Wang, RIW 2008, S. 422.

291 Bu/Ruppelt, Chinesisches Zivil- und Wirtschaftsrecht aus deutscher Sicht, S. 170.

292 Mesenbrink, Das Antimonopolgesetz der VR China im Spannungsfeld zwischen Politik und Wettbewerbsrecht, S. 166 ff.

Auf keinen Fall darf die Erlahmung des Wettbewerbs aufgrund der Anerkennung wettbewerbsfremder Vorteile in Kauf genommen werden. Dies wirkt dem Grundziel des Kartellrechts entgegen.

3.4.2 Missbrauch der marktbeherrschenden Stellung

Im AMG statuiert Art. 6 im allgemeinen Teil die Unterbindung des Missbrauches von beherrschender Marktposition, wobei genaue Tatbestände im zweiten Abschnitt des besonderen Teils dargestellt werden. Eine marktbeherrschende Stellung wird nicht per se verboten, vielmehr kann ein Unternehmen eine solche Stellung in legaler Weise, etwa durch technische Innovationen, gutes Management oder staatliche Ermächtigung innehaben.[293] Kontrolliert wird nur, wenn das Unternehmen in die Lage versetzt wird, sich den Wettbewerbsregelungen zu entziehen.[294] Vor diesem Hintergrund trägt das AMG dem Missbrauch der marktbeherrschenden Stellung Rechnung.

Die Legaldefinition wird zunächst in Art. 17 Abs. 2 AMG geschaffen. Eine marktbeherrschende Stellung bedeutet demnach, dass ein Unternehmen aufgrund seiner Marktstellung eine solche Marktmacht besitzt, wodurch es die Produktpreise, die Gütermengen oder andere Transaktionsbedingungen auf dem relevanten Markt steuern oder Marktzutrittsschranken für potenzielle Wettbewerber erheben kann. Um die Transparenz und Vorhersehbarkeit des Gesetzes zu erhöhen, hat Art. 19 Abs. 1 AMG die Vermutung für eine solche Stellung durch die konkreten Marktwerte aufgestellt. Ein Unternehmen gilt demnach als marktbeherrschend, wenn es über einen Marktanteil von mehr als 50 % verfügt. Erreicht der addierte Marktanteil von zwei Unternehmen zwei Drittel, liegt dann eine kollektive Marktbeherrschung vor. Soweit sich der gemeinsame Anteil von drei Unternehmen auf über 75 % beläuft, wird auch eine marktbeherrschende Stellung vermutet. Aus Art. 19 Abs. 2 AMG wird noch eine Untergrenze bei der gemeinsamen Marktbeherrschung gesetzt, und zwar keine marktbeherrschende Stellung wird bei einem solchen Unternehmen angenommen, dessen Marktanteil unterhalb von 10 % ist.[295] Hierbei ist anzumerken, dass diese Vermutung lediglich eine Signalwirkung hat und widerlegbar ist. Gem. Art. 19 Abs. 3 AMG liegt keine marktbeherrschende Stellung vor, soweit betreffende Unternehmen die Behauptung mit hinreichenden Beweisen widerlegen können, egal ob der einzelne oder gemeinsame Marktanteil über den im AMG festgesetzten Prozentzahlen liegt.[296]

---

293 Zhang, Forschung nach Antimonopoltheorien, S. 146; Yu, Fragen und Antworten zum Anti-Monopolgesetz, S. 73–75.

294 Shi, Anti-Monopolgesetz – Gesetzesauslegung und Erkundung nach Theorien, S. 50.

295 An, Erklärung des Antimonopolgesetzes der Volksrepublik China, S. 55.

296 Wirtschaftsrechtsbüro und Forschungsbüro der Rechtsarbeitskommission des Ständigen Ausschusses des Nationalen Volkskongresses, Fragen und Antworten des Anti-Monopolgesetzes der Volksrepublik China, S. 81 ff.; Shi, Anti-Monopolgesetz – Gesetzesauslegung und Erkundung nach Theorien, S. 241; Wirtschaftsrechtsbüro der Rechtsarbeitskommission des Ständigen Ausschusses des Nationalen

Weitere Faktoren zur Feststellung einer marktbeherrschenden Stellung werden durch Art. 18 AMG vorgesehen. Zu nennen sind z. B. die Fähigkeit zur Lenkung des Absatz- oder Beschaffungsmarktes, die Finanzkraft des betroffenen Unternehmens sowie das Abhängigkeitsverhältnis zwischen den Marktbeteiligten (Verflechtung mit anderen Unternehmen).[297]

Anschließend ist zu untersuchen, ob ein Missbrauchsverhalten den Wettbewerb eliminierende Wirkungen verursachen kann. Gem. Art. 17 Abs. 1 AMG werden missbräuchliche Verhaltensweisen in einem ganzen Katalog aufgezählt. So fallen darunter Verkaufspreise, die ohne gerechtfertigten Grund niedriger sind als die Entstehungskosten, unverhältnismäßig hohe Verkaufspreise oder unangemessen niedrige Einkaufspreise sowie die unbegründet differenzierte preisliche Behandlung für gleichartige Geschäftspartner. Konkrete Richtlinien, in denen beschrieben wird, welche Verhaltensweisen bezüglich der Preisfeststellung einen Verstoß gegen das Missbrauchsverbot darstellen, werden von Art. 11–17 der Bestimmungen zur Bekämpfung von Preiskartellen untermauert. Neben dem preisrelevanten Aspekt richtet das Gesetz ebenfalls großes Augenmerk auf weitere Handlungen, die der Missbrauchskontrolle unterstehen können. Aufgelistet werden z. B. die Erzwingung zum Abschluss einer Exklusivvereinbarung mit ausgewählten Parteien und die Auferlegung unangemessener Geschäftsbedingungen.[298] Außerdem zählen die Lieferungsverweigerung ohne sachlichen Grund sowie die Kopplungsgeschäfte ebenfalls zu den Missbrauchstatbeständen.

3.4.3 Unternehmenszusammenschlüsse

Nach Willen des Gesetzgebers soll die Kontrolle über Unternehmenszusammenschlüsse einen zentralen Platz im ganzen Kartellrechtssystem einnehmen. Dies ist auf die aktuelle Unternehmensexpansion zurückzuführen. Im Verlauf des externen Unternehmenswachstums wecken die Zusammenschlüsse mit lokalen Unternehmen die Aufmerksamkeit der ausländischen Investoren.[299] Allein die Zusammenschlüsse selbst rufen nicht zwangsläufig Wettbewerbsprobleme hervor.[300] Im Gegenteil bringen diese personellen, materiellen und finanziellen Verbindungen die Vermehrung der Wirtschaftsgewinne sowie die Steigerung der Wettbewerbsfähigkeit mit sich. Von einem effektiven Kontrollsystem, der Fusionskontrolle, werden nur solche Zusammenschlussvorhaben verhindert, die zu hoch konzentrierten

---

Volkskongresses, Erklärung der Gesetzesnormen, Gesetzgebungsgründung und der relevanten Regelungen des Anti-Monopolgesetzes, S. 113.

297 Wu, Auslegung zum Anti-Monopolgesetz der Volksrepublik China, S. 56 ff.

298 Mao/Glass, GRUR Int. 2008, S. 109.

299 Zhang, Forschung nach Antimonopoltheorien, S. 179 ff.; Mao/Glass, WuW 2009, S. 1036; Masseli, GRUR Int. 2010, S. 184; Meyer/Chen, RIW 2009, S. 265.

300 Shao/Fang/Wang/Tang, Wettbewerbsrecht, S. 288; Li, Journal of ABC Wuhan Management Institute 2008 Heft 6, S. 88; Zheng, Journal of HuBei TV University 2010 Heft 4, S. 105.

Marktstrukturen führen und eine gesunde Wettbewerbsordnung erheblich stören können.[301]

Zentrale Rechtsgrundlagen befinden sich in den Art. 20–31 AMG unter der Überschrift „Konzentration von Unternehmen“. Das Gesetz sieht eine präventive Kontrolle von den Unternehmenszusammenschlüssen vor, worunter man versteht, dass ein Vorhaben zur unternehmerischen Übernahme bei der Anti-Monopolbehörde vorweg angemeldet werden muss. Eine unverzügliche Anmeldepflicht besteht ab bestimmten Schwellenwerten, die nicht im Gesetz selbst, sondern in der Verordnung über die Schwellenwerte zur Anmeldung der geplanten Konzentrationstransaktion festgelegt werden.[302]

Sowohl materielle Kriterien als auch formelle Prüfungsverfahren werden in diesem Teil geregelt. Strukturell setzt sich der fusionskontrollrechtliche Teil in erster Linie aus den Verbotstatbeständen und Freistellungsvoraussetzungen zusammen. Es ist aber zu bemerken, dass die Vorschriften bezüglich der Fusionskontrolle abstrakt und prinzipiell reguliert werden. Als Hilfsmittel wurden Nebenbestimmungen und Leitlinien von dem MOFCOM und dem Staatsrat veröffentlicht, um die vom Gesetz nicht beantworteten Fragen zu behandeln und die im Gesetz rudimentär umfassten Regelungen zu erklären. Dies wird im Kapitel 4 näher dargestellt.

3.4.4 Missbrauch der Verwaltungsbefugnisse

Dieses Kapitel wird als spezieller Teil des AMG angesehen. Im Vergleich zu anderen Kartellgesetzen, die mehr Aufsicht über Marktbeteiligte fokussieren, trägt das AMG noch monopolistischen Verhaltensweisen von öffentlicher Hand Rechnung. Dies hängt zu einem Teil mit der Ausgangslage der Gesetzesveröffentlichung eng zusammen, da sich die Marktwirtschaft Chinas noch in einer Entwicklungsphase befindet. Zum anderen Teil haben lokale Behörden restriktive Maßnahmen gegen ausländische Investoren im Zuge der Wirtschaftsreform vorgenommen, um ansässige Unternehmen abzuschirmen und damit die lokale Wirtschaftsentwicklung zu unterstützen.[303] In allen Fällen kann der Wettbewerb verzerrt und verfälscht werden. Konsequenterweise hat sich der Gesetzgeber für die Verwaltung der Beamte entschieden, um deren wettbewerbsbeschränkende Verhaltensweisen zu verbieten.[304]

Die Grundsätze des letzten Hauptteils werden in Art. 8 AMG verankert. Betroffen sind die Monopole von Staatsbehörden und den sonstigen mit öffentlichen

301 Shi/Wang/Wang/Zu, Auslegung und Anwendung des Anti-Monopolgesetzes, S. 73–75; Wang, Wettbewerbsrecht, S. 322–323; Yu, Fragen und Antworten zum Anti-Monopolgesetz, S. 23–24.

302 Podszun, GRUR Int. 2008, S. 880.

303 Siehe in 3.1.1.3.2.

304 Huang, Mit der Marktwirtschaft zusammen wachsen – Betrachtung des chinesischen Antimonopolgesetzes.

Aufgaben betrauten Institutionen.[305] Zwecke sind die Gewährleistung des freien Warenverkehrs von auswärtigen Unternehmen und die Bremsung der Willkür des administrativen Monopols.[306] Im fünften Kapitel werden dazu verschiedene Regelbeispiele angeführt.[307] Das Missbrauchsverhalten von hoheitlicher Gewalt, wie z. B. die Erhebung der Gebühren, die Fixierung der technischen Prüfstandards oder die Anforderungen an die wiederholte Zertifizierung von Unternehmen mit auswärtiger Herkunft, wird in den Art. 32–37 AMG konkretisiert.

3.4.5 Verhältnis zum Gesetz zum Schutz des geistigen Eigentums

Einer der sensiblen Punkte liegt wohl im Verhältnis zum Recht des geistigen Eigentumsschutzes.[308] Durch den lebhaften Wettbewerb werden mehr Erfindungen und Innovationen geschaffen, um die Marktanteile zu sichern. Normalerweise wird Rechtsinhabern angesichts des gewerblichen Schutzrechts oder des Urheberrechts eine exklusive Nutzungsbefugnis in einem gewissen Zeitraum verliehen. Dies könnte aber dem effektiven Wettbewerbsmechanismus entgegenwirken, soweit der Missbrauch des geistigen Eigentums in Form der Kopplungstaktiken, der Lizenzvergabe unter ungerechten Bedingungen u. a. eintritt.[309]

Im Teil der Zusatzregelungen wird das betreffende Verhältnis zwischen dem AMG und Gesetz zum Schutz des geistigen Eigentums kursorisch beschrieben: Gem. Art. 55 AMG wird in der Regel die rechtmäßige Ausübung des Immaterialgüterrechts aus dem Anwendungsbereich des AMG ausgenommen,[310] es sei denn, der Wettbewerb wird aufgrund des Missbrauches des gewerblichen Eigentumsrechts

305 Wang, Zwei Probleme bei der Gesetzgebung des Anti-Monopolgesetzes im Rahmen des Eintritts Chinas der WTO.

306 Wang, Zwei Probleme bei der Gesetzgebung des Anti-Monopolgesetzes im Rahmen des Eintritts Chinas der WTO; Sun, Anti-Monopolgesetz – Rechtssystem und -theorien, S. 175 ff.

307 Mao/Glass, ZWeR 2008, S. 105.

308 Hu, Ökonomische Logik im Rahmen des Anti-Monopolgesetzes, S. 283 ff.; Wang, China Legal Science 2009 Heft 4, S. 11, S. 15; Wang, Journal of Shanghai Jiaotong University (Social Science) 2009 Heft 6, S. 13–14.

309 Wang, Heiße Fragen im Hinblick auf die Durchführung des Anti-Monopolgesetzes, S. 363 ff.; Wang, Law Science 2004 Heft 3, S. 101; Xiao, Missbrauch der geistigen Eigentumsrechte durch multinationale Konzerne.

310 Zhang, Forschung nach Antimonopoltheorien, S. 91–92; Shi/Wang/Wang/Zu, Auslegung und Anwendung des Anti-Monopolgesetzes, S. 190; Wirtschaftsrechtsbüro der Rechtsarbeitskommission des Ständigen Ausschusses des Nationalen Volkskongresses, Erklärung der Gesetzesnormen, Gesetzgebungsgründung und der relevanten Regelungen des Anti-Monopolgesetzes, S. 341–342; Wang, Chinese Journal of Law 2008 Heft 4, S. 78–79; Wang, Gleichgewicht zwischen Schutz des geistigen Eigentumsrechts und Anti-Monopolgesetz.

ausgeschlossen oder behindert.[311] Dies verdeutlicht, dass dem Wettbewerbsschutz nur in solchen Konstellationen Vorrang eingeräumt wird, in denen die Ausnutzung der Lizenzen ein Absenken des Wettbewerbsdrucks zur Folge hat. Des Weiteren ist darauf hinzuweisen, dass der Missbrauch des geistigen Eigentumsrechts keinen neuen Teil des AMG darstellt, sondern die Ansätze im Hauptkapitel über Kartellvereinbarungen, Missbrauch der marktbeherrschenden Stellung oder Zusammenschlusskontrolle angewendet werden.[312]

Bemerkenswert ist aber, dass das Gesetz selbst die Konkretisierung dieser Basisvorschrift offen lässt.[313] Ausführliche Vorschriften wurden von den Kartellbehörden erarbeitet. Dazu trat die Verordnung des Missbrauches des geistigen Eigentums zur Beschränkung oder Eliminierung des Wettbewerbs am 1. August 2015 in Kraft, wobei im gleichen Jahr ein Entwurf über die Leitansichten des monopolisierten Verhaltens mittels des Missbrauches des geistigen Eigentums zur Einholung der Meinungen zustande kam. Verschiedene Arten der Vereinbarungen (z. B. Forschungs- und Entwicklungsvereinbarung oder Lizenzvereinbarung), die sich auf die Nutzung des geistigen Eigentums beziehen und die Wettbewerbsbedenken erregen können, werden in den Verordnungen aufgelistet.[314]

3.5 Zusammenfassung

Es ist im Hinblick auf die Gesetzesstruktur zu erörtern, dass die Kernbereiche im chinesischen Gesetz überwiegend mit international gültigen Standards und Vorsorgemaßnahmen konsistent sind. So unterscheidet das chinesische Gesetz die Regelungen über Kartellvereinbarungen, missbräuchliches Verhalten der

311 Wirtschaftsrechtsbüro und Forschungsbüro der Rechtsarbeitskommission des Ständigen Ausschusses des Nationalen Volkskongresses, Fragen und Antworten des Anti-Monopolgesetzes der Volksrepublik China, S. 28–29; An, Erklärung des Anti-monopolgesetzes der Volksrepublik China, S. 116–118, S. 223 ff.; Wu, Auslegung zum Anti-Monopolgesetz der Volksrepublik China, S. 161 ff.; Shi/Wang/Wang/Zu, Auslegung und Anwendung des Anti-Monopolgesetzes, S. 190 ff.

312 Wirtschaftsrechtsbüro der Rechtsarbeitskommission des Ständigen Ausschusses des Nationalen Volkskongresses, Erklärung der Gesetzesnormen, Gesetzgebungsgründung und der relevanten Regelungen des Anti-Monopolgesetzes, S. 342; Meng, Anti-Monopolgesetz, S. 187; Shang, Theorien über Anti-Monopolgesetz und Analyse über chinesische und ausländische Fälle, S. 406–407; Yu, Fragen und Antworten zum Anti-Monopolgesetz, S. 203–204; Wang, Social Sciences in China 2007 Heft 4, S. 131, S. 144; Wang, Journal of Nanjing University (Philosophy, Humanities and Social Sciences) 2013 Heft 1, S. 38; Huang, Missbrauch des geistigen Eigentumsrechts im Sinne vom Anti-Monopolgesetz.

313 Xiao, Missbrauch der geistigen Eigentumsrechte durch multinationale Konzerne; Wang, Jurists Review 2008 Heft 1, S. 27; Hou, Legality Vision 2016 Heft 7, S. 136.

314 Siehe in 6.2.1 sowie 6.2.2.

marktbeherrschenden Unternehmen sowie Fusionskontrolle. Diese Ansätze lehnen sich in großen Teilen an die im europäischen System an.[315]

In Bezug auf die Grundstruktur im Teil des Kartellverbots ähneln sich das AMG und das europäische Kartellrecht darin, dass beide Gesetzeswerke mit einem allgemeinen Verbot und Ausnahmefällen ausgestattet sind. Detailliert enthalten Art. 13 und 14 AMG jeweils eine Verbotsliste, die mit dem Beispielkatalog in Art. 101 Abs. 1 AEUV teilweise vergleichbar ist.[316] Anders als Art. 101 Abs. 1 AEUV, der als Generalklausel alle Sorten der wettbewerbsbeschränkenden Vereinbarungen tatbestandsmäßig beinhaltet, werden im AMG horizontale und vertikale Vereinbarungen jeweils mit Beispielen voneinander getrennt behandelt.[317] In der EU werden die Unterschiede zu verschiedenen Vereinbarungen nicht im Gesetz selbst, sondern in den Horizontal- oder Vertikalleitlinien und GVOen dargestellt.[318] Angesichts der verbreiteten Auffassung haben vertikale Vereinbarungen im Vergleich zu horizontalen Vereinbarungen geringfügigere Wettbewerbsschäden,[319] weswegen die Freistellungsvoraussetzungen für vertikale Vereinbarungen als lockerer einzustufen sind. In China richten sich hingegen alle Freistellungsmöglichkeiten allein nach Art. 15 AMG, wobei eine differenzierte Behandlung für horizontale und vertikale Vereinbarungen nicht vorgesehen wird. In diesem Punkt ist eine strukturelle Ähnlichkeit mit deutschen Regelungen vor der 7. GWB-Novelle spürbar,[320] die aber aufgrund der Anpassung an europäische Regelungen nicht mehr existieren.[321]

Vergleicht man die Regelungen über Missbrauch einer marktbeherrschenden Stellung, so verwenden beide Rechtsordnungen fast gleiche Terminologien. Es bleibt auch zu beachten, dass der Gesetzesaufbau in diesem Teil eher dem deutschen Gesetz entstammt, welches einen Beispielkatalog (§ 19 GWB), eine gesetzliche aber widerlegbare Vermutung der Marktbeherrschung (§ 18 Abs. 7 GWB) sowie eine Reihe von Beurteilungsfaktoren (§ 18 Abs. 3 GWB) zum Gegenstand hat.[322] Aber das chinesische Recht folgt nicht bedingungslos den deutschen Vorgaben. Dies spiegelt sich vor allem in der unterschiedlichen Höhe der Marktanteilsschwellen

---

315 Podszun, GRUR Int. 2008, S. 880; Seitz/Kock, GRUR Int. 2012, S. 719; Mao/Glass, GRUR Int. 2008, S. 105; Lorenz, WuW 2008, S. 814; Ritzenhoff, GRUR Int. 2014, S. 37.

316 Lorenz, RIW 2007, S. 927–928; Straub, RIW 2011, S. 828; Immenga, RIW 2007, S. 665 ff., siehe auch in 3.4.1.1 und 3.4.1.2.

317 Shao/Fang/Wang/Tang, Wettbewerbsrecht, S. 237 ff.; Immenga, RIW 2007, S. 665 ff.

318 Rittner/Dreher/Kulka, Wettbewerbs- und Kartellrecht, § 9 Rn. 1002.

319 Mao/Glass, ZWeR 2008, S. 94.

320 Immenga, RIW 2007, S. 666–668; Mao, GRUR Int. 2007, S. 577; Mao/Glass, GRUR Int. 2008, S. 108; Lorenz, GRUR Int. 2006, S. 470; Mao/Glass, ZWeR 2008, S. 94.

321 Loewenheim/Meessen/Riesenkampff/Kersting/Meyer-Lindemann/Jan Bernd Nordemann, Kartellrecht, § 1 GWB Rn. 5; Bechtold, NJW 2009, S. 3700.

322 Wang, Anti-Monopolgesetz – Meilenstein in der Reform des chinesischen Wirtschaftssystems; Wang, Lehrbuch zum Antimonopolgesetz von Xiaoye Wang, S. 463.

wider, die als Indiz für eine beherrschende Marktstellung dienen.[323] Im Wesentlichen sind die Bestimmungen des AMG lockerer als die deutschen Vorgaben: Eine marktbeherrschende Stellung wird gem. Art. 19 Abs. 1 AMG erst dann vermutet, wenn ein Unternehmen einen Marktwert in Höhe von 50 % erreicht, während eine solche Stellung gem. § 18 Abs. 4 GWB bereits mit einem Marktanteil von 40 % anzunehmen ist. Dieser Ansatzpunkt steht eher in Übereinstimmung mit demjenigen in der europäischen Rechtsprechung. Aber eine marktbeherrschende Stellung kann nach Ansicht der Europäischen Kommission in Einzelfällen vorliegen, auch wenn der Marktanteil weit unter 50 % liegt.

Bezüglich der Begrifflichkeit in der Fusionskontrolle hat sich das AMG mehr an das europäische Recht angepasst. Dies ist auf eine enge Zusammenarbeit mit der Europäischen Kommission zurückzuführen, die auch einen großen Beitrag bei der Gesetzesberatung geleistet hat.[324] Zu betonen ist vor allem, dass sich das chinesische Wort des Zusammenschlusses an der Übersetzung von „Concentration" orientiert.[325] Seine chinesische Übersetzung war eher ein fremder Rechtsbegriff im Vergleich zum oft verwendeten Wortlaut „Mergers and Acquisitions".[326] Abgesehen vom einheitlichen Sprachgebrauch fungieren beide Gesetzeswerke als präventive Mittel gegen die potenziell negative Entwicklung des Wettbewerbs, die aus Zusammenschlüssen resultieren kann oder könnte. Aus diesem Grund besteht eine Anmeldungspflicht für Unternehmen im Sinne von Art. 21 AMG sowie Art. 4 FKVO vor dem Vollzug des Zusammenschlusses, sofern die Umsatzschwelle erreicht. Hinsichtlich des förmlichen Genehmigungsverfahrens wird die chinesische Zusammenschlusskontrolle ebenfalls in zwei Abschnitte unterteilt; und zwar das Vorprüfungsverfahren sowie das eventuelle Hauptverfahren.

323 Mao, GRUR Int. 2007, S. 578; Lorenz, GRUR Int. 2006, S. 472; Mao/Glass, ZWeR 2008, S. 92; Straub, RIW 2011, S. 829.

324 Ministry of Commerce of China and the Directorate General of Competition of European Commission: Terms of Reference of the EU-China Competition Policy Dialogue. Siehe auch in Mauelshagen, GRUR Int. 2014, S. 780; Shi, Journal of Hotan Teachers College 2008 Heft 2, S. 42–43; Zheng, Journal of Liaoning Educational Administration Institute 2009 Heft 11, S. 27.

325 Die FKVO wird auf Englisch als Council Regulation on the Control of Concentrations between Undertakings benannt. Siehe auch in Mao/Glass, ZWeR 2008, S. 93; Li, Journal of Wuhan Metallurgical Manager's Institute 2009 Heft 1, S. 39; Masseli, ZChinR 2009, S. 22–23; Shang, Theorien über Anti-Monopolgesetz und Analyse über chinesische und ausländische Fälle, S. 250–251; Wang, Wettbewerbsrecht, S. 334–335; Wang, Chinese Journal of Law 2008 Heft 4, S. 74; Yan, Gemeinschaftsunternehmen im Rahmen der europäischen Fusionskontrolle und Aufschluss über ein gleiches Regime in China.

326 Mao/Glass, ZWeR 2008, S. 93; Shi/Wang/Wang/Zu, Auslegung und Anwendung des Anti-Monopolgesetzes, S. 198.

4. Kapitel: Gemeinschaftsunternehmen im Hinblick auf die Zusammenschlusskontrolle

4.1 Gemeinschaftsunternehmen nach formeller Prüfung

Wie bereits erwähnt, stellt das Gemeinschaftsunternehmen aufgrund seiner besonderen Eigenart einen Komplex im kartellrechtlichen System dar.[327] Die kartellrechtliche Behandlung kann sowohl das Kartellverbot als auch die Fusionskontrolle tangieren.

Bei der Fusionskontrolle ist in erster Linie zu fragen, ob sie überhaupt Anwendung auf ein Gemeinschaftsunternehmen findet. Es erfolgt zunächst eine formelle Kontrolle (Aufgreifkriterien) für die Zusammenschlussvorhaben. Nur wenn die Aufgreifkriterien erfüllt werden, wird eine materielle Prüfung eingeleitet.

4.1.1 Zusammenschlussbegriff

4.1.1.1 Gemeinsame Kontrolle in der EU

4.1.1.1.1 Begriff des Kontrollerwerbs

Das sog. Kontrollkonzept bildet den wichtigsten Anwendungsfall der europäischen Zusammenschlüsse.[328] Der Gegenstand des Kontrollerwerbs ist die Übereignung eines Teils oder mehrerer Teile eines Unternehmens. Es besteht daher ein Über- bzw. Unterordnungsverhältnis zwischen dem erwerbenden Unternehmen und dem Zielunternehmen.[329] Unter dem Kontrollerwerb lassen sich verschiedene Erwerbsmittel subsumieren. Vor allem kommt die Erlangung der Anteile sowie der Vermögenswerte in Betracht, die als deutlichste und häufigste Art des Kontrollerwerbs anzusehen ist. Gem. Art. 3 Abs. 1 lit. b FKVO kann ein Unternehmen auch durch Vertrag oder in sonstiger Weise eine unmittelbare oder mittelbare Kontrolle über ein anderes Unternehmen erwerben.

4.1.1.1.1.1 Auslegung des bestimmenden Einflusses

Dazu werden die Einzelheiten in Abs. 2 und 3 des Art. 3 FKVO geregelt, wonach die Kontrolle als Möglichkeit für das erwerbende Unternehmen zur Ausübung eines bestimmenden Einflusses auf die Tätigkeiten des Zielunternehmens auszulegen

327 Siehe in 2.4.3.
328 Immenga/Mestmäcker/Körber, Wettbewerbsrecht, Art. 3 FKVO Rn. 25.
329 Immenga/Mestmäcker/Körber, Wettbewerbsrecht, Art. 3 FKVO Rn. 25.

ist. Hier ist hervorzuheben, dass sich solche Möglichkeiten aus dem rechtlichen oder tatsächlichen Umstand ergeben können.[330] Es ist aber unerheblich, ob die bestehende Kontrollmacht tatsächlich ausgeübt wird.[331] Das heißt, dass die Führung der Alltagsgeschäfte im Hintergrund steht.[332]

4.1.1.1.1.2 Dauerhaftigkeit

Als Kontrollerwerb gelten grundsätzlich nur solche Vorgänge, die eine dauerhafte strukturelle Veränderung auf dem relevanten Markt bewirken.[333] Dies hängt mit dem Zweck der Fusionskontrolle zusammen, die Wettbewerbsbedingungen in den Märkten langfristig sicherzustellen. Zwischenerwerbe von einer kurzen Dauer, die nur vorübergehende Veränderungen der Marktsituation zur Folge haben, werden hingegen nicht im Rahmen des europäischen Fusionskontrollrechts geprüft.

4.1.1.1.1.3 Kontrollwechsel

Einschlägig ist auch, dass eine solche Transaktion auf einem neuen Kontrollerwerb basiert. Das bedeutet, dass die Kontrolle über das Zielunternehmen nach dem Zusammenschluss in andere Hände übergeht.[334] Ein Erwerbsvorgang, der innerhalb derselben Unternehmensgruppe, z. B. bei einer internen Restrukturierung, stattfindet, wird nicht von der Fusionskontrolle erfasst.[335] Der Grund dafür ist, dass die Kontrolle über das Zielunternehmen nicht auf ein mit dem Vorbesitzer unzusammenhängendes Unternehmen übergeht. Ein solcher Vorgang beeinflusst die Marktstruktur nicht mehr, da ein Kontrollverhältnis bereits vor dem Zusammenschluss vorliegt. Zum Beispiel findet die Fusionskontrolle keine Anwendung auf einen solchen Zusammenschluss, in dem zwei Tochterunternehmen miteinander fusionieren, die gemeinsam von einem Mutterunternehmen kontrolliert werden.

---

330 Gansweid, Gemeinsame Tochtergesellschaften im deutschen Konzern- und Wettbewerbsrecht, S. 23–24; Göthel/Wurmnest, Grenzüberschreitende M&A-Transaktionen, § 18 Rn. 42.

331 Konsolidierte Mitteilung zu Zuständigkeitsfragen, Rn. 16, Rn. 67; Schulte/Henschen, Handbuch Fusionskontrolle, S. 266–267 Rn. 918; Mestmäcker/Schweitzer, Europäisches Wettbewerbsrecht, § 25 Rn. 17; Gansweid, Gemeinsame Tochtergesellschaften im deutschen Konzern- und Wettbewerbsrecht, S. 24.

332 Mestmäcker/Schweitzer, Europäisches Wettbewerbsrecht, § 25 Rn. 46.

333 Erwägungsgrund 20 der FKVO; Konsolidierte Mitteilung zu Zuständigkeitsfragen, Rn. 7; Emmerich, Kartellrecht, § 15 Rn. 2; Mestmäcker/Schweitzer, Europäisches Wettbewerbsrecht, § 25 Rn. 5; Schulte/Henschen, Handbuch Fusionskontrolle, S. 271 Rn. 938.

334 Konsolidierte Mitteilung zu Zuständigkeitsfragen, Rn. 51; Mestmäcker/Schweitzer, Europäisches Wettbewerbsrecht, § 25 Rn. 39.

335 Konsolidierte Mitteilung zu Zuständigkeitsfragen, Rn. 51; Göthel/Wurmnest, Grenzüberschreitende M&A-Transaktionen, § 18 Rn. 43.

4.1.1.1.2 Gemeinsame Kontrolle

Durch die Regelungen in Art. 3 Abs. 1 lit. b FKVO wird ein Gemeinschaftsunternehmen kartellrechtlich so definiert, dass mindestens zwei Mutterunternehmen ihn gemeinsam kontrollieren können (sog. „Gemeinsame Kontrolle"). Es ist daher zu untersuchen, ob zwei oder mehrere Unternehmen kraft ihrer Anteilsrechte, Vermögensanteile oder der getroffenen Abrede einen bestimmenden Einfluss auf die Tätigkeiten eines anderen gemeinsam ausüben können.[336] Sie müssen bei allen wichtigen Entscheidungen eine Übereinstimmung auf Dauer erzielen.[337]

Es ist aber darauf hinzuweisen, dass eine wechselnde Mehrheit keine gemeinsame Kontrolle darstellt.[338] Wenn drei Gesellschafter jeweils ein Drittel der Anteile halten, ist keine gemeinsame Kontrolle über das Gemeinschaftsunternehmen zu begründen, denn die Mehrheit wechselt ständig in der Gesellschafterversammlung.[339] Hinzu kommt, dass die gemeinsame Kontrolle auf eine gewisse Dauer angelegt sein muss. Das in Rede stehende Szenario ist, dass sich die gemeinsame Kontrolle auf eine gewisse Anlaufzeit beschränkt und später ein Anteilseigner die Kontrolle allein übernimmt. In diesem Fall wird die gemeinsame Kontrolle als vorübergehend angesehen, soweit die Anlaufzeit kürzer als ein Jahr dauert.[340] Ein solcher Zusammenschluss wird folglich als alleiniger Kontrollerwerb eingestuft.

Im Allgemeinen unterscheidet die Kommission bei der Kontrolle zwischen positivem und negativem Aspekt. Unter der erstgenannten Variante versteht man die Möglichkeit des beherrschenden Unternehmens, das strategische Marktverhalten des beherrschten Unternehmens zu bestimmen. Bei negativer Kontrolle kann ein Erwerber hingegen kraft des Vetorechts strategische Unternehmensentscheidungen verhindern.[341]

---

336 Göthel/Hartmann-Rüppel/Wurmnest, Grenzüberschreitende M&A-Transaktionen, § 17 Rn. 7–8; Göthel/Wurmnest, Grenzüberschreitende M&A-Transaktionen, § 18 Rn. 37 ff.; Mestmäcker/Schweitzer, Europäisches Wettbewerbsrecht, § 25 Rn. 16; Gansweid, Gemeinsame Tochtergesellschaften im deutschen Konzern- und Wettbewerbsrecht, S. 24.

337 Konsolidierte Mitteilung zu Zuständigkeitsfragen, Rn. 63; Busche/Röhling/Schütz, Kölner Kommentare, Art. 3 FKVO Rn. 41.

338 Konsolidierte Mitteilung zu Zuständigkeitsfragen, Rn. 80; Jaeger/Kokott/Pohlmann/Schroeder/Schröer, Frankfurter Kommentar zum Kartellrecht, Art. 3 FKVO Rn. 108.

339 Konsolidierte Mitteilung zu Zuständigkeitsfragen, Rn. 80; Schulte/Henschen, Handbuch Fusionskontrolle, S. 278 Rn. 974; Kling/Thomas, Kartellrecht, § 8 Rn. 45.

340 Konsolidierte Mitteilung zu Zuständigkeitsfragen, Rn. 34; Kling/Thomas, Kartellrecht, § 8 Rn. 58.

341 Konsolidierte Mitteilung zu Zuständigkeitsfragen, Rn. 65 ff.; Fett/Spiering/K.Westermann/Bergmann, Handbuch Joint Venture, § 5 Rn. 56.

4.1.1.1.2.1 Positive Kontrolle

Grundsätzlich ist von positiver Kontrolle zu sprechen, solange den Mutterunternehmen maßgebliche Einflussmöglichkeiten bezüglich der Zusammensetzung des Gemeinschaftsunternehmens, der Einsetzung der Organe oder der strategischen Beratungen zustehen. Ein typisches Beispiel dafür ist ein paritätisches Gemeinschaftsunternehmen. Dabei besitzen zwei Unternehmen gleiche Stimmrechte über das Gemeinschaftsunternehmen, solange keine Sondervereinbarung über die Stimmrechtsausübung besteht.[342] Ferner ist eine paritätische Beteiligung zustande gekommen, wenn die Anzahl der von jedem Mutterunternehmen entsendeten Vertreter im Entscheidungsorgan gleich ist.[343] Es ist damit zu gewährleisten, dass jede Partei über ein absolutes Vetorecht bei entscheidenden Tagesordnungen verfügt. Letztendlich müssen alle wichtigen Entscheidungen gemeinsam getroffen werden.[344]

4.1.1.1.2.2 Negative Kontrolle

Etwas komplizierter ist die disparitätische Beteiligung, bei der entweder Stimmanteile am Gemeinschaftsunternehmen oder Entscheidungsrechte ungleich auf die Gesellschafter verteilt werden.[345] Anders als im deutschen Kartellrecht untersteht die Minderheitsbeteiligung auf europäischer Ebene keiner Fusionskontrolle.[346] Sie kommt erst in Betracht, wenn trotz ungleicher Beteiligungshöhe hinreichend verfestigte Rechte zum Minderheitsgesellschafter hinzukommen, die über seine allgemeine Verantwortlichkeit hinausgehen.[347] Dies führt dazu, dass mehr als zwei Unternehmen einen bestimmenden Einfluss auf das Gemeinschaftsunternehmen ausüben können.[348]

Der Anwendungsbereich der Fusionskontrolle ist durch die Anerkennung der negativen Kontrolle zu erweitern. Hierbei handelt es sich um ein solches Recht, das dem Minderheitsgesellschafter verschafft, gegen strategische Entscheidungen oder ein anderes wesentliches Wirtschaftsverhalten des Gemeinschaftsunternehmens

---

342 Konsolidierte Mitteilung zu Zuständigkeitsfragen, Rn. 64; Emmerich, Kartellrecht, § 17 Rn. 11; Schulte/Henschen, Handbuch Fusionskontrolle, S. 277 ff. Rn. 970 ff.; Fett/Spiering/K.Westermann/Bergmann, Handbuch Joint Venture, § 5 Rn. 57; Ulshöfer, Kontrollerwerb in der Fusionskontrolle, S. 64 ff.

343 Schulte/Henschen, Handbuch Fusionskontrolle, S. 277 Rn. 970; Picot/Hahn, Unternehmenskauf und Restrukturierung, § 11 Rn. 16.

344 Konsolidierte Mitteilung zu Zuständigkeitsfragen, Rn. 62, Rn. 64; Mehler, Fusionskontrolle und Transnationalisierung, S. 23–24; Krimphove, Europäische Fusionskontrolle, S. 241 ff.

345 Konsolidierte Mitteilung zu Zuständigkeitsfragen, Rn. 65 ff.; Picot/Hahn, Unternehmenskauf und Restrukturierung, § 11 Rn. 16.

346 Emmerich, Kartellrecht, § 15 Rn. 9.

347 Mestmäcker/Schweitzer, Europäisches Wettbewerbsrecht, § 25 Rn. 26–27.

348 Schulte/Just/von Rosenberg, Kartellrecht, Art. 3 FKVO Rn. 43.

zu blockieren.[349] Dies kann kraft Satzung, auf Grundlage einer Gesellschaftsvereinbarung oder anderer ähnlicher Akte zustande kommen. Die Gesellschafter können z. B. in einem Vertrag vereinbaren, dass wesentliche geschäftspolitische Entscheidungen des Gemeinschaftsunternehmens einstimmig getroffen werden müssen.[350] Dies entspricht de facto den gleichen Stimmrechten.

In der Regel ist der Entscheidungsbereich des Vetorechts mit dem der positiven Kontrolle gleichzustellen. Dazu gehören die Besetzung der Unternehmensleitung, die Vorbereitung der Finanzplanung und die Festlegung des Geschäftsplans.[351] Nach der Entscheidungspraxis der Kommission wird eine mögliche Einflussnahme auf z. B. geschäftspolitische Bestimmungen über das Budget oder größere Investitionen berücksichtigt.[352] Es ist besonders zu beachten, dass der strategische Charakter je nach konkreten Geschäftsaktivitäten differenziert werden kann. Eine starre Regel existiert hingegen nicht. Im Fall Fortis/BCP wurde eine gemeinsame Kontrolle nach Ansicht der Kommission ausnahmsweise bejaht, da der Mitgesellschafter BCP ein Vetorecht über die Gründung der Tochterunternehmen, die Durchführung, Beendigung und Abänderung der Rückversicherungen u. a. besaß.[353] Ausschlaggebend ist es, dass der über eine Mehrheit verfügende Gesellschafter im Zuge der Geschäftsführung auf eine Verständigung mit dem Minderheitsgesellschafter angewiesen ist.[354] Als Ergebnis davon müssen mindestens zwei Anteilseigner strategisch-wirtschaftliche Geschicke eines Gemeinschaftsunternehmens gemeinsam herbeiführen. Nicht ausreichend sind diejenigen Vetorechte, die zur Sicherung der finanziellen Investitionsinteressen der Minderheitsgesellschafter

349 Konsolidierte Mitteilung zu Zuständigkeitsfragen, Rn. 65 ff.; Schulte/Henschen, Handbuch Fusionskontrolle, S. 268 Rn. 924; Wagner, Das Wettbewerbsverbot im Verbands- und Kartellrecht, S. 167; Ulshöfer, Kontrollerwerb in der Fusionskontrolle, S. 66 ff.; Fett/Spiering/K.Westermann/Bergmann, Handbuch Joint Venture, § 5 Rn. 57; Picot/Hahn, Unternehmenskauf und Restrukturierung, § 11 Rn. 16; Mestmäcker/Schweitzer, Europäisches Wettbewerbsrecht, § 25 Rn. 46.

350 Schulte/Henschen, Handbuch Fusionskontrolle, S. 278 Rn. 973; Mestmäcker/Schweitzer, Europäisches Wettbewerbsrecht, § 25 Rn. 26.

351 Z. B. wurde im Fall Bayernwerk/Gaz de France dem Minderheitsgesellschafter ein Vetorecht eingeräumt, wodurch wesentliche Maßnahmen für die Gesellschaft der Zustimmung vom Minderheitsgesellschafter bedürfen. Siehe in EU Case No. IV/M.745 Bayernwerk/Gaz de France, Rn. 8. Im Fall Melitta/Dow-Newco ging die Kommission von einem Einigungszwang aus, dass die Einstimmigkeit von den Mitgliedern im Aufsichtsrat für die Finanzplanungen und die Budgets des Gemeinschaftsunternehmens erfordert wurde. Siehe in EU Case No. IV/M.734 Melitta/Dow-Newco, Rn. 6 ff.

352 Siehe z. B. in EU Case No. COMP/M.2744 RWE Gas/Lattice International/JV, Rn. 5 ff.; Case No. IV/M.293 Philips/Thomson/SAGEM, Rn. 1.

353 EU Case No. COMP/M.3556 Fortis/BCP, Rn. 9 ff.

354 Konsolidierte Mitteilung zu Zuständigkeitsfragen, Rn. 65 ff., Rn. 77.

(z. B. Satzungsänderungen, Kapitalerhöhungen, -herabsetzungen oder Liquidationen) dienen.[355]

4.1.1.1.2.3 Gemeinsame Ausübung der Stimmrechte

Eine gemeinsame Kontrolle kann außerdem darauf beruhen, dass zwei oder mehr Minderheitsgesellschafter aufgrund der Interessenidentität die Stimmrechte gemeinsam ausüben und sodann eine Stimmenmehrheit bilden.[356] Dies kann z. B. durch den Abschluss eines Stimmbindungsvertrags (sog. Stimmenpool) realisiert werden,[357] in dem die Minderheitsgesellschafter ihre Stimmrechte auf eine Holdinggesellschaft übertragen,[358] um einen bestimmenden Einfluss auf das Gemeinschaftsunternehmen auszuüben.[359]

Im seltenen Fall wird die Möglichkeit eines gemeinsamen Handelns ohne rechtliche Grundlage de facto gegeben, indem die Minderheitsgesellschafter bei der Ausübung ihrer Stimmrechte in dem Gemeinschaftsunternehmen aufgrund ihres gemeinsamen Interesses nicht gegeneinander handeln.[360] Die Kommission hat z. B. im Fall Ericsson/Nokia/Psion/Motorola untersucht, ob die Wahrscheinlichkeit der auf Dauer angelegten Interessengleichheit als hoch einzuschätzen ist.[361] Entscheidend ist, ob jedes der Mutterunternehmen für das Gemeinschaftsunternehmen spezielle lebenswichtige Beiträge (z. B. exklusives und spezifisches Know-how)[362] leisten kann,[363] die über das normale Renditestreben eines Gesellschafters hinausgehen.[364]

---

355 Konsolidierte Mitteilung zu Zuständigkeitsfragen, Rn. 66; Picot/Hahn, Unternehmenskauf und Restrukturierung, § 11 Rn. 16; Wiedemann/Wiedemann, Handbuch des Kartellrechts 2016, § 15 Rn. 52.

356 Hatje/Müller-Graff/Fuchs, Europäisches Wirtschaftsordnungsrecht, § 11 Rn. 105; Emmerich, Kartellrecht, § 17 Rn. 11; Jaeger/Kokott/Pohlmann/Schroeder/Schröer, Frankfurter Kommentar zum Kartellrecht, Art. 3 FKVO Rn. 107 ff.

357 Konsolidierte Mitteilung zu Zuständigkeitsfragen, Rn. 74 ff.; Picot/Hahn, Unternehmenskauf und Restrukturierung, § 11 Rn. 17–18; Mestmäcker/Schweitzer, Europäisches Wettbewerbsrecht, § 25 Rn. 47.

358 Emmerich, Kartellrecht, § 17 Rn. 11; Picot/Hahn, Unternehmenskauf und Restrukturierung, § 11 Rn. 17–18.

359 Kling/Thomas, Kartellrecht, § 8 Rn. 47.

360 Konsolidierte Mitteilung zu Zuständigkeitsfragen, Rn. 76; Busche/Röhling/Schütz, Kölner Kommentare, Art. 3 FKVO Rn. 44.

361 EU Case No. IV/JV.12 Ericsson/Nokia/Psion/Motorola, Rn. 15 ff.

362 EU Case No. COMP/M.4085 Arcelor/Oyak/Erdemir, Rn. 10 ff.; EU Case No. COMP/JV.55 Hutchison/RCPM/ECT, Rn. 15 ff.

363 EU Case No. IV/JV.12 Ericsson/Nokia/Psion/Motorola, Rn. 15 ff.; Wiedemann/Wiedemann, Handbuch des Kartellrechts 2016, § 15 Rn. 54; Schulte/Just/von Rosenberg, Kartellrecht, Art. 3 FKVO Rn. 51.

364 Schulte/Just/von Rosenberg, Kartellrecht, Art. 3 FKVO Rn. 50.

4.1.1.2 Zusammenschlusstatbestände in China

Der Zusammenschlussbegriff wird durch Art. 20 AMG festgelegt, demzufolge Unternehmenszusammenschlüsse in unterschiedlicher Form auftreten können.[365] Hierbei ist vornehmlich zwischen unternehmerischer Fusion und Kontrollerwerb zu unterscheiden. Die Kontrolle über das Zielunternehmen kann nicht nur von einem Unternehmen, sondern auch von mehreren Unternehmen ausgeübt werden.[366] In letztgenannter Konstellation kommt oft die Errichtung eines Gemeinschaftsunternehmens in Betracht.[367]

4.1.1.2.1 Erwerb der Kontrolle

Zwei gewichtige Varianten für den Kontrollerwerb werden in Art. 20 Nr. 2 AMG beschrieben, demzufolge ein Zusammenschluss durch die Erlangung der Aktionärsrechte oder die Vermögensübernahme erfolgen kann.[368] Im Hinblick auf den Erwerb der Aktionärsrechte ist vor allem zu klären, was unter dem im Gesetz verwendeten Begriff zu verstehen ist. Dabei ist darauf hinzuweisen, dass diese Bedeutung weiter ausgelegt werden kann. Genau genommen handelt es sich nicht nur um den Aktienerwerb bei der Aktiengesellschaft, sondern auch um den Anteilserwerb einer GmbH oder eines Partnerschaftsunternehmens.[369] Dies liegt darin begründet, dass sich die Fusionskontrolle nicht auf bestimmte Rechtsformen der Unternehmen beschränkt, sondern auf einem Kontrollverhältnis zwischen den Unternehmen beruht. Gem. Art. 3 AMG stellt das den Wettbewerb beschränkende oder ausschließende Zusammenschlussvorhaben eine Form von Monopolverhaltensweisen dar.[370] Sinngemäß ist ein solches Vorhaben nach Art. 28 S. 1 AMG zu untersagen. Hierbei wird das Hauptaugenmerk auf die Wettbewerbsbeschränkungen gelegt, egal in welcher Rechtsform die am Zusammenschluss beteiligten Unternehmen erscheinen. Hinzu kommt, dass das „Aktionärsrecht" in Art. 20 Nr. 2

365 An, Erklärung des Antimonopolgesetzes der Volksrepublik China, S. 34; Wu, Auslegung zum Anti-Monopolgesetz der Volksrepublik China, S. 32–34; Jiao, Oriental Law 2008 Heft 5, S. 147; Masseli, ZChinR 2009, S. 22.

366 Wang, Auslegung zum Antimonopolgesetz der Volksrepublik China, S. 167.

367 Lorenz, WuW 2008, S. 820; Liu/Hu, Analyse der Neubildung der Gemeinschaftsunternehmen zur Anmeldung der Zusammenschlüsse; Yuan, Gemeinschaftsunternehmen im europäischen, amerikanischen und chinesischen Kartellrecht, S. 191; Li, Journal of Wuhan Metallurgical Manager's Institute 2009 Heft 1, S. 39.

368 An, Erklärung des Antimonopolgesetzes der Volksrepublik China, S. 58; Wu, Auslegung zum Anti-Monopolgesetz der Volksrepublik China, S. 64; Shang, Theorien über Anti-Monopolgesetz und Analyse über chinesische und ausländische Fälle, S. 253–254; Wang, Wettbewerbsrecht, S. 336–337; Yu, Fragen und Antworten zum Anti-Monopolgesetz, S. 106–107; Tetz, ZChinR 2006, S. 392 ff.

369 Masseli, Handbuch chinesische Fusionskontrolle, S. 87–89; Jin, Aufgreifkriterien in der Fusionskontrolle, S. 211–212.

370 Details in 3.4.

AMG nach systematischer Auslegung die Ausübung der Stimmrechte bedeutet. Der Begriff „Stimmrechte" leitet sich vom Gesellschaftsgesetz ab, in dem das Verhältnis zwischen Anteilen bzw. Aktien und bestimmtem Stimmgewicht geklärt wird. Art. 42 und 103 des Gesellschaftsgesetzes ist zu entnehmen, dass es sich bei den Stimmrechten um die Entscheidungsmöglichkeit sowohl in der AG als auch in der GmbH handelt. Eine gleiche Formulierung findet man auch in Art. 30 des Gesetzes über Partnerschaftsunternehmen. Dies zeigt, dass die Stimmrechte auf jede Form der chinesischen Gesellschaft zutreffen können. Es bleibt noch zu beachten, dass dieser Begriff bereits in Art. 22 AMG zur Klärung der Ausnahmefälle für die Anmeldungspflicht verwendet wird.[371] Dies indiziert weiterhin, dass das zu erwerbende Unternehmen neben der AG noch in anderen Rechtsformen erscheinen kann. Man kann schließlich zu dem Schluss gelangen, dass ein breiteres Verständnis des „Aktienerwerbs" im AMG der einheitlichen Verwendung im ganzen Gesetzessystem dient. Es ist mit dem Erwerb der Aktionärsrechte der „allgemeine" Anteilserwerb im Sinne von der FKVO gemeint.

Der Vermögenserwerb wird in Art. 20 Nr. 2 AMG so definiert, dass ein Unternehmen mittels des Erwerbs des Eigentumsrechts oder eines anderen Nutzungsrechts an gesamten Vermögensgütern oder an wesentlichen Unternehmensteilen ein anderes Unternehmen kontrollieren kann. Der Vermögensübergang richtet sich in erster Linie nach dem Transaktionswert, der sich auf das zu übernehmende Geschäft oder den Geschäftsteil bezieht. Hierbei geht es um alle Werte des betroffenen Unternehmens,[372] weshalb alle Umsätze der erworbenen Teile bei der Umsatzberechnung mitgerechnet werden. Unter Umständen kann auch ein Lizenzrecht bei der Berechnung mit einbezogen werden. Dies indiziert letztendlich, ob die Kontrolle über das Zielunternehmen zu erlangen ist und ob eine bestimmte Marktstellung auf den Erwerber durch den Veräußerungsvorgang übertragen werden kann.[373]

Der Aufbau eines Gemeinschaftsunternehmens kann im Sinne des Art. 20 Abs. 2 AMG auf verschiedenen Grundlagen erfolgen.[374] Gem. Art. 2 Var. 1 und

371 Art. 22 AMG lautet, „Den Beteiligten unterliegt keine Anmeldungspflicht, wenn ein am Zusammenschluss beteiligtes Unternehmen über mindestens 50 % der Stimmrechtsanteile oder des Vermögens an allen anderen Beteiligten verfügt. Das Gleiche gilt, wenn mehr als 50 % ihrer Stimmrechtsanteile oder ihres Vermögens von einem nicht am Zusammenschluss teilnehmenden Unternehmen gehalten werden."

372 Shi, Anti-Monopolgesetz - Gesetzesauslegung und Erkundung nach Theorien, S. 253–255; Wu/Liu, Unternehmenszusammenschlüsse im Rahmen des Wettbewerbsrechts, S. 287–288.

373 Shi, Gesellschaftsrecht, S. 481 ff., S. 512 ff., S. 538 ff.; Shang, Theorien über Anti-Monopolgesetz und Analyse über chinesische und ausländische Fälle, S. 260–261.

374 Sun, Anti-Monopolgesetz - Rechtssystem und -theorien, S. 132 ff.; Feng, Rechtspraxis der chinesischen Unternehmenszusammenschlüsse, S. 251; Chu, Anti-Monopolregelungen bei Gemeinschaftsunternehmen, S. 27–28; Jin, Aufgreifkriterien in der Fusionskontrolle, S. 247.

Var. 2 der Bestimmungen zum Anteilserwerb an inländischen Unternehmen durch ausländische Unternehmen kann sich ein ausländisches Unternehmen durch den Anteilserwerb inklusive des Aufkaufs der Anteilserhöhung an einem inländischen Unternehmen beteiligen, wobei Art. 2 Var. 3 und Var. 4 der gleichen Bestimmungen noch zwei weitere Möglichkeiten der Vermögensübertragung statuieren. Ein Ausländer kann demnach entweder die Vermögensgüter des Zielunternehmens durch sein bereits in China gegründetes Unternehmen erlangen oder seinen bereits in China erworbenen Vermögensgegenstand in ein neues Unternehmen einbringen.[375]

Nicht zuletzt tritt ein Zusammenschluss gem. Art. 20 Nr. 3 AMG ein, wenn ein oder mehrere Unternehmen durch vertragliche oder sonstige Erwerbsmethoden die Kontrolle über ein anderes Unternehmen erworben hat/haben oder einen bestimmenden Einfluss auf ein anderes Unternehmen ausüben kann/können.[376] Unter dieser Kategorie werden sämtliche Handlungen zum Kontrollerwerb erfasst, die nicht in die Konstellationen des Art. 20 Nr. 2 AMG fallen. Dies gilt insbesondere für die Neugründung eines Gemeinschaftsunternehmens, bei der die Gründerunternehmen oft eine Vereinbarung über Investitionskapital, allgemeine Geschäftsführung sowie Stimmrechte zu treffen haben.[377]

4.1.1.2.2 Auslegung des Kontrollerwerbs

Es ist bisher unklar, wie der Kontrollerwerb im Sinne des Art. 20 Abs. 2 und 3 AMG auszulegen ist. Dies war im Gesetzgebungsprozess äußerst umstritten und die Meinungsstände in der Literatur sind gespalten.[378]

---

375 Ye/Bao, Rechtliche Analyse der ausländischen Fusion und Übernahme der chinesischen Unternehmen, S. 275–276.

376 Shi, Anti-Monopolgesetz - Gesetzesauslegung und Erkundung nach Theorien, S. 255–257; Rechtszentrum des Rechtsverlags, Kommentare des Anti-Monopolgesetzes, S. 18–19; Shi/Wang/Wang/Zu, Auslegung und Anwendung des Anti-Monopolgesetzes, S. 204–205; Wirtschaftsrechtsbüro der Rechtsarbeitskommission des Ständigen Ausschusses des Nationalen Volkskongresses, Erklärung der Gesetzesnormen, Gesetzgebungsgründung und der relevanten Regelungen des Anti-Monopolgesetzes, S. 117.

377 Ding, Systematische Studie der Anknüpfungspunkte der ökonomischen Effizienz an das Anti-Monopolgesetz, S. 57–59; An, Erklärung des Antimonopolgesetzes der Volksrepublik China, S. 58–59; Shang, Theorien über Anti-Monopolgesetz und Analyse über chinesische und ausländische Fälle, S. 261–263; Zhang, Forschung nach Antimonopoltheorien, S. 170–171, S. 182; Shao/Fang/Wang/Tang, Wettbewerbsrecht, S. 283–285; Wang, Wettbewerbsrecht, S. 337; Wang, Auslegung zum Antimonopolgesetz der Volksrepublik China, S. 168; Wang, Law Science Magazine 2008 Heft 1, S. 2; Shi/Hu, China M&A Law Report, S. 6; Fang, ZWeR 2008, S. 395; Wu/Liu, Unternehmenszusammenschlüsse im Rahmen des Wettbewerbsrechts, S. 288.

378 Details in Jin, Aufgreifkriterien in der Fusionskontrolle, S. 161 ff.

4.1.1.2.2.1 Kontrollbegriff

Es ist vor allem zu klären, was man unter dem Begriff „Kontrolle" genau verstehen kann. Die Kontrolle wird nach dem AMG nicht starr an einer bestimmten Anteilsschwelle festgemacht, aber dies ist ohne eine systematische Darstellung schwer zu handhaben. Hier bedarf vor allem einer systematischen Auslegung.

4.1.1.2.2.1.1 Systematische Auslegung

4.1.1.2.2.1.1.1 Auslegung des Gesellschaftsgesetzes

Gem. Art. 216 Abs. 2 des Gesellschaftsgesetzes wird die Kontrolle mit mindestens 50 % der Anteile an einem anderen Unternehmen verknüpft.[379] Ein beherrschender Anteilseigner liegt demzufolge vor, wenn seine Einlage bei einer GmbH mindestens 50 % des Gesamtkapitals ausmacht oder er bei einer AG die Anteile in Höhe von mindestens 50 % hält. Unterhalb dieser Schwelle ist ein beherrschender Anteilseigner auch anzunehmen, wenn er mittels seiner Stimmrechte die Entscheidungen der Gesellschafter- bzw. Hauptversammlung maßgeblich beeinflussen kann.[380]

Hier bleibt zu beachten, dass die Kontrolle in Art. 216 Abs. 2 des Gesellschaftsgesetzes eine erhebliche Entscheidungsmöglichkeit bedeutet. Dies stimmt mit dem Kontrollbegriff in Art. 216 Abs. 3 des Gesellschaftsgesetzes überein, demzufolge eine kontrollierende Person so definiert wird, dass sie zwar kein Gesellschafter ist, aber kraft der Investitionsbeziehungen, Vereinbarungen oder anderer Dispositionen die Handlungen der betroffenen Gesellschaft tatsächlich dirigieren kann. Daraus besteht eine sehr hohe Kontrollintensität. Dies liegt daran, dass das Gesellschaftsgesetz hauptsächlich die Rechtsgeschäfte der chinesischen Kapitalgesellschaft (AG und GmbH) reguliert. Es geht bei der Kontrolle nach dem Gesellschaftsgesetz vorrangig darum, ob dem Gesellschafter oder einer anderen Person

---

379 Erklärung von An, Erklärung des Antimonopolgesetzes der Volksrepublik China, S. 20; Wirtschaftsrechtsbüro der Rechtsarbeitskommission des Ständigen Ausschusses des Nationalen Volkskongresses, Erklärung der Gesetzesnormen, Gesetzgebungsgründung und der relevanten Regelungen des Anti-Monopolgesetzes, S. 117; Ren, Analyse der neu veröffentlichten Leitansichten über die Anmeldung von Unternehmenszusammenschlüssen vom MOFCOM; Hu, Anhui University Law Review 2008 Heft 1, S. 42.

380 Wirtschaftsrechtsbüro und Forschungsbüro der Rechtsarbeitskommission des Ständigen Ausschusses des Nationalen Volkskongresses, Fragen und Antworten des Anti-Monopolgesetzes der Volksrepublik China, S. 85; An, Erklärung des Antimonopolgesetzes der Volksrepublik China, S. 59; Wirtschaftsrechtsbüro der Rechtsarbeitskommission des Ständigen Ausschusses des Nationalen Volkskongresses, Erklärung der Gesetzesnormen, Gesetzgebungsgründung und der relevanten Regelungen des Anti-Monopolgesetzes, S. 117; Bai, Analyse der Rechtsprobleme des Kontrollrechts der Holdinggesellschaft, S. 4; Wang, Auslegung zum Antimonopolgesetz der Volksrepublik China, S. 167; Fang, ZWeR 2008, S. 394–395.

die Möglichkeit eingeräumt wird, eine Kapitalgesellschaft mit ihrem eigenen Willen zu betreiben bzw. die Geschäftsentscheidungen zu ihren Gunsten zu treffen. Dies stellt einen großen Unterschied zum Anwendungsbereich des Kartellrechts dar: Zunächst werden im AMG mehr Rechtsformen inkludiert. Zweitens liegt ein Kontrollerwerb in kartellrechtlicher Hinsicht bereits vor, wenn ein Unternehmen strategisch wichtige Entscheidungen eines anderen Unternehmens treffen kann, da ein solcher Erwerbsvorgang bereits die Marktstruktur beeinflussen kann. Eine dominierende Stimmenmehrheit für die tatsächliche Unternehmensführung ist hingegen bei kartellrechtlicher Prüfung nicht erforderlich.

4.1.1.2.2.1.1.2 Anhaltspunkte in der Mitteilung zur Einrichtung der Staatssicherheitsprüfung für die Übernahme der einheimischen Unternehmen durch ausländische Investoren

Folgend werden Regelungen über den Kontrollerwerb in zwei Verordnungen erläutert, um zu zeigen, wie die Kartellbehörde bzw. die Regierung den Begriff auslegt.

Wenn man einen Blick auf die Mitteilung zur Einrichtung der Staatssicherheitsprüfung für die Übernahme der einheimischen Unternehmen durch ausländische Investoren wirft, ist es auffällig, dass Indizien für den Begriff „Kontrolle“ gegeben werden. Dies betrifft zwar lediglich die Transaktionen, welche die nationale Sicherheit tangieren können, dennoch wird impliziert, wie der Staatsrat diesen Schlüsselbegriff im chinesischen Kartellrecht auslegt. Gem. Art. 1 Abs. 3 Var. 1 der Mitteilung wird eine Kontrolle über ein anderes Unternehmen erworben, wenn ein ausländisches Unternehmen, das ihn kontrollierende Unternehmen sowie das von ihm kontrollierte Unternehmen mehr als 50 % der stimmberechtigten Anteile an einem chinesischen Unternehmen halten. Das Gleiche gilt, wenn sämtliche Anteile aller am Zusammenschluss beteiligten ausländischen Unternehmen gem. Art. 1 Abs. 3 Var. 2 der Mitteilung über 50 % betragen. Falls die Schwelle von 50 % nicht erreicht wird, liegt eine Kontrolle über ein anderes Unternehmen trotzdem vor, solange die Ausländer maßgebliche Einflussnahme auf die Vorstandsmitglieder, den Vorstand der Gesellschafter sowie die Hauptversammlung im Sinne von Art. 1 Abs. 3 Var. 3 der Mitteilung ausüben können.

Es ist zu bemerken, dass hier auch ein sehr enges Kontrollverhältnis vorliegt. Dies hängt mit der Zielsetzung der Staatssicherheitsprüfung zusammen, die sich auf die Risikokontrolle der ausländischen Übernahmen richtet. Es ist klar, dass nicht jeder Zusammenschluss mit ausländischer Beteiligung in den Anwendungsbereich der nationalen Sicherheitsprüfung fällt. Nur solche Zusammenschlüsse, in denen die Ausländer die Entscheidungen des Zielunternehmens erheblich beeinflussen können, werden von dieser Prüfung umfasst. Es ist dann logisch, eine höhere Aufgreifschwelle im Vergleich zur fusionskontrollrechtlichen Prüfung einzusetzen.

4.1.1.2.2.1.1.3 Auslegung der Leitansichten über die Anmeldung von Unternehmenszusammenschlüssen

Laut Art. 3 der vorläufigen Methode für die Anmeldung von Unternehmenszusammenschlüssen (Entwurf zur Konsultation) 2009 wurde eine konkrete Anteilsschwelle für den Kontrollerwerb festgelegt.[381] Ein Kontrollerwerb wurde demzufolge angenommen, wenn ein Unternehmen mindestens 50 % der Anteile an einem anderen Unternehmen erlangte. Lagen die Anteile unter 50 %, wurden die Fähigkeiten zur Bestellung mindestens eines Vorstandsmitglieds eines anderen Unternehmens, zur Nennung des Kernverwaltungspersonals, zur Bestimmung der wichtigen Geschäftsentscheidung sowie zur Fixierung der Verkaufspreise bei der Prüfung herangezogen. Allerdings scheiterte dieser Versuch mangels einheitlicher Meinungen. Als Ergebnis davon wurde diese Formulierung in der veröffentlichten Methode für die Anmeldung von Unternehmenszusammenschlüssen gestrichen.

Einige Anhaltspunkte für den Kontrollerwerb werden zurzeit durch die Leitansichten über die Anmeldung von Unternehmenszusammenschlüssen geboten, wonach sich der Kontrollerwerb hauptsächlich durch die Zusammenschlussvereinbarung und die Gesellschaftssatzung bestimmt. Andere Prüfungspunkte werden mit einbezogen, falls sich angesichts der vorgenannten Kriterien nicht alle Verständnisschwierigkeiten erklären lassen. Das gilt insbesondere für die Fälle, dass die Kontrolle über das Zielunternehmen aufgrund des engen Verhältnisses zwischen den Anteilseignern de facto vorliegt. Gem. Art. 3 Abs. 2 der Leitansichten kann ein Gesellschafter die Handlungen des Zielunternehmens kontrollieren, wenn er über ausreichende Stimmrechte (z. B. durch die Vollmacht von anderen Gesellschaftern) oder besondere Dispositionsrechte (z. B. aus Kooperationsverträgen mit anderen Gesellschaftern) verfügt. Andere gesellschaftsrechtliche Einflussmittel (z. B. Fähigkeit zur Ernennung bzw. zur Entlassung des Managements oder der Vorstands- oder Aufsichtsratsmitglieder) werden ebenso in den Leitansichten genannt. Erhebliche Lieferbeziehungen können als Beurteilungsmaßstab herangezogen werden, womit übrige Gesellschafter Rücksicht auf die Vorstellung des Erwerbers nehmen müssen. Dem Wortlaut ist zu entnehmen, dass es beim Kontrollerwerb wichtig zu untersuchen ist, ob der Gesellschafter wirtschaftliche Entscheidungen des Zielunternehmens treffen kann. Eine tatsächliche Kontrolle, die nach dem Gesellschaftsgesetz einen Erwerb über mehr als 50 % der Anteile bedeutet, ist nicht notwendig.

4.1.1.2.2.1.2 Zwischenergebnis

Wie die europäische Fusionskontrollverordnung, sieht das AMG keine konkrete Stimmrechts- oder Kapitalanteilsschwelle für den Kontrollerwerb vor. In der Tat ist eine starre Regelung zur Feststellung der Kontrollerlangung auch

381 Ding/Lin, Theorie und Praxis der Zusammenschlusskontrolle, S. 5.

kaum möglich. Die Beurteilung des Kontrollerwerbs beruht auf einer Reihe von geschäftlichen Faktoren, die in Art. 3 der Leitansichten über die Anmeldung von Unternehmenszusammenschlüssen festgelegt werden. Hier bedarf man einer Gesamtbetrachtung des Verhältnisses zwischen den betroffenen Unternehmen. Wichtig ist, ob die strategische Entscheidung des infrage stehenden Unternehmens auf die Zustimmung eines anderen angewiesen ist. Darauf ist hinzuweisen, dass die Kontrollintensität, wie bereits erläutert, nicht so hoch wie im Gesellschaftsgesetz erfordert wird. Es ist aber zu bemerken, dass hier nur grobe Anhaltspunkte geboten werden. Im Vergleich zu umfassenden Auslegungsregeln in der EU fehlt noch eine systematische Darstellung in China. Hier sind noch zwei Fragen zu beantworten, ob wie in der EU die Ausübung eines bestimmenden Einflusses eine Konkretisierungsform des Kontrollerwerbs darstellt und ob der Erwerb eines Vetorechts als Zusammenschluss gilt. Es liegt letztendlich in der Hand des MOFCOM zu entscheiden, wie es die Regelungen auslegen kann.

4.1.1.2.2.2 Verhältnis zwischen Kontrolle und bestimmender Einflussnahmemöglichkeit

Das erste Problem wird dadurch verursacht, dass die Kontrolle und bestimmende Einflussnahmemöglichkeit in Art. 20 Abs. 3 AMG gleichwertig nebeneinander stehen. Eine klare Darstellung enthält das Gesetz aber nicht. In der Literatur ist es äußerst umstritten.[382] Zu untersuchen ist, ob eine gesonderte Erwägung der bestimmenden Einflussnahmemöglichkeit neben der Erlangung der Kontrolle als überflüssig zu bewerten ist.

4.1.1.2.2.2.1 Wortlautauslegung

Wörtlich wird die Kontrolle so definiert, dass eine Sache, Angelegenheit oder Person unter Überwachung oder Überprüfung steht, sodass deren Handlungsbereich beschränkt ist.[383] Es ist zu bemerken, dass die kontrollierte Sache oder Person wegen eines Herrschaftsverhältnisses keine eigene Willensbildung hat. Nach chinesischem Wörterbuch bedeutet das Wort „bestimmen" eine dominante Einflussnahme.[384] Genau genommen kann eine Sache bzw. eine Person einen beherrschenden Einfluss auf die Entwicklung der anderen ausüben. Hier besteht ebenso ein Über- bzw. Unterordnungsverhältnis. Es kommt zu dem Schluss, dass diese zwei Begriffe im Wortsinn miteinander gleichzusetzen sind. Inhaltlich gibt es keinen Unterschied zwischen „Kontrolle" und „bestimmen".

382 Siehe in Jin, Aufgreifkriterien in der Fusionskontrolle, S. 161 ff.
383 XPCHA, Bedeutung von Kongzhi.
384 XPCHA, Bedeutung von Jueding.

4.1.1.2.2.2.2 Historische Auslegung

Eine historische Auslegung kann als Ansatzpunkt für die Klärung des Verhältnisses dienen. Wie bereits im Kapitel 3 erwähnt, lehnt sich die Zusammenschlusskontrolle im AMG an das europäische Fusionskontrollrecht an.[385] Im Jahr 2004 unterzeichnete das MOFCOM mit der Europäischen Kommission im Bereich Wettbewerb einen Dialog zur Förderung einer engen Kooperation im Rahmen des Wettbewerbsrechts. Dies betrifft vor allem die einheitliche Verwendung der kartellrechtlichen Begrifflichkeit. Es lässt sich erkennen, dass die europäische Fusionskontrolle verschiedene Erwerbsmittel in Art. 3 Abs. 1 lit. b FKVO festlegt. Zu nennen sind Anteils-, Vermögenserwerb und Kontrollerlangung durch Vertrag oder in sonstiger Weise. Eine solche Kontrollmöglichkeit wird weiterhin durch Art. 3 Abs. 2 FKVO ergänzt, demzufolge sie als die Ausübung eines bestimmenden Einflusses auf die Tätigkeiten des Zielunternehmens bezeichnet wird. In China hat das AMG einen fast gleichen Gesetzesaufbau in diesem Teil: In Art. 20 AMG werden drei Arten der Zusammenschlüsse zusammengefasst, und zwar der Anteils- und Vermögenserwerb sowie die Erlangung der Kontrolle über ein anderes Unternehmen durch sonstige Methoden (z. B. durch Vereinbarungen). Es ist eher zu vermuten, dass der chinesische Gesetzgeber das europäische fusionskontrollrechtliche System auf das AMG übertragen wollte. In diesem Sinne ist die „Ausübung eines bestimmenden Einflusses" kein neuer Tatbestand des Zusammenschlusses, sondern gilt nur als Ergänzung des Begriffs „Kontrollerwerb".

4.1.1.2.2.2.3 Systematische Auslegung

Hinweise sind in den Leitansichten über die Anmeldung von Unternehmenszusammenschlüssen enthalten. Dem Wortlaut des Art. 3 Abs. 2 der Leitansichten ist zu entnehmen, dass das MOFCOM beide Begriffe miteinander gleichstellt. Eine Kontrolle ist demzufolge gegeben, wenn ein Unternehmen die Möglichkeit hat, einen bestimmenden Einfluss durch z. B. den Anteils- oder Vermögenserwerb auf ein anderes auszuüben.[386] Diese Interpretation kann auch durch die Veränderung in zwei Verordnungen vom MOFCOM untermauert werden. 2009 hat das MOFCOM noch den Kontrollerwerb und die Ausübung eines bestimmenden Einflusses als zwei Varianten in Art. 9 Abs. 1 der Methode zur Anmeldung von Unternehmenszusammenschlüssen aufgelistet. 2014 wurde diese Auffassung durch Art. 13 Abs. 1 der Leitansichten über die Anmeldung von Unternehmenszusammenschlüssen berichtigt: Die letztgenannte Variante wird ohne Ersatz gelöscht. Es liegt nahe, dass die bestimmende Einflussnahmemöglichkeit nur als Konkretisierungsform

---

385 Siehe in 3.4.3 sowie 3.5.

386 Chu, Anti-Monopolregelungen bei Gemeinschaftsunternehmen, S. 11, S. 27–28; Yan, Gemeinschaftsunternehmen im Rahmen der europäischen Fusionskontrolle und Aufschluss über ein gleiches Regime in China; Sun, Anti-Monopolprüfung und Praxis; Jin, Aufgreifkriterien in der Fusionskontrolle, S. 173.

der Kontrolle anzusehen ist und ein Merkmal der Kontrolle darstellt, weswegen eine unnötige Wiederholung in früheren Verordnungen aus den jüngst erlassenen Leitansichten entfernt wurde.

4.1.1.2.2.2.4 Zwischenergebnis

Zusammenfassend ist zu sagen, dass in China die Kontrolle und die Ausübung eines bestimmenden Einflusses im AMG keine zwei getrennten Rechtsbegriffe darstellen. Die letztgenannte Variante gilt nur als die Ergänzung zur Kontrolle. Es kommt beim Kontrollerwerb nicht auf die Überschreitung einer bestimmten Anteilshöhe an, sondern eine bestimmende Einflussnahmemöglichkeit spielt bei der Prüfung eine große Rolle. Dies entspricht sinngemäß dem europäischen Kontrollbegriff.

Es ist besonders darauf hinzuweisen, dass bei der chinesischen Fusionskontrolle, wie im europäischen System, in erster Linie auf die Marktveränderung abgestellt wird. Das bedeutet, dass die Zusammenschlusskontrolle in China auf einem Kontrollerwerb beruht.[387] Eine Minderheitsbeteiligung ohne besonderes Recht wird weder von der FKVO noch vom AMG erfasst, da solche Zusammenschlüsse nicht zur maßgeblichen Veränderung der Wettbewerbslage führen. Dies unterscheidet sich vom Aufgreifkriterium des § 37 Abs. 1 Nr. 3 S. 3 GWB, demzufolge Gemeinschaftsunternehmen bereits zustande gekommen sind, wenn zwei oder mehr Unternehmen je mindestens 25 % der Stammkapital- oder Stimmrechtsanteile an einem anderen Unternehmen halten oder erlangen.

Es ist nach dem GWB noch möglich, dass eine Minderheitsbeteiligung mit weniger als 25 % der Anteile oder Stimmrechte den Anwendungsbereich des GWB eröffnen kann. Gem. § 37 Abs. 1 Nr. 4 GWB liegt ein Zusammenschluss vor, wenn (ein) Erwerber einen wettbewerblich erheblichen Einfluss auf ein anderes Unternehmen ausüben kann/können. Damals wurde in China heftig diskutiert, ob das AMG einen subsidiären Auffangtatbestand wie § 37 Abs. 1 Nr. 4 GWB enthält.[388] Diese Frage wurde durch die Veröffentlichung der Leitansichten über die Anmeldung von Unternehmenszusammenschlüssen sowie die neue Version der Methode zur Anmeldung von Unternehmenszusammenschlüssen beantwortet. Wie bereits analysiert, greift die Fusionskontrolle nur ein, wenn ein Kontrollerwerb vorliegt.

4.1.1.2.2.3 Auslegung der negativen Kontrolle

In China wurden bis jetzt keine Regelungen über negative Kontrolle gegeben, auch wenn eine solche Möglichkeit heftig in der Literatur diskutiert wird.

387 Lorenz, WuW 2006, S. 1252; Fang, ZWeR 2008, S. 394.
388 Details in Mao/Glass, GRUR Int. 2008, S. 110; Meyer/Chen, RIW 2009, S. 267.

4.1.1.2.2.3.1 Auffassungen über die negative Kontrolle im chinesischen Schrifttum

Nach herrschender Meinung im chinesischen Schrifttum liegt ein Kontrollerwerb vor, wenn Unternehmen strategisch-wirtschaftliche Entscheidungen des anderen Unternehmens beeinflussen können.[389] Zur Konkretisierung ist ein Unternehmen durch den Erwerbsvorgang in der Lage, die Betriebspolitik eines anderen zu bestimmen.[390]

Zu notieren ist noch, dass in der Praxis mehr Zusammenschlüsse aus disparitätischen Beteiligungen stammen. Einer Ansicht zufolge ist der Begriff „Kontrollerwerb" durch negative Einflussmöglichkeiten zu erweitern.[391] Davon wird gesprochen, wenn die Minderheitsbeteiligung kraft des Vetorechts die Kontrolle über ein anderes Unternehmen erwirbt. Es ist wichtig zu untersuchen, ob der Minderheitsbeteiligte das strategische Wirtschaftsverhalten des Zielunternehmens (z. B. die Bestimmung des Finanzplans oder des Geschäftsbudgets) blockieren kann, was weit über seiner allgemeinen Kompetenz liegt.[392] Hierbei spielt die Beteiligungshöhe keine wichtige Rolle.[393] Es ist noch darauf hinzuweisen, dass ein Vetorecht zur Sicherung des Minderheitsschutzes wie Liquidation, Satzungsänderung oder Kapitalerhöhung nicht als Kontrolltatbestand gilt.[394]

4.1.1.2.2.3.2 Bewertung

Vor allem ist zu bemerken, dass sich die Grundprinzipien des Vetorechts aus Art. 43 Abs. 2 und 103 Abs. 2 des Gesellschaftsgesetzes herleiten. Gem. Art. 43 Abs. 2 des

---

389 Sun, Untersuchung nach unternehmerischen Problemen im Zuge der ausländischen Akquisitionen, S. 176–177; Shao/Fang/Wang/Tang, Wettbewerbsrecht, S. 283–285; Wang, Wettbewerbsrecht, S. 337; Wang, Auslegung zum Antimonopolgesetz der Volksrepublik China, S. 167–168; Yu, Fragen und Antworten zum Anti-Monopolgesetz, S. 2–3; Liu, Legal System and Society 2012 Heft 22, S. 92; Zeng, Political Science and Law 2014 Heft 3, S. 120–121; Liu/Hu, Analyse der Neubildung der Gemeinschaftsunternehmen zur Anmeldung der Zusammenschlüsse.

390 Shi/Wang/Wang/Zu, Auslegung und Anwendung des Anti-Monopolgesetzes, S. 204–205; Sun, Untersuchung nach unternehmerischen Problemen im Zuge der ausländischen Akquisitionen, S. 177; Wang, Chinese Journal of Law 2008 Heft 4, S. 74–75; Wang, Law Science Magazine 2008 Heft 1, S. 2; Ling, Business 2016 Heft 2, S. 226; Li, Journal of Guangxi Administrative Cadre Institute of Politics and Law 2009 Heft 3, S. 115; Masseli, Handbuch chinesische Fusionskontrolle, S. 90 ff.

391 Jin, Aufgreifkriterien in der Fusionskontrolle, S. 181.

392 Zeng, Political Science and Law 2014 Heft 3, S. 120–128; Ren, Analyse der neu veröffentlichten Leitansichten über die Anmeldung von Unternehmenszusammenschlüssen vom MOFCOM; Blewett/Bai, A Practical Guide to Chinese Merger Control.

393 Blewett/Bai, A Practical Guide to Chinese Merger Control.

394 Blewett/Bai, A Practical Guide to Chinese Merger Control; Liu/Hu, Analyse der Neubildung der Gemeinschaftsunternehmen zur Anmeldung der Zusammenschlüsse.

Gesellschaftsgesetzes muss eine Entscheidung über die Satzungsänderung, die Erhöhung oder Herabsetzung des registrierten Kapitals, die Konsolidierung, Aufteilung oder Auflösung der Gesellschaft oder die Änderung der Gesellschaftsform von mindestens zwei Dritteln der Stimmen in einer GmbH getroffen werden. Eine ähnliche Formulierung bei der AG gibt Art. 103 Abs. 2 des Gesellschaftsgesetzes vor. Ein kleiner Unterschied besteht nur darin, dass die Hauptversammlung der AG eine vorgenannte Entscheidung mit mindestens zwei Dritteln der Stimmen von anwesenden Gesellschaftern treffen muss. Daraus ist der Rückschluss zu ziehen, dass ein Gesellschafter mit einem Drittel der Stimmen entscheidende Geschäftsaktivitäten des Zielunternehmens blockieren kann. Vergleichsweise räumt das Gesetz über Partnerschaftsunternehmen ebenfalls ein Vetorecht zur Kontrolle des Partnerschaftsunternehmens ein. Gem. Art. 30 Abs. 1 des Gesetzes werden Beschlüsse mit mehr als der Hälfte der Stimmen aller Partner getroffen, soweit in der Partnerschaftsvereinbarung nichts oder dies nicht klar bestimmt ist. Für einige Angelegenheiten, wie die Übertragung des geistigen Eigentumsrechts oder die Änderung des Betriebsbereiches eines Partnerschaftsunternehmens, ist eine einstimmige Entscheidung gem. Art. 31 des Gesetzes über Partnerschaftsunternehmen erforderlich, soweit die Partnerschaftsvereinbarung nichts anderes bestimmt. Es ist dann zusammenzufassen, dass die Kontrolle über ein anderes Unternehmen kraft des Vetorechts bereits im chinesischen Rechtssystem inkorporiert ist. Theoretisch ist ein Kontrollerwerb durch das Vetorecht im chinesischen Kartellrecht möglich.

Hinzu kommt, dass Art. 3 Abs. 2 der Leitansichten über die Anmeldung von Unternehmenszusammenschlüssen verschiedene Faktoren zur Beurteilung eines Kontrollerwerbs vorschreibt. Es ist demzufolge wichtig darüber zu entscheiden, ob ein am Zusammenschluss beteiligtes Unternehmen einen bestimmenden Einfluss auf entscheidende Verhaltensweisen des Zielunternehmens ausüben kann. Die Eigenart der Einflussmöglichkeit spielt dagegen eine untergeordnete Rolle. Das bedeutet, dass sowohl positive als auch negative Einflussnahmemöglichkeiten eine Kontrolle über ein anderes Unternehmen darstellen können.

Die Fusionskontrolle erstreckt sich in erster Linie auf die Wirkungen von Marktveränderungen. Hat ein Gesellschafter ein Vetorecht inne, ist er in der Lage, strategische Entscheidungen eines Unternehmens zu blockieren. Dies steht in kartellrechtlicher Hinsicht einer positiven Einflussnahme gleich. Selbstverständlich könnte im Bereich des Kartellrechts der Begriff „Vetorecht" im Vergleich zu demjenigen, der im Gesellschaftsgesetz bzw. Gesetz über Partnerschaftsunternehmen verwendet wird, ausgedehnt werden. Im Grunde genommen gilt das Vetorecht, wie bereits gezeigt, im gesellschaftlichen Bereich nur für maßgebliche Entscheidungen, die die Überlebensfähigkeit eines anderen Unternehmens betreffen. Dies ist auf die Zielsetzung des Gesellschaftsrechts zurückzuführen.[395] Im Bereich des

395 Details in 3.2.

Kartellrechts liegt hingegen ein Kontrollerwerb bereits vor, soweit das Wirtschaftsverhalten des betroffenen Unternehmens auf die Abstimmung des Gesellschafters angewiesen ist. Hier kann der Gesellschafter das Vetorecht ausüben, um sowohl die Überlebensfragen eines anderen Unternehmens als auch andere strategisch wichtige Entscheidungen zu bestimmen. Es kommt zu dem Schluss, dass die Aufnahme der negativen Kontrolle als Tatbestand des Kontrollerwerbs der Zielsetzung der Fusionskontrolle entspricht.

Schließlich ist zu notieren, dass das MOFCOM bereits solche Fälle als Zusammenschlüsse aufgenommen hat, in denen beteiligte Unternehmen über ein Vetorecht verfügten.[396] Jedoch fehlte es bis jetzt noch an einer genauen Darstellung in den Entscheidungen. Diese Gesetzeslücke muss das MOFCOM unverzüglich schließen. Eine klare Regelung dazu kann den Begriff des Kontrollerwerbs vervollkommnen.

4.1.1.2.3 Gemeinsame Kontrolle

Bei der Neugründung eines Gemeinschaftsunternehmens wird hier von gemeinsamer Kontrolle geredet. Gem. Art. 4 der Leitansichten über die Anmeldung von Unternehmenszusammenschlüssen gilt die Zusammenschlusskontrolle nur für solche Fälle, in denen mehrere Unternehmen die Kontrolle über ein neues Gemeinschaftsunternehmen gemeinsam erwerben. Ein anderer Fall wird hingegen nicht vom AMG erfasst, bei dem ein Gemeinschaftsunternehmen zwar von zwei oder mehreren Unternehmen zu errichten ist, aber nur von einer Partei kontrolliert wird. Das zeigt auch, dass die Minderheitsbeteiligung am Gemeinschaftsunternehmen (ohne besonderes Recht) nicht von der Fusionskontrolle erfasst wird.

Bezüglich gemeinsamer Kontrolle ergibt sich ein Musterfall aus gleichen Stimmrechten der Mutterunternehmen. Unter dieser Gestaltung haben beide Mutterunternehmen die Möglichkeiten, strategische Entscheidungen des Gemeinschaftsunternehmens zu bestimmen bzw. dessen Aktionen zu blockieren. Letztendlich sind die Mutterunternehmen aufeinander angewiesen, um die Geschäftspolitik des Gemeinschaftsunternehmens einvernehmlich festzulegen. Eine gemeinsame Kontrolle kann auch bei ungleichen Besitzanteilen vorliegen, sofern zwei Unternehmen aufgrund einer vertraglichen Vereinbarung gleiche Stimmrechte im Entscheidungsgremium des Gemeinschaftsunternehmens erwerben können. Wie bereits dargestellt, kann dem Partner noch ein Vetorecht zustehen, das ihm ermöglicht, einen bestimmenden Einfluss auf das Gemeinschaftsunternehmen auszuüben. In diesem Fall müssen die Unternehmen dieselben Einflussmöglichkeiten haben, die einer gemeinsamen Kontrolle unter paritätischer Beteiligung gleichkommen.

396 Z. B. im Zusammenschlussfall ARM/G&D/Gemalto, Details in 5.1.4.

4.1.1.2.4 Dauerhaftigkeit

Eine zeitliche Voraussetzung für Gemeinschaftsunternehmen sieht das Gesetz oder seine Durchführungsverordnungen nicht vor. Nach gängiger Praxis des MOFCOM ist auch nicht erkennbar, ob ein Gemeinschaftsunternehmen, wie in der EU, eine gewisse Zeit durchlaufen soll. Wie bereits im Kapitel 2 erläutert, haben die Gründerunternehmen notwendige Ressourcen wie Kapital, Vermögen und gewerbliches Schutzrecht in ein Gemeinschaftsunternehmen einzubringen, während eine rein vertragliche Arbeit nicht als Gemeinschaftsunternehmen einzustufen ist.[397] Es ist auch zu bemerken, dass der Registrierungsprozess (ggf. der Überprüfungsprozess) in China ziemlich lang dauern kann. Aufgrund der hohen Aufwendungen haben (besonders ausländische) Investoren immer vor, sich dauerhaft am Gemeinschaftsunternehmen zu beteiligen. Es ist damit zu rechnen, dass die Gründung eines Gemeinschaftsunternehmens keine vorübergehende Veränderung der Marktbedingungen bedeutet.

4.1.1.2.5 Ausnahmefälle vom Anwendungsbereich des AMG

Schließlich werden zwei Ausnahmen aus dem Anwendungsbereich der Fusionskontrolle ausgenommen. Dies ist der Fall, wenn eine Kontrollbeziehung zwischen Beteiligten bzw. zwischen Beteiligten und anderen Mitgliedern in einem gleichen Konzern bereits vor dem Zusammenschluss zustande gekommen ist. Gem. Art. 22 Abs. 1 AMG unterliegen die Beteiligten keiner Anmeldungspflicht, wenn ein am Zusammenschluss beteiligtes Unternehmen über mindestens 50 % der Stimmrechtsanteile oder des Vermögens an allen anderen Beteiligten verfügt. Denkbar ist, dass sich die Mutterunternehmen und ihre Tochterunternehmen zusammenschließen. Eine andere Variante ergibt sich laut Art. 22 Abs. 2 AMG aus dem Zusammenschluss zwischen den Tochterunternehmen, in dem mehr als 50 % ihrer Stimmrechtsanteile oder ihres Vermögens von einem nicht am Zusammenschluss teilnehmenden Unternehmen (z. B. von ihrem gemeinsamen Mutterunternehmen) gehalten werden. Durch einen solchen Unternehmenszusammenschluss wird zwar eine Kontrolle erworben, aber diese wirkt sich nicht mehr auf den Wettbewerb aus, da dieser Kontrollwechsel nur innerhalb von Konzernmitgliedern stattfindet, was zu keinen Marktveränderungen führt.[398]

---

397 Siehe in 2.2.2.

398 Shi, Anti-Monopolgesetz - Gesetzesauslegung und Erkundung nach Theorien, S. 268–269; Feng, Rechtspraxis der chinesischen Unternehmenszusammenschlüsse, S. 201; Wang, Wettbewerbsrecht 2015, S. 244; An, Erklärung des Antimonopolgesetzes der Volksrepublik China, S. 62; Shang, Theorien über Anti-Monopolgesetz und Analyse über chinesische und ausländische Fälle, S. 274; Wang, Auslegung zum Antimonopolgesetz der Volksrepublik China, S. 170–171.

4.1.1.3 Ergebnis

Es lässt sich im Allgemeinen bemerken, dass sich der chinesische Gesetzgeber bemüht hat, das AMG an seinem europäischen Vorbild zu orientieren, wonach sich die Zusammenschlusskontrolle auf den Kontrollerwerb erstreckt. Gem. Art. 3 der Leitansichten über die Anmeldung von Unternehmenszusammenschlüssen ist mit dem Kontrollerwerb die Möglichkeit zur Einflussnahme auf strategische Entscheidungen gemeint, was europäischen Formulierungen folgt. Theoretisch ist ein Kontrollerwerb durch das Vetorecht möglich und dies ist auch in der Praxis des MOFCOM anerkannt, aber dazu bedarf man noch klarer Regelungen. Dementsprechend sind Erfahrungen aus der europäischen Praxis heranzuziehen.

Die Neubildung eines Gemeinschaftsunternehmens kann auf verschiedene Weise (durch die Kapitalerhöhung, kraft des Vertrags etc.) erfolgen.[399] Entscheidend ist zu prüfen, ob eine gemeinsame Kontrolle über das Gemeinschaftsunternehmen zustande gekommen ist. Umgekehrt wird die Bildung eines neuen Gemeinschaftsunternehmens, das ausschließlich von einem Mutterunternehmen kontrolliert wird, nicht von der Fusionskontrolle erfasst. Das bedeutet, dass eine Sperrminorität ohne bestimmenden Einfluss, wie im deutschen Recht, für den Kontrollerwerb nicht ausreicht.[400]

4.1.2 Anmeldungskriterien

4.1.2.1 Unionsweite Bedeutung in der EU

Soweit die Bildung eines Gemeinschaftsunternehmens den Zusammenschlusstatbestand im Sinne des Art. 3 Abs. 1 lit. b FKVO erfüllt, muss dieser Zusammenschluss noch gemeinschaftsweite Bedeutung (jetzt muss die unionsweite Bedeutung als neue Terminologie Eingang in die FKVO finden) haben, um den Anwendungsbereich der FKVO zu eröffnen. Diese unionsweite Bedeutung ist in der FKVO an die umsatzbezogenen Kriterien anzuknüpfen. Mit anderen Worten muss der Gesamtumsatz der beteiligten Unternehmen, vor allem der der Mutterunternehmen, die Umsatzschwellen übersteigen. Die Umsatzberechnung spielt bei der Fusionskontrolle eine ausschlaggebende Rolle, um zu prognostizieren, inwieweit die am Zusammenschluss beteiligten Parteien wirtschaftliche Ressourcen kombinieren können. Ebenfalls ist es bei der Umsatzermittlung zu bewerten, inwiefern der Zusammenschluss die Strukturen in unterschiedlichen Märkten einschließlich des sachlichen und geografischen Marktes verändern können.

---

399 Shang/Kong/Ye, Journal of Law Application 2012 Heft 4, S. 39 ff.

400 Siehe auch in Schulte/Henschen, Handbuch Fusionskontrolle, S. 412 Rn. 1503; Emmerich, Kartellrecht, § 33 Rn. 24; Immenga/Mestmäcker/Thomas, Wettbewerbsrecht, § 37 GWB Rn. 245 ff.; Bechtold, ZWeR 2013, S. 391; Fett/Spiering/K.Westermann/Bergmann, Handbuch Joint Venture, § 5 Rn. 109, Rn. 112 ff.

In der EU gilt das Prinzip „One-Stop-Shop“ (ausschließliche Zuständigkeit in Art. 21 Abs. 2 FKVO).[401] Genau genommen ist die Europäische Kommission allein befugt, geplante Zusammenschlüsse mit unionsweiter Bedeutung zu prüfen. Beschränkt sich die Wettbewerbsschädigung ausschließlich oder in einem großen Ausmaß auf die inländischen Märkte, findet die FKVO keine Anwendung. Diese Zusammenschlüsse fallen allein in die Zuständigkeit der nationalen Kartellbehörden (Art. 21 Abs. 3 FKVO).

Allerdings gibt es bei diesem Prinzip noch zwei Ausnahmefälle: Zum einen können die Zusammenschlüsse trotz ihrer unionsweiten Bedeutung unter engen Voraussetzungen von der Europäischen Kommission an die nationalen Kartellbehörden zurückverwiesen werden, wenn wettbewerbsschädliche Wirkungen hauptsächlich im gesonderten nationalen Markt zu erwarten sind. Dies geht aus Art. 4 Abs. 4 FKVO im Hinblick auf die Antragstellung der am Zusammenschluss beteiligten Parteien sowie Art. 9 Abs. 2 FKVO seitens des Mitgliedstaats hervor. Zum anderen kann auf Initiative der betroffenen Behörde oder auf Antrag der beteiligten Unternehmen die Anmeldung trotz mangelnder unionsweiter Bedeutung an die Europäische Kommission gerichtet werden, soweit erhebliche Wettbewerbsbeschränkungen gem. Art. 22 Abs. 1 und 4 Abs. 5 FKVO in Hoheitsgebieten von mindestens drei Mitgliedstaaten drohen.[402]

4.1.2.1.1 Umsatzschwellen

Ein Zusammenschluss liegt in der Prüfzuständigkeit von Europäischer Kommission, wenn er über „eine bestimmte wirtschaftliche Größe und geographische Ausdehnung“ im Sinne des Art. 1 Abs. 1 FKVO verfügt.[403] Ob eine unionsweite Bedeutung vorliegt, wird dies nach Abs. 2 oder 3 des Art. 1 FKVO geprüft, worin die wichtig quantitativen Kriterien aufgestellt werden.[404] Umsatzbezogene Schwellen werden vorgegeben, die auf der Umsatzberechnung aller beteiligten Unternehmen basieren.

Als Regelfall knüpft Art. 1 Abs. 2 FKVO einerseits an den weltweiten Gesamtumsatz aller beteiligten Unternehmen an, andererseits wird der in der Union erzielte Umsatz von mindestens zwei beteiligten Unternehmen berücksichtigt. Ein Zusammenschluss hat unionsweite Bedeutung, wenn sich der globale Umsatz aller relevanten Unternehmen auf mehr als 5 Mrd. Euro beläuft. Kumulativ haben mindestens zwei am Zusammenschluss beteiligte Unternehmen jeweils mehr als

---

401 Rittner/Dreher/Kulka, Wettbewerbs- und Kartellrecht, § 14 Rn. 1432; Mestmäcker/Schweitzer, Europäisches Wettbewerbsrecht, § 24 Rn. 5; Kuhn, Kooperative Aspekte von Gemeinschaftsunternehmen im Europäischen Kartellrecht, S. 32; Hatje/Müller-Graff/Fuchs, Europäisches Wirtschaftsordnungsrecht, § 11 Rn. 17 ff.

402 Mestmäcker/Schweitzer, Europäisches Wettbewerbsrecht, § 24 Rn. 49; Langeheine/Koppenfels, ZWeR 2013, S. 305.

403 Göthel/Wurmnest, Grenzüberschreitende M&A-Transaktionen, § 18 Rn. 45 ff.

404 Schulte/Zeise, Handbuch Fusionskontrolle, S. 300 ff. Rn. 1057 ff.

250 Mio. Euro innerhalb der EU erwirtschaftet. Erfüllen sie vorgenannte Voraussetzungen, kommt ein Zusammenschluss mit unionsweiter Bedeutung vor, es sei denn, dass die am Zusammenschluss beteiligten Unternehmen jeweils mehr als zwei Drittel ihres unionsweiten Gesamtumsatzes in ein und demselben Mitgliedstaat erzielen. Dies wird als Zwei-Drittel-Regel bezeichnet. Daraus ist der Rückschluss zu ziehen, dass die Umsätze in verschiedenen Mitgliedstaaten zumindest ein Drittel des Gesamtumsatzes übersteigen müssen, sonst wäre eine unionsweite Bedeutung des Zusammenschlusses zu verneinen.

Ansonsten kann ein Zusammenschluss auch nach der FKVO beurteilt werden, obwohl die Voraussetzungen in Art. 1 Abs. 2 FKVO nicht erfüllt werden. Im Jahr 1998 ist eine weitere Umsatzschwelle eingefügt worden, die subsidiär zu Art. 1 Abs. 2 FKVO ist. Gem. Art. 1 Abs. 3 FKVO müssen die am Zusammenschluss beteiligten Unternehmen zumindest in drei Mitgliedstaaten in einem erheblichen Umfang tätig sein. Zudem sind noch vier Voraussetzungen zugleich zu erfüllen. Dies ist dann der Fall, wenn ein weltweiter Gesamtumsatz aller beteiligten Unternehmen zusammen über 2,5 Mrd. Euro beträgt. Hinzu kommt, dass die Summe des Umsatzes in zumindest drei Mitgliedstaaten jeweils 100 Mio. Euro übertrifft. Zwei Untergrenzen sind noch zu berücksichtigen. Zum einen haben mindestens zwei der beteiligten Unternehmen den Gesamtumsatz in diesen drei oder mehr Mitgliedstaaten jeweils mehr als 25 Mio. Euro erzielt. Zum anderen muss der unionsweite Umsatz von mindestens zwei der am Zusammenschluss beteiligten Unternehmen jeweils über 100 Mio. Euro liegen. Der Grundgedanke liegt darin, dass Zusammenschlüsse, die die Schwellenwerte in Art. 1 Abs. 2 FKVO zwar nicht erreichen, aber nach offenkundig grenzüberschreitenden Wirkungen in den Anwendungsbereich der europäischen Fusionskontrolle fallen können. Diese Regelung kann auch dadurch verhindern, dass sich die betroffenen Parteien bei vielen nationalen Wettbewerbsbehörden nebeneinander anmelden müssen. Es ist aber darauf hinzuweisen, dass die ergänzende Zuständigkeit für die Kommission durch einen komplizierten Katalog in Art. 1 Abs. 3 FKVO nur unter engeren Voraussetzungen erfolgt. Ebenfalls gilt hier eine Zwei-Drittel-Regel.

4.1.2.1.2 Umsatzberechnung

Maßgeblich für die Aufgreifkriterien in Art. 1 FKVO ist die Umsatzberechnung aller beteiligten Unternehmen, die nach Art. 5 FKVO zu regeln ist. Die Umsatzerlöse werden gem. Art. 5 Abs. 1 FKVO errechnet, die die Beteiligten im letzten Geschäftsjahr mit dem Verkauf der Waren und der Erbringung der Dienstleistungen erwirtschaftet haben und die ihren normalen geschäftlichen Tätigkeitsbereichen zuzuordnen sind. Aus der Vorschrift ist zu folgern, dass der Umsatz für jedes beteiligte Unternehmen berechnet werden muss.

Es stellt sich die Frage, welche Parteien als die am Zusammenschluss beteiligten Unternehmen anzusehen sind. Dazu wird keine Legaldefinition in der FKVO vorgeschrieben, sondern diese erfolgt in der konsolidierten Mitteilung, die 2009 von der Europäischen Kommission veröffentlicht wurde. Demnach sind die

Parteien, die an einer Fusion oder an einem Kontrollerwerb im Sinne von Art. 3 Abs. 1 FKVO teilgenommen haben, als beteiligte Unternehmen anzusehen.[405] Es ist darauf hinzuweisen, dass sich beteiligte Unternehmen auf die am materiellen Zusammenschlussvorgang teilnehmenden Parteien beschränken. Mit anderen Worten qualifizieren sich solche Unternehmen nicht, die lediglich an einem von der Kommission eingeleiteten Verfahren partizipiert haben.[406] Welche Unternehmen die beteiligten Unternehmen darstellen, ist je nach der konkreten Zusammenschlussform unterschiedlich. Als Faustregel werden einerseits diejenigen, die die Kontrolle erwerben, als beteiligte Unternehmen aufgenommen. Andererseits wird das übernommene Unternehmen auch von den beteiligten Unternehmen erfasst. Erwerben zwei oder mehrere Unternehmen die gemeinsame Kontrolle über ein bereits existierendes Unternehmen, sind alle erwerbenden Unternehmen zusammen mit dem zu erwerbenden Unternehmen als beteiligte Unternehmen zu bewerten. Handelt es sich um die gemeinsame Kontrolle über ein neu zu gründendes Gemeinschaftsunternehmen, werden ausschließlich die Gründerunternehmen als Beteiligte eingestuft.

Besonders ist darauf zu achten, dass es bei der Umsatzermittlung der beteiligten Unternehmen nicht auf den Umsatz der einzelnen Unternehmen abzustellen ist. Gehört ein am Zusammenschluss beteiligtes Unternehmen einem Konzern an, wird der Umsatz des gesamten Konzerns zusammengeführt. Die Umsatzberechnung richtet sich folglich nicht auf eine rechtliche Einheit, sondern auf die wirtschaftliche Einheit, in der die Mitglieder miteinander in einer Kontrollbeziehung stehen. Diese Struktur wird in Art. 5 Abs. 4 FKVO als Unternehmensverband bezeichnet, demzufolge die Umsatzwerte zusammengefasst werden, die von den beteiligten Unternehmen, den von beteiligten Unternehmen unmittelbar oder mittelbar kontrollierten Unternehmen (z. B. Tochterunternehmen), den ein beteiligtes Unternehmen kontrollierenden Unternehmen (Mutterunternehmen), den anderen von Mutterunternehmen kontrollierten Unternehmen (Schwesterunternehmen) oder den von zwei oder mehreren vorgenannten Unternehmen kontrollierten Unternehmen (z. B. Enkelunternehmen) erzielt werden. Zur Identifikation des Unternehmensverbands gibt Art. 5 Abs. 4 lit. b FKVO eine Reihe von Beurteilungskriterien vor, demzufolge ein Kontrollverhältnis angenommen wird, wenn ein Unternehmensmitglied mittels der Kapital- oder Stimmrechtsmehrheit (über 50 %), kraft des Besetzungsrechts in den Leitungsorganen (z. B. Berufung von mehr als der Hälfte der Mitglieder im Aufsichtsrat) oder aufgrund der Führungsleistung über eine positive Einflussmöglichkeit auf ein anderes Unternehmensmitglied verfügt.[407] Es ist darauf hinzuweisen, dass hier der Kontrollbegriff keinen vollen Umfang des Kontrollerwerbs im Sinne von Art. 3 Abs. 2 FKVO abdeckt. Nur unter besonderen Umständen wird der Umsatz eines solchen Gesellschafters herangezogen, der

405 Konsolidierte Mitteilung zu Zuständigkeitsfragen, Rn. 129.
406 Konsolidierte Mitteilung zu Zuständigkeitsfragen, Rn. 129 ff.
407 Konsolidierte Mitteilung zu Zuständigkeitsfragen, Rn. 179–180.

negative Einflussnahmemöglichkeiten hat.[408] Ferner bleibt der Minderheitsanteilseigner mit faktischer Kontrolle (z. B. aufgrund des starken gemeinsamen Interesses) bei der Umsatzberechnung außer Acht.

Der Hintergrund für die Berechnung des Gesamtumsatzes innerhalb des ganzen Konzerns liegt darin, dass sich diese Unternehmensgruppe aufgrund der Zusammenführung der vorhandenen Ressourcen in Gänze auf einen Markt auswirken kann. Konzerne gelten in der Fusionskontrolle als Einheit, sodass ihre Umsätze zusammen zu berechnen sind. Als Beispiel ist zu nennen, dass ein Mutterunternehmen durch sein Gemeinschaftsunternehmen die Kontrolle über ein anderes Unternehmen erwerben kann. In dieser Konstellation sind grundsätzlich das eigenständige Gemeinschaftsunternehmen und das Zielunternehmen in die Kategorie der beteiligten Unternehmen einzustufen. Aber die Umsatzerlöse der Mutterunternehmen sind trotzdem in die Umsatzberechnung mit einzubeziehen.

Art. 5 Abs. 5 FKVO statuiert eine weitere besondere Regelung für Gemeinschaftsunternehmen, die darauf abstellt, eine Doppelzählung der von Konzernmitgliedern innerlich generierten Umsatzerlöse zu vermeiden.[409] Zur Konkretisierung werden nur die Umsätze zwischen dem Gemeinschaftsunternehmen und einem Dritten bei der Untersuchung berücksichtigt, wenn seine Mutterunternehmen gleichzeitig zu den beteiligten Parteien gehören.[410] Der Umsatz des Gemeinschaftsunternehmens wird folgerichtig den beteiligten Unternehmen (hier Mutterunternehmen) zu gleichen Teilen zugerechnet. Ansonsten bleiben gruppeninterne Umsatzerlöse aus Warenlieferung oder Dienstleistung zwischen dem Gemeinschaftsunternehmen und jedem der beteiligten Unternehmen oder jedem der anderen Unternehmensmitglieder gem. Art. 5 Abs. 4 FKVO außer Betracht.[411] Wenn nur ein Mutterunternehmen am Zusammenschluss beteiligt ist, wird ihm der über das Gemeinschaftsunternehmen erwirtschaftete Umsatz anteilig zugerechnet. Die Umsatzermittlung erfolgt nach der Praxis der Europäischen Kommission analog Art. 5 Abs. 5 FKVO.[412] Ein Unterschied liegt darin, dass der Umsatz des Gemeinschaftsunternehmens je nach der Anzahl der gemeinsamen kontrollierenden Unternehmen zunächst gleich geteilt und dann dem beteiligten Unternehmen zugerechnet wird. Wenn das Gemeinschaftsunternehmen von zwei Mutterunternehmen kontrolliert wird und nur ein Mutterunternehmen am Zusammenschluss beteiligt ist,[413] ist die Hälfte des Umsatzes des Gemeinschaftsunternehmens

---

408 Konsolidierte Mitteilung zu Zuständigkeitsfragen, Rn. 184; Immenga/Mestmäcker/Körber, Wettbewerbsrecht, Art. 3 FKVO Rn. 98 ff.

409 Konsolidierte Mitteilung zu Zuständigkeitsfragen, Rn. 167–168.

410 Bechtold/Bosch/Brinker, EU-Kartellrecht, Art. 5 FKVO Rn. 23.

411 Konsolidierte Mitteilung zu Zuständigkeitsfragen, Rn. 167.

412 Fett/Spiering/K.Westermann/Bergmann, Handbuch Joint Venture, § 5 Rn. 53; Schröter/Jakob/Klotz/Mederer/Thiele, Europäisches Wettbewerbsrecht, S. 1701 Rn. 63.

413 Konsolidierte Mitteilung zu Zuständigkeitsfragen, Rn. 181; Fett/Spiering/K.Westermann/Bergmann, Handbuch Joint Venture, § 5 Rn. 53; MüKoEuWettbR/Wessely,

mit einzubeziehen. Hierbei spielt die Anteilshöhe jedes Mutterunternehmens keine Rolle.

4.1.2.2 Umsatzschwellen und -berechnung in China

Nicht jedes Zusammenschlussvorhaben wird vom MOFCOM geprüft. Nur wenn ein Zusammenschluss gesetzliche Schwellenwerte erreicht, müssen sich Unternehmen vorher bei der Behörde anmelden. Dies geht aus Art. 21 AMG hervor. Aber diese Vorschrift ist sehr abstrakt formuliert, was daran liegt, dass aufgrund verschiedener Auseinandersetzungen keine konkrete Meldegrenze in der Gesetzgebungsphase bestimmt werden konnte.[414] Genaue Umsatzschwellen werden später durch die Verordnung über die Schwellenwerte zur Anmeldung der geplanten Konzentrationstransaktion festgelegt.

4.1.2.2.1 Umsatzschwellen

Zwei Alternativen werden im Art. 3 der Verordnung über die Schwellenwerte zur Anmeldung der geplanten Konzentrationstransaktion geregelt.[415] Ein Zusammenschluss ist demzufolge beim MOFCOM zu notifizieren, wenn sich der globale Gesamtumsatz aller am Zusammenschluss beteiligten Unternehmen im vergangenen Finanzjahr auf mehr als 10 Mrd. Yuan belaufen hat und davon zumindest zwei der beteiligten Unternehmen jeweils über 400 Mio. Yuan in China erwirtschaftet haben. Erfüllt das Zusammenschlussvorhaben vorgenannte Voraussetzungen nicht, ist die Zusammenschlusskontrolle noch anwendbar, wenn der akkumulierte Umsatz aller Beteiligten auf dem chinesischen Markt 2 Mrd. Yuan überschritten hat und zusätzlich mindestens zwei der beteiligten Unternehmen jeweils einen inländischen Umsatz in Höhe von 400 Mio. Yuan erzielt haben. Darüber hinaus wird die Berechnungsmethode der Umsatzerlöse in einigen speziellen Branchen wie Banken, Versicherung oder anderen Finanzinstitute vom MOFCOM zusammen mit anderen dem Staatsrat untergeordneten Behörden festgelegt.[416]

4.1.2.2.2 Berechnungsweise

Nach Art. 4 Abs. 1 der Methode zur Anmeldung von Unternehmenszusammenschlüssen entspricht der Umsatz den zusammengerechneten Einnahmen eines Unternehmens aus dem Produktvertrieb und der Erbringung der Dienstleistungen

---

FKVO, Art. 5 Rn. 83; Schröter/Jakob/Klotz/Mederer/Thiele, Europäisches Wettbewerbsrecht, S. 1701 Rn. 61.

414 Mao/Glass, WuW 2009, S. 1037; Wang, RIW 2008, S. 424; Wang, Law Science Magazine 2008 Heft 1, S. 2–3.

415 Pfromm, WuW 2014, S. 28–29.

416 Regelungen zur Umsatzermittlung für die Anmeldung von Unternehmenszusammenschlüssen in Finanzsektoren. Details in Meng, Anti-Monopolgesetz, S. 148–149; Shao/Fang/Wang/Tang, Wettbewerbsrecht, S. 292–293.

im letzten Geschäftsjahr. Diese erzielten Einnahmen werden gem. Art. 4 Abs. 2 der gleichen Methode als inländischer Umsatz angesehen, solange sich der Standort des Abnehmers von Produkten oder Dienstleistungen in China befindet. Dies gilt als Berechnungsgrundlage für alle Zusammenschlüsse.

Es erfolgt die Umsatzberechnung einer wirtschaftlichen Einheit in einer komplexen Weise. Ein Hauptgrund liegt darin, dass nicht nur der Umsatz jedes beteiligten Unternehmens zusammengezählt wird, sondern wie in der EU, die Umsatzerlöse von anderen Mitgliedern der Unternehmensgruppe mitzurechnen sind. Diesbezüglich werden wichtige Hilfestellungen durch die Methode zur Anmeldung von Unternehmenszusammenschlüssen sowie die Leitansichten über die Anmeldung von Unternehmenszusammenschlüssen geboten.

Gem. Art. 5 der gleichen Methode werden verbundene Unternehmen angesichts der Kontrollbeziehungen in jeder Kontrollschicht veranschaulicht, wonach sich diese Gruppe aus einzelnen Unternehmen (den am Zusammenschuss beteiligten Unternehmen), den von ihnen beherrschten Unternehmen (Tochterunternehmen), den sie kontrollierenden Unternehmen (Mutterunternehmen), den anderen von Mutterunternehmen kontrollierten Unternehmen (Schwesterunternehmen) sowie den von mindestens zwei vorgenannten Unternehmen beherrschten Unternehmen (Mitglieder der Unternehmensgruppe) zusammensetzt. Von der Kontrolle wird gesprochen, wenn ein Unternehmen das andere sowohl direkt als auch indirekt beherrschen kann. Getrennte Definitionen der Kontrolle, wie in der EU, sind in China nicht vorgesehen.[417]

Im Grundprinzip ergibt sich der Gesamtumsatz aus der addierten Summe aller zuvor aufgelisteten Unternehmen. Gem. Art. 6 Abs. 2 der Leitansichten über die Anmeldung von Unternehmenszusammenschlüssen werden die Transaktionswerte zwischen den Unternehmen, die einer verbundenen Gruppe angehören, von zusammengerechneten Umsatzerlösen abgezogen. Nur der mit einem Dritten erzielte Umsatz wird bei der Berechnung berücksichtigt. Bezüglich der Gemeinschaftsunternehmen werden die dargestellten Regelungen wie folgt konkretisiert: Die Umsatzerlöse, die zwischen dem Gemeinschaftsunternehmen und jedem der Mutterunternehmen sowie jedem der anderen Gruppenmitglieder im Sinne von Art. 5 der Methode zur Anmeldung von Unternehmenszusammenschlüssen erwirtschaftet werden, werden gem. Art. 6 Abs. 4 der Leitansichten nicht zugerechnet. Wenn beteiligte Unternehmen ein Gemeinschaftsunternehmen gemeinsam kontrollieren, wird der Umsatz zwischen Dritten und dem Gemeinschaftsunternehmen gem. Art. 6 Abs. 3 der Leitansichten nur einmal kalkuliert. Dies gilt auch, wenn nur ein Mutterunternehmen am Zusammenschluss beteiligt ist. Diese Berechnungsmethode stellt einen großen Unterschied zu der in der EU dar: Nach europäischer Praxis wird der Umsatz erst durch die Anzahl der kontrollierenden Mutterunternehmen geteilt und dann wird ein entsprechender Umsatzanteil dem am Zusammenschluss beteiligten Mutterunternehmen

---

417 Im Sinne der Umsatzberechnung sowie Beurteilung des Kontrollerwerbs.

zugeschrieben. Die Konsequenz ist, dass sich die Anmeldungsmöglichkeit in China erhöht.

4.1.2.3 Ergebnis

Eine kartellrechtliche Prüfung erfolgt vor dem Vollzug des beabsichtigten Zusammenschlusses. Beteiligte Unternehmen müssen einer Anmeldepflicht nachkommen, soweit das Vorhaben die Umsatzschwelle erreicht. Dies gilt als zwingende Anforderung der Zusammenschlusskontrolle. In dieser Phase wird die Anmeldung nicht daran geknüpft, ob wettbewerbsbeschränkende Wirkungen wirklich auftreten.[418] Verstoßen die Beteiligten gegen das Vollzugsverbot, werden Entflechtungsmaßnahmen im Einzelfall verhängt. Dieses Grundkonzept kennen beide Gesetzgeber und Näheres ist jeweils im Gesetz verkörpert.

Es ist zu bemerken, dass chinesische Aufgreifkriterien an weltweiten und inländischen Umsatzschwellen festgemacht werden. Bei Erreichung der weltweiten Umsatzschwelle wird noch annähernd geprüft, ob das Kriterium des Inlandumsatzes zu erfüllen ist. Dies wird als kombinierter Standard bezeichnet. Es zeigt sich aber auch, dass sich die Anmeldung im Rahmen der chinesischen Fusionskontrolle mehr auf den Einfluss im inländischen Markt richtet, obwohl die Auswirkungen auf den internationalen Markt zugleich zu berücksichtigen sind. Nach Auffassung der europäischen Kommentatoren sind chinesische Umsatzschranken im Verhältnis zu europäischen Schwellen eher niedrig, da China über ein relativ großes geopolitisches Staatsgebiet verfügt.[419]

Es ist weiterhin zu erachten, dass die Festlegung der Umsatzschwellen statt des AMG selbst nur durch eine Verwaltungsverordnung geregelt wird. Dies ist hauptsächlich auf den dauernden Streit über die Festsetzung der Umsatzhöhe zurückzuführen.[420] Eigentlich dienen die Umsatzschwellenwerte als essenzielles Indiz für die Anwendbarkeit des AMG, weshalb sie im Gesetz verkörpert werden müssen. Werden sie nur in einer Verordnung festgelegt, könnte der Anwendungsbereich der Fusionskontrolle je nach dem aktuellen Zustand durch eine andere Verordnung rasch verengt oder erweitert werden.[421]

---

418 Masseli, Handbuch chinesische Fusionskontrolle, S. 194.

419 Podszun, GRUR Int. 2008, S. 880; Ritzenhoff, GRUR Int. 2014, S. 33; dagegen Liu, Political Science and Law 2009 Heft 11, S. 108; Meyer/Chen, RIW 2009, S. 267.

420 Shang, Theorien über Anti-Monopolgesetz und Analyse über chinesische und ausländische Fälle, S. 272–273; Wu/Liu, Unternehmenszusammenschlüsse im Rahmen des Wettbewerbsrechts, S. 322–332; Liu, Political Science and Law 2009 Heft 11, S. 108–109; Hu, Anhui University Law Review 2008 Heft 1, S. 42–43.

421 Zhou, Presentday Law Science 2014 Heft 1, S. 67–68; Wu, Auslegung zum Anti-Monopolgesetz der Volksrepublik China, S. 66–67; Zhang, Forschung nach Antimonopoltheorien, S. 185–186; Shi/Wang/Wang/Zu, Auslegung und Anwendung des Anti-Monopolgesetzes, S. 219–221; Wirtschaftsrechtsbüro der Rechtsarbeitskommission des Ständigen Ausschusses des Nationalen Volkskongresses, Erklärung der Gesetzesnormen, Gesetzgebungsgründung und der relevanten Regelungen des

Schließlich ist zu erachten, dass besondere Regelungen über die Umsatzberechnung der Unternehmensgruppe in beiden Rechtswerken verankert sind. In diesem Teil haben sich chinesische Regelungen zwar strukturell an die europäische Verordnung angeglichen, aber die Behandlungsmethoden unterscheiden sich voneinander durch die Zurechnung des Umsatzes, wenn nur ein Mutterunternehmen an dem Zusammenschluss beteiligt ist.

4.1.3 Vollfunktionsgemeinschaftsunternehmen

4.1.3.1 Gründung eines Gemeinschaftsunternehmens im Sinne von Art. 3 Abs. 4 FKVO

4.1.3.1.1 Klassifizierung zwischen Voll- und Teilfunktionsgemeinschaftsunternehmen

Sofern die Umsatzschwellen in Art. 1 Abs. 2 bzw. Abs. 3 FKVO erfüllt werden, kommt es zu der nächsten Frage, ob es sich um ein Gemeinschaftsunternehmen im Sinne des Art. 3 Abs. 4 FKVO handelt. Dieses Konzept wurde im Jahr 1998 eingeführt,[422] das im Vergleich zur früheren Fusionskontrollverordnung[423] materiell- und verfahrensrechtliche Veränderungen aufzeigt:[424] Die vorherige Unterscheidung zwischen konzentrativen und kooperativen Gemeinschaftsunternehmen ist für die Anwendbarkeit der FKVO nicht mehr maßgeblich. Dies wurde auch von der jüngsten Fusionskontrollverordnung 2004 aufgenommen.

In einer Gesamtschau ist die Einordnung der Gemeinschaftsunternehmen als voll- oder teilfunktionsfähig von herausragender Bedeutung. Ein Gemeinschaftsunternehmen unterliegt nur der Fusionskontrolle, wenn es auf Dauer alle Funktionen einer selbstständigen wirtschaftlichen Einheit wahrnimmt. Übt das Gemeinschaftsunternehmen demgegenüber nur reine Unterstützungstätigkeiten für seine Mutterunternehmen aus, eröffnet diese Kooperation gegebenenfalls den Geltungsbereich des Kartellverbots. Der Grund dafür ist, dass ein solches Unternehmen vorwiegend auf die Geschäftstätigkeiten der Mutterunternehmen angewiesen ist und folglich nicht zur Veränderung der Marktstruktur führt.

Anti-Monopolgesetzes, S. 129–130; Yu, Fragen und Antworten zum Anti-Monopolgesetz, S. 118–121; Mao/Glass, GRUR Int. 2008, S. 110.

422 Die Mitteilung über den Begriff des Vollfunktionsgemeinschaftsunternehmens 1998 wird nunmehr durch die Konsolidierte Mitteilung zu Zuständigkeitsfragen ersetzt. Siehe in Pohlmann, WuW 2003, S. 473; Habersack/Hüffer/Hommelhoff/Schmidt/Wiedemann, Festschrift für Peter Ulmer zum 70. Geburtstag am 2. Januar 2003, S. 1032.

423 VO (EWG) Nr. 4064/89, ihre Änderung wurde am 1. März 1998 in Kraft getreten.

424 Wagner, Das Wettbewerbsverbot im Verbands- und Kartellrecht, S. 171; Mestmäcker/Schweitzer, Europäisches Wettbewerbsrecht, § 27 Rn. 30.

4.1.3.1.1.1 Eigenschaften der Vollfunktionsgemeinschaftsunternehmen

Art. 3 Abs. 4 FKVO sieht vor, dass die Gründung eines Gemeinschaftsunternehmens als Zusammenschluss behandelt wird, wenn es als dauerhaft selbstständige Wirtschaftseinheit mit allen Funktionen auftritt.[425] Ein Vollfunktionsgemeinschaftsunternehmen wird durch drei Merkmale gekennzeichnet. Nur wenn alle drei Kriterien erfüllt werden, kommt es zu einem Gemeinschaftsunternehmen mit Vollfunktion.

4.1.3.1.1.1.1 Selbstständigkeit

Es ist vor allem gem. Art. 3 Abs. 4 FKVO wesentlich, ob ein Gemeinschaftsunternehmen selbstständig auf dem Markt tätig ist. Die Beurteilungskriterien beruhen in erster Linie auf den Verhaltensweisen eines anderen Marktbeteiligten, der als Anbieter bzw. Nachfrager die Wirtschaftstätigkeiten auf dem relevanten Markt unabhängig durchführt.[426] Hier wird die Selbstständigkeit bejaht, wenn das Gemeinschaftsunternehmen mit allen Ressourcen (Finanzmitteln, Personal, Produktionsanlagen, Vertriebsnetzen, Techniken für Forschung und Entwicklung, anderen materiellen und immateriellen Vermögenswerten) ausgestattet wird und damit eine Lebensfähigkeit auf dem Markt erwerben kann.[427]

Das Gemeinschaftsunternehmen muss noch befähigt werden, geschäftliche Leistungen zu erbringen. Allerdings spricht man von operativer Selbstständigkeit nicht, wenn das Gemeinschaftsunternehmen die Unabhängigkeit bei dem Erlass der strategischen Entscheidungen genießt.[428] Vielmehr liegen solche Rechte in der Hand der Mutterunternehmen, was auch einen Hauptbestandteil der gemeinsamen Kontrolle darstellt.[429] Bei der Selbstständigkeit handelt es sich nur um einen gewissen Grad der wirtschaftlichen Unabhängigkeit. Dies bezieht sich beispielsweise auf den Marktauftritt, aktive Marktaktivitäten sowie die operationelle Autonomie für das Tagesgeschäft.[430] Es ist darüber hinaus zu untersuchen, ob das Gemeinschaftsunternehmen als operative Einheit über ein eigenes Management verfügt, das sich dem Tagesbetrieb widmen kann.

---

425 Loewenheim/Meessen/Riesenkampff/Kersting/Meyer-Lindemann/Kersting, Kartellrecht, Art. 3 FKVO Rn. 45 ff.; Konsolidierte Mitteilung zu Zuständigkeitsfragen, Rn. 91 ff.; Schulte/Pohl, Joint-Venture-Gesellschaften, Rn. 486–487; Schröter/Jakob/Klotz/Mederer/Hirsbrunner/Rating, Europäisches Wettbewerbsrecht, S. 1651 Rn. 46.

426 Konsolidierte Mitteilung zu Zuständigkeitsfragen, Rn. 94.

427 Konsolidierte Mitteilung zu Zuständigkeitsfragen, Rn. 94; Immenga/Mestmäcker/Körber, Wettbewerbsrecht, Art. 3 FKVO Rn. 133 ff.; Busche/Röhling/Schütz, Kölner Kommentare, Art. 3 FKVO Rn. 63 ff.

428 Konsolidierte Mitteilung zu Zuständigkeitsfragen, Rn. 93.

429 Konsolidierte Mitteilung zu Zuständigkeitsfragen, Rn. 93; Rosenthal/Thomas, European Merger Control, S. 41 Rn. 76.

430 Konsolidierte Mitteilung zu Zuständigkeitsfragen, Rn. 93; Schulte/Henschen, Handbuch Fusionskontrolle, S. 427 Rn. 1556.

Es ist schließlich darauf hinzuweisen, dass das Gemeinschaftsunternehmen nicht unbedingt über eine eigene Rechtspersönlichkeit verfügt.[431] Im Ausnahmefall genügt bereits eine vertragliche Vereinbarung zwischen den Mutterunternehmen (sog. „Allianz") für die Einstufung als vollfunktional.[432] Die Prüfungskriterien liegen nach wie vor darin, ob das Gemeinschaftsunternehmen (auch in Form des CJV) alle wesentlichen Funktionen einer selbstständigen wirtschaftlichen Einheit dauerhaft erfüllen kann.

4.1.3.1.1.1.2 Vollfunktion im engeren Sinne

Ein Vollfunktionsgemeinschaftsunternehmen kann einen kompletten Unternehmensbereich von seinen Mutterunternehmen übernehmen oder zur Erweiterung des Zukunftsmarktes dienen.[433] Zu betrachten ist, ob ein Gemeinschaftsunternehmen mehr als bloß Hilfsfunktionen ausüben kann. Besitzt es keinen eigenen Zugang zum Markt, ist es auf keinen Fall als Vollfunktionsgemeinschaftsunternehmen zu bewerten.[434] Es liegt weiterhin keine Vollfunktionalität vor, wenn das Gemeinschaftsunternehmen aus steuerlichen oder anderen finanziellen Gründen seinen Mutterunternehmen nur dabei hilft, die Anteile oder Vermögen eines anderen Unternehmens zu erlangen.[435] Das Gemeinschaftsunternehmen muss im Wesentlichen alle notwendigen Funktionen wahrnehmen können.[436]

4.1.3.1.1.1.2.1 Auslegung der wesentlichen Aufgaben

Wie bereits dargestellt, bestimmt sich der Maßstab zur Beurteilung üblicher Marktfunktionen durch die Tätigkeiten der anderen Marktwettbewerber,[437] die auf dem relevanten Markt in jeder Art und Weise vollständig übernommen werden.[438] Ist das Gemeinschaftsunternehmen in einem neuen Tätigkeitsbereich tätig, muss diese Frage nach dem Vergleich mit den Wettbewerbern auf dem künftigen Markt beantwortet werden. Die wahrzunehmenden Aufgaben können je nach dem Einzelmarkt abweichend sein.[439] Beispielsweise wird im Bereich der Pharmaindustrie

431 Fett/Spiering/K.Westermann/Bergmann, Handbuch Joint Venture, § 5 Rn. 58; Wiedemann/Wiedemann, Handbuch des Kartellrechts 2016, § 15 Rn. 6.

432 Siehe in EU Case No. COMP/JV.1 KLM/Alitalia, Rn. 4, Rn. 9 ff.

433 Immenga/Mestmäcker/Körber, Wettbewerbsrecht, Art. 3 FKVO Rn. 120; Wiedemann, Gemeinschaftsunternehmen im deutschen Kartellrecht, S. 86 ff.

434 Konsolidierte Mitteilung zu Zuständigkeitsfragen, Rn. 95.

435 Konsolidierte Mitteilung zu Zuständigkeitsfragen, Rn. 95–96.

436 Kapp, Kartellrecht in der Unternehmenspraxis, S. 198; Schröter/Jakob/Klotz/Mederer/Hirsbrunner/Rating, Europäisches Wettbewerbsrecht, S. 1655 Rn. 62.

437 Konsolidierte Mitteilung zu Zuständigkeitsfragen, Rn. 94; Göthel/Wurmnest, Grenzüberschreitende M&A-Transaktionen, § 41 Rn. 12.

438 Konsolidierte Mitteilung zu Zuständigkeitsfragen, Rn. 94.

439 MüKoEuWettbR/Wessely/Wegner, FKVO, Art. 3 Rn. 125, Rn. 138; Emmerich, Kartellrecht, § 17 Rn. 13–14; Schröter/Jakob/Klotz/Mederer/Hirsbrunner/Rating,

die Fähigkeit zu eigenständigen Forschungs- und Entwicklungsaktivitäten als wichtiger Hinweis für die Vollfunktionalität gewertet,[440] während die Funktionen wie die Herstellung der Endprodukte als wesentlich in der Automobilindustrie anzusehen sind.[441]

Gegebenenfalls können die Mutterunternehmen die Integration ihrer bestehenden Aktivitäten in einem Gemeinschaftsunternehmen stufenweise verwirklichen. In diesem Fall hängt die Qualifikation als Vollfunktionsgemeinschaftsunternehmen davon ab, ob die Verwirklichung der Vollfunktionsfähigkeit in anfänglichen Integrationsstufen hinreichend konkret ist. Die Kommission hat in einem instruktiven Fall ATR/BAe bemerkt, dass die Vervollständigung des Gemeinschaftsunternehmens in drei Stufen ausgeführt wurde.[442] In der ersten Stufe fungierte das Gemeinschaftsunternehmen lediglich als Verkaufsagentur seiner Mutterunternehmen, wobei die Mutterunternehmen noch die Geschäftsrisiken trugen.[443] In diesem Sinne war die Vollfunktionalität zu verneinen. Erst in der dritten Phase konnte sich das Gemeinschaftsunternehmen zu einer industriellen bestandsfähigen Einheit entwickeln.[444] Allerdings war der Übergang zur zweiten und dritten Stufe zeitlich nicht näher geregelt. Hinzu kommt, dass die Wahrnehmung der wesentlichen Funktion (hier Aktivitäten zu neu entwickelten Flugzeugen) von dem Ergebnis der Marktstudien abhing, was zur Unklarheit der Vervollständigung führte.[445] Die Kommission gelangte schließlich zu dem Ergebnis, dass das Gemeinschaftsunternehmen zumindest in der ersten Integrationsphase keinen Vollfunktionscharakter hatte.[446]

4.1.3.1.1.1.2.2 Lieferverhältnis zu Mutterunternehmen

Es ist dem Gemeinschaftsunternehmen nicht verboten, sich wirtschaftlich mit den kontrollierenden Unternehmen zu verknüpfen. Eine Lieferbeziehung zwischen Mutter- und Gemeinschaftsunternehmen ist durchaus möglich.

In erster Linie ist zu untersuchen, ob diese Beziehung nur in der Anlaufphase (2–3 Jahre) besteht.[447] Im Grundprinzip sieht die Kommission ein Lieferverhältnis

---

Europäisches Wettbewerbsrecht, S. 1655 Rn. 61–62; Bechtold/Bosch/Brinker, EU-Kartellrecht, Art. 3 FKVO Rn. 29; Immenga/Mestmäcker/Körber, Wettbewerbsrecht, Art. 3 FKVO Rn. 141 ff.

440 Z. B. in EU Case No. IV/M.058 Baxter/Nestlé/Salvia, Rn. 6 ff.

441 Z. B. in EU Case No. IV/M.149 Lucas/Eaton, Rn. 11.

442 EU Case No. IV/M.551 ATR/BAe, Rn. 13 ff.

443 EU Case No. IV/M.551 ATR/BAe, Rn. 16 ff.

444 EU Case No. IV/M.551 ATR/BAe, Rn. 19.

445 EU Case No. IV/M.551 ATR/BAe, Rn. 19.

446 EU Case No. IV/M.551 ATR/BAe, Rn. 20 ff.

447 Göthel/Wurmnest, Grenzüberschreitende M&A-Transaktionen, § 41 Rn. 12; Schulte/Henschen, Handbuch Fusionskontrolle, S. 423 Rn. 1542, S. 430 Rn. 1563; Schröter/Jakob/Klotz/Mederer/Hirsbrunner/Rating, Europäisches Wettbewerbsrecht, S. 1657 ff. Rn. 68 ff.; Habersack/Hüffer/Hommelhoff/Schmidt/Ritter, Festschrift für

zu den Mutterunternehmen in der Probezeit als unproblematisch an, da ein Gemeinschaftsunternehmen gerade gegründet ist und die Ausstattungen im finanziellen, sachlichen und personellen Aspekt zur weiteren Entwicklung benötigt.

Es kommt bei den auf Dauer angelegten Kauf- oder Verkaufsvorgängen darauf an, ob sich das Gemeinschaftsunternehmen unabhängig auf dem relevanten Markt verhalten kann.[448] Die Kommission untersucht regelmäßig, in welchem Umfang das infrage stehende Gemeinschaftsunternehmen Produkte an seine Mutterunternehmen zuliefert bzw. von ihnen bezieht. Hierzu werden zwei Aspekte dargestellt:

Wenn das Gemeinschaftsunternehmen Vorprodukte an seine Mutterunternehmen liefert, spielt die Verkaufsmenge eine entscheidende Rolle. Hierbei ist heranzuziehen, welchen Anteil die vom Gemeinschaftsunternehmen tätigen Verkäufe an die Mutterunternehmen an seiner Gesamtproduktion ausmachen. Das Gemeinschaftsunternehmen wird nicht als vollfunktional eingestuft, soweit es die Leistungen ausschließlich an seine Mutterunternehmen erbringt. Beträgt die Liefermenge weniger als 15 % der Gesamtproduktionskapazität, ist nach der Entscheidungspraxis davon auszugehen, dass das Gemeinschaftsunternehmen nicht als Produktionsstätte der Mutterunternehmen dient.[449]

Ein weiteres Kriterium besteht darin, ob das Gemeinschaftsunternehmen die Autonomie hat, Verträge mit Dritten selbst abzuschließen.[450] Hierbei wird der Umsatz mit Dritten, den das Gemeinschaftsunternehmen mittels der hergestellten Erzeugnisse oder der erbrachten Dienstleistungen erwirtschaftet, als entscheidendes Kriterium herangezogen.[451] Je höher die mit Dritten abgewickelten Umsatzerlöse sind, umso eher ist von einer eigenen Marktrolle auszugehen. Im Allgemeinen wird die Vollfunktion von der Kommission angenommen, wenn mehr als die Hälfte des Umsatzes von Dritten generiert wird.[452] Wird diese Schwelle nicht erreicht, werden mehrere Faktoren, wie etwa „echter geschäftlicher Charakter" des Gemeinschaftsunternehmens oder Tragung finanzieller Vertragsrisiken, berücksichtigt, um die Vollfunktion im Einzelfall zu bestimmen.[453] Entscheidend ist

---

Peter Ulmer zum 70. Geburtstag am 2. Januar 2003, S. 960; Schulte/Just/von Rosenberg, Kartellrecht, Art. 3 FKVO Rn. 72.

448 Hölters/Sedemund, Handbuch Unternehmenskauf, Teil VI Rn. 241; Hatje/Müller-Graff/Fuchs, Europäisches Wirtschaftsordnungsrecht, § 11 Rn. 127; Schröter/Jakob/Klotz/Mederer/Hirsbrunner/Rating, Europäisches Wettbewerbsrecht, S. 1658–1659 Rn. 70.

449 Schulte/Henschen, Handbuch Fusionskontrolle, S. 431 Rn. 1567.

450 Schulte/Henschen, Handbuch Fusionskontrolle, S. 431 Rn. 1565; Bechtold/Bosch/Brinker, EU-Kartellrecht, Art. 3 FKVO Rn. 29; Hatje/Müller-Graff/Fuchs, Europäisches Wirtschaftsordnungsrecht, § 11 Rn. 127.

451 Konsolidierte Mitteilung zu Zuständigkeitsfragen, Rn. 98 ff.; Kling/Thomas, Kartellrecht, § 8 Rn. 63; Schröter/Jakob/Klotz/Mederer/Hirsbrunner/Rating, Europäisches Wettbewerbsrecht, S. 1659 Rn. 71.

452 Konsolidierte Mitteilung zu Zuständigkeitsfragen, Rn. 98.

453 Konsolidierte Mitteilung zu Zuständigkeitsfragen, Rn. 98.

zu untersuchen, ob die Verkaufsbeziehung zu seinen Mutterunternehmen (wie zu einem anderen Dritten) nach vernünftigen Marktbedingungen ausgestaltet wird.[454]

Agiert das Gemeinschaftsunternehmen im Verhältnis zu seinen Mutterunternehmen in einem nachgelagerten Markt, ist es zu untersuchen, wie hoch der Wertschöpfungsgrad vom Gemeinschaftsunternehmen erzielt wird.[455] Dies stellt einen Unterschied zu den Verkäufen an die Mutterunternehmen dar. Die selbstständige Wertschöpfung vom Gemeinschaftsunternehmen wird als erhöhter Wert angesehen, welche aus der Bearbeitung oder Verfeinerung der von Mutterunternehmen gelieferten Vorprodukte herauskommt.[456] Diese versetzt das Gemeinschaftsunternehmen auch in die Lage, seine eigene Marktpräsenz aufzubauen. Je geringer die Wertschöpfung der vom Gemeinschaftsunternehmen hergestellten Erzeugnisse oder von ihm erbrachten Dienstleistungen ist, desto weniger handelt es sich um ein Vollfunktionsgemeinschaftsunternehmen. Es besteht aber auch eine Möglichkeit, dass der Vollfunktionscharakter trotz des hohen Bedarfs an Ausgangsprodukten gegeben ist, solange die Wertschöpfung durch die Weiterverarbeitung vom Gemeinschaftsunternehmen verhältnismäßig hoch ist.[457]

4.1.3.1.1.1.3 Dauerhaftigkeit

Vollfunktionsgemeinschaftsunternehmen müssen nicht nur selbstständig sein, sondern sie müssen auch dauerhaft ihre Funktionen ausführen.[458] Dies ist auf den Zusammenschlussbegriff der EU zurückzuführen, womit eine dauerhaft entscheidende Veränderung der Marktstruktur gemeint ist.[459] Bezüglich der Dauerhaftigkeit verweist die Kommission darauf, dass hinreichende (sachliche, personelle, finanzielle usw.) Ressourcen von den Mutterunternehmen auf das Gemeinschaftsunternehmen zu übertragen sind, sodass es dauerhaft Markttätigkeiten durchführen kann. Das heißt, seine Mutterunternehmen müssen die Absicht haben, ihr Gemeinschaftsunternehmen für eine gewisse Dauer zu betreiben. Ein solcher Zeitraum dauert zumindest fünf Jahre.[460] Ein kurz befristeter Zeitabschnitt zur

---

454 Konsolidierte Mitteilung zu Zuständigkeitsfragen, Rn. 98.

455 Konsolidierte Mitteilung zu Zuständigkeitsfragen, Rn. 101; Kling/Thomas, Kartellrecht, § 8 Rn. 63.

456 Konsolidierte Mitteilung zu Zuständigkeitsfragen, Rn. 101; Schulte/Henschen, Handbuch Fusionskontrolle, S. 432 Rn. 1569; Schröter/Jakob/Klotz/Mederer/Hirsbrunner/Rating, Europäisches Wettbewerbsrecht, S. 1659 Rn. 71.

457 Schulte/Henschen, Handbuch Fusionskontrolle, S. 432 Rn. 1569.

458 Schulte/Henschen, Handbuch Fusionskontrolle, S. 423 Rn. 1540.

459 Schulte/Henschen, Handbuch Fusionskontrolle, S. 433 Rn. 1571.

460 Immenga/Mestmäcker/Körber, Wettbewerbsrecht, Art. 3 FKVO Rn. 159 ff.; Langen/Bunte/Käseberg, Kartellrecht, Art. 3 FKVO Rn. 100 ff.; Loewenheim/Meessen/Riesenkampff/Kersting/Meyer-Lindemann/Kersting, Kartellrecht, Art. 3 FKVO Rn. 65; wohl auch eine Mindestdauer von 6,5 Jahren, siehe in Schulte/Henschen, Handbuch Fusionskontrolle, S. 433 Rn. 1573; Hölters/Sedemund, Handbuch Unternehmenskauf,

Realisierung eines einmaligen Projekts spricht gegen die Dauerhaftigkeit. Aber es ist zu bemerken, dass die Auslegung einer passenden Dauer mit den Einzelheiten in jedem Fall zusammenhängt. Eine homogene Definition existiert dagegen nicht.

Nichtsdestotrotz können die Parteien in der Gründungsvereinbarung Bestimmungen über eine etwaige vorzeitige Beendigung oder Auflösung des Gemeinschaftsunternehmens vereinbaren.[461] Die Partner können z. B. bezüglich des Konkurses oder erheblicher Meinungsverschiedenheiten eine Kündigungsmöglichkeit bestimmen oder eine automatische Verlängerung für die Nichtkündigung vorsehen.[462] Solche Artikel schaden der Dauerhaftigkeit eines Gemeinschaftsunternehmens grundsätzlich nicht.[463]

4.1.3.1.1.2 Merkmale der Teilfunktionsgemeinschaftsunternehmen

Das Gegenstück zum Vollfunktionsgemeinschaftsunternehmen ist ein solches Unternehmen, das nicht alle unternehmerischen Wirtschaftsfunktionen übernimmt.[464] Ein Teilfunktionsgemeinschaftsunternehmen ist von Anweisungen seiner Mutterunternehmen abhängig und dient nur als Betriebsvehikel.[465] Es ist von seinem Konzept auf die Hilfefunktionen zur Unterstützung der Mutterunternehmen angelegt.[466] Seine Aufgaben sind z. B. die Forschung und Entwicklung, der Vertrieb oder die Herstellung der Vorprodukte.[467]

Ein Teilfunktionsgemeinschaftsunternehmen besitzt keinen eigenständigen Marktzugang und hat folglich fast keine Auswirkungen auf die Marktstruktur. Die Bildung eines solchen Unternehmens wird nicht als Zusammenschluss nach der FKVO gewertet.[468] Es ist aber darauf hinzuweisen, dass dessen Gründung bzw.

Teil VI Rn. 242; Pohlmann, Der Unternehmensverbund im europäischen Kartellrecht, S. 215; Kapp, Kartellrecht in der Unternehmenspraxis, S. 198.

461 Konsolidierte Mitteilung zu Zuständigkeitsfragen, Rn. 103.

462 Z. B. in EU Case No. IV/M.152 Volvo/Atlas, Rn. 8.

463 Konsolidierte Mitteilung zu Zuständigkeitsfragen, Rn. 103; Fett/Spiering/K.Westermann/Bergmann, Handbuch Joint Venture, § 5 Rn. 62; Schröter/Jakob/Klotz/Mederer/Hirsbrunner/Rating, Europäisches Wettbewerbsrecht, S. 1661 Rn. 77.

464 Wagner, Das Wettbewerbsverbot im Verbands- und Kartellrecht, S. 165; Busche/Röhling/Schütz, Kölner Kommentare, Art. 3 FKVO Rn. 62.

465 Konsolidierte Mitteilung zu Zuständigkeitsfragen, Rn. 95; Immenga/Mestmäcker/Körber, Wettbewerbsrecht, Art. 3 FKVO Rn. 130; Wiedemann, Gemeinschaftsunternehmen im deutschen Kartellrecht, S. 50.

466 Konsolidierte Mitteilung zu Zuständigkeitsfragen, Rn. 95; Schröter/Jakob/Klotz/Mederer/Hirsbrunner/Rating, Europäisches Wettbewerbsrecht, S. 1655–1656 Rn. 63; Wiedemann, Gemeinschaftsunternehmen im deutschen Kartellrecht, S. 51 ff.; Immenga/Mestmäcker/Körber, Wettbewerbsrecht, Art. 3 FKVO Rn. 130.

467 Emmerich, Kartellrecht, § 17 Rn. 1; Wiedemann, Gemeinschaftsunternehmen im deutschen Kartellrecht, S. 51 ff.; Hölters/Sedemund, Handbuch Unternehmenskauf, Teil VI Rn. 240.

468 Konsolidierte Mitteilung zu Zuständigkeitsfragen, Rn. 92.

Fortführung einer anderen kartellrechtlichen Untersuchung unterliegen könnte. Das allgemeine Problem besteht darin, dass die Marktselbstständigkeit der Mutterunternehmen aufgrund des Koordinierungsverhaltens verloren geht, was zugleich dazu führt, dass betroffene Unternehmen größere Marktmacht ausüben können. Besondere Aufmerksamkeit wird im Bereich des Kartellverbots von Art. 101 Abs. 1 AEUV geweckt, solange diese Kooperation durch die Plattform eines Gemeinschaftsunternehmens bezweckt oder bewirkt wird und den Handel zwischen den Mitgliedstaaten spürbar beeinträchtigen kann.[469]

4.1.3.1.2 Fallgruppen der Bildung eines Gemeinschaftsunternehmens

Es ist wichtig zu erkunden, in welchen Konstellationen Zusammenschlüsse als Gründung eines Gemeinschaftsunternehmens zu behandeln sind. Zunächst ist daran zu denken, ob ein Gemeinschaftsunternehmen kartellrechtlich aufgebaut wird. Außer der Neugründung ergeben sich noch verschiedene Varianten, die fusionskontrollrechtliche Bedenken erregen können. Die Spanne reicht von dem Erwerb eines bestehenden Unternehmens bis zum Wechsel der Kontrollart. In einigen Fallbeispielen ist die Prüfung der Vollfunktionalität zur Eröffnung der Anwendbarkeit der Fusionskontrolle unentbehrlich, während sie sich bei den anderen Fällen erübrigt. In letztgenannten Konstellationen werden die Zusammenschlüsse nach allgemeinen Tatbeständen beurteilt.

4.1.3.1.2.1 Gründung eines neuen Gemeinschaftsunternehmens

Ein typischer Fall liegt vor, wenn zwei Unternehmen beabsichtigen, ein neues Vollfunktionsgemeinschaftsunternehmen gem. Art. 3 Abs. 4 FKVO aufzubauen. Beteiligte Unternehmen sind die die Kontrolle erwerbenden Unternehmen (hier Gründerunternehmen). Das neu gegründete Gemeinschaftsunternehmen ist hingegen nicht als beteiligte Partei zu bewerten,[470] denn es ist im Zuge des Prüfungsprozesses noch nicht gegründet und hat zum Anmeldungszeitpunkt weder unternehmerische Tätigkeiten noch eigenen Umsatz.[471] Es ist aus einer anderen Perspektive zu betrachten, dass die Summe des Vermögens von den Mutterunternehmen vor und nach der Gründung unverändert bleibt.

---

469 Loewenheim/Meessen/Riesenkampff/Kersting/Meyer-Lindemann/Kersting, Kartellrecht, Art. 2 FVKO Rn. 188, Rn. 197; Immenga/Mestmäcker/Körber, Wettbewerbsrecht, Art. 3 FKVO Rn. 170.

470 Fett/Spiering/K.Westermann/Bergmann, Handbuch Joint Venture, § 5 Rn. 47.

471 Konsolidierte Mitteilung zu Zuständigkeitsfragen, Rn. 139; Schulte/Zeise, Handbuch Fusionskontrolle, S. 306 Rn. 1075; Fett/Spiering/K.Westermann/Bergmann, Handbuch Joint Venture, § 5 Rn. 47; Picot/Hahn, Unternehmenskauf und Restrukturierung, § 11 Rn. 29.

4.1.3.1.2.2 Ausdehnung des Tätigkeitsgebiets eines Gemeinschaftsunternehmens

Des Weiteren ist das Augenmerk auf die Erweiterung der Geschäftsfelder zu richten. Die Aufnahme neuer Tätigkeiten vom Gemeinschaftsunternehmen kann die Marktstruktur beeinflussen, weswegen der Anwendungsbereich der FKVO eröffnet werden kann.

4.1.3.1.2.2.1 Umwandlung vom Teilfunktionsgemeinschaftsunternehmen auf das Vollfunktionsgemeinschaftsunternehmen

Nach der konsolidierten Mitteilung wird die Umwandlung vom Teilfunktionsgemeinschaftsunternehmen zum Vollfunktionsgemeinschaftsunternehmen als neuer Zusammenschluss behandelt.[472] Wie in der ersten Fallgruppe, gibt es hier hinsichtlich des gesamten Vermögens der Mutterunternehmen keine Veränderung.[473] Das Gemeinschaftsunternehmen ist folglich nicht als beteiligtes Unternehmen anzusehen; nur die kontrollierenden Mutterunternehmen stellen die beteiligten Unternehmen dar.[474]

4.1.3.1.2.2.2 Zuführung finanzieller Mittel von Mutterunternehmen

Es liegt ein Zusammenschluss vor, wenn ein Gemeinschaftsunternehmen durch den Erwerb der wesentlichen Vermögenswerte, der Verträge, des zusätzlichen Know-hows oder anderer vergleichbarer Rechte von den Mutterunternehmen seine Tätigkeitsgebiete ausweitet.[475] Hier sei erwähnt, dass eine solche Ausdehnung kein inneres Wachstum inkludiert.[476] Hervorzuheben ist noch, dass die Übertragung der Vermögen oder Rechte auf das Gemeinschaftsunternehmen in einem kausalen Zusammenhang mit der Ausdehnung der Tätigkeiten stehen muss und damit als

---

472 Konsolidierte Mitteilung zu Zuständigkeitsfragen, Rn. 109; Jaeger/Kokott/Pohlmann/Schroeder/Schröer, Frankfurter Kommentar zum Kartellrecht, Art. 3 FKVO Rn. 132.

473 von Brevern, WuW 2012, S. 232.

474 Schröter/Jakob/Klotz/Mederer/Hirsbrunner/Rating, Europäisches Wettbewerbsrecht, S. 1663 Rn. 84.

475 Konsolidierte Mitteilung zu Zuständigkeitsfragen, Rn. 106–107; Chen, Probleme der europäischen Fusionskontrolle nach der Reform der FKVO, S. 108–109; Huerkamp, WuW 2010, S. 1124; Hirsbrunner, EuZW 2009, S. 240; Schröter/Jakob/Klotz/Mederer/Hirsbrunner/Rating, Europäisches Wettbewerbsrecht, S. 1662–1663 Rn. 83; Polley/Grave, WuW 2003, S. 1015–1016.

476 Konsolidierte Mitteilung zu Zuständigkeitsfragen, Rn. 108; Polley/Grave, WuW 2003, S. 1015–1016; Schulte/Henschen, Handbuch Fusionskontrolle, S. 292 Rn. 1022; Hatje/Müller-Graff/Fuchs, Europäisches Wirtschaftsordnungsrecht, § 11 Rn. 117.

Grundlage einer wesentlichen Geschäftsveränderung dient.[477] Diese Verbundenheit spielt bei der Bildung eines neuen Zusammenschlusses eine entscheidende Rolle. Es wird kein Zusammenhang angenommen, wenn ein Gemeinschaftsunternehmen zufällig die Vermögenswerte von seinen Mutterunternehmen erworben hat, die nicht für die Tätigkeitsausdehnung bestimmt sind. Bei anderen Fällen liegt auch kein Zusammenschluss vor, soweit dem Gemeinschaftsunternehmen lediglich neue Finanzmittel zugeführt werden.[478] Mit der Ausweitung des Tätigkeitsbereiches ist gemeint, dass das Gemeinschaftsunternehmen auf einem anderen Markt tätig sein wird, der von seinem ursprünglichen Ziel erheblich abweicht.[479]

Das Gemeinschaftsunternehmen muss in diesem Fall neue Tätigkeiten mit Vollfunktion ausführen.[480] Genau genommen stellt Art. 3 Abs. 4 FKVO eine weitere Voraussetzung für die fusionskontrollrechtliche Anwendung dar. Es ist noch zu bemerken, dass sich das gesamte Vermögen innerhalb dieser drei Unternehmen nicht verändert hat, da der Übergang nur zwischen kontrollierenden Unternehmen und ihrem Gemeinschaftsunternehmen stattfindet. Das Gemeinschaftsunternehmen, wie in vorgenannten Fallgruppen, ist nicht als beteiligtes Unternehmen anzusehen,[481] während allein die Mutterunternehmen am Zusammenschluss beteiligt sind.[482] Der Umsatz des Gemeinschaftsunternehmens wird zu gleichen Teilen seinen Mutterunternehmen zugeordnet.

4.1.3.1.2.2.3 Kontrollerwerb eines anderen Unternehmens

Darüber hinaus kann ein Zusammenschluss dem Kontrollerwerb an einem anderen Unternehmen durch das Gemeinschaftsunternehmen zugrunde liegen. Dies betrifft insbesondere einen solchen Fall, in dem ein Gemeinschaftsunternehmen eine Kontrolle über einen Dritten erlangt. Hier stellen das Gemeinschaftsunternehmen (im Sinne von Vollfunktion) und das (/der) zu erwerbende Unternehmen(steil) beteiligte Unternehmen dar.[483]

---

477 Konsolidierte Mitteilung zu Zuständigkeitsfragen, Rn. 106 ff.; Huerkamp, WuW 2010, S. 1118, S. 1123 ff.

478 Polley/Grave, WuW 2003, S. 1015–1016; Schröter/Jakob/Klotz/Mederer/Hirsbrunner/Rating, Europäisches Wettbewerbsrecht, S. 1663 Rn. 83.

479 Konsolidierte Mitteilung zu Zuständigkeitsfragen, Rn. 107; Huerkamp, WuW 2010, S. 1123 ff.; Schröter/Jakob/Klotz/Mederer/Hirsbrunner/Rating, Europäisches Wettbewerbsrecht, S. 1663 Rn. 83.

480 Konsolidierte Mitteilung zu Zuständigkeitsfragen, Rn. 106–107; Huerkamp, WuW 2010, S. 1119, S. 1127; Hirsbrunner, EuZW 2009, S. 240.

481 von Brevern, WuW 2012, S. 232.

482 Hirsbrunner, EuZW 2009, S. 240.

483 Konsolidierte Mitteilung zu Zuständigkeitsfragen, Rn. 146; Fett/Spiering/K Westermann/Bergmann, Handbuch Joint Venture, § 5 Rn. 49; Loewenheim/Meessen/Riesenkampff/Kersting/Meyer-Lindemann/Simon, Kartellrecht, Art. 1 FKVO Rn. 9; Immenga/Mestmäcker/Körber, Wettbewerbsrecht, Art. 1 FKVO Rn. 39–40; MüKo-EuWettbR/Wessely, FKVO, Art. 5 Rn. 61.

Eine Ausnahme besteht, wenn das Gemeinschaftsunternehmen rein als Erwerbsinstrument seiner Mutterunternehmen (sog. „Erwerbsvehikel") dient. In diesem Fall treten kontrollierende Mutterunternehmen an die Stelle des Gemeinschaftsunternehmens und gelten als unmittelbar beteiligte Unternehmen.[484] Dies liegt daran, dass die Mutterunternehmen die tatsächlichen Akteure in der Akquisition sind. Als Ergebnis davon wird der Schleier des zwischengeschalteten Unternehmens gelüftet.[485] Man kann davon sprechen, sofern ein Gemeinschaftsunternehmen ausschließlich zum Erwerb der Beteiligung an einem Zielunternehmen gegründet wird.[486] Die Prüfung der Vollfunktion ist infolgedessen nicht mehr notwendig.[487] In der Tat spricht dieses abhängige Verhältnis zu den Mutterunternehmen bereits gegen die Vollfunktionalität. Es ist wichtig im Einzelfall zu entdecken, welche Beweggründe der Mutterunternehmen hinter dem Erwerb sind und ob sich die Geschäftsbereiche des zu übernehmenden Unternehmens mit denen des Gemeinschaftsunternehmens im großen Umfang überschneiden. Besteht eine große Überlappung, ist es wahrscheinlich, den Schleier des zwischengeschalteten Unternehmens zu lüften.[488]

4.1.3.1.2.3 Änderung der Beteiligung an einem bestehenden Unternehmen

Der Wechsel der kontrollierenden Unternehmen kann einen neuen Zusammenschluss darstellen, soweit das Vorhaben zur Änderung der Beschaffenheit der Kontrolle führt.[489] Als Grundfall gilt ein Wechsel eines mitkontrollierenden Anteilseigners. In einem anderen Fall kann ein Unternehmen zur Mitkontrolle des Gemeinschaftsunternehmens hinzutritt. Es ist auch denkbar, dass ein bisher mitkontrollierender Gesellschafter austritt. Hierbei werden verschiedene Fallbeispiele angeführt, um die Prinzipen zu verdeutlichen.

---

484 Konsolidierte Mitteilung zu Zuständigkeitsfragen, Rn. 145, Rn. 147; Fett/Spiering/K. Westermann/Bergmann, Handbuch Joint Venture, § 5 Rn. 49; Picot/Hahn, Unternehmenskauf und Restrukturierung, § 11 Rn. 30.

485 Picot/Hahn, Unternehmenskauf und Restrukturierung, § 11 Rn. 30.

486 Fett/Spiering/K.Westermann/Bergmann, Handbuch Joint Venture, § 5 Rn. 49; MüKo-EuWettbR/Wessely, FKVO, Art. 5 Rn. 62; Schulte/Just/von Rosenberg, Kartellrecht, Art. 1 FKVO Rn. 21.

487 Schulte/Zeise, Handbuch Fusionskontrolle, S. 307 Rn. 1078; von Brevern, WuW 2012, S. 232.

488 von Brevern, WuW 2012, S. 232; Schulte/Zeise, Handbuch Fusionskontrolle, S. 307–308 Rn. 1078.

489 Konsolidierte Mitteilung zu Zuständigkeitsfragen, Rn. 84 ff.

4.1.3.1.2.3.1 Änderung der Kontrollverhältnisse zwischen alleiniger und gemeinsamer Kontrolle

Kommt es zu einem Wechsel zwischen alleiniger Kontrolle und gemeinsamer Kontrolle, liegen die Zusammenschlüsse nach der FKVO vor. Dies wird in zwei Richtungen geschildert. Auf einer Seite ist die Zunahme der Anzahl von beherrschenden Unternehmen, was zur Veränderung des Kontrollverhältnisses führt, als Zusammenschluss zu bewerten. Auf der anderen Seite existiert nach dem Wechsel von gemeinsamer Kontrolle auf alleinige Kontrolle kein Gemeinschaftsunternehmen mehr, da ein Gemeinschaftsunternehmen nach europäischem Kartellrecht mindestens von zwei Unternehmen kontrolliert werden muss. Nichtsdestotrotz liegt nach der FKVO ein Zusammenschluss in der letztgenannten Konstellation vor.

Zunächst geht es um den Wechsel von alleiniger zu gemeinsamer Kontrolle. Ein Gemeinschaftsunternehmen wird wegen der Aufnahme eines anderen kontrollierenden Unternehmens gerade gebildet. Trotz der uneinheitlichen Entscheidungspraxis der Europäischen Kommission sind die Prüfungsmaßstäbe im Sinne von Art. 3 Abs. 4 FKVO als relevant zu bewerten.[490] Die Prüfungsansätze gehen aus Rn. 91 der konsolidierten Mitteilung hervor, wonach die Vollfunktionsprüfung nicht erforderlich ist, solange mehrere beteiligte Unternehmen die Kontrolle über ein anderes Unternehmen oder Teile eines anderen Unternehmens von Dritten gemeinsam erwerben. In diesem Fall hat das zuvor allein kontrollierende Unternehmen aber noch die Einflussnahmemöglichkeit auf das Gemeinschaftsunternehmen, auch wenn es gegebenenfalls dem neuen Gesellschafter bestimmte Anteile am Gemeinschaftsunternehmen veräußert. Es ist noch zu beachten, dass die gesamten Vermögenswerte des Gemeinschaftsunternehmens nicht von Dritten, sondern von seinen Mutterunternehmen eingebracht werden.[491] Man kommt zu dem Schluss, dass hier die Anwendungsvoraussetzungen in der konsolidierten Mitteilung nicht vorliegen. Aus einer anderen Perspektive ist zu bemerken, dass die gesamten Vermögenswerte bei diesen drei Unternehmen vor und nach der Umwandlung unverändert bleiben.[492] In der Tat steht dies der Fallgruppe der „klassischen" Neugründung gleich. Man kann einen solchen Fall wie die Einbringung eines Unternehmens oder eines Unternehmensbereiches vom Mutterunternehmen in das neu zu gründende Gemeinschaftsunternehmen behandeln,[493] weswegen nur

---

490 von Brevern, WuW 2012, S. 227; Hatje/Müller-Graff/Fuchs, Europäisches Wirtschaftsordnungsrecht, § 11 Rn. 118.

491 von Brevern, WuW 2012, S. 228.

492 Rosenthal/Thomas, European Merger Control, S. 41 Rn. 73.

493 Konsolidierte Mitteilung zu Zuständigkeitsfragen, Rn. 139; Rosenthal/Thomas, European Merger Control, S. 41–42 Rn. 72; Kling/Thomas, Kartellrecht, § 8 Rn. 94; Immenga/Mestmäcker/Körber, Wettbewerbsrecht, Art. 1 FKVO Rn. 35, Rn. 42. Es ist darauf hinzuweisen, wenn ein Mutterunternehmen ein anderes Unternehmen oder einen Geschäftsbereich von einem Dritten erworben und dann dies in ein Gemeinschaftsunternehmen eingebracht hat, ist das Unternehmen oder der Bereich

die Kontrollinhaber (der verbleibende und neue Anteilseigner) am Zusammenschluss beteiligt sind. Das Gemeinschaftsunternehmen gehört dagegen nicht zu diesem Kreis.[494]

Ein komplizierter Fall ergibt sich aus dem Wechsel der Kontrollart in Verbindung mit der Veränderung der Anzahl der Gesellschafter. Damit ist gemeint, dass ein Verkäufer seine alleinige Kontrolle über ein Unternehmen an zwei andere Unternehmen veräußert. Einerseits ist zu beachten, dass das Zielunternehmen nach der Transaktion von zwei Unternehmen gemeinsam kontrolliert wird, wodurch ein Gemeinschaftsunternehmen gerade kartellrechtlich gebildet wird. Anderseits treten zwei Gesellschafter durch die Erlangung der Kontrolle vollständig an die Stelle des Veräußerers, was einen Unterschied zu der oben genannten Fallgruppe darstellt. Es ist zunächst zu untersuchen, ob die Voraussetzungen der konsolidierten Mitteilung zu erfüllen sind.[495] Wenn man diese Vorschrift ganz eng auslegt, kommt man zum Ergebnis, dass Rn. 91 der konsolidierten Mitteilung lediglich den Kontrollwechsel von mindestens zwei Veräußerern betrifft. In diesem Fallbeispiel erwerben hingegen zwei Mutterunternehmen die gemeinsame Kontrolle nur von einem Dritten (vom damaligen Mutterunternehmen, das jetzt durch die Veräußerung aus dem Gesellschafterkreis zurückgetreten ist), daher könnte Rn. 91 der konsolidierten Mitteilung auf diese Fallgruppe nicht anwendbar sein. Jedoch widerspricht diese Auslegung der aktuellen Praxis der Europäischen Kommission.[496]

Es ist zu beachten, dass sich das ganze Vermögen des Gemeinschaftsunternehmens sowohl aus der Einbringung der Mutterunternehmen als auch aus derjenigen des Dritten zusammensetzt. Die Vermögenswerte, die von dem Dritten in das Gemeinschaftsunternehmen eingebracht worden sind, werden als erhöhtes Vermögen angesehen.[497] In diesem Sinne stellt diese Konstellation keinen Unterschied zum solchen Vorgang dar, in dem die Mutterunternehmen die Anteile von zwei Veräußerern erhalten, denn das erhöhte Vermögen im Gemeinschaftsunternehmen kann entweder von einem Dritten oder von Dritten erbracht werden. Es wäre nicht sinnvoll, dass sich der Anwendungsbereich von Rn. 91 der konsolidierten Mitteilung starr auf den gemeinsamen Kontrollerwerb von mindestens zwei Veräußerern beschränkt.[498] Man gelangt dann zu dem Schluss, dass Rn. 91 der konsolidierten

---

auch am Zusammenschluss beteiligt. Dazu siehe in der konsolidierten Mitteilung zu Zuständigkeitsfragen, Rn. 140.

494 Konsolidierte Mitteilung zu Zuständigkeitsfragen, Rn. 139; Schulte/Zeise, Handbuch Fusionskontrolle, S. 306 Rn. 1075; Loewenheim/Meessen/Riesenkampff/Kersting/Meyer-Lindemann/Simon, Kartellrecht, Art. 1 FKVO Rn. 8.

495 Konsolidierte Mitteilung zu Zuständigkeitsfragen, Rn. 91.

496 Z. B. Case No COMP/M.6068 - ENI/Acegasaps/JV, Rn. 9; siehe in von Brevern, WuW 2012, S. 229.

497 Rosenthal/Thomas, European Merger Control, S. 39–40 Rn. 68–69.

498 von Brevern, WuW 2012, S. 229.

Mitteilung auch Anwendung auf den Kontrollerwerb des Zielunternehmens von einem Dritten findet. Eine Prüfung nach der Vollfunktionalität ist derzufolge nicht erforderlich.[499] Außer den kontrollierenden Unternehmen ist das Gemeinschaftsunternehmen in die Kategorie der beteiligten Unternehmen einzustufen.[500]

Umgekehrt kann das Unternehmen nach dem Zusammenschluss allein von einem Gesellschafter kontrolliert werden, soweit der andere aus dem Kontrollkreis ausscheidet. In dieser Konstellation ist das beherrschte Unternehmen zwar nicht als Gemeinschaftsunternehmen einzustufen, aber die Kontrolle wird hinsichtlich des Austritts eines Gesellschafters verstärkt, was dauerhaft die Marktlage beeinflussen kann. Infolgedessen stellt der Übergang von gemeinsamer Kontrolle zu alleiniger Kontrolle nach der konsolidierten Mitteilung einen neuen Zusammenschluss dar.[501] Beteiligte Parteien ergeben sich aus dem übernehmenden Anteilseigner (dem verbleibenden Gesellschafter) sowie dem allein kontrollierten Unternehmen (zuvor Gemeinschaftsunternehmen).[502] Um eine doppelte Berechnung zu vermeiden, werden bei dem übernehmenden Unternehmen die Umsatzerlöse des kontrollierten Unternehmens abgezogen. Gleichfalls erfolgt die Berechnung beim zu übernehmenden Unternehmen ohne den Umsatz des kontrollierenden Unternehmens.[503]

4.1.3.1.2.3.2 Kontrollwechsel

Darüber hinaus kommt der Wechsel des Gesellschafters in Betracht. Damit ist gemeint, dass ein Mutterunternehmen seine Mitkontrolle an einen Dritten veräußert und dann aus dem Gesellschafterkreis ausscheidet, sodass das Gemeinschaftsunternehmen nunmehr von der verbleibenden Partei und einem neuen Unternehmen gemeinsam kontrolliert wird. Es ist besonders zu bemerken, dass eine solche Transaktion dem verbleibenden Unternehmen eine Kontrolländerung darstellt. Regelmäßig beruht die Kontrolle auf der Identität und der Zusammensetzung der kontrollierenden Unternehmen. Das ursprüngliche Verhältnis der kontrollierenden Unternehmen wird durch den Neuzutritt eines Gesellschafters und zugleich den Austritt des Veräußerers wesentlich verändert, was alle kontrollierenden Gesellschafter betrifft. Dies führt unmittelbar zu der Marktveränderung, die in der Fusionskontrolle zu berücksichtigen ist. Es liegt dann ein neuer

---

499 Konsolidierte Mitteilung zu Zuständigkeitsfragen, Rn. 91; Rosenthal/Thomas, European Merger Control, S. 39 Rn. 67–68.

500 Konsolidierte Mitteilung zu Zuständigkeitsfragen, Rn. 140.

501 Konsolidierte Mitteilung zu Zuständigkeitsfragen, Rn. 89; Schulte/Zeise, Handbuch Fusionskontrolle, S. 306 Rn. 1076.

502 Konsolidierte Mitteilung zu Zuständigkeitsfragen, Rn. 138; Schulte/Zeise, Handbuch Fusionskontrolle, S. 306 Rn. 1076; Bechtold/Bosch/Brinker, EU-Kartellrecht, Art. 3 FKVO Rn. 21; Schulte/Just/von Rosenberg, Kartellrecht, Art. 1 FKVO Rn. 14; Loewenheim/Meessen/Riesenkampff/Kersting/Meyer-Lindemann/Simon, Kartellrecht, Art. 1 FKVO Rn. 8.

503 Konsolidierte Mitteilung zu Zuständigkeitsfragen, Rn. 188.

Zusammenschluss im Sinne des Art. 3 Abs. 1 lit. b FKVO vor.[504] Beteiligte Unternehmen sind das verbleibende Mutterunternehmen, das Gemeinschaftsunternehmen sowie das die Mitkontrolle erwerbende Unternehmen.[505] Der Verkäufer ist dagegen nicht am Zusammenschluss beteiligt, sofern er sich durch den Erwerbsvorgang völlig aus dem Kontrollkreis zurückzieht.[506]

Fraglich ist noch, ob die Prüfung nach Vollfunktionalität erforderlich ist. Gem. Rn. 91 der konsolidierten Mitteilung ist ein Zusammenschluss nur dann als Gründung eines Gemeinschaftsunternehmens einzustufen, soweit sein gesamtes Vermögen allein von Mutterunternehmen eingebracht wird. Hierbei ist anzumerken, dass sich ein Teil der Vermögenswerte des Gemeinschaftsunternehmens von dem Veräußerer ableitet und nunmehr der Erwerber durch die Kontrolle über das Gemeinschaftsunternehmen das vom Dritten eingebrachte Vermögen erlangen kann. Nach dem oben dargestellten Prinzip fällt diese Konstellation (Kontrollerwerb von einem Dritten) in den Anwendungsbereich der Rn. 91 der konsolidierten Mitteilung.[507] Dieser Zusammenschluss wird derzufolge nicht als Gründung eines Vollfunktionsgemeinschaftsunternehmens angesehen.[508]

Eine Fallabwandlung liegt darin, wenn zwei Mutterunternehmen völlig aus dem Kontrollbereich austreten, während zwei andere Unternehmen die Kontrolle über das Gemeinschaftsunternehmen gemeinsam erwerben. Angenommen, dass das Gemeinschaftsunternehmen vor der Transaktion von zwei Gesellschaftern kontrolliert wurde, verbleiben nach dem Kontrollwechsel keine ursprünglich kontrollierenden Mutterunternehmen. Wie im Grundfall, wurde ein Teil der Vermögenswerte des Gemeinschaftsunternehmens von den Veräußerern eingebracht, worüber zwei neue Mutterunternehmen nach der Transaktion die Kontrolle erlangen können. Die Tatbestände in der konsolidierten Mitteilung werden infolgedessen erfüllt,[509] wonach die Prüfung nach Vollfunktionalität nicht erforderlich ist. Ein solcher Zusammenschluss ist an allgemeinen Prüfungsmaßstäben zu messen.[510] Beteiligte Unternehmen sind das Gemeinschaftsunternehmen und die

---

504 Konsolidierte Mitteilung zu Zuständigkeitsfragen, Rn. 87; Schulte/Just/von Rosenberg, Kartellrecht, Art. 3 FKVO Rn. 60.

505 Konsolidierte Mitteilung zu Zuständigkeitsfragen, Rn. 143; Picot/Hahn, Unternehmenskauf und Restrukturierung, § 11 Rn. 31; Loewenheim/Meessen/Riesenkampff/Kersting/Meyer-Lindemann/Simon, Kartellrecht, Art. 1 FKVO Rn. 7.

506 Göthel/Wurmnest, Grenzüberschreitende M&A-Transaktionen, § 18 Rn. 55; Picot/Hahn, Unternehmenskauf und Restrukturierung, § 11 Rn. 31; Loewenheim/Meessen/Riesenkampff/Kersting/Meyer-Lindemann/Simon, Kartellrecht, Art. 1 FKVO Rn. 9; Immenga/Mestmäcker/Körber, Wettbewerbsrecht, Art. 1 FKVO Rn. 45.

507 Siehe im Fallbeispiel: Umwandlung von alleiniger Kontrolle zu gemeinsamer Kontrolle.

508 Konsolidierte Mitteilung zu Zuständigkeitsfragen, Rn. 91; Rosenthal/Thomas, European Merger Control, S. 41 Rn. 73.

509 Konsolidierte Mitteilung zu Zuständigkeitsfragen, Rn. 91.

510 Hatje/Müller-Graff/Fuchs, Europäisches Wirtschaftsordnungsrecht, § 11 Rn. 118.

die Kontrolle erwerbenden Unternehmen, aber nicht die ausscheidenden Gesellschafter.[511]

4.1.3.1.2.3.3 Erweiterung der gemeinsamen Kontrolle

Hier handelt es sich um einen solchen Fall, in dem ein neuer Gesellschafter zur Mitkontrolle eines bereits bestehenden Gemeinschaftsunternehmens hinzutritt. Z. B. können beide Mutterunternehmen nach der Transaktion die Kontrolle über das Gemeinschaftsunternehmen noch ausüben, wobei ein neuer Gesellschafter die Mitkontrolle erwirbt. In diesem Fall wird das Kontrollverhältnis durch den Hinzutritt des Gesellschafters verändert,[512] da die Art der Kontrolle durch die Zunahme des Gesellschafters in einem anderen Intensitätsstadium gestaltet wird. Wie im Grundfall, liegt hier ein Kontrollerwerb gem. Art. 3 Abs. 1 lit. b FKVO vor.[513] Alle kontrollierenden Unternehmen und das Gemeinschaftsunternehmen sind als beteiligte Unternehmen anzusehen.[514] Aber es unterscheidet sich vom Grundfall darin, dass kein kontrollierendes Mutterunternehmen nach der Transaktion aus dem Kontrollkreis ausscheidet. Die Voraussetzungen in Rn. 91 der konsolidierten Mitteilung werden somit nicht erfüllt. Das heißt, die Prüfung der Vollfunktion ist notwendig.[515]

4.1.3.1.2.3.4 Verkleinerung des Kontrollkreises

Die Reduzierung der Zahl der kontrollausübenden Unternehmen lässt sich von den vorgenannten Konstellationen unterscheiden: Der Zusammenschlusstatbestand wird in der Regel nicht erfüllt, solange dies nicht zur Änderung der Befugnisse der kontrollierenden Unternehmen führt.[516] Es liegt z. B. kein Zusammenschluss vor, wenn die Anzahl der kontrollierenden Unternehmen von drei auf zwei gesenkt wird, vorausgesetzt, dass kein Gesellschafterwechsel stattfindet und die

511 Konsolidierte Mitteilung zu Zuständigkeitsfragen, Rn. 143; Fett/Spiering/K.Westermann/Bergmann, Handbuch Joint Venture, § 5 Rn. 48; Göthel/Wurmnest, Grenzüberschreitende M&A-Transaktionen, § 18 Rn. 55; Picot/Hahn, Unternehmenskauf und Restrukturierung, § 11 Rn. 29.

512 Jaeger/Kokott/Pohlmann/Schroeder/Schröer, Frankfurter Kommentar zum Kartellrecht, Art. 3 FKVO Rn. 129.

513 Konsolidierte Mitteilung zu Zuständigkeitsfragen, Rn. 87.

514 Konsolidierte Mitteilung zu Zuständigkeitsfragen, Rn. 143; Göthel/Wurmnest, Grenzüberschreitende M&A-Transaktionen, § 18 Rn. 56; Fett/Spiering/K.Westermann/Bergmann, Handbuch Joint Venture, § 5 Rn. 48; Immenga/Mestmäcker/Körber, Wettbewerbsrecht, Art. 1 FKVO Rn. 35; Picot/Hahn, Unternehmenskauf und Restrukturierung, § 11 Rn. 31.

515 Rosenthal/Thomas, European Merger Control, S. 41 Rn. 73.

516 Schulte/Henschen, Handbuch Fusionskontrolle, S. 290–291 Rn. 1019; Schulte/Just/von Rosenberg, Kartellrecht, Art. 3 FKVO Rn. 63.

Beschaffenheit der Kontrolle unverändert bleibt.[517] Eine Prüfung der Vollfunktionalität ist in diesem Fall unnötig.

Ein Ausnahmefall liegt darin, wenn Minderheitsbeteiligte, die vor der Transaktion kein besonderes Recht zur Einflussnahme auf strategische Geschäftsentscheidungen hatte, nunmehr eine Mitkontrolle angesichts der Erhöhung der Beteiligungsanteile erwirbt. In dieser Konstellation wird ein Neuzugang zur gemeinsamen Kontrolle eröffnet, was die Beschaffenheit der Kontrolle wesentlich verändert. Folglich liegt ein neuer Zusammenschluss vor. Beteiligte Unternehmen sind mit denjenigen des Kontrollwechsels vergleichbar, und zwar der verbleibende und der neue Gesellschafter sowie das Gemeinschaftsunternehmen selbst.[518]

4.1.3.1.2.4 Ergebnis

Nach Art. 3 Abs. 4 FKVO sind hier einige Punkte zu erläutern. Zunächst geht es um die Frage nach der Gründung eines Vollfunktionsgemeinschaftsunternehmens. Ein solches Gemeinschaftsunternehmen wird im klassischen Fall durch zwei Unternehmen neu gegründet. Jedoch kann die Bildung eines Gemeinschaftsunternehmens gem. Art. 3 Abs. 4 FKVO, wie bereits erwähnt, auf verschiedene Art und Weise erfolgen. Damit gemeint ist der Kontrollerwerb eines bereits bestehenden Unternehmens.[519] Zum Beispiel kann ein neuer Gesellschafter die Mitkontrolle über ein anderes Unternehmen erwerben, das bis jetzt allein von einem Unternehmen kontrolliert wurde.[520] Ferner kann die Qualität der Unternehmensverbindung durch den Zutritt vom neuen Partner verändert werden, sodass das Gemeinschaftsunternehmen nunmehr von mindestens drei Mutterunternehmen kontrolliert wird.[521] Schließlich findet Art. 3 Abs. 4 FKVO Anwendung, wenn der Übergang vom Teilfunktionsgemeinschaftsunternehmen auf das Vollfunktionsgemeinschaftsunternehmen stattfindet.

Es ist darüber hinaus zu bemerken, dass eine Prüfung nach Art. 3 Abs. 4 FKVO bei einigen Zusammenschlüssen entbehrlich ist, gleichwohl es sich um Gemeinschaftsunternehmen handelt. Nach Auffassung der Kommission ist die Transaktion nicht als Gründung eines Gemeinschaftsunternehmens zu behandeln, wenn

---

517 Konsolidierte Mitteilung zu Zuständigkeitsfragen, Rn. 90; Kling/Thomas, Kartellrecht, § 8 Rn. 53.

518 Konsolidierte Mitteilung zu Zuständigkeitsfragen, Rn. 143; Immenga/Mestmäcker/Körber, Wettbewerbsrecht, Art. 1 FKVO Rn. 44.

519 Jaeger/Kokott/Pohlmann/Schroeder/Schröer, Frankfurter Kommentar zum Kartellrecht, Art. 3 FKVO Rn. 119 ff.; Karl, Der Zusammenschlussbegriff in der europäischen Fusionskontrollverordnung, S. 233–237; von Brevern, WuW 2012, S. 226 ff.; Mestmäcker/Schweitzer, Europäisches Wettbewerbsrecht, § 25 Rn. 43.

520 Rosenthal/Thomas, European Merger Control, S. 39 Rn. 66; Polley/Grave, WuW 2003, S. 1015 ff.

521 Rosenthal/Thomas, European Merger Control, S. 41 Rn. 71 ff.; von Brevern, WuW 2012, S. 231.

mehrere beteiligte Unternehmen die Kontrolle über ein anderes Unternehmen oder Teile eines anderen Unternehmens von Dritten (bzw. von einem Dritten) gemeinsam erwerben.[522] Die Anwendbarkeit des Art. 3 Abs. 4 FKVO setzt voraus, dass kontrollierende Mutterunternehmen ihre eigenen Vermögenswerte in das Gemeinschaftsunternehmen eingebracht haben. Das Vermögen, das z. B. von Veräußerern eingebracht wurde, zählt nicht zu den eigenen Vermögenswerten der (jetzigen) Mutterunternehmen. Erwerben zwei Unternehmen eine gemeinsame Kontrolle über solch ein Gemeinschaftsunternehmen, das bisher von zurücktretenden Mutterunternehmen kontrolliert war, liegt keine Gründung eines Gemeinschaftsunternehmens nach europäischer Fusionskontrolle vor.[523] Die Prüfung nach Vollfunktionalität im Sinne von Art. 3 Abs. 4 FKVO kommt sodann nicht in Frage, wobei allgemeine Regeln nach Art. 3 Abs. 1 lit. b FKVO anwendbar bleiben.

Es ist daraus zu folgern, dass sich das Gemeinschaftsunternehmen nicht als beteiligtes Unternehmen qualifiziert, solange es erstmals als Vollfunktionsgemeinschaftsunternehmen zustande gekommen ist und das gesamte Vermögen seiner Mutterunternehmen vor und nach dem Zusammenschluss unverändert bleibt; unabhängig davon, ob es vor dem Zusammenschluss längst etabliert wurde.[524] Ist es nicht als beteiligtes Unternehmen einzustufen, wird sein Umsatz bei der Umsatzberechnung zu gleichen Teilen seinen Mutterunternehmen zugerechnet.[525]

4.1.3.2 Gründung eines Gemeinschaftsunternehmens im Rahmen des AMG

4.1.3.2.1 Definition des Gemeinschaftsunternehmens im AMG

In gesellschaftsrechtlicher Hinsicht wird unter dem Begriff „Gemeinschaftsunternehmen“ ein Unternehmen mit ausländischer Beteiligung verstanden. Es handelt sich bei den meisten Gemeinschaftsunternehmen in China um eine juristische Person.[526] In der Praxis wird ein Gemeinschaftsunternehmen zwar von zwei oder mehreren Unternehmen errichtet, aber wird nur von einem Mutterunternehmen kontrolliert. Dies betrifft insbesondere ein solches Gemeinschaftsunternehmen, das in einem Schlüsselbereich tätig ist. Sein chinesisches Mutterunternehmen hält häufig mehr als 50 % der Anteile an dem Gemeinschaftsunternehmen.

---

522 Konsolidierte Mitteilung zu Zuständigkeitsfragen, Rn. 91.

523 Konsolidierte Mitteilung zu Zuständigkeitsfragen, Rn. 91 ff.; von Brevern, WuW 2012, S. 232 ff.

524 Schulte/Henschen, Handbuch Fusionskontrolle, S. 288 ff. Rn. 1010 ff.

525 Schulte/Zeise, Handbuch Fusionskontrolle, S. 306 Rn. 1075.

526 Rechtszentrum des Rechtsverlags, Kommentare des Anti-Monopolgesetzes, S. 11–12; Lorenz/Liu, RIW 2009, S. 35, S. 37; Masseli, Handbuch chinesische Fusionskontrolle, S. 80 ff.; Sprick, ZChinR 2008, S. 127; Jin, Aufgreifkriterien in der Fusionskontrolle, S. 174–175.

Der Begriff „Gemeinschaftsunternehmen“ wurde bislang noch nicht im kartellrechtlichen Bereich präzisiert. In den letzten Jahren wurde häufig diskutiert, ob nur die Gemeinschaftsunternehmen mit ausländischer Beteiligung in den Anwendungsbereich des AMG fallen.[527] Einige Juristen sind der Meinung, dass der Begriff so ausgedehnt werden soll, dass die von mindestens zwei Unternehmen gemeinsam betriebenen Einheiten (auf Englisch: Joint Operation)[528] auch in der Kategorie inkludiert werden. Dieser Rechtsbegriff ist in Art. 51 und 52 des Zivilrechts näher definiert, in denen zwei Arten der Kooperationsformen umschrieben werden. Gem. Art. 51 des Zivilrechts können zwei Gesellschafter ein neues Unternehmen mit Rechtspersönlichkeit gemeinsam errichten, wobei die zu gründende Einheit nach Art. 52 des Zivilrechts in Form eines Partnerschaftsunternehmens erscheinen kann.

Es ist zu beachten, dass ein entscheidender Unterschied der Gemeinschaftsunternehmen (hier CJV und EJV) zu den gemeinsam betriebenen Einheiten nur in der Staatsangehörigkeit der Investoren besteht. Selbstverständlich werden die Gründerunternehmen beim CJV in Form des Partnerschaftsunternehmens noch speziell veranlasst, wesentliche Ressourcen in das CJV einzubringen, während den Partnern im Sinne von Art. 52 des Zivilrechts mehr Gestaltungsfreiheit eingeräumt wird. Dennoch spielt diese Differenz bei kartellrechtlicher Einordnung keine Rolle. Eigentlich müssen alle Gemeinschaftsunternehmen in die fusionskontrollrechtliche Prüfung einbezogen werden, soweit die Zusammenschlusstatbestände vorliegen. Ein merkbarer Vorteil besteht darin, dass alle Gemeinschaftsunternehmen (inklusive de facto Gemeinschaftsunternehmen) ungeachtet ihrer Ressourcenquelle kartellrechtlich gleich behandelt werden können.

Zweitens stimmt eine solche Behandlungsmethode mit dem Motiv des Gesetzgebers überein, da sich das AMG nicht auf bestimmte Rechtsformen beschränkt.[529] Dies wird durch die Auslegung des Art. 12 Abs. 1 AMG näher erläutert. Demnach werden natürliche Personen, juristische Personen und andere Organisationen, die sich mit der Produktion von Waren oder der Erbringung von Dienstleitungen beschäftigen, als Gewerbetreibende oder Geschäftsführer (auf Englisch: Business Operator) definiert.[530] Es ist besonders darauf hinzuweisen, dass „andere

527 Jiang/Huang, Law Science Magazine 2012 Heft 10, S. 144 ff.; Chu, Anti-Monopolregelungen bei Gemeinschaftsunternehmen, S. 3 ff.; Zeng, Studie nach Anti-Monopolregelungen bei Gemeinschaftsunternehmen, S. 6; Liang, Studie nach Wettbewerbsverbot im Rahmen der Gemeinschaftsunternehmen; Yan, Gemeinschaftsunternehmen im Rahmen der europäischen Fusionskontrolle und Aufschluss über ein gleiches Regime in China; He, Kontrolle der Gemeinschaftsunternehmen im Rahmen des Wettbewerbsrechts; Dai, Kontrolle der Gemeinschaftsunternehmen unter AMG.

528 联营.

529 Sun, Anti-Monopolgesetz - Rechtssystem und -theorien, S. 133; Shi/Wang/Wang/Zu, Auslegung und Anwendung des Anti-Monopolgesetzes, S. 44 ff.; Lorenz/Liu, RIW 2009, S. 35, S. 37.

530 Auf internationaler Ebene wird dies unter dem Begriff des Unternehmens verstanden. Siehe in Masseli, Handbuch chinesische Fusionskontrolle, S. 76 ff.

Organisationen" nach chinesischem Gesetz einen festen Rechtsbegriff darstellen. Sie müssen nach Art. 52 Abs. 1 der Justizauslegung des Zivilprozessrechts des Obersten Volksgerichts rechtmäßig gegründet werden und verfügen über eine Organisationsstruktur sowie ein bestimmtes Vermögen. Es ist aber auch hervorzuheben, dass sie keine juristischen Personen sind. Dazu gehören z. B. Partnerschaftsunternehmen und CJV, die eine Gewerbelizenz besitzen. Dem Wortlaut dieser Vorschriften ist zu entnehmen, dass der Gesetzgeber einen weit interpretierten Begriff für „Gewerbetreibende" schaffen will. Jede Form der Institutionen, die am marktwirtschaftlichen Verkehr teilnehmen können, wird vom AMG erfasst, auch wenn sie nur eine beschränkte Rechtsfähigkeit haben. In diesem Sinne wird der Begriff der „anderen Organisationen" in das AMG inkorporiert. Es ist zu folgern, dass eine umfassende Definition der Gemeinschaftsunternehmen (inklusive der gemeinsam betriebenen Einheiten) in Kohärenz mit dem chinesischen Gesetzessystem steht.

Auf praktischer Ebene hat das MOFCOM bereits verschiedene Sachverhalte als Bildung eines Gemeinschaftsunternehmens eingestuft, woran sich nur chinesische Investoren beteiligt haben. Als Beispiel ist zu nennen, dass die Gründung eines neuen Gemeinschaftsunternehmens von der Wanxiang-Gruppe und der SAIC-Gruppe im Jahr 2015 genehmigt wurde, das kein ausländisches Kapital hat und für die Entwicklung und Produktion von Autos mit neuen Energien zuständig ist.[531]

4.1.3.2.2 Klassifikation zwischen Voll- und Teilfunktionsgemeinschaftsunternehmen

4.1.3.2.2.1 Meinungsstand im chinesischen Schrifttum

Es kommt im AMG selbst nicht zum Ausdruck, ob die Bildung eines Gemeinschaftsunternehmens in den Anwendungsbereich fällt.[532] Im Gesetzgebungsprozess waren einer Meinung nach Gemeinschaftsunternehmen nicht unter das AMG zu fassen.[533] Allerdings ist diese Frage durch die Veröffentlichung der Leitansichten über die Anmeldung von Unternehmenszusammenschlüssen geklärt. Danach unterliegt der Zusammenschluss in Form der Neugründung eines Gemeinschaftsunternehmens

531 万向集团公司与上海汽车集团股份有限公司拟新设立合营企业案 von der Liste der freigestellten Zusammenschlüsse ohne Beschränkungen im 3. Quartal 2015; Details in SAIC, Kooperation zwischen SAIC und Wanxiang für die mit neuen Energien betriebenen Autos; Ein weiteres Beispiel von 上海华谊能源化工有限公司 (Huayi Energy Chemical.)、上海宝钢气体有限公司 (Baosteel Gases) 和中盐安徽红四方股份有限公司 (CNSG Anhui Hong Sifang) 新设合营企业案von der Liste der freigestellten Zusammenschlüsse ohne Beschränkungen im 2. Quartal 2016.

532 Wang, Wettbewerbsrecht, S. 337; Masseli, GRUR Int. 2009, S. 365.

533 Lorenz/Liu, RIW 2009, S. 42.

der Fusionskontrolle, insoweit eine gemeinsame Kontrolle vorliegt und das angestrebte Vorhaben über die Schwellenwerte hinausgeht.[534]

Es ist aber weiter zu fragen, ob es außer den vorgenannten Kriterien noch zusätzliche Voraussetzungen für die Anwendbarkeit des AMG gibt. Das Grundproblem besteht darin, dass das chinesische Gesetz außer der Einordnung in CJV und EJV keine weitere Kategorisierung erkennt. Kartellrechtlich ist bei Gemeinschaftsunternehmen kein Unterschied zwischen Voll- und Teilfunktion zu identifizieren. Im Schrifttum ist dies als Hauptmerkmal zur Klassifizierung der Gemeinschaftsunternehmen umstritten.[535]

Der herrschenden Auffassung nach fällt nur die Bildung eines Gemeinschaftsunternehmens, das funktionell mit dem europäischen Vollfunktionsgemeinschaftsunternehmen gleichzustellen ist, in den Anwendungsbereich des AMG.[536] Ein Hauptgrund dafür sei, dass dessen Markteintritt die Marktstruktur maßgeblich verändern und somit wirksamen Wettbewerb verhindern kann. Die andere Rechtsform, die mit dem Teilfunktionsgemeinschaftsunternehmen vergleichbar ist, werde hingegen nicht von der Fusionskontrolle erfasst.[537] Im Grunde genommen sind die Tätigkeiten solcher Gemeinschaftsunternehmen oft auf die Bedürfnisse der Mutterunternehmen zuzuschneiden. Sie haben keinen Marktzugang und hängen wirtschaftlich von den Mutterunternehmen ab. Folgerichtig werde die Marktstruktur nicht unmittelbar durch die Gründung eines solchen

534 PCCPL/Huang/Wu, Report on Competition Law and Policy of China 2014, S. 34; Ren, Analyse der neu veröffentlichten Leitansichten über die Anmeldung von Unternehmenszusammenschlüssen vom MOFCOM.

535 Masseli, Handbuch chinesische Fusionskontrolle, S. 97 ff.; Jiang/Huang, Law Science Magazine 2012 Heft 10, S. 147–148; Cai, Modern Finance & Economics 2010 Heft 1, S. 92–97; PCCPL/Wang/Han, Report on Competition Law and Policy of China 2012, S. 79–80; Jiang/Su, Innovation bei Gemeinschaftsunternehmen im Rahmen des Anti-Monopolgesetzes; Cleary Gottlieb, Chinese Merger Control Developments: GE/Shenhua JV and Alpha V/Savio Conditional Approvals; Ding/Lin, Theorie und Praxis der Zusammenschlusskontrolle, S. 11 ff.; Yuan, Gemeinschaftsunternehmen im europäischen, amerikanischen und chinesischen Kartellrecht, S. 198; Gan, Wettbewerbsverbot in Vereinbarungen der Gemeinschaftsunternehmen.

536 Wang, Law Science Magazine 2008 Heft 1, S. 2; Sun, Journal of East China University of Political Science and Law 2015 Heft 4, S. 21; Wang/Wang, Heiße Fragen über Antimonopolgesetzgebung, S. 100–101; PCCPL/Wu/Liu/Lu/Zhang, Report on Competition Law and Policy of China 2010, S. 350–351; Jiang/Su, Innovation bei Gemeinschaftsunternehmen im Rahmen des Anti-Monopolgesetzes; Gan, Wettbewerbsverbot in Vereinbarungen der Gemeinschaftsunternehmen; Cai, Probleme der Gemeinschaftsunternehmen im Rahmen der europäischen Fusionskontrolle; Yang, Fragen der Gemeinschaftsunternehmen unter AMG; Dai, Kontrolle der Gemeinschaftsunternehmen unter AMG; Cai, Modern Finance & Economics 2010 Heft 1, S. 97; dagegen Yuan, Gemeinschaftsunternehmen im europäischen, amerikanischen und chinesischen Kartellrecht, S. 198–199.

537 Ding/Lin, Theorie und Praxis der Zusammenschlusskontrolle, S. 10–11.

Gemeinschaftsunternehmens verändert. Hierbei handele es sich um die Abstimmung des Marktverhaltens zwischen den Mutterunternehmen. Zu prüfen sei, ob die Mutterunternehmen mithilfe des Gemeinschaftsunternehmens den Wettbewerb auf dem relevanten Markt eliminieren oder ausschließen können. Dies ist an den Prüfungskriterien der Art. 13 ff. AMG (Regelungen zur Überwachung der Monopolvereinbarungen) zu messen.[538]

4.1.3.2.2.2 Wortlautauslegung

Zur Beantwortung der vorgenannten Frage ist zunächst zu klären, ob sich ein ungeschriebenes Pluskriterium aus Art. 20 AMG herleiten lässt. Wenn man Art. 20 AMG mit Art. 3 FKVO vergleicht, kommt man zum Schluss, dass ein Abgrenzungskriterium zwischen Voll- und Teilfunktionsgemeinschaftsunternehmen weder ausdrücklich noch implizit im chinesischen Kartellrecht vorgesehen ist. In Art. 4 der Leitansichten über die Anmeldung von Unternehmenszusammenschlüssen wird lediglich eine gemeinsame Kontrolle betont. Dies gilt jedoch nicht als Abgrenzungsmerkmal, da ein Teilfunktionsgemeinschaftsunternehmen auch von zwei Mutterunternehmen kontrolliert werden kann. Es fehlt in China eine Art. 3 Abs. 4 FKVO entsprechende Rechtsgrundlage, was die Behandlungsmethoden der Gemeinschaftsunternehmen in die Grauzone versetzt.

4.1.3.2.2.3 Behördliche Behandlung

Nach Angaben einiger Autoren habe das MOFCOM eine konkrete Idee über Gemeinschaftsunternehmen in einigen Fassungen der vorläufigen Methode für die Anmeldung von Unternehmenszusammenschlüssen (Entwurf zur Konsultation) ausgedrückt. Derzufolge soll ein Gemeinschaftsunternehmen, das als selbstständige Planungseinheit dauerhaft von mindestens zwei Mutterunternehmen kontrolliert wird, in den Anwendungsbereich der Fusionskontrolle fallen. Den Gründern desjenigen Gemeinschaftsunternehmens, das nur bestimmte Aufgaben zur Unterstützung der Marktaktivitäten der Mutterunternehmen wahrnimmt, werde dagegen keine Anmeldungspflicht auferlegt.[539] Unter diesem Konzept wird grundsätzlich auf die Klassifizierung zwischen Voll- und Teilfunktionsgemeinschaftsunternehmen in der EU abgestellt. Es ist aber darauf hinzuweisen, dass diese Vorschriften weder in der erlassenen Methode zur Anmeldung von Unternehmenszusammenschlüssen noch in der veröffentlichten Version über die vorläufige Methode für die Anmeldung von Unternehmenszusammenschlüssen (Entwurf zur Konsultation) zu finden sind.

---

538 Masseli, Handbuch chinesische Fusionskontrolle, S. 102.

539 Masseli, Handbuch chinesische Fusionskontrolle, S. 99; Guantao, Einführung der Anmeldung und Prüfung der Zusammenschlüsse; Blewett/Bai, A Practical Guide to Chinese Merger Control.

Aus der Praxis des MOFCOM lässt sich feststellen, dass es ein relativ breites Verständnis der Gemeinschaftsunternehmen hat.[540] Die Voll- sowie Teilfunktionsgemeinschaftsunternehmen werden also fusionskontrollrechtlich gleich behandelt. Die Mutterunternehmen wurden z. B. aufgrund der Nichterfüllung der Anmeldungspflicht sanktioniert, obwohl ihr in Hongkong neu gegründetes Gemeinschaftsunternehmen nur als Erwerbsmittel fungiert.[541] Dies lässt darauf schließen, dass auch die Gründung eines Teilfunktionsgemeinschaftsunternehmens der Fusionskontrolle unterliegen kann, soweit die Umsätze die Anmeldungsschwelle erreichen.

4.1.3.2.2.3.1 Fallbeispiel: Maersk/MSC/CMA CGM

Zur Konkretisierung der Debatte wird der Fall Maersk/MSC/CMA CGM eingeführt. Die drei größten Schiffsbetreiber wollten ein P3-Netzwerk (Reeder-Allianz) zum Absenken der Kosten der Frachtraten aufbauen. Im Vergleich zu anderen Fällen hat sich das MOFCOM diesmal in seiner Entscheidung nicht dazu geäußert, ob es sich um die Bildung eines Gemeinschaftsunternehmens handelte. Sicherlich sah das MOFCOM in diesem Zusammenschluss ein intensiv enges Zusammenwirken (mehr als vertragliche Zusammenarbeit) zwischen den betroffenen Parteien. Anders als traditionelle Allianzen von Schiffsbetreibern, die in Form der Schiffsaustausch- und Slotchartervereinbarungen oder gemeinsamer Nutzungsvereinbarungen erscheinen, hatte beteiligte Parteien vorgehabt, ein Netzwerkzentrum (P3), das als Personalgesellschaft mit beschränkter Haftung (die LLP, Limited Liability Partnership) in England und Wales auftreten wurde[542] und das für den täglichen Geschäftsbetrieb zuständig sein sollte, zu errichten. Das Hauptziel lag in der Kostenreduktion durch die Nutzung der Schiffe und Hafenkapazitäten des jeweils anderen Partners. Sie hatten weiterhin vereinbart, dass alle Aufwendungen (z. B. Charterkosten, Hafengebühren usw.) gemeinsam kalkuliert und unter allen

---

540 Bai/Liu/Feng/Gong, Auslegung der Vorläufigen Methode für die Untersuchung und Behandlung von den nicht nach dem Recht angemeldeten Unternehmenszusammenschlüssen durch ein Fallbeispiel.

541 Bai/Liu/Feng/Gong, Auslegung der Vorläufigen Methode für die Untersuchung und Behandlung von den nicht nach dem Recht angemeldeten Unternehmenszusammenschlüssen durch ein Fallbeispiel.

542 Die LLP hat einen hybriden Charakter zwischen Personengesellschaft und Kapitalgesellschaft. Auf einer Seite haben die Mitglieder eine Haftungsbeschränkung wie die in einer Kapitalgesellschaft. Gem. Sec. 1 Art. 2 des Limited Liability Partnerships Act 2000 verfügt die LLP noch über ihre eigene Rechtspersönlichkeit (body corporate/legal personality). Sie haftet in der Regel mit ihrem vollen Gesellschaftsvermögen für vertragliche Verbindlichkeiten. Auf der anderen Seite wird die LLP steuerlich wie die Personengesellschaft behandelt. Details in Fett/Spiering/Fett/Spiering, Handbuch Joint Venture, § 7 Rn. 191; Fischer, Die Partnerschaftsgesellschaft mit beschränkter Berufshaftung, S. 188 ff.

Beteiligten aufgeteilt wurden, was einen großen Unterschied zur traditionellen Kooperationsform darstellte. In der letztgenannten Form bestritt jedes Mitglied nur die Kosten für seinen eigenen Schiffsraum. Diese Merkmale hat das MOFCOM anerkannt und in seiner Entscheidung erwähnt; infolgedessen fällt dieser Sachverhalt nicht in den Geltungsbereich des Verbots wettbewerbsbeschränkender Vereinbarungen, sondern in den der Fusionskontrolle. Allerdings wurde dieser Fall nicht als Zusammenschluss im Sinne der Gründung eines Gemeinschaftsunternehmens, sondern als Bildung einer gemeinsam betriebenen Einheit bezeichnet. Der Hintergrund bleibt unklar.

Eigentlich kann dieser Zusammenschluss als Errichtung eines Gemeinschaftsunternehmens eingestuft werden.[543] Nach der Gründungsvereinbarung wurde jeder Reederei ein Vetorecht zur Blockierung der strategischen Entscheidungen des Netzwerkes eingeräumt, wodurch eine gemeinsame Kontrolle zugrunde gelegt wurde.[544] Das bedeutet, das P3-Netzwerk wurde vor allem als Gemeinschaftsunternehmen eingestuft. In einer Gesamtschau diente das P3-Netzwerk als Verkaufsagentur, die für den Verkauf der von seinen Mutterunternehmen angebotenen Standardcontainer in Schiffsfahrzeugen zuständig sein sollte. In diesem Sinne konnte es ein Teilfunktionsgemeinschaftsunternehmen sein. Nach Ansicht der Europäischen Kommission kann ein Handelsunternehmen trotzdem die Vollfunktionen haben, soweit es die Produkte von Dritten (z. B. Wettbewerbern der Mutterunternehmen) frei beziehen kann und nicht nur als Handelsvertreter für seine Mutterunternehmen agiert.[545] Dies ist in diesem Sachverhalt nicht zu bestätigen, vielmehr konnte das Gemeinschaftsunternehmen gem. Art. 5.2 (e) der P3 Network Vessel Sharing Agreement hauptsächlich nur die operative Arbeit zur Steuerung der Container-Kapazitäten zwischen den Mutterunternehmen durchführen. Hinzu kommt, dass es gem. Art. 5.3 (c) der P3 Network Vessel Sharing Agreement lediglich befugt war, unbenutzte Container im Namen des Anbieters (seines Mutterunternehmens) an einen Dritten weiterzuverkaufen. Eine unbeschränkte Handlungsfreiheit mit Dritten wurde hingegen nicht vorgesehen. In diesem Sinne konnte das P3-Netzwerk keine wesentlichen Funktionen wahrnehmen, die üblicherweise von selbstständigen Vertriebsunternehmen durchgeführt werden. Es diente nur zur Unterstützung der Tätigkeiten seiner Mutterunternehmen und entfiel somit die Selbstständigkeit. Hierbei handelte es sich um ein Teilfunktionsgemeinschaftsunternehmen.

---

543 Jin, Aufgreifkriterien in der Fusionskontrolle, S. 181; Säcker, WuW 2014, S. 1031; Barlow/Wu, MOFCOM's Block of the P3 Network Shipping Alliance; Burke/Cohen/Golden/Harty/Hockett/Leibowitz/So/Sohn/Zhang, MOFCOM Blocks "P3" Shipping Joint Venture.

544 Art. 6.2 (b) der P3 Network Vessel Sharing Agreement.

545 Konsolidierte Mitteilung zu Zuständigkeitsfragen, Rn. 102; Bechtold/Bosch/Brinker, EU-Kartellrecht, Art. 3 FKVO Rn. 29; Wiedemann/Wiedemann, Handbuch des Kartellrechts 2016, § 15 Rn. 62; auch in EU Case No. IV/M.788 AgrEvo/Marubeni, Rn. 9–10.

Die Interpretation konnte auch durch die Behandlungsmethode der Europäischen Kommission mittelbar bestätigt werden. Am 3. Juni 2014 hat die Kommission beteiligte Parteien informiert, dass momentan kein Ermittlungsprozess gegen die Kooperation eingeleitet wurde.[546] Wenn es sich um einen Zusammenschluss gehandelt hätte, hätten die beteiligten Unternehmen einer Anmeldungspflicht nachkommen müssen. Dies liegt daran, dass die Fusionskontrolle als präventives Mittel zur Überwachung der potenziellen Wettbewerbswirkungen verstanden wird.[547] Im Gegensatz dazu hat das Kartellverbot eine nachträgliche Behebung der Wettbewerbsbeschränkungen zum Inhalt. Die Schlussfolgerung daraus ist, dass die Europäische Kommission das P3-Netzwerk als eine unternehmerische Kooperation in Form eines Teilfunktionsgemeinschaftsunternehmens behandelt hat.[548] Dies stimmt mit der Erklärung von der FMC (Federal Maritime Commission) in den USA überein, worin das Netzwerk als kooperative Vereinbarung (auf Englisch: Collaboration) bezeichnet wurde und zugleich das Bedenken über den Verstoß gegen Art. 101 AEUV seitens der Europäischen Kommission protokolliert wurde.[549]

4.1.3.2.2.3.2 Zwischenergebnis

Der oben dargestellte Sachverhalt zeigt, dass Teilfunktionsgemeinschaftsunternehmen nach chinesischer Praxis im Fusionskontrollverfahren geprüft werden können. Es ist in dem Fall Corun/Toyota/PEVE/Xinzhongyuan/Toyota Tsusho auch zu bemerken, dass ein Teilfunktionsgemeinschaftsunternehmen gebildet worden ist, dem eine ausschließliche Lieferpflicht zum Mutterunternehmen auferlegt wird.[550] Merkwürdig ist, dass das MOFCOM den letztgenannten Sachverhalt als Bildung eines Gemeinschaftsunternehmens eingestuft hat. Es bleibt momentan unklar, nach welchen Kriterien ein Zusammenschluss als besonderer Fall, und zwar die Neugründung eines Gemeinschaftsunternehmens, zu bewerten ist. Nichtsdestotrotz werden alle Gemeinschaftsunternehmen (auch de facto) in der Praxis an den Prüfungsmaßstäben gem. Art. 20 ff. AMG gemessen. Die Eröffnung der fusionskontrollrechtlichen Prüfung bedarf keiner Bildung eines Vollfunktionsgemeinschaftsunternehmens.[551]

---

546 Burke/Cohen/Golden/Harty/Hockett/Leibowitz/So/Sohn/Zhang, MOFCOM Blocks “P3” Shipping Joint Venture.

547 Rittner/Dreher/Kulka, Wettbewerbs- und Kartellrecht, § 14 Rn. 1368; Brinker/Scheuing/Stockmann/Karl, Recht und Wettbewerb, S. 211 ff.

548 Hinweise auch von der FMC, Commissioner William P. Doyle Votes on P3 Network Vessel Sharing Agreement.

549 FMC, P3 Agreement Clears FMC Regulatory Review; FMC, Commissioner William P. Doyle Votes on P3 Network Vessel Sharing Agreement.

550 Details in 5.1.5.

551 Yuan, Gemeinschaftsunternehmen im europäischen, amerikanischen und chinesischen Kartellrecht, S. 198–199.

4.1.3.2.2.4 Rechtspolitische Überlegung

Es ist zu bemerken, dass das MOFCOM ausschließlich für die Zusammenschlusskontrolle zuständig ist, wobei die NDRC und SAIC mit der Prüfung der wettbewerbsbeschränkenden Vereinbarungen betraut sind.[552] Dieser Zuständigkeitskonflikt wird durch mangelnde Regeln über Gemeinschaftsunternehmen weiter verschärft. Im Vergleich zu anderen zwei Behörden wird das MOFCOM besonders aktiv in die kartellrechtliche Arbeit einbezogen. Durch die Aufnahme der Teilfunktionsgemeinschaftsunternehmen werden die Tätigkeiten des MOFCOM wieder erweitert. Dies könnte in gewissem Maße erklären, warum die Begründung in der Entscheidung Maersk/MSC/CMA CGM vage bleibt.

4.1.3.2.2.5 Bewertung

4.1.3.2.2.5.1 Strittige Punkte im europäischen Regime

Nach europäischer Fusionskontrolle werden Gemeinschaftsunternehmen in zwei Kategorien (Voll- und Teilfunktionsgemeinschaftsunternehmen) eingeteilt. Dieses Begriffspaar wurde entwickelt, um verschiedene Marktfunktionen der Gemeinschaftsunternehmen zu erkennen und somit eine angemessene Behandlungsmethode zu finden. Die Bildung derjenigen Gemeinschaftsunternehmen, die lediglich die Hilfsfunktionen für die Mutterunternehmen wahrnehmen und keinen Zugang zum Markt haben, wird nicht von der Fusionskontrolle, sondern vom Kartellverbot erfasst. Eine solche Kategorisierung stellt aber eine Besonderheit im europäischen Fusionskontrollrecht dar, während der deutsche Gesetzgeber die Gründung eines Teilfunktionsgemeinschaftsunternehmens auch als kontrollfähigen Zusammenschluss annimmt, vorausgesetzt, dass die Tatbestände gem. § 37 Abs. 1 GWB erfüllt werden.[553]

Ein Konflikt besteht darin, dass unter bestimmten Voraussetzungen die Teilfunktionsgemeinschaftsunternehmen als normale Zusammenschlüsse gem. Art. 3 Abs. 1 lit. b FKVO geprüft werden.[554] Dies ist auf Rn. 91 der konsolidierten Mitteilung zu Zuständigkeitsfragen zurückzuführen. Derzufolge ist die Prüfung nach Art. 3 Abs. 4 FKVO nicht notwendig, wenn zwei oder mehr Erwerber ein Gemeinschaftsunternehmen von Dritten gemeinsam erwerben.[555] Nach Auffassung der Europäischen Kommission wird ein Gemeinschaftsunternehmen im Sinne von Art. 3 Abs. 4 FKVO nur dann gegründet, wenn kontrollierende Gesellschafter ihre

552 Details in 3.3.

553 Kling/Thomas, Kartellrecht, § 8 Rn. 59, § 22 Rn. 34; Göthel/Hartmann-Rüppel, Grenzüberschreitende M&A-Transaktionen, § 41 Rn. 11; Fett/Spiering/K.Westermann/Bergmann, Handbuch Joint Venture, § 5 Rn. 111.

554 Mäger/Mäger, Europäisches Kartellrecht, § 9 Rn. 74; Wiedemann/Wiedemann, Handbuch des Kartellrechts 2016, § 15 Rn. 60a.

555 Kling/Thomas, Kartellrecht, § 8 Rn. 60.

eigenen Vermögenswerte in ihn einbringen. Erwerben die Mutterunternehmen die gemeinsame Kontrolle über ein anderes Unternehmen bzw. seine Vermögenswerte von Dritten, kommt es bei der Prüfung des Gemeinschaftsunternehmens nicht auf die Vollfunktionsfähigkeit an.[556]

Die Hauptursache für die sich widersprechenden Ansätze liegt darin, dass die Europäische Kommission keine Unterscheidung zwischen Gemeinschaftsunternehmen und deren Gründung in der Verordnung dargestellt hat.[557] Die Konsequenz daraus ist, dass das Verhältnis zwischen Abs. 1 lit. b und 4 des Art. 3 FKVO unklar bleibt. Gem. Rn. 62 und 63 der konsolidierten Mitteilung zu Zuständigkeitsfragen wird ein Gemeinschaftsunternehmen als von zwei oder mehr Gesellschaftern gemeinsam kontrolliertes Unternehmen definiert. Die Mutterunternehmen müssen in der Lage sein, einen bestimmenden Einfluss auf das Gemeinschaftsunternehmen auszuüben. Nach dem Wortlaut kommt ein Gemeinschaftsunternehmen mit den vorliegenden Voraussetzungen unabhängig davon zustande, ob die (jetzigen) Mutterunternehmen die Kontrolle über das Gemeinschaftsunternehmen von Dritten (also damaligen Mutterunternehmen) oder von noch verbleibenden Mitgesellschaftern erwerben. Diese Formulierung steht selbstverständlich nicht in Konformität mit dem Begriff „Gründung eines Gemeinschaftsunternehmens“ in Art. 3 Abs. 4 FKVO.[558]

Es ist im Hinblick auf den Konflikt zwischen den zwei Absätzen nur anzunehmen, dass der Begriff in Art. 3 Abs. 4 FKVO keinen Kontrollwechsel enthält, der in Rn. 91 der konsolidierten Mitteilung zu Zuständigkeitsfragen beschrieben wird. In letztgenannten Fällen handelt es sich nicht um die Gründung, sondern um die Übertragung eines Gemeinschaftsunternehmens auf einen neuen Gesellschafterkreis.[559] Ein solcher Erwerbsvorgang, in dem z. B. die Gesellschafter die Kontrolle über ein Teilfunktionsgemeinschaftsunternehmen von Dritten gemeinsam erlangen, wird gem. Art. 3 Abs. 1 lit. b FKVO geprüft. Nach dieser Interpretation kann die Fusionskontrolle auch auf Teilfunktionsgemeinschaftsunternehmen Anwendung finden.[560]

4.1.3.2.2.5.2 Geeignete Behandlungsmethode in China

Es ist in Anbetracht der unerklärbaren oder der sogar widersprüchlichen Punkte in der EU fraglich, ob eine solche Klassifizierung in China von großer Bedeutung ist.

Vor allem ist der Grad an Selbstständigkeit im Hinblick auf die große Vielfalt von Erscheinungsformen der Gemeinschaftsunternehmen schwer zu bestimmen. Eine feste Regel ist in der EU nicht festzulegen, was dazu führt,

556 von Brevern, WuW 2012, S. 233.
557 von Brevern, WuW 2012, S. 233.
558 von Brevern, WuW 2012, S. 233.
559 Kling/Thomas, Kartellrecht, § 8 Rn. 60.
560 Siehe in 4.1.3.1.2.

dass einige Differenzierungsmerkmale bei der Prüfung des Einzelfalls schwer zu handhaben sind. Es ist z. B. fraglich, wie man die Selbstständigkeit eines Gemeinschaftsunternehmens bestimmen kann, wenn es dauerhaft Vorprodukte an die Mutterunternehmen liefert. Nach der Praxis der Europäischen Kommission wird die Selbstständigkeit grundsätzlich angenommen, wenn das Gemeinschaftsunternehmen mehr als die Hälfte des Umsatzes mit Dritten erzielt.[561] Unterhalb dieser Schwelle werden mehr Faktoren berücksichtigt. Hierbei wird eine Gesamtbetrachtung des Verhältnisses zwischen Mutter- und Gemeinschaftsunternehmen verlangt, und zwar dahingehend, ob die Lieferbeziehung nach marktüblichen Verkaufskonditionen ausgestaltet wird.[562] Merklich ist aber, dass diese groben Ansatzpunkte, wie „Gesamtschau“ oder „marktübliche Kondition“, verschiedene Auslegungen in der Praxis zulassen können. Es besteht zugleich die Gefahr, dass der Kommission ein großer Ermessensspielraum zusteht. Letztendlich ist es aufgrund der komplexen Wirtschaftsaktivitäten schwer sicherzustellen, dass die kartellrechtliche Würdigung basierend auf allen Umständen vorzunehmen ist.

Zweitens ist fragwürdig, ob ein Teilfunktionsgemeinschaftsunternehmen strukturelle Auswirkungen auf die Märkte haben könnte. Eigentlich kann man eine solche Möglichkeit nicht ausschließen.[563] Die Europäische Kommission vertritt ebenfalls die Ansicht, dass die Fusionskontrolle unter Umständen andere Arten des Erwerbs der gemeinsamen Kontrolle nach Art. 3 Abs. 1 FKVO erfasst. Dies geht aus Rn. 91 S. 3 der konsolidierten Mitteilung zu Zuständigkeitsfragen hervor. Die Kommission hat weiter dargestellt, dass ein solcher Erwerb der gemeinsamen Kontrolle die Marktstruktur verändern kann, selbst wenn das übernommene Unternehmen nach dem Vorgang nicht mehr als Vollfunktionsgemeinschaftsunternehmen (z. B. wegen ausschließlicher Lieferung an seine Mutterunternehmen) anzusehen wäre. Hieraus wird der Schluss gezogen, dass ein Kontrollwechsel in einem Teilfunktionsgemeinschaftsunternehmen als Zusammenschluss anzusehen ist, was sonst nur Art. 101 AEUV unterfällt. Nach fusionskontrollrechtlichen Grundprinzipien der EU lässt sich momentan nicht erklären, warum beim Teilfunktionsgemeinschaftsunternehmen die Änderung der Kontrollart von der Fusionskontrolle erfasst wird, wohingegen die fusionskontrollrechtliche Anwendbarkeit auf dessen Bildung ausgeschlossen wird. Ausgehend von dem europäischen Grundsatz ist der letztgenannte Fall an den Prüfungsmaßstäben des Art. 101 AEUV zu messen. Eine Konsequenz dessen ist, dass der Anwendungsbereich der Fusionskontrolle in systematischer Hinsicht auseinanderfällt. Man könnte diese widersprüchlichen Behandlungsmethoden dadurch vermeiden, dass alle Typen der Gemeinschaftsunternehmen der Fusionskontrolle

561 Konsolidierte Mitteilung zu Zuständigkeitsfragen, Rn. 98.

562 Konsolidierte Mitteilung zu Zuständigkeitsfragen, Rn. 98.

563 von Brevern, WuW 2012, S. 234; Wiedemann/Wiedemann, Handbuch des Kartellrechts 2016, § 15 Rn. 60a.

unterliegen, soweit die Tatbestände der Zusammenschlüsse erfüllt werden. Hinzu kommt, dass es den Unternehmen eine Selbsteinschätzung verlangt wird,[564] um zu prüfen, ob ihr Verhalten gegen das Kartellverbot verstößt. Dies könnte aber in gewissem Maße missbraucht werden. Die Gleichbehandlung aller Gemeinschaftsunternehmen kann den Gründern diese Möglichkeit ausschließen, ihr Vorhaben in bestimmter Weise zu gestalten, um einer fusionskontrollrechtlichen Prüfung zu entgehen.[565]

Hinzu kommt, dass die Differenzierung zwischen Voll- und Teilfunktionsgemeinschaftsunternehmen in China eine enge behördliche Zusammenarbeit voraussetzt. Wie bereits erörtert, ist das MOFCOM ausschließlich mit der Zusammenschlusskontrolle betraut. Es ist kaum vorstellbar, dass das MOFCOM nach fusionskontrollrechtlicher Prüfung den Sachverhalt aufgrund der Teilfunktionsfähigkeit des Gemeinschaftsunternehmens noch an eine andere Kartellbehörde weiterleiten muss. Dies würde auf einer Seite das Problem der Zuständigkeitsstreitigkeit verschlimmern; auf der anderen Seite bedeutet dies für die betroffenen Parteien einen großen Zeitaufwand, da sie zweimal die Unterlagen vorlegen und am Prüfungsverfahren teilnehmen müssten.

Es ist noch zu bemerken, dass eine andere Behörde nicht zwingend einen neuen Ermittlungsprozess einleiten muss, da die Untersuchung im Bereich des Kartellverbots als nachträgliche Gegenmaßnahme zum Wettbewerbsschutz gilt. Es könnte sein, dass die Behörde die Zusammenarbeit zwischen den Gründerunternehmen zuerst duldet, bis wettbewerbliche Beschränkungen tatsächlich vorliegen. Eine solche Kontrolllücke birgt selbstverständlich große Gefahren in sich. Zum einen findet die Maßnahme gegen das bedenkliche Verhalten der Mutterunternehmen zu spät statt. Zum anderen sind solche versteckten Kartelle durch Gemeinschaftsunternehmen schwer zu entdecken. Abgesehen davon muss die Kartellbehörde vom Amts wegen ermitteln, ob eine solche Zusammenarbeit wahrscheinlich zur Wettbewerbsverhinderung oder -eliminierung führt. Im Fusionskontrollverfahren hingegen verpflichten sich die Beteiligten, sich vor dem Vollzug anzumelden und die Kartellbehörde zu überzeugen, dass sich das Zusammenschlussvorhaben nicht nachteilig auf den Wettbewerb auswirkt. In diesem Punkt entspricht die Aufnahme aller Gemeinschaftsunternehmen in die Fusionskontrolle dem Effizienzprinzip. Man kommt schließlich zu dem Schluss, dass die Differenzierung zwischen Voll- sowie Teilfunktionsgemeinschaftsunternehmen in China eine untergeordnete Bedeutung hat.

---

564 Schulte/Pohl, Joint-Venture-Gesellschaften, Rn. 508; Wagner, Das Wettbewerbsverbot im Verbands- und Kartellrecht, S. 172; Brinker/Scheuing/Stockmann/Karl, Recht und Wettbewerb, S. 212.

565 Yuan, Gemeinschaftsunternehmen im europäischen, amerikanischen und chinesischen Kartellrecht, S. 183.

4.1.3.2.3 Interpretation der (Neu-)Gründung eines Gemeinschaftsunternehmens

Nach der Verordnung des MOFCOM wird der fusionskontrollrechtliche Anwendungsbereich für die Neugründung eines Gemeinschaftsunternehmens durch die Betonung der gemeinsamen Kontrolle begrenzt. Das bedeutet, dass die neu zu gründenden Gemeinschaftsunternehmen der Fusionskontrolle unterfallen können, wenn sie von mindestens zwei Unternehmen kontrolliert werden. Es ist darauf hinzuweisen, dass sich die „Gründung" hier ausschließlich auf eine neue Errichtung eines Gemeinschaftsunternehmens erstreckt.[566] Nach dem Wortlaut der Verordnung ergibt sich, dass man unter dem Begriff „Neugründung", der aus dem Gesellschaftsgesetz hervorgeht, die organische Entstehung einer neuen Einheit versteht. Handelt es sich bei Gemeinschaftsunternehmen nicht um die Neugründungen, ist weiterhin unklar, ob sonstige Vorgänge bezüglich der Gemeinschaftsunternehmen als normale Zusammenschlüsse bewertet werden. Im Vergleich zur europäischen Fusionskontrolle könnte der chinesische Verordnungsgeber einen ganz anderen Weg gehen.

4.1.3.2.3.1 Zusammenfassung der Fälle in der EU

In der EU spielt die Unternehmensbildung nach dem Gesellschaftsgesetz bei der kartellrechtlichen Beurteilung keine Rolle.[567] Dies wird durch verschiedene Fallbeispiele verdeutlichtet. Ein Gemeinschaftsunternehmen wird kartellrechtlich nicht gegründet, soweit die Erwerber die von Dritten in das Gemeinschaftsunternehmen eingebrachten Vermögenswerte erlangen können. Dies betrifft insbesondere die Fallkonstellation, in der die Veräußerer durch den Verkauf ihre Kontrolle über das Gemeinschaftsunternehmen völlig verlieren, wobei die Erwerber durch den Aufkauf die gemeinsame Kontrolle erlangen. Ein solcher Vorgang wird allein nach Art. 3 Abs. 1 lit. b FKVO untersucht.

Dahingegen stellt die Fallgruppe, wie z. B. der Übergang von alleiniger Kontrolle zu gemeinsamer Kontrolle, die Bildung eines Gemeinschaftsunternehmens dar. Hier ist das Zielunternehmen (jetzt Gemeinschaftsunternehmen) vor dem Zusammenschluss gesellschaftsrechtlich bereits gegründet worden und tritt nach dem Zusammenschluss zum ersten Mal in Form eines Gemeinschaftsunternehmens auf. Auch wenn ein Unternehmen vor dem Zusammenschluss längst als Gemeinschaftsunternehmen fungiert, kann es sich dennoch um die Errichtung eines Gemeinschaftsunternehmens handeln, soweit die Voraussetzungen aus Rn. 91 der konsolidierten Mitteilung zu Zuständigkeitsfragen nicht erfüllt werden. Ein Beispiel hierfür ist die Erweiterung des Kreises der mitkontrollierenden Unternehmen. Es ist zu festzustellen, dass die Bildung eines Gemeinschaftsunternehmens im europäischen Fusionskontrollrecht eine besondere Bedeutung hat.

566 Jin, Aufgreifkriterien in der Fusionskontrolle, S. 56.
567 Göthel/Wurmnest, Grenzüberschreitende M&A-Transaktionen, § 41 Rn. 8.

Das Gesellschaftsgesetz hingegen spielt bei der Untersuchung eine untergeordnete Rolle.

4.1.3.2.3.2 Fallgruppen der Bildung eines Gemeinschaftsunternehmens im AMG

Wie bereits erwähnt, kommt es im AMG oder seinen Verordnungen nicht zum Ausdruck, was unter der Gründung eines Gemeinschaftsunternehmens zu verstehen ist. In der Verordnung ist nur der Begriff der Neugründung aufgeführt. Dies erhöht die Gefahren, Begriffe in verschiedenen Gesetzen zu verwechseln. Hier erfolgt eine systematische Analyse auf Basis der verstreuten Regelungen.

4.1.3.2.3.2.1 Grundfall: Bildung eines neuen Gemeinschaftsunternehmens

Ein klassischer Fall ist die Neugründung eines Gemeinschaftsunternehmens, auf das die voneinander unabhängigen Mutterunternehmen materielle bzw. immaterielle Vermögenswerte übertragen. Hierbei wird das Gemeinschaftsunternehmen in gesellschaftsrechtlicher Hinsicht neu gegründet. Die Anwendbarkeit der Fusionskontrolle setzt gem. Art. 4 der Leitansichten über die Anmeldung von Unternehmenszusammenschlüssen eine gemeinsame Kontrolle voraus. Anschließend ist festzustellen, wer sich am Zusammenschluss beteiligt. In der Regel werden die Mutterunternehmen als beteiligte Parteien angesehen, da sie die gemeinsame Kontrolle erwerben,[568] wobei das Gemeinschaftsunternehmen nicht zum beteiligten Unternehmen gehört.[569] Der Grund dafür ist, dass es bis zur Anmeldungsphase noch nicht gegründet wurde. Dies entspricht den europäischen Regelungen.[570]

4.1.3.2.3.2.2 Übergang von alleiniger Beteiligung auf gemeinsame Beteiligung an einem bestehenden Unternehmen

Ist ein neuer Gesellschafter an einem bisher allein kontrollierten Unternehmen beteiligt, wird ein Gemeinschaftsunternehmen gesellschaftsrechtlich gerade gegründet, vorausgesetzt, dass sich das ursprünglich kontrollierende Mutterunternehmen nach dem Erwerbsvorgang nicht aus dem Kontrollkreis zurückzieht.[571]

568 Wu/Liu, Unternehmenszusammenschlüsse im Rahmen des Wettbewerbsrechts, S. 353; Wang, Lehrbuch zum Antimonopolgesetz von Xiaoye Wang, S. 304.

569 Shang/Kong/Ye, Journal of Law Application 2012 Heft 4, S. 43; Liu/Hu, Analyse der Neubildung der Gemeinschaftsunternehmen zur Anmeldung der Zusammenschlüsse; Sun, Anti-Monopolprüfung und Praxis.

570 Sun, Anti-Monopolprüfung und Praxis; Liu/Hu, Analyse der Neubildung der Gemeinschaftsunternehmen zur Anmeldung der Zusammenschlüsse.

571 Art. 2 der Bestimmungen zum Anteilserwerb an inländischen Unternehmen durch ausländische Unternehmen.

Nach der Faustregel ist hier eine gemeinsame Kontrolle für die Anwendbarkeit des AMG notwendig. Das bedeutet, dass der neue Gesellschafter einen bestimmenden Einfluss auf das Zielunternehmen ausüben können muss.[572] Dies wird sinngemäß mit dem klassischen Fall gleichgestellt, da das Gemeinschaftsunternehmen gesellschaftsrechtlich zum ersten Mal gegründet wird. Der verbleibende Gesellschafter sowie der neu eintretende Partner werden als beteiligte Parteien angesehen.[573] Das Gemeinschaftsunternehmen hingegen wird nicht als Zusammenschlussbeteiligter behandelt. Dies stimmt weiterhin mit den Regelungen der EU überein, wenn eine Umwandlung von alleiniger Kontrolle auf gemeinsame Kontrolle stattfindet.

4.1.3.2.3.2.3 Änderung der Beteiligung an einem Gemeinschaftsunternehmen

Es lässt sich momentan auf gesetzlicher Ebene nicht klären, ob die Veränderung des Beteiligungsverhältnisses durch den Rücktritt oder Hinzutritt einer/der kontrollierenden Partei(en) als normaler Zusammenschluss im Sinne des Art. 20 AMG behandelt wird. Zu untersuchen ist noch, ob eine gemeinsame Kontrolle im Zuge des Gesellschafterwechsels tatsächlich zustande gekommen ist, wenn das Gemeinschaftsunternehmen nach dem Gesellschaftsgesetz längst gegründet ist.

4.1.3.2.3.2.3.1 Verengung des Kontrollkreises

Als Hilfsmittel kommen die einstweiligen Regelungen zur Festsetzung der Kriterien für einfache Fälle in Betracht. Gem. Art. 2 Abs. 6 der einstweiligen Regelungen wird die Reduzierung der kontrollierenden Gesellschafter im vereinfachten Prozess geprüft. Diese Vorschrift wird so ausgelegt, dass solch eine Konstellation einerseits einen neuen Zusammenschluss darstellt und andererseits als einfacher Fall zu behandeln ist. Mit der Reduzierung der Gesellschafter sind zwei Varianten gemeint: Zunächst handelt es sich um einen einfachen Rückgang der Anzahl der

---

572 Art. 2 der Bestimmungen zum Anteilserwerb an inländischen Unternehmen durch ausländische Unternehmen i. V. m. Art. 71 des Gesellschaftsgesetzes.

573 In dieser Fallkonstellation sind die Meinungen in China uneinig. Einer Ansicht nach müsse neben den Mutterunternehmen das Gemeinschaftsunternehmen auch als beteiligtes Unternehmen einbezogen werden. Angesichts einer anderen Auffassung solle hingegen das verbleibende Mutterunternehmen nicht als beteiligtes Unternehmen bewertet werden. Für die erste Interpretation besteht eine Gefahr der Doppelzählung der Umsätze. Nach der zweiten Interpretation lässt sich nicht erklären, warum das Gemeinschaftsunternehmen sowie sein(e) Mutterunternehmen nicht zugleich als beteiligte Unternehmen angesehen werden können. In der Begründung wurde auf die europäische Praxis hingewiesen, jedoch wie bereits dargestellt, gibt es in der EU solche Fallkonstellationen (z. B. Hinzutritt eines neuen Gesellschafters), in denen das Gemeinschaftsunternehmen und sein(e) Mutterunternehmen zugleich als beteiligte Parteien bewertet werden. Dazu siehe in Shang/Kong/Ye, Journal of Law Application 2012 Heft 4, S. 41; Sun, Anti-Monopolprüfung und Praxis.

kontrollierenden Gesellschafter ohne Veränderung der Kontrollart.[574] Beispielsweise wird ein Gemeinschaftsunternehmen aufgrund des Austritts eines Gesellschafters nunmehr von zwei verbleibenden Mutterunternehmen kontrolliert.[575] Zweitens werden solche Fälle davon erfasst, in denen beim Gemeinschaftsunternehmen ein Wechsel von gemeinsamer Kontrolle auf alleinige Kontrolle stattfindet.[576]

Dem Wortlaut der einstweiligen Regelungen ist zu entnehmen, dass im ersten genannten Fall eine gemeinsame Kontrolle unberührt bleibt, da vor und nach der Transaktion das Gemeinschaftsunternehmen mindestens von zwei Unternehmen kontrolliert wird. Das betroffene Gemeinschaftsunternehmen ist nach dem Gesellschaftsgesetz nicht neu gegründet worden. Das zeigt aber, dass außer der neuen Gründung eines Gemeinschaftsunternehmens weitere Fallkonstellationen den Anwendungsbereich der Fusionskontrolle eröffnen können. Es ist auch besonders zu bemerken, dass die Verengung des Gesellschafterkreises ohne Veränderung der Kontrollart einen neuen Zusammenschluss darstellt, was von der europäischen Regelung abweicht. In der EU untersteht ein solches Vorhaben keiner Fusionskontrolle. Der Grund dafür ist, dass solch einfacher Rückgang der kontrollierenden Parteien die Kontrollart nicht beeinflusst. Dies wird aber in China als erhöhte Intensität der Kontrolle angesehen, was potenzielle Auswirkungen auf die Marktstruktur auslösen kann.

Übereinstimmend mit der europäischen Behandlungsmethode wird in China der Wechsel von gemeinsamer auf alleinige Kontrolle als neuer Zusammenschluss bewertet.[577] Die Beteiligten sind das die Kontrolle erwerbende Mutterunternehmen sowie das Gemeinschaftsunternehmen.[578] Der aus dem Kontrollkreis ausscheidende Gesellschafter zählt hingegen nicht zu den beteiligten Parteien, weil ihm die Kontrolle über das Gemeinschaftsunternehmen nach der Transaktion nicht mehr zusteht.

4.1.3.2.3.2.3.2 Hinzutritt eines neuen Gesellschafters

Unklar ist, ob die Erweiterung des Kontrollkreises eine gemeinsame Kontrolle erfordert. Hier werden zwei Fallgruppen erläutert.

574 Ning/Yin/Zheng, Ein Meilenstein im vereinfachen Verfahren vom MOFCOM: Anwendungskriterien für einfache Fälle; Zhang, Diskussion über die Anwendungskriterien und -Probleme für einfache Fälle.

575 Art. 2 Abs. 6 der Einstweiligen Regelungen zur Festsetzung der Kriterien für einfache Fälle.

576 Nach der Darstellung in der Entscheidung hat Rolls-Royce vorgehabt, die alleinige Kontrolle über das Gemeinschaftsunternehmen zu erzielen. Siehe auch in Davispolk, China Antitrust Review 2014.

577 Shang/Kong/Ye, Journal of Law Application 2012 Heft 4, S. 41.

578 Shang/Kong/Ye, Journal of Law Application 2012 Heft 4, S. 41–42.

Zunächst handelt es sich darum, dass eine neue kontrollierende Partei zu einem bisher allein kontrollierten Gemeinschaftsunternehmen hinzukommt. Zum Beispiel ist ein EJV bereits zustande gekommen, wenn ein ausländischer Gesellschafter mehr als 25 % der Kapital- oder Stimmrechtsanteile an einem chinesischen Unternehmen hält. Agiert der ausländische Investor nur als Minderheitsbeteiligter, ist diese Gründung gem. Art. 4 der Leitansichten über die Anmeldung von Unternehmenszusammenschlüssen nicht als anmeldepflichtig zu bewerten, da keine gemeinsame Kontrolle in dieser Konstellation vorliegt. Tritt später noch ein neuer Gesellschafter ein, dem z. B. ein Vetorecht eingeräumt wird, liegt zu diesem Zeitpunkt eine gemeinsame Kontrolle vor. Dennoch ist das Gemeinschaftsunternehmen in Form eines EJV nach dem Gesellschaftsgesetz bereits vor dem Zusammenschluss gebildet.

Nunmehr stellt sich die Frage, ob die Zusammenschlusskontrolle auf diese Fallgruppe anwendbar ist. Ausgehend von den Anhaltspunkten für die Verengung des Kontrollkreises kann dieser Fall, und zwar die Erweiterung des Kontrollkreises, als Zusammenschluss behandelt werden. Dies liegt darin begründet, dass die Kontrollintensität durch den Hinzutritt (wie Austritt) eines mitkontrollierenden Unternehmens erheblich verändert wird. Nach der Transaktion kann der Erwerber einen bestimmenden Einfluss auf das Gemeinschaftsunternehmen ausüben, was die Voraussetzungen in Art. 20 Abs. 2 bzw. 3 AMG erfüllt. Erlangt der Erwerber hingegen keine Mitkontrolle über das Gemeinschaftsunternehmen, wird die Transaktion folglich nicht als Zusammenschluss bewertet. Dies geht aus dem Grundprinzip der Fusionskontrolle hervor, die sich auf ein Kontrollverhältnis richtet. Gem. Art. 3 Abs. 1 lit. b FKVO wird auch ein gleiches Ergebnis erzielt.

Darüber hinaus ist daran zu denken, dass ein neuer Gesellschafter eine Mitkontrolle über ein bereits von zwei Mutterunternehmen kontrolliertes Gemeinschaftsunternehmen erlangt. Wie im vorgenannten Fallbeispiel, wird diese Transaktion als normaler Zusammenschluss eingestuft. Der Grund dafür ist, dass das Gemeinschaftsunternehmen bereits vor dem Zusammenschluss gesellschaftsrechtlich gegründet war. In der EU werden hingegen solche Fälle, Hinzutritt eines neuen Gesellschafters, als Gründung eines Gemeinschaftsunternehmens im Sinne von Art. 3 Abs. 4 FKVO angesehen, da sich alle Vermögen des Gemeinschaftsunternehmens aus Einbringungen der Mutterunternehmen zusammensetzen. Eine Prüfung der Vollfunktionalität wird dann gefordert.

4.1.3.2.3.2.3.3 Kontrollwechsel

Komplizierter ist der Kontrollwechsel in einem Gemeinschaftsunternehmen, bei dem eine oder mehrere ursprüngliche Kontrollpartei(en) durch einen oder mehrere Erwerber ersetzt werden. Die erste Frage ist, ob sich aus dem Kontrollwechsel die Neubildung eines Gemeinschaftsunternehmens ergeben kann. Die zweite Frage ist, ob eine gemeinsame Kontrolle tatsächlich vorliegt.

Ein Grundfall liegt vor, wenn ein Gesellschafter an die Stelle eines kontrollierenden Gesellschafters tritt. Es ist darauf hinzuweisen, dass das

Gemeinschaftsunternehmen bereits vor dem Zusammenschluss existiert, weshalb es sich hier nicht um die Neugründung handelt. Dies ist damit zu begründen, dass ein solcher Vorgang gem. Art. 2 Abs. 2 der Regelungen der Veränderung der Anteile an Unternehmen mit ausländischen Anlegern als Grundfall des Gesellschafterwechsels im Zuge des Unternehmensbetriebs gilt. Infolgedessen setzt die Anwendbarkeit der Fusionskontrolle, wie bereits analysiert, keine gemeinsame Kontrolle voraus. Aber eine solche Transaktion kann der Fusionskontrolle unterstehen, solange der neue Gesellschafter die Kontrolle über das Gemeinschaftsunternehmen erwirbt. Als Beispiel ist zu nennen, dass die Kontrolle über ein EJV trotz des Wechsels des kontrollierenden Unternehmens immer noch in der Hand eines chinesischen Investors liegt, wobei der ausländische Investor als Minderheitsbeteiligung ohne besonderes Recht unverändert bleibt. Dies wird als normaler Zusammenschluss im Sinne von Art. 20 Abs. 2 bzw. 3 AMG behandelt. Das Gemeinschaftsunternehmen und das kontrollierende Mutterunternehmen sind als Beteiligte anzusehen, während die Anteile veräußernde Partei davon ausgenommen wird.[579]

Zweitens ist daran zu denken, dass sich zwei Gesellschafter durch den Erwerbsvorgang an einem bislang allein kontrollierten Unternehmen beteiligen, wobei der Veräußerer von dem Kontrollkreis zurücktritt. Auffällig ist vor allem, dass in diesem Fall ein Gemeinschaftsunternehmen nach dem Gesellschaftsgesetz gerade gebildet wird. Diese Fallgruppe zählt folglich zur Neugründung eines Gemeinschaftsunternehmens. Das heißt, eine gemeinsame Kontrolle ist hierbei zwingend notwendig. Die Unterschiede zu einer „normalen" Neugründung bestehen darin, dass das kontrollierte Unternehmen bereits vor dem Zusammenschluss (aber nicht als Gemeinschaftsunternehmen) existiert und der Veräußerer durch die Transaktion seine Kontrolle aufgibt. Es ist noch darauf hinzuweisen, dass neben den Erwerbern noch das Gemeinschaftsunternehmen als beteiligte Partei eingestuft wird, damit die vom Veräußerer in das Gemeinschaftsunternehmen eingebrachten Vermögenswerte mit berechnet werden können.[580] In der EU wird diese Fallgruppe hingegen nicht als Gründung eines Gemeinschaftsunternehmens eingestuft, da die Mutterunternehmen durch die Kontrolle über das Gemeinschaftsunternehmen die Vermögensteile vom Dritten erwerben.

Es ist noch daran zu denken, dass zwei Erwerber an einem Gemeinschaftsunternehmen beteiligt sind, das bislang von den anderen zwei Unternehmen kontrolliert war. Vor allem ist zu bemerken, dass das Gemeinschaftsunternehmen bereits vor dem Zusammenschluss zustande gekommen ist. Daher wird eine gemeinsame Kontrolle nicht geprüft. Allerdings richtet sich die Zusammenschlusskontrolle auf den Kontrollerwerb. Erlangt nur ein Erwerber durch die Transaktion die Kontrolle über das Gemeinschaftsunternehmens, dann ist er zusammen mit dem Gemeinschaftsunternehmen an dem Zusammenschluss beteiligt. Wenn zwei Erwerber

579 Gong, Junhe Law Review 2012 Heft 2, S. 30; Sun, Anti-Monopolprüfung und Praxis.
580 Shang/Kong/Ye, Journal of Law Application 2012 Heft 4, S. 41.

als kontrollierende Parteien einzustufen sind, sind beide mit dem Gemeinschaftsunternehmen am Zusammenschluss beteiligt.[581] Man kommt zu dem gleichen Ergebnis in der EU, dass ein solcher Kontrollwechsel nicht als Bildung eines Gemeinschaftsunternehmens eingestuft wird. Dieser Zusammenschluss wird als normaler Erwerbsvorgang bewertet.

4.1.3.2.3.2.3.4 Erweiterung des Tätigkeitsgebietes eines Gemeinschaftsunternehmens

Es ist gem. Art. 3 Abs. 3 der Leitansichten über die Anmeldung von Unternehmenszusammenschlüssen darauf hinzuweisen, dass der Kontrollerwerb nicht nur auf unmittelbare Weise, sondern auch auf mittelbare Weise erfolgen kann.[582] Unter indirektem Erwerb versteht man, dass der Erwerber die Kontrolle über das Zielunternehmen durch ein von ihm beherrschtes Unternehmen ausüben kann. 2012 hat das MOFCOM einen Übernahmefall zwischen Wal-Mart und Niu Hai genehmigt, in dem Wal-Mart durch ihr Tochterunternehmen, GEC 2 PTE. LTD., bis auf 51,3 % Anteile an Niu Hai aufstocken wollte. Ein weiteres Beispiel hierfür ist der Fall, dass die Mutterunternehmen durch das Gemeinschaftsunternehmen die Kontrolle über einen Dritten erlangen.

Nach europäischer Praxis werden grundsätzlich nur das Gemeinschaftsunternehmen und das Zielunternehmen als beteiligte Parteien angesehen. Eine Ausnahme besteht darin, dass das Gemeinschaftsunternehmen schlicht als Erwerbsmittel der Mutterunternehmen dient. Der Schleier zwischen Mutter- und Gemeinschaftsunternehmen wird gelüftet, woraus resultiert, dass die Mutterunternehmen als beteiligte Unternehmen behandelt werden.

Vergleichsweise wird im chinesischen Gesetz keine Klarstellung dazu gegeben. Als Hilfsmittel wird Art. 3 Abs. 4 i. V. m. Art. 7 Abs. 2 der Leitansichten über die Standardisierung des Fallnamen von Unternehmenszusammenschlüssen herangezogen, denenzufolge sich der Name der Zusammenschlussfälle nach den Zuständigkeiten der Tochterunternehmen differenzieren lässt. Im Allgemeinen werden nur die Namen von Mutterunternehmen im Zusammenschlussfall erwähnt. Trägt aber das Tochterunternehmen eine entscheidende Verantwortung für die Transaktion, wird der Zusammenschluss ausnahmsweise nach dem Namen des Tochterunternehmens genannt. Dies ist so zu interpretieren, dass das Tochterunternehmen in der Regel nur bestimmte Aufgaben vom Mutterunternehmen ausführt, was mit dem absoluten Kontrollverhältnis zwischen Mutter- und Tochterunternehmen zusammenhängt. In dieser Konstellation wird das Mutterunternehmen als tatsächlicher Akteur der Akquisition angesehen. Die vom Mutterunternehmen abhängigen Tochterunternehmen sind sinngemäß mit solchen Gemeinschaftsunternehmen

581 Sun, Anti-Monopolprüfung und Praxis.

582 Ren, Analyse der neu veröffentlichten Leitansichten über die Anmeldung von Unternehmenszusammenschlüssen vom MOFCOM.

gleichzustellen, welche völlig von den Mutterunternehmen kontrolliert werden und finanziell von ihnen abhängig sind. Es ist zu folgern, dass vorgenannte Regelungen auf die Gemeinschaftsunternehmen anwendbar sind. Tochter- bzw. Gemeinschaftsunternehmen werden nur dann als beteiligte Partei anerkannt, wenn sie über die Hilfsfunktionen hinaus noch wesentliche Aufgaben ausführen können. In diesem Sinne gelten sie als selbstständige Zusammenschlussbeteiligte. Dies stimmt wohl auch mit Art. 13 Abs. 1 der Leitansichten über die Anmeldung von Unternehmenszusammenschlüssen überein, demzufolge sich das die Kontrolle (tatsächlich) erwerbende Unternehmen beim MOFCOM anmelden muss.

4.1.3.3 Ergebnis

Bezüglich der Definition „Gemeinschaftsunternehmen“ haben die Gesetzgeber verschiedene Vorstellungen. Nach europäischem Fusionskontrollrecht wird ein Gemeinschaftsunternehmen so definiert, dass es von zwei oder mehreren Unternehmen beherrscht wird.[583] Im Vergleich dazu ist kein klarer Begriff „Gemeinschaftsunternehmen“ im AMG zustande gekommen. Eine gemeinsame Kontrolle wird nur gefordert, wenn das Gemeinschaftsunternehmen neu gegründet wird. Es ist aber zu bemerken, dass in den meisten Fallgruppen (neben der Neugründung), wie oben dargestellt, eine gemeinsame Kontrolle über das Gemeinschaftsunternehmen faktisch zustande gekommen ist.

Es kommt im Rahmen der FKVO eine genaue Definition über die Gründung eines Gemeinschaftsunternehmens nicht zum Ausdruck.[584] Nach Auffassung der Europäischen Kommission wird die Bildung eines Gemeinschaftsunternehmens angenommen, soweit drei Voraussetzungen (gemeinsame Kontrolle gem. Art. 3 Abs. 1 lit. b FKVO, unionsweite Bedeutung gem. Art. 1 Abs. 2 oder 3 FKVO sowie Vollfunktion gem. Art. 3 Abs. 4 FKVO) kumulativ vorliegen.[585] Die Gründung eines Gemeinschaftsunternehmens beruht aber nicht auf dem gesellschaftlichen Gründungsakt,[586] sondern es handelt sich um den Erwerb einer gemeinsamen Kontrolle über ein anderes Unternehmen.[587] In diesem Sinne bezieht sich diese nicht nur auf die Entstehung eines neuen Unternehmens, sondern auch auf die Kontrolle über ein vor dem Zusammenschluss existierendes (Gemeinschafts-) Unternehmen.[588]

583 Wiedemann/Schroeder, Handbuch des Kartellrechts 2016, § 9 Rn. 22.

584 von Brevern, WuW 2012, S. 233; Hatje/Müller-Graff/Fuchs, Europäisches Wirtschaftsordnungsrecht, § 11 Rn. 113.

585 Rosenthal/Thomas, European Merger Control, S. 41 ff. Rn. 76 ff.; Emmerich, Kartellrecht, § 17 Rn. 13 ff.

586 Göthel/Wurmnest, Grenzüberschreitende M&A-Transaktionen, § 41 Rn. 8.

587 Huerkamp, WuW 2010, S. 1120; Göthel/Wurmnest, Grenzüberschreitende M&A-Transaktionen, § 41 Rn. 8; Rosenthal/Thomas, European Merger Control, S. 39 ff. Rn. 65 ff.

588 Jaeger/Kokott/Pohlmann/Schroeder/Schröer, Frankfurter Kommentar zum Kartellrecht, Art. 3 FKVO Rn. 136; MüKoEuWettbR/Wessely/Wegner, FKVO, Art. 3 Rn. 113;

Diese zwei Varianten sind fusionskontrollrechtlich miteinander gleichzusetzen.[589] Die Gründung eines Gemeinschaftsunternehmens wird hingegen nicht im chinesischen Kartellrecht definiert. Die Beurteilungskriterien für die Neugründung, die in der behördlichen Verordnung kurz erwähnt wird, stützen sich auf das Gesellschaftsrecht, nach dem ein Gemeinschaftsunternehmen erst entsteht.

Zu betrachten ist des Weiteren, dass Rn. 91 der konsolidierten Mitteilung bei der Anerkennung der Bildung eines Gemeinschaftsunternehmens eine entscheidende Rolle spielt. Derzufolge wird ein Gemeinschaftsunternehmen nicht im Sinne von Art. 3 Abs. 4 FKVO gegründet, wenn die Mutterunternehmen durch den Kontrollerwerb die Vermögenswerte von Dritten erwerben.[590] Ein solcher Vorgang wird nur als normaler Zusammenschluss gem. Art. 3 Abs. 1 lit. b FKVO behandelt. In China stellt die Vollfunktionalität eines Gemeinschaftsunternehmens keine notwendige Voraussetzung für die Eröffnung des fusionskontrollrechtlichen Anwendungsbereiches dar. Eine ähnliche Aussage wie Rn. 91 der konsolidierten Mitteilung findet sich weder im AMG noch in seinen Durchführungsverordnungen.

In Fallgestaltungen der (Neu-) Gründung eines Gemeinschaftsunternehmens können nach jeweiligen Regelungen in zwei Rechtswerken, wie bereits dargestellt, unterschiedliche Ergebnisse erzielt werden. In China werden die Fälle, wie die Veränderung des Kontrollkreises im Gemeinschaftsunternehmen, als normale Zusammenschlüsse behandelt, während dies nach der FKVO näher interpretiert wird und in verschiedene Fallgruppen einzuordnen ist. Die Ursache liegt darin, dass nur die Neugründung eines Gemeinschaftsunternehmens, die sich auf die Entstehung einer neuen organisatorischen Einheit erstreckt, in der chinesischen behördlichen Verordnung geregelt wird, wohingegen der europäische Verordnungsgeber ein breiteres Verständnis dafür hat, das weit über den Begriff der Unternehmensgründung nach dem Gesellschaftsgesetz hinausgeht.

Nichtsdestotrotz ist zu spüren, dass sich die chinesische Behörde bemüht hat, sich bei den fusionskontrollrechtlichen Regelungen am europäischen Vorbild zu orientieren. Es bleibt aber auch zu hoffen, dass eine umfangreiche Darstellung zum Thema, Gemeinschaftsunternehmen, zur Verfügung gestellt werden kann. Fragmentierte Regelungen könnten nur verschiedene Auffassungen und uneinheitliche Rechtsanwendungen auslösen.

Immenga/Mestmäcker/Körber, Wettbewerbsrecht, Art. 3 FKVO Rn. 125; Picot/Hahn, Unternehmenskauf und Restrukturierung, § 11 Rn. 15.

589 Emmerich, Kartellrecht, § 17 Rn. 9; Rosenthal/Thomas, European Merger Control, S. 39 ff. Rn. 65 ff.

590 Konsolidierte Mitteilung zu Zuständigkeitsfragen, Rn. 91.

4.2 Materielle Beurteilung des Zusammenschlusses

4.2.1 Materielle Prüfungsmaßstäbe

Bei der materiellen Prüfung handelt es sich darum, ob ein Zusammenschluss freizustellen ist bzw. ob dieser die Untersagungskriterien erfüllt. Dabei werden eine Reihe von Wettbewerbsparametern herangezogen, um zu prüfen, inwiefern der infrage stehende Zusammenschluss den Wettbewerb beeinflussen kann.

4.2.1.1 Interpretation des SIEC-Tests

Mit der Reform im Jahr 2004 wurde das materielle Beurteilungskriterium, das ein Stichwort der Ökonomisierung des Wettbewerbsschutzes („More Economic Approach") verfolgt, neu formuliert.[591] Ein sog. SIEC-Test (Significant Impediment to Effective Competition, zu Deutsch: Erhebliche Behinderung wirksamen Wettbewerbs) ist nach eingehenden Auseinandersetzungen und heftigen Debatten zustande gekommen, der den ehemaligen Marktbeherrschungstest ablöst.[592]

4.2.1.1.1 Vergleich zum SLC-Test

Bei dem neuen Test wurde auf den Kurs des gebräuchlichen SLC-Tests (Substantial Lessening of Competition, zu Deutsch: wesentliche Wettbewerbsminderung) im angloamerikanischen Recht umgeschwenkt,[593] um einen Kompromiss zwischen der Forderung des Vereinigten Königreichs sowie Irlands zur Einführung

---

591 Böge, WuW 2004, S. 143–147; Christiansen, WuW 2005, S. 286 ff.; Schmidtchen, WuW 2006, S. 6 ff.; Burgstaller, WuW 2003, S. 738; Zimmer, WuW 2007, S. 1204 ff.; Göthel/Wurmnest, Grenzüberschreitende M&A-Transaktionen, § 18 Rn. 3, Rn. 81; Mestmäcker/Schweitzer, Europäisches Wettbewerbsrecht, § 26 Rn. 1; Hatje/Müller-Graff/Fuchs, Europäisches Wirtschaftsordnungsrecht, § 11 Rn. 132; Immenga/Mestmäcker/Körber, Wettbewerbsrecht, Art. 2 FKVO Rn. 183 ff.

592 Grünbuch über die Revision der Verordnung (EWG) Nr. 4064/89 der Rates (KOM) 2001, Rn. 160 ff., erläutert von Brinker/Scheuing/Stockmann/Schwalbe, Recht und Wettbewerb, S. 479 ff.; Alfter, WuW 2003, S. 21; Terhechte/Hoffmann/Terhechte, Internationales Kartell- und Fusionskontrollverfahrensrecht, § 4 Rn. 4.5; Zimmer, ZWeR 2004, S. 250–251; Böge, WuW 2004, S. 143 ff.; Meinung dargestellt von Ritter/Käseberg, WuW 2012, S. 665–666; Kühnen, WuW 2012, S. 467; Böge, WuW 2002, S. 825; Brinker/Scheuing/Stockmann/Baron, Recht und Wettbewerb, S. 19; Schwarze, EuZW 2002, S. 741–742.

593 Christiansen, WuW 2005, S. 293; Rittner/Dreher/Kulka, Wettbewerbs- und Kartellrecht, § 14 Rn. 1371; Terhechte/Hoffmann/Terhechte, Internationales Kartell- und Fusionskontrollverfahrensrecht, § 4 Rn. 4.5; Burgstaller, WuW 2003, S. 738; Bechtold/Bosch/Brinker, EU-Kartellrecht, Art. 2 FKVO Rn. 2; Hatje/Müller-Graff/Fuchs, Europäisches Wirtschaftsordnungsrecht, § 11 Rn. 164; Zimmer, ZWeR 2004, S. 250–251; Oppermann/Classen/Nettesheim/Classen, Europarecht, § 20 Rn. 36.

des SLC-Tests und dem Wunsch der Mitgliedstaaten zur Aufrechterhaltung der Gültigkeit der früheren Rechtsentscheidungen zu erreichen. Der SIEC-Test zielt weiterhin darauf ab, eine eventuelle Lücke des Marktbeherrschungstests hinsichtlich der Berücksichtigung der unilateralen Effekte in oligopolistischen Märkten zu schließen.[594]

Aber es ist zu bemerken, dass die Diskrepanz zum SLC-Test nicht in vollem Umfang behoben wird. Gem. Art. 2 Abs. 3 FKVO ist ein Zusammenschluss mit dem Unionsmarkt für unvereinbar zu erklären, wenn wirksamer Wettbewerb im Unionsmarkt oder in einem wesentlichen Teil desselben erheblich eingeschränkt würde, insbesondere durch die Erzeugung oder Verstärkung einer marktbeherrschenden Stellung. Es ist auffällig, dass die Regelbeispiele in Art. 2 Abs. 3 FKVO auf den Marktbeherrschungstest zurückzuführen sind,[595] was einen erheblichen Unterschied zum SLC-Test darstellt. Der Hintergrund dafür ist, dass die auf dem Marktbeherrschungstest basierende Praxis nach der Einführung des neuen Beurteilungskriteriums noch beizubehalten ist.[596]

Eine genaue Definition der marktbeherrschenden Stellung enthält die FKVO nicht, sondern diese wird in Art. 102 AEUV und der ergangenen Rechtsprechung des EuGH verkörpert.[597] Demnach ist mit beherrschender Stellung eine wirtschaftliche Marktposition des Unternehmens gemeint, wodurch das infrage stehende Unternehmen von seinen Konkurrenten, seinen Kunden und letztlich den Verbrauchern in einem nennenswerten Umfang unabhängig agieren kann.[598] Eine solche Marktstellung wird nach der Rechtsprechung vermutet, wenn ein Unternehmen

594 Erwägungsgrund 25 der FKVO, erläutert von Göthel/Wurmnest, Grenzüberschreitende M&A-Transaktionen, § 18 Rn. 79; Emmerich, Kartellrecht, § 16 Rn. 4; Rittner/Dreher/Kulka, Wettbewerbs- und Kartellrecht, § 14 Rn. 1413; Brinker/Scheuing/Stockmann/Schwalbe, Recht und Wettbewerb, S. 466; Terhechte/Hoffmann/Terhechte, Internationales Kartell- und Fusionskontrollverfahrensrecht, § 4 Rn. 4.12; Mestmäcker/Schweitzer, Europäisches Wettbewerbsrecht, § 26 Rn. 16; Geradin/Layne-Farrar/Petit, EU Competition Law and Economics, Rn. 9.52 ff.; Scheidgen/Sturhahn, WuW 2002, S. 31 ff.; Kling/Thomas, Kartellrecht, § 8 Rn. 110; Langen/Bunte/Bardong, Kartellrecht, Art. 2 FKVO Rn. 129; Immenga/Mestmäcker/Körber, Wettbewerbsrecht, Art. 2 FKVO Rn. 185.

595 Schulte/Zeise, Handbuch Fusionskontrolle, S. 343 Rn. 1218; Wrase, Europäische Fusionskontrolle, S. 35–36; Christiansen, WuW 2005, S. 286; Böge, WuW 2004, S. 144.

596 Zimmer, ZWeR 2004, S. 252; Langen/Bunte/Bardong, Kartellrecht, Art. 2 FKVO Rn. 129.

597 Immenga/Mestmäcker/Körber, Wettbewerbsrecht, Art. 2 FKVO Rn. 410; Wiedemann/de Bronett, Handbuch des Kartellrechts 2008, § 22 Rn. 19 ff.; Mestmäcker/Schweitzer, Europäisches Wettbewerbsrecht, § 26 Rn. 14.

598 Leitlinien zur Bewertung horizontaler Zusammenschlüsse, Rn. 8; Emmerich, Kartellrecht, § 16 Rn. 23; Schulte/Zeise, Handbuch Fusionskontrolle, S. 345 Rn. 1224.

über 50% der Marktwerte innehat.[599] Es ist aber zu betonen, dass kein zwingender Zusammenhang zwischen der Anteilshöhe und der beherrschenden Stellung besteht. Ein Unternehmen kann unter bestimmten Voraussetzungen den Wettbewerb im Markt erheblich beeinflussen, auch wenn es keine dominierende Marktstellung besitzt.[600]

4.2.1.1.2 Unilaterale und koordinierte Effekte

4.2.1.1.2.1 Koordinierte Effekte

Koordinierte Effekte basieren auf dem ausdrücklichen oder stillschweigenden Zusammenspiel der Unternehmen, woraus erhebliche Wettbewerbsbeschränkungen resultieren können.[601] Durch die Änderung der Wettbewerbsfaktoren, die aus einem Zusammenschluss folgt, kann den Marktwettbewerbern ermöglicht werden, ihre Preise in einem koordinierten Vorgehen zu erhöhen oder die Produktmenge zu beschränken.

Nach Ansicht der Kommission werden koordinierte Effekte angenommen, wenn der betroffene Markt so transparent ist, dass die Mitglieder eines Oligopols das Wettbewerbsverhalten (z. B. die Einhaltung der Koordinierungsmodalität) gegenseitig überwachen können.[602] Eine zweite Voraussetzung dafür ist, dass es bei Abweichen von Koordinierungsdisziplinen auf hinreichende und wirksame Sanktions- und Abschreckungsmechanismen zurückzugreifen ist. Darüber hinaus mangelt es noch am Außenwettbewerb auf dem relevanten Markt. Genau genommen ist der Wettbewerbsdruck als schwach einzustufen, wobei die Konkurrenten oder die Kunden solche negativen Auswirkungen nicht verhindern können.[603]

4.2.1.1.2.2 Unilaterale Effekte

Im Vergleich zu seinem Vorgänger richtet sich der SIEC-Test auch auf solche Fallkonstellationen, in denen wirksamer Wettbewerb durch das einseitige Marktverhalten maßgeblich beeinträchtigt werden kann.[604] Diese Effekte waren vor der

---

599 Oppermann/Classen/Nettesheim/Classen, Europarecht, § 20 Rn. 28; Terhechte/Terhechte, Internationales Kartell- und Fusionskontrollverfahrensrecht Handbuch, § 3 Rn. 3.87.

600 Zimmer, ZWeR 2004, S. 260 ff.

601 Leitlinien zur Bewertung horizontaler Zusammenschlüsse, Rn. 39–55; Schulte/Just/von Rosenberg, Kartellrecht, Art. 2 FKVO Rn. 96.

602 Mestmäcker/Schweitzer, Europäisches Wettbewerbsrecht, § 26 Rn. 140 ff.

603 Emmerich, Kartellrecht, § 16 Rn. 51; Schulte/Zeise, Handbuch Fusionskontrolle, S. 371 Rn. 1330–1332; Mestmäcker/Schweitzer, Europäisches Wettbewerbsrecht, § 26 Rn. 150.

604 Erwägungsgrund 25 der FKVO, siehe auch in Göthel/Wurmnest, Grenzüberschreitende M&A-Transaktionen, § 18 Rn. 103; Zimmer, ZWeR 2004, S. 253 ff.; Mestmäcker/

Reform weniger eingängig, aber können den Wettbewerbsdruck beseitigen, was auch Anlass für den Übergang zum SIEC-Test gab.[605] Durch die Neufassung des Art. 2 Abs. 3 FKVO hat sich die Befugnis der Kommission zur Untersagung eines Zusammenschlusses erweitert.

Nunmehr tendiert die Untersuchung nach unilateralen Effekten zu einem gewichtigen Punkt der Fusionskontrolle. Unter unilateralen Effekten versteht man alle einseitigen Wirkungen, die ohne Verhaltenskoordination mit anderen Unternehmen erzeugt werden und aus denen signifikante Wettbewerbsbeschränkungen folgen können.[606] Sie treten oft in oligopolistischen Märkten auf, in denen es weniger Konkurrenten gibt. In solchen Märkten gibt es zugleich auch begrenzte Substitute, was dazu führt, dass die Nachfrager bei den Preiserhöhungen oder den Verringerungen des Outputs von den Monopolisten nicht ohne Probleme auf eine Alternative ausweichen können. Die Gefahr erhöht sich, wenn die am Zusammenschluss beteiligten Parteien in einem nahen Wettbewerbsverhältnis stehen. Es kommt bei der Untersuchung nicht darauf an, ob das infrage stehende Unternehmen über einen großen Marktanteil verfügt.[607] Bestimmte Marktteilnehmer mit einem geringen Marktanteil können ebenso einen entscheidenden Einfluss auf zukünftige Technikinnovationen und Marktzutrittsschranken ausüben.

4.2.1.1.3 Signifikanzschwelle

Unter dem Grundprinzip des Art. 2 Abs. 3 FKVO beinhaltet die Neufassung des materiellen Prüfungskriteriums eine Signifikanzschwelle. Die Zusammenschlüsse sind demzufolge freistellungsfähig, wenn sie den Wettbewerb nicht signifikant behindern. Die Begründung oder Verstärkung einer marktbeherrschenden Stellung dient nur als Regelbeispiel, welches aber nicht zwingend zur Untersagung des Zusammenschlusses führt.[608]

Schweitzer, Europäisches Wettbewerbsrecht, § 26 Rn. 17; Rittner/Dreher/Kulka, Wettbewerbs- und Kartellrecht, § 14 Rn. 1413.

605 Leitlinien zur Bewertung horizontaler Zusammenschlüsse, Rn. 24 ff.; Terhechte/Hoffmann/Terhechte, Internationales Kartell- und Fusionskontrollverfahrensrecht, § 4 Rn. 4.12.

606 Leitlinien zur Bewertung horizontaler Zusammenschlüsse, Rn. 24–38; Emmerich, Kartellrecht, § 16 Rn. 54; Mestmäcker/Schweitzer, Europäisches Wettbewerbsrecht, § 26 Rn. 104; Motta, Competition Policy, S. 233; Geradin/Layne-Farrar/Petit, EU Competition Law and Economics, Rn. 9.52; Immenga/Mestmäcker/Körber, Wettbewerbsrecht, Art. 2 FKVO Rn. 439; Schulte/Just/von Rosenberg, Kartellrecht, Art. 2 FKVO Rn. 95.

607 Zimmer, ZWeR 2004, S. 255 ff.; Weitbrecht/Willems, ZWeR 2013, S. 376; Immenga/Mestmäcker/Körber, Wettbewerbsrecht, Art. 2 FKVO Rn. 183 ff.

608 Zimmer, ZWeR 2004, S. 260; Mestmäcker/Schweitzer, Europäisches Wettbewerbsrecht, § 26 Rn. 8.

Nicht freigegeben werden hingegen nur diejenigen, die einen schwerwiegenden Einfluss auf den Wettbewerb haben, auch wenn beteiligte Unternehmen keine marktbeherrschende Stellung innehaben. Dies begrenzt die Reichweite der Untersagungsfälle, was nunmehr mit zentralem Merkmal „Erheblichkeit" zusammenhängt.[609] Hier bedarf es einer wettbewerbsorientierten Gesamtwürdigung, die nach dem Vergleich des Entwicklungsstands des Marktes mit oder ohne Zusammenschluss vorzunehmen ist. Es wird in der Prüfung besonders untersucht, wie sich ein Zusammenschluss auf wettbewerbliche Bedingungen hypothetisch auswirken kann.[610]

Außerdem kommt eine Vor- und Nachteilsabwägung in Betracht. Dies könnte gegebenenfalls auf der Grundlage von positiver Entwicklung der Industrieökonomik[611] oder zugunsten der Konsumentenwohlfahrt (Consumer Welfare Standard)[612] erfolgen. Entscheidend ist, ob die durch den Zusammenschluss bewirkten Effizienzvorteile nachteilige Auswirkungen auf den Wettbewerb hinreichend ausgleichen können.[613] Es ist aber auch zu betonen, dass diese Effizienzvorteile sehr restriktiv berücksichtigt werden und keine maßgeblichen Wettbewerbsbeeinträchtigungen rechtfertigen können.[614]

4.2.1.1.4 Kausalzusammenhang mit Wettbewerbsbeschränkungen

Es stellt sich anschließend die Frage, ob eine Kausalität zwischen dem Zusammenschluss und der Wettbewerbsbeeinträchtigung zu begründen ist, denn die Verschlechterung der Marktfunktionen könnte sich aus verschiedenen Ursache-Wirkung-Ketten ergeben.[615] Grundsätzlich kann sich ein Zusammenschluss gegen die Untersagung wenden, wenn er für die Verschlechterung der Wettbewerbssituation nicht ursächlich ist.

---

609 Erwägungsgrund 25 der FKVO, siehe auch in Mestmäcker/Schweitzer, Europäisches Wettbewerbsrecht, § 26 Rn. 7.

610 Emmerich, Kartellrecht, § 16 Rn. 37; Schulte/Zeise, Handbuch Fusionskontrolle, S. 344–345 Rn. 1223.

611 Darstellung von Schwalbe/Zimmer, Kartellrecht und Ökonomie, S. 371 ff.

612 Erwägungsgrund 29 der FKVO; Leitlinien zur Bewertung horizontaler Zusammenschlüsse, Rn. 8; Leitlinien zur Bewertung nichthorizontaler Zusammenschlüsse, Rn. 10, siehe auch in Zäch/Künzler, ZWeR 2009, S. 271 ff.; Mestmäcker/Schweitzer, Europäisches Wettbewerbsrecht, § 26 Rn. 29; Hertfelder, Die consumer welfare im europäischen Wettbewerbsrecht, S. 105 ff.; Möller, Verbraucherbegriff und Verbraucherwohlfahrt im europäischen und amerikanischen Kartellrecht, S. 24 ff.; Immenga/Mestmäcker/Körber, Wettbewerbsrecht, Art. 2 FKVO Rn. 191.

613 Weitbrecht/Willems, ZWeR 2013, S. 378–379; Leitlinien zur Bewertung horizontaler Zusammenschlüsse, Rn. 76 ff.; Leitlinien zur Bewertung nichthorizontaler Zusammenschlüsse, Rn. 52 ff.

614 Leitlinien zur Bewertung horizontaler Zusammenschlüsse, Rn. 84; Zimmer, ZWeR 2004, S. 262–264.

615 Schulte/Zeise, Handbuch Fusionskontrolle, S. 379 ff. Rn. 1362 ff.

Ein nennenswertes Beispiel dafür ist die Sanierungsfusion („Falling Firm Defense"),[616] worunter man einen Zusammenschluss mit einem von der Insolvenz bedrohten Unternehmen versteht. Das betreffende Unternehmen würde auch ohne Übernahme vom anderen Unternehmen (kurzzeitig) aus dem Markt ausscheiden, soweit es keine weniger wettbewerbsschädliche Erwerbsalternative gibt. Aufgrund des Austritts eines Marktteilnehmers könnte eine vergleichbar nachteilige Entwicklung wie bei dem Zusammenschluss auftreten.[617] Es kommt zu dem Schluss, dass in diesem Fall die Verschlechterung der Wettbewerbsstruktur nicht durch den Zusammenschluss verursacht wird.[618]

Schließlich ist zu bemerken, dass die Kausalität noch eine zeitliche Beschränkung erfordert. Nur solche Prognosen werden berücksichtigt, in denen wettbewerbsbeschränkende Wirkungen in einem überschaubaren Zeitraum mit großer Wahrscheinlichkeit auftreten werden.[619]

4.2.1.2 Entscheidungskriterien in China

4.2.1.2.1 Untersagungskriterien

Das Untersagungskriterium in China war im Zuge des Gesetzgebungsprozesses unter Einflüssen von unterschiedlichen Ländern häufig erneuert worden. In den ersten Entwürfen des AMG wurde ein Marktbeherrschungstest eingeführt, was auf die europäische Fusionskontrolle 1989 zurückzuführen war.[620] Danach kommt eine andere Formulierung in Betracht, die mit dem SLC-Test sowie dem SIEC-Test vergleichbar ist und auch in der endgültigen Fassung des AMG verkörpert wird. Im Grunde genommen werden die Kartellgesetze auf internationaler Ebene zunehmend von amerikanischen Regelungen beeinflusst, währenddessen eine Umstellung des Entscheidungskriteriums in der EU stattfand.

Nach der zentralen Vorschrift, Art. 28 S. 1 AMG, ist ein Vorhaben zu untersagen, wenn es dazu führt oder führen kann, dass der Wettbewerb auf dem relevanten Markt ausgeschlossen oder beschränkt wird. Hier ist zu beachten, dass sich das Entscheidungskriterium in China nach dem Prüfmaßstab der Beseitigung

---

616 MüKoEuWettbR/Montag/von Bonin, FKVO, Art. 2 Rn. 335; Fiedler, EuZW 2001, S. 589; Schulte/Zeise, Handbuch Fusionskontrolle, S. 380 Rn. 1363; Rittner/Dreher/Kulka, Wettbewerbs- und Kartellrecht, § 14 Rn. 1422; Glöckner, Kartellrecht - Recht gegen Wettbewerbsbeschränkungen, Rn. 673.

617 Bechtold/Bosch/Brinker, EU-Kartellrecht, Art. 2 FKVO Rn. 64; Terhechte/Hoffmann/Terhechte, Internationales Kartell- und Fusionskontrollverfahrensrecht, § 4 Rn. 4.53 ff.

618 Leitlinien zur Bewertung horizontaler Zusammenschlüsse, Rn. 89; Göthel/Wurmnest, Grenzüberschreitende M&A-Transaktionen, § 18 Rn. 114; Emmerich, Kartellrecht, § 16 Rn. 40; Picot/Hahn, Unternehmenskauf und Restrukturierung, § 11 Rn. 51.

619 Bechtold/Bosch/Brinker, EU-Kartellrecht, Art. 2 FKVO Rn. 4, Rn. 44.

620 Masseli, Handbuch chinesische Fusionskontrolle, S. 140 ff.

oder der Beschränkung des Wettbewerbs richtet. Ein Zusammenschluss ist demzufolge nicht genehmigungsfähig, wenn er wirksamen Wettbewerb in der Tat oder in Zukunft ausschaltet oder einschränkt. Zu fragen ist allerdings, wie man diese Aussage genau auslegen kann. Einerseits ist zu klären, ob ein solches Entscheidungskriterium nur Unternehmen mit beherrschender Marktstellung betrifft.[621] Das heißt, ob auch unilaterale Effekte bei der Prüfung berücksichtigt werden. Andererseits ist ebenso fragwürdig, ob dieses Kriterium einen Grad der Wettbewerbsbeschränkung, und zwar die Erheblichkeit, enthält.

4.2.1.2.2 Unilaterale und koordinierte Effekte

4.2.1.2.2.1 Koordinierte Effekte

Traditionell richtete sich das Augenmerk ausschließlich auf koordinierte Effekte, die aus strukturellen Marktveränderungen verursacht werden. Das kann bestimmten Unternehmen ermöglichen, eine Verhaltenskoordination vorzunehmen, sodass die anzubietenden Waren erheblich reduziert und die Warenpreise angehoben werden.[622] Als Konsequenz daraus wird der vorhandene Wettbewerb auf dem relevanten Markt erheblich geschwächt. Derartige Auswirkungen werden seit Langem im Rahmen des chinesischen Kartellrechts erforscht.

4.2.1.2.2.2 Unilaterale Effekte

4.2.1.2.2.2.1 Systematische und teleologische Auslegung

Im Vergleich zum Forschungsstand über unilaterale Effekte in den USA oder in der EU entwickelt sich diese Theorie im chinesischen Rechtsregime ganz langsam.[623] Dem Wortlaut des Art. 28 S. 1 AMG ist zu entnehmen, dass die Entstehung oder Verstärkung einer marktbeherrschenden Stellung nicht zwangsläufig zur Untersagung des Zusammenschlusses führt. Dies bietet eine Möglichkeit, unilaterale Effekte in fusionskontrollrechtlicher Prüfung zu berücksichtigen.

---

621 Huang/Jiang, Tsinghua Law Review 2009 Heft 2, S. 158; Liu, Journal of Guangdong Institute of Public Administration 2009 Heft 2, S. 51.

622 Feng, Rechtspraxis der chinesischen Unternehmenszusammenschlüsse, S. 193; Wang/Wang/Li, Abgrenzung des relevanten Marktes im Anti-Monopolgesetz, S. 75; Wu/Liu, Unternehmenszusammenschlüsse im Rahmen des Wettbewerbsrechts, S. 123 ff., S. 133 ff.

623 Wang/Wang/Li, Abgrenzung des relevanten Marktes im Anti-Monopolgesetz, S. 75–76; Wu/Liu, Unternehmenszusammenschlüsse im Rahmen des Wettbewerbsrechts, S. 140, S. 623–624; Huang/Jiang, Tsinghua Law Review 2009 Heft 2, S. 158–159; PCCPL/Wu/Wang/Zhang/Jin/Li/Duan, Report on Competition Law and Policy of China 2014, S. 235–236; Shang, Erkundung nach Rechtssystem für die Zusammenschlusskontrolle in China, S. 308.

Ein genauer Anhaltspunkt dafür wird durch Art. 4 der vorläufigen Bestimmungen zur Beurteilung der Effekte der Unternehmenszusammenschlüsse gegeben, der rudimentär vorschreibt, dass beide Effekte eine wichtige Rolle bei der wettbewerblichen Würdigung spielen. Dies kann so ausgelegt werden, dass solche Zusammenschlüsse nicht freigestellt werden, in denen zwar keine marktbeherrschende Stellung begründet wird, die aber sich negativ auf den Wettbewerb auswirken können.[624]

4.2.1.2.2.2.2 Entscheidungspraxis

Es bleibt jedoch unklar, inwieweit diese Regeln in der Praxis durchzusetzen sind.[625] In den früher veröffentlichten Fusionskontrollentscheidungen legte das MOFCOM mehr Aufmerksamkeit auf die Ermittlung der Marktanteile sowie die von ihnen indizierte marktbeherrschende Stellung.[626] Eine Erwägung der nicht koordinierten Wirkungen kommt selten vor.[627] Ein Hintergrund dafür ist, dass die Untersuchung der unilateralen Effekte im Vergleich zur einfachen Marktanteilsberechnung komplizierter zu handhaben ist.[628]

Seit 2009 hat das MOFCOM konkrete Anhaltspunkte allmählich in seinen Entscheidungen gegeben, auch wenn eine systematische Darstellung noch nicht zugrunde gelegt ist.[629] Im Fall Sanyo/Panasonic hat es darauf hingedeutet, dass der relevante Produktmarkt (hier Knopfzellen Lithium Akkumulatoren) als hoch konzentriert anzusehen ist. Die am Zusammenschluss beteiligten Unternehmen stellen bereits vor der Fusion den erst- bzw. zweitgrößten Produzenten am Markt dar. Nach der Fusion ist damit zu rechnen, dass Panasonic einen Marktanteil von ca. 61,6 % halten könnte. Dies könnte dazu führen, dass die Wahlmöglichkeiten für die Nachfrager erheblich beschränkt werden. Die Behörde kam zu dem Schluss, dass die am Zusammenschluss Beteiligten gegenüber anderen Wettbewerbern Vorsprünge haben und die daraus resultierende Marktmacht den Wettbewerb beschränken oder eliminieren könnte.

---

624 Masseli, ZChinR 2007, S. 268.

625 Zhou/Zheng, Überlegung des Zusammenschlussfalls Coca-Cola - Huiyuan.

626 Z. B. im Fall von Coca-Cola - Huiyuan oder InBev - Anheuser-Busch.

627 Wang, Competition Policy Research 2015 Heft 7, S. 97; Masseli, Handbuch chinesische Fusionskontrolle, S. 159 ff.

628 Masseli, Handbuch chinesische Fusionskontrolle, S. 159–160; Feng, Rechtspraxis der chinesischen Unternehmenszusammenschlüsse, S. 147–148; Wu/Liu, Unternehmenszusammenschlüsse im Rahmen des Wettbewerbsrechts, S. 140.

629 Masseli, Handbuch chinesische Fusionskontrolle, S. 160 ff.; Wang, Competition Policy Research 2015 Heft 7, S. 99, S. 103–104; Jiang/Huang, Law Science Magazine 2012 Heft 10, S. 149; Feng, Rechtspraxis der chinesischen Unternehmenszusammenschlüsse, S. 244; Wang/Wang/Li, Abgrenzung des relevanten Marktes im Anti-Monopolgesetz, S. 80–81; Gesamtschau von Liu, Studie der Auflagen und Bedingungen der fusionskontrollrechtlichen Prüfungsgenehmigung, S. 128, S. 132–134.

Es ist nach Angaben des MOFCOM noch besonders zu befürchten, dass Panasonic die Produktpreise einseitig hochtreiben könnte. Dies wird damit begründet, dass die Wettbewerbskraft auf dem relevanten Markt sehr schwach ist. In einer solchen Marktlage könnte den übrigen Konkurrenten der Anreiz entfallen, den Wettbewerb mit Panasonic aufzunehmen, da sie auch von steigenden Preisen begünstigt werden könnten.

Nach der Veranschaulichung des Fallbeispiels lässt sich folgendermaßen zusammenfassen: Das MOFCOM hat sich nicht nur auf die Ermittlung der Marktanteile und des Marktkonzentrationsgrades konzentriert, sondern es wurden die Verhaltensweise der beteiligten Unternehmen sowie die Reaktion ihrer Konkurrenten auf die veränderte Marktsituation auch ins Auge gefasst. Diese Darstellung verdeutlicht weiterhin, dass die Behörde unilaterale Effekte, die besonders in einem oligopolistischen Markt ausgelöst werden können, berücksichtigt hat. Wenn hier nur Marktanteile bei der Prüfung herangezogen würden, könnte die Stärkung einer marktbeherrschenden Stellung bereits die Wettbewerbsbeschränkungen indizieren, da diese Fusion zwischen dem ersten und zweiten Anbieter stattfand. Der Marktanteil wird nach der Fusion über 60 % liegen, was ein klares Indiz für eine marktbeherrschende Stellung darstellt. In diesem Sinne wäre die weitere Begründung der potenziellen Wettbewerbsbeschränkungen, die nicht aus der Verhaltenskoordinierung zwischen verbleibenden Anbietern resultieren, überflüssig. Daraus kann man nur schließen, dass das MOFCOM ebenfalls das Augenmerk auf unilaterale Effekte gelegt hat. 2014 hat das MOFCOM eine vergleichbare wettbewerbliche Würdigung im Fall Thermo Fisher Scientific/Life Technologies ausgeführt.

4.2.1.2.2.3 Ergebnis

Art. 2 Abs. 2 und 3 FKVO stellen materielle Beurteilungskriterien für europäische Zusammenschlüsse dar, wobei das Untersagungskriterium - Art. 28 S. 1 AMG - im chinesischen Zusammenschlusskontrollrecht eine zentrale Rolle spielt. Der Artikel erinnert an die Formulierung des materiellen Eingreifkriteriums der europäischen Fusionskontrolle, aber der SIEC-Test wurde nicht vollständig in das chinesische Kartellrecht aufgenommen. Der Unterschied lässt sich hauptsächlich an dem fehlenden Regelbeispiel „Begründung oder Verstärkung einer beherrschenden Stellung" erkennen.

Nach der Fallpraxis führt in China eine marktbeherrschende Stellung nicht zwangsläufig zur Untersagung eines Zusammenschlusses; dies steht in Konformität mit der europäischen Praxis. Unilaterale Effekte werden ebenso von der chinesischen Kartellbehörde berücksichtigt, jedoch ist keine systematische Darstellung je nach der Art der Zusammenschlüsse wie in der EU vorgenommen worden.

4.2.1.2.3 Signifikanzschwelle

Gem. Art. 28 S. 1 AMG ist ein Zusammenschluss zu verbieten, wenn er zur Elimination oder Einschränkung des Wettbewerbs führt oder führen könnte. Es ist aber zu bemerken, dass der Gesetzgeber diese Bedeutung nicht klarstellt. Die Nennung des Ausschlusses des Wettbewerbs ist eindeutig, aber der Begriff „Einschränkung des Wettbewerbs" ist schwer abzugrenzen. Im Vergleich zum europäischen Gesetz oder zum amerikanischen Recht fehlt noch ein Orientierungsmerkmal („Substantial" bzw. „Significant").[630] Genau genommen könnte eine Untersagung in China nicht nur solche Fallkonstellationen betreffen, in denen der Wettbewerb signifikant beeinträchtigt wird, sondern weitere Zusammenschlussvorhaben könnten auch nicht freigestellt werden,[631] selbst wenn sie nur geringfügige Wirkungen auf den Wettbewerb haben. Das liegt daran, dass der Gesetzestext selbst keine Signifikanzgrenze enthält.[632]

4.2.1.2.3.1 Wortlautauslegung

Nimmt man das Untersagungskriterium wörtlich, kommt man zu der Schlussfolgerung, dass ein Fusionsverbot im Sinne des Art. 28 S. 1 AMG aufgrund der fehlenden Signifikanzschwelle „Erheblichkeit" fast in jeden Zusammenschluss eingreifen könnte, solange den Wettbewerb einschränkende Wirkungen vorliegen.[633] In der Tat hat jeder Zusammenschluss eine gewisse Eliminierung des Wettbewerbs, zumindest ungünstige Auswirkungen auf die Wettbewerber zur Folge.[634] Aber es sind nicht alle Zusammenschlüsse zu untersagen. Eine vage Definition führt dazu, dass die Befugnis der Behörde unbeschränkt zu erweitern ist, da sie selbst darüber entscheiden kann, ob ein Zusammenschluss aufgrund der (wohl nur geringfügigen) Wettbewerbsbeschränkung nicht freizugeben ist. In diesem Sinne sind die Formulierungen „Substantial" bzw. „Significant" in der europäischen bzw. US-amerikanischen Fusionskontrolle nicht als überflüssig anzusehen. Vielmehr bietet dies eine Kontur, unter der nur ein den Wettbewerb erheblich beschränkender Zusammenschluss zu untersagen ist.[635]

---

630 Fang, ZWeR 2008, S. 401.

631 Cao, Interpretation des Anti-Monopolgesetzes der Volksrepublik China, S. 143–144; Feng, Rechtspraxis der chinesischen Unternehmenszusammenschlüsse, S. 183 ff.

632 Mesenbrink, Das Antimonopolgesetz der VR China im Spannungsfeld zwischen Politik und Wettbewerbsrecht, S. 192 ff.; Sun, Anti-Monopolgesetz - Rechtssystem und -theorien, S. 162.

633 Huo, Chinese High-Tech Enterprises 2009 Heft 2, S. 176; Chen, Legal & Economy 2008 Heft 11, S. 117, S. 119; Ding, Northern Legal Science 2008 Heft 3, S. 79; Mu/Xiao, Academic Research 2010 Heft 4, S. 74; Wang/Fang, Ausschlaggebende Probleme in Bezug auf die Durchführung des Anti-Monopolgesetzes, S. 263.

634 Sun, Commercial Times 2011 Heft 20, S. 105; Li, Journal of Wuhan Metallurgical Manager's Institute 2009 Heft 1, S. 40–41; Huo, Chinese High-Tech Enterprises 2009 Heft 2, S. 176; Shi/Qian, China Management Studies 2009 Heft 4, S. 159; Mao/Glass, GRUR Int. 2008, S. 109.

635 Huo, Chinese High-Tech Enterprises 2009 Heft 2, S. 176; Chen, Legal & Economy 2008 Heft 11, S. 119; Yao, Legality Vision 2015 Heft 6, S. 80–81; Ding, Northern Legal Science 2008 Heft 3, S. 80.

4.2.1.2.3.2 Historische Auslegung

Das Regelbeispiel, die Entstehung oder Verstärkung der marktbeherrschenden Stellung, wurde in den vorausgegangenen Gesetzesberatungen diskutiert und noch in den früheren Gesetzesentwürfen aufgenommen.[636] Die Version vom März 2005 wurde so formuliert: Ein Unternehmenszusammenschluss ist zu untersagen, wenn er zur Begründung oder Verstärkung einer marktbeherrschenden Stellung führen und den Wettbewerb beschränken und eliminieren kann.[637] Dieser Tatbestand hatte eine Orientierungsfunktion, weil er oft mit den Anzeichen für etwaige Wettbewerbsbeschränkungen verbunden ist. Es konnte letztendlich implizieren, welchen Prüfungsmaßstab die Behörde anlegen wurde. Die Streichung dieses Merkmals von der Klausel führt dazu, dass die Interpretation des Untersagungskriteriums in der Literatur besonders umstritten ist.

4.2.1.2.3.3 Systematische und teleologische Auslegung

Einigen Ansichten nach ist eine de facto Schwelle in einer Gesamtschau des Gesetzessystems mittelbar oder unmittelbar festzulegen.[638] Eine Signifikanzgrenze entspricht vor allem dem Hauptzweck der Fusionskontrolle, da nicht jeder angemeldete Zusammenschluss zurückgewiesen wird, insbesondere wenn nur sehr geringe Nachteile herbeigeführt werden. Nach üblicher Praxis weltweit wird eine Mehrheit der angemeldeten Zusammenschlussvorhaben erlaubt, wohingegen nur ein Bruchteil davon aufgrund der schwerwiegenden Wettbewerbsbeschränkungen untersagt wird. Hinzu kommt, dass die Zusammenschlüsse gem. Art. 5 AMG in erster Linie gefördert werden, solange sie die faire Konkurrenz sicherstellen können. Nach der Wortlautauslegung spricht dieser Artikel sogar gegen massive Zusammenschlussuntersagungen.

Hilfsweise bietet Art. 27 AMG die zu beachtenden Faktoren bei der materiellen Beurteilung. Demnach zählen die Marktanteile der Zusammenschlussbeteiligten, das Ausmaß der Marktkontrolle sowie der Konzentrationsgrad auf dem relevanten Markt zu primären Beurteilungselementen. Darüber hinaus werden die Auswirkungen auf die Konsumenten und andere betroffene Unternehmen überprüft. Durch Art. 27 Nr. 5 AMG wird Bezug auf die Berücksichtigung der nationalen gesamtwirtschaftlichen Entwicklung genommen. Schließlich kann die Anti-Monopolbehörde

636 NPC, Grundprinzipien des Anti-Monopolgesetzes; Mao/Glass, GRUR Int. 2008, S. 109; Masseli, ZChinR 2007, S. 268.

637 Mao/Glass, ZWeR 2008, S. 102.

638 Zhou, Presentday Law Science 2014 Heft 1, S. 69; Liu, Studie der Auflagen und Bedingungen der fusionskontrollrechtlichen Prüfungsgenehmigung, S. 71; Wang, Law Science Magazine 2008 Heft 1, S. 5; Ma, Legal System and Society 2009 Heft 7, S. 128; Wei, Journal of Henan Normal University 2013 Heft 1, S. 57; Gong, Business China 2009 Heft 6, S. 256; Säcker, WuW 2009, S. 603; Mao/Glass, GRUR Int. 2008, S. 109.

gem. Art. 27 Nr. 6 AMG die Prüfungsmaßstäbe je nach aktueller Wettbewerbssituation hinzufügen. Allein Art. 27 AMG spricht nicht dafür, dass diese zu berücksichtigenden Faktoren eine Schwelle für die Untersagung de jure darstellen. Aber der Gesetzgeber macht deutlich, dass ein Zusammenschlussvorhaben nicht willkürlich untersagt wird, sondern eine Untersagung auf der Berücksichtigung einer Reihe der Prüfungselemente beruht, die in Art. 27 AMG vorgeschrieben sind. Dies ist wohl mit den Statistiken zu belegen, da allein im Jahr 2014 nur einer von 240 angemeldeten Fällen untersagt wurde.[639] Diesem Umstand ist zu entnehmen, dass sich das MOFCOM bei der fusionskontrollrechtlichen Prüfung an den strikten Voraussetzungen orientiert hat.

Es ist einer anderen Auffassung zufolge bedenklich, dass mehr industriepolitische Faktoren durch eine niedrige Eingriffsschwelle in der fusionskontrollrechtlichen Prüfung herangezogen werden könnten.[640] Zur Konkretisierung könnten unerwünschte Zusammenschlüsse (z. B. mit ausländischer Beteiligung) abgelehnt werden, um inländische Wettbewerbskräfte zu stärken.[641] Zur Begründung wird vorgetragen, dass bis jetzt kein innerchinesischer Zusammenschluss untersagt wurde. Es ist bei dem zurückgewiesenen Sachverhalt im Jahr 2014 besonders fraglich, ob sich die Untersagung rein auf wettbewerbliche Elemente gestützt hat.[642] Es besteht die Gefahr, dass ein Zusammenschlussvorhaben aufgrund der sensiblen Auswirkungen auf die wirtschaftliche Entwicklung untersagt werden könnte, obwohl dieses den Wettbewerb nicht signifikant beschränkt.[643]

Eigentlich ist eine so niedrige Eingriffsschwelle auf die vom AMG verfolgte Zielsetzung zurückführen. Wie bereits erwähnt, üben industriepolitische Beweggründe erhebliche Auswirkungen auf das chinesische Kartellrecht aus. Ein elastisches Untersagungskriterium schafft einen großen Spielraum für die Behörde, eine Entscheidung flexibel im Sinne der Wettbewerbspolitik oder Industriepolitik zu treffen. Aber ein Kartellrecht muss in erster Linie dem Wettbewerbsschutz dienen. Eine angemessen hohe Eingriffsschwelle erhöht nicht nur die Rechtssicherheit, sondern belebt auch den Wettbewerb. Aus diesem Grund ist dringend auf gesetzlicher Ebene zu klären, inwieweit wettbewerbsorientierte Ansätze zu verfolgen sind. Zusammenschlüsse, die nur geringfügige Beschränkungen des Wettbewerbs hervorrufen, müssen im Grundprinzip freigestellt werden.[644]

---

639 Pressbüro vom MOFCOM, 2014 Arbeitsbericht vom MOFCOM (19): Gewährleistung der fairen Marktordnung durch Anti-Monopolgesetz.

640 Erläutert von Masseli, Handbuch chinesische Fusionskontrolle, S. 154.

641 Fang, ZWeR 2008, S. 401 ff.

642 Details in 5.1.5.

643 Details in 5.2.1.2.

644 Cao, Interpretation des Anti-Monopolgesetzes der Volksrepublik China, S. 144; Huo, Chinese High-Tech Enterprises 2009 Heft 2, S. 176.

4.2.1.2.3.4 Ergebnis

Nach europäischem Fusionskontrollrecht kann ein Zusammenschluss trotz einer marktbeherrschenden Stellung genehmigt werden, wenn aus ihm keine erhebliche Wettbewerbsschädigung im Sinne von Art. 2 Abs. 3 FKVO resultiert. Eine Untersagung orientiert sich hauptsächlich an der Erheblichkeit der Wettbewerbsbeschränkung. Nach dem Wortlaut des Art. 28 S. 1 AMG beinhaltet das chinesische Untersagungskriterium keine vergleichbare Erwägung, obwohl - wie oben analysiert - eine Signifikanzschwelle im Gesetz implizit verkörpert werden kann. Es ist nach der Entscheidungspraxis auch nicht zu leugnen, dass das MOFCOM, wie sein Vorbild, eine vorsichtige Haltung zur Untersagung des Zusammenschlusses zeigt. Aber die Rechtsunsicherheit besteht darin, dass ein Zusammenschluss mit weniger Wettbewerbsbeschränkungen aus industriepolitischem Grund untersagt werden könnte. Die Gesetzesauslegung liegt letztendlich in der Hand der Behörde.[645] Es wird eine Durchsetzungsleitlinie vom MOFCOM sehr erwünscht, um das Untersagungskriterium näher zu klären und die Rechtssicherheit zu schaffen.[646]

4.2.2 Kooperative und konzentrative Gemeinschaftsunternehmen

4.2.2.1 Abgrenzungskriterien in Europa

Das Zusammenwirken zwischen den Mutterunternehmen kann neben der konzentrativen Art überdies auch koordinierte Effekte auslösen. Art. 2 Abs. 4 FKVO kommt erst in Betracht, wenn die Gründung eines Gemeinschaftsunternehmens die Verhaltenskoordinierung zwischen den voneinander unabhängig bleibenden Unternehmen bezwecken oder bewirken kann. Ein solcher Ansatz erstreckt sich darauf, die Koordinierungsmöglichkeiten in den Blick zu nehmen. Durch die Verweisung auf Art. 2 Abs. 4 und 5 FKVO wird die kartellrechtliche Grenze im Sinne von Art. 101 Abs. 1 AEUV darauf untersucht, ob spürbare Wettbewerbsbeschränkungen durch die Verhaltenskoordinierung der Mutterunternehmen vorliegen.

4.2.2.1.1 Historische Entwicklung

1994 hat die Europäische Kommission die Bekanntmachung zur Unterscheidung zwischen konzentrativen und kooperativen Gemeinschaftsunternehmen

645 Mesenbrink, Das Antimonopolgesetz der VR China im Spannungsfeld zwischen Politik und Wettbewerbsrecht, S. 203–204; Masseli, Handbuch chinesische Fusionskontrolle, S. 153–154, S. 171.

646 Huo, Chinese High-Tech Enterprises 2009 Heft 2, S. 176; Zhou, Presentday Law Science 2014 Heft 1, S. 71; Shang, Erkundung nach Rechtssystem für die Zusammenschlusskontrolle in China, S. 300; Huang/Jiang, Tsinghua Law Review 2009 Heft 2, S. 157; Wei, Journal of Henan Normal University 2013 Heft 1, S. 57; Shi/Qian, China Management Studies 2009 Heft 4, S. 159.

eingeführt,[647] wonach lediglich konzentrative Gemeinschaftsunternehmen mit Vollfunktion in den Anwendungsbereich der Fusionskontrolle fielen.[648] Dies wurde aber durch die am 01.03.1998 in Kraft getretene Fusionskontrollverordnung geändert.[649] Seither unterliegen kooperative Vollfunktionsgemeinschaftsunternehmen ebenfalls der Fusionskontrolle.

Aber diese begriffliche Differenzierung ist weiterhin von Bedeutung. Die Funktion hat sich nur verschoben: Es geht jetzt nicht mehr um die Anwendbarkeit der FKVO, sondern um eine Doppelkontrolle für kooperative Gemeinschaftsunternehmen unter materiellrechtlichem Aspekt.[650] Dies wurde auch durch die neue Fassung der Fusionskontrolle im Jahr 2004 berücksichtigt. Die Regelungen des Art. 2 Abs. 4 und 5 FKVO zwingen dazu, Gemeinschaftsunternehmen zwischen kooperativen und konzentrativen Effekten zu unterscheiden, denn nur kooperative Gemeinschaftsunternehmen werden noch nach Art. 101 AEUV geprüft.

4.2.2.1.2 Konzentrative Gemeinschaftsunternehmen

Die Gründung eines konzentrativen Gemeinschaftsunternehmens wird ausschließlich nach fusionskontrollrechtlichen Prüfkriterien beurteilt. Die Koordinierungsmöglichkeiten sind normalerweise auszuschließen, wenn das Gemeinschaftsunternehmen nicht lediglich oder überwiegend auf demselben Markt wie die Gründerunternehmen bleibt.[651] Denkbar ist, dass die Mutterunternehmen die gesamten Tätigkeiten in einem Markt auf das Gemeinschaftsunternehmen übertragen und sich völlig daraus zurückziehen. Als Alternative dazu können sie ihre meisten Tätigkeiten in das Gemeinschaftsunternehmen einbringen, wobei sie nur geringfügige Aktivitäten in diesem Markt behalten. Es besteht ferner keine Koordinierungsgefahr, wenn nur ein Mutterunternehmen auf demselben Markt des Gemeinschaftsunternehmens, auf einem diesem vor- bzw. nachgelagerten Markt oder auf einem benachbarten oder eng mit ihm verknüpften Markt tätig bleibt.[652] Aus diesen Zusammenschlüssen zeigen die Wirkungen nur eine konzentrative Natur auf.

Konzentrative Effekte eines Gemeinschaftsunternehmens bestehen darin, dass mehrere zuvor selbstständige Funktionen in einem Unternehmen

647 Bekanntmachung der Kommission über die Unterscheidung zwischen konzentrativen und kooperativen Gemeinschaftsunternehmen.

648 MüKoEuWettbR/Pohlmann, AEUV, Art. 101 Rn. 410; Schroeder, WuW 2004, S. 894–895.

649 Mitteilung der Kommission über den Begriff des Vollfunktionsgemeinschaftsunternehmens; Opgenhoff, EWS 1999, S. 372 ff.

650 Mäger/Mäger, Europäisches Kartellrecht, § 9 Rn. 6–9.

651 Göthel/Hartmann-Rüppel/Wurmnest, Grenzüberschreitende M&A-Transaktionen, § 41 Rn. 53 ff.

652 Pohlmann, WuW 2003, S. 479; Schulte/Henschen, Handbuch Fusionskontrolle, S. 442 Rn. 1602.

zusammengeführt werden.[653] Als Ergebnis davon können die Mutterunternehmen durch die optimierte Verbindung der Ressourcen einen besseren Zugang zum Beschaffungsmarkt oder zum Absatznetz erhalten. Vor diesem Hintergrund stellt sich oft die Frage, ob konzentrative Effekte, die aus der Bündelung der unternehmerischen Tätigkeiten folgen, den Wettbewerb auf dem betroffenen Markt erheblich behindern können.

Es ist bei materiellrechtlicher Bewertung der konzentrativen Effekte, wie bei jedem anderen Zusammenschluss, auf den SIEC-Test im Sinne von Art. 2 Abs. 2 und 3 FKVO abzustellen. Dies kann auf einer Seite der Fall sein, wenn der Aufbau eines Gemeinschaftsunternehmens zur Begründung oder Verstärkung einer marktbeherrschenden Stellung führt und den Wettbewerb maßgeblich beschränkt.[654] Auf der anderen Seite wird nach neuer Reform genau von der Europäischen Kommission ermittelt, ob sog. „unilaterale Effekte im Oligopol" auftreten können.[655] Als Beispiel ist zu nennen, dass die Mutterunternehmen durch die Aufgabenintegration in das Gemeinschaftsunternehmen und die daraus resultierende verstärkte Marktmacht den Produktpreis einseitig erhöhen können, obwohl eine Verhaltenskoordinierung mit anderen Wettbewerbern nicht vorliegt.[656] Ohne den Zusammenschluss würde eine solche Möglichkeit für gering gehalten, weil die Mutterunternehmen vor dem Zusammenschluss voneinander unabhängig sind und sogar in einem Wettbewerbsverhältnis zueinander stehen.

4.2.2.1.3 Kooperative Gemeinschaftsunternehmen

Während sich bei konzentrativen Gemeinschaftsunternehmen die Wettbewerbswirkungen auf dem Markt erschöpfen, auf dem die Gemeinschaftsunternehmen agieren, weisen kooperative Gemeinschaftsunternehmen unterschiedliche Eigenschaften auf.[657] Die Gründerunternehmen wollen Rücksicht aufeinander nehmen, um ein Zusammenwirken in Form des Gemeinschaftsunternehmens nicht zu gefährden, selbst wenn sie noch formal als Wettbewerber bleiben. Dies wird als kooperative Wirkung (Spil-Over-Effekt oder Gruppeneffekt) bezeichnet.[658]

---

653 Fett/Spiering/K.Westermann/Bergmann, Handbuch Joint Venture, § 5 Rn. 64.

654 Immenga/Mestmäcker/Körber, Wettbewerbsrecht, Art. 2 FKVO Rn. 188.

655 Erwägungsgrund 25 der FKVO; Langen/Bunte/Bardong, Kartellrecht, Art. 2 FKVO Rn. 129; Immenga/Mestmäcker/Körber, Wettbewerbsrecht, Art. 2 FKVO Rn. 189.

656 MüKoEuWettbR/Montag/von Bonin, FKVO, Art. 2 Rn. 33 ff.

657 Wagner, Das Wettbewerbsverbot im Verbands- und Kartellrecht, S. 164 ff.

658 Immenga/Mestmäcker/Körber, Wettbewerbsrecht, Art. 2 FKVO Rn. 614; Mestmäcker/Schweitzer, Europäisches Wettbewerbsrecht, § 27 Rn. 6; Kuhn, Kooperative Aspekte von Gemeinschaftsunternehmen im Europäischen Kartellrecht, S. 14 ff.; Dai, Kontrolle der Gemeinschaftsunternehmen unter AMG; Schulte/Henschen, Handbuch Fusionskontrolle, S. 414 Rn. 1510; Reiser, Joint Ventures in der europäischen Fusionskontrolle, S. 128 ff.; Schulte/Schwindt/Kuhn, Joint Ventures, § 6 Rn. 5–6.

4.2.2.1.3.1 Zweistufige Prüfungen

Bei kooperativen Gemeinschaftsunternehmen erfolgt eine zweistufige Prüfung.[659] Zum einen muss die Gründung eines kooperativen Gemeinschaftsunternehmens fusionskontrollrechtlich mit dem Unionsmarkt vereinbar sein. In diesem Schritt wird der SIEC-Test gem. Art. 2 Abs. 2 und 3 FKVO angewendet. Kommt die Kommission zum Schluss, dass die Untersagungsvoraussetzung - ernsthafte Gefahr einer Wettbewerbsbeeinträchtigung - nicht erfüllt wird, wird im Anschluss daran die Prüfung der kooperativen Effekte gem. Art. 2 Abs. 4 und 5 FKVO in der zweiten Phase eingeleitet. Im Gegensatz zum SIEC-Test, der sich auf ein Kontrollverhältnis zwischen Gründer- und Gemeinschaftsunternehmen erstreckt,[660] ist der Fokus des Verhaltenstests auf die Koordinierung des Wettbewerbsverhaltens zwischen den Gründerunternehmen gerichtet.[661] Die Prüfungsmaßstäbe zur Beurteilung der kooperativen Zwecke oder Effekte ergeben sich aus Art. 101 AEUV. Es ist in der letztgenannten Prüfung zu bewerten, ob spürbare Wettbewerbsbeschränkungen zwischen den Mitgliedstaaten aus dem koordinierten Verhalten resultieren können. Es ist besonders zu bemerken, dass diese Untersuchung nicht in einem gesonderten Verfahren nach VO (EG) Nr. 1/2003 vorzunehmen ist, sondern als Bestandteil der Gesamtwertung des Zusammenschlussvorhabens gilt.[662]

Als Folge dessen wird die Prüfung für beide Aspekte (Kartellverbot einerseits und Fusionskontrolle andererseits) innerhalb der angeordneten Fristen des fusionskontrollrechtlichen Verfahrens abgeschlossen.[663] Es ist besonders darauf hinzudeuten, dass davon nur die Verhaltenskoordinierung zwischen den Mutterunternehmen erfasst wird.[664] Die Koordinierung zwischen Mutter- und

---

659 Mestmäcker/Schweitzer, Europäisches Wettbewerbsrecht, § 27 Rn. 2 ff.; Immenga/Mestmäcker/Zimmer, Wettbewerbsrecht, Art. 101 Abs. 1 AEUV Rn. 306; Immenga/Mestmäcker/Körber, Wettbewerbsrecht, Art. 2 FKVO Rn. 617.

660 MüKoEuWettbR/Montag/von Bonin, FKVO, Art. 2 Rn. 482 ff.; Immenga/Mestmäcker/Körber, Wettbewerbsrecht, Art. 2 FKVO Rn. 207–208.

661 Mestmäcker/Schweitzer, Europäisches Wettbewerbsrecht, § 27 Rn. 41 ff.; Schroeder, WuW 2004, S. 895 ff.; Loewenheim/Meessen/Riesenkampff/Kersting/Meyer-Lindemann/Kersting, Kartellrecht, Art. 2 FKVO Rn. 187; Kuhn, Kooperative Aspekte von Gemeinschaftsunternehmen im Europäischen Kartellrecht, S. 41 ff.

662 Schulte/Pohl, Joint-Venture-Gesellschaften, Rn. 499; Fett/Spiering/K.Westermann/Bergmann, Handbuch Joint Venture, § 5 Rn. 80; Wiedemann/Wiedemann, Handbuch des Kartellrechts 2008, § 16 Rn. 140; Hatje/Müller-Graff/Fuchs, Europäisches Wirtschaftsordnungsrecht, § 11 Rn. 11; Pohlmann, WuW 2003, S. 473; Schröter/Jakob/Klotz/Mederer/Hirsbrunner/Rating, Europäisches Wettbewerbsrecht, S. 1652 Rn. 51; Wagner, Das Wettbewerbsverbot im Verbands- und Kartellrecht, S. 171; Mestmäcker/Schweitzer, Europäisches Wettbewerbsrecht, § 24 Rn. 11.

663 Loewenheim/Meessen/Riesenkampff/Kersting/Meyer-Lindemann/Kersting, Kartellrecht, Art. 2 FKVO Rn. 186.

664 Pohlmann, WuW 2003, S. 478–479; MüKoEuWettbR/Pohlmann, AEUV, Art. 101 Rn. 358.

Gemeinschaftsunternehmen ist hingegen unter Umständen direkt nach Art. 101 AEUV zu beurteilen.[665]

4.2.2.1.3.2 Untersuchung der kooperativen Effekte

Die Verhaltensabstimmung kann sich von vertraglichen Grundlagenvereinbarungen oder satzungsmäßigen Absprachen ableiten, die sich auf die Planung und die Organisation der Unternehmensgründung beziehen.[666] Im Extremfall dient ein Gemeinschaftsunternehmen sogar als Deckmantel für kartellwidrige Absprachen, wenn die Gründerunternehmen außer den Aktivitäten im Gemeinschaftsunternehmen noch ihr allgemeines Wettbewerbsverhalten koordinieren wollen.[667] Es ist zu fragen, inwieweit ein Gemeinschaftsunternehmen die Gründerunternehmen in die Lage versetzt, den Wettbewerb für einen wesentlichen Teil der betreffenden Waren auszuschalten.[668]

Es ist auch zu bemerken, dass jedes Gemeinschaftsunternehmen ein gewisses Maß an Koordinierung haben kann, da sich die Mutterunternehmen bei der Unternehmensgründung zwangsläufig darauf verständigen müssen, welche Ziele ihr gemeinsames Unternehmen in Zukunft verfolgen soll.[669] Es wird nach den Prüfungsmaßstäben des Art. 2 Abs. 4 FKVO (bzw. Art. 101 Abs. 1 AEUV) nur untersucht, in welcher Wettbewerbsbeziehung die Gesellschafter außerhalb des Gemeinschaftsunternehmens zueinander stehen und ob die Bildung eines Gemeinschaftsunternehmens diese Verhaltenskoordinierungen bezweckt oder bewirkt.[670] Nicht zuletzt ist darauf hinzuweisen, dass sich die Untersuchung auf die Prognose der zukünftigen Verstöße stützt, was einen großen Unterschied zur „normalen" Prüfung darstellt.

4.2.2.1.3.2.1 Kandidatenmärkte

Gem. Art. 2 Abs. 5 FKVO sind einige Konstellationen besonders zu berücksichtigen, in denen zwei oder mehr Gründerunternehmen in nennenswertem Umfang auf dem Markt des Gemeinschaftsunternehmens tätig sind. Darunter versteht man ein aktuelles Wettbewerbsverhältnis zwischen Mutter- und Gemeinschaftsunternehmen,

665 Pohlmann, WuW 2003, S. 474–479; Yuan, Gemeinschaftsunternehmen im europäischen, amerikanischen und chinesischen Kartellrecht, S. 108, S. 114 ff.; Picot/Hahn, Unternehmenskauf und Restrukturierung, § 11 Rn. 52; Habersack/Hüffer/Hommelhoff/Schmidt/Ritter, Festschrift für Peter Ulmer zum 70. Geburtstag am 2. Januar 2003, S. 959; Loewenheim/Meessen/Riesenkampff/Kersting/Meyer-Lindemann/Kersting, Kartellrecht, Art. 2 FKVO Rn. 187.

666 Mestmäcker/Schweitzer, Europäisches Wettbewerbsrecht, § 27 Rn. 46.

667 Kling/Thomas, Kartellrecht, § 8 Rn. 331.

668 Göthel/Wurmnest, Grenzüberschreitende M&A-Transaktionen, § 41 Rn. 17 ff.

669 Schröter/Jakob/Klotz/Mederer/Hirsbrunner, Europäisches Wettbewerbsrecht, S. 1633 Rn. 516.

670 Schulte/Henschen, Handbuch Fusionskontrolle, S. 462 ff. Rn. 1603 ff.

das zur Erhöhung der Koordinierungsmöglichkeit beitragen kann. Weiterhin wird auch eine solche Möglichkeit untersucht, ob die Gründerunternehmen in einem gleichen Markt tätig sind, der in Zusammenhang mit dem Markt des Gemeinschaftsunternehmens steht. Genau genommen zählen der dem Markt des Gemeinschaftsunternehmens vor- oder nachgelagerte Markt, der benachbarte oder eng mit dem Zielmarkt (hier dem vom Gemeinschaftsunternehmen bedienten Markt) verknüpfte Markt zu den Koordinierungsmärkten.[671] Für alle dargestellten Märkte hat sich die Bezeichnung „Kandidatenmärkte" eingebürgert.[672]

Im kartellrechtlichen Sinne bezieht sich ein vorgelagerter Markt auf die Vorstufe für den Hauptmarkt (z. B. die Herstellung der Vorprodukte), während es sich beim nachgelagerten Markt um die dem Hauptmarkt nachfolgende Stufe handelt. Zum Beispiel stellt in einer Wertschöpfungskette der Absatzmarkt eine dem Produktionsmarkt nachgelagerte Stufe dar. Mit einem benachbarten oder eng verknüpften Markt ist gemeint, dass er zwar von dem Zielmarkt getrennt wird, aber eine große Ähnlichkeit zwischen diesen zwei Märkten bezüglich der Technologie, Abnehmer, Lieferanten und nicht zuletzt der Wettbewerber zu spüren ist.[673] Zum Beispiel können die Produktionstechnologien oder Forschungs- und Entwicklungsergebnisse vom Zielmarkt in einem benachbarten Markt verwendet werden.[674]

4.2.2.1.3.2.2 Wahrscheinlichkeit der Koordinierung

Es ist aber zu erwähnen, dass allein die Tätigkeiten auf einem Kandidatenmarkt die Koordinierungsrisiken nicht begründen können.[675] Koordinierte Effekte sind grundsätzlich nicht anzunehmen, wenn nur ein Mutterunternehmen auf dem Markt bleibt.[676] Eine Ausnahme liegt aber darin, wenn die Mutterunternehmen von vornherein vereinbart haben, dass sich eines von ihnen nach dem Zusammenschluss vorübergehend von dem Zielmarkt fernhält.[677] In dieser Konstellation könnte ein potenzielles Wettbewerbsverhältnis zwischen den Gründerunternehmen bestehen, sodass die Risiken der Verhaltenskoordinierung nicht auszuschließen sind.[678]

671 Immenga/Mestmäcker/Zimmer, Wettbewerbsrecht, Art. 101 Abs. 1 AEUV Rn. 317.
672 Immenga/Mestmäcker/Körber, Wettbewerbsrecht, Art. 2 FKVO Rn. 619 ff.; Langen/Bunte/Käseberg, Kartellrecht, Art. 2 Rn. 344.
673 Jaeger/Kokott/Pohlmann/Schroeder/Schröer, Frankfurter Kommentar zum Kartellrecht, Art. 2 FKVO Rn. 272; Immenga/Mestmäcker/Körber, Wettbewerbsrecht, Art. 2 FKVO Rn. 620; Mestmäcker/Schweitzer, Europäisches Wettbewerbsrecht, § 27 Rn. 53.
674 Wiedemann/Schroeder, Handbuch des Kartellrechts 2016, § 9 Rn. 49.
675 Langen/Bunte/Käseberg, Kartellrecht, Art. 2 FKVO Rn. 347–348; Wiedemann/Wiedemann, Handbuch des Kartellrechts 2008, § 16 Rn. 146.
676 Hölters/Sedemund, Handbuch Unternehmenskauf, Teil VI Rn. 303; Wiedemann/Wiedemann, Handbuch des Kartellrechts 2008, § 16 Rn. 145.
677 Wiedemann/Wiedemann, Handbuch des Kartellrechts 2008, § 16 Rn. 145.
678 MüKoEuWettbR/Pohlmann, AEUV, Art. 101 Rn. 347.

Ausnahmsweise hat die Kommission sogar die vertikale Koordinierung zwischen den Mutterunternehmen (sog. gegenseitige Begünstigung) berücksichtigt, die auf verschiedenen Marktstufen agieren.[679]

Wenn die Mutterunternehmen zugleich auf einem Kandidatenmarkt tätig sind, ist die Verringerung des Wettbewerbs nicht von vornherein auszuschalten.[680] Es steht bei der Prüfung im Vordergrund, ob die Bildung eines Gemeinschaftsunternehmens in nächsten Jahren die Anreize zur Verhaltenskoordinierung schafft.[681] Hierbei wird die „Wahrscheinlichkeit" der Wettbewerbsbeschränkung untersucht. Haben die Mutterunternehmen wesentliche Tätigkeiten auf einem Kandidatenmarkt, ist es wahrscheinlich, dass die Spielräume zur Koordinierung des Wettbewerbsverhaltens eröffnet werden.[682]

4.2.2.1.3.2.2.1 Tätigkeiten auf dem gleichen Markt des Gemeinschaftsunternehmens

Bedenken werden vor allem erregt, wenn zwei oder mehrere Mutterunternehmen mit nennenswerter und gleichzeitiger Präsenz auf dem gleichen Markt wie das Gemeinschaftsunternehmen tätig sind.[683] Es besteht eine höhere Wahrscheinlichkeit, dass die Gründerunternehmen in diesem Markt ihr Wettbewerbsverhalten koordinieren wollen.

Eine hohe Wahrscheinlichkeit zur Koordinierung wird in dieser Fallgruppe indiziert, wenn sich der Marktanteil der Mutterunternehmen in der Gegend von 20–40 % befindet.[684] Im Gegenteil dazu kommen die Koordinierungseffekte

679 Case No. COMP/M.1327 NC/CANAL+/CDPQ/BANK AMERICA, Rn. 33 ff., Details in MüKoEuWettbR/Pohlmann, AEUV, Art. 101 Rn. 348; Immenga/Mestmäcker/Körber, Wettbewerbsrecht, Art. 2 FKVO Rn. 629.

680 Schulte/Henschen, Handbuch Fusionskontrolle, S. 434 Rn. 1576; MüKoEuWettbR/Pohlmann, AEUV, Art. 101 Rn. 417; Immenga/Mestmäcker/Körber, Wettbewerbsrecht, Art. 2 FKVO Rn. 614 ff.

681 Immenga/Mestmäcker/Körber, Wettbewerbsrecht, Art. 2 FKVO Rn. 632, Rn. 634; Schulte/Henschen, Handbuch Fusionskontrolle, S. 442 ff. Rn. 1603 ff.; Habersack/Hüffer/Hommelhoff/Schmidt/Wiedemann, Festschrift für Peter Ulmer zum 70. Geburtstag am 2. Januar 2003, S. 1039.

682 Immenga/Mestmäcker/Körber, Wettbewerbsrecht, Art. 2 FKVO Rn. 631 ff.; Van Bael/Bellis, Competition Law of the European Community, S. 835.

683 Immenga/Mestmäcker/Zimmer, Wettbewerbsrecht, Art. 101 Abs. 1 AEUV Rn. 315, Rn. 319 ff.; Emmerich, Kartellrecht, § 17 Rn. 2, Rn. 15 ff.; Mäger/Mäger, Europäisches Kartellrecht, § 9 Rn. 33; Wiedemann/Wiedemann, Handbuch des Kartellrechts 2008, § 16 Rn. 141 ff.; Mestmäcker/Schweitzer, Europäisches Wettbewerbsrecht, § 27 Rn. 48.

684 Emmerich, Kartellrecht, § 17 Rn. 18; Mestmäcker/Schweitzer, Europäisches Wettbewerbsrecht, § 27 Rn. 51; siehe auch im Fall EU Case No. IV/JV.22 Fujitsu/Siemens, Rn. 62 ff.

grundsätzlich nicht infrage, soweit der gesamte Marktanteil unter 10 % liegt.[685] Neben dem absoluten Marktanteil wird auch das Verhältnis des Marktanteils der Mutterunternehmen zueinander sowie zu ihren Wettbewerbern berücksichtigt. Beispielsweise kann eine Homogenität des Marktanteils der Mutterunternehmen eine höhere Wahrscheinlichkeit der Koordination indizieren. Besitzen hingegen die Mutterunternehmen einen asymmetrischen Markanteil (etwa 70 % und 10 %), ist die Wahrscheinlichkeit nach Ansicht der Kommission nicht hoch.[686] Weitere Faktoren wie Marktwachstum, Markteintrittsbarrieren sowie Umstellungskosten werden bei der Prüfung herangezogen, um die Koordinierungswahrscheinlichkeit im Einzelfall festzulegen.

Es ist darüber hinaus darauf hinzuweisen, dass unter bestimmten Voraussetzungen ein Zusammenspiel zwischen den beteiligten Unternehmen nicht als wahrscheinlich angesehen wird, auch wenn zwei oder mehr Gründerunternehmen nach dem Vollzug des Zusammenschlusses ihre Tätigkeiten auf dem Markt des Gemeinschaftsunternehmens noch fortführen. Dies ist der Fall, wenn sich ein Gemeinschaftsunternehmen in einem bestimmten Bereich sehr speziell entwickelt und dieses Segment im Verhältnis zu den Tätigkeitsbereichen der Mutterunternehmen in jeder Hinsicht eine sehr geringe Bedeutung hat. Nach der Kommissionspraxis werden koordinierte Wirkungen auch für unwahrscheinlich gehalten, wenn mindestens ein Mutterunternehmen nach der Anlaufphase (2–3 Jahre) vom Markt des Gemeinschaftsunternehmens zurücktritt.[687]

4.2.2.1.3.2.2.2 Tätigkeiten auf einem dem Markt des Gemeinschaftsunternehmens vor- oder nachgelagerten Markt

Sind die Gründerunternehmen auf der dem Markt des Gemeinschaftsunternehmens nachgelagerten Stufe tätig, ist die Möglichkeit der Koordinierungswirkung auf der Basis der Umsatzermittlung zu beurteilen.[688] Machen die Beschaffungskosten für die Produkte vom Gemeinschaftsunternehmen keinen wesentlichen Teil der Entstehungskosten der Mutterunternehmen aus, ist das Gemeinschaftsunternehmen nicht geeignet, zur Preiskoordinierung auf dem Folgemarkt beizutragen.[689] Die Koordinierungsmöglichkeit ist ferner gering, wenn die vom

685 Mestmäcker/Schweitzer, Europäisches Wettbewerbsrecht, § 27 Rn. 51; Mäger/Mäger, Europäisches Kartellrecht, § 9 Rn. 40; MüKoEuWettbR/Pohlmann, AEUV, Art. 101 Rn. 372; Immenga/Mestmäcker/Körber, Wettbewerbsrecht, Art. 2 FKVO Rn. 632.

686 Schulte/Henschen, Handbuch Fusionskontrolle, S. 446 Rn. 1620.

687 Fett/Spiering/K.Westermann/Bergmann, Handbuch Joint Venture, § 5 Rn. 78; Pohlmann, WuW 2003, S. 480.

688 Habersack/Hüffer/Hommelhoff/Schmidt/Wiedemann, Festschrift für Peter Ulmer zum 70. Geburtstag am 2. Januar 2003, S. 1041.

689 Schulte/Henschen, Handbuch Fusionskontrolle, S. 444 Rn. 1609.

Gemeinschaftsunternehmen gelieferten Vorprodukte trotz des hohen Kostenanteils nur einen geringen Teil der Nachfrage von Mutterunternehmen decken können.[690] Sind die Geschäftsbereiche des Gemeinschaftsunternehmens im Verhältnis zu gesamten Tätigkeiten der Mutterunternehmen eher klein, geht die Möglichkeit zur Koordinierung aufgrund der untergeordneten wirtschaftlichen Bedeutung zurück.[691] Das Gleiche gilt, wenn die Geschäfte auf dem Kandidatenmarkt weitaus lukrativer sind als auf dem Markt des Gemeinschaftsunternehmens.[692]

Andere Wettbewerbsparameter, wie Marktanteil, Zutrittsschranken, Marktgegenseite oder Zustand der Innovationen, werden im Einzelfall herangezogen,[693] um zu untersuchen, ob die Mutterunternehmen eine große Marktmacht auf dem Folgemarkt innehaben.[694] In einem Markt mit hoher Konzentration oder hohen Eintrittsbarrieren können sich die Risiken erhöhen.[695] Die Gefahren sind hingegen begrenzt, wenn die Mutterunternehmen einen relativ geringen Marktanteil halten. Es spricht auch gegen die Koordinierungsmöglichkeit, wenn die Nachfrager angesichts der großen Produktauswahl eine stärkere Verhandlungsmacht besitzen oder eine rapide Technikentwicklung den Marktzugang erleichtert.[696]

Darüber hinaus können die Mutterunternehmen ihr Vorgehen koordinieren, wenn sie die Vorprodukte an das Gemeinschaftsunternehmen zuliefern. Je höher der Umsatz mit dem Gemeinschaftsunternehmen gemessen an den Gesamtumsätzen der Mutterunternehmen ist, desto wahrscheinlicher nehmen die Mutterunternehmen Rücksicht aufeinander.[697] Diese hohen Umsätze können letztendlich indizieren, dass diese Zusammenarbeit für die Mutterunternehmen von großer Bedeutung ist.

4.2.2.1.3.2.2.3 Tätigkeiten auf einem benachbarten oder eng mit dem Markt des Gemeinschaftsunternehmens verknüpften Markt

Eine dritte Konstellation besteht darin, dass sich die Mutterunternehmen in einem benachbarten oder eng mit dem Markt des Gemeinschaftsunternehmens

690 Loewenheim/Meessen/Riesenkampff/Kersting/Meyer-Lindemann/Kersting, Kartellrecht, Art. 2 FKVO Rn. 195; siehe auch im Fall EU Case No. COMP/M.2243 Stora Enso/AssiDomän/JV, Rn. 41, Rn. 43.

691 Schulte/Henschen, Handbuch Fusionskontrolle, S. 443 Rn. 1608; Wiedemann/Wiedemann, Handbuch des Kartellrechts 2008, § 16 Rn. 151; Schulte/Just/von Rosenberg, Kartellrecht, Art. 2 FKVO Rn. 177.

692 Wiedemann/Schroeder, Handbuch des Kartellrechts 2016, § 9 Rn. 50.

693 Wiedemann/Wiedemann, Handbuch des Kartellrechts 2016, § 16 Rn. 148; z. B. im EU Case No. IV/JV.22 Fujitsu/Siemens, Rn. 57.

694 Mestmäcker/Schweitzer, Europäisches Wettbewerbsrecht, § 27 Rn. 52; Wiedemann/Schroeder, Handbuch des Kartellrechts 2016, § 9 Rn. 50.

695 Schulte/Henschen, Handbuch Fusionskontrolle, S. 446 Rn. 1617.

696 Wiedemann/Wiedemann, Handbuch des Kartellrechts 2008, § 16 Rn. 148.

697 Emmerich, Kartellrecht, § 17 Rn. 19.

verknüpften Markt befinden. Als Beispiel ist zu nennen, dass ein Gemeinschaftsunternehmen auf einem Markt des Buchverlags mit der Herstellung der Druckwerke beschäftigt ist, wobei seine Mutterunternehmen auf dem Markt für Taschenbücher tätig sind.[698] Hier ist zunächst zu ermitteln, über wie viele Marktanteile die Mutterunternehmen auf diesem verwandten Markt verfügen. Zur Prognose der Koordinierungsmöglichkeit misst die Kommission der Frage ebenfalls einen hohen Stellenwert bei, ob die Tätigkeiten des Gemeinschaftsunternehmens eine große wirtschaftliche Bedeutung für die auf dem Kandidatenmarkt agierenden Mutterunternehmen haben. Je ausschlaggebender die Rolle des Gemeinschaftsunternehmens im Wirtschaftsleben seiner Mutterunternehmen ist, desto höher ist das Interesse an der Koordinierung des Wettbewerbsverhaltens.

4.2.2.1.3.2.3 Kausalität zwischen Gründung eines Gemeinschaftsunternehmens und Verhaltenskoordinierung

Die Anwendbarkeit des Art. 2 Abs. 4 FKVO setzt aber voraus, dass sich die befürchtete wettbewerbsbeschränkende Verhaltenskoordinierung zwischen den Mutterunternehmen unmittelbar und ursächlich auf die Gründung eines Gemeinschaftsunternehmens zurückführen lässt.[699] Ein derartiger Zusammenhang liegt nur dann vor, wenn diese ohne Entstehung des Gemeinschaftsunternehmens unmöglich wäre. Diesbezüglich legt die Europäische Kommission strenge Maßstäbe an. Eine rein theoretische Möglichkeit, bei der die Gründung eines Gemeinschaftsunternehmens zur Verstärkung der Koordinierungsmöglichkeit dienen könnte, wie etwa als eine anscheinend marktnahe Plattform, wird nicht als kausal angesehen.[700] Hierbei handelt es sich um eine solche Abstimmung, die der Prognoseentscheidung zufolge zeitnah die Wettbewerbsbeschränkungen herbeiführt und die von der Unternehmensgründung nicht abtrennbar ist.[701]

Haben die Mutterunternehmen längst vor dem Zusammenschluss wirksamen Wettbewerb behindert, besteht dann keine unmittelbare Kausalität.[702] In einer solchen Konstellation wird die Verhaltenskoordinierung der Mutterunternehmen nicht erstmals durch die Gründung eines Gemeinschaftsunternehmens bewirkt

---

698 Mestmäcker/Schweitzer, Europäisches Wettbewerbsrecht, § 27 Rn. 53.

699 Van Bael/Bellis, Competition Law of the European Community, S. 836; Immenga/Mestmäcker/Körber, Wettbewerbsrecht, Art. 2 FKVO Rn. 648 ff.; Schroeder, WuW 2004, S. 895 ff.

700 Schulte/Henschen, Handbuch Fusionskontrolle, S. 450 Rn. 1633; Bechtold/Bosch/Brinker, EU-Kartellrecht, Art. 2 FKVO Rn. 67 ff.

701 Wiedemann/Wiedemann, Handbuch des Kartellrechts 2008, § 16 Rn. 148.

702 MüKoEuWettbR/Pohlmann, AEUV, Art. 101 Rn. 387; Habersack/Hüffer/Hommelhoff/Schmidt/Ritter, Festschrift für Peter Ulmer zum 70. Geburtstag am 2. Januar 2003, S. 964; Mäger/Mäger, Europäisches Kartellrecht, § 9 Rn. 45; Pohlmann, WuW 2003,

oder bezweckt, da sie außerhalb des Gemeinschaftsunternehmens noch mehr Gelegenheiten zur Abstimmung ihres Wettbewerbsverhaltens haben. Im Fall ENEL/FT/DT lag nach Ansicht der Kommission kein Kausalzusammenhang vor, weil DT und FT schon seit Langem nicht ernsthaft miteinander konkurriert haben.[703] Die Wettbewerbsbeschränkungen könnten trotzdem auftreten, obgleich ein Gemeinschaftsunternehmen nicht gegründet wurde.[704]

4.2.2.1.3.2.4 Spürbare Wettbewerbsbeschränkungen zwischen Mitgliedstaaten

Schließlich ist zu prüfen, ob das Koordinierungsverhalten den Wettbewerb für einen wesentlichen Teil der betreffenden Waren oder Dienstleistungen spürbar beeinträchtigt.[705] Bei der Ermittlung ist der Marktanteil der Mutterunternehmen zum Zeitpunkt der Entscheidung maßgeblich. Es wird auch unter Umständen die zukünftige Entwicklung des Marktanteils berücksichtigt, wenn ein merkwürdiger Zuwachs in absehbarer Zukunft stattfinden wird.

Es wird angesichts der geringfügigen Wettbewerbsauswirkungen von der Kommission geduldet, wenn der Marktanteil der beteiligten Unternehmen unterhalb der Schwelle liegt. Nach den Kriterien der De-Minimis-Bekanntmachung („Bagatellkartelle“) werden koordinierte Effekte in allen Fallgestaltungen als unbedeutend angesehen, wenn der gesamte Marktanteil der im potenziellen oder tatsächlichen Wettbewerbsverhältnis stehenden Gründerunternehmen unter 10 % liegt.[706] Haben sie kein Konkurrenzverhältnis miteinander, sind die Koordinierungsrisiken auszuschließen, soweit der Anteil auf jedem betroffenen Markt weniger als 15 % beträgt.[707] Kumulativ müssen sich die Schwellenwerte für die Laufzeit innerhalb von zwei Jahren nicht um mehr als 2 % erhöhen. Es ist aber darauf hinzuweisen, dass es keine starre Regelung existiert. Ein angemessener Zuwachs beruht vielmehr auf der aktuellen und potenziellen Marktlage nach wirtschaftlichen und rechtlichen Kriterien.[708] Weitere Fälle sind unter Berufung auf Art. 101 Abs. 3 AEUV (z. B. Effizienzgewinne) zu rechtfertigen.

S. 489; Schulte/Henschen, Handbuch Fusionskontrolle, S. 450 Rn. 1634; Mestmäcker/Schweitzer, Europäisches Wettbewerbsrecht, § 27 Rn. 56.

703 EU Case No. IV/JV.2 ENEL/FT/DT, Rn. 37 ff.

704 Mestmäcker/Schweitzer, Europäisches Wettbewerbsrecht, § 27 Rn. 56.

705 Van Bael/Bellis, Competition Law of the European Community, S. 835–836.

706 Schulte/Henschen, Handbuch Fusionskontrolle, S. 415 Rn. 1514; Mestmäcker/Schweitzer, Europäisches Wettbewerbsrecht, § 27 Rn. 55.

707 De-Minimis-Bekanntmachung, Rn. 7; Schulte/Henschen, Handbuch Fusionskontrolle, S. 449 Rn. 1630; Mestmäcker/Schweitzer, Europäisches Wettbewerbsrecht, § 27 Rn. 55.

708 Mestmäcker/Schweitzer, Europäisches Wettbewerbsrecht, § 11 Rn. 79.

4.2.2.2 Forschungsstand in China

Im Vergleich zum Forschungsstand der konzentrativen und kooperativen Effekte in der EU, findet sich keine systematische Darstellung über solche aus der Gründung eines Gemeinschaftsunternehmens erzeugten Wirkungen in China. Gesetzlich werden keine genauen Behandlungsmethoden vorgegeben.

Zu Beginn des Jahres 2014 wurden einstweilige Regelungen zur Festsetzung der Kriterien für einfache Fälle sowie einstweilige Leitansichten zur Anmeldung der einfachen Fälle erlassen, worin die Berücksichtigung der koordinierten Effekte von Gemeinschaftsunternehmen impliziert wird. Gem. Art. 3 Abs. 1 der einstweiligen Regelungen ist ein Transaktionsvorhaben nicht im vereinfachten Verfahren zu behandeln, sofern das Mutterunternehmen auf demselben Markt wie das Gemeinschaftsunternehmen tätig ist.[709] Dem Wortlaut dieser Vorschrift ist zu entnehmen, dass die Koordinierungseffekte in einer fusionskontrollrechtlichen Prüfung geprüft werden können. Es bleibt jedoch unklar, wie man in China diese Koordinierungsmöglichkeit zwischen den Mutterunternehmen bewerten kann. Dazu fehlen noch durchsetzbare Regelungen. In der Praxis wurden solche koordinierten Effekte in der Entscheidungspraxis des MOFCOM bemerkt und kurz analysiert. Dies wird im Kapitel 5 der Arbeit durch einen Sachverhalt näher dargestellt.

4.3 Verhältnis zwischen Zusammenschlusskontrolle und Kartellverbot

Eine wettbewerbsrechtliche Beurteilung orientiert sich an den Regeln, die in zwei Aspekte (Kontrolle der strukturverändernden Konzentration sowie Überwachung des wettbewerbsbeschränkenden Verhaltens) eingeordnet werden. Die Besonderheit der Gemeinschaftsunternehmen besteht darin, dass sie als Organisationsstruktur „zwischen Kartell und Zusammenschluss“ nicht nur der Prüfung an marktstrukturbezogenen Maßstäben standhalten müssen, sondern diese auch unter bestimmten Umständen nach verhaltensbezogenen Zulässigkeitsgrenzen untersucht werden.[710] Es ist notwendig im Einzelfall zu klären, welche Vorschriften zur Anwendung kommen.

Der chinesische Gesetz- oder Verordnungsgeber hat das Verhältnis zwischen Fusionskontrolle und Kartellverbot kaum beleuchtet, während in entwickelten Ländern Gemeinschaftsunternehmen, abhängig von ihren Kategorien, ungleich behandelt werden. Es wäre sinnvoll, angemessene Behandlungsmethoden in China auf der Basis der Auswertung der entwickelten Modelle in anderen Ländern zu erforschen.

---

709 Art. 2 Abs. 6 i. V. m. Art. 3 Abs. 1 der einstweiligen Regelungen zur Festsetzung der Kriterien für einfache Fälle.

710 Mestmäcker/Schweitzer, Europäisches Wettbewerbsrecht, § 27 Rn. 2 ff.

4.3.1 Europäisches Modell

Im Allgemeinen ist zu betrachten, dass ein Gemeinschaftsunternehmen in der EU je nach dem Unternehmenstyp in verschiedenen Verfahren geprüft wird.

4.3.1.1 Prinzip des Konzentrationsprivilegs

Die Fusionskontrolle steht im Vordergrund, wenn ein Unternehmen im Sinne von Art. 3 Abs. 4 FKVO gegründet wird.[711] Selbstverständlich wird die Anwendbarkeit der europäischen Verordnung durch Art. 1 Abs. 2 und 3 FKVO dahingehend beschränkt, dass ein Vollfunktionsgemeinschaftsunternehmen noch über eine unionsweite Bedeutung verfügen muss, was eng mit den Umsatzerlösen zusammenhängt. Gem. Art. 21 Abs. 1 FKVO genießen konzentrative Vollfunktionsgemeinschaftsunternehmen ein Konzentrationsprivileg, bei denen eine Verhaltenskontrolle gem. Art. 101 AEUV nicht infrage kommt.

4.3.1.2 Anwendungsbereich des Kartellverbots

Inwieweit eine kartellrechtliche Prüfung nach Art. 101 AEUV erfolgt, hängt davon ab, ob die Bildung eines Gemeinschaftsunternehmens eine Verhaltenskoordinierung zugunsten der Eigeninteressen der Mutterunternehmen bezweckt oder verstärkt. Ist dies zu bejahen, ist dann zu untersuchen ist, ob die Abstimmung zwischen den Mutterunternehmen eine Beeinträchtigung des zwischenstaatlichen Handels innerhalb der EU bewirkt.[712] Dies wird folgend in zwei Aspekten veranschaulicht.

Zunächst werden die Koordinierungseffekte gem. Art. 2 Abs. 4 und 5 FKVO an den Prüfungsmaßstäben in Art. 101 AEUV gemessen. Das bedeutet, dass bei kooperativen Vollfunktionsgemeinschaftsunternehmen die Untersuchung im Bereich des Kartellverbots parallel zur Anwendung kommt (sog. Doppelkontrolle).

Darüber hinaus steht bei der Bildung eines Teilfunktionsgemeinschaftsunternehmens die Untersuchung nach der Zusammenarbeit mehrerer Unternehmen im Mittelpunkt. Dazu wird die Zwischenstaatlichkeit im Sinne von Art. 101 AEUV gefordert.[713] Falls die Anwendbarkeit der AEUV in Ermanglung der Zwischenstaatlichkeit ausgeschlossen wird, wird ein nationales Kartellrecht dabei herangezogen. Die Bildung eines Teilfunktionsgemeinschaftsunternehmens kann z. B. in den

711 Immenga/Mestmäcker/Körber, Wettbewerbsrecht, Art. 3 FKVO Rn. 128.

712 Loewenheim/Meessen/Riesenkampff/Kersting/Meyer-Lindemann/Grave/Nyberg, Kartellrecht, Art. 101 Abs. 1 AEUV Rn. 324; MüKoEuWettbR/Kirchhoff, AEUV, Art. 101 Rn. 487 ff.

713 Loewenheim/Meessen/Riesenkampff/Kersting/Meyer-Lindeman/Riesenkampff/Steinbarth/Kersting, Kartellrecht, Art. 3 FKVO Rn. 42; Böni/Wassmer, WuW 2014, S. 683.

Anwendungsbereich des GWB fallen, wenn dies die Wettbewerbsbeschränkungen in Deutschland bezweckt oder bewirkt.

4.3.2 Deutsches Modell

Es war lange Zeit in Deutschland umstritten, wie man bei der Prüfung der Gemeinschaftsunternehmen das Verhältnis zwischen Fusionskontrolle und Kartellverbot verstehen kann.[714] Im Unionsrecht wird dies durch Art. 3 Abs. 4 i. V. m. Art. 2 Abs. 4 und 5 FKVO geklärt, wobei eine vergleichbare Regelung in Deutschland fehlt. Zur Lösung dieses Problems sind grundsätzlich zwei Theorien entwickelt worden.

4.3.2.1 Trennungstheorie

Nach der Trennungstheorie liegt der Ausgangspunkt darin, welche Aufgaben ein Gemeinschaftsunternehmen wahrnimmt. Es stellt sich vor allem die Frage, ob die Marktstruktur wegen der Entstehung eines Gemeinschaftsunternehmens erheblich verändert wird und folglich die Vorschriften der Fusionskontrolle heranzuziehen sind. Als Alternative dazu ist auf die Überwachung des Kartellverbots abzustellen, soweit das Gemeinschaftsunternehmen maßgeblich zur Beschränkung des innerstaatlichen Handels dient. Dies zeigt, dass sich die Anwendbarkeit der Fusionskontrolle auf (echte) konzentrative Gemeinschaftsunternehmen beschränkt, welche materiell-zusammenschlussartige Merkmale aufweisen und somit nicht als Kartelle zwischen den Mutterunternehmen anzusehen sind. Andere Gemeinschaftsunternehmen, die als Kartellorganisationen zu bewerten sind oder in denen die Kartellelemente überwiegen, sollen an den Prüfungsmaßstäben nach § 1 GWB gemessen werden.[715] Es ist zusammenzufassen, dass sich die Prüfung der Gemeinschaftsunternehmen systematisch an den Kriterien entweder im Bereich des Kartellverbots oder im Bereich der Fusionskontrolle orientieren soll.[716] Eine Doppelkontrolle ist mithin überflüssig.

4.3.2.2 Zweischrankentheorie

Nach der Zweischrankentheorie hängt die parallele Anwendbarkeit der § 1, 35 GWB von den Funktionen der Gemeinschaftsunternehmen ab. Eine Doppelkontrolle kommt in Betracht, wenn es um kooperative Gemeinschaftsunternehmen

---

714 Emmerich, Kartellrecht, § 33 Rn. 41; Göthel/Hartmann-Rüppel, Grenzüberschreitende M&A-Transaktionen, § 41 Rn. 51.

715 Erläutert von Wiedemann, Gemeinschaftsunternehmen im deutschen Kartellrecht, S. 112–113.

716 Erläutert von Wiedemann, Gemeinschaftsunternehmen im deutschen Kartellrecht, S. 113.

geht.[717] Zurzeit hat sich diese Meinung am meisten im Schrifttum durchgesetzt und wird auch vom BGH vertreten.[718] Das bedeutet, dass bei kooperativen Gemeinschaftsunternehmen eine kumulative Anwendung der Fusionskontrolle und des Kartellverbots in Deutschland möglich ist.

4.3.2.3 Aktuelle Praxis

Ein Gemeinschaftsunternehmen ist nach dem BGH konzentrativ, wenn es sämtliche Funktionen einer selbstständigen Planungseinheit (wie Vollfunktionsgemeinschaftsunternehmen nach der FKVO) wahrnimmt und marktbezogene Leistungen erbringt. Hinzu kommt, dass es nicht ausschließlich oder überwiegend auf einer vor- oder nachgelagerten Stufe der Mutterunternehmen oder nicht auf demselben Markt der Mutterunternehmen tätig ist.[719]

Ein Gemeinschaftsunternehmen stellt sich als kooperativ dar, wenn es bei einer Gesamtbetrachtung über die Fusionstatbestände hinaus zur Koordinierung unter den Mutterunternehmen beiträgt.[720] Ein Indiz dafür ist, dass das Gemeinschaftsunternehmen die Aufgaben zur Koordination bestimmter Tätigkeiten der Mutterunternehmen wahrnimmt, während die Mutterunternehmen noch auf demselben Markt wie das Gemeinschaftsunternehmen verbleiben.[721] Aus einer anderen Perspektive ist zu bemerken, dass die Gründung derartiger Gemeinschaftsunternehmen eine direkte Kartellvereinbarung zwischen den Mutterunternehmen ersetzt.[722]

---

717 Zweischrankenprinzip in Schroeder, WuW 2004, S. 894; Wagner, Das Wettbewerbsverbot im Verbands- und Kartellrecht, S. 173; Emmerich, Kartellrecht, § 17 Rn. 3, § 33 Rn. 42 ff.; Keßler, WRP 2009, S. 1210–1211; Fett/Spiering/K.Westermann/Bergmann, Handbuch Joint Venture, § 5 Rn. 130 ff.; Mestmäcker/Schweitzer, Europäisches Wettbewerbsrecht, § 27 Rn. 7; Wagner, Das Wettbewerbsverbot im Verbands- und Kartellrecht, S. 173; Wertenbruch, Die Rechtsfolgen der Doppelkontrolle von Gemeinschaftsunternehmen nach dem GWB, S. 11 ff.; Schulte/Schwindt/Kuhn, Joint Ventures, § 6 Rn. 7; Wiedemann/Schroeder, Handbuch des Kartellrechts 2008, § 8 Rn. 23; Immenga/Mestmäcker/Zimmer, Wettbewerbsrecht, Art. 101 Abs. 1 AEUV Rn. 307; Jin, Aufgreifkriterien in der Fusionskontrolle, S. 236; Schulte/Schwindt/Kuhn, Joint Ventures, § 6 Rn. 7.

718 Im Sachverhalt von Mischwerke (BGH Beschl. v. 01.10.1985 - KVR 6/84) hat der BGH darauf hingedeutet, dass die Sonderregelung der §§ 23 ff. GWB a. F. (jetzt §§ 35 ff. GWB) bei den kooperativen Gemeinschaftsunternehmen die Anwendbarkeit des § 1 GWB nicht ausschließen kann. Siehe auch in Emmerich, Kartellrecht, § 33 Rn. 42; Göthel/Hartmann-Rüppel, Grenzüberschreitende M&A-Transaktionen, § 41 Rn. 51.

719 Erläutert im Sachverhalt von Ost-Fleisch (BGH Beschl. v. 08.05.2001 - KVR 12/99). Siehe auch in Wiedemann/Schroeder, Handbuch des Kartellrechts 2016, § 9 Rn. 82; Hölters/Sedemund, Handbuch Unternehmenskauf, Teil VI Rn. 205; Göthel/Hartmann-Rüppel, Grenzüberschreitende M&A-Transaktionen, § 41 Rn. 53.

720 Emmerich, Kartellrecht, § 33 Rn. 42 ff.

721 Wiedemann/Richter/Steubvorth, Handbuch des Kartellrechts 2016, § 20 Rn. 193.

722 Hölters/Sedemund, Handbuch Unternehmenskauf, Teil VI Rn. 209.

Es ist zu untersuchen, ob die Koordinierungsmöglichkeit zwischen den Mutterunternehmen erhöht wird und somit dem Kartellverbot im Sinne von § 1 GWB unterliegt.

Es ist darauf hinzuweisen, dass auch bei der Gründung eines konzentrativen Gemeinschaftsunternehmens die Anwendbarkeit des Kartellverbots nicht von vornherein ausgeschlossen wird.[723] Neben der Fusionskontrolle gelangt § 1 GWB auch zur Anwendung, soweit die Befürchtung der Verhaltenskoordinierung zwischen den Mutterunternehmen nicht auszuräumen ist. Davon ist zu sprechen, wenn sich die Mutterunternehmen als potenzielle Konkurrenten verhalten können.[724] Ein gesetzliches Konzentrationsprivileg, wie in der FKVO, sieht das deutsche Kartellrecht nicht vor.[725] Allerdings liegt das Kartellverbot dem rein konzentrativen Gemeinschaftsunternehmen fern, welches den Vollfunktionscharakter hat und als „neue selbstständige Planungseinheit" dient.[726] In dieser Konstellation bewirkt die Unternehmensbildung keinerlei Verhaltenskoordination, da die Mutterunternehmen nach dem Rückzug vom Markt des Gemeinschaftsunternehmens bloß ihre Beteiligungsrechte ausüben.[727]

4.3.3 US-amerikanisches Modell

In den USA wird das Gemeinschaftsunternehmen ebenfalls als Erscheinungsform zwischen Kartell und Zusammenschluss anerkannt. Aber die Behandlungsmethoden stellen sich im Vergleich zu denen in der EU ganz unterschiedlich dar. Hier werden zunächst wichtige Kartellgesetze in den USA kurz erläutert.

4.3.3.1 Sherman Act

Der Sherman Act richtet sich hauptsächlich gegen wettbewerbsbeschränkende Absprachen sowie die Monopolisierung. Er besteht aus sieben Paragrafen: § 1 des Sherman Acts ist generalklauselhaft weit gefasst, demzufolge werden Verträge, heimliche Übereinkünfte oder Kooperationen in Form des Trusts, der Konspiration oder auf andere Weise verboten, die den Handel oder das Geschäftsleben über die Staatsgrenzen hinweg beeinträchtigen. In § 2 des Sherman Acts wird eine Aufsicht der Ausnutzung der Monopolstellung durch die einseitige Verhaltensweise oder die Zusammenwirkung mehrerer Unternehmen vorgesehen.

---

723 Wiedemann/Richter/Steubvorth, Handbuch des Kartellrechts 2016, § 20 Rn. 192 ff.; Fett/Spiering/K.Westermann/Bergmann, Handbuch Joint Venture, § 5 Rn. 133.

724 Emmerich, Kartellrecht, § 33 Rn. 42 ff.; Fett/Spiering/K.Westermann/Bergmann, Handbuch Joint Venture, § 5 Rn. 81.

725 Fett/Spiering/K.Westermann/Bergmann, Handbuch Joint Venture, § 5 Rn. 130.

726 Emmerich, Kartellrecht, § 33 Rn. 43.

727 Emmerich, Kartellrecht, § 33 Rn. 43; Fett/Spiering/K.Westermann/Bergmann, Handbuch Joint Venture, § 5 Rn. 133; Schulte/Schwindt/Kuhn, Joint Ventures, § 6 Rn. 77.

Wichtige Grundsätze, die bislang von US-amerikanischen Gerichten bei der Prüfung angewendet werden, werden in zwei Gruppen (Per-se-Regel und Rule of Reason) eingeordnet.

4.3.3.1.1 Per se verboten

Bestimmte Arten der wettbewerbsbeschränkenden Handlungen werden gem. § 1 des Sherman Acts von vornherein als rechtswidrig erklärt. Fällt eine Verhaltensweise unter diese Kategorie, erübrigt sich aus Gründen der Arbeitsökonomie eine ausführliche Ermittlung. Ein Hauptargument dafür ist, dass solche Handlungen von Natur aus die Kernbeschränkungen haben. Ist eine derartige Praktik vorhanden, verstößt sie unmittelbar gegen § 1 des Sherman Acts. Bei horizontalen Vereinbarungen gelten z. B. die Preisfestsetzungen oder Kunden- oder Marktaufteilungen als illegal,[728] während die Festlegung der Weiterverkaufspreise zwischen den im vertikalen Verhältnis stehenden Unternehmen zu den Hardcore-Kartellen gehört.[729] Diese zu begehenden Handlungen können das Gesetz im höchsten Maße verletzen, weshalb eine Freistellung nicht möglich ist.

4.3.3.1.2 Rule of Reason

Es ist für andere Fälle möglich, sich bei der Untersuchung auf das Prinzip des Rule of Reason zu stützen. Das Gericht muss weitergehend prüfen, ob und inwieweit die infrage stehenden Vereinbarungen den Wettbewerb ungünstig beeinflussen können. Eine Freistellung ist grundsätzlich möglich, wenn bei einer Gesamtbetrachtung positive wirtschaftliche Auswirkungen die wettbewerbsbehindernden Effekte überwiegen können. Hierbei werden eine Reihe von maßgeblichen Variablen, wie etwa Besonderheit der relevanten Märkte, Marktstellung der an der Vereinbarung partizipierenden Unternehmen, Eigenschaft der wettbewerbsbeeinträchtigenden Wirkungen, herangezogen.[730]

4.3.3.2 Clayton Act

Um das Antitrust-Regime zu ergänzen, wurden im Jahr 1914 zwei Gesetze, der Clayton Act und der Federal Trade Commission Act (kurz: FTCA), veröffentlicht. Im Clayton Act sind vier weitere Regelungen gegen Wettbewerbsbeschränkung (z. B. allgemeine Kopplungsgeschäfte) verkörpert, darunter spielt § 7 des Clayton Acts bei der Fusionskontrolle eine entscheidende Rolle. Zusammenschlüsse werden gem. § 7 des Clayton Acts untersagt, die wahrscheinlich in irgendeinem Wirtschaftsteil (Export- oder Importhandel)[731] zu einer wesentlichen Verhinderung

---

728 Marth, Antitrust Treatment of Joint Ventures: Analyzing Competitor Collaboration; Vigdor/Wilson/Wallmuth, Joint Venture Analysis under United States Antitrust Law.
729 Hay, US-Amerikanisches Recht, 6. Kapitel Rn. 631.
730 Marth, Antitrust Treatment of Joint Ventures: Analyzing Competitor Collaboration.
731 Hay, US-Amerikanisches Recht, 6. Kapitel Rn. 633.

des Wettbewerbs oder zur Entstehung eines Monopols führen können. Im Jahr 1950 wurde der Anwendungsbereich der Fusionskontrolle durch den Celler-Kefauver-Act nochmals erweitert, damit die Zusammenschlüsse zwischen den nicht im Wettbewerb miteinander stehenden Unternehmen in die Fusionskontrolle aufgenommen werden.

Darüber hinaus wurden die sog. Horizontal Merger Guidelines zur Konkretisierung der Prüfungsmaßstäbe gemeinsam von dem Department of Justice (kurz: DOJ) und der Federal Trade Commission (kurz: FTC) erarbeitet, in denen eine Vielzahl von Faktoren (z. B. Marktkonzentration, Marktanteile der beteiligten Unternehmen, Ausmaß der tätigkeitsbezogenen Überlappung, Effizienzgewinne oder Marktzutrittsschranken) herangezogen wird, um eine systematische Bewertung der Wettbewerbskraft vorzunehmen.

4.3.3.3 Wettbewerbsrechtliche Behandlung der Gemeinschaftsunternehmen

Um die Konkurrenzfragen zwischen dem Sherman Act und Clayton Act im Hinblick auf die Behandlungsmethoden der Gemeinschaftsunternehmen zu klären, haben das DOJ und die FTC gemeinsam die „Antitrust Guidelines for Collaboration Among Competitors" veröffentlicht, in denen Gemeinschaftsunternehmen unter zwei Gesichtspunkten zu kontrollieren sind. Sie werden zum einen als kooperative Arbeit der Mutterunternehmen (Ersatz von Vereinbarungen) am Maßstab des Kartellverbots geprüft. Zum anderen fallen sie aufgrund der Veränderungen der unternehmerischen Strukturen unter die Fusionskontrolle.

Gemeinschaftsunternehmen können als vertragliche Kooperation der Mutterunternehmen angesehen werden und sind anschließend nach § 1 des Sherman Acts zu prüfen. Damit gemeint sind diejenigen, die nicht dauerhaft auf dem Markt erscheinen und lediglich die von den Mutterunternehmen zugewiesenen Aufgaben wahrnehmen.[732] Sie sind wirtschaftlich von den Mutterunternehmen abhängig,[733] wobei die Mutterunternehmen noch als Wettbewerber auf dem Markt des Gemeinschaftsunternehmens verbleiben.[734]

Grundsätzlich finden die allgemeinen Prinzipien im Sherman Act Anwendung auf die Beurteilung der Gemeinschaftsunternehmen. Die Zusammenarbeit kann unter dem Prinzip „Rule of Reason" genehmigt werden, vorausgesetzt, dass die mit der Gründung eines Gemeinschaftsunternehmens einhergehenden Vorteile gegenüber den negativen Effekten überwiegen können. Es wird dahingehend geprüft, ob die Wettbewerbsbeschränkungen als unerlässlich und verhältnismäßig für die

---

732 Hinweise von Art. 1.3 der Antitrust Guidelines for Collaboration Among Competitors.

733 Marth, Antitrust Treatment of Joint Ventures: Analyzing Competitor Collaboration.

734 Hinweise von Example 1 der Antitrust Guidelines for Collaboration Among Competitors.

Verwirklichung der berechtigten Geschäftsziele zu bewerten sind bzw. ob äquivalente Gewinne durch eine andere wettbewerbskonformere Zusammenarbeit nicht zu erzielen sind.[735]

Die Errichtung eines Gemeinschaftsunternehmens ist als Zusammenschluss nach § 7 des Clayton Acts einzustufen, soweit die neue Einheit zur Durchführung der gemeinsamen Aktivitäten von zwei oder mehreren voneinander unabhängigen Unternehmen die Marktbedingungen dauerhaft beeinflussen kann.[736] Eine solche Zusammenarbeit muss nicht auf einen ungenügenden (kurzen) Zeitraum befristet werden. Laut dem Beispiel 1 der Antitrust Guidelines for Collaboration Among Competitors sind 12 Jahre als hinreichende Laufzeit anzusehen. Es ist zudem gem. Art. 1.3 der Antitrust Guidelines entscheidend, dass wirtschaftliche Aktivitäten der Mutterunternehmen durch den Zusammenschluss teilweise fusioniert werden und somit eine Effizienzsteigerung anzunehmen ist. Das bedeutet, dass die Mutterunternehmen nicht mehr in den Tätigkeitsgebieten des Gemeinschaftsunternehmens konkurrieren werden. Als selbstständige Einheit übernimmt das Gemeinschaftsunternehmen integrierte Aufgaben von den Mutterunternehmen. Die Errichtung eines Gemeinschaftsunternehmens wird nicht zugelassen, wenn sie gem. § 7 des Clayton Acts zu wesentlichen Wettbewerbsbeschränkungen oder zur Entstehung von Monopolen führt.

4.3.4 Streitigkeiten in China

Wie bereits erläutert, wird nach der Schaffung des AMG das Verhältnis zwischen Wettbewerbsverbot und Fusionskontrolle nicht klargestellt, obwohl die Beurteilungsmaßstäbe in Art. 13 bzw. 14 und 28 S. 1 AMG wortgleich sind.[737] Dies zieht die Aufmerksamkeit der chinesischen Juristen auf sich, die solche besonderen Aspekte über Gemeinschaftsunternehmen in der Literatur erwähnt und Vorschläge dazu unterbreitet haben.[738]

4.3.4.1 Befürworter eines Trennungsprinzips unter dem Antitrust Law

Einige Juristen sind der Meinung, dass die von Gemeinschaftsunternehmen aufgeworfenen Probleme entweder im Bereich des Kartellverbots oder im Bereich der Fusionskontrolle zu beurteilen sind.[739] Die Vereinbarungen über

735 Marth, Antitrust Treatment of Joint Ventures: Analyzing Competitor Collaboration.
736 Vigdor/Wilson/Wallmuth, Joint Venture Analysis under United States Antitrust Law.
737 In der EU richten sich die Untersagungskriterien auf die erhebliche Behinderung wirksamen Wettbewerbs, wohingegen das Wettbewerbsverbot für die Vereinbarungen mit spürbarer Beeinträchtigung des zwischenstaatlichen Handels gilt.
738 Ye, Analyse der Werte des Anti-Monopolgesetzes, S. 75–78; PCCPL/Wang/Han, Report on Competition Law and Policy of China 2012, S. 79–80.
739 Chu, Anti-Monopolregelungen bei Gemeinschaftsunternehmen, S. 15 ff.; Zeng, Studie nach Anti-Monopolregelungen bei Gemeinschaftsunternehmen, S. 11 ff.; Li, Jiangsu Social Sciences 2011 Heft 2, S. 137; Cai, Modern Finance & Economics 2010

die Gründung eines Gemeinschaftsunternehmens, die im Wesentlichen auf die Verhaltenskoordinierung der Mutterunternehmen abzielen, werden nach den Prüfungskriterien in Art. 13–15 AMG beurteilt. Hat die Bildung eines Gemeinschaftsunternehmens die möglichen Strukturveränderungen zur Folge, unterliegt dies der Fusionskontrolle.[740] Diese Behandlungsmethode geht auf die Grundsätze des US-amerikanischen Antitrust Law (wohl auch auf die Trennungstheorie in Deutschland) zurück, nach dem eine klare Unterscheidung zwischen bestimmten Typen der Gemeinschaftsunternehmen keine ausschlaggebende Rolle spielt.[741]

4.3.4.2 Unterstützung für eine Doppelkontrolle

Nach anderer Ansicht wäre eine Doppelkontrolle sinnvoll, da die Gründung eines Gemeinschaftsunternehmens nicht nur die Marktbedingungen beeinflussen kann, sondern die Koordinierungsmöglichkeiten der Mutterunternehmen dadurch deutlich erhöht werden können.[742] In der letztgenannten Konstellation greifen die Vorschriften zum Verbot der wettbewerbsbeschränkenden Vereinbarungen ein.[743] Dies stimmt mit den Grundprinzipien in der FKVO (sog. Doppelkontrolle) bzw. im GWB (sog. Zweischrankentheorie) überein. Nicht zuletzt wird bei einigen Juristen besonderes Augenmerk auf die Koordinierungsmöglichkeit zwischen Gemeinschafts- und Schwesterunternehmen gerichtet, die von einem gemeinsamen Mutterunternehmen kontrolliert werden (sog. Netzeffekt).[744]

4.3.4.3 Bewertung

Es stellt sich nach amerikanischem Modell die Frage, ob sich verschiedene Funktionen der Gemeinschaftsunternehmen klar voneinander abgrenzen lassen.

Heft 1, S. 95–96; Lou, Science Mosaic 2015 Heft 5, S. 177–178; Tan, Journal of Shanghai University of Political Science & Law 2015 Heft 3, S. 45 ff.; Kong, Legal Daily Nr. 12, S. 2; Feng, Rechtspraxis der chinesischen Unternehmenszusammenschlüsse, S. 251, S. 253.

740 PCCPL/Wang/Han, Report on Competition Law and Policy of China 2012, S. 80; Gan, Wettbewerbsverbot in Vereinbarungen der Gemeinschaftsunternehmen; He, Kontrolle der Gemeinschaftsunternehmen im Rahmen des Wettbewerbsrechts; Ding/Lin, Theorie und Praxis der Zusammenschlusskontrolle, S. 11.

741 Chu, Anti-Monopolregelungen bei Gemeinschaftsunternehmen, S. 25 ff.

742 Zeng, Studie nach Anti-Monopolregelungen bei Gemeinschaftsunternehmen, S. 23; Lou, Science Mosaic 2015 Heft 5, S. 177.

743 Chu, Anti-Monopolregelungen bei Gemeinschaftsunternehmen, S. 14.

744 Liu, Hebei Law Science 2014 Heft 2, S. 183, beruht auf dem Sachverhalt zwischen Copperweld und Independence Tube in den USA (Syllabus Copperweld v. Independence Tube); Schulte/Schwindt/Kuhn, Joint Ventures, § 6 Rn. 5.

Dasselbe Problem existiert auch bei der Prüfung nach dem Trennungsprinzip in Deutschland. Im Wirtschaftsleben können einzelne Funktionen bestimmter Gemeinschaftsunternehmen aufgrund ihrer komplizierten Erscheinungsformen schwer beurteilt werden, weshalb es oft vage bleibt, welche Prüfungsmaßstäbe die Kartellbehörden anwenden sollen. Es ist oft zu hinterfragen, ob ein Gemeinschaftsunternehmen als reine Zusammenarbeit zur Erfüllung der vertraglich festgelegten Zwecke dient bzw. ob dessen Entstehung lediglich die Auswirkungen auf die Marktstruktur auslöst. In einigen Fällen kann es vielfältige Aufgaben von den Mutterunternehmen wahrnehmen, die nicht in eine Kategorie einzuordnen sind. Merkwürdig ist zudem, dass sich die Prüfkriterien in beiden Bereichen voneinander unterscheiden. Während bei bedenklichen Vereinbarungen bereits unvernünftige (auf Englisch: unreasonable) Handelsbeschränkungen zum Verstoß gegen das Kartellverbot führen, sind Zusammenschlüsse erst dann unzulässig, wenn sie signifikante Wettbewerbsbeschränkungen zur Folge haben. Daraus resultiert die Gefahr, dass die Gründerunternehmen selbst auswählen können, nach welchen Maßstäben die Bildung eines Gemeinschaftsunternehmens zu prüfen ist. Zur Risikovermeidung ist eine Doppelkontrolle bei bestimmen Typen der Gemeinschaftsunternehmen unentbehrlich.

Es ist außerdem zu bemerken, dass in der EU die Unterscheidung zwischen kooperativen und konzentrativen Gemeinschaftsunternehmen als Abgrenzungshilfe für die Anwendbarkeit des Kartellverbots dient. Es ist bei der Prüfung von kooperativen Gemeinschaftsunternehmen entscheidend, ob sie die Verhaltenskoordinierung der Mutterunternehmen bezwecken oder bewirken. Dies ist auf einer Seite anzunehmen, wenn die Mutterunternehmen auf dem vom Gemeinschaftsunternehmen bedienten Markt tätig bleiben. Auf der anderen Seite wird das Wettbewerbsverhalten der Mutterunternehmen in einem gleichen Kandidatenmarkt auch berücksichtigt. Hierbei ist zu untersuchen, ob das Gemeinschaftsunternehmen für die Mutterunternehmen im Verhältnis zu ihren eigenen Tätigkeiten von großer Bedeutung ist, auch wenn sie nicht auf demselben Markt wie das Gemeinschaftsunternehmen bleiben. Ist dies zu bejahen, spricht es für eine Verhaltenskoordinierung zwischen den Mutterunternehmen. Im Allgemeinen lässt sich beobachten, dass sich die Prüfung der kooperativen Gemeinschaftsunternehmen in der EU auf die Wettbewerbsauswirkungen in Kandidatenmärkten stützt, sodass genauer auf die Gruppeneffekte eingegangen wird. Solche Regelungen finden sich hingegen nicht im US-amerikanischen Antitrust Law. Es wird auch bei den US-Kartellbehörden weniger Aufmerksamkeit auf die Wettbewerbseffekte außerhalb des vom Gemeinschaftsunternehmen bedienten Marktes gelegt. Koordinierte Effekte werden z. B. auf einem vor- oder nachgelagerten Markt des Gemeinschaftsunternehmens, auf dem die Mutterunternehmen zugleich tätig sind, nicht im fusionskontrollrechtlichen Verfahren geprüft, woraus eine Gefahr resultieren kann, dass nicht alle möglichen Wettbewerbsbeschränkungen berücksichtigt werden. In diesem Sinne ist die Identifizierung der Kandidatenmärkte bei der Prüfung der koordinierten Effekte notwendig.

Im Grundprinzip stimmt das deutsche Konzept „Zweischrankentheorie“ mit der Doppelkontrolle in der EU überein.[745] Besonders auffällig ist jedoch, dass das BKartA nicht verpflichtet ist, nach der Prüfung gem. § 36 Abs. 1 GWB anschließend einen neuen Prozess gem. § 1 GWB einzuleiten.[746] Die Unternehmen sind einerseits aufgerufen, eine Selbsteinschätzung der Vereinbarkeit ihres Vorhabens mit dem Kartellrecht vorzunehmen.[747] Andererseits bleibt die Prüfung anhand des § 1 GWB bzw. Art. 101 AEUV nach Angaben des BKartA noch vorbehalten.[748] Es ist durchaus möglich, eine Untersagung nach Fristablauf im Sinne von § 40 GWB auszusprechen,[749] da etwaige Überlegungen über die Zulässigkeit im Bereich des Kartellverbots nicht im Fusionskontrollverfahren angestellt werden.[750] Dies stellt einen großen Unterschied zur Behandlungsmethode in der EU dar, wo die Prüfung der kooperativen Aspekte innerhalb der Fristen des Fusionskontrollverfahrens abgeschlossen wird.

Es ist zu überlegen, ob ein getrennter Prozess für die Prüfung der koordinierten Effekte notwendig ist. Besonders ist zu bemerken, dass beide Prüfungen miteinander eng zusammenhängen. Dies liegt darin begründet, dass alle Grundinformationen zur Bewertung der Wahrscheinlichkeit der Verhaltenskoordinierung bereits im Fusionskontrollverfahren gesammelt werden. Beispielsweise werden relevante Märkte, auf denen das Gemeinschaftsunternehmen tätig ist, sowie die Kandidatenmärkte, auf denen die Mutterunternehmen agieren, in der fusionskontrollrechtlichen Prüfung abgegrenzt. Logischerweise wird der jeweilige Marktanteil der beteiligten Unternehmen sowie ihrer Wettbewerber ebenso berechnet. Eine wiederholte Ermittlung wäre daher nicht sinnvoll. Es ist hinsichtlich der Verfahrensdauer effizienter, alle relevanten Gesichtspunkte in einem Prüfungsprozess zu prüfen. Darauf ist noch hinzuweisen, dass die Koordinierungseffekte und die daraus erzeugten Wettbewerbsverhinderungen auch Anlass für eine Untersagung des Zusammenschlussvorhabens geben können, obgleich konzentrative Effekte eines Gemeinschaftsunternehmens weniger Wettbewerbsprobleme auslösen. In diesem Sinne kann die Entscheidung darüber in einem Verfahren getroffen werden. Schließlich ist es wichtig, den Beteiligten durch ein vereinheitlichtes Verfahren mehr Rechtssicherheit zu verschaffen.

4.3.4.4 Ergebnis

In China wird eine wichtige Frage aufgeworfen, auf welcher Rechtsgrundlage man Gemeinschaftsunternehmen behandeln kann. Dies hängt mit den zuständigen Behörden zusammen und wird immer mit Kosten und Belastungen der beteiligten

745 Fett/Spiering/K.Westermann/Bergmann, Handbuch Joint Venture, § 5 Rn. 131.
746 Fett/Spiering/K.Westermann/Bergmann, Handbuch Joint Venture, § 5 Rn. 127 ff.
747 Fett/Spiering/K.Westermann/Bergmann, Handbuch Joint Venture, § 5 Rn. 132.
748 Göthel/Hartmann-Rüppel, Grenzüberschreitende M&A-Transaktionen, § 41 Rn. 51.
749 Kling/Thomas, Kartellrecht, § 22 Rn. 169.
750 Wiedemann/Schroeder, Handbuch des Kartellrechts 2016, § 9 Rn. 23.

Unternehmen sowie der Arbeitslast der Kartellbehörden verbunden. Es ist zu klären, ob die Prüfung nach Art. 13–15 AMG bei einigen Gemeinschaftsunternehmen (z. B. konzentrative Gemeinschaftsunternehmen) völlig verdrängt wird (sog. „Konzentrationsprivileg"). Alternativ können die Regelungen zu Monopolvereinbarungen parallel auf die Gründung eines Gemeinschaftsunternehmens Anwendung finden, soweit die Koordinierungsmöglichkeit dadurch deutlich erhöht werden kann.

Nach der Praxis des MOFCOM ist klar, dass die Gründung eines Gemeinschaftsunternehmens der Fusionskontrolle untersteht. Eine zusätzliche Ermittlung von der SAIC und NDRC wurde bis jetzt nicht ausgeführt. In der Tat ist eine Doppelkontrolle in vollem Umfang auch nicht sinnvoll. Dies betrifft insbesondere konzentrative Gemeinschaftsunternehmen, die in der Regel keine Verhaltensabstimmung der Mutterunternehmen auslösen. Im Gegensatz dazu wird eine Doppelkontrolle für kooperative Gemeinschaftsunternehmen, wie bereits dargestellt, als notwendig angesehen. Die Besonderheiten der kooperativen Gemeinschaftsunternehmen bestehen darin, dass auf einer Seite deren Bildung zur Veränderung der Marktstruktur führen kann. Auf der anderen Seite können die Mutterunternehmen angeregt werden, das Gemeinschaftsunternehmen zur Koordinierung ihres Marktverhaltens zu nutzen und aus gemeinsamer Interessenlage generell zu einer gegenseitigen Rücksichtnahme zu bewegen. In diesem Sinne dient das Gemeinschaftsunternehmen als Ersatz der wettbewerbsbeschränkenden Vereinbarungen zwischen den Mutterunternehmen. Dies gehört zu einer speziellen Erscheinungsform der monopolistischen Vereinbarungen, die an den Prüfungsmaßstäben der Art. 13 ff. AMG zu messen sind. Wettbewerbsbeschränkende Vereinbarungen werden gem. Art. 15 Abs. 2 AMG untersagt, soweit sie den Wettbewerb beschränken oder beseitigen.

Wie bereits dargestellt, muss die Untersuchung der Koordinierungsmöglichkeit noch als spezieller Teil im fusionskontrollrechtlichen Verfahren inkludiert werden. Hierbei können konzentrative und kooperative Effekte des Gemeinschaftsunternehmens, wie in der EU, stufenweise in einem Verfahren geprüft werden, wodurch die Verfahrensdauer deutlich verkürzt werden kann. Ein weiterer Vorteil ist, dass verfahrensrechtliche Schritte der Zusammenschlusskontrolle gem. Art. 25 und 26 AMG konkret formuliert und somit für beteiligte Unternehmen überschaubarer sind, wobei dies in Verfahrensbestimmungen über Ermittlung und Handhabung der Sachverhalte bezüglich der Monopolvereinbarungen und des Marktmachtmissbrauches nicht detailliert ist.

4.4 Nebenabreden

4.4.1 Nebenabreden im Rahmen der europäischen Fusionskontrolle

Unter bestimmten Voraussetzungen werden einige Absprachen automatisch mit der fusionsrechtlichen Freigabe abgedeckt. Diese werden als Nebenabreden (auf Englisch: Ancillary Restraints) bezeichnet. In der EU wird ein Konzentrationsprivileg durch die FKVO eingeräumt: Eine Genehmigung wird für Nebenabreden vermutet, soweit der damit zusammenhängende Zusammenschluss zugelassen wird.

Zur Vermeidung einer doppelten Prüfung in Art. 101 AEUV müssen die Nebenabreden für den Zusammenschluss als existenziell gelten.[751] Genau genommen sind sie unmittelbar und notwendig für die Verwirklichung des Zusammenschlusses. Es ist noch darauf hinzuweisen, dass die Nebenabreden die Handlungsfreiheit der Beteiligten gewissermaßen beschränken können, sonst wären sie kartellrechtlich unbedenklich.[752] Es ist auch zu betonen, dass die Nebenabrede keinen integralen Bestandteil des Zusammenschlusses darstellt, während das Kernstück der Vereinbarungen (z. B. zur Herbeiführung einer gemeinsamen Kontrolle über ein anderes Unternehmen) im Vordergrund der fusionskontrollrechtlichen Beurteilung steht.[753]

4.4.1.1 Merkmale der Nebenabreden

Vor allem kommt das Notwendigkeitserfordernis in Betracht. Es ist zu untersuchen, ob der Zusammenschluss ohne Nebenabreden nicht oder nur mit wesentlich größeren Schwierigkeiten (im Hinblick auf höhere Kosten, längere Dauer oder mit ungewissen Erfolgsaussichten) umgesetzt werden könnte.[754] Hier gilt der Grundsatz „Verhältnismäßigkeit".[755] Eine Nebenabrede wird nur geduldet, wenn es nach dem sachlichen und räumlichen Geltungsbereich sowie der zeitlichen Geltung keine andere Methode zur Erreichung dieses legitimen Ziels gibt, durch die der Wettbewerb weniger beschränkt wird.[756] Ferner darf es nicht über ein notwendiges Ausmaß der Durchführung der Hauptmaßnahme hinausgehen.[757] Die Notwendigkeit ist z. B. zu verneinen, wenn die Beschränkungen in Bezug auf den zeitlichen, sachlichen oder räumlichen Geltungsbereich die Bildung eines Gemeinschaftsunternehmens übertreffen.

Hinzu kommt, dass hier eine untrennbare Verbundenheit für die Durchführung des Zusammenschlusses gefordert wird.[758] Eine Absprache ist nur dann als Nebenabrede anzusehen, wenn sie in einem engen Zusammenhang mit dem Zusammenschluss steht, wodurch eine reibungslose Abwicklung (z. B. in Bezug auf die Anpassung an die Unternehmensstruktur oder die Erleichterung des

751 Hölters/Sedemund, Handbuch Unternehmenskauf, Teil VI Rn. 329 ff.
752 Schulte/Henschen, Handbuch Fusionskontrolle, S. 460 Rn. 1677; Mestmäcker/Schweitzer, Europäisches Wettbewerbsrecht, § 25 Rn. 59.
753 Bekanntmachung zu Nebenabreden, Rn. 10; Schröter/Jakob/Klotz/Mederer/Dittert, Europäisches Wettbewerbsrecht, S. 1744 Rn. 65.
754 Bekanntmachung zu Nebenabreden, Rn. 12.
755 Schröter/Jakob/Klotz/Mederer/Dittert, Europäisches Wettbewerbsrecht, S. 1749–1750 Rn. 84; Göthel/Wurmnest, Grenzüberschreitende M&A-Transaktionen, § 18 Rn. 116, Rn. 118.
756 Bekanntmachung zu Nebenabreden, Rn. 12.
757 Bekanntmachung zu Nebenabreden, Rn. 13; Emmerich, Kartellrecht, § 4 Rn. 57.
758 Bekanntmachung zu Nebenabreden, Rn. 11–12.

Kontrollerwerbs) ermöglicht wird.[759] Ein loser Zusammenhang, der z. B. in zeitlicher Nähe zum Zusammenschluss steht, genügt hingegen nicht.[760] Es ist bei Gemeinschaftsunternehmen besonders zu klären, ob die Absprachen mit der Bildung unmittelbar verknüpft werden und Hand in Hand mit der Durchführung gehen.[761] Ist dies zu bejahen, sind sie dann nicht separat anhand von Art. 101 Abs. 1 FKVO zu beurteilen.[762]

Einzelne Aspekte stützen sich auf die Bekanntmachung zu Nebenabreden, wonach sie wiedergibt, welche Absprachen als unmittelbar verbundene und notwendige Einschränkungen für die Zusammenschlüsse anzusehen sind. Bezüglich der Bildung eines Gemeinschaftsunternehmens sind Grundsätze im vierten Teil der Bekanntmachung zugrunde gelegt.

Art. 101 AEUV kommt erst in Betracht, wenn die Absprachen nicht in vollem Umfang in den Genuss automatischer Billigung von Zusammenschlüssen kommen.[763] Solche Vereinbarungen sind aber nicht per se rechtswidrig, vielmehr bieten Art. 101 Abs. 3 AEUV und einzelne Gruppenfreistellungsverordnungen die Freistellungsmöglichkeiten. Es obliegt den beteiligten Unternehmen, im Wege der Selbsteinschätzung zu prüfen, ob diese Vereinbarungen in Einklang mit Art. 101 AEUV stehen.

4.4.1.2 Fallgruppen der Nebenabreden

4.4.1.2.1 Wettbewerbsverbot

Die Wettbewerbsklauseln, die zu einer der wichtigsten Kategorien der Nebenabreden gehören,[764] werden häufig angesichts gemeinschaftsunternehmerischer Arbeit von den Mutterunternehmen vereinbart. Im Allgemeinen wird ein Wettbewerbsverbot, das zulasten der Gründerunternehmen und zugunsten des Gemeinschaftsunternehmens ist, als Nebenabrede bewertet, soweit es für die Tätigkeitsbereiche des Gemeinschaftsunternehmens notwendig ist. In der Praxis verpflichten sich die Gründerunternehmen häufig, auf aktuellen oder potenziellen Wettbewerb in Märkten des Gemeinschaftsunternehmens zu verzichten. Dies äußert sich darin, dass sie sich nach der Übertragung der Ressourcen auf das Gemeinschaftsunternehmen

---

759 Bekanntmachung zu Nebenabreden, Rn. 12, Rn. 14–15; Wiedemann/Wagemann, Handbuch des Kartellrechts 2008, § 16 Rn. 209.

760 Schröter/Jakob/Klotz/Mederer/Dittert, Europäisches Wettbewerbsrecht, S. 1749 Rn. 81.

761 Immenga/Mestmäcker/Zimmer, Wettbewerbsrecht, Art. 101 Abs. 1 AEUV Rn. 329.

762 Bekanntmachung zu Nebenabreden, Rn. 7; Schröter/Jakob/Klotz/Mederer/Dittert, Europäisches Wettbewerbsrecht, S. 1744 ff. Rn. 66 ff.; Wiedemann/Schroeder, Handbuch des Kartellrechts 2008, § 8 Rn. 72.

763 Immenga/Mestmäcker/Zimmer, Wettbewerbsrecht, Art. 101 Abs. 1 AEUV Rn. 329; Schröter/Jakob/Klotz/Mederer/Dittert, Europäisches Wettbewerbsrecht, S. 1744–1745 Rn. 66.

764 Grabbe, Nebenabreden in der europäischen Fusionskontrolle, S. 65 ff.

von den infrage stehenden Märkten zurückziehen.[765] Die Fälle, in denen die Mutterunternehmen als aktuelle Wettbewerber ihres Gemeinschaftsunternehmens agieren, treten in der Praxis ganz selten auf.[766] Es ist für die Mutterunternehmen ebenso unwahrscheinlich, in Zukunft in den Markt des Gemeinschaftsunternehmens zu treten, wenn ihr gemeinsames Tochterunternehmen zur Erschließung eines neuen Marktes gegründet wird.[767]

Dies hängt damit zusammen, dass selbstständige Marktaktivitäten des Gemeinschaftsunternehmens durch die Gewährleistung seiner Interessen bzw. die Begrenzung der Handlungsfreiheit seiner Mutterunternehmen zu fördern sind. Hier wird ein guter Glaube während der Vertragsgestaltung geschützt, damit sich das Gemeinschaftsunternehmen die in ihn eingebrachten Geschäftswerte aneignen kann.[768] In Anbetracht der Kontrolle über das Gemeinschaftsunternehmen wird jedem Gründer noch verhindert, auf die von anderen Gründern im Gemeinschaftsunternehmen erbrachten Ressourcen zuzugreifen.

Die Rechtfertigung eines solchen Wettbewerbsverbots setzt, wie bei anderen Nebenabreden, zeitliche, räumliche und sachliche Begrenzungen voraus. Sachlich müssen sich die betroffenen Waren oder Dienstleistungen auf die Erzeugnisse des Gemeinschaftsunternehmens beschränken.[769] Andere Waren oder Dienstleistungen, die nicht vom Gemeinschaftsunternehmen produziert oder erbracht werden, bedürfen keines Wettbewerbsschutzes.

Die Tätigkeitsbereiche des Gemeinschaftsunternehmens werden nur in begrenzten Märkten geschützt. Hier spricht man von geografischer Abgrenzung des Wettbewerbsverbots. Es muss sich auf ein bestimmtes Gebiet beschränken, in dem betroffene Waren und Dienstleistungen vom Gemeinschaftsunternehmen produziert oder erbracht werden. Dies wird hauptsächlich in der Gründungsvereinbarung oder Gesellschaftssatzung festgelegt.[770] Ein solches Gebiet bezieht sich oft auf die Märkte, wo die Gründerunternehmen vor der Bildung eines Gemeinschaftsunternehmens bereits operiert haben. In Ausnahmefällen gilt ein Wettbewerbsverbot auch für solche Märkte, in denen die Gründer zwar keine Präsenz haben, aber mit getätigten Investitionsmaßnahmen nachweisen können, dass sie zur Ausdehnung ihrer Tätigkeiten einen Markteintritt beabsichtigen.[771] Weitere wettbewerbsbeschränkende Nebenabreden, die sich auf ein Wettbewerbsverbot in anderen Märkten erstrecken, fallen in den Anwendungsbereich des Kartellverbots.

---

765 Grabbe, Nebenabreden in der europäischen Fusionskontrolle, S. 66.

766 Grabbe, Nebenabreden in der europäischen Fusionskontrolle, S. 66.

767 Grabbe, Nebenabreden in der europäischen Fusionskontrolle, S. 66.

768 Bekanntmachung zu Nebenabreden, Rn. 36; Mestmäcker/Schweitzer, Europäisches Wettbewerbsrecht, § 25 Rn. 65–66.

769 Bekanntmachung zu Nebenabreden, Rn. 37–39; Mestmäcker/Schweitzer, Europäisches Wettbewerbsrecht, § 25 Rn. 66.

770 Bekanntmachung zu Nebenabreden, Rn. 36.

771 Bekanntmachung zu Nebenabreden, Rn. 37; Immenga/Mestmäcker/Körber, Wettbewerbsrecht, Art. 8 FKVO Rn. 65.

Dies gilt insbesondere für ein Wettbewerbsverbot in benachbarten Märkten, wo das Gemeinschaftsunternehmen ein potenzielles Konkurrenzverhältnis mit den Mutterunternehmen haben kann.

In zeitlicher Hinsicht sieht die Kommission keine Höchstdauer vor. Ein Wettbewerbsverbot bleibt grundsätzlich für die gesamte Lebensdauer eines Gemeinschaftsunternehmens gültig. Dies unterscheidet sich von einem Wettbewerbsverbot zulasten des Unternehmensveräußerers, das in der Regel bis zu drei Jahren ab der Übertragung des Know-hows dauert.[772] Es ist noch darauf zu achten, dass hier keine festgelegte Regel gilt. Es wird vielmehr in jedem Einzelfall beurteilt, ob ein unbefristetes Wettbewerbsverbot unter Berücksichtigung aller relevanten Umstände als angemessen einzustufen ist.

Weitere Fallkonstellationen, in denen das Gemeinschaftsunternehmen hinsichtlich der Mengen, Preise oder Kundschaft belastet wird und die Gründer begünstigt werden, werden nach der Entscheidungspraxis der Kommission nicht als Nebenabreden angesehen.[773] Ein Hauptgrund besteht darin, dass die wettbewerbliche Handlungsfreiheit und zukünftige Entwicklungsmöglichkeit des Gemeinschaftsunternehmens dadurch begrenzt werden könnten. Diesen Vereinbarungen ist auch oft ein wettbewerbsgefährdendes Potenzial zuzuschreiben. Eine Ausnahme besteht aber, wenn die Mutterunternehmen ein berechtigtes Interesse daran verlangen können. Zum Beispiel wäre ein völliger Technologietransfer in das Gemeinschaftsunternehmen sinnlos, wenn es noch in ein Konkurrenzverhältnis mit den Mutterunternehmen treten würde. In diesem Sinne ist dem Gemeinschaftsunternehmen ein Wettbewerbsverbot gerecht: Es muss sich anderweitig beschäftigen.[774]

Darüber hinaus müssen potenzielle Einschränkungen ausschließlich auf den infrage stehenden Zusammenschluss zutreffen. Eine zwischen Mutterunternehmen und anderen Unternehmen getroffene Vereinbarung, in der die Tätigkeiten des Gemeinschaftsunternehmens beschränkt werden, ist nicht als Nebenabrede einzustufen. Eine solche Verpflichtung, die bei einem anderen Wirtschaftsvorgang (außer der Gründung eines Gemeinschaftsunternehmens) ausgelöst wird, richtet sich nach den Prüfkriterien des Art. 101 AEUV.[775]

Bezüglich des Wettbewerbsverbots, das dem Minderheitsbeteiligten gegenüber dem Gemeinschaftsunternehmen aufgelegt wird, werden die Kriterien, Verbundenheit und Notwendigkeit, nach Auffassung der Kommission nicht erfüllt.[776] Es

---

772 Bekanntmachung zu Nebenabreden, Rn. 20, Rn. 36; Picot/Hahn, Unternehmenskauf und Restrukturierung, § 11 Rn. 55; Reiser, Joint Ventures in der europäischen Fusionskontrolle, S. 152.

773 Schulte/Henschen, Handbuch Fusionskontrolle, S. 460 Rn. 1677; Grabbe, Nebenabreden in der europäischen Fusionskontrolle, S. 66.

774 Immenga/Mestmäcker/Körber, Wettbewerbsrecht, Art. 8 FKVO Rn. 61.

775 Immenga/Mestmäcker/Körber, Wettbewerbsrecht, Art. 8 FKVO Rn. 64; Schulte/Henschen, Handbuch Fusionskontrolle, S. 460 Rn. 1677.

776 Bekanntmachung zu Nebenabreden, Rn. 40; Immenga/Mestmäcker/Körber, Wettbewerbsrecht, Art. 8 FKVO Rn. 62; Göthel/Wurmnest, Grenzüberschreitende

fehlt bei der Minderheitsbeteiligung ein Beherrschungsverhältnis zu dem Gemeinschaftsunternehmen, daher ist eine solche Absprache nicht als unentbehrlich für die Unternehmensgründung zu bewerten. Sie wird gesondert nach Art. 101 AEUV geprüft.[777]

Grundsätzlich stellt ein Wettbewerbsverbot allein zwischen den Mutterunternehmen keine zulässige Nebenabrede dar.[778] Ein Hauptgrund liegt darin, dass eine solche Vereinbarung mit dem Zustandekommen des Gemeinschaftsunternehmens nicht ursächlich zusammenhängt. Es mangelt folglich am Schutzbedürfnis. Ausnahmsweise kann diese als Nebenabrede bewertet werden, welche den Mutterunternehmen verbietet, sich an einem mit dem Gemeinschaftsunternehmen im Wettbewerb stehenden Unternehmen zu beteiligen. Damit ist gemeint, dass die Transaktion die Ausübung eines bestimmenden Einflusses auf das Konkurrenzunternehmen bezweckt, wodurch das Mutterunternehmen die Leitungsfunktionen erzielen kann.[779] Umgekehrt ist der Charakter von Nebenabreden nicht zu erkennen, wenn die Beteiligung an einem anderen Unternehmen nur als vorübergehende Investition gilt. Gegebenenfalls sind andere Unternehmen, die einer Unternehmensgruppe angehören, einem gleichen Wettbewerbsverbot zu unterwerfen, um ein potenzielles Wettbewerbsverhältnis zu verhindern.[780]

Es handelt sich bei einem nachvertraglichen Wettbewerbsverbot um Verzicht auf die Konkurrenz mit dem Gemeinschaftsunternehmen für einen bestimmten Zeitraum, nachdem ein Mutterunternehmen aus dem kontrollierenden Mitgliederkreis ausschert. Ein solches Wettbewerbsverbot hält die Kommission oft nicht für notwendig.[781] Ein Grund dafür ist, dass eine solche Geltung erst nach der Beendigung der Zusammenarbeit beansprucht werden kann. Nach der Praxis der Kommission wird die Anforderung eines nachvertraglichen Wettbewerbsverbots nicht unterstützt, soweit das Gemeinschaftsunternehmen zum Zeitpunkt des Austritts bereits unmittelbar Kontakt mit seinen Kunden aufgenommen hat und in Besitz von Schlüsseltechnologien gekommen ist. Eine Ausnahme besteht nur, wenn bei der Unternehmensgründung bereits vorherzusehen ist, dass das Gemeinschaftsunternehmen bei dem Rücktritt eines Gesellschafters vor

M&A-Transaktionen, § 41 Rn. 23; Mestmäcker/Schweitzer, Europäisches Wettbewerbsrecht, § 27 Rn. 11; Fett/Spiering/K.Westermann/Bergmann, Handbuch Joint Venture, § 5 Rn. 87; Schulte/Henschen, Handbuch Fusionskontrolle, S. 435–436 Rn. 1580.

777 Bekanntmachung zu Nebenabreden, Rn. 40.

778 Immenga/Mestmäcker/Zimmer, Wettbewerbsrecht, Art. 101 Abs. 1 AEUV Rn. 330.

779 Bekanntmachung zu Nebenabreden, Rn. 25; Schulte/Henschen, Handbuch Fusionskontrolle, S. 467 Rn. 1710.

780 Immenga/Mestmäcker/Körber, Wettbewerbsrecht, Art. 8 FKVO Rn. 63.

781 Wiedemann/Wagemann, Handbuch des Kartellrechts 2008, § 16 Rn. 213; Mäger/Mäger, Europäisches Kartellrecht, § 9 Rn. 55; Fett/Spiering/K.Westermann/Bergmann, Handbuch Joint Venture, § 5 Rn. 89; Grabbe, Nebenabreden in der europäischen Fusionskontrolle, S. 155 ff.

Wettbewerbsbehandlungen schutzbedürftig ist.[782] Dies ist aber mit äußerster Vorsicht zu behandeln.

4.4.1.2.2 Liefer- und Bezugspflicht

Zwischen Gemeinschafts- und Mutterunternehmen können Vereinbarungen über gegenseitige Bezugs- und Lieferpflichten getroffen werden, insbesondere wenn die Gründerunternehmen in einem dem Markt des Gemeinschaftsunternehmens vor- oder nachgelagerten Markt tätig sind. Zu untersuchen ist, ob diese Klauseln hinsichtlich ihres sachlichen, räumlichen und zeitlichen Anwendungsbereiches in aller Regel als verhältnismäßig zu bewerten sind.[783]

Eine solche Vereinbarung muss zunächst speziell für die Errichtung eines Gemeinschaftsunternehmens notwendig sein, damit sich das neu geschaffene Unternehmen allmählich verselbstständigen kann.[784] Es werden oft den Gründerunternehmen zur Begünstigung des Gemeinschaftsunternehmens gewisse Pflichten auferlegt, um die Produktversorgung und den Umsatz für einen bestimmten Zeitraum zu sichern.[785] Vereinbarungen, die zum großen Teil auf die Interessensicherung der Mutterunternehmen ausgerichtet werden, sind hingegen mit dem vorgenannten Ziel nicht unmittelbar vereinbar.[786] Die Handlungsfreiheit des Gemeinschaftsunternehmens kann aber trotzdem in Ausnahmefällen eingeschränkt werden, wenn z. B. betroffene Tätigkeitsbereiche der Mutterunternehmen nach dem Übergang aufgelöst werden.[787] Eine Lieferpflicht zu Mutterunternehmen ist in diesem Fall als notwendig zu bewerten.

Es ist besonders zu bemerken, dass die Ausschließlichkeitsbindungen nicht als Nebenabreden anerkannt werden.[788] Davon redet man, wenn die Vereinbarung eine unverhältnismäßig hohe bzw. unbegrenzte Liefer- oder Bezugsmenge enthält.

---

782 Fett/Spiering/K.Westermann/Bergmann, Handbuch Joint Venture, § 5 Rn. 90; Immenga/Mestmäcker/Körber, Wettbewerbsrecht, Art. 8 FKVO Rn. 67; MüKoEuWettbR/von Koppenfels, FKVO, Art. 8 Rn. 135 einschl. eines Fallbeispiels von Siemens/Areva.

783 Bekanntmachung zu Nebenabreden, Rn. 33–34; Schröter/Jakob/Klotz/Mederer/Dittert, Europäisches Wettbewerbsrecht, S. 1754 Rn. 101.

784 Schulte/Henschen, Handbuch Fusionskontrolle, S. 466–467 Rn. 1723; Schröter/Jakob/Klotz/Mederer/Dittert, Europäisches Wettbewerbsrecht, S. 1753 Rn. 99; Bekanntmachung zu Nebenabreden, Rn. 32.

785 Bekanntmachung zu Nebenabreden, Rn. 32; Schröter/Jakob/Klotz/Mederer/Dittert, Europäisches Wettbewerbsrecht, S. 1753 Rn. 99.

786 Schröter/Jakob/Klotz/Mederer/Dittert, Europäisches Wettbewerbsrecht, S. 1754 Rn. 102.

787 Bekanntmachung zu Nebenabreden, Rn. 32.

788 Bekanntmachung zu Nebenabreden, Rn. 34; Picot/Hahn, Unternehmenskauf und Restrukturierung, § 11 Rn. 55; Schröter/Jakob/Klotz/Mederer/Dittert, Europäisches Wettbewerbsrecht, S. 1753 Rn. 100; Kapp, Kartellrecht in der Unternehmenspraxis, S. 214; Mestmäcker/Schweitzer, Europäisches Wettbewerbsrecht, § 25 Rn. 72.

Als Beispiele sind hier der Liefervertrag über den Gesamtbedarf und die Alleinbezugsverpflichtung zu nennen. Die Kommission sieht ferner eine solche Absprache nicht als objektiv notwendig an, wenn sie einem der Gründer den Status als Vorzugslieferant oder -abnehmer verschafft. Diese Absprache ist grundsätzlich mit der Ausschließlichkeitsbindung vergleichbar.[789] Gerechtfertigt ist nur eine derartige Vereinbarung, die eine Pflicht zur Lieferung oder zum Bezug einer bestimmten Warenmenge beschreibt, die vor dem Zusammenschluss bereitgestellt wurde und nach dem Zusammenschluss konstant bleibt.[790] Eine weitere Voraussetzung dafür ist, dass diese Verpflichtung zum normalen Geschäftsverkehr gehört und keinen exklusiven Charakter hat.[791]

Die Festlegung der Laufzeit basiert auf einer objektiven Beurteilung. Als Richtschnur darf die Übergangszeit nicht über fünf Jahre hinausgehen.[792] Eine zehnjährige Liefer- oder Bezugsvereinbarung kann z. B. nur in den ersten Jahren als Nebenabrede behandelt werden, wobei sie für den verbleibenden Zeitraum nach Art. 101 Abs. 1 AEUV zu untersuchen ist.[793] Erwähnenswert ist aber, dass die Kommission keine zeitliche Höchstdauer vorsieht.[794] Eine längere Dauer kann je nach dem Einzelfall als geeignet bewertet werden.[795] Während dieser Zeitspanne muss das Gemeinschaftsunternehmen nach neuer Lieferbeziehung suchen, um bisherige Abhängigkeitsverhältnisse zu ersetzen.[796]

Dienstleistungs- und Vertriebsvereinbarungen (z. B. Vertrag über allgemeine Unterhaltung und Wartung, Buchhaltung oder Rechtsberatung usw.) können einen weiteren Bereich der Nebenabreden darstellen. Die oben erwähnten Grundsätze sind auf die Dienstleistungs- und Vertriebsverträge anwendbar, sofern sie hinsichtlich ihrer Wirkungen den Liefer- und Bezugsverpflichtungen gleichkommen.[797]

---

789 Bekanntmachung zu Nebenabreden, Rn. 34.

790 Bekanntmachung zu Nebenabreden, Rn. 32–33; Schröter/Jakob/Klotz/Mederer/Dittert, Europäisches Wettbewerbsrecht, S. 1753 Rn. 99.

791 Grabbe, Nebenabreden in der europäischen Fusionskontrolle, S. 71 ff.

792 Immenga/Mestmäcker/Körber, Wettbewerbsrecht, Art. 8 FKVO Rn. 85; Picot/Hahn, Unternehmenskauf und Restrukturierung, § 11 Rn. 55; Wiedemann/Wiedemann, Handbuch des Kartellrechts 2008, § 16 Rn. 217; Schröter/Jakob/Klotz/Mederer/Dittert, Europäisches Wettbewerbsrecht, S. 1754 Rn. 101.

793 Schröter/Jakob/Klotz/Mederer/Dittert, Europäisches Wettbewerbsrecht, S. 1745 Rn. 67; Kuhn, Kooperative Aspekte von Gemeinschaftsunternehmen im Europäischen Kartellrecht, S. 311–312.

794 Schröter/Jakob/Klotz/Mederer/Dittert, Europäisches Wettbewerbsrecht, S. 1754 Rn. 101; Mestmäcker/Schweitzer, Europäisches Wettbewerbsrecht, § 25 Rn. 71.

795 Fett/Spiering/K. Westermann/Bergmann, Handbuch Joint Venture, § 5 Rn. 92.

796 Bekanntmachung zu Nebenabreden, Rn. 33; Mestmäcker/Schweitzer, Europäisches Wettbewerbsrecht, § 25 Rn. 71.

797 Bekanntmachung zu Nebenabreden, Rn. 44; Schulte/Henschen, Handbuch Fusionskontrolle, S. 469 Rn. 1722.

4.4.1.2.3 Lizenzvereinbarung

Eine Lizenzvereinbarung erstreckt sich die Nutzung des nicht in das Gemeinschaftsunternehmen eingebrachten gewerblichen Schutzrechts oder des geschäftlichen Verwertungsrechts (z. B. Warenzeichen, Geschäftszeichnungen oder Handelsnamen),[798] worauf das Gemeinschaftsunternehmen für seine Geschäftsbereiche angewiesen ist.[799] Hierbei handelt es sich um ein solches Recht, das die Gründerunternehmen aufgrund ihrer anderen Geschäftsteile nicht auf das Gemeinschaftsunternehmen übertragen wollen oder können.[800] Daraufhin verpflichten sie sich dazu, als Lizenzgeber ein Nutzungsrecht zu gewähren. Die Kommission erachtet eine Lizenzvergabe als nötig, vorausgesetzt, dass das Gemeinschaftsunternehmen zur Vermarktung seiner Waren einer Lizenzierung bedarf.[801] Eine befristete oder unbefristete Lizenzvereinbarung spielt hierbei eine untergeordnete Rolle. Es ist auch von geringer Bedeutung, egal ob es sich um eine ausschließliche oder einfache Lizenz handelt.[802] Eine Lizenz kann auf ein bestimmtes Gebiet begrenzt werden, auf dem das Gemeinschaftsunternehmen agiert.[803]

Umgekehrt kann ein Gemeinschaftsunternehmen seinen Mutterunternehmen Lizenzen erteilen. Dies ist der Fall, wenn das Nutzungsrecht für die Weiterführung der verbleibenden Tätigkeiten des Mutterunternehmens essenziell ist.[804] Das Gemeinschaftsunternehmen kann weiterhin den Zugang zu Technologien oder zum Know-how beschränken (z. B. die Festsetzung der Gebietsgrenze), um missbräuchliche Verhaltensweisen der Gründer zu unterbinden und somit eine gefestigte Marktstellung für sich selbst zu schaffen.[805]

Darüber hinaus ist eine wechselseitig erteilte Lizenz zwischen Gemeinschafts- und Mutterunternehmen denkbar.[806] Bei der Lizenzvereinbarung, die allein zwischen den Gründerunternehmen gilt, kommt eine automatische Genehmigung nicht infrage.[807] Sie wird separat nach Art. 101 AEUV beurteilt.[808] Eine

798 Bekanntmachung zu Nebenabreden, Rn. 28, Rn. 31; Grabbe, Nebenabreden in der europäischen Fusionskontrolle, S. 68.

799 Schröter/Jakob/Klotz/Mederer/Dittert, Europäisches Wettbewerbsrecht, S. 1753 Rn. 97.

800 Bekanntmachung zu Nebenabreden, Rn. 27, Rn. 31.

801 Schulte/Henschen, Handbuch Fusionskontrolle, S. 468 Rn. 1715.

802 Bekanntmachung zu Nebenabreden, Rn. 42.

803 Bekanntmachung zu Nebenabreden, Rn. 42.

804 Bekanntmachung zu Nebenabreden, Rn. 43.

805 Schröter/Jakob/Klotz/Mederer/Dittert, Europäisches Wettbewerbsrecht, S. 1753 Rn. 97; Bekanntmachung zu Nebenabreden, Rn. 29.

806 Bekanntmachung zu Nebenabreden, Rn. 43; Schröter/Jakob/Klotz/Mederer/Dittert, Europäisches Wettbewerbsrecht, S. 1752 Rn. 94; Mestmäcker/Schweitzer, Europäisches Wettbewerbsrecht, § 25 Rn. 69.

807 Bekanntmachung zu Nebenabreden, Rn. 43; Fett/Spiering/K.Westermann/Bergmann, Handbuch Joint Venture, § 5 Rn. 91; Schröter/Jakob/Klotz/Mederer/Dittert, Europäisches Wettbewerbsrecht, S. 1753 Rn. 97.

808 Mestmäcker/Schweitzer, Europäisches Wettbewerbsrecht, § 25 Rn. 69.

Freistellungsmöglichkeit dafür richtet sich nach der Gruppenfreistellungsverordnung für die Technologietransfer-Vereinbarungen.[809]

4.4.2 Nebenabreden in China

In China versteht man unter der Nebenabrede die Einschränkung der Handlungsfreiheit der beteiligten Unternehmen, die zwar zu wettbewerbsschädlichen Effekten führt, aber im Hinblick auf die Verbundenheit und die Notwendigkeit zur Ausführung eines Zusammenschlusses ausnahmsweise geduldet wird. Die Behandlungsmethoden für Nebenabreden werden allerdings nicht auf gesetzlicher Ebene erkannt. In der Literatur wird heftig diskutiert, wie man die Nebenabreden behandeln kann. Einige Absprachen, die in der EU üblicherweise als Nebenabreden eingestuft werden, sind bereits im Fusionskontrollverfahren geprüft worden. Momentan benötigt man in China noch eine Verordnung über Nebenabreden.

4.4.2.1 Wettbewerbsverbot

Ein wichtiges Beispiel besteht im Wettbewerbsverbot zulasten der Mutterunternehmen, ohne dass es dem Gemeinschaftsunternehmen die Nutzung der Vermögenswerte und die Aneignung des Know-hows kaum realisierbar wären. Es wird den Mutterunternehmen verhindert, mit dem Gemeinschaftsunternehmen in einem bestimmten Zeitraum und auf einem gleichen geografischen Gebiet zu konkurrieren. Solche Absprachen (als Nebenabreden) verstoßen nicht per se gegen das AMG,[810] sondern dienen zur Sicherung des Gutglaubensschutzes im Zuge der Verhandlung zwischen den Gründerunternehmen.[811] Die Fortführung eines Gemeinschaftsunternehmens kann auch dadurch gewährleistet werden, dass der Missbrauch des Know-hows oder der anderen Ressourcen im Gemeinschaftsunternehmen vermieden wird.[812]

Es werden zwar keine Regelungen über Nebenabreden im wettbewerblichen Regime gefunden, jedoch verlangt das MOFCOM, die Vereinbarung oder Klausel über das Wettbewerbsverbot mit anderen Anmeldungsmaterialien zusammen

809 Schröter/Jakob/Klotz/Mederer/Dittert, Europäisches Wettbewerbsrecht, S. 1753 Rn. 98.

810 Liu/Yu/Swita, Non-compete clauses in JV contracts - An analysis from the perspective of the PRC Anti-monopoly Law; Shang, Erkundung nach Rechtssystem für die Zusammenschlusskontrolle in China, S. 146 ff.

811 Gong, Junhe Law Review 2012 Heft 2, S. 31; China Competition Law, Geistiges Eigentumsrecht im Zuge auf Zusammenschlusskontrolle; Gan, Wettbewerbsverbot in Vereinbarungen der Gemeinschaftsunternehmen.

812 Gong, Junhe Law Review 2012 Heft 2, S. 31; China Competition Law, Geistiges Eigentumsrecht im Zuge auf Zusammenschlusskontrolle; Gan, Wettbewerbsverbot in Vereinbarungen der Gemeinschaftsunternehmen.

vorzulegen.[813] Dies deutet darauf hin, dass das MOFCOM bei der Prüfung eines angemeldeten Zusammenschlussvorhabens zugleich Rücksicht auf das Wettbewerbsverbot nimmt. Nach der Praxis des MOFCOM kann eine solche Absprache freigestellt werden, wenn sie als unmittelbar und notwendig für die Transaktion zu erklären ist.[814] Von unmittelbarer Verbundenheit wird gesprochen, wenn das Wettbewerbsverbot mit dem Hauptziel des Gemeinschaftsunternehmens übereinstimmt. Anschließend muss das Wettbewerbsverbot noch für das Gelingen des Zusammenschlusses als notwendig bewertet werden. Das bedeutet, dass ein Zusammenschluss ohne Nebenabrede kaum oder nur unter ungewissen Bedingungen zu verwirklichen wäre. Zu untersuchen ist zudem, ob keine andere, den Wettbewerb weniger beschränkende Möglichkeit zur Verfügung steht. Hier orientiert sich die Notwendigkeit an der Überlebensfähigkeit des Gemeinschaftsunternehmens. Der Grundsatz „Verhältnismäßigkeit" wird dementsprechend herangezogen.

Ein Wettbewerbsverbot ist als verhältnismäßig anzusehen, wenn es im räumlichen, zeitlichen sowie produktrelevanten Aspekt angemessen begrenzt wird. Genau genommen beschränkt sich ein Wettbewerbsverbot auf solche Märkte, auf denen die Gründerunternehmen vor dem Zusammenschluss tätig sind. Andere Märkte werden auch mit einbezogen, in denen die Gründerunternehmen zur Vorbereitung der Unternehmensbildung nachweislich längst investiert haben. Gleiche Prinzipien treffen auf die Beurteilung der sachlichen Beschränkungen zu. Eine wettbewerbsbeschränkende Absprache, die deutlich über die Produktpalette des Gemeinschaftsunternehmens hinausgeht, wird nicht im fusionskontrollrechtlichen Verfahren freigestellt. Zeitlich gilt ein solches Verbot bis zur Beendigung des Gemeinschaftsunternehmens. In diesem Teil annähert sich die chinesische Praxis den Grundprinzipien der EU.

4.4.2.2 Liefervereinbarung

Ein weiteres Beispiel für Nebenabreden ist die Liefervereinbarung, die sich auf eine Lieferpflicht zwischen Mutter- und Gemeinschaftsunternehmen bezieht. In der Praxis hat das MOFCOM eine Liefervereinbarung als Nebenabrede behandelt. Dies ist durch den Fall Corun/Toyota/PEVE/Xinzhongyuan/Toyota Tsusho zu verdeutlichen, in dem sich fünf Gründerunternehmen aufgrund der Errichtung eines Gemeinschaftsunternehmens beim MOFCOM angemeldet haben. Toyota China, einer der Gründer, hatte vor, die NiMH-Batterien mittelbar von dem zu gründenden

813 Fußnote 26, S. 9 vom Anmeldungsformular für die Unternehmenszusammenschlüsse, siehe auch in Shang, Erkundung nach Rechtssystem für die Zusammenschlusskontrolle in China, S. 146.

814 Liu/Yu/Swita, Non-compete clauses in JV contracts - An analysis from the perspective of the PRC Anti-monopoly Law; Shang, Erkundung nach Rechtssystem für die Zusammenschlusskontrolle in China, S. 149–150; Gan, Wettbewerbsverbot in Vereinbarungen der Gemeinschaftsunternehmen; Liang, Studie nach Wettbewerbsverbot im Rahmen der Gemeinschaftsunternehmen.

Gemeinschaftsunternehmen zu beziehen.[815] Es ist besonders zu bemerken, dass es sich ursprünglich um eine langfristige und ausschließliche Lieferpflicht handelte. Das MOFCOM hat aber in der Entscheidung die Dauer auf drei Jahre verkürzt. Nichtsdestotrotz ändert diese Behebung nichts daran, dass das MOFCOM eine Vereinbarung über die ausschließliche Lieferpflicht des Gemeinschaftsunternehmens beschränkt freigestellt hat, die als Nebenabrede bewertet werden könnte.

Es ist aber fraglich, ob die exklusive Lieferpflicht als ausschlaggebend für die Fortführung des Gemeinschaftsunternehmens zu bewerten ist. Nach europäischem Kartellrecht (wohl auch nach den oben dargestellten Prinzipien in China) ist hier die unmittelbare Verbundenheit mit dem Zusammenschluss zu verneinen: Sie stellt keine notwendige Voraussetzung für das Überleben des Gemeinschaftsunternehmens dar. In diesem Sinne spricht diese Ausschließlichkeitsbindung sogar gegen die Verhältnismäßigkeit der Wettbewerbsbeschränkung. Die Rechtsgrundlage wurde nicht in der Entscheidung erwähnt. Es bleibt daher unklar, wie das MOFCOM in Zukunft solche Nebenabreden prüfen wird.

4.4.3 Ergebnis

In der EU werden solche Absprachen als Nebenabreden eingestuft, soweit sie für das Zustandekommen der Gemeinschaftsunternehmen unentbehrlich und mit deren Durchführung verbunden sind.[816] Gem. Art. 6 Abs. 1 lit. b Unterabs. 2 und Art. 8 Abs. 1 Unterabs. 2 und Abs. 2 Unterabs. 3 FKVO kommen sie in den Genuss der automatischen Genehmigung der Zusammenschlüsse, wobei eine doppelte Bewertung nach europäischem oder nationalem Kartellrecht überflüssig ist.[817] Bei anderen Absprachen, die über die Freistellungsbefugnis des Fusionskontrollrechts hinausgehen, erfolgt eine Prüfung am Maßstab des Kartellverbots.[818] Solche Absprachen werden verboten, soweit sie zur Beeinträchtigung des zwischenstaatlichen Handels beitragen und die Verhinderung, Einschränkung oder Verfälschung des Wettbewerbs bezwecken oder bewirken.

Anders als im europäischen Recht gibt es im AMG keine besonderen Regelungen für Nebenabreden. Eine solche Absprache wird möglicherweise zusammen mit der Errichtung eines Gemeinschaftsunternehmens im Zusammenschlusskontrollverfahren geprüft. Dies hat das MOFCOM bereits in seiner Praxis vorgenommen, aber der Prüfmaßstab bleibt vage. Als Alternative dazu könnte ein getrenntes Verfahren bezüglich der Ermittlung der wettbewerbsbeschränkenden Vereinbarungen gem. Art. 13–15 AMG eingeleitet werden. Die SAIC bzw. die NDRC hat aber bis jetzt noch keine solche Prüfung durchgeführt. Diese zwei Varianten stellen in China einen großen Unterschied dar, da die Aufsichtsaufgaben drei verschiedenen

815 Details in 5.1.5.

816 Bekanntmachung zu Nebenabreden, Rn. 10 ff.

817 Loewenheim/Meessen/Riesenkampff/Kersting/Meyer-Lindemann/Bauer, Kartellrecht, Art. 6 FKVO Rn. 83.

818 Emmerich, Kartellrecht, § 17 Rn. 23; Kapp/Schumacher, WuW 2010, S. 487 ff.

Ministerien obliegen.[819] In einem komplizierten Fall könnten theoretisch zwei oder sogar drei Behörden für die Untersuchung zuständig sein. Es wäre vor diesem Hintergrund sinnvoll, eine Behörde mit der Behandlung der allgemeinen Fragen über Nebenabreden zu betrauen. Wie bereits dargestellt, hängt die Nebenabrede mit der Durchsetzung des Zusammenschlusses eng zusammen, weswegen ein neu einzuleitendes Verfahren im Hinblick auf den hohen Kosten- und Zeitaufwand unnötig ist. Denkbar wäre, das MOFCOM angesichts seiner mehrjährigen Erfahrungen in der Fusionskontrolle als zuständige Behörde zu nominieren. Andere wettbewerbsbeschränkende Absprachen, die von Natur aus nicht mit der Durchführung der Transaktion verbunden werden und für diese nicht als notwendig einzustufen sind, können in den Anwendungsbereich des Art. 13 bzw. 14 AMG fallen.[820] Als Beispiel ist ein Wettbewerbsverbot für die Minderheitsgesellschafter zu nennen.

819 Siehe auch in 3.3.

820 Liu/Yu/Swita, Non-compete clauses in JV contracts - An analysis from the perspective of the PRC Anti-monopoly Law; Shang, Erkundung nach Rechtssystem für die Zusammenschlusskontrolle in China, S. 47; Gong, Junhe Law Review 2012 Heft 2, S. 32; Gan, Wettbewerbsverbot in Vereinbarungen der Gemeinschaftsunternehmen.

5. Kapitel: Entscheidungspraxis in China

5.1 Fallbeispiele im Hinblick auf die Bildung eines Gemeinschaftsunternehmens

Nach der Schilderung des fusionskontrollrechtlichen Systems wird die Rechtspraxis in diesem Kapitel eingeführt, um ein umfangreiches Verständnis für die Prüfung der Gemeinschaftsunternehmen zu erwerben und prozessuale Besonderheiten zu veranschaulichen.

5.1.1 Allgemeine Situation

Bis Ende 2015 hat das MOFCOM rund 1.310 Zusammenschlussvorhaben freigegeben,[821] wobei nur zwei angemeldete Zusammenschlussvorhaben untersagt wurden.[822] Davon wurden knapp 2 % der Sachverhalte mit Bedingungen und Auflagen genehmigt. Dies entspricht grundsätzlich der Rechtspraxis der EU: Eine Mehrzahl der Zusammenschlüsse wird erlaubt. Seit 2012 wird vierteljährlich eine Liste der zugelassenen Zusammenschlüsse (ohne Beschränkung) veröffentlicht.[823] Allein 2015 wurden bereits 314 Zusammenschlüsse bewilligt, wobei kein Zusammenschluss untersagt wurde. Es ist weiterhin zu bemerken, dass die Fälle aus Industriebereichen wie Fahrzeugbau, Fertigungsproduktion, Chemie, den größten Teil der Zusammenschlüsse ausmachen.[824] Die meisten Beteiligten, die ein Zusammenschlussvorhaben in China zu notifizieren haben, sind multinationale Unternehmen. Besonders auffällig ist, dass einige beim MOFCOM angemeldete Zusammenschlussvorhaben bereits in anderen Ländern durchgeführt wurden.[825]

---

821 USCBC, Merger Reviews Rejected or Modified by MOFCOM; Liste der freigestellten Zusammenschlüsse ohne Beschränkungen im 1., 2., 3. und 4. Quartal 2015.

822 Zusammenschlussfall zwischen Coca-Cola und Huiyuan 2009 sowie zwischen Maersk, MSC und CMA CGM 2014.

823 Liste der Zusammenschlussfälle vor 2012, siehe in Anti-Monopolbüro vom MOFCOM, Statistiken der freigestellten Zusammenschlüsse ohne Beschränkungen bis 30. September 2012; Pressbüro vom MOFCOM, Arbeitsbericht im Jahr 2012 vom MOFCOM.

824 Zhang/Zhang, China's Merger Control Policy: Patterns of new developments; Pfromm, WuW 2014, S. 37.

825 SAIC/CASS, Darstellung der typischen Anti-Monopolfälle und Untersuchung der Gesetzesdurchsetzung von Durchführungsorganen, S. 233–235; Cao, Manager' Journal 2014 Heft 3, S. 241; Ein Fallbeispiel von CMA CGM, Maersk und MSC, siehe in CMA CGM, The P3 Network will not be implemented following decision by the Ministry of Commerce (MOFCOM) in China; Barlow/Wu, MOFCOM's Block of the P3 Network Shipping Alliance; ein anderes Fallbeispiel von Alcon/Novartis, siehe in

Dies verdeutlicht, dass das AMG auch in solche Zusammenschlüsse eingreifen kann, die im Ausland vorgenommen werden.[826]

Ein umstrittenes Anmeldungsproblem wird durch die neue Revision der Leitansichten über die Anmeldung von Unternehmenszusammenschlüssen im Jahr 2014 gelöst,[827] denenzufolge die Anwendbarkeit der fusionskontrollrechtlichen Vorschriften bei der Neubildung eines Gemeinschaftsunternehmens auf die gemeinsame Kontrolle beschränkt wird. Nunmehr stellt der Aufbau eines neuen Gemeinschaftsunternehmens den Schwerpunkt der Zusammenschlusskontrolle dar. Dies wird durch die Statistikdaten untermauert: Allein im Jahr 2015 beliefen sich die Zusammenschlüsse auf 79, die sich auf die neue Errichtung eines Gemeinschaftsunternehmens bezogen, was mehr als ein Viertel aller Zusammenschlüsse ausmachte.[828] Aus der Entscheidung des MOFCOM wurden vier Sachverhalte unter dem Namen „Neubildung eines Gemeinschaftsunternehmens“ mit Bedingungen und Auflagen freigegeben.[829]

5.1.2 Fall: GE/Shenhua

5.1.2.1 Schilderung des Sachverhalts

Ein Mutterunternehmen des geplanten Gemeinschaftsunternehmens ist die GE (China) Co., Ltd. (nachfolgend GE China), welche zu 100 % durch ausländisches Kapital gebildet wurde. Ein anderes Mutterunternehmen ist die China Shenhua Coal to Liquid and Chemical Co., Ltd. (nachfolgend Shenhua Coal to Liquid), die für die Entwicklung der Projekte wie Verflüssigung oder Chemikalien der Kohlenstoffe tätig ist. Im Hinblick auf die Zusammenarbeit mit der Shenhua Coal to Liquid beabsichtigt die GE Infrastructure Technology Company, ein Tochterunternehmen der GE China, eine Lizenz der Vergasungstechnik an das Gemeinschaftsunternehmen zu erteilen. Die Gründerunternehmen werden paritätisch (50/50) an dem Gemeinschaftsunternehmen, das sich als Lizenzgeber mit der Vergasungstechnik und den relevant technischen Dienstleistungen beschäftigen wird, beteiligt sein.[830]

Der relevant sachliche Markt ist die Lizenzierung der Vergasungstechnik bezüglich der Schlicker von Kohle und Wasser (Coal-Water Slurry Gasification Technology), die von anderen Vergasungstechniken klar abgegrenzt wird. Dies liegt daran, dass die Technik über die Vergasung des halbflüssigen Breis von Kohle und

Zhao, GRUR Int. 2010, S. 909; Sprick, ZChinR 2008, S. 123; Furse, World Competition 2013, S. 293.

826 Wu, Auslegung zum Anti-Monopolgesetz der Volksrepublik China, S. 6–8.

827 Liu/Hu, Analyse der Neubildung der Gemeinschaftsunternehmen zur Anmeldung der Zusammenschlüsse.

828 Liste der freigestellten Zusammenschlüsse ohne Beschränkungen im 1., 2., 3. und 4. Quartal 2015.

829 Der Unterschied zwischen Auflagen und Bedingungen wurde bis jetzt nicht bekannt.

830 Ning/Ji/Yin, MOFCOM Imposed Conditions on SOEs – GE/Shenhua Deal.

Wasser durch ihre eigenen Merkmale gekennzeichnet wird, was dazu führt, dass diese Techniklizenzierung einen getrennten Markt darstellt. Nach der Marktforschung ist der Konzentrationsgrad in diesem Markt relativ hoch, da es insgesamt nur drei nennenswerte Wettbewerber auf dem Markt gibt. Auffällig ist dabei, dass davon die GE Infrastructure Technology Company der größte Lizenzanbieter ist. Hinzu kommt, dass die Marktzutrittsschranken als ganz hoch bewertet werden. Im Grunde genommen können die Barrieren wie spezialisierte Technologien, exklusives geistiges Eigentum sowie große Geschäftsrisiken in kurzer Zeit nicht durchbrochen werden.

Es ist auch zu bemerken, dass die Shenhua Group Corporation Limited (nachfolgend Shenhua-Gruppe), das Mutterunternehmen von der Shenhua Coal to Liquid, ein staatseigenes Bergbau- und Energieunternehmen ist. Die Tätigkeitsbereiche der Shenhua-Gruppe sind umfangreich. Besonders auffällig ist, dass sie sich im Kohlebergbau engagiert. Solche raren Kohlen haben ihre spezifischen Eigenschaften und sind unersetzbare Rohmaterialien für die obengenannte spezialisierte Vergasung. Das bedeutet, dass sich die Shenhua-Gruppe in einer unmittelbaren Lieferkette des geplanten Gemeinschaftsunternehmens befindet. Den erhobenen Statistiken im Jahr 2010 zufolge zählt die Shenhua-Gruppe zum größten Anbieter auf diesem Markt und hält einen großen Abstand vor ihren Mitbewerbern. Daneben sind die Transportkosten der Shenhua-Gruppe relativ gering, da sie über selbst betriebene Eisenbahnen und Häfen verfügt.

Der geografisch relevante Markt beschränkt sich auf China. Ein Substitut, das sich im Ausland befindet, wird nicht berücksichtigt. Dies liegt daran, dass das Gemeinschaftsunternehmen einerseits seine Tätigkeiten nur im chinesischen Hoheitsgebiet wahrnehmen wird. Andererseits wählen die Abnehmer den Technologieanbieter ausschließlich in China aus.

5.1.2.2 Kartellbehördliche Beurteilung

Das MOFCOM sah die Wahrscheinlichkeit als relativ hoch an, dass der Wettbewerb auf dem relevanten Markt durch die Gründung eines Gemeinschaftsunternehmens maßgeblich verhindert werden könnte. Ein Hauptgrund liegt darin, dass die Shenhua-Gruppe als der größte Lieferant im Markt der Rohmaterialien tätig ist. Sie könnte zur Gewinnmaximierung im Gemeinschaftsunternehmen ihre Kunden, also auch die Abnehmer im Markt des Gemeinschaftsunternehmens, differenziert behandeln. Sie ist auch in der Lage, ihre Kunden im Rohstoffmarkt von der Technologielizenz des Gemeinschaftsunternehmens abhängig zu machen.

Auf dem Markt, auf dem das geplante Gemeinschaftsunternehmen agieren wird, hält die GE Infrastructure Technology Company den größten Marktanteil. Hinzu kommt, dass ein neuer Marktauftritt in der Vergasungslizenz in absehbarer Zeit fast unmöglich ist. Es ist sehr wahrscheinlich, dass die GE Infrastructure Technology Company und das Gemeinschaftsunternehmen mittels ihrer Marktposition sowie der komplizierten Technologie den aktuellen oder potenziellen Wettbewerb einschränken oder ausschalten. Im extremen Fall könnte eine Marktabschottung vorliegen.

Der Rückgriff auf die Abhilfemaßnahmen ist infolgedessen notwendig. Nach Verhandlungen zwischen den beteiligten Parteien und dem MOFCOM wurde der Vollzug des Zusammenschlusses mit Bedingungen und Auflagen verbunden. Der Shenhua-Gruppe und der Shenhua Coal to Liquid werden verboten, die Konsumenten zur Nutzung der Technologie vom Gemeinschaftsunternehmen zu zwingen. Es ist dem Gemeinschaftsunternehmen auch unzulässig, den Abnehmern eine mit höheren Kosten verbundene Lizenz zu erteilen.

5.1.2.3 Interpretation und Analyse

Es ist darauf hinzudeuten, dass der vorliegende Fall der erste Sachverhalt ist, bei dem es sich um den Zusammenschluss mit einem Staatsunternehmen handelte. Zugleich stellt er ebenso das erste veröffentlichte Fallbeispiel dar, das sich auf die Bildung eines Gemeinschaftsunternehmens bezog und mit Bedingungen und Auflagen genehmigt wurde.

5.1.2.3.1 Verfahrensdauer

Der ganze Prozess, welcher am 16. Mai 2011 (ca. vier Wochen nach der ersten Anmeldung) eingeleitet wurde, dauerte etwa sieben Monate. Die Laufzeit der ersten Prüfphase belief sich auf 30 Tage und im Anschluss daran wurde eine Hauptprüfung am 15. Juni 2011 veröffentlicht. Zuvor hatte das MOFCOM einmal nachgefordert, unvollständige Unterlagen nachzubessern.

5.1.2.3.2 Vollfunktionalität

Im Jahr 2011 war noch umstritten, ob die neue Gründung eines Gemeinschaftsunternehmens überhaupt in den Geltungsbereich des AMG fallen konnte. Der Sachverhalt zeigt eine positive Einstellung des MOFCOM dazu.

Es ist vor allem klar, dass die Mutterunternehmen mittels der paritätischen Beteiligung am Gemeinschaftsunternehmen eine gemeinsame Kontrolle erworben haben. Am 29. Februar 2009 wurde in Shanghai das Gemeinschaftsunternehmen (EJV) in Form der GmbH gegründet.[831] Gem. Art. 26 ff. des Gesellschaftsgesetzes i. V. m. Art. 4 ff. des EJV-Gesetzes muss jeder Gesellschafter der Pflicht zur Einbringung des Kapitals oder des anderen Vermögens in das Gemeinschaftsunternehmen nachkommen. Das bedeutet, das Gemeinschaftsunternehmen verfügt über ausreichendes Kapital, um die Überlebensfähigkeit auf dem relevanten Markt zu erwerben. Hinzu kommt, dass das Tochterunternehmen der GE China die Lizenzierung der Vergasungstechnologie in das Gemeinschaftsunternehmen eingebracht hat, weshalb es noch mit einer spezialisierten

831 GE Shenhua Gasification Technology Co., Ltd.

Technologie ausgestattet wird. Es ist weiterhin darauf hinzuweisen, dass die GmbH gem. Art. 40 ff. des Gesellschaftsgesetzes über ihr eigenes Management verfügt, das für die Tagesgeschäfte zuständig ist. Aus einer Gesamtschau kann man schließen, dass das Gemeinschaftsunternehmen mithilfe der erforderlichen Ressourcen selbstständig ist. Wie seine Mitwettbewerber, ist es für die Lizenzierung der Vergasungstechnologie zuständig. Jeder Abnehmer kann von ihm eine Lizenz erwerben bzw. auf eine Lizenzierung von seinen Konkurrenten ausweichen. Ein freier Marktzugang ist in diesem Fall gesichert. Nicht zuletzt wurde hier keine beschränkte Frist zur Fortführung des Gemeinschaftsunternehmens festgelegt. Es ist dann zusammenzufassen, dass das Gemeinschaftsunternehmen als selbstständige wirtschaftliche Einheit dauerhaft wesentliche Funktionen übernimmt, die seine Wettbewerber genauso ausüben. Dabei handelt es sich um ein Vollfunktionsgemeinschaftsunternehmen.

5.1.2.3.3 Eingreifkriterien

5.1.2.3.3.1 Ermittlung des relevanten Marktes

Dieser Entscheidung ist zu entnehmen, dass sich die kartellrechtliche Ermittlung in erster Linie auf den Grad der Marktkonzentration, die Schwierigkeit des Markteintritts sowie die Marktanteile stützt. Im Vergleich zu vorher veröffentlichten Entscheidungen ist hier die Begründung deutlich detaillierter geworden. Es ist aber auch zu beachten, dass das MOFCOM angewendete Methode für die Marktabgrenzung in der Entscheidung nicht genau dargelegt hat.

5.1.2.3.3.2 Überprüfung der koordinierten Effekte

Es ist zu bemerken, dass GE China auf die Entwicklung der sauberen Kohleumwandlungs- sowie Vergasungstechnologien spezialisiert ist. Die Shenhua-Gruppe ist ein Hauptlieferant der Kohle in China, wobei ihr Tochterunternehmen, Shenhua Coal to Liquid, für die Nutzung und Umwandlung der Kohle zuständig ist. Wie bereits erwähnt, befindet sich die Shenhua-Gruppe in einer dem Markt des Gemeinschaftsunternehmens vorgelagerten Stufe. Die Tätigkeitsbereiche der Shenhua Coal to Liquid hängen hingegen nicht mit dem Markt des Gemeinschaftsunternehmens zusammen. Dies liegt darin begründet, dass Shenhua Coal to Liquid zunächst nicht auf demselben Markt wie das Gemeinschaftsunternehmen tätig ist. Zweitens agiert sie weder auf dem vorgelagerten noch auf dem nachgelagerten Markt für das Gemeinschaftsunternehmen. Nach Angaben des MOFCOM weist der Produktmarkt in diesem Sachverhalt seine eigenen Merkmale auf, (wie z. B. besondere Technologien oder spezielle Rohstoffe), wodurch er von anderen Produktmärkten klar abzugrenzen ist. Es ist sodann unwahrscheinlich, dass diese besondere Vergasungstechnologie in dem von Shenhua Coal to Liquid bedienten Markt verwendet werden kann. Hier liegt keine große Ähnlichkeit zwischen dem Markt des Gemeinschaftsunternehmens und dem der Shenhua Coal to Liquid vor. Das bedeutet, dass sich Shenhua Coal to Liquid weder in einem benachbarten

Markt noch in einem eng mit dem Markt des Gemeinschaftsunternehmens verknüpften Markt befindet. Es kommt zu dem Schluss, dass Shenhua Coal to Liquid nicht auf einem Kandidatenmarkt tätig ist.

Koordinierte Effekte kommen zuerst in Betracht, wenn die Wahrscheinlichkeit der Wettbewerbsbeschränkung durch die Gründung eines Gemeinschaftsunternehmens erhöht werden kann. Hier lässt sich die Überprüfung in drei Aspekten zusammenfassen: Im Markt der Lizenzierung der Vergasungstechnologie agiert neben dem Gemeinschaftsunternehmen nur noch ein Tochterunternehmen der GE China. Zweitens ist die Shenhua-Gruppe allein im Markt des Kohlebergbaus zuständig. In diesen zwei Märkten wird die Voraussetzung für die Verhaltenskoordinierung nicht erfüllt. Dies liegt daran, dass ein kooperatives Gemeinschaftsunternehmen angenommen wird, wenn mindestens zwei Mutterunternehmen zugleich auf einem gleichen Kandidatenmarkt tätig sind. Schließlich könnten sich Shenhua Coal to Liquid und GE China in einem gleichen Markt der Entwicklung und der Nutzung der umweltfreundlichen Kohleumwandlung befinden. Jedoch, wie bereits erwähnt, ist dieses Gebiet nicht als Kandidatenmarkt zu bewerten. Es ist davon auszugehen, dass die Verhaltenskoordinierung der Mutterunternehmen nicht durch die Unternehmensbildung verstärkt wird. Das Gemeinschaftsunternehmen hat folglich einen konzentrativen Charakter.

5.1.2.3.4 Abhilfemaßnahmen

Hier wurden verhaltensorientierte Vorschläge vom MOFCOM aufgenommen, was angesichts der laufenden Überwachung zulasten der Behörde gehen könnte. Es wird übrigens nicht klargestellt, wie sich diese Verpflichtungen gestaltet haben bzw. ob sie die zu befürchtenden Wettbewerbsbeschränkungen insbesondere im Beschaffungsmarkt ausgleichen können.[832]

5.1.3 Fall: Henkel/Tiande

Am 09.02.2012 hat das MOFCOM den zweiten Sachverhalt über die Bildung eines Gemeinschaftsunternehmens mit Bedingungen und Auflagen bekannt gemacht. In diesem Sachverhalt wurden verschiedene Märkte als sachlich relevant eingeordnet, in denen wettbewerbsrelevante Faktoren wie z. B. Marktanteil und Konzentrationsgrad (HHI) geprüft wurden.

5.1.3.1 Schilderung des Sachverhalts

Beteiligte Parteien sind die Tiande Chemical Holdings Ltd. (nachfolgend Tiande), welche auf die Herstellung des Cyanessigsäureethylesters (nachfolgend Produkt A) spezialisiert ist und die Henkel Hong Kong Holding Co. (nachfolgend Henkel HK),

---

832 Cleary Gottlieb, Chinese Merger Control Developments: GE/Shenhua JV and Alpha V/Savio Conditional Approvals.

die angesichts ihrer finanziellen und technischen Ausstattung evidente Vorteile im Markt von Cyanoacrylate Monomer (nachfolgend Produkt B) und Cyanacrylatkleber (nachfolgend Produkt C) hat. Ein geplantes Gemeinschaftsunternehmen, die Dekel Investment Holdings Ltd. (nachfolgend Dekel Holdings), wird durch ihr Tochterunternehmen, die Weifang Dekel Innovative Material Co., Ltd. (nachfolgend Weifang Dekel), die Produkte B herstellen, wobei die Rohstoffe, Produkte A, vornehmlich von Tiande bezogen werden.

Die drei Produkte befinden sich in einer Produktionskette und werden als Vorprodukte, Zwischenprodukte sowie Endprodukte benannt. Dank der Substituierbarkeit, Produktfunktionen sowie Produkteigenschaften war das MOFCOM zum Schluss gekommen, dass betroffene Produkte jeweils einen getrennten Produktmarkt darstellen. Der räumliche Markt erstreckt sich weltweit, da die in China produzierten Waren global abzusetzen sind.

Tiande ist ein Hersteller auf dem Markt der Produkte A, wo eine sehr hohe Marktkonzentration herrscht. Nach der Ermittlung des MOFCOM gibt es nur zwei Hauptkonkurrenten, wobei Tiande über ca. 45–50 % Marktanteil verfügt. Der HHI liegt über 4.050, was auch eine extrem hohe Konzentration indiziert. Es ist zudem darauf hinzuweisen, dass die Marktzutrittsschranken auf diesem Markt sehr hoch sind, weil jeder Staat aufgrund des Umweltschutzes strenge Kontrollregelungen vorgibt. Ein neuer Markteintritt für potenzielle Konkurrenten ist sehr begrenzt. Unter diesem Umstand können die Abnehmer nicht leicht auf die Substitute ausweichen, um ungünstige Bedingungen (z. B. die Preiserhöhung) zu vermeiden.

Gemeinsam mit ihrem Mutterunternehmen, der Henkel AG & Co. KGaA (nachfolgend Henkel), ist Henkel HK ein großer Anbieter für die Produkte B und C. Der Wettbewerbsdruck auf dem betroffenen Markt ist zwar als ausreichend einzuschätzen. Aber das MOFCOM hat darauf hingedeutet, dass Henkel mit weltweiten Marken und entwickelten Techniken zu einem der wichtigsten Hersteller der Chemieprodukte zählt und ihre Überlegenheit gegenüber anderen Wettbewerbern auf dem Markt der Produkte B und C spürbar ist.[833] Nach Angaben des MOFCOM werden weltweit mehr als 70 % der Produkte B in China produziert. Schließlich ist zu bemerken, dass die Bezugsmenge der Produkte A von Henkel bis zum Anmeldungszeitpunkt rund 5 % der Gesamtproduktion der Tiande betrug. Nach dem Zusammenschluss ist damit zu rechnen, dass die gesamte Beschaffungsmenge von Henkel und Weifang Dekel ca. 25 % der Produktionskapazität der Tiande entspricht.

5.1.3.2 Kartellbehördliche Beurteilung

Es ist zu befürchten, dass Tiande mittels der starken Marktmacht ihre Abnehmer, die zugleich die Herstellungsfunktionen der Produkte B wahrnehmen, ungleich

833 Dong, New Decision of Chinese Merger Control: Joint Venture between Henkel and Tiande.

behandelt. Eine mögliche Konsequenz daraus ist, dass Henkel durch die Plattform des Gemeinschaftsunternehmens günstige Lieferbedingungen von Tiande erhält. Wie bereits erwähnt, ist eine Alternative zum Produkt A kaum zu finden. Es ist Tiande durchaus möglich, zur Maximierung der Gewinne im Gemeinschaftsunternehmen die Preise zu erhöhen oder die Liefermengen an andere Abnehmer zu reduzieren.[834] Dies führt unmittelbar dazu, dass die Marktmacht der Tiande auf dem Markt der Produkte A durch das Gemeinschaftsunternehmen auf den nachgelagerten Markt (den Markt der Produkte B) zu übertragen ist und dadurch die wirtschaftliche Bewegungsfreiheit Dritter auf dem Markt der Produkte B beeinträchtigt wird. Letztendlich könnte der Wettbewerb auf den betroffenen Märkten (Produkte B bzw. C) erheblich geschwächt werden.

Es bedurfte einer Abhilfe zur Ausräumung des wettbewerblichen Bedenkens. Mit der Zustimmung des MOFCOM verpflichtet sich Tiande zur Schaffung fairer, angemessener, diskriminierungsfreier Lieferbedingungen für jeden Nachfrager. Weiterhin ist ihr verboten, die Produkte A mit unverhältnismäßig hohen Preisen an andere Abnehmer abzusetzen oder unter besonders günstigen Bedingungen an Henkel bzw. Weifang Dekel zu liefern. Die Produktpreise und Liefermengen müssen nach Marktregeln zustande kommen und unterstehen keinen unbilligen bzw. benachteiligenden Bedingungen. Schließlich wird Tiande eine Pflicht zur Geheimhaltung auferlegt: Es dürfen keine wettbewerbsrelevanten vertraulichen Informationen über ihre Abnehmer an Henkel oder Weifang Dekel preisgegeben werden. Gleichermaßen dürfen Henkel und die mit ihr verbundenen Unternehmen nicht auf formelle oder informelle Weise danach streben, diese Informationen von Tiande zu erlangen. Beteiligte Parteien müssen jedes Jahr oder auf Verlangen des MOFCOM über die Umsetzung ihrer Verpflichtungen berichten. Sie haben auch eigene Treuhänder einzusetzen, um die Durchsetzung der Verpflichtungen zu überwachen.

5.1.3.3 Interpretation und Analyse

5.1.3.3.1 Verfahrensdauer

Am 8. August 2011 waren die Anmeldungsunterlagen beim MOFCOM eingegangen und am 26. September 2011 startete das MOFCOM mit der ersten Untersuchung. Inzwischen hatten die beteiligten Unternehmen dem MOFCOM fehlende Schriftstücke nachgereicht. Ein 2. Studium der Prüfung wurde am 25. Oktober 2011 eingeleitet. Im Hinblick auf potenzielle Wettbewerbsbeschränkungen haben die Parteien dem MOFCOM am 13. Januar 2012 den Durchsetzungsplan über den modifizierten Zusammenschluss vorgelegt. Am 9. Februar 2012 hat das MOFCOM die Vorschläge der betroffenen Unternehmen akzeptiert und das Zusammenschlussvorhaben wurde mit Bedingungen und Auflagen genehmigt.

---

834 Burke/Zhang/Cohen/Golden/Harty/Hockett/So/Sohn, China Antitrust Review 2012.

5.1.3.3.2 Vollfunktionalität

In der Entscheidung wurde nicht erwähnt, ob eine gemeinsame Kontrolle über das Gemeinschaftsunternehmen (Dekel Holdings) zustande gekommen ist. Henkel HK verfügt nach dem Aufstellungsbericht des Anteilsbesitzes der Henkel über 45 % der Anteile, während Tiande 55 % der Anteile innehat.[835] Es ist aufgrund der knapp vorhandenen Informationen schwer zu beurteilen, ob eine gemeinsame Kontrolle (z. B. kraft der Gründungsvereinbarung oder mittels des Vetorechts) in der Tat vorliegt. Es könnte sein, dass Henkel HK kraft Part 12 Div. 1 Subdiv. 3 Sec. 564 des Companies Ordinance in Hongkong (kurz: CO) ein Vetorecht innehat, entscheidende Beschlüsse der Dekel Holdings zu blockieren.[836] Eine andere Möglichkeit besteht darin, dass damals eine gemeinsame Kontrolle über ein Gemeinschaftsunternehmen für die Anwendbarkeit der Fusionskontrolle nicht erforderlich war. Erst im Jahr 2014 haben die Leitansichten über die Anmeldung von Unternehmenszusammenschlüssen dem Begriff „gemeinsamer Kontrolle“ Rechnung getragen.

Dekel Holdings wurde als Private Company Limited by Shares am 23. Februar 2012 in Hongkong gegründet. Diese Rechtsform ist grundsätzlich mit der GmbH im Festland China vergleichbar. Ein Argument besteht darin, dass die Mutterunternehmen gem. Part 1 Div. 3 Subdiv. 1 Sec. 8 i. V. m. Part 3 Div. 2 Subdiv. 3 Sec. 84 und Sec. 85 des CO erforderliche Betriebsmittel in das Gemeinschaftsunternehmen einzubringen haben. Zudem ist die Haftung gem. Part 1 Div. 3 Subdiv. 1 Sec. 8 des CO auf das registrierte Kapital begrenzt, wobei gem. Part 1 Div. 3 Subdiv. 2 Sec. 11 des CO die Anteilsübertragung auf einen Dritten streng kontrolliert ist. Im gleichen Jahr wurde Weifang Dekel, ein Tochterunternehmen der Dekel Holdings, als GmbH in Weifang gebildet.

Hier steht die Untersuchung nach zwei langfristigen Lieferbeziehungen zur Festlegung der Vollfunktion im Mittelpunkt: Einerseits bietet Tiande die Produkte A an Dekel Weifang an. Andererseits wird Henkel bzw. Henkel HK die Produkte B von Dekel Weifang bzw. Dekel Holdings beziehen. Es muss im erstgenannten Lieferverhältnis klargestellt werden, wie hoch der Grad der von Weifang Dekel generierten Wertschöpfung ist. Nach Angaben des MOFCOM werden Produkte B aus der Weiterverarbeitung der Vorprodukte A neu erzeugt, die sich in ihrer Funktionalität und Beschaffenheit völlig von den Produkten A unterscheiden, sonst hätte das MOFCOM diese zwei Produkte in einen gleichen Markt eingeordnet. Es kann folglich von einer erheblichen Wertschöpfung ausgegangen werden. In diesem Fall schadet ein dauerhaftes Lieferverhältnis dem Vollfunktionscharakter nicht.

Es ist im Hinblick auf die Lieferbeziehung zu Henkel bzw. Henkel HK allerdings unklar, ob Dekel Weifang noch Umsatz mit Dritten erzielt. Als wichtiger Faktor

---

835 Henkel, Aufstellung des Anteilsbesitzes der Henkel AG & Co. KGaA und des Henkel-Konzerns zum 31. Dezember 2015, S. 10.

836 Gem. Part 12 Div. 1 Subdiv. 3 Sec. 564 Abs. 1 des CO muss ein spezieller Beschluss mit mindestens 75 % der Stimmen getroffen werden.

zur Feststellung der Vollfunktionalität wird der Anteil der an die Mutterunternehmen gerichteten Verkäufe an den Gesamtumsätzen des Gemeinschaftsunternehmens berücksichtigt. Je höher der Umsatzanteil ist, der durch die Verkäufe an die Mutterunternehmen generiert wird, desto unselbstständiger ist das Gemeinschaftsunternehmen. Es ist aber aufgrund der fehlenden Angaben (besonders Transaktionswerte) schwer zu schätzen, ob das Gemeinschaftsunternehmen nur als Produktionseinheit der Mutterunternehmen dient und folglich keine Vollfunktionsfähigkeit hat.

5.1.3.3.3 Eingreifkriterien

5.1.3.3.3.1 Ermittlung des relevanten Marktes

Es spielen die Marktanteile, Marktkonzentration sowie Zutrittsschranken bei der wettbewerblichen Würdigung eine entscheidende Rolle. Es ist zu betonen, dass im Vergleich zum ersten Zusammenschluss über die Gründung eines Gemeinschaftsunternehmens die Wettbewerbsanalyse in diesem Fall mehr Aussagekraft hat, da die Marktermittlung durch die Zahlenwerte konkretisiert wurde. Es wurde z. B. der Index HHI zur Bestimmung des Konzentrationsgrades im Markt der Produkte A angewendet, wessen Theorien sich zurzeit in anderen Industrieländern ständig weiterentwickeln. Aber es ist auch zu bemerken, dass die Wettbewerbsintensität auf dem Markt der Produkte B bzw. der Produkte C vergleichsweise nicht ausführlich untersucht und analysiert wurde.

Das MOFCOM beschränkte sich nicht auf die Marktermittlung bei den Produkten B, mit deren Produktion das Gemeinschaftsunternehmen zukünftig tätig sein wird, sondern hat auch die mögliche Wettbewerbsbeschränkung auf dem Markt der Produkte A berücksichtigt. Es hat ferner auf die Risiken der Marktabschottung bei diesem vertikalen Zusammenschluss hingedeutet, um eine eingehende Würdigung durchzuführen.[837] Dies erinnert an die erste Entscheidung, in der das MOFCOM die Bedenken über die Ausnutzung der Marktmacht von der Shenhua-Gruppe bekundet hat.

5.1.3.3.3.2 Überprüfung der koordinierten Effekte

Bezüglich der kooperativen Wirkungen ist vor allem zu notieren, dass Tiande lediglich im Markt der Produkte A tätig ist. Henkel ist ein Hersteller auf dem Markt der Produkte B und C, wobei Dekel Weifang die Aufgaben der Herstellung, Vermarktung sowie Entwicklung der Produkte B übernimmt. Nach europäischen Grundprinzipien bestehen im Allgemeinen geringere Koordinierungsgefahren, da nur ein Mutterunternehmen auf einem Kandidatenmarkt bleibt.

Es ist aber fraglich, ob eine vertikale Koordinierung zwischen den auf verschiedenen Marktstufen bleibenden Mutterunternehmen durch die Bildung der

837 Ning/Liu/Yin, MOFCOM Issued the Second Conditional Clearance on Joint Venture.

Dekel Holdings und Weifang Dekel verstärkt wird. Es ist in diesem Sachverhalt besonders zu beachten, dass eine sehr enge Verknüpfung zwischen Tiande und Henkel-Gruppe (Henkel, Henkel HK u. a.) durch die Unternehmensbildung hergestellt wird. Einerseits könnte Tiande der Henkel-Gruppe die Produkte A mit sehr günstigen Preisen zuliefern und mittels ihrer marktbeherrschenden Stellung die Konkurrenten der Henkel-Gruppe benachteiligen. Andererseits kommt es durch den Zusammenschluss zu einem raschen Wachstum der Liefermenge an die Henkel-Gruppe. Zur Konkretisierung entspricht die gesamte Liefermenge an Henkel und Weifang Dekel nach dem Zusammenschluss ca. 25 % der Produktionskapazität der Tiande, wobei diese vor dem Zusammenschluss nur 5% betrug. Dies könnte indizieren, dass Tiande die Bildung des Gemeinschaftsunternehmens wirtschaftlich von großer Bedeutung ist. Unter diesem Umstand könnte eine gegenseitige Begünstigung zwischen Tiande und der Henkel-Gruppe vorliegen, was ausnahmsweise für koordinierte Effekte des Gemeinschaftsunternehmens sprechen kann. Es bleibt auch beachten, dass eine solche Möglichkeit erst durch die Bildung der Weifang Dekel entsteht, da vor dem Zusammenschluss Tiande nur ein Lieferverhältnis zur Henkel-Gruppe hatte und die Liefermenge an sie eher sehr gering war. Es fehlt aber in chinesischer Entscheidung eine ausführliche Darstellung, und zwar ob hier eine vertikale Koordinierung, wie in einer europäischen Entscheidung, zu bestätigen ist.[838]

5.1.3.3.4 Abhilfemaßnahmen

Schließlich ist in diesem Sachverhalt ein Paket der verhaltensorientierten Abhilfen zur Anwendung gekommen. Die Geheimhaltung der Versorgungs- und Absatzmärkte zielt darauf ab, die Geschäftsbeziehung von Tiande zu anderen vorhandenen Nachfragern (zugleich auch Konkurrenten der Henkel-Gruppe) aufrechtzuerhalten. Das ist die 7. Freigabeentscheidung, die ausschließlich mit verhaltensbezogenen Abhilfen verbunden ist.[839]

5.1.4 Fall: ARM/G&D/Gemalto

Am 6. Dezember 2012 hat das MOFCOM eine Genehmigung für die geplante Errichtung eines Gemeinschaftsunternehmens zwischen der ARM Holdings plc (nachfolgend ARM), der Giesecke & Devrient GmbH (nachfolgend G&D) sowie der Gemalto N.V. (nachfolgend Gemalto) bekannt gemacht. Die Umsetzung des Zusammenschlusses basiert auf Bedingungen und Auflagen, die die beteiligten

---

838 EU Case No. COMP/M.1327 NC/CANAL+/CDPQ/BANK AMERICA, Rn. 33 ff., Rn. 38. In diesem Sachverhalt wurde ausnahmsweise eine vertikale Koordinierungsmöglichkeit von der Europäischen Kommission dargestellt.

839 Ning/Liu/Yin, MOFCOM Issued the Second Conditional Clearance on Joint Venture, andere Sachverhalte mit verhaltensrelevanten Abhilfemaßnahmen: InBev/AB, GM/Delphi, Novartis/Alcon, Uralkali/Silvinit, GE/Shenhua und Seagate/Samsung.

Unternehmen vor dem MOFCOM zugesichert haben. Die Treuhänder, die vom MOFCOM gebilligt werden, werden am Überwachungsprozess teilnehmen. Im Notfall kann das MOFCOM selbst die Aufsichtsaufgaben übernehmen.

5.1.4.1 Schilderung des Sachverhalts

Insgesamt sind drei Unternehmen am Zusammenschluss beteiligt. ARM bietet IP-Lösungen (IP: Intellectual Property/Geistiges Eigentum) für die Entwickler in der Halbleiterbranche. Sie entwickelt auch Design von Mikroprozessoren und lizenziert anderen Unternehmen die Nutzungsrechte zur Fertigung des Designs. G&D ist ein Technologiekonzern, der sich mit den Sicherheitstechnologien insbesondere für Chipkarten, Banknoten- und Sicherheitsdruckereien, dem bargeldlosen Zahlungsverkehr sowie dem Mobilfunkbetrieb beschäftigt, wobei Gemalto für die Herstellung der Chip- und Magnetstreifenkarte und die Leistung der digitalen Sicherheitsdienste tätig ist.

Das Gemeinschaftsunternehmen wird für die Entwicklung und Vermarktung der Technologie zur Gewährleistung des Datenschutzes in der Unterhaltungselektronik, sog. „Trusted Execution Environments“ (nachfolgend TEE), entworfen.[840] TEE ist ein Sicherheitsprogramm, das neben dem Hauptbetriebssystem wie Android, iOS oder Windows läuft und das die Sicherheit der Applikationen (z. B. mobile Zahlungsanwendungen) in Unterhaltungsgeräten wie Handys, Tablet-Computern oder Smart-TVs verbessern kann. Nach der Ermittlung der Marktbedingungen ist das MOFCOM der Auffassung, dass alle Anbieter von TEE-Lösungen einem Produktmarkt angehören.

5.1.4.2 Kartellbehördliche Beurteilung

ARM ist ein berühmter Marktführer in der Lizenzdienstleistung für die Applikationen elektronischer Geräte. Sie erteilt die Lizenz einer besonderen Hardware-Entwicklung (sog. die TrustZone-Technologie), auf der die TEE-Lösungen des Gemeinschaftsunternehmens sowie diejenigen seiner Wettbewerber beruhen. Folglich befindet sich ARM in einem vorgelagerten Markt der TEE-Lösungen. Besonders hat das MOFCOM bemerkt, dass ARM zurzeit eine sehr starke Marktstellung hat. Sie ist in der Lage, die Lizenz von anderen Verbrauchern zurückzuziehen oder die Lizenzierungsbestimmungen zu verändern. Darüber hinaus ist die Marktschwelle sehr hoch. Ein neuer Marktbeteiligter muss über vielfältige Rechte an geistigem Eigentum verfügen, was eine hohe Anforderung an die Forschungs- und Entwicklungsfähigkeit stellt. Die Lizenzierung der ARM-Trustzone gilt aber als wichtiger Baustein für die Lauffähigkeit der TEE-Lösungen. Es besteht infolgedessen ein hoher Anreiz für ARM, ihre Lizenznehmer

840 Ning/Ji/Yin, MOFCOM cleared Joint Venture between ARM, Giesecke & Devrient and Gemalto with Conditions.

differenziert zu behandeln, wodurch das Gemeinschaftsunternehmen exklusiv profitieren kann. Eine Folge davon ist, dass die Leistungsfähigkeit anderer Anbieter von TEE-Lösungen aufgrund des eingeschränkten Zugangs zur ARM-Trustzone erheblich beeinträchtigt wird, was letztendlich zu erheblichen Wettbewerbsbeschränkungen beiträgt.

Um diesen Wettbewerbsbedenken zu begegnen und eine Untersagung des Zusammenschlusses zu vermeiden, hat ARM ihre Vorschläge zum Ausgleich der negativen Auswirkungen vorgelegt. Dies wurde vom MOFCOM aufgenommen, woraufhin der Zusammenschluss im Sinne der Bildung eines Gemeinschaftsunternehmens bedingt zugesagt wurde. Zu verhaltensbezogenen Verpflichtungen gehört im Prinzip die gleiche Behandlung aller ARM-TrustZone-Benutzer. Zudem ist ARM verpflichtet, die Security Monitoring Codes und andere Informationen wie Standards und Bedingungen für die ARM-Trustzone, die für die Lauffähigkeit auf Prozesse erforderlich sind oder die für die Verwertung der TEE-Lösungen unentbehrlich sind, rechtzeitig zu veröffentlichen. Hinzu kommt, dass ARM keine ausschließliche Technologie durch die Veränderung der ARM-Trustzone-Architektur hinzufügen darf. Es ist dadurch zu verhindern, dass andere Lizenznehmer angesichts der Exklusivität des Zubehörs die ARM-Trustzone nicht nutzen können und somit die Entwicklungsfähigkeit Dritter auf dem Markt der TEE-Lösungen mittelbar verschlechtern könnte. Angeordnete Verpflichtungen werden für einen Zeitraum von acht Jahren ab dem Inkrafttreten der Entscheidung geltend gemacht. ARM hat inzwischen einen jährlichen Bericht über die Ausführung der Verpflichtungen anzufertigen und einzureichen. Schließlich kann ARM sich in kürzerer Zeit von ihren Obligationen befreien, wenn sich die Marktbedingungen grundlegend verändern.

5.1.4.3 Interpretation und Analyse

5.1.4.3.1 Verfahrensdauer

Am 4. Mai 2012 haben sich ARM, G&D und Gemalto beim MOFCOM angemeldet. Das MOFCOM hielt die Daten für unvollständig, daher verschob sich die Startzeit der Prüfung um fast zwei Monate. Die Einleitung des Verfahrens datierte auf den 28. Juni 2012. Am 27. Juli 2012 beschloss das MOFCOM, eine vertiefte Untersuchung zu eröffnen.

5.1.4.3.2 Vollfunktionalität

Es ist zu bemerken, dass das Gemeinschaftsunternehmen in Großbritannien gegründet wurde.[841] Die Anmeldungspflicht stützt sich auf Art. 2 AMG, wonach sie den am Zusammenschluss beteiligten Unternehmen auferlegt wird, soweit die

841 Zhou, Analyse der Entscheidung vom MOFCOM und der Europäischen Kommission im Fall ARM, G&D und Gemalto.

Beschränkung bzw. die Ausschaltung des Wettbewerbs auf den Hoheitsbereich Chinas gerichtet wird. Da drei Gründerunternehmen zurzeit in China tätig sind, ist das MOFCOM für die Prüfung zuständig.

Am. 6. November des gleichen Jahres hat die Europäische Kommission dieses Zusammenschlussvorhaben unter Auflagen genehmigt, welches am 14. September bei der Kommission angemeldet wurde.[842] Im Vergleich zur Analyse in China wurden die Funktionen und die Effekte des Gemeinschaftsunternehmens in der Entscheidung der Europäischen Kommission genauer erläutert. Es ist darauf hinzuweisen, dass die folgende Analyse der Vollfunktionalität sowie die Überprüfung der kooperativen Effekte in China übertragbar sind, da es sich hier um ein gleiches Vorhaben handelte.

Es wird zunächst eine gemeinsame Kontrolle im Sinne von Art. 3 Abs. 1 lit. b FKVO gegründet.[843] Genau genommen steht jedem Mutterunternehmen ein Vetorecht zu, obwohl diese drei sich disparitätisch am Gemeinschaftsunternehmen beteiligen. Das Gemeinschaftsunternehmen wird als vollfunktional angesehen, da es selbstständig auf dem Markt der TEE-Lösungen agiert.[844] Zur Konkretisierung wird es u. a. mit Kapital, Personal, Vermögen ausgestattet. Besonders haben G&D und Gemalto ihre TEE-Technologien in das Gemeinschaftsunternehmen eingebracht, wodurch es über eine vollständige Ausstattung verfügt. Hinzu kommt, dass es unbefristet gegründet wurde. Schließlich ist darauf hinzuweisen, dass das Gemeinschaftsunternehmen für die Entwicklung und den Verkauf der TEE-Lösungen an Dritte (z. B. Original Equipment Manufacturers, sog. „OEMs" oder Mobile Network Operators, sog. „MNOs") zuständig ist, wobei seine Mutterunternehmen, G&D und Gemalto, als Wiederverkäufer der TEE-Lösungen auf einem nachgelagerten Markt agieren. Es kommt zu dem Schluss, dass die Voraussetzungen in Art. 3 Abs. 4 FKVO erfüllt wurden.

5.1.4.3.3 Eingreifkriterien

5.1.4.3.3.1 Ermittlung des relevanten Marktes

Wie bei anderen Sachverhalten, achtete das MOFCOM auf die potenzielle Marktabschottung, die häufig bei nicht horizontalen Zusammenschlüssen vorkommt. Vergleichsweise stellte dieser Aspekt ebenfalls einen Schwerpunkt in der Entscheidung der Europäischen Kommission dar. Potenzielle Wettbewerbsprobleme, die ARM mittels ihrer Marktmacht verursachen könnte, wurden von beiden Kartellbehörden erläutert. Aber es ist zu notieren, dass die Begründungen der chinesischen Kartellbehörde im Vergleich zu denen im europäischen Entscheidungstext

842 EU Case No. COMP/M.6564 ARM/GIESECKE & DEVRIENT/GEMALTO/JV.
843 EU Case No. COMP/M.6564 ARM/GIESECKE & DEVRIENT/GEMALTO/JV, Rn. 8.
844 EU Case No. COMP/M.6564 ARM/GIESECKE & DEVRIENT/GEMALTO/JV, Rn. 10–11.

sehr kurz dargestellt wurden. Genaue Untersuchungsmethoden wurden nicht vom MOFCOM bekannt gegeben. Weiterhin fehlt noch eine Erklärung, warum die Märkte, auf denen G&D und Gemalto tätig sind, keine Relevanz für die Wettbewerbsanalyse haben, während diesbezüglich ein Überblick in der Entscheidung der Europäischen Kommission enthalten ist.

5.1.4.3.3.2 Überprüfung der koordinierten Effekte

Im Hinblick auf konzentrative bzw. kooperative Effekte des Gemeinschaftsunternehmens hat die Europäische Kommission die Wertschöpfungskette aus fünf Ebenen veranschaulicht.[845] ARM, eines der Gründerunternehmen, ist als Trust-Zone-Anbieter auf einem dem Markt des Gemeinschaftsunternehmens vorgelagerten Markt tätig (Ebene 1). Die Tätigkeiten des Gemeinschaftsunternehmens befinden sich in der 3. Ebene, wobei die anderen beiden Mutterunternehmen ihren Kunden Post-Issuance Trust-Anwendungen anbieten, die auf der Basis der TEE-Lösungen erfolgen (Ebene 5). Es ist zusammenzufassen, dass sich alle Mutterunternehmen und das Gemeinschaftsunternehmen in einer Produktionskette der Unterhaltungsgeräte befinden. Während ein Mutterunternehmen als Anbieter des Gemeinschaftsunternehmens agiert, sind die anderen zwei als Abnehmer tätig. Die Bewertung der potenziell kooperativen Wirkungen basiert auf einer dem Markt des Gemeinschaftsunternehmens nachgelagerten Stufe, auf dem zwei Mutterunternehmen gleichzeitig tätig sind.

Mögliche negative Wettbewerbswirkungen wurden in drei Aspekten näher analysiert.[846] Zunächst verfügen Gemalto und G&D beide über signifikante Marktanteile im Markt der Secure Elements (kurz: SEs, z. B. Chipkarte). Aber es ist zu beachten, dass der Markt der SEs und derjenige der TEE-Lösungen verschiedene Merkmale aufweisen, sodass sie nicht als miteinander zusammenhängende Märkte angesehen werden. Es lässt sich der Schluss ziehen, dass die Verhaltenskoordinierung auf dem Markt der SEs nicht durch die Gründung des Gemeinschaftsunternehmens herbeigeführt oder verstärkt wird. Zweitens ist anzumerken, dass der Markt der Entwicklung der Post-Issuance Trust-Anwendungen und derjenige der Ausführung der organisatorischen Arbeit (als Trusted Service Managers, kurz: TSMs) in einem vertikalen Verhältnis mit dem Markt des Gemeinschaftsunternehmens stehen. Aber die zwei Tätigkeitsbereiche sind keine Kerngeschäftsgebiete der Mutterunternehmen. Es ist mittelfristig einzuschätzen, dass ihr Gesamtmarktanteil auf dem jeweiligen Markt 10 % oder 20 % nicht überschreitet. Es ist ebenfalls zu bemerken, dass der Wettbewerbsdruck in beiden Märkten ausreichend ist. Daher wird die Möglichkeit für eine Verhaltenskoordinierung nicht durch die Bildung eines Gemeinschaftsunternehmens erhöht. Es lässt sich schlussfolgern, dass das

845 EU Case No. COMP/M.6564 ARM/GIESECKE & DEVRIENT/GEMALTO/JV, Rn. 15.
846 EU Case No. COMP/M.6564 ARM/GIESECKE & DEVRIENT/GEMALTO/JV, Rn. 184 ff.

Gemeinschaftsunternehmen keine kooperativen Effekte hat. Es erfolgte infolgedessen keine weitere Prüfung im Sinne von Art. 2 Abs. 4 und Abs. 5 FKVO i. V. m. Art. 101 AEUV.

5.1.4.3.4 Abhilfemaßnahmen

Bezüglich der Abhilfemaßnahme verfolgte das MOFCOM ein Nicht-Diskriminierungsprinzip, das in den letzten zwei Fallbeispielen ebenso angewendet wurde.[847] ARM, die sich in einem dem Markt des Gemeinschaftsunternehmens vorgelagerten Markt befindet, muss sich rechtmäßig verhalten und darf ihre Marktkraft nicht missbrauchen. In der Regel müssen die Lizenzbedingungen für alle Konkurrenten mit denjenigen des Gemeinschaftsunternehmens gleich sein. Eine ausweichende Behandlung (z. B. aufgrund der Absatzmengen) muss gerechtfertigt werden, damit andere aktuelle oder künftige Wettbewerber alternative TEE-Lösungen entwickeln können. Schließlich hat das MOFCOM eine Frist für die Pflichten umschrieben. Dies zeigt, dass das MOFCOM die potenzielle Veränderung der Wettbewerbsbedingungen in Betracht gezogen hat. Eine vergleichbare Lösung zur Behebung der möglichen Wettbewerbsprobleme hat auch die Europäische Kommission vorgesehen.

5.1.5 Fall: Corun/Toyota/PEVE/Xinzhongyuan/Toyota Tsusho

Am 2. Juli 2014 hat das MOFCOM die Gründung eines Gemeinschaftsunternehmens in der Automobilindustrie mit Bedingungen und Auflagen zugelassen, in der jeweils zwei Märkte zur Abgrenzung der sachlich und räumlich relevanten Märkte ausgewählt wurden.

5.1.5.1 Schilderung des Sachverhalts

Insgesamt gibt es fünf Mutterunternehmen: Die Hunan Corun New Energy Co., Ltd. (nachfolgend Corun), die Toyota Motor (China) Investment Co., Ltd. (nachfolgend Toyota China), die Primearth EV Energy Co., Ltd. (nachfolgend PEVE), die Changshu Xinzhongyuan Investment Co., Ltd. (nachfolgend Xinzhongyuan) und die Toyota Tsusho Corporation (nachfolgend Toyota Tsusho). Corun, mit Hauptsitz in Changsha, ist ein Technologiehersteller für neue Materialien der Energiespeicherung, hochentwickelte Batterien, Hybrid-Autobatterien (insbesondere die Nickel-Metall-Hybrid Batterie, kurz: NiMH-Batterie) und andere relevante Erweiterungsprodukte. Nach der Gründungsvereinbarung hält sie 40 % der Anteile am Gemeinschaftsunternehmen. Toyota China ist ein Tochterunternehmen der Toyota Motor Corporation (nachfolgend Toyota) und wurde 2001 in Peking als Automobilhersteller gegründet. Ihre Anteile am Gemeinschaftsunternehmen betragen

847 Ning/Ji/Yin, MOFCOM cleared Joint Venture between ARM, Giesecke & Devrient and Gemalto with Conditions.

5 %. Toyota gehört zu den größten Autoproduzenten auf der ganzen Welt. Eine Produktionslinie von Toyota sind Hybridfahrzeuge. In China hat Toyota noch die Zusammenarbeit mit der FAW Group Corporation (FAW) und der Guangzhou Automobile Group Co., Ltd. (GAC) in Form des Gemeinschaftsunternehmens. PEVE ist ein Gemeinschaftsunternehmen von Toyota (mit Anteilen von 80,5 %) und der Panasonic Corporation (nachfolgend Panasonic). Sie liefert NiMH an Toyota und Honda für die Produktion der Hybridfahrzeuge. PEVE hat 41 % der Anteile an dem geplanten Gemeinschaftsunternehmen erworben. Xinzhongyuan (10 %) und Toyota Tsusho (4 %) sind die anderen zwei Gründerunternehmen, die aber keine Kontrolle über das Gemeinschaftsunternehmen haben. Xinzhongyuan ist auf das Investment und die Vermögensverwaltung spezialisiert, wobei Toyota Tsusho als Handelsgesellschaft für Import und Export der industriellen Rohstoffe und der landwirtschaftlichen Erzeugnisse tätig ist.

Das Gemeinschaftsunternehmen, die Corun PEVE Automotive Battery Co., Ltd. (nachfolgend CPAB), wird mithilfe der relevanten Technik und Patenten von PEVE die NiMH-Batterien für Automobile produzieren und an die Sinogy Toyota Automotive Energy System Co., Ltd. (nachfolgend STAES) weiterverkaufen. STAES ist ein Gemeinschaftsunternehmen von Toyota, Toyota China, PEVE sowie Xinzhongyuan. Dort werden die von CPAB gelieferten NiMH-Batterien in einem Battery-Pack-System installiert und danach wird das ganze System an OEMs (Original Equipment Manufacturer, hier Fahrzeughersteller) abgesetzt.

5.1.5.2 Kartellbehördliche Beurteilung

Nach der Untersuchung des MOFCOM können die NiMH-Batterien je nach dem Verwendungszweck in zwei Gruppen kategorisiert werden. Die NiMH-Batterien werden zum einen für elektronische Geräte, die Spielzeuge oder andere Konsumgüter verwendet. Zum anderen werden sie speziell für die Hybridfahrzeuge entwickelt und lassen sich im Aspekt der Sicherheit, Stabilität, Lebensdauer sowie Spezifikation von allgemeinen NiMH-Batterien unterscheiden. Es liegt somit keine Substituierbarkeit zwischen den beiden Sorten vor. Momentan versuchen einige Hersteller in der Branche der Hybridfahrzeuge, statt der NiMH-Batterien die Lithiumbatterien als Betriebsstoff zu verwenden. Das Experiment befindet sich noch in der Probezeit, während 95 % der Hybridfahrzeuge aufgrund der reiferen Technologie, höheren Sicherheit sowie niedrigen Kosten durch die NiMH-Batterien betrieben werden. Zusammenfassend ist der Produktmarkt der NiMH-Batterien für die Hybridfahrzeuge von den anderen Märkten abzugrenzen. Das MOFCOM hat ferner seine Aufmerksamkeit auf die Identifikation zwischen den Hybridfahrzeugen und anderen Autos gerichtet. Beachtlicherweise ist der Verkaufspreis für die Hybridfahrzeuge aufgrund der Energieersparnis und Umweltfreundlichkeit (weniger Abgase) nahezu doppelt so hoch wie der bei den herkömmlichen Autos mit Verbrennungsmotoren, was dazu führt, dass sich der Markt der Hybridfahrzeuge deutlich von demjenigen mit üblichen Automobiltechniken differenziert.

Es ist bei geografischer Marktabgrenzung der NiMH-Batterien auf den globalen Umfang abzustellen, da es nur wenige Großproduzenten mit hinreichenden Kapazitäten gibt, welche die weltweite Nachfrage befriedigen können. Hinzu kommt, dass die Beschaffung und Lieferung in der ganzen Welt vorgenommen werden. Bei räumlicher Abgrenzung für die Hybridfahrzeuge besteht eine chinesische Besonderheit darin, dass nach dem Investitionslenkungskatalog ausländische OEMs in der Automobilindustrie mit einem chinesischen Partner (in Form des Gemeinschaftsunternehmens) kooperieren müssen.[848] Mittlerweile werden in China bei importierten Fahrzeugen höhere Zollsätze und Verbrauchsteuern erhoben, was dazu führt, dass preisliche Unterschiede zwischen lokal produzierten und von außerhalb importierten Autos sehr groß sind. Die Wahrscheinlichkeit ist sehr gering, den Ersatz für chinesische Hybridfahrzeuge in einem ausländischen Markt zu finden. Vor diesem Hintergrund ist der Markt in China als räumliches Gebiet für die Hybridfahrzeuge definiert.

Nach der Ermittlung ist das MOFCOM zum Schluss gelangt, dass der Konzentrationsgrad im Markt der NiMH-Batterien für die Hybridfahrzeuge extrem hoch ist. 97 % der gesamten Weltproduktion entfällt auf PEVE, Panasonic, Corun und die Johnson Controls, Inc. (nachfolgend Johnson). Es ist besonders darauf hinzuweisen, dass Panasonic zugleich ein Anteilseigner von PEVE ist, die über 19,5 % der Anteile verfügt. Komplizierter ist noch, dass sich Corun und PEVE diesmal zusammen an einem Gemeinschaftsunternehmen beteiligen. Es besteht dann die Möglichkeit, dass PEVE, Panasonic sowie Corun zur Gewinnmaximierung nicht miteinander konkurrieren wollen. Im Ergebnis könnte der Wettbewerb auf dem Markt der NiMH-Batterien maßgeblich geschwächt werden. Das MOFCOM hat weiterhin bemerkt, dass technische Hindernisse auf dem betroffenen Markt in absehbarer Zeit nicht zu bewältigen sind, da sich ein neuer Entwickler die Investitionskosten nicht leisten könnte.

Es ist besonders zu befürchten, dass nach dem Zusammenschluss die Marktmacht der Toyota-Gruppe (hier Toyota, Toyota China, PEVE und Toyota Tsusho) an zwei Marktstufen verfestigt werden könnte. Das Bedenken wurde durch die Statistiken untermauert: Toyota China hat einen Anteil von 80,3 % im Markt der Hybridfahrzeuge, wodurch sie bereits vor dem Zusammenschluss eine marktbeherrschende Stellung besitzt. PEVE, ein Gemeinschaftsunternehmen von Toyota, hat eine hohe Marktstellung der NiMH-Batterien für die Hybridfahrzeuge, wobei deren Marktanteil mit 66,4 % zu verzeichnen ist. Vor dem Zusammenschluss ist PEVE bereits in der Lage, anderen Abnehmern die NiMH-Batterien vorzuenthalten oder unter ungünstigen Bedingungen an sie zu liefern. Diese Überlegenheit könnte durch den Zusammenschluss weiter vergrößert und nach dem Zusammenschluss auf CPAB übertragen werden, da Corun, ein anderer Hauptlieferant, diesmal an dem Zusammenschluss beteiligt ist. Hinzu kommt, dass CPAB laut der Gründungsvereinbarung mittelbar einer exklusiven Lieferpflicht (durch STAES) an

848 Details in 2.1.2.

Toyota China unterliegt, es sei denn, der Vorstand stimmt anderweitigen Lieferbedingungen zu. In der Tat kann die Toyota-Gruppe mit 50 % der Stimmen selbst darüber entscheiden, ob CPAB die NiMH-Batterien an einen Dritten liefern darf.[849] Das bedeutet, dass Toyota China mittels der CPAB ihren vorgelagerten Markt kontrollieren kann. Dies führt unmittelbar dazu, dass andere Hersteller, die aktuell oder zukünftig im Markt der Hybridfahrzeuge agieren oder agieren wollen, keinen Marktzugang zu Vorprodukten erhalten könnten.

Es wurden beteiligte Unternehmen davon in Kenntnis gesetzt, dass ein modifiziertes Vorhaben notwendig war. Zur Sicherstellung des Wettbewerbs haben die betroffenen Parteien eine Reihe von verhaltensbezogenen Maßnahmen vorgelegt, worüber das MOFCOM seine Zustimmung erteilte. Die CPAB auferlegte Lieferpflicht ist jetzt nur in der Probezeit, drei Jahre nach SOP (Start of Production, Beginn der Serienproduktion), gültig. Danach muss CPAB, wie ihre Marktwettbewerber, die Waren an alle Abnehmer verkaufen, soweit die Transaktionsbedingungen den Marktregelungen entsprechen. CPAB verpflichtet sich ferner, Dritte nach Grundsätzen von Treu und Glauben gerecht und zumutbar zu behandeln. Das Prinzip der Nichtdiskriminierung wird dementsprechend angewendet. Darüber hinaus wird ein jährlicher Bericht gefordert. Es obliegt CPAB zudem, einen Ausführungsplan zu entwerfen und ihn dem MOFCOM vorzulegen. Schließlich kann das MOFCOM selbst oder durch die Treuhänder überprüfen, ob beteiligte Parteien ihre Obligationen erfüllen.

5.1.5.3 Interpretation und Analyse

5.1.5.3.1 Verfahrensdauer

Am 31. Dezember 2013 empfing das MOFCOM die Anmeldeunterlagen und forderte nach erster Grobprüfung weitere Dokumente zur Ergänzung nach. Am 4. März 2014 wurde die Vorprüfung eingeleitet, in der die Wahrscheinlichkeit der Wettbewerbsbeeinträchtigung bestand. Im Anschluss daran wurde die Hauptprüfung am 3. April 2014 durchgeführt.

5.1.5.3.2 Vollfunktionalität

Es ist der erste Sachverhalt, der sich hinsichtlich der Neubildung eines Gemeinschaftsunternehmens nach dem Merkmal „gemeinsamer Kontrolle“ richtet. Zwei Gründerunternehmen, die keine Kontrolle über das Gemeinschaftsunternehmen haben, werden nicht in die fusionskontrollrechtliche Untersuchung einbezogen. Dies geht aus den Richtlinien des MOFCOM hervor.[850] Es bleibt jedoch unklar, auf welchen Grundlagen das MOFCOM eine gemeinsame Kontrolle bei dieser disparitätischen Beteiligung am Gemeinschaftsunternehmen festgestellt hat. In Bezug

849 Toyota China (5 %); PEVE (41 %); Toyota Tsusho (4 %).

850 Art. 4 der Leitansichten über die Anmeldung von Unternehmenszusammenschlüssen.

auf die Stimmrechte verfügen Toyota China und PEVE zusammen über 46 % der Anteile, während Corun 40 % der Anteile am Gemeinschaftsunternehmen hält. Es könnte sein, dass in der Gründungsvereinbarung den drei Mutterunternehmen eine gemeinsame Kontrolle veranlasst wird. Es ist auch so zu interpretieren, dass Toyota China (durch die Kontrolle über PEVE), PEVE und Corun kraft Art. 43 Abs. 2 des Gesellschaftsgesetzes i. V. m. Art. 3 Abs. 2 der Leitansichten über die Anmeldung von Unternehmenszusammenschlüssen ein Vetorecht über maßgebliche Entscheidungen der CPAB eingeräumt wird.[851] Aber es steht keine Darstellung vom MOFCOM zur Verfügung.

Das Gemeinschaftsunternehmen CPAB wurde am 4. August 2014 in Changshu gegründet. CPAB, wie die Gemeinschaftsunternehmen in anderen drei dargestellten Sachverhalten, ist eine GmbH, die über eigenes Personal und ausreichende finanzielle Ressourcen verfügt. Es ist anschließend zu prüfen, ob CPAB wesentliche Funktionen ausüben kann, die üblicherweise von ihren Wettbewerbern auf demselben Markt wahrgenommen werden. In diesem Punkt spricht es gegen die Vollfunktionsfähigkeit, wenn CPAB in erheblichem Umfang auf die Lieferung an sein Mutterunternehmen dauerhaft angewiesen ist.

Dabei spielt die mittelbare Lieferbeziehung zu Toyota China eine entscheidende Rolle. Es ist merkwürdig, dass die Mutterunternehmen von vornherein ein Teilfunktionsgemeinschaftsunternehmen (lediglich als Produktionseinheit) gründen wollten, da CPAB der Gründungsvereinbarung zufolge eine langfristige exklusive Lieferpflicht auferlegt wurde. Diese Pflicht wurde aber durch das MOFCOM auf drei Jahre nach SOP verkürzt. Es stellt sich anschließend die Frage, ob eine Marktpräsenz nach der Probezeit zu sichern ist.

In der Entscheidung sah das MOFCOM den Markt der Hybridfahrzeuge als hoch konzentriert an. Es hat weiterhin darauf hingedeutet, dass Toyota China über 80 % Marktanteil auf dem Markt der chinesischen Hybridfahrzeuge besitzt. Das verdeutlicht, dass Toyota China mit großem Abstand den Hauptkunden der NiMH-Batterien darstellt. Es ist noch darauf hinzuweisen, dass die Marktzutrittsschranken der Hybridfahrzeuge als sehr hoch bewertet werden. Ein Grund dafür ist, dass die Aufwendungen für die Technologieentwicklung (z. B. die Fachkräfte) sehr hoch sind. Dies führt dazu, dass die Marktstruktur in absehbarer Zeit nicht erheblich verändert werden könnte. Es ist damit zu rechnen, dass die Umsätze der CPAB mit Dritten eher als sehr gering einzuschätzen sind. In der EU wird die Vollfunktionalität ausnahmsweise bejaht, soweit das Gemeinschaftsunternehmen trotz der hohen Umsätze noch marktorientierte Lieferbedingungen mit seinen Mutterunternehmen verhandeln kann.[852] Es ist aber in diesem Sachverhalt fraglich, ob marktübliche Bedingungen für die Hybridfahrzeuge noch existieren. Wie bereits dargestellt, ist die Konkurrenzintensität auf dem Markt der Hybridfahrzeuge in China und auf dem Markt der NiMH-Batterien extrem schwach, weshalb Toyota

851 Details in 4.1.1.2.2.3.2.

852 Fett/Spiering/K.Westermann/Bergmann, Handbuch Joint Venture, § 5 Rn. 61.

China ihre große Überlegenheit immer ausspielen könnte. Es lässt sich der Schluss ziehen, dass die Vollfunktionsfähigkeit der CPAB entfällt.

5.1.5.3.3 Überprüfung der koordinierten Effekte

In diesem komplizierten Sachverhalt wurden die Wettbewerbsbedingungen und die Marktstrukturen sowohl im Markt des Gemeinschaftsunternehmens als auch in einem diesem nachgelagerten Markt, auf dem die Mutterunternehmen tätig sind, herangezogen. Dies verdeutlicht, dass das MOFCOM bei der Prüfung auf die wettbewerblichen Auswirkungen in den Kandidatenmärkten geachtet hat. Zwei Gründerunternehmen (PEVE und Corun), die in einem Wettbewerbsverhältnis mit CPAB stehen, treten nach dem Zusammenschluss nicht aus dem Markt der NiMH-Batterien aus. Dies führt dazu, dass die Koordinierungsgefahr nicht von vornherein ausgeschlossen werden kann. Es ist weiterhin zu bemerken, dass PEVE und Corun bereits vor dem Zusammenschluss eine beherrschende Stellung auf dem Markt der NiMH-Batterien haben, der als hoch konzentriert zu bezeichnen ist. Dies erhöht die Wahrscheinlichkeit, dass die Mutterunternehmen zur Gewinnmaximierung ihr Wettbewerbsverhalten abstimmen wollen.

Eine andere Frage ist es, ob die Kausalität zwischen der Bildung der CPAB und der Entstehung bzw. Verstärkung der koordinierten Effekte anzunehmen ist. Es liegt daran, dass der Markt der NiMH-Batterien bereits vor dem Zusammenschluss sehr konzentriert ist. Aber es ist noch darauf hinzuweisen, dass die Koordinierungsmöglichkeit zwischen Corun und PEVE erst durch die Bildung der CPAB erzeugt oder verstärkt wird. Zuvor standen sie noch in einem direkten Konkurrenzverhältnis, auch wenn die Wettbewerbsstärke bereits vor dem Zusammenschluss nicht angemessen war. Hiermit besteht ein kausaler Zusammenhang. Es ist zu folgern, dass CPAB einen kooperativen Charakter innehat.

5.1.5.3.4 Abhilfemaßnahmen

Wie das MOFCOM bereits analysiert hat, wird durch den Zusammenschluss die Wettbewerbsposition der Toyota-Gruppe im Bereich der Hybridfahrzeuge weiter verstärkt. Dies liegt daran, dass sie durch ihre Gemeinschaftsunternehmen, PEVE und CPAB, einen erheblichen Einfluss auf die Wettbewerbsverhältnisse im Markt der NiMH-Batterien ausüben kann. Die Toyota-Gruppe könnte mittels ihrer Wirtschaftskraft die Versorgungskanäle für die NiMH-Batterien ganz verschließen, da ihre Wettbewerber auf diesem hoch konzentrierten Markt nicht auf die Alternativen ausweichen können. Verhaltensorientierte Verpflichtungen der CPAB können zwar in gewissem Maße wettbewerbliche Probleme lösen, aber es stellt sich immer die Frage, ob solche Maßnahmen dauerhaft durchzuführen sind bzw. ob sie sich nach den Maßstäben „Verhältnismäßigkeit und Erforderlichkeit" als bestmögliche Lösung erweisen. Im Vergleich zur Veräußerungszusage, die sofort die Marktstrukturen beeinflussen und wirksamen Marktwettbewerb aufrechterhalten kann, bedürfen verhaltensorientierte Maßnahmen einer langfristigen Kontrolle.

Ein vergleichbares Fallbeispiel ist der Zusammenschluss zwischen Sanyo und Panasonic, in dem Sanyo als Zielunternehmen in drei Hauptbereichen, Knopfzellen Lithium Akkumulatoren, NiMH-Batterien für allgemeine Verwendung sowie für Hybridfahrzeuge, agiert. Zur Beseitigung des wettbewerblichen Bedenkens wurden die Teilgeschäftsbereiche von Sanyo veräußert, wohingegen keine strukturellen Abhilfemaßnahmen in diesem Fall getroffen wurden. Vermutlich erstreckt sich die Beschränkung der exklusiven Lieferpflicht darauf, dass CPAB Fuß auf dem Markt der NiMH-Batterien fassen kann und alle Hersteller der Hybridfahrzeuge an den aus dem Zusammenschluss folgenden Effizienzvorteilen (z. B. Absenken von Produktionskosten) teilhaben können. Es wäre aber eine strukturorientierte Maßnahme in jeder Hinsicht notwendig, um die Wettbewerbsbeschränkungen auf einem so hoch konzentrierten Markt in kurzer Zeit zu beseitigen.

5.2 Gesamtwürdigung anhand der Fallbeispiele

Seit dem Inkrafttreten des AMG sind bisher insgesamt 26 Zusammenschlüsse bedingt genehmigt und zwei Vorhaben durch das MOFCOM untersagt. Die Entscheidungen haben Aufschluss darüber gegeben, auf welche Punkte die Behörde besondere Aufmerksamkeit gerichtet hat und welche Standpunkte sie vertreten hat. Im Allgemeinen ist zu betrachten, dass nicht nur die Gesetzgebung allmählich an ihre Vorbilder angeglichen worden ist, sondern immer mehr international verwendete Beurteilungsmaßstäbe in die Prüfung mit einbezogen werden. Es wird in der Rechtspraxis Bezug auf die Ansatzpunkte wie z. B. Abgrenzung der relevanten Märkte,[853] Anwendung des Indexes für den Konzentrationsgrad,[854] Abgrenzung des fusionskontrollrechtlichen Anwendungsbereiches für die Gemeinschaftsunternehmen sowie Bewertung der koordinierten Effekte der Gemeinschaftsunternehmen, genommen.[855] In den letzten Sachverhalten hat das MOFCOM aufgezeigt, wie es diese kartellrechtlichen Grundsätze bei der Prüfung der Gemeinschaftsunternehmen implementiert hat.

Abgeschlossene Entscheidungen werden aber sowohl in materiell-rechtlichen als auch in verfahrensrechtlichen Aspekten stark von ihrem eigenen Stil geprägt. Dies löst Schwierigkeiten für die Rechtsklarheit sowie -orientierung aus: Gem. Art. 30 AMG werden lediglich bedingte Zusagen oder Untersagungen der Zusammenschlussvorhaben bekannt gemacht. Andere angemeldete Zusammenschlüsse, die bedingungslos zugelassen werden, werden nur alle drei Monate

853 In der Chemie-Fusion Mitsubishi Rayon/Lucite wurde die Abgrenzung des relevanten Marktes am 24. April 2009 erstmals ausgeführt.

854 Im Fall Pfizer/Wyeth am 29. September 2009 wurde die Marktbewertung zum ersten Mal auf den HHI gestützt. Dies ist auf die Veröffentlichung der Leitlinien zur Abgrenzung des relevanten Marktes am 24. Mai 2009 zurückzuführen. Siehe auch in Emch, E.C.L.R. 2011, S. 132 ff.

855 Wang, Competition Policy Research 2015 Heft 7, S. 97–104.

unter Hinweis auf die Aktenzeichen und Namen der beteiligten Parteien aufgelistet und veröffentlicht. Dies zeigt zwar, dass die Behörde anstrebt, die Transparenz der Gesetzesdurchführung durch die Offenlegung der vom AMG nicht geforderten Informationen zu erhöhen.[856] Jedoch ist ein Überblick über die Rechtsprechung nicht klar genug,[857] da die Liste der genehmigten Zusammenschlüsse ganz einfach gefasst ist. Ein weiterer Kritikpunkt besteht darin, dass die Entscheidungen, die mit einer Untersagung oder einer beschränkten Bewilligung endeten, nicht im Volltext auf der Webseite des MOFCOM erscheinen.[858] Dies geschieht meist mit der stichpunktartigen Sachverhaltsschilderung (z. B. Verfahrensbeschreibung, Prüfinhalt, Wettbewerbsanalyse), die im internationalen Vergleich weitaus kürzer und oberflächlicher verfasst wird.[859]

5.2.1 Materielle Prüfmaßstäbe

5.2.1.1 Konzentrative und koordinierte Effekte der Gemeinschaftsunternehmen

Das MOFCOM hat in der Entscheidung hervorgehoben, dass der Zugang der beteiligten Unternehmen zum vor- oder nachgelagerten Markt durch eine feste Verbindung (hier die Gründung eines Gemeinschaftsunternehmens) verbessert wird. Sie könnten beispielsweise mittels des Gemeinschaftsunternehmens ihren Wettbewerbern unfaire Lieferbedingungen auferlegen, während sie als Kunden bevorzugt behandelt werden. Die Behörde hat weiterhin darauf hingedeutet, dass die Gründerunternehmen gegebenenfalls Anreize und Möglichkeiten zur Abstimmung ihrer Verhaltensweisen haben. Dies zeigt, dass die fusionskontrollrechtliche Untersuchung nicht ausschließlich auf den Markt beschränkt wird, auf dem das Gemeinschaftsunternehmen agiert, sondern die Wettbewerbsauswirkungen auf die Kandidatenmärkte auch berücksichtigt werden. Aber es fehlt momentan an einer vertieften Ausführung, und zwar darüber, wie sich diese Abstimmung nachteilig auf den Wettbewerb auswirken kann.[860] Wie bereits dargestellt, wurden

856 Wang, Law Science Magazine 2008 Heft 1, S. 4–5; PCCPL/Wang/Han, Report on Competition Law and Policy of China 2013, S. 87; Burke/Zhang/Cohen/Golden/Harty/Hockett/So/Sohn, China Antitrust Review 2012.

857 PCCPL/Wang/Han, Report on Competition Law and Policy of China 2010, S. 153–154; PCCPL/Wang, Report on Competition Law and Policy of China 2011, S. 83; Ritzenhoff, GRUR Int. 2014, S. 37; Masseli, GRUR Int. 2010, S. 184; Furse, E.C.L.R. 2010, S. 104.

858 Masseli, ZChinR 2009, S. 339–340.

859 Z. B. im Vergleich zu den Entscheidungen der Europäischen Kommission. Ein konkretes Fallbeispiel liegt in der Entscheidung vom Fall ARM/G&D/Gemalto. Siehe in Hirsbrunner, EuZW 2012, S. 657 ff.; Jin, Aufgreifkriterien in der Fusionskontrolle, S. 80–81.

860 Z. B. im Fall Corun/Toyota/PEVE/Xinzhongyuan/Toyota Tsusho.

bis jetzt keine geltenden Regelungen zur Prüfung der koordinierten Effekte der Gemeinschaftsunternehmen im Kartellrechtssystem gefunden.

Im Fall Corun/Toyota/PEVE/Xinzhongyuan/Toyota Tsusho hat das MOFCOM zum ersten Mal koordinierte Effekte zwischen den Mutterunternehmen erläutert.[861] Aber die Begründung in der Entscheidung war relativ knapp. Es fehlt vor allem eine genaue Schätzung der Wahrscheinlichkeit für die Verhaltenskoordinierung, die durch die Gründung des Gemeinschaftsunternehmens verstärkt wird. Das MOFCOM hat lediglich darauf hingedeutet, dass PEVE und Corun Rücksicht aufeinander nehmen könnten. Ein anderer Anbieter der NiMH-Batterien, Panasonic, würde in einer solchen Marktlage keinen Wettbewerb aufnehmen, was den Wettbewerb wieder schwächen kann. Eine eingehende Darstellung enthält die Entscheidung aber nicht. Hinzu kommt, dass die Kausalitätsbewertung, bei der es sich um die Ermittlung eines unmittelbaren Zusammenhangs zwischen der Gründung eines Gemeinschaftsunternehmens und der Verhaltenskoordinierung der Mutterunternehmen handelt, nicht durchgeführt wurde. Es wurde ferner auf die Wettbewerbsanalyse in möglichen Kandidatenmärkten, auf denen PEVE und Corun außer der Herstellung der NiMH-Batterien noch tätig sind und die mit dem Markt der NiMH-Batterien für die Hybridfahrzeuge im Zusammenhang stehen, nicht in der Entscheidung eingegangen.

Im Fall ARM/G&D/Gemalto wurde bei der Europäischen Kommission eine ausführliche Bewertung der möglichen horizontalen Koordinierung zwischen G&D und Gemalto im Sinne von Abs. 4 und 5 des Art. 2 FKVO vorgenommen. Sie hat die mögliche Verhaltenskoordinierung in drei Aspekten analysiert, in denen konkrete Faktoren wie die Marktanteile, die Stärke des Wettbewerbs, die Marktzutrittsschranken sowie das Entwicklungsniveau berücksichtigt wurden. Damit kann man eine klare Denkweise der Europäischen Kommission verfolgen, wohingegen diese wesentlichen Elemente im chinesischen Entscheidungstext nicht protokolliert wurden. Das MOFCOM hat lediglich in jeder Entscheidung betont, dass umfassende wirtschaftswissenschaftliche Analysen angestellt, die Meinungen von betreffenden Ministerien eingeholt sowie die Darstellungen von Branchenverbänden, Wettbewerbern von beteiligten Unternehmen oder anderen relevanten Unternehmen angehört wurden. Allerdings ist die Nachvollziehbarkeit ohne hinreichende Begründung und Darstellung nicht zu gewährleisten.

5.2.1.2 Auslegung der Untersagungskriterien

Führt ein Zusammenschluss zur Elimination oder Einschränkung des Wettbewerbs, so ist er nach Art. 28 S. 1 AMG zu verbieten. Zur materiellen Beurteilung der Zusammenschlüsse werden die zu berücksichtigenden Faktoren in Art. 27 AMG exemplarisch aufgelistet, wonach die Marktanteile der Zusammenschlussbeteiligten, das Ausmaß der Marktkontrolle sowie der Konzentrationsgrad zu den

861 Davispolk, China Antitrust Review 2014.

primären Beurteilungselementen zählen. Es werden ferner die Wettbewerbsauswirkungen auf die Konsumenten und andere betroffene Unternehmen bewertet. In Entscheidungen wies das MOFCOM ein zunehmendes Verständnis für wettbewerbliche Theorien auf, indem es besondere Rücksicht auf aktuelle und potenzielle Wettbewerber sowie die Marktgegenseite (z. B. bezüglich der eingeschränkten Verhandlungskraft) genommen hat.

5.2.1.2.1 Begründung oder Verstärkung einer marktbeherrschenden Stellung

Es ist durch die Veranschaulichung der Sachverhalte auch zu erkennen, dass die Ermittlung der Marktanteile im Mittelpunkt der Entscheidungen steht. Aber man kann nicht zum Schluss gelangen, dass eine marktbeherrschende Stellung, die durch den Zusammenschluss entsteht oder gefestigt wird, zwangsläufig zur Untersagung führt. Vielmehr besteht nach der Rechtsprechung in Fällen wie Corun/Toyota/PEVE/Xinzhongyuan/Toyota Tsusho oder Henkel/Tiande kein direkter und unmittelbarer Zusammenhang zwischen der Untersagung eines Zusammenschlusses und der Marktbeherrschung. Dies zeigt sich hingegen daran, dass es auch bei sehr hohen Marktanteilen noch die Freistellungsmöglichkeiten gibt, wenn die Beteiligten weitgehende Zugeständnisse für Bedingungen und Auflagen machen wollen.

5.2.1.2.2 Heranziehung des Gemeinwohlinteresses

Nach Angaben des Art. 27 Abs. 5 AMG wird der Einfluss auf die nationale volkswirtschaftliche Entwicklung in die Entscheidung mit einbezogen. Ein Zusammenschlussvorhaben kann aufgrund der Unvereinbarkeit mit nationaler Entwicklung untersagt werden, auch wenn die sich daraus ergebenden Wettbewerbsbeschränkungen nicht als schwerwiegend zu bewerten sind. Aus einem anderen Aspekt kann das sog. „allgemeine Interesse" in Art. 28 S. 2 Alt. 2 AMG eine Ausnahme rechtfertigen. Nach dem Gesetzeswortlaut ist möglich, einen Zusammenschluss trotz der erheblichen Wettbewerbsbeschränkungen freizustellen, soweit er dem volkswirtschaftlichen Interesse entspricht. Dies stellt eine Besonderheit im chinesischen Kartellrecht dar.[862] Bei einigen Sachverhalten wurden diese Punkte in Kürze erwähnt, aber nicht ausführlich dargelegt. Es ist daher zu hinterfragen, welche Aspekte als günstige bzw. nachteilige Auswirkungen auf den Wettbewerb verstanden werden. Es fehlt momentan an einer klaren Abwägung zwischen den beiden Effekten, die eine Entscheidung untermauert, weswegen nicht alle Punkte offensichtlich sind.

In der Praxis können industriepolitische Erwägungen eine Rolle bei den Zusammenschlussentscheidungen spielen. Im ersten veröffentlichten Übernahmefall, in

862 Martina/Batz/Foo, Insight: Flexing antitrust muscle, China is a new merger hurdle; Ohlhausen, Nurturing Competition Regimes: Evaluation and Evolution.

dem InBev die Geschäftsanteile an Anheuser-Busch erwerben wollte, stand die Entscheidung unter der Kritik des Protektionismus.[863] Dies äußerte sich besonders in den ergriffenen Abhilfemaßnahmen, die sich auf die Verhinderung eines weiteren Anteilserwerbs an chinesischen Brauereiunternehmen erstreckten. Das Ziel war, potenzielle Wettbewerbsprobleme auf dem einheimischen Bierproduktmarkt zu minimieren.[864] Aber es ist zu fragen, ob eine Freistellung unter Vorbehalt der Beschränkung der zukünftigen Akquisitionsaktivitäten erfolgen kann. Es ist auch in mehreren Sachverhalten, wie bei Corun/Toyota/PEVE/Xinzhongyuan/Toyota Tsusho, angesichts der vermutlich erheblichen Wettbewerbsbeschränkungen schwer zu entkräften,[865] dass industriepolitische Faktoren in der Entscheidung herangezogen wurden. In diesem Sinne ist der Zweifel, dass Corun, ein chinesischer Marktführer, durch die Verbindung mit der japanischen Unternehmensgruppe ihre Tätigkeiten vertiefen könne, nicht zu beseitigen.[866] Zu fragen ist noch, ob wettbewerbliche Elemente, wie z. B. ein verbraucherorientierter Schutzmaßstab, in der Entscheidung zu berücksichtigen sind. Einer Auffassung zufolge ist die hinter der Genehmigung bzw. Untersagung eines Zusammenschlusses steckende Absicht unklar.[867] Dies erzeugt auf einer Seite Zweifel, dass diese Entscheidungen stark industriepolitisch gefärbt wurden.[868] Auf der anderen Seite führt die Berücksichtigung der nicht wettbewerbsrelevanten Elemente zur Rechtsunsicherheit.

5.2.1.2.2.1 Hintergründe

Im weiteren Sinne hängt dies damit zusammen, dass die chinesische Wirtschaft von einer Koexistenz zwischen Marktliberalisierung und Staatskontrolle geprägt ist.[869] Wie bereits dargestellt, sollen staatliche Eingriffe in sensible Schlüsselbranchen zur Aufrechterhaltung der Gesamtwirtschaft und zur Sicherstellung des Interesses des Volkes dienen.[870] Diese industriepolitische Makrosteuerung übt

---

863 Masseli, GRUR Int. 2009, S. 633–634; Masseli, ZChinR 2009, S. 340; Bu, E.C.L.R. 2010, S. 241 ff.; Furse, E.C.L.R. 2010, S. 104; Emch, SIC! 2009, S. 907–908.

864 Anheuser-Busch darf die Anteile an Tsingtao Bier (27 % vor Zusammenschluss) nicht mehr erwerben. Gleichermaßen darf InBev die Anteile an Zhujiang Bier nicht über 28.56 % halten. Es wird InBev weiterhin verboten, die Anteile an anderen zwei Bierunternehmen, Snow Bier und Yanjing Bier, zu erlangen. Siehe in Wang/Yang/Zhou, Ausschlaggebende Probleme in Bezug auf die Durchführung des Anti-Monopolgesetzes, S. 285–286; Pfromm, WuW 2014, S. 39–40; Furse, E.C.L.R. 2010, S. 104.

865 Siehe in Dong, Neue Entscheidungen zur Fusionskontrolle: A Tale of Two Cases.

866 Dong, Neue Entscheidungen zur Fusionskontrolle: A Tale of Two Cases.

867 Dong, Neue Entscheidungen zur Fusionskontrolle: A Tale of Two Cases.

868 Mao/Glass, WuW 2009, S. 1043 ff.; Liu, Studie der Auflagen und Bedingungen der fusionskontrollrechtlichen Prüfungsgenehmigung, S. 131; Pfromm, WuW 2014, S. 39–40.

869 Masseli, Handbuch chinesische Fusionskontrolle, S. 242–244.

870 Yu, Fragen und Antworten zum Anti-Monopolgesetz, S. 13–14, siehe auch in 3.1.1.3.

selbstverständlich einen maßgeblichen Einfluss auf die Gestaltung und die Entwicklung der kartellrechtlichen Rahmenbedingungen aus. Im engeren Sinne dient der Wettbewerbsschutz ebenso zur Gewährleistung der stabilen Wirtschaftsentwicklung, die letztendlich der Sicherung des öffentlichen Interesses entspricht.

Einige chinesische Juristen sind der Auffassung, dass das Allgemeininteresse in das Kartellrecht mit einbezogen werden soll, da die Komplexität des Marktes die Prognose der Wirtschaftsentwicklung erschweren kann.[871] Es könnte sein, dass Widersprüche zwischen Wettbewerb und Allgemeininteresse entstehen. Allerdings biete die Einführung des allgemeinen Interesses in das AMG mehr Ermessensspielraum für die Behörden, im Einzelfall zwischen Wettbewerbs- und Industriepolitik zu wählen.[872]

Diese Ansicht vertritt wohl auch der Gesetzgeber, sodass sich das sog. „allgemeine Interesse“ wie ein roter Faden durch das ganze Gesetz (so etwa in den Art. 1, 15 Abs. 4 sowie 28 S. 2 Alt. 2 AMG) zieht.[873] Wie bereits erwähnt, können öffentliche Interessen nach der Gesetzesauslegung verschiedene Aspekte (z. B. politische Motivation, ökonomische Entwicklung) beinhalten,[874] aber solche wettbewerbsfremden Elemente werden weder im Gesetz noch in den Verordnungen weiter konkretisiert. Hier stellt sich die Frage, inwieweit ein bedenklicher Zusammenschluss zugunsten der wirtschaftlichen Entwicklung genehmigt wird, während seine Wettbewerbsschäden missachtet und geduldet werden. Im Hinblick auf Art. 27 AMG, der sowohl wettbewerbsrechtliche als auch industriepolitische Faktoren enthält, ist ebenso unklar, inwiefern ein Zusammenschlussvorhaben untersagt wird, wenn es dem allgemeinen Interesse widersprechen könnte.

5.2.1.2.2.2 Fallpraxis

In den veröffentlichten Entscheidungen wurden industriepolitische Spuren gefunden, dennoch unterbleibt eine vertiefte Betrachtung der Problematik. Den Entscheidungen ist zu entnehmen, dass Zusammenschlüsse, die sich auf die Zusammenarbeit in den Schlüsselindustrien oder in den strategisch wichtigen Rohstoffmärkten beziehen, in größerem Umfang untersucht und kritischer geprüft wurden.[875] Dies wird durch die zwei untersagten Zusammenschlussvorhaben verdeutlicht, in denen wettbewerbsfremde Faktoren stark verkörpert wurden.

---

871 Hu, Anhui University Law Review 2008 Heft 1, S. 51 ff.; dargestellt von Masseli, Handbuch chinesische Fusionskontrolle, S. 151.

872 Hu, Anhui University Law Review 2008 Heft 1, S. 51 ff.; Wang, RIW 2008, S. 425.

873 Ding, Systematische Studie der Anknüpfungspunkte der ökonomischen Effizienz an das Anti-Monopolgesetz, S. 12–13.

874 Siehe in 3.2.5 sowie 3.2.7.

875 Mesenbrink, Das Antimonopolgesetz der VR China im Spannungsfeld zwischen Politik und Wettbewerbsrecht, S. 1–3; Deng, China Legal Science 2011 Heft 1, S. 186, S. 189–190; Ganz anders von Gong, Legal System and Society 2009 Heft 30, S. 264; Li/Tian/Tang/Chen, Accounting Research 2011 Heft 5, S. 64; Yu, China’s MOFCOM Rejects Maersk’s P3 Alliance.

5.2.1.2.2.2.1 Fall: Coca-Cola/Huiyuan

Die industriepolitische Überlegung spiegelt sich vor allem im Zusammenschlussfall Coca-Cola/Huiyuan vom 18. März 2009 wider,[876] in dem das MOFCOM beschloss, die geplante Übernahme des chinesischen Saftherstellers Huiyuan durch Coca-Cola zurückzuweisen. Nach Angaben vom MOFCOM waren starke Wettbewerbsbeschränkungen zu befürchten, da starke Marktkräfte Coca-Colas im Sektor der alkoholfreien Getränke (Softdrinks) die Wettbewerbsfähigkeiten der anderen Anbieter schwächen könnten. Es wurde aber in der Entscheidung ganz kurz dargestellt, dass die dominante Marktstellung von Coca-Cola im Bereich der kohlensäurehaltigen Erfrischungsgetränke durch den Zusammenschluss auf den Markt der Fruchtsäfte übertragen werden könnte,[877] was die Schwächung des Wettbewerbs zur Folge haben könnte.[878]

Es ist zunächst fragwürdig, welche Produkte als Substitute in einen relevanten Markt einzuordnen sind. Es finden sich keine genauen Ausführungen zur Abgrenzung des involvierten Marktes in der Entscheidung.[879] Indirekt kann der Begründung entnommen werden, dass das MOFCOM zumindest zwei dem Markt der nicht-alkoholhaltigen Getränke untergeordnete Gebiete erkannt hat. Allerdings wurden weder konkrete Marktanteile noch eine Analyse der Marktstruktur in der Entscheidung (zumindest in der bekannt gemachten Version) protokolliert. Den Angaben einer anderen Quelle zufolge beschäftigt sich Huiyuan hauptsächlich mit reinen Fruchtsäften und hatte bis zum Anmeldepunkt einen hohen Marktanteil (zwischen 42–46 %), während Coca-Cola nicht in diesen Markt eintrat.[880] Auf dem Markt der konzentrathaltigen Fruchtsaftgetränke mit weniger als 25 % Fruchtsaftgehalt hielt jede Partei jeweils einen Marktanteil von ca. 10 %.[881] Anschließend stellt sich die Frage, ob die zwei Produkte seitens der Verbraucher substituierbar sind. Einer Auffassung zufolge wäre eine größere Marktabgrenzung, die sowohl reine Fruchtsäfte als auch Fruchtsaftgetränke inkludiert, für den Sachverhalt

---

876 Bischke/Brack, NZG 2009, S. 541; Li/Tian/Tang/Chen, Accounting Research 2011 Heft 5, S. 58; Masseli, GRUR Int. 2009, S. 633.

877 Kritisiert von Liu, Political Science and Law 2009 Heft 11, S. 110; Sun, Commercial Times 2011 Heft 20, S. 105.

878 Ganz andere Meinung von Jiang, Legal System and Society 2009 Heft 9, S. 132.

879 Mao/Glass, RIW 2009, S. 409–410; Zheng, Legal System and Society 2015 Heft 34, S. 88; Masseli, GRUR Int. 2009, S. 634; Mao/Glass, WuW 2009, S. 1047; Mesenbrink, Das Antimonopolgesetz der VR China im Spannungsfeld zwischen Politik und Wettbewerbsrecht, S. 223.

880 Sun, Management Review 2011 Heft 1, S. 97; Cai/Yang, Public Administration & Law 2009 Heft 4, S. 64.

881 Sun, Management Review 2011 Heft 1, S. 97; Mesenbrink, Das Antimonopolgesetz der VR China im Spannungsfeld zwischen Politik und Wettbewerbsrecht, S. 224; Mao/Glass, RIW 2009, S. 409–410.

angemessener.[882] Dann könnte der Schluss gezogen werden, dass die Beteiligten keine ausschlaggebende Rolle auf dem relevanten Markt spielen.

Es wird weiterhin nicht genau erläutert, in welchem Umfang sich die Wettbewerbsbedingungen für vorhandene Wettbewerber (insbesondere für kleine und mittlere Saftunternehmen) durch den Zusammenschluss verändern können bzw. ob der Markteintritt für zukünftige Konkurrenten zu verhindern ist. Dies ist besonders wegen der mangelnden Darstellung schwer nachzuvollziehen.[883] Es bleibt noch unklar, in welchem Ausmaß die sog. Übertragungseffekte (etwa durch die Kopplungsverkäufe) zu realisieren sind.[884]

Günstige Wirkungen auf die Verbraucher, die als Grundsatz in Art. 1 AMG dienen, waren in der Entscheidung ohne ausreichende Argumentationen angesprochen. In der Tat besteht auch eine solche Möglichkeit, dass die Verbraucher ohne den Zusammenschluss höhere Preise hinnehmen müssten, da kleine und mittlere Hersteller aufgrund der hohen Produktionskosten das Preisniveau anheben könnten. Es scheint hier eine Abwägung zwischen Vorteilen und Nachteilen zur Rechtfertigung eines Ausnahmefalls nicht ausschlaggebend zu sein.

Schließlich wurde in der Presse angegeben, dass die von Coca-Cola vorgebrachten Lösungsvorschläge nach Ansicht der Behörde die negativen Auswirkungen nicht kompensieren konnten. Aber eine Frage wurde in den öffentlich zugänglichen Informationen nicht beantwortet, und zwar welche Bedingungen und Auflagen in der Prüfung verhandelt wurden. Angeblich wollte Coca-Cola auf den

---

882 Zhou, Legal System and Society 2009 Heft 21, S. 127–128; Liu, Journal of Guangdong Institute of Public Administration 2009 Heft 2, S. 51–52; Sun, Commercial Times 2011 Heft 20, S. 105; Zou, Manager' Journal 2009 Heft 18, S. 155; Chovanec, By any normal standard, the Coke-Huiyuan deal would have been approved with flying colors; Ritzenhoff, GRUR Int. 2014, S. 35.

883 Pan, Law Science 2009 Heft 7, S. 85 ff.

884 Ein vergleichbares Zusammenschlussvorhaben wurde 2003 in Australien angemeldet. Davon hatte das Coca-Colas australische Tochterunternehmen (Coca-Cola Amatil) vor, einen australischen marktführenden Safthersteller (Berri) zu übernehmen. Das zuständige Kartellamt in Australien - Australian Competition & Consumer Commission (ACCC) - hat ebenso das Vorhaben untersagt. Allerdings ist zu bemerken, dass die Möglichkeiten von Bündelungs- und Kopplungspraktiken ausführlicher in der Entscheidung erläutert wurden, wohingegen das MOFCOM dies nur rudimentär erwähnt hat. Siehe auch in ACCC Australian Competition & Consumer Commission, ACCC opposes Coca Cola's proposed fruit juice acquisition; Sun, Management Review 2011 Heft 1, S. 97; Deng, China Legal Science 2011 Heft 1, S. 180; Liu, Journal of Guangdong Institute of Public Administration 2009 Heft 2, S. 52; Liu, Knowledge Economy 2012 Heft 1, S. 34; Pan, Law Science 2009 Heft 7, S. 82 ff.; Wang, Lehrbuch zum Antimonopolgesetz von Xiaoye Wang, S. 349 ff.; Dong/Qin, Ein australisches Muster vom Übernahmefall Coca-Cola/Huiyuan; Emch, E.C.L.R. 2011, S. 135.

Markennamen von Huiyuan, der auch den Kernwert der Transaktion ausmachte, nicht verzichten.[885]

Die erste Untersagung in China zog die Aufmerksamkeit der ganzen Welt auf sich. Das Presseecho stieß auf Kritik.[886] Im Dunkeln bleiben die Fragen danach, ob und inwieweit die Entscheidung allein unter Wettbewerbsgesichtspunkten getroffen wurde.[887] Spärliche Argumentationen stehen an der Grenze ihrer Aussagekraft. In der Entscheidung hat das MOFCOM lediglich wiederholt, dass die Marke als Schlüsselfaktor für die Aufrechterhaltung wirksamen Wettbewerbs anzusehen ist. Es ist aber anzuzweifeln, ob außerwettbewerbliche Faktoren, insbesondere der Schutz der einheimischen Unternehmen vor der Konkurrenz mit internationalen Konzernen bzw. der Schutz der chinesischen prominenten Marke gegen den Ausverkauf ins Ausland, als entscheidungsrelevante Prüfmaßstäbe angelegt wurden.[888] Zugleich ist zu bemerken, dass die Meinungen der chinesischen Bevölkerung über eine solche Übernahme auseinandergingen. Die meisten Befragten (rund 80 %) standen dem Zusammenschlussvorhaben eher kritisch gegenüber, in dem eine einheimische Marke mit hohem Bekanntheitsgrad in ausländische Hände fallen könnte.[889] Dies spricht auch für die Annahme, dass

---

885 Yang/Long/Li, Modern Enterprise Culture 2009 Heft 10, S. 33; Kwok, Beijing To Coke: No Juice For You; Mulrenan, Storm in a juice cup; Mesenbrink, Das Antimonopolgesetz der VR China im Spannungsfeld zwischen Politik und Wettbewerbsrecht, S. 236.

886 Sun, Anti-Monopolgesetz - Rechtssystem und -theorien, S. 149; Ma, Journal of Shanxi Coal-Mining Administrators College 2009 Heft 3, S. 195; Zhou/Zheng, Überlegung des Zusammenschlussfalls Coca-Cola - Huiyuan; Liu, Knowledge Economy 2012 Heft 1, S. 34; Pan, Law Science 2009 Heft 7, S. 88; Säcker, WuW 2009, S. 603; Chovanec, By any normal standard, the Coke-Huiyuan deal would have been approved with flying colors; Sokol, China's Antimonopoly Law-One Year Down: Part 3. The AML As a Protectionist Tool?; Masseli, GRUR Int. 2009, S. 633.

887 Yang/Long/Li, Modern Enterprise Culture 2009 Heft 10, S. 33; Liu, Journal of Guangdong Institute of Public Administration 2009 Heft 2, S. 52–54; Zou, Manager' Journal 2009 Heft 18, S. 155; Zhou/Zheng, Überlegung des Zusammenschlussfalls Coca-Cola - Huiyuan; Lu, Legal System and Society 2009 Heft 19, S. 238–239; Chovanec, By any normal standard, the Coke-Huiyuan deal would have been approved with flying colors; Sokol, China's Antimonopoly Law-One Year Down: Part 3. The AML As a Protectionist Tool?; Wei/Monroe, China scuttles Coke's bid for juice maker; Masseli, GRUR Int. 2009, S. 366; Bu/Bu/Shu, Chinese Business Law, § 6 Rn. 70–71; Bischke/Brack, NZG 2009, S. 541.

888 Bischke/Brack, NZG 2009, S. 541; Sun, Management Review 2011 Heft 1, S. 96; Mulrenan, Storm in a juice cup; Masseli, Handbuch chinesische Fusionskontrolle, S. 54; Masseli, GRUR Int. 2009, S. 633; Mesenbrink, Das Antimonopolgesetz der VR China im Spannungsfeld zwischen Politik und Wettbewerbsrecht, S. 1–3.

889 Allgemeine Darstellung von Liu, Journal of Guangdong Institute of Public Administration 2009 Heft 2, S. 50; Sun, Anti-Monopolgesetz - Rechtssystem und -theorien, S. 149; für die Entscheidung von Mei, Untersagung des Zusammenschlusses im Fall

industriepolitische Überlegungen die Entscheidung in gewissem Maße beeinflusst haben.[890]

5.2.1.2.2.2.2 Fall: Maersk/MSC/CMA CGM

In bestimmten Sachverhalten gelangte die chinesische Kartellbehörde sogar zu einer gegenteiligen Schlussfolgerung zu den USA bzw. zu der EU.[891] Dies lässt sich am Fallbeispiel von Maersk, MSC und CMA CGM veranschaulichen: Die FMC in den USA und die Europäische Kommission haben beide grünes Licht für eine Reeder-Allianz (das P3-Netzwerk) zwischen Maersk aus Dänemark, MSC aus der Schweiz und CMA CGM aus Frankreich gegeben,[892] wohingegen China am 17. Juni 2014 eine Genehmigung verweigert hat.[893] Dies stellt die zweite Untersagung in der chinesischen Fusionskontrolle dar, was dazu führt, dass das P3-Netzwerk nicht in seiner geplanten Erscheinungsform auftreten kann und die Kooperation zwischen den weltgrößten Containerschiff-Reedereien somit einzustellen ist.

Bezüglich der zwei Routen zwischen Europa und Asien bekundete das MOFCOM seine Bedenken, dass drei Branchenführer nach dem Zusammenschluss knapp 47 % des Containerverkehrs kontrollieren können. Das HHI-Delta betrug ca. 1.350 (von 890 vor dem Zusammenschluss auf 2.240 nach hypothetischem Zusammenschluss), was auch auf einen hohen Konzentrationsgrad hindeutete. Diesmal hat das MOFCOM am Ende der Entscheidung betont, dass beteiligte Parteien nicht

---

Coca-Cola und Huiyuan bedeutet keinen Handelsprotektionismus; Wang, Huiyuan wird mit einer Strategieveränderung konfrontiert.; Sun, Management Review 2011 Heft 1, S. 98–101; Ma, Journal of Shanxi Coal-Mining Administrators College 2009 Heft 3, S. 195–196; gegen die Entscheidung von Qin, Sorgen um exzessive Kontrolle wegen der Untersagung des „Huiyuan Falls"; Jiang, Zweifel an Verbotsgründen vom MOFCOM; Mao/Glass, RIW 2009, S. 409.

890 Sun, Anti-Monopolgesetz - Rechtssystem und -theorien, S. 149 ff.; Zhou, Legal System and Society 2009 Heft 21, S. 128; Zhou/Zheng, Überlegung des Zusammenschlussfalls Coca-Cola - Huiyuan; Mao/Glass, RIW 2009, S. 411; Cai/Yang, Public Administration & Law 2009 Heft 4, S. 64–65.

891 Zhou/Cheng/Flanagan, MOFCOM issues second ever prohibition decision and publishes new merger notification guidance.; CMA CGM, The P3 Network will not be implemented following decision by the Ministry of Commerce (MOFCOM) in China; Barlow/Wu, MOFCOM's Block of the P3 Network Shipping Alliance; Lui/Lei, China's MOFCOM Blocks P3 Alliance; Baxter/Depoortere/Vandenborre/Foster, Navigating Chinese Merger Control: MOFCOM Prohibits P3 Shipping Alliance; French/Dodoo, MOFCOM blocks the proposed P3 Network shipping alliance.

892 FMC, P3 Agreement Clears FMC Regulatory Review; FMC, Commissioner William P. Doyle Votes on P3 Network Vessel Sharing Agreement. In Europa wurde die Kommission keine Ermittlung gegen P3-Netzwerk eingeführt, siehe in DVZ-Seefracht, EU-Kommission gibt grünes Licht für P3; Reimann, Das P3-Puzzle und die Folgen.

893 Säcker, WuW 2014, S. 1031.

nachweisen konnten, dass günstige Auswirkungen aus dem Zusammenschluss die Wettbewerbsbeschränkungen überwogen oder diese Kooperation dem gemeinsamen Interesse entsprach.

Wie Fallbeispiel Coca-Cola/Huiyuan, stieß diese Untersagung wieder auf Kritik.[894] Es wurde vor allem in dem veröffentlichten Text nicht erklärt, warum hohe Marktanteile unmittelbar zur Erhöhung der Marktzutrittsschranken für potenzielle Wettbewerber sowie zur Beschränkung des Wettbewerbsverhaltens der aktuellen Konkurrenten führen. Im Gegensatz dazu wurde der Zusammenschluss von Corun/Toyota/PEVE/Xinzhongyuan/Toyota Tsusho genehmigt, auch wenn Toyota China sogar eine sehr dominierende Marktstellung innehat. Die Abwägungen zwischen positiven und negativen Effekten in Art. 28 S. 2 Alt. 1 AMG wurden zwar getroffen, aber sie wurden nicht veröffentlicht, weswegen der Gedanke nicht zu verfolgen ist. Es fehlten hier aussagekräftige Begründungen und belastbare Grundlagen.[895] Die Entscheidung wird im Hinblick darauf angezweifelt, ob der Wettbewerb durch den Zusammenschluss tatsächlich beschränkt wurde bzw. ob die Kartellbehörde chinesische Spediteure, Ein- und Ausfuhrhändler, Branchenverbände (z. B. China Shipowners' Association) oder Hafentreiber in Schutz nahm, da nach dem Zusammenschluss die Verhandlungskraft gegenüber den beteiligten Reedereien deutlich geschwächt werden könnte. Die Untersagung könnte darauf abzielen, sich gegen wirtschaftliche Gefahren von ausländischen Investitionen zu wehren.[896] Es ist auch zu vermuten, dass sich die Wettbewerbslage des chinesischen Marktführers (China Ocean Shipping Company, COSCO) durch den Zusammenschluss wesentlich verschlechtern könnte.[897]

5.2.1.2.2.3 Ergebnis

Es wird oft bemängelt, dass die Entscheidungsfindungen zugunsten der inländischen Unternehmen seien, während der politische Einfluss bei Zusammenschlüssen mit ausländischen Beteiligungen eine wichtige Rolle spiele.[898] Bis

---

894 Baxter/Depoortere/Vandenborre/Foster, Navigating Chinese Merger Control: MOFCOM Prohibits P3 Shipping Alliance; Dong, Neue Entscheidungen zur Fusionskontrolle: A Tale of Two Cases; French/Dodoo, MOFCOM blocks the proposed P3 Network shipping alliance.

895 Barlow/Wu, MOFCOM's Block of the P3 Network Shipping Alliance.

896 Dong, Neue Entscheidungen zur Fusionskontrolle: A Tale of Two Cases.

897 Yu, China's MOFCOM Rejects Maersk's P3 Alliance; Barlow/Wu, MOFCOM's Block of the P3 Network Shipping Alliance; Baxter/Depoortere/Vandenborre/Foster, Navigating Chinese Merger Control: MOFCOM Prohibits P3 Shipping Alliance; Lui/Lei, China's MOFCOM Blocks P3 Alliance.

898 PCCPL/Wang/Han, Report on Competition Law and Policy of China 2010, S. 153–154; Masseli, ZChinR 2009, S. 35–36; PCCPL/Wu/Guo/Huo/He/Zhao, Report on Competition Law and Policy of China 2011, S. 201 ff.; Sokol, Merger Control under China's Anti-Monopoly Law; Masseli, Handbuch chinesische Fusionskontrolle, S. 244 ff.; Lucks/Schmidkonz/Taube, M&A in China, S. 55. Ein Spannungsverhältnis

jetzt wurden zwar keine Zusammenschlüsse unter dem Namen „Neugründung eines Gemeinschaftsunternehmens" zurückgewiesen, aber in Zukunft könnten vergleichbare Entscheidungen, wie im Fall Coca-Cola/Huiyuan oder Maersk/MSC/CMA CGM, getroffen werden.[899] Es ist durchaus möglich, dass industriepolitische Faktoren bei der Bewertung des Zusammenschlusses, besonders in einem sensiblen Bereich, gewichtig sind. Dies ist häufig aufgrund ihres breiten Spektrums nicht vorhersehbar und erschwert die Vorbereitungen für die Anmeldung.

Vergleichsweise ist die Haltung der Europäischen Kommission für die Verwendung der industriepolitischen Elemente sehr zurückhaltend.[900] Die Vorteile der technischen Fortschritte und der wirtschaftlichen Entwicklung werden in Art. 2 Abs. 1 lit. b FKVO kurz genannt.[901] Demnach können die mit dem Zusammenschluss verbundenen Effizienzgewinne berücksichtigt werden, die die zu befürchtenden Schäden noch ausgleichen können.[902] Es ist aber der Kommission auch bewusst, dass die Effizienzvorteile wenig wahrscheinlich geltend zu machen sind, wenn sie aus einem solchen Zusammenschluss folgen, in dem z. B. eine monopolähnliche marktbeherrschende Stellung begründet werden würde.[903] Ebenso ist eine Genehmigung unwahrscheinlich, wenn die Zusammenschlussbeteiligten eine beträchtliche Marktmacht haben, was zur erheblichen Senkung des Wettbewerbsdrucks führen kann. Die Effizienzvorteile würden für die Kompensation der möglich wettbewerbswidrigen Auswirkungen nicht ausreichen,[904] wenn die Verhaltensspielräume für andere verbleibende Konkurrenten oder Marktteilnehmer sehr gering sind. Dies zeigt, dass die Kommission hohe Anforderungen stellt.[905] Hinzu kommt, dass die Effizienzvorteile noch den Verbrauchern zugutekommen

zwischen Staatskontrolle und Wirtschaftsentwicklung wird von Immenga in der Politischen Instrumentalisierung des Kartellrechts?, S. 7 ff. dargestellt.

899 In der Tat wollten Maersk, MSC und CMA CGM ein Teilfunktionsgemeinschaftsunternehmen aufbauen. Siehe in 4.1.3.2.2.3.1.

900 Terhechte/Hoffmann/Terhechte, Internationales Kartell- und Fusionskontrollverfahrensrecht, § 4 Rn. 4.52; Emmerich, Kartellrecht, § 16 Rn. 3.

901 Schröter/Jakob/Klotz/Mederer/Hacker, Europäisches Wettbewerbsrecht, S. 1624 Rn. 481.

902 Schulte/Henschen, Handbuch Fusionskontrolle, S. 452 Rn. 1642; Mestmäcker/Schweitzer, Europäisches Wettbewerbsrecht, § 26 Rn. 191; Klumpp, Die "Efficiency Defense" in der Fusionskontrolle, S. 52 ff.; Rosenthal/Thomas, European Merger Control, S. 214 ff. Rn. 496 ff.

903 Leitlinien zur Bewertung horizontaler Zusammenschlüsse, Rn. 84.

904 Leitlinien zur Bewertung horizontaler Zusammenschlusse, Rn. 84.

905 Leitlinien zur Bewertung horizontaler Zusammenschlüsse, Rn. 84; Emmerich, Kartellrecht, § 16 Rn. 3; Schulte/Zeise, Handbuch Fusionskontrolle, S. 358–359 Rn. 1284; Schmidt, Wettbewerbspolitik und Kartellrecht, S. 257; Glöckner, Kartellrecht - Recht gegen Wettbewerbsbeschränkungen, Rn. 672.

müssen.[906] Daraus lässt sich schlussfolgern, dass der Wettbewerbsschutz im Mittelpunkt der europäischen fusionskontrollrechtlichen Prüfung steht.

Theoretisch kann die Industriepolitik positive Effekte für den Wettbewerb erzeugen. Zu nennen sind hier insbesondere die Schaffung eines günstigen Umfeldes für die Unternehmenskooperation, die Erleichterung der Anpassung an die strukturelle Veränderung sowie die Förderung der unternehmerischen Weiterentwicklung. In diesem Punkt steht die Industriepolitik der Wettbewerbspolitik nicht gegenüber. Aber es ist dem MOFCOM notwendig, die Nebenbestimmungen zur Handhabung der nicht wettbewerbsbezogenen Elemente zu veröffentlichen, damit die Industriepolitik wirklich auf eine bessere Nutzung der Forschung und Technologie hinwirken kann.

Es ist auch wünschenswert, den Anwendungsbereich des allgemeinen Interesses in der Verordnung enger abzugrenzen.[907] Es geht einerseits um detaillierte Beurteilungskriterien, z. B. in welchen Konstellationen sich Zusammenschlüsse unter Berufung auf das allgemeine Interesse als freistellungsfähig erklären lassen können. Konkret müssen den beteiligten Parteien bestimmte Pflichten auferlegt werden, um eine Zusage (analog den Verpflichtungszusagen im fusionskontrollrechtlichen Verfahren) zu erwerben. Andererseits müssen die genauen Voraussetzungen für die Berücksichtigung der nationalen Wirtschaft im Sinne von Art. 27 Abs. 5 AMG festgelegt werden. Es ist darauf hinzuweisen, dass ein Zusammenschluss in der EU nur untersagt wird, wenn die Tatbestände des Art. 2 Abs. 3 FKVO (möglicherweise des Art. 101 Abs. 1 AEUV) vorliegen. Demnach richtet sich die Prüfung auf wettbewerbsbeschränkende Wirkungen. Sinngemäß muss in China auch ein solches Grundprinzip angewendet werden, unter dem der Wettbewerbsschutz nicht durch die Berücksichtigung der industriepolitischen Elemente gefährdet wird.[908] Dabei spielen die Grundsätze wie Verhältnismäßigkeit und Notwendigkeit eine wichtige Rolle, um den Anreiz für die Marktbeteiligten zu schaffen und letztendlich den Wettbewerb zu beleben.[909]

Es ist ebenfalls hilfreich, die Abwägung zwischen wettbewerblichen und industriepolitischen Elementen bekannt zu machen.[910] In jeder Hinsicht ist es notwendig, die Genehmigungs- bzw. Untersagungsentscheidung in höherem Maße

906 Leitlinien zur Bewertung horizontaler Zusammenschlüsse, Rn. 78; Terhechte/Hoffmann/Terhechte, Internationales Kartell- und Fusionskontrollverfahrensrecht, § 4 Rn. 4.52; Mestmäcker/Schweitzer, Europäisches Wettbewerbsrecht, § 26 Rn. 9, Rn. 11; Busche/Röhling/Schütz, Kölner Kommentare, Art. 2 FKVO Rn. 113.

907 Gleich von Wang, Legal System and Society 2009 Heft 19, S. 47; Wang, Law Science Magazine 2008 Heft 1, S. 5–6.

908 Mao/Glass, ZWeR 2008, S. 103.

909 Shi/Wang/Wang/Zu, Auslegung und Anwendung des Anti-Monopolgesetzes, S. 251; Wang/Fang, Ausschlaggebende Probleme in Bezug auf die Durchführung des Anti-Monopolgesetzes, S. 267; Fang, ZWeR 2008, S. 405.

910 Wu/Liu, Unternehmenszusammenschlüsse im Rahmen des Wettbewerbsrechts, S. 264 ff., S. 610.

öffentlich zu kontrollieren.[911] Die Aussagekraft der Entscheidung kann nur dann erhöht werden, wenn nicht jeder Zusammenschluss flexibel durch den Verweis auf wettbewerbsfremde Bedingungen befreit bzw. untersagt wird. Im Hinblick auf die industriepolitische Überlegung untersteht die Europäische Kommission noch der Überwachung von Unionsrichtern.[912] Dazu obliegt der Kommission eine Sorgfalts- und Begründungspflicht. Vergleichsweise kann in China der Staatsrat bzw. die Anti-Monopolkommission diese Aufgaben ausführen, damit die Befugnis der Kartellbehörde nicht missbraucht wird.

Schließlich ist darauf hinzuweisen, dass den Beteiligten noch ein Widerspruchsverfahren gegen die Entscheidung des MOFCOM gem. Art. 9 des Verwaltungswiderspruchsgesetzes (kurz: VWG) i. V. m. Art. 16 Abs. 1 Nr. 7 der Leitlinien für die Dienstleistungserbringung im Zuge der Anti-Monopolprüfung von Unternehmenszusammenschlüssen zur Verfügung steht. Demnach sind Bürger, juristische Personen oder andere Organisationen im Falle der Verletzung ihres legalen Interesses durch „konkrete Verwaltungsakte“[913] berechtigt, Widerspruch bei der Widerspruchsbehörde innerhalb von 60 Tagen nach tatsächlicher oder zumutbarer Kenntniserlangung einzulegen. Gem. Art. 14 VWG ist das MOFCOM, als Abteilung des Staatsrats selbst die Widerspruchsbehörde. Akzeptiert der Widerspruchsführer die auf den Widerspruch ergehende Entscheidung nicht, so kann er sich entweder an das zuständige Volksgericht oder an den Staatsrat wenden. Es ist besonders zu beachten, dass die Entscheidung des Staatsrats unanfechtbar ist, wenn der Widerspruchsführer die zweite Alternative auswählt. In diesem Fall wird ein gerichtlicher Weg ausgeschlossen.

Hinzu kommt, dass die Zusammenschlussbeteiligten Klage gegen die Entscheidung des MOFCOM gem. Art. 45, 46, 15 Nr. 1 des Verwaltungsprozessgesetzes (kurz: VPG) i. V. m. Art. 16 Abs. 1 Nr. 7 der Leitlinien für die Dienstleistungserbringung im Zuge der Anti-Monopolprüfung von Unternehmenszusammenschlüssen beim zuständigen mittleren Volksgericht erheben können. Gem. Art. 12 Abs. 1 Nr. 8 VPG nehmen die Volksgerichte solche Klagen von Bürgern, juristischen Personen oder anderen Organisationen an, wenn eine Verwaltungsbehörde (hier das MOFCOM) ihre Verwaltungshoheit missbraucht hat, um den Wettbewerb zu beschränken oder auszuschließen.

911 Wu/Liu, Unternehmenszusammenschlüsse im Rahmen des Wettbewerbsrechts, S. 638; Wang, Law Science Magazine 2008 Heft 1, S. 6–7; Sun, Commercial Times 2011 Heft 20, S. 106; Zhou/Zheng, Überlegung des Zusammenschlussfalls Coca-Cola - Huiyuan; Säcker, WuW 2009, S. 603; Mesenbrink, Das Antimonopolgesetz der VR China im Spannungsfeld zwischen Politik und Wettbewerbsrecht, S. 200.

912 Rittner/Dreher/Kulka, Wettbewerbs- und Kartellrecht, § 14 Rn. 1423; Mische, Nichtwettbewerbliche Faktoren in der europäischen Fusionskontrolle, S. 119 ff.

913 Damit gemeint ist ein konkretes Verwaltungshandeln. Siehe in Sprick, ZChinR 2015 Heft 4, S. 359.

Die Rechtssicherheit ist sicherlich mit der Verankerung des Prinzips „Verwaltungsgerichtsbarkeit“ verbessert. Nach dem revidierten VPG im Jahr 2015 wird die Überwachungsrolle der Volksgerichte mit dem Kompetenzzuwachs verstärkt. Dies äußert sich besonders darin, dass der Umfang der Fallannahme im Vergleich zum VPG 1990 ausgeweitet ist, wobei die Einflussnahmemöglichkeit der Verwaltungsbehörde beschränkt wird. Gem. Art. 3 Abs. 2 VPG wird den Verwaltungsbehörden und deren Mitarbeitern verboten, in die Annahme der Verwaltungssachen durch die Volksgerichte einzugreifen oder diese zu verhindern. Es ist aber auch zu notieren, dass ein Volksgericht gem. Art. 70 VPG nur darüber entscheiden darf, ob das infrage stehende Verwaltungshandeln ganz oder teilweise aufzuheben ist. Es kann zwar der Beklagten eine Neuvornahme des Verwaltungshandels anordnen, aber darf keine Entscheidung selbst treffen. Es ist noch darauf hinzuweisen, dass sich die Prüfung der Rechtmäßigkeit vom Verwaltungshandeln nach den Grundprinzipien, wie z. B. Gültigkeit, Zweckmäßigkeit und Angemessenheit, richtet. Wenn das AMG selbst viele industriepolitische Elemente enthält, kann man nur zum Schluss kommen, dass die Entscheidung des MOFCOM (das Verwaltungshandeln) rechtmäßig getroffen ist. In diesem Sinne steht den Betroffenen ein gerichtlicher Rechtsweg zwar offen, aber das Kernproblem wird nicht in vollem Umfang gelöst. Wie bereits erwähnt, steht die Erarbeitung einer Richtlinie zur Beschränkung der industriepolitischen Einflussnahme auf das AMG nach wie vor im Vordergrund.

5.2.1.3 Staatssicherheitsprüfung

Eine andere Prüfung ergibt sich aus Art. 31 AMG, demnach werden alle Zusammenschlüsse, die mit ausländischem Kapital ausgestattet werden und die nationale Sicherheit berühren können, neben normal kartellrechtlicher Prüfung noch einer gesonderten Untersuchung untergezogen. Das heißt, dass eine doppelte Anmeldung für die ausländische Übernahme eines chinesischen Unternehmens (z. B. die Gründung eines Gemeinschaftsunternehmens) veranlasst werden kann.[914] Die Staatssicherheitsprüfung spielt bei diesen Zusammenschlüssen (besonderes bei der Beteiligung an einem bedeutenden chinesischen Unternehmen) eine wesentliche Rolle.[915]

---

914 Wu, Auslegung zum Anti-Monopolgesetz der Volksrepublik China, S. 84 ff.; Shi/Wang/Wang/Zu, Auslegung und Anwendung des Anti-Monopolgesetzes, S. 258–260; Ye/Bao, Rechtliche Analyse der ausländischen Fusion und Übernahme der chinesischen Unternehmen, S. 462–464; Shang, Erkundung nach Rechtssystem für die Zusammenschlusskontrolle in China, S. 320–321; Huang/Jiang, Tsinghua Law Review 2009 Heft 2, S. 158; Liu, Theory Horizon 2009 Heft 5, S. 65.

915 Wu, Auslegung zum Anti-Monopolgesetz der Volksrepublik China, S. 84–86; Li, Journal of Zhejiang Wanli University 2008 Heft 3, S. 81.

5.2.1.3.1 Hintergründe der Staatssicherheitsprüfung

Die Bedeutung ausländischer Investitionen nimmt in China immer mehr zu. Allein im Jahr 2015 betrug die ausländische Investitionsmenge 128 Milliarden US-Dollar.[916] Ein Teil davon stammt aus der Sanierung der staatseigenen Unternehmen, die wegen der schlechten Geschäftsführung fast vor dem Konkurs stehen. Die SASAC steht einem internationalen Unternehmenskauf nach wie vor zurückhaltend gegenüber. Die Gefahr, dass die Unternehmenswerte niedrig eingeschätzt werden, soll auf jeden Fall vermieden werden. Aus diesem Grund könnte eine solche Transaktion aufgrund der Genehmigung von verschiedenen Behörden länger dauern. Sie wird unter Umständen sogar restriktiver geprüft.

Ein weiteres Argument besteht darin, dass die Sicherheit der nationalen Wirtschaft gefährdet werden kann, wenn ausländische Übernahmen in Schlüsselindustrien stattfinden. Eine Vielzahl von administrativen Verordnungen wird im Zuge der Wirtschaftsreform veröffentlicht, um ausländische Investitionen vor dem Eintritt in diese Branchen zu kontrollieren. Nach dem 11. Fünfjahres-Plan über die Nutzung ausländischer Investitionen sollen diese zur Wirtschaftsentwicklung bestmöglich gesteuert werden,[917] wobei die Lebensadern des Landes in der Hand der Staatsunternehmen bzw. der Regierung bleiben müssen. Als Folge dessen wird die Prüfung für ausländische Übernahmen weiter gestärkt, die unmittelbar volkswirtschaftliche Interessen betreffen und die die Stabilität des nationalen Wirtschaftssystems stören könnten.

Einige Mitglieder des Ständigen Ausschusses haben auch später im Gesetzgebungsprozess ihre Sorgen um potenzielle Gefahren von ausländischen Übernahmen ausgedrückt.[918] Sie schlugen weiterhin vor, eine zusätzliche Regelung bezüglich der Staatssicherheitsprüfung in das AMG einzufügen.[919] Vor diesen Hintergründen wurde die Staatssicherheitsprüfung ins AMG aufgenommen, die eigentlich einen Fremdkörper des Kartellgesetzes darstellt.

5.2.1.3.2 Begriff der Staatssicherheit

Es ist anzumerken, dass die Prüfung nur rudimentär im AMG normiert ist. Hinzu kommt, dass auch geringe Anhaltspunkte in den Bestimmungen zum Anteilserwerb an inländischen Unternehmen durch ausländische Unternehmen vorhanden sind. Aus Art. 12 der Bestimmungen geht nur eine Vorschrift über die Anmeldepflicht hervor, solange der Kontrollerwerb der chinesischen Unternehmen die volkswirtschaftliche Sicherheit gefährden könnte. Im gleichen Artikel werden zwei konkrete Beispiele genannt, und zwar der Erwerb einer bekannten

916 MOFCOM, Weltweiter Investitionsbericht 2016: Andauerndes Zuwachs der Investitionen in China.
917 NDRC, 11. Fünfjahres-Plan über die Nutzung ausländischer Investitionen.
918 Siehe in 3.1.1.2 sowie 3.1.1.3.
919 Masseli, Handbuch chinesische Fusionskontrolle, S. 183 ff.

chinesischen Marke oder eines Traditionsunternehmens.[920] Der Prüfungsinhalt und die Durchführungsschritte werden aber kaum festgelegt.

Zur Klärung der weiteren Einzelheiten wurde im Jahr 2011 eine Mitteilung zur Einrichtung der Staatssicherheitsprüfung für die Übernahme der einheimischen Unternehmen durch ausländische Investoren vom Staatsrat ausgearbeitet. Im gleichen Jahr ist eine Durchsetzungsverordnung über die Staatssicherheitsprüfung hinsichtlich der Übernahme der einheimischen Unternehmen durch ausländische Investoren vom MOFCOM ergangen, um die Reichweite der Staatssicherheit zu begrenzen.

Hervorzuheben ist, dass der Begriff im Sinne des AMG nicht inhaltsgleich mit demjenigen in den letztgenannten Bestimmungen ist.[921] In den Bestimmungen wird nur Bezug auf die nationale Wirtschaftssicherheit genommen, während die Staatssicherheit mehr Aspekte enthält. Diese wird aber nicht in der Verwaltungsverordnung, sondern im Gesetz über die Nationalsicherheit definiert. Gem. Art. 2 des Gesetzes bedeutet die nationale Sicherheit die Vereinheitlichung der Staatsmacht und der Souveränität, die Integrität des Hoheitsgebiets, die Gewährleistung des Wohlergehens des Volks, den Schutz der nachhaltigen Wirtschaftsentwicklung vor Gefahr und Bedrohung sowie die Aufrechterhaltung des Sicherheitszustands. Dazu enthält Art. 1 Abs. 1 der Mitteilung noch einen beispielhaften Katalog der sicherheitsrelevanten Industrien in China, demzufolge der militärische Bereich, der Unterstützungsbereich der sensiblen Militäreinrichtungen, der Sektor der Staatsverteidigung sowie der Bereich der für die Sicherheit strategisch wichtigen Agrarprodukte, Energien und Ressourcen, Infrastrukturen, Transportdienstleistungen, Schlüsseltechniken, Manufakturen u. a. genannt werden. Das zeigt, dass außer dem wirtschaftlichen Aspekt noch militärische, technische sowie soziale Bereiche umfasst werden.[922] Diese Industriesektoren hängen eng mit dem Wohlergehen des Landes zusammen und betreffen unmittelbar den Sockel der volkswirtschaftlichen Interessen.

Eine konkrete Nennung der individuellen Bereiche sieht die Mitteilung allerdings nicht vor. Hinweise könnten sich aus dem Investitionslenkungskatalog ergeben, demzufolge einige Bereiche für ausländische Investoren beschränkt oder sogar verboten sind.[923] Es ist naheliegend anzunehmen, dass solche Bereiche eng mit der Staatssicherheit bzw. den gesellschaftlichen öffentlichen Interessen zusammenhängen. Folgerichtig ist ein Marktzugang in diesen Wirtschaftszweigen nicht

---

920 Zhu, Hebei Law Science 2009 Heft 5, S. 130.

921 Shang, Theorien über Anti-Monopolgesetz und Analyse über chinesische und ausländische Fälle, S. 311; Shao/Fang/Wang/Tang, Wettbewerbsrecht, S. 304; Masseli, ZChinR 2007, S. 269–270; Fang, ZWeR 2008, S. 405–407.

922 Shi, Anti-Monopolgesetz - Gesetzesauslegung und Erkundung nach Theorien, S. 331–332; Shang, Erkundung nach Rechtssystem für die Zusammenschlusskontrolle in China, S. 264 ff.; Bu, Einführung in das Recht Chinas, § 23 Rn. 32.

923 Details in 2.1.2.

völlig frei. Als Beispiel sind die Verarbeitung von Sojaöl oder Rapsöl, die Autoherstellung in Manufakturindustrien, der Eisenbahn-, Bus- sowie Straßenbahnverkehr in der Transportbranche und der Bergbau der raren und speziellen Kohle in der Kategorie der elementaren Ressourcen zu nennen.[924]

5.2.1.3.3 Anwendungsbereich der Staatssicherheitsprüfung

Es werden verschiedene Anhaltspunkte für die Übernahme eines einheimischen Unternehmens in Art. 1 Abs. 2 der Mitteilung gegeben. Ein ausländischer Investor kann sich zunächst dadurch an einem einheimischen Unternehmen beteiligen, dass er die Anteilsrechte am Zielunternehmen erwirbt oder er das Kapital in ein Unternehmen einbringt. Weitere Möglichkeiten bestehen darin, dass der ausländische Investor die Anteile an einem Unternehmen mit ausländischer Beteiligung (z. B. einem Gemeinschaftsunternehmen) von einem einheimischen Unternehmen erwirbt oder das erhöhte Registerkapital in ein solches Unternehmen einbringt. Ein ausländischer Investor kann darüber hinaus durch die Kontrolle über ein von ihm gegründetes Unternehmen die Vermögen oder Anteilsrechte an einem inländischen Unternehmen übernehmen. Umgekehrt kann er ebenfalls inländische Einlagen aufkaufen und sodann in ein neues Unternehmen einbringen. Es ist zusammenzufassen, dass die hier aufgelisteten Übernahmemethoden grundsätzlich mit denjenigen in den Bestimmungen zum Anteilserwerb an inländischen Unternehmen durch ausländische Unternehmen übereinstimmen.[925]

Außerdem legt Art. 1 Abs. 3 der Mitteilung die Prüfungskriterien der Kontrolle über ein anderes Unternehmen fest. Wie bereits erwähnt, wird hier eine Orientierungshöhe geschaffen.[926] Eine Kontrolle wird demzufolge angenommen, wenn ausländische Investoren mehr als 50 % der Anteile am Zielunternehmen erlangen. Dies stellt einen Unterschied zur fusionskontrollrechtlichen Prüfung dar, in der keine Anteilsschwelle als Indiz für den Kontrollerwerb festgelegt wird. Es ist naheliegend anzunehmen, dass der Anwendungsbereich der Sicherheitsprüfung strenger begrenzt wird. Eine solche Prüfung kommt erst in Betracht, wenn die Ausländer tatsächlich ein chinesisches Unternehmen kontrollieren können. Im Vergleich dazu beruht die Fusionskontrolle auf dem Kontrollerwerb, also einer bestimmenden Einflussnahmemöglichkeit, bei der eine tatsächliche Kontrolle in Alltagsgeschäften nicht erforderlich ist. Es ist noch darauf hinzuweisen, dass in der Mitteilung kein strikter Zusammenhang zwischen Anteilsschwelle und Kontrollverhältnis vorgesehen ist. Das bedeutet, weitere Faktoren wie die Berufung der Vorstandsmitglieder werden ebenso einbezogen, um ein tatsächliches Kontrollverhältnis zum Zielunternehmen im Einzelfall zu ermitteln, soweit die Anteilsschwelle nicht erreicht wird. Es ist letztendlich zu prüfen, ob die Wahrscheinlichkeit der

924 Wang, Journal of Hunan Police Academy 2015 Heft 1, S. 95 ff.
925 Details in 4.1.1.2.1.
926 Siehe in 4.1.1.2.2.1.1.2.

Gefährdung als hoch einzuschätzen ist, wenn die aktuelle Kontrolle über das Zielunternehmen in der Hand der ausländischen Investoren liegt.[927] Ist diese Frage zu bejahen, findet die Staatssicherheitsprüfung dementsprechend Anwendung.

5.2.1.3.4 Behördliche Zuständigkeit

Es werden ermächtigte Behörden nach Art. 3 der Mitteilung zur Einrichtung der Staatssicherheitsprüfung für die Übernahme der einheimischen Unternehmen durch ausländische Investoren nominiert: Eine Prüfung wird je nach Industriesektoren von einer ministeriellen Gemeinschaftssitzung unter der Leitung der NDRC und des MOFCOM durchgeführt. Andere Ministerien, die für den betroffenen Bereich zuständig sind, werden ins Leben gerufen. Verfahrensrechtliche Aspekte werden durch die Durchsetzungsverordnung über die Staatssicherheitsprüfung hinsichtlich der Übernahme der einheimischen Unternehmen durch ausländische Investoren ergänzt. Gem. Art. 1 der Durchsetzungsverordnung müssen sich ausländische Investoren beim MOFCOM anmelden, soweit vorgenannte Voraussetzungen der Mitteilung vorliegen.

5.2.1.3.5 Fallpraxis

Es existiert momentan zwar keine konkrete Entscheidung über die Staatssicherheitsprüfung im Sinne von Art. 31 AMG. Aber es ist anzuzweifeln, ob die zweite Prüfung bereits in andere Prozesse implizit inkorporiert wurde. Folgend werden zwei Fallbeispiele angeführt, um die Prinzipien der nationalen Sicherheitsprüfung näher zu verdeutlichen.

5.2.1.3.5.1 Fall: Carlyle/Xugong

Die US-amerikanische Carlyle-Gruppe zog im Juli 2008 ihr Angebot zurück, Anteile an einem Tochterunternehmen der Xugong Construction Machinery Group (nachfolgend Xugong-Gruppe) zu kaufen, die als großes Staatsunternehmen im Bereich des Maschinenbaus tätig ist.[928] Es scheiterte nach dem Medienbericht daran, dass

927 Zhu, Hebei Law Science 2009 Heft 5, S. 130–131; Zhu, Journal of Yunnan University Law Edition 2009 Heft 1, S. 152–153.

928 Details in Feng, Rechtspraxis der chinesischen Unternehmenszusammenschlüsse, S. 300–302; Wang, Wettbewerbsrecht 2015, S. 253–254; Shi/Wang/Wang/Zu, Auslegung und Anwendung des Anti-Monopolgesetzes, S. 253–255, S. 260–261; Wirtschaftsrechtsbüro der Rechtsarbeitskommission des Ständigen Ausschusses des Nationalen Volkskongresses, Erklärung der Gesetzesnormen, Gesetzgebungsgründung und der relevanten Regelungen des Anti-Monopolgesetzes, S. 208–210; Wu/Liu, Unternehmenszusammenschlüsse im Rahmen des Wettbewerbsrechts, S. 579; Wang, Law Science Magazine 2008 Heft 1, S. 7; Ding/Pan, Contemporary Law Review 2012 Heft 3, S. 132; Song, Journal of Shandong Institute of Trade Unions' Administration Cadres 2009 Heft 3, S. 138; Sprick, ZChinR 2008, S. 125.

die geplante Übernahme die staatliche Sicherheit gefährden konnte. Dies ist damit zu begründen, dass sich die Xugong-Gruppe in einem sensiblen Industriebereich befindet. Darüber hinaus verfügt sie nationalweit über die Schlüsseltechnologien und Patente. Es ist zu vermuten, dass die Staatsregierung so ein Unternehmen wirtschaftlich unterstützen und dessen Schlüsseltechniken in China behalten will. Laut dem Medienbericht konnte eine ausländische Übernahme die Wettbewerbsintensität schwächen, da eine solche Übernahme eine weitere nationale Innovation behindern konnte und sodann die Marktstellung der chinesischen Unternehmen gefährdet werden konnte.[929]

Auffällig ist noch, dass kein Prozess bezüglich der Sicherheitsprüfung eingeleitet wurde. Dem Medienbericht zufolge hatten das MOFCOM und andere Behörden die Meinungen von Schlüsselunternehmen in dieser Branche sowie diese von Marktteilnehmern auf der der Xugong-Gruppe vor- oder nachgelagerten Stufe angehört. Auf dieser Grundlage wurde ein neuer Durchführungsplan für die Übernahme gefordert.[930] Eine behördliche Entscheidung ist zwar nicht getroffen, aber es ist zu vermuten, dass eine solche Übernahme nicht von der Regierung gefördert wird.

5.2.1.3.5.2 Fall: Coca-Cola/Huiyuan

Es ist auch im Fall Coca-Cola/Huiyuan spektakulär, ob die Staatssicherheitsprüfung als Probe im Ablauf des fusionskontrollrechtlichen Prüfungsverfahrens eingeführt wurde und letztlich einen entscheidenden Grund für die Untersagung darstellte.[931] Es ist auffällig, dass Coca-Cola nach dem Vollzug des Zusammenschlusses in den Besitz der nationalen Marke, Huiyuan, gekommen wäre. In der Tat gibt es wenige berühmte nationale Marken, die noch in chinesischer Hand sind. Es ist zu vermuten, dass das MOFCOM bzw. die Staatsregierung das eigene geistige Eigentum schützen und die (nationale) Innovation in dieser Branche fördern will.[932] Dies steht in Übereinstimmung mit der Zielsetzung der nationalen Sicherheitsprüfung, die die staatlichen Belange im Bereich der ökonomischen Entwicklung, der sozialistischen Stabilität sowie der Abwehr potenzieller Gefahren reflektiert. Allerdings können der veröffentlichten Entscheidung keine Hinweise darüber entnommen werden, ob eine solche Prüfung tatsächlich stattfand. Es könnte auch sein, dass deren Einleitung nicht notwendig war, da das Vorhaben längst im fusionsrechtlichen Verfahren untersagt wurde.

---

929 He/Cao, Übernahmestreit über Xugong; Chen, Misserfolg: Übernahmefall Carlyle-Xugong.
930 Chen, Misserfolg: Übernahmefall Carlyle-Xugong.
931 Fang, ZWeR 2008, S. 408; Sun, Management Review 2011 Heft 1, S. 100–101; Säcker, WuW 2009, S. 603; Masseli, Handbuch chinesische Fusionskontrolle, S. 190.
932 Cai/Yang, Public Administration & Law 2009 Heft 4, S. 64 ff.

5.2.1.3.6 Konflikte zwischen Schutz der nationalen Entwicklung und Förderung der ausländischen Investitionen

Es stellt sich zunächst die Frage, ob die allein an ausländische Investoren adressierte nationale Sicherheitsprüfung als ungünstige Behandlung einzustufen ist.[933] Nach Art. 7 AMG werden legale Geschäftsaktivitäten der (staatseigenen) Unternehmen, die sich in einem die staatliche Sicherheit berührenden Wirtschaftszweig befinden, in Schutz genommen. Im Extremfall könnte ein Zusammenschluss, der (wohl auch wesentliche) Wettbewerbsbeschränkungen hat, geduldet werden, insoweit die vom Zusammenschluss erzeugten Vorteile dem Schutz des allgemeinen Interesses im Sinne von Art. 28 S. 2 Alt. 2 AMG dienen.[934] Dahingegen wird bei ausländischer Übernahme in sensiblen Bereichen noch eine weitere Anmeldungspflicht hinsichtlich der staatlichen Sicherheit angeordnet. Das zeigt, dass die Branchenkontrolle über das ausländische Kapital sehr streng ist,[935] was eher mit der Industriepolitik einhergeht. Es wird auch der Eindruck erweckt, dass der chinesische Gesetzgeber nationale Entwicklungen bestmöglich zu steuern und potenzielle Hindernisse zu überwinden sucht, weshalb die Forcierung der Ökonomie auf der Grundlage der sozialistischen Marktwirtschaft in seinem Kartellrecht hervorgehoben wird. Aber dies könnte dazu führen, dass internationale Konzentrationen (insbesondere die Übernahme eines staatlichen Unternehmens) nicht gleichberechtigt behandelt werden wie nationale Zusammenschlüsse. Es wird auch oft bemängelt, dass die Marktbeteiligten neben den Bestimmungen in der Investitionskategorie noch weitere Regelungen der Marktzutrittsbeschränkungen einhalten müssen.[936] Dies kann in gewissem Maße die Ausländer frustrieren, was zum Absenken der Investitionen beitragen kann. Die Behauptung, dass die chinesische Kartellbehörde

---

933 Cheng/Du/Li, Erforschung der chinesischen Wettbewerbsgesetzgebung und Aufschlüsse vom Rechtssystem in der Europäischen Union, S. 93 ff.; Zhang, Forschung nach Antimonopoltheorien, S. 219–220; Hintergrund erläutert von Sun, Untersuchung nach unternehmerischen Problemen im Zuge der ausländischen Akquisitionen, S. 255–256; Wu, Seeker 2008 Heft 11, S. 136; Wang, Journal of Political Science and Law 2015 Heft 3, S. 143; Lorenz, GRUR Int. 2006, S. 474; Huang, Antitrust Law Journal 2008, S. 126 ff.

934 Wirtschaftsrechtsbüro und Forschungsbüro der Rechtsarbeitskommission des Ständigen Ausschusses des Nationalen Volkskongresses, Fragen und Antworten des Anti-Monopolgesetzes der Volksrepublik China, S. 111 ff.; Shi, Anti-Monopolgesetz - Gesetzesauslegung und Erkundung nach Theorien, S. 328–331; Sun, Untersuchung nach unternehmerischen Problemen im Zuge der ausländischen Akquisitionen, S. 231, S. 247; Shao/Wang, Jurists Review 2008 Heft 3, S. 158.

935 Sun, Jahrbuch des Deutsch-Chinesischen Instituts für Rechtswissenschaft der Universitäten Göttingen und Nanjing Heft 7, S. 197–198; Li, Journal of Zhejiang Wanli University 2008 Heft 3, S. 79.

936 Mesenbrink, Das Antimonopolgesetz der VR China im Spannungsfeld zwischen Politik und Wettbewerbsrecht, S. 207 ff.

eine Hintertür für einheimische Unternehmen offengelassen habe, ist angesichts spärlicher Gegenargumente und inhaltlich offener Klauseln schwer zu widerlegen.

5.2.1.3.7 Spannungsverhältnis zwischen Aufrechterhaltung des Wettbewerbs und Schutz der nationalen Sicherheit

Die nationale Sicherheitsprüfung soll nach Art. 31 AMG als selbstständige Untersuchungsphase parallel zur fusionskontrollrechtlichen Prüfung vorgenommen werden. Es ist auch klar, dass sich diese zwei Prüfungen auf ganz unterschiedliche Rechtsgrundlagen stützen. Wie genau sie miteinander kombiniert werden, kommt aber in den veröffentlichten Verwaltungsverordnungen nicht zum Ausdruck.[937] In der Tat kann eine nationale Sicherheitsprüfung das Prüfverfahren der Zusammenschlüsse hinausschieben, vorausgesetzt, dass sie neben der fusionskontrollrechtlichen Verfahrensabwicklung eingeleitet wird.

Es stellt sich die Frage, welcher Aspekt eine höhere Priorität im AMG hat. Eine nationale Sicherheitsprüfung wird häufig mit den Industriebeweggründen eingefärbt.[938] Sorgen bestehen noch darin, dass ein Zusammenschlussvorhaben mit der Auslandsbeteiligung nur infolge der Gefährdung der nationalen Sicherheit zurückgewiesen wird, obwohl es sich nicht nachteilig auf den Wettbewerb im Sinne von Art. 28 S. 1 AMG auswirkt.[939] Dies ist dem Schutzzweck des gesunden Wettbewerbs abträglich. Eine Folge dessen ist, dass die Zusammenschlusskontrolle in einen unklaren Zustand versetzt wird, da andere Verwaltungsverordnungen auch Untersagungskriterien für die Zusammenschlüsse festlegen können. Dies löst nicht nur Rechtskonflikte aus, sondern verhindert die Durchsetzbarkeit des AMG auch maßgeblich. Im Extremfall könnte eine Staatssicherheitsprüfung den kartellrechtlichen Grundsätzen entgegenwirken.

Auffällig ist ebenfalls, dass das MOFCOM für beide (fusionskontrollrechtliche sowie nationale sicherheitsbezogene) Prüfungen zuständig ist. Die Risiken erhöhen sich, wenn das MOFCOM die Grenze verwischt. Wie im Fall Coca-Cola/Huiyuan, könnte sich eine Staatssicherheitsprüfung sogar erübrigen, solange die Überlegungen über die Staatssicherheit bereits bei der fusionskontrollrechtlichen Prüfung angestellt werden. Eine solche Möglichkeit wird offiziell zwar verneint, da die nationale Sicherheitsprüfung von der Fusionskontrolle getrennt eröffnet werden soll. Aber es ist auffällig, dass die Ansätze in der Staatssicherheitsprüfung und die Ausnahmetatbestände bezüglich der nationalen Entwicklung (Art. 27 Abs. 5 AMG) bzw. des allgemeinen Interesses (Art. 28 S. 2 Alt. 2 AMG) in der

937 Wang, Auslegung zum Antimonopolgesetz der Volksrepublik China, S. 193; Wu/Li, Journal of China National School of Administration 2008 Heft 1, S. 36–37, S. 39, Mackenrodt/Podszun, GRUR Int. 2007, S. 897.

938 Ding/Pan, Contemporary Law Review 2012 Heft 3, S. 136; Tao, Law Science 2016 Heft 1, S. 74; Shi, Jurists Review 2008 Heft 1, S. 18.

939 Fang, ZWeR 2008, S. 409–410.

fusionskontrollrechtlichen Prüfung nicht strikt voneinander zu trennen sind. Vielmehr steckt ein gleicher Grundgedanke bei der Berücksichtigung der außerwettbewerblichen Faktoren dahinter, dass die die Wirtschaftsentwicklung gefährdenden Elemente ausgenommen werden müssen. In diesem Sinne könnte der Wettbewerb in bestimmten Fällen sogar gedämpft werden.[940]

5.2.1.3.8 Ergebnis

Eine nationale Sicherheitsprüfung in China ist grundsätzlich auf die Exon-Florio-Provision zurückzuführen.[941] Eine vergleichbare Regelung sieht die europäische Fusionskontrolle zwar nicht vor, dennoch wird eine Ausnahme unter Vorbehalt der Aufrechterhaltung der gerechten aber nicht wettbewerbsbezogenen Ziele im Sinne von Art. 21 Abs. 4 FKVO eingeräumt,[942] demzufolge es den Mitgliedstaaten freisteht, zum Schutz der öffentlichen Sicherheit geeignete Maßnahmen zu ergreifen. Es sind wesentliche Aspekte betroffen, die einen Baustein der nationalen äußeren und inneren Sicherheit darstellen. Die Gewährleistung der öffentlichen Sicherheit wird aber nur gerechtfertigt, wenn diese mit den Grundsätzen und Bestimmungen des Unionsrechts vereinbar ist.[943] Unter diesem Umstand darf ein Mitgliedstaat zum Schutz der in Art. 21 Abs. 4 FKVO genannten Interessen eine restriktive Maßnahme treffen, obwohl die Kommission diesen Zusammenschluss nicht verboten hat. Aber die Mitgliedstaaten dürfen solche Zusammenschlüsse nicht erlauben, die von der Kommission verboten werden.[944]

Die Prüfungskompetenz basiert auf die Regelungen in Art. 346 Abs. 1 lit. b, 347 sowie 36 AEUV. Vor allem bietet Art. 346 Abs. 1 AEUV die Anhaltspunkte bezüglich der militärischen Sicherheit eines Mitgliedstaats: In diesem Rüstungsbereich können angemessene Maßnahmen ergriffen werden, um nationale Autoritäten zu wahren. Andere Varianten werden in Art. 347 AEUV geklärt, demzufolge jedem

---

940 Shao/Fang/Wang/Tang, Wettbewerbsrecht, S. 304; Wang, Law Science Magazine 2008 Heft 1, S. 7; Liu, Journal of Guangdong Institute of Public Administration 2009 Heft 2, S. 53; Wang/He, Studies in Law and Business 2008 Heft 6, S. 19–20; Ying, Economic Tribune 2008 Heft 17, S. 45–46.

941 Wirtschaftsrechtsbüro und Forschungsbüro der Rechtsarbeitskommission des Ständigen Ausschusses des Nationalen Volkskongresses, Fragen und Antworten des Anti-Monopolgesetzes der Volksrepublik China, S. 113–114; An, Erklärung des Antimonopolgesetzes der Volksrepublik China, S. 208–209; Shi/Wang/Wang/Zu, Auslegung und Anwendung des Anti-Monopolgesetzes, S. 257; Zhu, Hebei Law Science 2009 Heft 5, S. 128; Jackson, The Exon-Florio National Security Test for Foreign Investment; Sprick, ZChinR 2008, S. 131; Yu, Auslegung der Exon-Florio Klausel in den USA.

942 Roth, ZHR 2008, S. 704 ff.; Mestmäcker/Schweitzer, Europäisches Wettbewerbsrecht, § 24 Rn. 78.

943 Göthel/Wurmnest, Grenzüberschreitende M&A-Transaktionen, § 18 Rn. 21; Mestmäcker/Schweitzer, Europäisches Wettbewerbsrecht, § 24 Rn. 73 ff.

944 Mestmäcker/Schweitzer, Europäisches Wettbewerbsrecht, § 24 Rn. 78.

Mitgliedstaat Recht zur Sicherung von Frieden und Sicherheit zusteht, soweit eine schwerwiegende innerstaatliche Störung der öffentlichen Ordnung droht. Die unionsrechtliche Fusionskontrolle ist weiterhin nicht anwendbar, wenn die öffentliche Sicherheit bezüglich der wesentlichen Güter- sowie Energieversorgung dem Schutz der Gesundheit und des Lebens im Sinne von Art. 36 AEUV entspricht.[945] Vergleichsweise werden ähnliche Formulierungen in der chinesischen Staatssicherheitsprüfung gefunden. Es besteht aber ein Unterschied darin, dass das europäische Kartellrecht sofort Anwendung auf solche Transaktionen findet, die zivile Märkte betreffen.[946] Im Gegensatz dazu wird diese Aussage nicht im AMG verkörpert. Die nationale Sicherheit in China, wie bereits dargestellt, nimmt noch auf mehr Aspekte Bezug.

Es ist daran zu denken, dass ein vollkommenes Gesetz über ausländische Investitionen als Rahmenwerk dient, in dem die im losen Zusammenhang stehenden Vorschriften zusammengefasst werden und sodann das Verhältnis zum Kartellrecht geklärt wird.[947] Wie bereits erwähnt, entspricht eine gemischte Prüfung weder der Sicherung nationaler Wirtschaft noch der Förderung des Wettbewerbs. Es wäre in jeder Hinsicht sinnvoll, dass die Staatssicherheitsprüfung von der Anti-Monopolprüfung klar getrennt wird. Als Vorbild dient das deutsche Recht über die ausländische Investitionen: Hier schützt das Außenwirtschaftsgesetz (kurz: AWG) die öffentliche Ordnung und Sicherheit, aber nicht das GWB, welches in erster Linie den Wettbewerbsschutz sicherstellt.

In Deutschland enthält die Außenwirtschaftsverordnung (kurz: AWV) die Beschränkungsmöglichkeiten für ausländische Direktinvestitionen. Gem. § 55 Abs. 1 AWV kann das Bundesministerium für Wirtschaft und Energie (kurz: BMWi) zur Vermeidung von Sicherheitsgefahren einen Erwerb des deutschen Unternehmens prüfen und gegebenenfalls diesen untersagen. Es ist einschlägig für solche Unternehmenskäufe, durch die ein ausländischer Investor, der nicht aus der EU oder dem Gebiet der Europäischen Freihandelsassoziation (kurz: EFTA) stammt, mindestens 25% der Stimmrechtsanteile an einem in Deutschland ansässigen Unternehmen erlangen kann. Ihm können die Stimmrechte aber auch mittelbar zustehen. Damit gemeint sind solche Konstellationen, in denen der Erwerber an anderen Unternehmen die Stimmrechtsanteile von mindestens 25% hält. Als Ergebnis davon werden dem Erwerber Stimmrechte anderer Unternehmen am Zielunternehmen zugerechnet. Das gleiche gilt, wenn der Erwerber mit Dritten eine Vereinbarung über die gemeinsame Ausübung von Stimmrechten abgeschlossen hat.

---

945 Immenga/Mestmäcker/Körber, Wettbewerbsrecht, Art. 21 FKVO Rn. 28; Langen/Bunte/Käseberg, Kartellrecht, Art. 21 FKVO Rn. 20.

946 Hölters/Sedemund, Handbuch Unternehmenskauf, Teil VI Rn. 246.

947 Wang, Law Science Magazine 2008 Heft 1, S. 7; Bin/He, Law Science Magazine 2013 Heft 8, S. 105–107; Wang/He, Studies in Law and Business 2008 Heft 6, S. 17–20; Tao, Law Science 2016 Heft 1, S. 67–69, S. 75.

Grundsätzlich ist zwischen sektorübergreifender und sektorspezifischer Prüfung zu unterscheiden. Bei der sektorübergreifenden Prüfung ist keine Anmelde- bzw. Genehmigungspflicht für die Investoren vorgesehen. Das bedeutet, dass das BMWi nach Kenntniserlangung der Transaktion selbst darüber entscheiden, ob ein Prüfverfahren notwendig ist. Im Gegensatz zur sektorübergreifenden Prüfung, die Anwendung auf die Transaktionen in allen Tätigkeitsfeldern findet, beschränken sich der Anwendungsbereich der sektorspezifischen Prüfung auf den Unternehmenserwerb, der in besonders sicherheitssensiblen Bereichen stattfindet. Betroffen sind Hersteller und Entwickler in der Rüstungsindustrie (z. B. Kriegswaffen) oder in der IT-Sicherheitsbranche.[948] Ein weiterer Unterschied ist, dass es bei der sektorspezifischen Investitionsprüfung eine Meldepflicht besteht. Darüber hinaus kann das BMWi einen solchen Unternehmenserwerb gem. § 62 AWV allein untersagen, während bei der sektorübergreifenden Prüfung noch eine Zustimmung der Bundesregierung für die Untersagung oder Beschränkung des Zusammenschlussvorhabens gem. § 59 Abs. 1 S. 2 AWV erforderlich ist. Es ist dann zu bemerken, dass in Deutschland die Kontrolle ausländischer Investitionen in sicherheitsrelevanten Sektoren nach verschiedenen Stufen geltend gemacht wird. Bei der sektorübergreifenden Prüfung obliegt zwar allein der Verwaltungsbehörde, eine Ermittlung im Einzelfall vorzunehmen, aber die Bundesregierung nimmt noch eine Überwachungsaufgabe wahr. Bei der sektorspezifischen Prüfung ist hingegen eine Zustimmung der Bundesregierung zwar nicht notwendig, aber deren Anwendungsbereich ist eher begrenzt. Vor diesem Hintergrund wird mehr Rechtssicherheit für die Erwerber verschafft.

Die Gesamtschau in Europa lässt den Schluss zu, dass sicherheitsrelevante Elemente nur aus überwiegenden Gründen im wettbewerbsrechtlichen Bereich herangezogen werden. Das zeigt, dass wettbewerbsfremde Begriffe eng gefasst und vorsichtig angewendet werden. In Deutschland wurde bis jetzt kein beabsichtigter Unternehmenserwerb aufgrund der nationalen Sicherheitsinteressen untersagt.[949] Dies verdeutlicht, dass die AWV trotz der Eingriffsmöglichkeiten restriktiv ausgelegt wurde. Sie wird nicht genutzt, um ausländische Unternehmenskäufe zu beschränken, in denen weder tatsächliche noch hinreichend schwere Gefährdung vorliegt. Ausgehend von diesen Grundsätzen darf der chinesische Midea-Konzern den Roboterhersteller Kuka kaufen, der in Deutschland zu einem großen Industrieunternehmen zählt und sich im strategisch wichtigen Bereich befindet.[950] Dahinter steckt ein Grundgedanke in Deutschland (bzw. in der EU), dass der Wettbewerb auf dem Binnenmarkt bestmöglich aufrechtzuerhalten ist.[951] Nur wenn die Übernahme durch ausländische Investoren die öffentliche Ordnung oder Sicherheit im Sinne

948 von Jacobs/Enders, Die Investitionsprüfung des BMWi beim Erwerb inländischer Unternehmen durch ausländische Investoren.
949 Sachs/Schäffer, Achtung, die Chinesen kommen.
950 FAZ, Wirtschaftsministerium genehmigt Übernahme von Kuka.
951 von Wistinghausen, Chinas Auslandsinvestitionen.

von § 55 Abs. 1 AWV bzw. wesentliche Sicherheitsinteresse im Sinne von § 62 AWV gefährden kann, wird ein förmliches Verfahren eingeleitet.[952] In China wäre hingegen eine vergleichbare Übernahme, die besonders in strategisch wichtigen Industriesektoren stattfindet, schwer durchzuführen.[953]

Es bedarf momentan in China einer Klärung des Verhältnisses zwischen der Gewährleistung der Staatssicherheit und der Bewahrung freien und fairen Marktwettbewerbs. Hierbei spielt der Grundsatz der Verhältnismäßigkeit eine entscheidende Rolle.[954] Die chinesische Behörde bzw. der Staatsrat muss ferner darüber entscheiden, welches Ziel eine höhere Priorität im Einzelfall hat. Es ist auch wichtig zu erwähnen, dass eine nationale Sicherheitsprüfung nur in Ausnahmefällen einzuleiten ist. Auf keinen Fall kann eine nationale Sicherheitsprüfung als Mittel gegen die unerwünschten aber gesetzmäßigen ausländischen Übernahmen ausgenutzt werden.[955] Es muss vor der Untersagung immer sichergestellt werden, dass der ausländische Unternehmenserwerb das Grundinteresse der Zivilgesellschaft wirklich berührt. Nur dann ist eine Untersagung gerechtfertigt.

In Anbetracht der institutionellen Einstellung dient die Ministererlaubnis im Sinne von § 42 GWB als Vorbild. Demgemäß findet in Deutschland eine Prüfung der außerwettbewerblichen Faktoren in einem getrennten Verfahren statt. Anstelle des Kartellamts ist der Bundesminister für Wirtschaft und Energie ermächtigt, aus wirtschaftlicher Perspektive ein Zusammenschlussvorhaben zu überprüfen. Es wäre auch in China sinnvoll, eine andere Institution zu berufen, die sich mit der Prüfung aus politischer und wirtschaftlicher Sicht befasst. Eine duale institutionelle Einstellung kann die Kartellbehörde dadurch entlasten, dass sie sich auf wesentliche Aufgaben der kartellrechtlichen Prüfung konzentrieren kann. Es wäre in verfahrensrechtlicher Hinsicht notwendig, den betroffenen Unternehmen ein Verteidigungsrecht gegen die Behauptung der nationalen Entwicklungsgefahren einzuräumen, um ihre Geschäftsrechte zu schützen und willkürliche Entscheidungen zu vermeiden.

Letztendlich ist darauf hinzuweisen, dass die Europäische Kommission noch eine Aufsichtsverantwortung übernimmt. Rechtsvergleichend wird eine

---

952 von Wistinghausen, Chinas Auslandsinvestitionen.

953 FAZ, Wirtschaftsministerium genehmigt Übernahme von Kuka.

954 Shang, Erkundung nach Rechtssystem für die Zusammenschlusskontrolle in China, S. 328; Wu/Liu, Unternehmenszusammenschlüsse im Rahmen des Wettbewerbsrechts, S. 581–582; Liu, Theory Horizon 2009 Heft 5, S. 66; Yang, Legal System and Society 2008 Heft 30, S. 36.

955 Shi/Wang/Wang/Zu, Auslegung und Anwendung des Anti-Monopolgesetzes, S. 257–260, Zhu, Hebei Law Science 2009 Heft 5, S. 127–128; Bin/He, Law Science Magazine 2013 Heft 8, S. 105–107; Wu, Seeker 2008 Heft 11, S. 137; Zhou/Zheng, Überlegung des Zusammenschlussfalls Coca-Cola - Huiyuan; Wu/Li, Journal of China National School of Administration 2008 Heft 1, S. 39; Zhu, Journal of Yunnan University Law Edition 2009 Heft 1, S. 153–154; Shao/Wang, Jurists Review 2008 Heft 3, S. 160.

Sicherheitsprüfung in China von interministerieller Gemeinschaftssitzung unter der Leitung der dem Staatsrat untergeordneten Organe durchgesetzt. Der Staatsrat kann hier, wie die Europäische Kommission, eine überwachende Rolle einnehmen, um die Aussagekraft der Entscheidung zu erhöhen.

5.2.2 Verfahrensrechtliche Fragen

5.2.2.1 Verfahrensdauer

Der Fusionskontrollprozess kann maximal 180 Tage andauern. Das MOFCOM muss innerhalb von 30 Tagen nach der Einreichung der vollständigen Anmeldungsdokumente eine Entscheidung treffen, ob ein weiteres Verfahren im Notfall durchzuführen ist. Die zweite Prüfphase kann bis zu 150 Tage dauern, soweit eine Verlängerung angesichts der Komplexität der Sachverhalte notwendig ist. Den vermittelten Entscheidungen ist zu entnehmen, dass das Prüfungsverfahren bei den angeführten Fällen innerhalb der gesetzlich angeordneten Frist geschlossen wurde.[956] Eine verfahrensrechtliche Verzögerung ist nicht geschehen.

Es ist dennoch zu bemerken, dass in diesen vier Sachverhalten verpflichtete Parteien in der Anmeldungs- oder Konsultationsphase mindestens zweimal relevante Schriftstücke eingereicht haben. Dies liegt daran, dass eine Vorprüfung gem. Art. 25 AMG erst eingeleitet wird, wenn die in Art. 23 AMG angegebenen Daten und Dokumente vollständig beigebracht worden sind. Ist dies nach Auffassung des MOFCOM nicht vollständig, sind die fehlenden Dokumente nachzufordern. Besonders auffällig ist, dass dieser Zeitraum nicht im AMG festgelegt ist. Auf der Basis von oben dargestellten Entscheidungen dauerte dieser Prozess ungefähr ein bis zwei Monate, bevor das erste Verfahren eingeleitet wurde. Das bedeutet, dass die Anfangszeit des 1. Prüfungsstadiums immer wieder verschoben werden kann, sofern die Ergänzung der Unterlagen erfordert wird. Der ganze Prozess kann sodann in der Tat länger andauern. Im Extremfall hat das MOFCOM beim Zusammenschluss Coca-Cola/Huiyuan dreimal fehlende Materialien verlangt,[957] was eine große zeitliche Verzögerung hervorgerufen hat.[958] Insbesondere für internationale Transaktionen, wie z. B. die Bildung eines Gemeinschaftsunternehmens, könnten die Kosten angesichts der zeitintensiven Prüfung in die Höhe getrieben werden.

5.2.2.2 Abhilfemaßnahmen

Hat ein Zusammenschluss den Wettbewerb ausschließende oder einschränkende Auswirkungen, ist dies gem. Art. 28 S. 1 AMG zu verbieten. Eine Ausnahme besteht darin, dass das MOFCOM gem. Art. 29 AMG eine Freistellung mit Bedingungen und Auflagen verbindet. Dies betrifft vor allem die Fälle, in denen Zusammenschlüsse

956 Siehe in 5.1.
957 Mao/Glass, WuW 2009, S. 1046 ff.
958 Pfromm, WuW 2014, S. 28.

zuerst nicht genehmigungsfähig und deren negative Auswirkungen nur unter Bedingungen und Auflagen zu mildern sind.[959]

5.2.2.2.1 Auflagen und Bedingungen

Bei Abhilfemaßnahmen sind Bedingungen und Auflagen, die als zwei Instrumente zur Verhinderung oder Verminderung der Wettbewerbsschäden gilt, in den Fokus zu rücken. Nach europäischem Kartellrecht sind unter Bedingungen solche Maßnahmen zu verstehen, die auf die Veränderung der Marktstruktur abzielen.[960] Wettbewerbsbeschränkende Auswirkungen werden durch solche Maßnahmen ausgeglichen, sodass der Zusammenschluss freizustellen ist. Typische Bedingungen inkludieren die Veräußerung eines oder mehrerer Teile(s) des Unternehmensvermögens oder des ganzen Geschäfts. Auflagen sind hingegen die für die Umsetzung der Bedingungen notwendigen Maßnahmen.[961] Zum Beispiel zählt die Bestellung eines Treuhänders bei der Geschäftsveräußerung zur Auflage.[962]

Grundsätzlich beinhalten die Abhilfemaßnahmen in der chinesischen Praxis sowohl Bedingungen als auch Auflagen. Es ist aber zu beachten, dass nach dem AMG keine strikte Grenze zwischen Bedingungen und Auflagen vorgesehen ist. Beide Maßnahmen werden einheitlich als Bedingungen bezeichnet.

5.2.2.2.2 Strukturelle Abhilfemaßnahmen

Unter struktureller Abhilfemaßnahme versteht man die einmalige Methode zur Wiederherstellung der Marktstruktur.[963] Sie übt unmittelbar einen dauerhaften Einfluss auf die Marktstruktur aus, was mit der Fusionskontrolle zweckmäßig verbunden wird. Gem. Art. 11 Abs. 1 der Methode zur Prüfung von Unternehmenszusammenschlüssen und Art. 3 Abs. 1 der vorläufigen Verordnung über Freigabe unter beschränkenden Bedingungen werden die Fallbeispiele der strukturellen Abhilfemaßnahmen genannt. Dazu gehört die Abtrennung eines Teils der materiellen Vermögenswerte oder der Geschäfte von beteiligten Unternehmen. Die Veräußerung von einzelnen Rechten des geistigen Eigentums stellt eine andere Art der strukturellen Abhilfe dar.[964]

959 Han, Journal of Wuling 2011 Heft 4, S. 93.

960 Mitteilung zu Abhilfemaßnahmen, Rn. 19; Rittner/Dreher/Kulka, Wettbewerbs- und Kartellrecht, § 14 Rn. 1425; Wiedemann/Wagemann, Handbuch des Kartellrechts 2008, § 16 Rn. 164; Schulte/Korthals, Handbuch Fusionskontrolle, S. 385 Rn. 1388.

961 Mitteilung zu Abhilfemaßnahmen, Rn. 19; Schulte/Korthals, Handbuch Fusionskontrolle, S. 386 Rn. 1389; Wiedemann/Wagemann, Handbuch des Kartellrechts 2008, § 16 Rn. 164.

962 Mitteilung zu Abhilfemaßnahmen, Rn. 19.

963 Hu, Price: Theory & Practice 2008 Heft 7, S. 64; Qiu, Research on Rule of Law 2009 Heft 10, S. 98.

964 Ein typisches Beispiel dafür ist, dass die Beteiligten im Fall Pfizer/Wyeth Pfizer der Pflicht zur Abspaltung des Geschäfts der Schweine-Mykoplasmen-

5.2.2.2.3 *Verhaltensorientierte Abhilfemaßnahmen*

Eine verhaltensrelevante Maßnahme ist zur Beschränkung des Wettbewerbsverhaltens der am Zusammenschluss beteiligten Parteien. Diesbezüglich bietet Art. 3 Abs. 2 der vorläufigen Verordnung eine Reihe von Regelbeispielen, demzufolge die Gewährung des freien Zugangs zur Infrastruktur (z. B. die Öffnung des Zugangs zum Netzwerk oder zur Plattform), der Abschluss einer Lizenzvereinbarung (z. B. über Patente oder Schlüsseltechnologien) und die Beendigung einer Exklusivitätsvereinbarung als Methoden zur Beseitigung der Wettbewerbsbeschränkungen genannt werden.

Im Gegensatz zur strukturellen Abhilfemaßnahme, die eine Marktveränderung bezweckt, bezieht sich eine verhaltensorientierte Maßnahme auf die Verhaltenskontrolle der beteiligten Parteien. Es wird z. B. eine langfristige Absprache zwischen den Wettbewerbern verboten, um die Preiserhöhung mittels der Ausnutzung der Marktstellung zu verhindern. Bei einem vertikalen Zusammenschluss ist den Beteiligten möglich, die Beschaffungskanäle zu kontrollieren. Als Gegenmaßnahme wird die Beendigung eines ausschließlichen Liefervertrages gefordert, um gleiche Lieferungsbedingungen für alle Marktteilnehmer zu gewährleisten.

5.2.2.2.4 *Stellungnahme: Vorgang der strukturellen Abhilfemaßnahmen*

Eine geeignete Maßnahme stützt sich gem. Art. 12 der Methode zur Prüfung von Unternehmenszusammenschlüssen auf die Effektivität und die Durchsetzbarkeit im Einzelfall. Die bisherige Entscheidungspraxis zeigt aber, welche Maßnahmen die chinesische Kartellbehörde in der Vergangenheit bevorzugt hat. In vier Fallbeispielen bezüglich der Neugründung eines Gemeinschaftsunternehmens wurden ausschließlich verhaltensrelevante Maßnahmen vorgenommen. Aus insgesamt 26 unter Vorbehalt vollzogenen Zusammenschlüssen geht ebenfalls eine Neigung zu Verhaltensauflagen und gemischten Abhilfemaßnahmen hervor.[965] Davon wurden insgesamt 15 Fälle lediglich mit Verhaltenszusagen genehmigt, während rein strukturelle Abhilfemaßnahmen nur in 5 Sachverhalten getroffen wurden.[966]

Lungenentzündungs-Impfungen unter Marken von Respisure und Respisure One unterlagen, wobei die Übertragung der für die Überlebens- und Wettbewerbsfähigkeit unentbehrlichen Gewerberechte ebenso vorgegeben wurde. Siehe auch in Ding, Exploration and Free Views 2010 Heft 12, S. 65; Liu, Studie der Auflagen und Bedingungen der fusionskontrollrechtlichen Prüfungsgenehmigung, S. 41 ff.

965 Furse, World Competition 2013, S. 301; Zhou, Abhilfemaßnahmen in der Fusionskontrolle und Ausgleichsmaßnahmen in der Banken- Beihilfenkontrolle, S. 152–155.

966 Noch sechs Fälle wurden mit den gemischten Abhilfemaßnahmen zugelassen. Ning/Yin/Wu/Wei, Ein Meilenstein im Prüfungsverfahren: Vorläufige Verordnung über Freigabe unter Bedingungen; Liu, Studie der Auflagen und Bedingungen der fusionskontrollrechtlichen Prüfungsgenehmigung, S. 111–112.

Als Vergleichsmaßstab werden strukturelle Zusagen nach der Entscheidungspraxis der EU hauptsächlich berücksichtigt,[967] während nur in Ausnahmefällen eine Verhaltenszusage angenommen wird. Gem. § 40 Abs. 3 GWB kommt sogar deutlich zum Ausdruck, dass die Zusagen, nach denen die beteiligten Unternehmen einer laufenden Verhaltenskontrolle unterstehen, verboten werden. Der Hintergrund besteht darin, dass die Kartellbehörde nicht in der Lage ist, einen Zusammenschlussvorgang kontinuierlich zu überwachen und das Marktverhalten der beteiligten Unternehmen immer zur Kenntnis zu nehmen.

Dieser Unterschied äußert sich z. B. in der Entscheidung über den Fall Novartis/Alcon, bei dem die Kartellbehörden in der EU, Kanada, Australien und den USA den Zusammenschluss mit strukturrelevanten Voraussetzungen freistellten. Im Gegensatz dazu sah das MOFCOM in kurzer Zeit eine Reihe von verhaltensorientierten Abhilfemaßnahmen als Durchführungsmethoden vor.[968] Zu nennen sind hier insbesondere die Einstellung des Vertriebs von Infectoflam-Produkten, das Verbot der Vermarktung eines gleichartigen Produkts unter einem anderen Namen und die Auflösung eines Alleinvertriebsvertrags über Kontaktlinsenpflegeprodukte zwischen einem Tochterunternehmen von Novartis und Hydron.[969]

Hinzu kommt, dass getroffene verhaltensorientierte Maßnahmen weit über den Bereich der Regelbeispiele hinausgehen.[970] In allen Fällen, die die Bildung eines Gemeinschaftsunternehmens betreffen, müssen beteiligte Parteien das Prinzip der Gleichbehandlung aller Abnehmer verfolgen. Ein sog. FRAND-Prinzip (Fair, Reasonable and Non-discriminatory) zieht sich wie ein roter Faden durch die Verhaltenszusagen,[971] auch wenn dieses nicht in der vorläufigen Verordnung über Freigabe unter beschränkenden Bedingungen vorgegeben wird. Aus der Entscheidung in dem Fall InBev - Anheuser-Busch folgt sogar ein dauerndes Verbot des Anteilserwerbs an anderen inländischen Bierherstellern. Dies zeigt, dass der chinesischen Behörde ein relativ elastischer Spielraum für die Abhilfemaßnahmen zusteht.[972]

---

967 Mitteilung zu Abhilfemaßnahmen, Rn. 15; siehe auch in Zhou, Abhilfemaßnahmen in der Fusionskontrolle und Ausgleichsmaßnahmen in der Banken- Beihilfenkontrolle, S. 103.

968 PCCPL/Wang, Report on Competition Law and Policy of China 2011, S. 81–82; Zhao, GRUR Int. 2010, S. 909–910.

969 Nach der Ermittlung ist Hydron in China die größte Produktions- und Vertriebsgesellschaft für die Kontaktlinsenpflegeprodukte mit einem Marktanteil von mehr als 30 % und war kraft der strategischen Vertriebs- und Verkaufsvereinbarung auch der einzige Händler für Ciba (ein Tochterunternehmen von Novartis). Aus diesem Grund befürchtete MOFCOM die Wettbewerbsbeschränkungen von dem Zusammenschluss.

970 Liu, Studie der Auflagen und Bedingungen der fusionskontrollrechtlichen Prüfungsgenehmigung, S. 61–62.

971 Z. B. vier Fälle der Bildung eines Gemeinschaftsunternehmens, Google/Motorola, Microsoft/Nokia u.a.

972 Pfromm, WuW 2014, S. 39–40; Liu, Studie der Auflagen und Bedingungen der fusionskontrollrechtlichen Prüfungsgenehmigung, S. 62.

Die Nachteile von verhaltensorientierten Maßnahmen sind, dass die Überwachung deren Durchsetzung laufend gewährleistet werden muss und somit die Fusionskontrolle de facto verschoben wird. Es stellt sich auch die Frage, ob diese Maßnahmen ernsthaft von beteiligten Parteien ausgeführt werden, da sie allein ihr Wettbewerbsverhalten bestimmen können.[973] Bei überproportionalen Verhaltenszusagen in China ist anzuzweifeln, ob der Behörde ein effektives Überwachungssystem zur Verfügung steht. Dies ist oft für kaum unrealistisch zu halten,[974] da eine dauerhafte Überwachung große Kapazitäten und zeitliche Aufwendungen der Kartellbehörde erfordert.[975] Insbesondere betroffen ist eine unbefristete Verhaltenszusage.[976] Einige Maßnahmen, wie z. B. die Festsetzung fairer Preise für alle Nachfrager, stellen auch eine große Herausforderung für das MOFCOM dar,[977] da die Preisermittlung ganz kompliziert sein kann und die Prüfkriterien in Einzelfällen schwer festzulegen sind. Geht beim MOFCOM eine Beschwerde über die Einhaltung der Verpflichtung der beteiligten Unternehmen ein, so ist zurzeit nicht ersichtlich, wie das MOFCOM damit umgehen kann und an welchen Prüfmaßstäben der Einwand zu prüfen ist.

Es ist besonders darauf hinzuweisen, dass ein am Zusammenschluss beteiligtes Unternehmen nach dem Ablauf des angeordneten Zeitraums nicht automatisch von den Pflichten befreit werden, sondern das MOFCOM eine zweite Entscheidung darüber treffen muss, ob diese Bedingungen auf Grundlage der aktuellen Wettbewerbsbedingungen noch als notwendig anzusehen sind. Es sind potenzielle Wettbewerbsprobleme in sich rapid entwickelnden Märkten, wie z. B. im Bereich von Hightech, schwer zu entdecken, sodass die Kartellbehörde oft eine nachträgliche Prüfung (z. B. im Fall ARM/G&D/Gemalto) veranlasst. Aber dies könnte dazu führen, dass beteiligte Unternehmen unter einer rechtlichen Ungewissheit leiden und damit ihre Belastung zu erhöhen ist.[978] Es ist durchaus möglich, dass die Behörde nach Verstreichen der Frist noch einen neuen Zeitraum vorschreiben wird, woraus die Zweifel einer vorläufig verschleierten Untersagung folgen.

---

973 Liu, Studie der Auflagen und Bedingungen der fusionskontrollrechtlichen Prüfungsgenehmigung, S. 67–68.

974 Liu, Studie der Auflagen und Bedingungen der fusionskontrollrechtlichen Prüfungsgenehmigung, S. 237–239.

975 Shang, Theorien über Anti-Monopolgesetz und Analyse über chinesische und ausländische Fälle, S. 306; Liu/Shi, Hebei Law Science 2014 Heft 5, S. 54–55; PCCPL/Wang/Han, Report on Competition Law and Policy of China 2010, S. 154–155; PCCPL/Wang/Han, Report on Competition Law and Policy of China 2012, S. 78–79.

976 Z. B. InBev/Anheuser-Busch, GM/Delphi, Uralkali/Silvinit, GE/Shenhua, Henkel/Tiande, Wal-Mart/Niu Hai; siehe auch in Han, Social Sciences in Xinjiang 2014 Heft 3, S. 112, S. 114, andere Meinung von Jiang, Journal of Chengdu University of Technology (Social Sciences) 2015 Heft 4, S. 46–50.

977 Liu, Studie der Auflagen und Bedingungen der fusionskontrollrechtlichen Prüfungsgenehmigung, S. 231.

978 Kellerbauer/Gong, E.C.L.R. 2013, S. 127.

Praktikabilität und Wirksamkeit der Abhilfemaßnahme bestimmen die Durchsetzbarkeit der Zusammenschlüsse. In der EU erweisen sich verhaltensorientierte Maßnahmen für die Behebung der wettbewerbsrechtlichen Probleme, besonders in horizontalen Zusammenschlüssen, als ungeeignet, da sie lediglich bestimmte Verhaltensbeschränkung der beteiligten Parteien erfordern.[979] Ein weiteres Argument besteht darin, dass verhaltensorientierte Maßnahmen nicht in kurzer Zeit alle Wettbewerbsprobleme beseitigen können, weil diese nur indirekt die Marktstruktur beeinflussen. Strukturelle Maßnahmen hingegen stellen ein effektives Mittel zur Kontrolle der Marktstruktur dar, was auch von einer Vielzahl der chinesischen Juristen anerkannt wird.[980] Es wäre wünschenswert, dass in China strukturbezogene Abhilfemittel zu Hauptmaßnahmen aufgewertet werden, wobei im Gegenzug verhaltensrelevante Maßnahmen zukünftig eine Nebenrolle im Fusionskontrollverfahren spielen.[981] Dies kann auch den Unternehmen einen Anreiz setzen, genehmigte Maßnahmen effektiv und zügig durchzusetzen. Immerhin ist eine doppelte und fortlaufende Prüfung keine nachhaltige Lösung.[982]

---

979 Z. B. InBeV/Anheuser-Busch oder Seagate/Samsung; siehe auch in PCCPL/Wang/Han, Report on Competition Law and Policy of China 2013, S. 92–93.

980 Wirtschaftsrechtsbüro der Rechtsarbeitskommission des Ständigen Ausschusses des Nationalen Volkskongresses, Erklärung der Gesetzesnormen, Gesetzgebungsgründung und der relevanten Regelungen des Anti-Monopolgesetzes, S. 203; erläutert von Liu, Studie der Auflagen und Bedingungen der fusionskontrollrechtlichen Prüfungsgenehmigung, S. 110; Gründe dargestellt auch in der Mitteilung zu Abhilfemaßnahmen, Rn. 69.

981 Hu, Price: Theory & Practice 2008 Heft 7, S. 64; Ding, Exploration and Free Views 2010 Heft 12, S. 63–64; Li, Sea of Knowledge 2012 Heft 2, S. 199; Qiu, Research on Rule of Law 2009 Heft 10, S. 100; Wang/Yang/Zhou, Ausschlaggebende Probleme in Bezug auf die Durchführung des Anti-Monopolgesetzes, S. 288; PCCPL/Wang/Han, Report on Competition Law and Policy of China 2010, S. 153–154; PCCPL/Wang, Report on Competition Law and Policy of China 2011, S. 84.

982 Zhou, Abhilfemaßnahmen in der Fusionskontrolle und Ausgleichsmaßnahmen in der Banken- Beihilfenkontrolle, S. 155.

6. Kapitel: Gemeinschaftsunternehmen im Lichte des Kartellverbots

6.1 Kartellrechtliche Beurteilung der Zusammenarbeit in der EU

Die Prüfung im Bereich des Kartellverbots richtet sich auf wettbewerbsbeschränkende Kooperationen zwischen den Mutterunternehmen, die durch die Bildung eines Gemeinschaftsunternehmens ermöglicht bzw. verstärkt wird. Dies stellt einen Unterschied zur Fusionskontrolle dar, die sich auf die Veränderung der Marktstruktur erstreckt.

Bei der Gründung eines Teilfunktionsgemeinschaftsunternehmens entfällt die Möglichkeit für die Untersuchung im Bereich der Fusionskontrolle.[983] Dies ist unter bestimmten Voraussetzungen an den Maßstäben des Art. 101 Abs. 1 AEUV zu messen.[984] Häufig tritt es in Form eines Verkaufs- oder Einkaufsgemeinschaftsunternehmens auf, um bestimmte Aufgaben seiner Mutterunternehmen auszuführen. Es ist auch denkbar, dass ein Gemeinschaftsunternehmen zur gemeinsamen Forschung und Entwicklung gebildet wird, um technische Innovationen mithilfe einer einheitlichen Struktur beschleunigen zu können.

Ob die Bildung eines Gemeinschaftsunternehmens die Wettbewerbsbeschränkungen bezweckt oder bewirkt, wird vor allem anhand Inhalt und Sinn der Gründungsvereinbarung geprüft. Es ist zu entscheiden, ob eine wettbewerbsschädliche Absicht aus wirtschaftlicher und rechtlicher Perspektive zu entdecken ist.[985] Im Allgemeinen besteht keine spürbare Wettbewerbsbeschränkung, wenn die Marktanteile unter der Schwelle der Bagatellkartelle liegen.[986] Genau genommen wird eine Vereinbarung zur Gründung eines Teilfunktionsgemeinschaftsunternehmens freigestellt, wenn der Marktanteil aller Gründerunternehmen (in einem horizontalen Verhältnis) weniger als 10 % oder der Marktanteil jedes Gründerunternehmens (in einem vertikalen Verhältnis) unterhalb 15 % beträgt.[987] Die Bildung eines Teilfunktionsgemeinschaftsunternehmens steht ebenso in Einklang mit Art. 101

983 Immenga/Mestmäcker/Körber, Wettbewerbsrecht, Art. 2 FKVO Rn. 613; Immenga/Mestmäcker/Zimmer, Wettbewerbsrecht, Art. 101 Abs. 1 AEUV Rn. 332.

984 Immenga/Mestmäcker/Körber, Wettbewerbsrecht, Art. 2 FKVO Rn. 613; Hölters/Sedemund, Handbuch Unternehmenskauf, Teil VI Rn. 311.

985 Göthel/Wurmnest, Grenzüberschreitende M&A-Transaktionen, § 41 Rn. 31–33.

986 De-Minimis-Bekanntmachung, Rn. 7; Immenga/Mestmäcker/Zimmer, Wettbewerbsrecht, Art. 101 Abs. 1 AEUV Rn. 332.

987 De-Minimis-Bekanntmachung, Rn. 7; Hölters/Sedemund, Handbuch Unternehmenskauf, Teil VI Rn. 306; Terhechte/Terhechte, Internationales Kartell- und Fusionskontrollverfahrensrecht, § 3 Rn. 3.63.

AEUV, wenn sie nach einer Gruppenfreistellungsverordnung (GVO) freizustellen ist.[988] Jede einzelne Verordnung sieht die Ausnahmekonstellationen vor, die zur Konkretisierung der generellen Regelungen dient und nach Merkmalen eines bestimmten Typs der Vereinbarungen entworfen wird. In der Regel verhelfen die GVOen zur Aufrechterhaltung der „ungefährlichen“ Absprachen.[989] Schließlich kommt Art. 101 Abs. 3 AEUV in Betracht, wenn die Tatbestände einer Einzelfreistellung erfüllt werden.

Es ist noch darauf hinzuweisen, dass die Kernbeschränkungen (sog. Hardcore-Kartell) von den GVOen sowie Art. 101 Abs. 3 AEUV nicht aufgenommen werden.[990] Regelmäßig drohen die Kernbeschränkungen die den Verbrauchern offen stehenden Wahlmöglichkeiten zu beschränken, weshalb sie von Natur aus inkompatibel mit dem Kartellrecht sind.[991] Auf typische Fallgruppen der Zusammenarbeit in Form der Teilfunktionsgemeinschaftsunternehmen wird in folgenden Punkten näher eingegangen.

6.1.1 Forschungs- und Entwicklungsgemeinschaftsunternehmen

Vereinbarungen zur kooperativen Forschung und Entwicklung können zwischen den Mutterunternehmen getroffen werden. Im Ergebnis kann die Zusammenarbeit in Form der Bildung eines Gemeinschaftsunternehmens erscheinen, das die Teil- oder Hilfsfunktionen der Mutterunternehmen wahrnimmt und selbst nicht am Markt auftritt.[992] Die Gesellschafter können ihren bereits bestehenden Forschungs- und Entwicklungstätigkeitsbereich ganz auf das Gemeinschaftsunternehmen übertragen oder alternativ dem Gemeinschaftsunternehmen bestimmte Projekte überlassen.[993] Es ist darüber hinaus daran zu denken, dass das neu

---

988 Göthel/Wurmnest, Grenzüberschreitende M&A-Transaktionen, § 41 Rn. 33.

989 Loewenheim/Meessen/Riesenkampff/Kersting/Meyer-Lindemann/Jan Bernd Nordemann, Kartellrecht, Art. 101 Abs. 3 AEUV Rn. 10 ff.; Langen/Bunte/Hengst, Kartellrecht, Art. 101 AEUV Rn. 409 ff.; Schmidt, Wettbewerbspolitik und Kartellrecht, S. 246 ff.

990 Rittner/Dreher/Kulka, Wettbewerbs- und Kartellrecht, § 8 Rn. 964; Emmerich, Kartellrecht, § 8 Rn. 10, Rn. 20 ff.; Immenga/Mestmäcker/Ellger, Wettbewerbsrecht, Art. 101 Abs. 3 AEUV Rn. 357.

991 Gutermuth, WuW 2012, S. 243–245; Emmerich, Kartellrecht, § 8 Rn. 10; MüKoEu-WettbR/Wolf, AEUV, Art. 101 Rn. 990.

992 Langen/Bunte/Bardong, Kartellrecht, Art. 2 FKVO Rn. 254; Habersack/Hüffer/Hommelhoff/Schmidt/Ritter, Festschrift für Peter Ulmer zum 70. Geburtstag am 2. Januar 2003, S. 971; Motta, Competition Policy, S. 203 ff., Habersack/Hüffer/Hommelhoff/Schmidt/Wiedemann, Festschrift für Peter Ulmer zum 70. Geburtstag am 2. Januar 2003, S. 1038; Immenga/Mestmäcker/Ellger, Wettbewerbsrecht, Art. 101 Abs. 3 AEUV Rn. 150.

993 Wiedemann, Gemeinschaftsunternehmen im deutschen Kartellrecht, S. 57–59; Hölters/Sedemund, Handbuch Unternehmenskauf, Teil VI Rn. 316.

gegründete Gemeinschaftsunternehmen dem Ziel der neuen Forschungs- und Entwicklungsarbeiten (z. B. zur Ausführung der marktbezogenen Grundlagenforschung) dient.

Solche Gemeinschaftsunternehmen werden oft auf schnellere Erreichung des angestrebten Erfolges hin konzipiert. Sie sind auch Impulsgeber für den Wettbewerb. Als positiver Effekt kommt noch die gemeinsame Nutzung der komplementären Ressourcen in Betracht.[994] Eine solche Kooperation trägt weiterhin der Vermeidung paralleler Forschungstätigkeit sowie der Reduktion der Entwicklungsrisiken und -kosten Rechnung.[995] Dies ist insbesondere für kleine und mittlere Unternehmen von Relevanz, da sie sich allein aufgrund der begrenzten Ressourcen und kostenintensiven Investitionen keine große Technologieentwicklung leisten können.[996] Durch die gemeinsame Forschung können sie ihre Wettbewerbskräfte verstärken und somit ihre Marktstellung verbessern.[997]

Es ist aber nicht zu unterschätzen, dass sich eine solche Kooperation negativ auf den Innovationswettbewerb der Mutterunternehmen auswirken kann.[998] Im Extremfall können die Gründerunternehmen sogar auf ihre eigenen Forschungs- und Entwicklungstätigkeiten verzichten. Es wird die Wahrscheinlichkeit der Verhaltenskoordinierung aufgrund der Verringerung der selbstständigen forschenden Unternehmen erhöht,[999] wodurch beteiligte Unternehmen ein erhebliches Maß an Marktmacht erlangen können und somit der Wettbewerb erheblich geschwächt wird. Nicht zuletzt kann die Zusammenarbeit zu geringeren und langsameren technischen Entwicklungen beitragen, wenn die Forschungsaktivitäten nur auf bestimmten Gebieten begrenzt werden.[1000]

Bezüglich der Freistellung eines Forschungs- und Entwicklungsgemeinschaftsunternehmens kommt die F&E-GVO in Betracht, die die gemeinsame Forschung und Entwicklung der Produkte oder der Dienstleistungen sowie die gemeinsame Verwertung der Ergebnisse oder des Verfahrens (als Folge von Forschungs- und Entwicklungsanstrengungen) reguliert. Die F&E-GVO gibt die

994 Mestmäcker/Schweitzer, Europäisches Wettbewerbsrecht, § 32 Rn. 10; Koenig/Kühling/Müller, WuW 2005, S. 130; Habersack/Hüffer/Hommelhoff/Schmidt/Ritter, Festschrift für Peter Ulmer zum 70. Geburtstag am 2. Januar 2003, S. 971.

995 Erwägungsgrund Nr. 8 der F&E-GVO; Emmerich, Kartellrecht, § 8 Rn. 27.

996 MüKoEuWettbR/Wolf, AEUV, Art. 101 Rn. 842 ff.; Mestmäcker/Schweitzer, Europäisches Wettbewerbsrecht, § 14 Rn. 35 ff., Rn. 62 ff.

997 Besen/Slobodenjuk, GRUR 2011, S. 301; Auf‘mkolk, WuW 2011, S. 705–706; Fritzsche, EuZW 2011, S. 208.

998 Immenga/Mestmäcker/Ellger, Wettbewerbsrecht, Art. 101 Abs. 3 AEUV Rn. 486; Horizontal-Leitlinie, Rn. 50 ff.; Fett/Spiering/K.Westermann/Bergmann, Handbuch Joint Venture, § 5 Rn. 154.

999 Mestmäcker/Schweitzer, Europäisches Wettbewerbsrecht, § 32 Rn. 11; Immenga/Mestmäcker/Ellger, Wettbewerbsrecht, Art. 101 Abs. 3 AEUV Rn. 209.

1000 Mestmäcker/Schweitzer, Europäisches Wettbewerbsrecht, § 32 Rn. 25.

Marktanteilsschwelle als Freistellungsvoraussetzung vor. Gem. Art. 4 F&E-GVO ist zunächst zu unterscheiden, ob die Partner in einem Wettbewerbsverhältnis auf dem Produkt-, Technologie- oder Innovationsmarkt stehen.[1001] Konkurrieren die Mutterunternehmen miteinander auf dem relevanten Markt, erfolgt eine Freistellung nach Art. 4 Abs. 2 lit. a F&E-GVO, wenn der kumulierte Marktanteil der Mutterunternehmen zur Zeit des Vertragsabschlusses innerhalb von 25 % liegt.[1002] Der Freistellungszeitraum beschränkt sich nach Art. 4 Abs. 1 F&E-GVO auf die Dauer der Zusammenarbeit.[1003]

Eine Freistellung für die Verwertung der von Forschung und Entwicklung hinzugewonnenen Ergebnisse kann nach der Beendigung der gemeinsamen Forschung und Entwicklung fortwirken. Diesbezüglich sieht Art. 4 Abs. 1 F&E-GVO (i. V. m. Art. 4 Abs. 2 lit. a F&E-GVO) eine zeitliche Beschränkung vor: Die Auslagerung der eigenen Forschung auf die spezialisierte Verwertung wird in einem Zeitraum von sieben Jahren nach dem ersten Inverkehrbringen der Vertragsprodukte oder der Vertragstechnologie erlaubt. Eine Fortsetzung über den Zeitraum hinaus ist weiter möglich, solange die Marktanteilsschranke (25 %) bis zum Ablauf des Freistellungszeitraums nicht überschritten wird.[1004] Weitere Möglichkeiten zur Zeitverlängerung richten sich nach Art. 7 lit. d-lit. f F&E-GVO.

Sind beteiligte Unternehmen keine Wettbewerber, wird der Marktanteil in der Forschungszeit gem. Art. 4 Abs. 1 F&E-GVO außer Acht gesetzt.[1005] Ein denkbarer Grund liegt darin, dass beteiligte Parteien ohne Wettbewerbsverhältnis nicht in der Lage sind, den Wettbewerb maßgeblich zu verringern.[1006] Werden die Ergebnisse dazu noch gemeinsam verwertet, bleibt eine Freistellung für die Vertragsprodukte gem. Art. 4 Abs. 1 S. 2 F&E-GVO für sieben Jahre ab dem Tag, an dem die Produkte zum ersten Mal in Verkehr gebracht werden, gültig. Für einen weiteren Versuch zur Verlängerung der Freistellungsfrist gelten dieselben Voraussetzungen und Bedingungen wie für die miteinander konkurrierenden Unternehmen im Sinne von Art. 4 Abs. 1 und Abs. 3 F&E-GVO. Eine Verlängerung ist bis zum Erreichen der Marktanteilsgrenze (25 %) möglich.

1001 MüKoEuWettbR/Chrocziel/von Merveldt, GVO Nr. 1217/2010, Art. 1 Rn. 33-35.

1002 Gutermuth, WuW 2012, S. 245–246.

1003 Mestmäcker/Schweitzer, Europäisches Wettbewerbsrecht, § 32 Rn. 58.

1004 Art. 4 Abs. 3 F&E-GVO, siehe in Rosenberger, GRUR Int. 2012, S. 734.

1005 Erwägungsgrund 4 der F&E-GVO; Horizontal-Leitlinien, Rn. 130, Rn. 133; Mestmäcker/Schweitzer, Europäisches Wettbewerbsrecht, § 32 Rn. 22; Schulte/Just/Leupold, Kartellrecht, Art. 4 F&E GVO Rn. 2.

1006 Horizontal-Leitlinien, Rn. 130, Rn. 133; Fett/Spiering/K.Westermann/Bergmann, Handbuch Joint Venture, § 5 Rn. 157.

6.1.2 Produktionsgemeinschaftsunternehmen

Es ist bei Teilfunktionsgemeinschaftsunternehmen denkbar, dass sie für die Produktion bestimmter Erzeugnisse von Mutterunternehmen zuständig sind.[1007] Ein Beweggrund für solche Kooperationen besteht darin, dass die Ersparnisse der variablen Kosten für jedes Unternehmen von großer Bedeutung sind. Es ist durch die vergemeinschaftete Produktion möglich, die Prozesseffizienz zu steigern, Produktvielfalt zu erhöhen und gegebenenfalls in den bislang nicht zugänglichen Markt einzutreten.[1008]

Im Allgemeinen werfen die Produktionsvereinbarungen zwischen den Nichtwettbewerbern außer Marktverschließung[1009] weniger kartellrechtliche Probleme auf als die zwischen den miteinander konkurrierenden Unternehmen.[1010] Im Hinblick auf die Zusammenarbeit zwischen den Wettbewerbern werden die Verhaltensweisen, wie z. B. die Festsetzung der Verkaufspreise von gemeinsam produzierten Waren oder die Produktionsverteilung zwischen den beteiligten Unternehmen, als kritisch bewertet.[1011] Die Errichtung eines solchen Produktionsgemeinschaftsunternehmens wird von der Kommission nur geduldet, wenn der zusammengenommene Marktanteil der Mutterunternehmen weniger als 20 % beträgt und dies keine Kernbeschränkung darstellt.[1012]

Eine besondere Konstellation ist durch die SPEZ-GVO vorgeschrieben. Gem. Art. 2 Abs. 1 SPEZ-GVO wird eine gemeinsame Produktion unter bestimmten Voraussetzungen erlaubt. Dies ist dann der Fall, wenn einem Gemeinschaftsunternehmen bestimmte Produktionsaufgaben zugewiesen werden, auf die seine Mutterunternehmen verzichten. Eine solche Zusammenarbeit zielt darauf ab, die Synergieeffekte mittels gemeinsamer Herstellung und vereinheitlichter Vertriebsstrategien im Sinne von Art. 1 lit. d SPEZ-GVO zu verwirklichen.[1013] Eine Freistellung dafür wird vor allem an den gesamten Marktanteil gebunden. Gem. Art. 3 SPEZ-GVO erfolgt eine Freigabe, wenn dieser weniger als 20 % beträgt.[1014] Solche Spezialisierungen in Form der Bildung eines Gemeinschaftsunternehmens sind

1007 Horizontal-Leitlinien, Rn. 150; Mestmäcker/Schweitzer, Europäisches Wettbewerbsrecht, § 12 Rn. 32; Kuhn, Kooperative Aspekte von Gemeinschaftsunternehmen im Europäischen Kartellrecht, S. 12–13.

1008 Wiedemann, Gemeinschaftsunternehmen im deutschen Kartellrecht, S. 52–55.

1009 Horizontal-Leitlinien, Rn. 159.

1010 Mao/Glass, ZWeR 2008, S. 94.

1011 Horizontal-Leitlinien, Rn. 157.

1012 Horizontal-Leitlinien, Rn. 169.

1013 Habersack/Hüffer/Hommelhoff/Schmidt/Ritter, Festschrift für Peter Ulmer zum 70. Geburtstag am 2. Januar 2003, S. 972; Habersack/Hüffer/Hommelhoff/Schmidt/Wiedemann, Festschrift für Peter Ulmer zum 70. Geburtstag am 2. Januar 2003, S. 1048; Hölters/Sedemund, Handbuch Unternehmenskauf, Teil VI Rn. 315; Immenga/Mestmäcker/Ellger, Wettbewerbsrecht, Art. 101 Abs. 3 AEUV Rn. 150.

1014 Art. 4 SPEZ-GVO.

insbesondere für die Beteiligten mit geringerem Marktanteil wirtschaftlich sinnvoll, da eine rationale Produktionsverteilung oft zur Verbesserung der individuellen (wohl auch begrenzten) Leistungsfähigkeit beiträgt. Größere Unternehmen hingegen, die die Marktanteilsschwelle nicht einhalten, können eine Freistellungsmöglichkeit nach Art. 101 Abs. 3 AEUV suchen.[1015]

Bei allgemeinen Ausschließlichkeitsbindungen, die einem Gemeinschaftsunternehmen eine exklusive Verpflichtung zur Annahme oder zur Lieferung bestimmter Erzeugnisse auferlegen, wird gegebenenfalls der Geltungsbereich der Vertikal-GVO eröffnet.[1016] Dies betrifft insbesondere die Vereinbarungen, in denen entweder der Lieferant seine Produkte ausschließlich an einen bestimmten Abnehmer in festgelegten Gebieten zu erbringen hat oder dem Abnehmer eine Pflicht zum Kauf der bestimmten Produkte von einem bestimmten Lieferanten auferlegt wird.[1017] Eine Freigabe kann gem. Art. 3 Abs. 1 Vertikal-GVO in Anspruch genommen werden, wenn weder der Anbieter noch der Abnehmer über mehr als 30 % Marktanteil verfügt.

6.1.3 Einkaufsgemeinschaftsunternehmen

Unter Einkaufsgemeinschaftsunternehmen versteht man vielfältige Handelsassoziationen für den gemeinsamen Einkauf von Waren oder Dienstleistungen. Beteiligte Unternehmen können durch die Steigerung der Einkaufsvolumen gleiche Marktbedingungen wie große Marktbeteiligte (z. B. Rabattvorteile) genießen.[1018] Trotz der potenziellen kartellrechtlichen Risiken, die besonderes aus einer großen Verbundgruppe resultieren können (z. B. die Abschottung der Einkaufsmärkte),[1019] hält die Kommission diese Kooperation im Allgemeinen für positiv. Der verbreiteten Ansicht nach können die Unternehmen (besonders mit begrenzter Marktmacht) dadurch zu großen Konkurrenten aufschließen, dass sie mithilfe der Ballung ihrer Nachfragemacht (hier Bildung eines Gemeinschaftsunternehmens) ähnliche oder gleiche Einkaufskonditionen beanspruchen.[1020] Die KMUs können dann die Möglichkeit haben, in Wettbewerb zu großbetrieblichen Unternehmen zu treten.

1015 Emmerich, Kartellrecht, § 8 Rn. 26.

1016 Horizontal-Leitlinien, Rn. 154; Mestmäcker/Schweitzer, Europäisches Wettbewerbsrecht, § 15 Rn. 27.

1017 Vertikal-Leitlinien, Rn. 151 ff., Rn. 192 ff.; Emmerich, Kartellrecht, § 5 Rn. 20-21.

1018 Habersack/Hüffer/Hommelhoff/Schmidt/Ritter, Festschrift für Peter Ulmer zum 70. Geburtstag am 2. Januar 2003, S. 973; Emmerich, Kartellrecht, § 8 Rn. 31; Mestmäcker/Schweitzer, Europäisches Wettbewerbsrecht, § 12 Rn. 55; Wiedemann, Gemeinschaftsunternehmen im deutschen Kartellrecht, S. 52.

1019 Fett/Spiering/K.Westermann/Bergmann, Handbuch Joint Venture, § 5 Rn. 167; Polley/Seeliger, WRP 2001, S. 503–504; MüKoEuWettbR/Wollmann/Herzog, AEUV, Art. 101 Rn. 227.

1020 Horizontal-Leitlinien, Rn. 194; Emmerich, Kartellrecht, § 8 Rn. 31; Fett/Spiering/K. Westermann/Bergmann, Handbuch Joint Venture, § 5 Rn. 165; Hölters/Sedemund, Handbuch Unternehmenskauf, Teil VI Rn. 324; Mestmäcker/Schweitzer,

Eingehende Regelungen werden in den Horizontalleitlinien gefunden, denenzufolge sich eine Freistellungsmöglichkeit hauptsächlich nach der Marktanteilsschwelle richtet. Die Kommission geht davon aus, dass die Freistellungsvoraussetzungen erfüllt werden, solange der kumulative Marktanteil der Mutterunternehmen auf den relevanten Einkaufs- und Verkaufsmärkten 15 % nicht übersteigt und keine Kernbeschränkungen, wie z. B. die Vereinbarungen über die Preisgestaltung der zusammen eingekauften Produkte, vorliegen.[1021] Liegt der gemeinsame Marktanteil der Mutterunternehmen über 15 %, ist eine Freistellungsmöglichkeit im Rahmen der vertieften Prüfung gem. Art. 101 Abs. 3 AEUV zu untersuchen, und zwar dahingehend, ob erhebliche Wettbewerbsverhinderungen unter dem Mantel eines Einkaufsgemeinschaftsunternehmens verborgen werden.[1022]

6.1.4 Vermarktungsgemeinschaftsunternehmen

Die Kommission fasst unter dem Begriff „Vermarktungsvereinbarungen“ derartige Vereinbarungen zusammen, die zur Abwicklung der Zusammenarbeit im Bereich des Verkaufs, des Vertriebs oder der Produktförderung (z. B. Werbung oder Kundendienst) dienen.[1023] Die Vermarktungsvereinbarungen zwischen den Wettbewerbern werden von Horizontalleitlinien erfasst, um die Zulässigkeit je nach ihrer Ausgestaltung zu untersuchen.

Wird ein gemeinsamer Verkauf in einem Gemeinschaftsunternehmen verselbstständigt und tritt das Gemeinschaftsunternehmen nunmehr allein den Abnehmern gegenüber, besteht dann die Gefahr, dass die Märkte der Mutterunternehmen durch die Tätigkeiten ihres Gemeinschaftsunternehmens aufgeteilt werden.[1024] Das Gemeinschaftsunternehmen dient oft in diesen Fällen zur Fixierung sämtlicher Verkaufsparameter oder zur Aufteilung der Aufträge bzw. der Warenmengen. In kartellrechtlicher Hinsicht werden Bedenken besonders erregt, wenn das Gemeinschaftsunternehmen als reines Vertriebsvehikel fungiert und dadurch die Abstimmung des Preisverhaltens zwischen den Mutterunternehmen bezweckt oder bewirkt wird.[1025] Darüber hinaus zählt die Begrenzung der Auswahlmöglichkeiten

---

Europäisches Wettbewerbsrecht, § 12 Rn. 54; Langen/Bunte/Hengst, Kartellrecht, Art. 101 AEUV Rn. 433; Immenga/Mestmäcker/Zimmer, Wettbewerbsrecht, Art. 101 Abs. 1 AEUV Rn. 258.

1021 Horizontal-Leitlinien, Rn. 208; Emmerich, Kartellrecht, § 8 Rn. 33; MüKoEuWettbR/Wollmann/Herzog, AEUV, Art. 101 Rn. 230.

1022 Horizontal-Leitlinien, Rn. 205 ff.

1023 Horizontal-Leitlinien, Rn. 225; Kapp, Kartellrecht in der Unternehmenspraxis, S. 70; Wiedemann, Gemeinschaftsunternehmen im deutschen Kartellrecht, S. 55–56, S. 59–60.

1024 Kapp, Kartellrecht in der Unternehmenspraxis, S. 70; Fett/Spiering/K.Westermann/Bergmann, Handbuch Joint Venture, § 5 Rn. 172; Emmerich, Kartellrecht, § 8 Rn. 35.

1025 Horizontal-Leitlinien, Rn. 255; Fett/Spiering/K.Westermann/Bergmann, Handbuch Joint Venture, § 5 Rn. 172; MüKoEuWettbR/Pohlmann, AEUV, Art. 101 Rn. 449;

auf der Nachfragerseite auch zu den Nebenwirkungen. Aus diesen Gründen wird eine Verkaufszusammenarbeit im Vergleich zur Einkaufskooperation von der Europäischen Kommission kritischer bewertet.[1026]

Zulässig ist nur eine solche Zusammenarbeit, die außerhalb von Preissetzungen und Marktaufteilungen stattfindet.[1027] Dies setzt allerdings voraus, dass der gemeinsame Anteil der Partner unter 15 % liegt.[1028] Jenseits dieser Marktanteilsschranke kommt von Fall zu Fall Art. 101 Abs. 3 AEUV in Betracht.[1029] Es ist demzufolge zu beurteilen, ob die Effizienzvorteile aus der Zusammenlegung der Vermarktungstätigkeiten, wie z. B. die Schaffung eines neuen Marktzutritts oder die Herstellung einer Geschäftsbeziehung zu einem Großkunden, entstehen können.[1030] Andere Kosteneinsparungen, die sich lediglich aus dem Wegfall eines Wettbewerbers ergeben, reichen hingegen nicht aus. Als Beispiel ist zu nennen, dass die Transportkosten, die aufgrund der Kundenaufteilung abgesenkt werden, bei der Freistellung unberücksichtigt bleiben.[1031]

6.2 Wettbewerbsbeschränkende Kooperationen in Form eines Gemeinschaftsunternehmens in China

In der EU werden die Freistellungsmöglichkeiten für die vertragliche Zusammenarbeit, die in Form der Errichtung eines Teilfunktionsgemeinschaftsunternehmens auftritt, durch Art. 101 Abs. 3 AEUV, Horizontal- und Vertikalleitlinien sowie Gruppenfreistellungsverordnungen geboten. Im Vergleich dazu ist kein solches Freistellungssystem in China aufgebaut. Es ist daher fraglich, wie man diejenigen Gemeinschaftsunternehmen behandeln kann, die lediglich von einem Mutterunternehmen kontrolliert werden, da die Bildung eines solchen Gemeinschaftsunternehmens die Anwendbarkeit der Fusionskontrolle ausschließt.

Auf der behördlichen Ebene werden zwei Verordnungen bezüglich der gruppenweisen Freigabe bestimmter Vereinbarungstypen von der SAIC und NDRC vorgelegt, die grobe Anhaltspunkte für die Behandlungsmethoden bieten. Die Bekanntmachung der Regelungen zeigt sich daran, dass die unternehmerische Zusammenarbeit, die weniger Wettbewerbsbeschränkungen hat und den Wettbewerb in größerem Umfang fördern kann, grundsätzlich aus dem

MüKoEuWettbR/Wollmann/Herzog, AEUV, Art. 101 Rn. 232 ff.; Immenga/Mestmäcker/Zimmer, Wettbewerbsrecht, Art. 101 Abs. 1 AEUV Rn. 263.

1026 Langen/Bunte/Hengst, Kartellrecht, Art. 101 AEUV Rn. 435.

1027 Horizontal-Leitlinien, Rn. 234 ff.

1028 Horizontal-Leitlinien, Rn. 240; Hölters/Sedemund, Handbuch Unternehmenskauf, Teil VI Rn. 312.

1029 Horizontal-Leitlinien, Rn. 240-241, Rn. 246 ff.

1030 MüKoEuWettbR/Wollmann/Herzog, AEUV, Art. 101 Rn. 254; Kapp, Kartellrecht in der Unternehmenspraxis, S. 71–72.

1031 Kapp, Kartellrecht in der Unternehmenspraxis, S. 71.

Anwendungsbereich des Art. 13 Abs. 1 Nr. 6 und 14 Nr. 3 AMG ausgenommen wird. Die SAIC und NDRC erkennen positive Effekte durch die Zusammenlegung der Ressourcen, die üblicherweise auch in der EU anerkannt werden.

6.2.1 Patentpool

Die Mutterunternehmen können ein Gemeinschaftsunternehmen bilden und Patente auf dieses übertragen, wodurch das Gemeinschaftsunternehmen allein für die Erteilung der Lizenz zuständig ist.

6.2.1.1 Einführung

Ein solches Gemeinschaftsunternehmen dient hauptsächlich der Integration der komplementären Technologien, der Minimierung der Transaktionskosten und der Erhöhung der Effizienz.[1032] Es ist aber auch möglich, dass sich dessen Bildung negativ auf den Wettbewerb auswirkt.[1033] Als Beispiel ist zu nennen, dass ein Gemeinschaftsunternehmen andere Nachfrager, die zugleich ein Konkurrenzverhältnis mit seinem Mutterunternehmen haben, nicht oder unter ungerechten Bedingungen lizenziert.[1034] Als Ergebnis davon kann der Wettbewerb auf dem relevanten Markt erheblich beschränkt werden, soweit das Gemeinschaftsunternehmen über ein Kernpatent für die Weiterentwicklung der Produkte in dem nachgelagerten Markt verfügt und eine solche Technikforschung viel Zeit in Anspruch nimmt. In diesem Fall wird die Kooperation angesichts der daraus resultierenden marktverschließenden Wirkungen nicht zugelassen.[1035]

Die SAIC hat diesbezüglich eine Verordnung des Missbrauches des geistigen Eigentums zur Beschränkung oder Eliminierung des Wettbewerbs, die sich auf wettbewerbsbeschränkende Verhaltensweisen außerhalb der preisrelevanten Wettbewerbsprobleme bezieht, im Jahr 2015 erlassen.[1036] Im gleichen Jahr hat die NDRC die Leitansichten des monopolisierten Verhaltens mittels des Missbrauches

1032 Meng, Anti-Monopolgesetz, S. 200; PCCPL/Wu/Guo/Huo/He/Zhao, Report on Competition Law and Policy of China 2011, S. 237–238; Jiang/Su, Innovation bei Gemeinschaftsunternehmen im Rahmen des Anti-Monopolgesetzes; Lu/Wang, Wie kann das Anti-Monopolgesetz mit dem Schutz des geistigen Eigentumsrechts „umgehen".

1033 Li, Price: Theory & Practice 2015 Heft 10, S. 30–31; Zhang, Law Science Magazine 2015 Heft 2, S. 75–76; Wang/Wang/Wu, Ausschlaggebende Probleme in Bezug auf die Durchführung des Anti-Monopolgesetzes, S. 512 ff.; PCCPL/Wu/Guo/Huo/He/Zhao, Report on Competition Law and Policy of China 2011, S. 238–239.

1034 Shi, Anti-Monopolgesetz - Gesetzesauslegung und Erkundung nach Theorien, S. 517; Meng, Anti-Monopolgesetz, S. 148–201.

1035 Meng/Jiang, Price: Theory & Practice 2015 Heft 2, S. 34.

1036 Song, Regeln zum Verhalten des Wettbewerbsausschlusses oder der Wettbewerbsbeschränkung.

des geistigen Eigentums entworfen, die für preisbezogene Fragen gelten und sich noch in der Phase der Meinungseinholung befinden. Es steht in beiden Regelungen die Untersuchung nach wettbewerbsrechtlichen Problemen, die durch die Bildung eines Patentpools verursacht werden, im Mittelpunkt.

6.2.1.2 Freistellungsvoraussetzungen

Gem. Art. 5 Abs. 1 der Verordnung wird eine solche Zusammenarbeit, die in Form eines Gemeinschaftsunternehmens auftritt, im Grundprinzip freigestellt, solange sich der Marktanteil der im Wettbewerbsverhältnis zueinander stehenden Gründerunternehmen auf weniger als 20 % beläuft oder es auf dem relevanten Markt mindestens vier Substitute zum infrage stehenden Produkt gibt. Hinzu kommt, dass die Substitute mit angemessenen Kosten zumutbar sein müssen, wobei deren Hersteller nicht von den infrage stehenden Unternehmen abhängen. Konkurrieren die Mutterunternehmen nicht miteinander, ist eine Freistellung gem. Art. 5 Abs. 2 der Verordnung möglich, wenn der Marktanteil der beteiligten Unternehmen auf dem jeweiligen Markt unter 30 % liegt. Als Alternative dazu ist eine Zusammenarbeit auch für freistellungsfähig zu halten, wenn zwei eigenständige Ersatzprodukte unter gleichen Marktbedingungen zur Verfügung stehen.[1037]

Es ist darauf hinzuweisen, dass diese Regeln nur Anwendung auf die Zusammenarbeit im Sinne von Art. 13 Abs. 1 Nr. 6 und 14 Nr. 3 AMG finden.[1038] Das bedeutet, die Kooperationspartner können sich nur auf Art. 5 der Verordnung berufen, wenn diese Vereinbarungen in die Kategorie, das sonstige von der Anti-Monopolbehörde erkannte Monopolverhalten, einzuordnen sind. Eine andere Zusammenarbeit, die sich in einem Hardcore-Kartell versteckt, wie z. B. die Beschränkung der Produktions- oder Absatzmengen, fällt nicht in den Anwendungsbereich der Verordnung (Art. 5 und Art 12. Abs. 2 der Verordnung).

Im Hinblick auf preisbezogene Aspekte kommen die Leitansichten der NDRC in Betracht. Demnach liegt eine Freistellungsmöglichkeit vor, solange der Gesamtmarktanteil der miteinander konkurrierenden Unternehmen weniger als 15 % beträgt. Bei den Unternehmen, die kein Wettbewerbsverhältnis haben, wird eine Zusammenarbeit gem. Art. 2 Abs. 3 Unterabs. 1 der Leitansichten freigestellt, wenn der Marktanteil der Mutterunternehmen auf dem jeweiligen Markt weniger als 25 % beträgt. Drei Ausnahmen werden noch im gleichen Absatz vorgegeben: Eine Freistellung ist auszuschließen, wenn sie nach ihren Merkmalen zu den in Art. 13

1037 JUNHE Bulletin, Bemerkung zur Verordnung des Missbrauches des geistigen Eigentums zur Beschränkung oder Eliminierung des Wettbewerbs.

1038 JUNHE Bulletin, Bemerkung zur Verordnung des Missbrauches des geistigen Eigentums zur Beschränkung oder Eliminierung des Wettbewerbs; Lu/Wang, Wie kann das Anti-Monopolgesetz mit dem Schutz des geistigen Eigentumsrechts „umgehen"; Song, Regeln zum Verhalten des Wettbewerbsausschlusses oder der Wettbewerbsbeschränkung; Ren/Wu, Auslegung der neuen Regelungen im Bereich des geistigen Eigentums: Aus der Perspektive der Compliance.

und 14 AMG aufgelisteten Fallgruppen gehören oder die beteiligten Unternehmen mittels der Verwertung des geistigen Eigentums die Weiterverkaufs- oder Mindestkaufpreise festsetzen können.[1039] Außerdem liegt ebenfalls keine Freistellung vor, soweit eine solche Zusammenarbeit die Tatbestände in Art. 15 AMG nachweislich nicht erfüllt.[1040]

6.2.1.3 Bewertung

Besonders auffällig ist, dass sich die Freistellungsvoraussetzungen, die vor allem die Marktanteilsschwellen betreffen, in zwei behördlichen Verordnungen unterschiedlich ergeben. Bei den Leitansichten des monopolisierten Verhaltens mittels des Missbrauches des geistigen Eigentums (Entwurf) sind die Freistellungsvoraussetzungen hinsichtlich der niedrigeren Obergrenze für den Marktanteil sowie der restriktiveren Kriterien für die Ausnahmegenehmigung offensichtlich enger als diejenigen in der Verordnung des Missbrauches des geistigen Eigentums zur Beschränkung oder Eliminierung des Wettbewerbs. Das heißt, ein Patentpool in Form eines Gemeinschaftsunternehmens, in dem die Vertragspartner das preisrelevante Wettbewerbsverhalten abstimmen, wird strenger überprüft, als der andere, der ein anderes wettbewerbliches Bedenken erregen könnte.[1041] Eine solche Kooperation kann aber in der Praxis sowohl die Lizenzierung der Technologie als auch die Produktion bzw. den Vertrieb von Vertragsprodukten beinhalten. Es stellt sich die Frage, welche Behörde für den betroffenen Sachverhalt zuständig ist und welche Regelungen dementsprechend herangezogen werden. Momentan fehlt es an einer konkreten Durchsetzungsmethode, durch die die Wesensmerkmale einer Vereinbarung zu erkennen sind. Ein solches Problem stammt ursprünglich aus der unklaren Aufteilung der kartellrechtlichen Arbeit und wird durch die Veröffentlichung der behördlichen Verordnungen verstärkt.[1042] Als Folge dessen ist eine einheitliche Rechtsanwendung nicht sicherzustellen. Erst nach der Entscheidung kann erkannt werden, welche Verordnung Anwendung auf den infrage stehenden Sachverhalt findet. Aber es könnte sein, dass eine ganz unterschiedliche Auslegungsmethode in einem anderen Fall verwendet wird. Eine andere Gefahr liegt darin, dass ein beteiligtes Unternehmen immer gegen die Zuständigkeit der

---

1039 In der Tat ist die zweite Variante als Spezialisierungsfall des Art. 14 AMG im Aspekt des geistigen Eigentums anzusehen. Siehe in Art. 2 Abs. 2 Unterabs. 1 lit. 1 der Leitansichten des monopolisierten Verhaltens mittels des Missbrauches des geistigen Eigentums (Entwurf).

1040 Zhang, Law Science Magazine 2015 Heft 2, S. 76.

1041 Chen, Interpretation der Leitansichten des monopolisierten Verhaltens mittels des Missbrauches des geistigen Eigentums und Verbesserungsvorschläge; Lü/Wang, Wie kann das Anti-Monopolgesetz mit dem Schutz des geistigen Eigentumsrechts „umgehen".

1042 PCCPL/Wang/Cheng, Report on Competition Law and Policy of China 2012, S. 88–89.

Durchführungsbehörde sowie die Anwendbarkeit der Verordnung argumentieren kann, soweit die Tätigkeiten des betroffenen Gemeinschaftsunternehmens zwei Aspekte abdecken können.

Im Hinblick auf die Verordnung von der SAIC besteht ein Unterschied zu „Safe Harbor"-Regelungen in europäischen Verordnungen darin, dass eine solche Kooperation nicht zwangsläufig freigestellt wird, obgleich sie vorgenannte Bedingungen erfüllt. Dies wird gem. Art. 5 Abs. 1 der Verordnung vielmehr nicht genehmigt, soweit sie zur Beschränkung oder Elimination des Wettbewerbs führt. Es ist aber fraglich, wie man die Regel richtig auslegen kann. Wichtig ist zu klären, ob eine Signifikanzschwelle für die Wettbewerbsbeschränkungen anzusetzen ist. Sonst würde diese Vorschrift das ganze sog. „Safe Harbor"-System außer Kraft setzen, wenn eine Kooperation angesichts ihrer (auch nur geringfügig) negativen Auswirkungen nicht als freistellungsfähig anzusehen ist. Immerhin enthält jede freizustellende Kooperation einen gewissen Grad der Wettbewerbsbeschränkung, sonst würde sich eine Ausnahmefreistellung erübrigen. Es liegt letztendlich in der Hand der SAIC zu entscheiden, ob die Bildung eines solchen Gemeinschaftsunternehmens freistellbar ist.[1043]

Grundsätzlich erinnern die Leitansichten der NDRC bezüglich des Preiskartells an die europäischen Gruppenfreistellungsverordnungen. Eine solche Zusammenarbeit wird gem. Art. 2 Abs. 3 Unterabs. 1 der Leitansichten gruppenweise freigeschaltet, soweit sie die Marktanteilsschwelle nicht überschreitet und keine Kernbeschränkung tangiert. Dies stimmt mit dem europäischen Grundprinzip überein. Fraglich ist nur, wie man die dritte negative Voraussetzung interpretieren kann. Gem. Art. 15 Abs. 2 AMG tragen beteiligte Unternehmen die Beweislast für die Erfüllung der Freistellungsvoraussetzungen im Sinne von Art. 15 Abs. 1 AMG. Angenommen, dass sich die beteiligten Unternehmen bei der NDRC anmelden und zahlreiche Dokumente für eine Freistellung vorlegen müssten, könnte dies zu einer schwerwiegenderen Konsequenz führen. Dies liegt daran, dass es sich bei den Gruppenfreistellungen in erster Linie um ein System der Legalausnahme zum Kartellverbot handelt. Eine ex-ante Prüfung, die unter Vorbehalt des Verbots erfolgt, könnte dem Ziel des Aufbaus eines Gruppenfreistellungssystems ganz entgegenwirken. Es ist schließlich darauf hinzuweisen, dass die Arbeitsbelastung für die NDRC dadurch erheblich erhöht würde, wenn sie für jede Freistellung ein neues Ermittlungsverfahren eröffnen müsste.

Vor diesem Hintergrund ist sehr wünschenswert, dass sich die Freistellungsmöglichkeiten an den „Safe Harbor"-Prinzipien orientieren können. Eine zusätzliche Voraussetzung ohne detaillierte Darlegung erhöht einerseits die Unverständlichkeit und löst anderseits die Rechtsunsicherheit aus. Zweitens bedarf es im Hinblick

---

1043 Ren/Wu, Auslegung der neuen Regelungen im Bereich des geistigen Eigentums: Aus der Perspektive der Compliance; JUNHE Bulletin, Bemerkung zur Verordnung des Missbrauches des geistigen Eigentums zur Beschränkung oder Eliminierung des Wettbewerbs.

auf verschiedene Verwaltungsverordnungen noch einer engen Zusammenarbeit zwischen der NDRC und SAIC. Sie müssen sicherstellen, dass die Ermittlung gegen bedenkliche Kooperationen bezüglich des Patentpools aus jedem (preislichen sowie sonstigen) Aspekt durchgeführt wird.

6.2.2 Forschungs- und Entwicklungskooperation

Gem. Art. 15 Abs. 1 Nr. 1 AMG können solche (wettbewerbsbeschränkenden) Vereinbarungen einen Ausnahmefall darstellen, wenn sie sich auf die Verstärkung der Forschungs- und Entwicklungsfähigkeiten erstrecken. Es ist daran zu denken, dass zwei Unternehmen im Hinblick auf die gegenseitige Technikunterstützung ein Gemeinschaftsunternehmen bilden.[1044] Auf positiver Seite kann eine solche Zusammenarbeit einen Beitrag zur Produkt- und Technologieverbesserung sowie zum Ausbau der Forschungsfelder (z. B. neuem Markteintritt) leisten.[1045] Soweit das Ergebnis von Forschung und Entwicklung durch den Schutz gewerblicher Rechte gesichert wird, verschafft dies noch eine bessere Marktposition für die Gründerunternehmen. Negative Effekte sind als verhältnismäßig gering zu bewerten.[1046] Denkbar wäre, dass das Preisniveau aufgrund der Begrenzung der Produktionsmenge oder der Festsetzung der Absatzmenge zu erhöhen ist.[1047] Darüber hinaus zählt der Verlust der eigenen Forschungsfähigkeit ebenso zu einem der nachteiligen Folgen.[1048]

Es ist zunächst zu ermitteln, wie sich die Marktmacht der beteiligten Unternehmen durch die Zusammenarbeit verändern kann. Zu untersuchen ist auch, ob eine solche Kooperation nach Einzelheiten (z. B. den zu tragenden Risiken oder der Komplexität des Forschungsprojekts) als notwendig anzusehen ist. Es ist noch zu berücksichtigen, wie lange das Gemeinschaftsunternehmen im Hinblick auf die Forschungs- und Entwicklungskooperation auf dem relevanten Markt tätig bleibt.[1049]

Auf gesetzlicher Ebene werden die Freistellungsvoraussetzungen für die Forschungs- und Entwicklungskooperationen in der Leitansichten des monopolisierten Verhaltens mittels des Missbrauches des geistigen Eigentums (Entwurf)

1044 Wang, Auslegung zum Antimonopolgesetz der Volksrepublik China, S. 118–119; Lorenz/Liu, RIW 2009, S. 40–41.

1045 Jiang/Su, Innovation bei Gemeinschaftsunternehmen im Rahmen des Anti-Monopolgesetzes; Yu, Fragen und Antworten zum Anti-Monopolgesetz, S. 62; Lin, Modern Law Science 2009 Heft 2, S. 85 ff.

1046 Jiang/Su, Innovation bei Gemeinschaftsunternehmen im Rahmen des Anti-Monopolgesetzes; Lin, Modern Law Science 2009 Heft 2, S. 83–85.

1047 Wang, Auslegung zum Antimonopolgesetz der Volksrepublik China, S. 119.

1048 Jiang/Su, Innovation bei Gemeinschaftsunternehmen im Rahmen des Anti-Monopolgesetzes; Lin, Modern Law Science 2009 Heft 2, S. 85–86.

1049 Jiang/Su, Innovation bei Gemeinschaftsunternehmen im Rahmen des Anti-Monopolgesetzes.

festgelegt. Diese kommen denjenigen bei den Lizenzvereinbarungen gleich. Auffällig ist aber, dass keine entsprechende Regel in der Verordnung des Missbrauches des geistigen Eigentums zur Beschränkung oder Eliminierung des Wettbewerbs umschrieben wird. Wie Patentpools, können die Forschungs- und Entwicklungskooperationen außer der preisrelevanten Koordinierung noch die Abstimmung der weiteren wettbewerblichen Verhaltensweisen zwischen den Unternehmen verstärken.[1050] Diese Lücke muss von der SAIC geschlossen werden. Der Kernpunkt besteht darin, dass nur solche Zusammenarbeit, die signifikant negative Wirkungen auf den Wettbewerb hat, aus dem Freistellungsbereich auszunehmen ist.[1051]

6.2.3 Produktionskooperation

Gem. Art. 15 Abs. 1 Nr. 2 AMG wird eine wettbewerbsbeschränkende Normen- oder Spezialisierungsvereinbarung freigestellt, solange die daraus resultierenden Vorteile die unwesentlich wettbewerbsschädlichen Effekte ausgleichen können.[1052] Hinzu kommt, dass diese Gewinne noch an die Konsumenten weitergegeben werden müssen. Eine derartige Vereinbarung kann z. B. zwischen den Mutterunternehmen eines Gemeinschaftsunternehmens getroffen werden, um die Produktion durch die Zusammenlegung der Ressourcen zu rationalisieren, die Absatzfähigkeit zu steigern sowie die Innovation zu fördern.[1053] Folgend werden diese zwei Typen in Form der Produktionskooperation vorgestellt.

Es handelt sich bei Vereinbarungen über Normen darum, dass zwei Unternehmen in technischer oder qualitätsrelevanter Hinsicht eine Absprache zur Standardisierung der Herstellungsverfahren, der Produktionsmethoden oder der Dienstleistungsprozesse treffen.[1054] Als Ergebnis davon wird ein Gemeinschaftsunternehmen gebildet, um die Warenerzeugnisse zu verbessern bzw. die Produktionseffizienz zu steigern.[1055] Eine andere Kooperationsform, die Spezialisierungsvereinbarung, hat oft die Ausgliederung der Teilfunktionen in ein anderes Unternehmen zum Inhalt, welches die Aufgaben der vergemeinschafteten Produktion wahrnimmt.[1056] Zur Konkretisierung wird dem Gemeinschaftsunternehmen die vorher von den

---

1050 Wang, Price: Theory & Practice 2015 Heft 10, S. 25–27.

1051 Lin, Modern Law Science 2009 Heft 2, S. 92; PCCPL/Wu/Zeng/He/Chen, Report on Competition Law and Policy of China 2012, S. 183.

1052 Shi/Wang/Wang/Zu, Auslegung und Anwendung des Anti-Monopolgesetzes, S. 118 ff.; Wang, Chinese Journal of Law 2008 Heft 4, S. 70–71; Jiang/Su, Innovation bei Gemeinschaftsunternehmen im Rahmen des Anti-Monopolgesetzes.

1053 Wang, Auslegung zum Antimonopolgesetz der Volksrepublik China, S. 119–120; Dong, Jiangsu Social Sciences 2013 Heft 4, S. 136; Liu, Hebei Law Science 2014 Heft 2, S. 179 ff.

1054 Wang, Auslegung zum Antimonopolgesetz der Volksrepublik China, S. 120.

1055 Wang, Chinese Journal of Law 2008 Heft 4, S. 70 ff.; Yu, Fragen und Antworten zum Anti-Monopolgesetz, S. 62–63.

1056 Wang, Auslegung zum Antimonopolgesetz der Volksrepublik China, S. 121.

Mutterunternehmen getrennte Warenherstellung zugewiesen, damit es allein für die Produktion bestimmter Waren zuständig ist.

Solche Kooperationen werden grundsätzlich als freistellungsfähig bewertet, wenn sie zur Erweiterung des Produktsortiments und zur Förderung des Wettbewerbs einen Beitrag leisten können.[1057] Eine Richtlinie dazu wurde bis jetzt nicht veröffentlicht. Das bedeutet, im Vergleich zur europäischen Verordnung wird keine Marktanteilsschwelle eingesetzt. Die Freistellungsmöglichkeit stützt sich allein auf Art. 15 Abs. 1 Nr. 2 i. V. m. Art. 15 Abs. 2 AMG.[1058] Es ist aber im Hinblick auf die Wahrung der Rechtssicherheit notwendig, eine Verwaltungsverordnung für die Freistellung der Produktionskooperation zu erlassen, in der die genauen Voraussetzungen (z. B. die Anteilsschwelle sowie die Unanwendbarkeit auf die Kernbeschränkungen) vorgeschrieben werden.[1059]

Es ist schließlich zu notieren, dass die Kernbeschränkungen unter Art. 13 oder 14 AMG nicht per se verboten sind.[1060] Zumindest besteht theoretisch noch eine Freistellungsmöglichkeit nach Art. 15 AMG.[1061] Einer Auffassung zufolge kommt es bei der Freistellung darauf an, ob die infrage stehende Vereinbarung in der Tat zur Wettbewerbsbeschränkung oder -eliminierung führt.[1062] Aber die Frage ist, dass jede freizustellende Vereinbarung in gewissem Maße wettbewerbsschädliche Auswirkungen hat, sonst wäre eine Freistellung überflüssig. Daher ist diese Abgrenzung nicht klar genug. Einer anderen Auffassung zufolge gilt eine Ausnahmegenehmigung nicht für die Kernbeschränkungen (z. B. die Fallgruppen in Art. 13 Abs. 1 Nr. 1 bis 3 AMG).[1063] Dies liegt darin begründet, dass das Verbot der schwerwiegenden Wettbewerbsbeschränkung bereits durch die Zielsetzung des

1057 Wang, Chinese Journal of Law 2008 Heft 4, S. 70 ff.

1058 Details in 3.4.1.3.

1059 Wang, Price: Theory & Practice 2015 Heft 10, S. 28; Jiang/Su, Innovation bei Gemeinschaftsunternehmen im Rahmen des Anti-Monopolgesetzes.

1060 Wang, Anti-Monopolgesetz - Meilenstein in der Reform des chinesischen Wirtschaftssystems; Bu/Ruppelt, Chinesisches Zivil- und Wirtschaftsrecht aus deutscher Sicht, S. 170; Mao, ZWeR 2012, S. 363.

1061 Liu/Yu/Swita, Non-compete clauses in JV contracts - An analysis from the perspective of the PRC Anti-monopoly Law; Shang, Erkundung nach Rechtssystem für die Zusammenschlusskontrolle in China, S. 150–152; Mesenbrink, Das Antimonopolgesetz der VR China im Spannungsfeld zwischen Politik und Wettbewerbsrecht, S. 185–186.

1062 Liu/Yu/Swita, Non-compete clauses in JV contracts - An analysis from the perspective of the PRC Anti-monopoly Law.

1063 Wang, Anti-Monopolgesetz - Meilenstein in der Reform des chinesischen Wirtschaftssystems; Shi, Anti-Monopolgesetz - Gesetzesauslegung und Erkundung nach Theorien, S. 184; Wang, Auslegung zum Antimonopolgesetz der Volksrepublik China, S. 122, S. 125–126; Xu, Law Science Magazine 2008 Heft 1, S. 20; Wang, Chinese Journal of Law 2008 Heft 4, S. 69–71; Wang, Lehrbuch zum Antimonopolgesetz von Xiaoye Wang, S. 457, S. 460, S. 517.

Gesetzes (im Sinne von Art. 1 AMG) impliziert wird. Die Freistellung einer solchen Vereinbarung scheidet von vornherein aus. Fragwürdig bleibt aber, ob eine Kernbeschränkung unter Berufung auf Art. 15 Abs. 1 Nr. 6 AMG (sog. „Exportkartelle“) oder Art. 15 Abs. 1 Nr. 7 AMG freizustellen ist.[1064] Allein nach dem Gesetzeswortlaut besteht schon eine solche Gefahr.[1065]

Eigentlich ist eine solche Streitigkeit auf die vage Formulierung in Art. 15 AMG zurückzuführen, wo nicht geklärt wird, ob die Kernbeschränkungen freizustellen sind.[1066] Es ist letztendlich für die NDRC bzw. die SAIC wichtig zu entscheiden,[1067] ob solche Kooperationen, die auf z. B. die Aufteilung der Märkte oder der Kunden abzielen, nicht freistellungsfähig sind. Nach den veröffentlichten Verordnungen stehen die SAIC und NDRC einer Freistellung der Hardcore-Kartelle eher zurückhaltend gegenüber. Dies äußert sich darin, dass dafür keine Freistellungsmöglichkeit in ihren Verwaltungsverordnungen eingeräumt wird. Da auf der gesetzlichen Ebene keine Klarstellung dazu verfügbar ist, ist es dringend, ein Grundprinzip in einer zukünftigen Verordnung zu entwerfen, unter dem die Hardcore-Kartelle von dem Anwendungsbereich des AMG bzw. der Verwaltungsverordnungen auszuschließen sind.

1064 Details in 3.4.1.3.
1065 Details in 3.4.1.3.
1066 Details in 3.4.1.3.
1067 Gong, Junhe Law Review 2012 Heft 2, S. 32; Liu/Yu/Swita, Non-compete clauses in JV contracts - An analysis from the perspective of the PRC Anti-monopoly Law.

7. Kapitel: Zusammenfassung der Ergebnisse

7.1 Organisation zwischen Fusionskontrolle und Kartellverbot

Kartellrechtliche Probleme der Gemeinschaftsunternehmen bestehen darin, dass ihre Gründung nicht nur nach der Fusionskontrolle zu untersuchen ist, sondern kooperative Vorgänge innerhalb der Mutterunternehmen vom Kartellverbot erfasst werden können. Vor diesem Hintergrund führt man sich vor Augen, dass die Behandlungen von Gemeinschaftsunternehmen über Besonderheiten verfügen: Deren Gründung steht oft auf der Grenze zwischen den Kartellen und Zusammenschlüssen.

7.1.1 Behandlungsmethoden für Gemeinschaftsunternehmen in der EU

Im Rahmen des europäischen Kartellrechts werden Gemeinschaftsunternehmen je nach ihrer Verschiedenartigkeit ungleich behandelt. Bei der Prüfung werden drei unterschiedliche Methoden angewendet: a. anhand der Maßstäbe der FKVO; b. nach Kriterien des Art. 101 AEUV; c. eine Doppelkontrolle aus beiden Aspekten. Es ist darauf hinzudeuten, dass grundsätzlich ein Trennungsprinzip gilt,[1068] demzufolge die Prüfung der Gemeinschaftsunternehmen entweder der Kontrolle des Zusammenschlusses oder der Überwachung des Kartellverbots zu unterwerfen ist.[1069] Nur in bestimmen Konstellationen schließt die Zusammenschlusskontrolle den Geltungsbereich des Kartellverbots nicht aus.[1070] Das ist der Fall, wenn die Errichtung eines Gemeinschaftsunternehmens noch Raum für die Mutterunternehmen zur Verhaltensabstimmung hinterlässt. Hier spielen zwei Begriffspaare, Voll- bzw. Teilfunktion sowie koordinierte bzw. konzentrative Effekte, bei der Klassifizierung der einzelnen Gruppen der Gemeinschaftsunternehmen eine wichtige Rolle.

1068 Habersack/Hüffer/Hommelhoff/Schmidt/Wiedemann, Festschrift für Peter Ulmer zum 70. Geburtstag am 2. Januar 2003, S. 1031.

1069 Habersack/Hüffer/Hommelhoff/Schmidt/Wiedemann, Festschrift für Peter Ulmer zum 70. Geburtstag am 2. Januar 2003, S. 1031; Loewenheim/Meessen/Riesenkampff/Kersting/Meyer-Lindemann/Kersting, Kartellrecht, Art. 2 FKVO Rn. 186; Immenga/Mestmäcker/Zimmer, Wettbewerbsrecht, Art. 101 Abs. 1 AEUV Rn. 306 ff.

1070 Fett/Spiering/K.Westermann/Bergmann, Handbuch Joint Venture, § 5 Rn. 80; Mälzer, WuW 1992, S. 705 ff.; Schröter/Jakob/Klotz/Mederer/Hirsbrunner/Rating, Europäisches Wettbewerbsrecht, S. 1654 Rn. 58.

Während die Bildung eines Vollfunktionsgemeinschaftsunternehmens mit unionsweiter Bedeutung einer Kontrolle nach der FKVO unterzogen wird, wird der Aufbau eines Teilfunktionsgemeinschaftsunternehmens nach Art. 101 AEUV bzw. nationalem Kartellrecht bewertet. Art. 101 Abs. 1 AEUV ist aber parallel für einen solchen Zusammenschluss anwendbar, der sich auf ein kooperatives Gemeinschaftsunternehmen im Sinne von Abs. 4 und 5 des Art. 2 FKVO bezieht. Eine Besonderheit besteht darin, dass die Prüfung der koordinierten Effekte im fusionskontrollrechtlichen Verfahren stattfindet, wobei ein getrenntes Verfahren nach der VO (EG) Nr. 1/2003 nicht notwendig ist. Bei der Bildung eines konzentrativen Gemeinschaftsunternehmens schließt die Anwendbarkeit des Art. 101 AEUV aus.

Bei Vollfunktionsgemeinschaftsunternehmen ohne unionsweite Bedeutung ergibt sich die Prüfung aus zwei Aspekten. Es ist zunächst zu prüfen, welche Effekte aus dem Vorhaben folgen. Die Europäische Kommission kann sich auf Art. 101 Abs. 1 AEUV berufen, wenn ein kooperatives Gemeinschaftsunternehmen wegen der fehlenden unionsweiten Bedeutung aus dem Geltungsbereich der FKVO herausfällt und dessen Bildung zur Wettbewerbsverzerrung auf dem Binnenmarkt führen kann. Dementsprechend bleiben allgemeine Verfahrensvorschriften der VO (EG) Nr. 1/2003 anwendbar. In einen anderen Sachverhalt, der lediglich den innergemeinschaftlichen Handel betrifft, greift das nationale Kartellrecht ein. Zweitens hat ein konzentratives Vollfunktionsgemeinschaftsunternehmen gem. Art. 21 Abs. 1 FKVO ein Konzentrationsprivileg, worauf Art. 101 AEUV keine Anwendung findet. Zugleich scheidet eine Prüfung nach der FKVO ebenso aus, soweit die Umsätze der Beteiligten unter der gesetzlich festgelegten Schwelle liegen. Bei der Gründung eines solchen Gemeinschaftsunternehmens kommt das nationale Kartellgesetz zur Anwendung. Dies betrifft hauptsächlich die Zusammenschlusskontrolle von einem Mitgliedstaat.

Zu beachten ist auch, dass aus der Bildung eines Teilfunktionsgemeinschaftsunternehmens kooperative Wirkungen zwischen den Mutterunternehmen resultieren können, die den Handel zwischen den Mitgliedstaaten spürbar beeinträchtigen.[1071] Solche Risiken werden nach Art. 101 Abs. 1 AEUV geprüft. Unter Umständen kommt eine Einzelfreistellung im Sinne von Art 101 Abs. 3 AEUV bzw. eine Gruppenfreistellung im Sinne von GVOen in Betracht.

Es ist auffällig, wie Nebenabreden bezüglich der Bildung eines Gemeinschaftsunternehmens in der EU zu behandeln sind. Hierfür bieten Art. 6 Abs. 1 lit. b Unterabs. 2 und 8 Abs. 1 Unterabs. 2 FKVO entsprechende Anhaltspunkte: Eine Absprache, die unmittelbar und notwendig für das Zustandekommen eines Gemeinschaftsunternehmens ist, wird als Nebenabrede bezeichnet.[1072] Die

---

1071 Loewenheim/Meessen/Riesenkampff/Kersting/Meyer-Lindemann/Kersting, Kartellrecht, Art. 2 FVKO Rn. 188, Rn. 197; Immenga/Mestmäcker/Körber, Wettbewerbsrecht, Art. 3 FKVO Rn. 170.

1072 Bekanntmachung zu Nebenabreden, Rn. 10 ff.

Nebenabrede wird mit der Genehmigung des Vorhabens zusammen freigestellt. Bei anderen Absprachen, die nicht als Nebenabreden einzustufen sind, wird Bezug auf Art. 101 AEUV sowie VO (EG) Nr. 1/2003 genommen.[1073]

7.1.2 Aufbau eines Prüfungssystems der Gemeinschaftsunternehmen in China

Es ist im Hinblick auf die aktuelle wirtschaftliche Entwicklung zu begrüßen, Leitlinien zur Zusammenfassung der Rechtsprobleme von Gemeinschaftsunternehmen zu erarbeiten. Vorbildlich müssen sie sich, wie in der europäischen Prüfung, an zwei Aspekten, und zwar die Überwachung der wettbewerbsbeschränkenden Vereinbarungen sowie die Kontrolle der Zusammenschlüsse, ausrichten.

7.1.2.1 Abgrenzung zwischen Voll- oder Teilfunktionsgemeinschaftsunternehmen?

Bis jetzt erkennt der chinesische Gesetzgeber außer der Einordnung in CJV und EJV keine weiteren Einordnungskriterien. Es ist aber klar, dass die vorgenommene Unterscheidung (zwischen EJV und CJV) kein Abgrenzungsmerkmal für die Anwendbarkeit der Zusammenschlusskontrolle bzw. des Kartellverbots darstellt. Gesetzlich wird bei Gemeinschaftsunternehmen kein Unterschied zwischen Voll- und Teilfunktion identifiziert. Aber, wie bereits erwähnt, gibt es der herrschenden Auffassung nach noch eine zusätzliche Voraussetzung für die Anwendbarkeit des AMG, derzufolge fällt nur die Gründung eines solchen Gemeinschaftsunternehmens, das funktionell mit den europäischen Vollfunktionsgemeinschaftsunternehmen gleichzustellen ist, in den Anwendungsbereich des AMG.[1074] Dennoch hat das MOFCOM eine andere Richtung in der Praxis ausgewählt, sodass alle Gemeinschaftsunternehmen gleich behandelt werden.[1075]

Es wäre sinnvoll, wenn alle Gemeinschaftsunternehmen im Hinblick auf einen anscheinend unlösbaren Konflikt zwischen Art. 3 Abs. 1 lit. b und 3 Abs. 4 FKVO in der EU und die Komplexität der behördlichen Einstellung in China von der Fusionskontrolle erfasst würden. Es wäre auch kaum praktikabel, dass das MOFCOM zunächst ein Prüfungsverfahren einleitet und dann den Sachverhalt aufgrund des Mangels an der Vollfunktionsfähigkeit an die SAIC oder die NDRC weiterleiten müsste. Dies würde die Kartellbehörden stark belasten und ein unnötiges Spannungsverhältnis zwischen den Kartellbehörden erzeugen.

1073 Emmerich, Kartellrecht, § 17 Rn. 23.
1074 Siehe in 4.1.3.2.
1075 Siehe in 5.1 sowie 4.1.3.2.

7.1.2.2 Prüfung der kooperativen Gemeinschaftsunternehmen

Die Verschiedenheiten zwischen konzentrativen und kooperativen Gemeinschaftsunternehmen werden in China kaum theoretisch dargestellt.[1076] Mögliche Wettbewerbsbeschränkungen aus kooperativen Gemeinschaftsunternehmen hat das MOFCOM im Fusionskontrollverfahren zwar bemerkt, aber es fehlt momentan noch eine zugängliche Darstellung. Zunächst ist fragwürdig, welche Prüfmaßstäbe die Behörde bei der Untersuchung der koordinierten Effekte angesetzt hat. Es bleibt auch zu klären, ob die Regelungen zu Monopolvereinbarungen bei einer solchen Untersuchung parallel anwendbar sind.

Grundsätzlich legt die Prüfung im Sinne von Art. 13–15 AMG mehr Schwerpunkte auf die abgestimmte Verhaltensweise der Mutterunternehmen, die durch die Nutzung des Gemeinschaftsunternehmens als Kommunikationsplattform ermöglicht wird. Im Gegensatz dazu wird bei der Fusionskontrolle durch die Analyse der Marktveränderungen gezeigt, ob sich die Bildung eines Gemeinschaftsunternehmens beschränkend auf den Wettbewerb auswirkt. Es ist zu folgern, dass diese zwei Prüfungen in unterschiedliche Richtungen gehen. Wie bereits im Kapitel 4 analysiert, wäre es sinnvoll, koordinierte Effekte einerseits nach den Art. 13 ff. AMG zu untersuchen, da es sich mehr um die Verhaltenskoordinierung der Mutterunternehmen handelt. Andererseits muss eine solche Untersuchung aufgrund ihrer engen Verbundenheit mit der Strukturkontrolle an einer besonderen Stelle im fusionskontrollrechtlichen Verfahren stehen. Hierbei ist eine Doppelkontrolle notwendig.

7.1.2.3 Anwendbarkeit des Kartellverbots

Das MOFCOM hat 2014 in seiner Verordnung erstmals klargestellt, dass die neue Bildung eines Gemeinschaftsunternehmens, das von mindestens zwei Mutterunternehmen kontrolliert wird, von der Fusionskontrolle erfasst wird. Die Errichtung eines allein kontrollierten Gemeinschaftsunternehmens eröffnet hingegen keinen Anwendungsbereich der Zusammenschlusskontrolle. Es ist zu bemerken, dass solche Gemeinschaftsunternehmen grundsätzlich als Ersatz der wettbewerbsbedenklichen Vereinbarungen dienen. Ob dies eine Verschlechterung oder sogar einen Ausschluss des Wettbewerbs verursacht, muss an den Prüfmaßstäben der Art. 13–15 AMG gemessen werden. Dazu richten sich die Freistellungsmöglichkeiten nach den Verordnungen der SAIC bzw. der NDRC.[1077]

1076 Li, Jiangsu Social Sciences 2011 Heft 2, S. 137.
1077 Siehe in 6.2.

7.1.2.4 Nebenabreden

Die Regelungen über Nebenabreden, die als nötig für die Verwirklichung der Funktionen der Gemeinschaftsunternehmen anzusehen sind, müssen in China eingeführt werden.

Möglicherweise können solche Absprachen von fusionskontrollrechtlicher Prüfung erfasst und folglich von der Genehmigung des Zusammenschlusses abgedeckt werden. Eine andere Möglichkeit ist, dass ein separates Verfahren nach Art. 13–15 AMG einzuleiten ist. Diese zwei Varianten stellen einen großen Unterschied in China dar, da drei verschiedene Ministerien für kartellrechtliche Aufgaben zuständig sind.

Hierauf werden Hinweise durch Art. 4 der Leitansichten des monopolisierten Verhaltens mittels des Missbrauches des geistigen Eigentums (Entwurf) der NDRC gegeben, demzufolge diese Gesetzeslücke (Regelungen über Nebenabreden) vom MOFCOM zu schließen ist. Es ist davon auszugehen, dass die Nebenabreden im fusionskontrollrechtlichen Verfahren geprüft werden können. Dies hat das MOFCOM bereits in der Praxis durchgeführt. Es bleibt noch abzuwarten, ob sich das MOFCOM später mit einer solchen Verordnung als Rechtsgrundlage befassen wird.[1078] In jeder Hinsicht benötigt China genaue Behandlungsmethoden für die Nebenabreden wie in der EU.

7.2 Behördliche Einrichtung für die Prüfung der Gemeinschaftsunternehmen

7.2.1 Aktueller Zustand in China

Es gibt derzeit in China keine einzige Kartellbehörde. Wie bereits erläutert, besteht ein unmittelbares Kontrollverhältnis zwischen der Anti-Monopolkommission und den drei Vollzugsbehörden weder de facto noch de jure. Diese zersplitterte Behördenstruktur wird oft als kritisch bewertet.[1079] Die Gefahren bestehen darin, dass die Entscheidungen von einer Vollzugsbehörde den anderen gegenüber nicht durchsetzungsfähig sind, da sie alle gleichrangigen Institutionen der Zentralregierung sind.

Die unklare Aufgabenverteilung wird in absehbarer Zeit nicht verändert werden.[1080] Es ist daher zu hinterfragen, welche Behörden für die Sachverhalte bezüglich

1078 China Competition Law, Geistiges Eigentumsrecht im Zuge auf Zusammenschlusskontrolle; Gong, Junhe Law Review 2012 Heft 2, S. 32.

1079 Mesenbrink, Das Antimonopolgesetz der VR China im Spannungsfeld zwischen Politik und Wettbewerbsrecht, S. 49 ff.; Wang, ZChinR 2007, S. 165–168; Terhechte/Dübbers, Internationales Kartell- und Fusionskontrollverfahrensrecht, § 57 Rn. 57.46.

1080 Siehe in 3.3.

der Gemeinschaftsunternehmen zuständig sind, da die Gemeinschaftsunternehmen je nach der Fallgruppe unterschiedliche Besonderheiten aufweisen können. Bis jetzt fehlte in China noch eine systematische Darstellung der wettbewerbsrechtlichen Probleme über die Gemeinschaftsunternehmen,[1081] dies erschwert wiederum die Abgrenzung der behördlichen Aufgabenbereiche. Theoretisch können in einem komplizierten Fall drei Behörden für die Prüfung zuständig sein.

7.2.2 Amerikanisches Modell

In der EU ist die Kommission allein befugt, die Entscheidung über kartellrechtliche Sachverhalte zu treffen. Betroffene Parteien können zwar vor dem EuG eine Klage gegen die Entscheidung erheben, aber das EuG kann keine eigene Entscheidung anstelle der Europäischen Kommission treffen. Stattdessen muss es den Sachverhalt wieder an die Kommission verweisen, die nochmals darüber entscheiden muss.

In den USA sind zwei Hauptbehörden, Department of Justice (DOJ) und die Federal Trade Commission (FTC), zur Einhaltung und Durchsetzung der Antitrustgesetze eingesetzt. Eine klar voneinander trennbare Aufgabenteilung existiert aber nicht, infolgedessen stehen sie dem Problem der konkurrierenden Zuständigkeit gegenüber. Zur Vermeidung einer Doppelprüfung erfolgt eine gewisse Abstimmung zwischen den beiden Behörden. Es wäre sinnvoll, zunächst einen Blick auf die kartellbehördliche Einstellung in den USA zu werfen.

7.2.2.1 Department of Justice (DOJ)

Das DOJ ist eine Antitrustabteilung, die in Washington liegt. Die beim DOJ ansässige Antitrust Division ist ermächtigt, die Fälle nach den Antitrustgesetzen zu prüfen. Im Allgemeinen ist das DOJ für die Durchsetzung des Sherman Acts und Clayton Acts zuständig. Es ist auch in der Lage, einen Straf- oder Zivilprozess einzuleiten.[1082]

7.2.2.2 Federal Trade Commission (FTC)

Die FTC mit Hauptsitz in Washington setzt sich aus drei Abteilungen (dem „Bureau of Consumer Protection", dem „Bureau of Competition" sowie dem „Bureau of Economics") zusammen. Das Bureau of Competition ist für kartellrechtliche Angelegenheiten zuständig. Die FTC befasst sich hauptsächlich mit dem FTCA, der auch die Regelungen gegen unlauteren Wettbewerb zum Inhalt hat, sowie dem Clayton Act.[1083] Ein wesentlicher Unterschied zum DOJ liegt darin, dass die FTC

1081 PCCPL/Wang/Han, Report on Competition Law and Policy of China 2013, S. 93; Yang, Fragen der Gemeinschaftsunternehmen unter AMG.

1082 Huber, Europäische und US-amerikanische Fusionskontrollpraxis, S. 77 ff.; Sullivan/Grimes, The Law of Antitrust, S. 751.

1083 Hay, US-Amerikanisches Recht, 6. Kapitel Rn. 635; Sullivan/Grimes, The Law of Antitrust, S. 753.

kein Strafverfahren vor Gericht bringen kann. Aus diesem Grund ist das DOJ ausschließlich für die Fälle zuständig, in denen ein Strafverfahren eingeleitet wird.[1084]

7.2.2.3 Kompetenzkonflikte und Lösungen

Eine konkurrierende Kompetenz besteht in der Implementierung der wettbewerbsrechtlichen Regelungen im Clayton Act, da beide Behörden für die Prüfung einzelner Fusionen von Unternehmen zuständig sind. In Anbetracht der Überlappung der Aufgaben ist ein Protokoll über die Zusammenarbeit im Bereich der Zusammenschlusskontrolle zustande gekommen, wodurch ein Informationsaustausch oder eine gemeinsame Überprüfung des DOJ, der FTC und der State Attorneys General ermöglicht wird.[1085]

Die Grundprinzipien der Aufgabenverteilung stehen wie folgt aus: Vor allem werden jeder Behörde die Zusammenschlüsse in einigen Industriesektoren zugerechnet, über die eine Behörde bereits überlegene Fachkenntnisse innehat.[1086] Verfügen die beiden über Grundwissen in einem Industriezweig, wird eine gemeinsame Ermittlung veranlasst. Dabei wird eine davon als hauptzuständiges Organ nominiert.[1087] Fällt ein Zusammenschlussvorhaben nicht ausschließlich in den Zuständigkeitsbereich einer Behörde, muss die Behörde, die zuerst vom Sachverhalt Kenntnis erlangt hat, die andere Behörde darüber informieren. Ein Verfahren wird erst eingeleitet, wenn die später informierte Behörde mit der Zuständigkeit einverstanden ist.[1088] Falls sich das DOJ und die FTC darüber nicht einigen können, müssen der Assistant Attorney General des DOJ und der Vorsitzende der FTC versuchen, ein Einverständnis miteinander zu erzielen.

7.2.3 Bewertungen und Vorschläge

Das Modell der USA bietet Aufschluss darüber, wie eine enge Zusammenarbeit in Bezug auf sich überschneidende Aufgaben und aufgrund mangelnder fester

---

1084 Yuan, Gemeinschaftsunternehmen im europäischen, amerikanischen und chinesischen Kartellrecht, S. 133.

1085 Art. 2 and Art. 3 of Protocol for Coordination in Merger Investigations between the Federal Enforcement Agencies and State Attorneys General, siehe auch in Langer/Bender, Should the Antitrust Division, the FTC, and State Attorneys General formally allocate the market for antitrust enforcement?.

1086 Muris, The FTC-DOJ Clearance Process before the Antitrust Modernization Commission, S. 9; Huber, Europäische und US-amerikanische Fusionskontrollpraxis, S. 79.

1087 Muris, The FTC-DOJ Clearance Process before the Antitrust Modernization Commission, S. 9–10; Yuan, Gemeinschaftsunternehmen im europäischen, amerikanischen und chinesischen Kartellrecht, S. 132–133.

1088 Muris, The FTC-DOJ Clearance Process before the Antitrust Modernization Commission, S. 10.

Regelungen durchzuführen ist. Es ist in China auch notwendig, eine vergleichbare Grundrichtlinie für die behördliche Zuständigkeit bezüglich der Behandlung der Gemeinschaftsunternehmen zu erlassen.

Es sind momentan folgende Probleme zu lösen: Zunächst ist zu bestimmen, welche Behörde koordinierte Effekte eines Gemeinschaftsunternehmens überprüft.[1089] In der Praxis hat das MOFCOM dies bereits im Fusionskontrollverfahren kurz analysiert.[1090] Es ist auch anzumerken, dass die Untersuchung der koordinierten Effekte eng mit der fusionskontrollrechtlichen Prüfung zusammenhängt. Eine zweite Untersuchung von der NDRC und SAIC wäre unter dem Stichwort „Förderung der Effizienz des Verfahrens" überflüssig. Betroffene Parteien können davon befreit werden, zweimal die Unterlagen vorzulegen. In diesem Sinne ist das MOFCOM für die Prüfung der koordinierten Effekte geeignet. Wie in den USA, kann gegebenenfalls ein gemeinsames Gremium, das aus dem Personal von dem MOFCOM, der SAIC bzw. der NDRC besteht, berufen werden. Dies ist darauf zurückzuführen, dass sich die SAIC und NDRC besser mit der Überwachung der wettbewerbsbeschränkenden Verhaltensweisen im Sinne der Art. 13 ff. AMG auskennen. Letztendlich muss das MOFCOM darüber entscheiden, ob ein Zusammenschluss zu genehmigen ist.

Zweitens ist fragwürdig, in welchem Prozess die Prüfung solcher Klauseln, die in der EU als Nebenabreden einzustufen sind und die an der Freistellung des Zusammenschlusses teilhaben können, stattfindet. Wie bereits dargestellt, wäre es sinnvoll, dass die Nebenabreden beim MOFCOM im fusionsrechtlichen Verfahren überprüft werden.[1091]

Die nächste Frage ist, welche Behörde für die Behandlung der bedenklichen Absprachen zuständig ist, die den Umfang der Nebenabreden überschreiten. Ein Liefervertrag zwischen Mutter- und Gemeinschaftsunternehmen könnte z. B. im Laufe der Probezeit als Nebenabrede behandelt werden, wobei dieser für die restliche Laufzeit von der SAIC oder der NDRC geprüft würde. Es ist zunächst darauf hinzuweisen, dass die am Zusammenschluss beteiligten Unternehmen von einer parallelen Überprüfung stark belastet werden könnten, weil sie im Hinblick auf eine doppelte Vorbereitung für die Unterlagen und die wiederholte Teilnahme an den Prüfprozessen mehr Zeit- und Kostenaufwand in Kauf nehmen müssten.[1092]

1089 Yuan, Gemeinschaftsunternehmen im europäischen, amerikanischen und chinesischen Kartellrecht, S. 199–200.

1090 Im Fall Corun/Toyota/PEVE/Xinzhongyuan/Toyota Tsusho, siehe in 4.4.2.2.

1091 Chu, Anti-Monopolregelungen bei Gemeinschaftsunternehmen, S. 31; Gong, Junhe Law Review 2012 Heft 2, S. 32. In der Tat hat das MOFCOM im Fall Corun/Toyota/PEVE/Xinzhongyuan/Toyota Tsusho einen Liefervertrag als Nebenabrede im fusionskontrollrechtlichen Verfahren behandelt, obwohl eine genaue Darlegung nicht in der Entscheidung erschien.

1092 Huang, Missbrauch des geistigen Eigentumsrechts im Sinne vom Anti-Monopolgesetz.

Es wäre daher sinnvoll, dass eine einzelne Behörde für die Untersuchungsarbeit nominiert wird. Vorzuschlagen ist, dass das MOFCOM die für die Gründung eines Gemeinschaftsunternehmens unmittelbaren und notwendigen Beschränkungen (hier Nebenabreden) im fusionskontrollrechtlichen Verfahren überprüfen kann. Beinhaltet die Vereinbarung noch andere Teile, die nicht als Nebenabrede einzustufen sind und wettbewerbsbeschränkende Auswirkungen haben können, muss das MOFCOM die anderen Behörden darüber informieren. Die SAIC und NDRC können an einer gemeinsamen Sitzung teilnehmen, die vom MOFCOM organisiert wird. Die Entscheidung kann letztendlich auf der Beurteilungsgrundlage der SAIC und NDRC vom MOFCOM getroffen werden.

Bei der Bildung eines allein kontrollierten Gemeinschaftsunternehmens, die nicht in den Anwendungsbereich der Fusionskontrolle fällt, müssen die NDRC und SAIC selbst eine Ermittlung einleiten, soweit dies den Wettbewerb beschränken oder eliminieren können. Hier gelten die allgemeinen Prinzipien für die Beurteilung der monopolisierenden Vereinbarungen.

Es wäre nicht zuletzt denkbar, dass die Behandlung der allgemeinen Fragen über Gemeinschaftsunternehmen beim MOFCOM anzusiedeln ist. Der Grund dafür ist, dass es sich seit Langem mit den Zusammenschlüssen bezüglich der Bildung eines Gemeinschaftsunternehmens befasst. Zur Sicherung der Gesetzesdurchsetzung kann noch die Anti-Monopolkommission, wie bereits dargestellt, die Koordinierungs- und Überwachungspflicht bezüglich etwaiger Kompetenzstreitigkeiten zwischen den drei Vollzugsbehörden wahrnehmen.[1093]

7.3 Schluss

Der Wettbewerb ist eine Antriebskraft zur andauernden Vertiefung der Wirtschaftsform und zur Fortführung der technischen Forschung. Das europäische Kartellrecht dient sicherlich als Vorbild für das jüngere AMG, wenn man auf seine lange Entwicklungsgeschichte und umfangreiche Praxis zurückblickt. Nach der Verabschiedung des AMG wird eine Vielzahl von Resonanzen als positiv bewertet. Trotz der noch zu schließenden Gesetzeslücken hat das AMG einen Meilenstein in der Reform der Wirtschaftsentwicklung gesetzt und die Weichen für die Wettbewerbsordnungen gestellt.[1094] Das chinesische Kartellrecht erstreckt sich darauf, die Marktakteure in ein Dilemma zu versetzen und sodann den Konsumenten günstige Preise anzubieten.

Die Bemühungen der Regierung zur Steigerung der Transparenz und Effizienz des Gesetzes sind spürbar. Allein im Bereich der Fusionskontrolle hat das MOFCOM die im Gesetz generell erwähnten Grundsätze konkretisiert und dazu verschiedene Leitlinien erlassen. Es ist auch zu bemerken, dass sich die chinesische

1093 Siehe in 3.3.

1094 Wang, Anti-Monopolgesetz – Meilenstein in der Reform des chinesischen Wirtschaftssystems.

Fusionskontrolle am europäischen Rechtssystem orientiert, obgleich nicht alle Regelungen in das AMG inkorporiert wurden.[1095] Es sind weitere Klärungen und Verfeinerungen an einigen entscheidenden Stellen noch zu wünschen.

Ein eigenartiges Phänomen im AMG besteht darin, dass eine Reihe von Regelungen die typisch chinesischen Besonderheiten aufweisen, die auf den politischen Erkenntnissen und Erfahrungen beruhen. Es muss aber in jeder Hinsicht sichergestellt werden, dass wettbewerbsrelevante Elemente im Mittelpunkt des AMG stehen, während die Ausnahmebedingungen unter Rückgriff auf wettbewerbsfremde Begriffe äußerst streng auszulegen sind. Hoheitliche Eingriffe in den Markt können nur ausnahmsweise zum Schutz des öffentlichen Interesses erfolgen und bedürfen einer scharfen Abgrenzung des Anwendungsbereiches, denn das Kartellrecht ist in erster Linie ein vielversprechender Ansatz in der Entwicklung der Marktwirtschaft.

Die Regierung wird im Bereich der Behandlung der Gemeinschaftsunternehmen mit großen Herausforderungen konfrontiert. Die wettbewerbliche Forschung ist im Vergleich zum entwickelten Rechtssystem der Industrieländer in mehreren Punkten nicht tiefgehend genug. Dazu muss das bestehende Wettbewerbssystem noch verbessert werden, um die Forschung der Gemeinschaftsunternehmen auf das internationale Niveau zu bringen. Die Kartellbehörden müssen sich bemühen, den Rechtsanwendern durch eine Vielzahl detaillierter Leitlinien die kartellrechtliche Praxis vorhersehbar zu machen.

1095 Ritzenhoff, GRUR Int. 2014, S. 37.

Literaturverzeichnis

AN, Jian (安建) im Auftrag von der Rechtsarbeitskommission des Ständigen Ausschusses des Nationalen Volkskongresse (全国人民代表大会常务委员会法制工作委员会), Erklärung des Antimonopolgesetzes der Volksrepublik China (中华人民共和国反垄断法释义), Peking, 1. Auflage, 2007.

Arbeitsgruppe von Report on Competition Law and Policy of China (《中国竞争法律与政策研究报告》编写组), Report on Competition Law and Policy of China 2012 (中国竞争法律与政策研究报告2012), Peking, 1. Auflage, 2012, zitiert: PCCPL/Bearbeiter.

BAETGE, Dietmar, Globalisierung des Wettbewerbsrechts: Eine internationale Wettbewerbsordnung zwischen Kartell- und Welthandelsrecht, Tübingen, 1. Auflage, 2009.

BAI, Huilin (白慧林), Analyse der Rechtsprobleme des Kontrollrechts der Holdinggesellschaft (控股公司控制权法律问题研究), Peking, 1. Auflage, 2010.

BASEDOW, Jürgen, Weltkartellrecht: Ausgangslage und Ziele, Methoden und Grenzen der internationalen Vereinheitlichung des Rechts der Wettbewerbsbeschränkungen, Tübingen, 1. Auflage, 1998.

BASEDOW, Jürgen/JUNG, Christian, Strategische Allianzen: Die Vernetzung der Weltwirtschaft durch projektbezogene Kooperation im deutschen und europäischen Wettbewerbsrecht, München, 1. Auflage, 1993.

BECHTOLD, Rainer/BOSCH, Wolfgang/BRINKER, Ingo, EU-Kartellrecht: Kommentar, München, 3. Auflage, 2014.

BECHTOLD, Stefan/JICKELI, Joachim/ROHE, Mathias (Hrsg.), Recht, Ordnung und Wettbewerb: Festschrift zum 70. Geburtstag von Wernhard Möschel, Baden-Baden, 1. Auflage, 2011, zitiert: Bechtold/Jickeli/Rohe/Bearbeiter.

Davon Hertfelder, Johannes, Die „bewirkte Wettbewerbsbeschränkung" in Art. 101 Abs. 1 AEUV und der More Economic Approach, S. 281–291.

Riesenkampff, Alexander, Vom Wettbewerbsschutz zum Verbraucherschutz?, S. 489–501.

BERGER, Klaus Peter/BORGES, Georg/HERRMANN, Harald/SCHLÜTER, Andreas/WACKERBARTH, Ulrich, Zivil- und Wirtschaftsrecht im europäischen und globalen Kontext: Festschrift für Norbert Horn zum 70. Geburtstag, Berlin, 1. Auflage, 2006, zitiert: Berger/Borges/Herrmann/Schlüter/Wackerbarth/Bearbeiter.

Davon Shen, Weixing, Die sozialistische Marktwirtschaft und das einheitliche chinesische Vertragsrecht, S. 125–142.

BESTERS, Hans (Hrsg.), Theoretische und institutionelle Grundlagen der Wirtschaftspolitik: Theodor Wessels zum 65. Geburtstag, Berlin, 1. Auflage, 1967, zitiert: Besters/Bearbeiter.

Davon Hoppmann, Erich, Workable Competition als wettbewerbspolitisches Konzept, S. 145–197.

Bork, Robert H., The Antitrust Paradox: A Policy at War with Itself, New York, 1. Auflage, 1993.

BORNKAMM, Joachim/MONTAG, Frank/SÄCKER, Franz Jürgen (Hrsg.), Münchner Kommentar: Europäisches und Deutsches Wettbewerbsrecht, München, 2. Auflage, 2015, zitiert: MüKoEuWettbR/Bearbeiter.

BRINKER, Ingo/SCHEUING, Dieter H./STOCKMANN, Kurt, Recht und Wettbewerb: Festschrift für Rainer Bechtold zum 65. Geburtstag, München, 1. Auflage, 2006, zitiert: Brinker/Scheuing/Stockmann/Bearbeiter.

Davon Baron, Michael, Das neue Kriterium „erhebliche Behinderung wirksamen Wettbewerbs" (SIEC) in der europäischen Fusionskontrolle: Anmerkungen zum Verhältnis von deutscher und europäischer Fusionskontrolle, S. 9–20.

Karl, Matthias, Prognoseentscheidungen in der Europäischen Fusionskontrolle Beweisanforderungen an die Europäische Kommission für die Untersagung von Zusammenschlussvorhaben, S. 209–227.

Schwalbe, Ulrich, Nichtkoordinierte Effekte horizontaler Zusammenschlüsse -Wirtschaftstheoretische Grundlagen und Prognose durch Simulationsmodelle, S. 465–481.

BU, Yuanshi, Chinese Business Law, München, 1. Auflage, 2010, zitiert: Bu/ Bearbeiter.

BU, Yuanshi (Hrsg.), Chinesisches Zivil- und Wirtschaftsrecht aus deutscher Sicht, Tübingen, 1. Auflage, 2008, zitiert: Bu/Bearbeiter.

Davon Ruppelt, Hans-Jürgen, Der wettbewerbspolitische Ansatz und noch offene Fragen des chinesischen Anti-Monopol-Gesetzes, S. 167–173.

BU, Yuanshi, Einführung in das Recht Chinas, München, 1. Auflage, 2009, zitiert: Bu, Einführung in das Recht Chinas.

BU, Yuanshi, Einführung in das Recht Chinas, München, 2. Auflage, 2017, zitiert: Bu, Einführung in das Recht Chinas 2017.

BÜCHEL, Bettina, Development of Joint Ventures: Conditions, Influences, Relationships, Wiesbaden, 1. Auflage, 1997.

BUNTE, Hermann-Josef (Hrsg.), Kartellrecht: Kommentar Band 1 Deutsches Kartellrecht; Band 2 Europäisches Kartellrecht, Köln, 12. Auflage, 2014, zitiert: Langen/Bunte/Bearbeiter.

BUSCHE, Jan/RÖHLING, Andreas (Hrsg.), Kölner Kommentare: Zum Unternehmens- und Gesellschaftsrecht, Band 4 VO Nr. 1/2003, FKVO (VO Nr. 139/2004), Köln, 1. Auflage, 2013, zitiert: Busche/Röhling/Bearbeiter.

CAO, Kangtai (曹康泰), Interpretation des Anti-Monopolgesetzes der Volksrepublik China - Konzeption, System, Mechanismus und Maßnahme (中华人民共和国反垄断法解读一理念、制度、机制、措施), Peking, 1. Auflage, 2007.

CHEN, Zhaoxia, Probleme der europäischen Fusionskontrolle nach der Reform der FKVO: Eine rechtsvergleichende Untersuchung der Fusionskontrolle in der EU und den USA und ihre Auswirkungen auf das chinesische Antimonopolgesetz, Hamburg, 1. Auflage, 2008.

CHENG, Jianying, Marktbeherrschende Staatsunternehmen in der Volksrepublik China: Rechtsstellung und Reform, Baden-Baden, 1. Auflage, 1993.

CHENG, Weidong (程卫东) (Hrsg.), Erforschung der chinesischen Wettbewerbsgesetzgebung und Aufschlüsse vom Rechtssystem in der Europäischen Union (中国竞争法立法探要欧盟对我们的启示), Peking, 1. Auflage, 2006, zitiert: Cheng/Bearbeiter.

Davon Zhang, Chenyang (张晨阳), Gesetzgebung des chinesischen Anti-Monopolgesetzes und Analyse der relevanten Probleme (中国反垄断立法的构想与相关问题研究), S. 14–24.

Du, Ming/Li, Hongbo (杜明/李红波), Fusionskontrolle im Rahmen des Wettbewerbsrechts der Entwicklungsländer: Analyse der Sachverhalte in China (经济转轨国家企业并购的反垄断法规制：对中国的个案研究), S. 80–100.

Xu, Guangyao/Wang, Chen (许光耀/王晨), Modernisierung des Durchführungssystems in der Europäischen Gemeinschaft: Aufschluss über den Aufbau eines chinesischen Systems (欧共体竞争法实施机制的现代化一兼论我国反垄断法实施机制的确立), S. 126–149.

COOTER, Robert B. Jr./ULEN, Thomas, Law and Economics, Harlow, 6. Auflage, 2014.

CORSTEN, Hans/Reiß, Michael (Hrsg.), Handbuch Unternehmungsführung: Konzepte, Instrumente, Schnittstellen, Wiesbaden, 1. Auflage, 1995, zitiert: Corsten/Reiß/Bearbeiter.

Davon Staudt, Erich, Joint Ventures, S. 719–731.

Posth, Martin, Joint-Venture-Management bei Volkswagen, S. 733–742.

DING, Maozhong (丁茂中), Systematische Studie der Anknüpfungspunkte der ökonomischen Effizienz an das Anti-Monopolgesetz (反垄断法与经济现象的点面透视研究), Peking, 1. Auflage, 2013.

DING, Maozhong/LIN, Zhong (丁茂中/林忠), Theorie und Praxis der Zusammenschlusskontrolle (经营者集中控制制度的理论与实务), Shanghai, 1. Auflage, 2012.

EMMERICH, Volker, Kartellrecht: Ein Studienbuch, München, 13. Auflage, 2014.

ERMISCH, Ralf, Management strategischer Kooperationen im Bereich Forschung und Entwicklung: Eine empirische Untersuchung von Technologieunternehmen in Deutschland und den USA, Wiesbaden, 1. Auflage, 2007.

Faires Handelsbüro des Staatlichen Verwaltungsamts für Industrie und Handel „SAIC"/Chinesische Institute der internationalen Rechte von Akademie für Sozialwissenschaften (Institute of International Law of Chinese Academy of Social Sciences „CASS") (国家工商行政管理总局公平交易局/中国社会科学院国际法学研究中心), Darstellung der typischen Anti-Monopolfälle und Untersuchung der Gesetzesdurchsetzung von Durchführungsorganen (反垄断典型案例及中国反垄断执法调查), Peking, 1. Auflage, 2007, zitiert: SAIC/CASS.

FENG, Jiang (冯江), Rechtspraxis der chinesischen Unternehmenszusammenschlüsse (中国企业并购的反垄断律师实务), Peking, 1. Auflage, 2012.

FETT, Torsten/SPIERING, Christoph, Handbuch Joint Venture, Heidelberg, 1. Auflage, 2010, zitiert: Fett/Spiering/Bearbeiter.

FISCHER, Doris/MÜLLER-HOFSTEDE, Christoph (Hrsg.), Länderbericht China, Bonn, 1. Auflage, 2014, zitiert: Fischer/Mülller-Hofstede/Bearbeiter.

Davon Stahl, Helga, Vom Kaiserreich zur Volksrepublik: Chinas langes 20. Jahrhundert, S. 181–220.

Ahl, Björn, Rechtswesen und Rechtsstaatsentwicklung in China, S. 289–326.

Taube, Markus, Wirtschaftliche Entwicklung und ordnungspolitischer Wandel in der Volksrepublik China seit 1949, S. 645–679.

Brink, Tobiasten, Chinesischer Kapitalismus? Unternehmen und Unternehmertum in China, S. 681–702.

Schüller, Margot, China und die Weltwirtschaft, S. 739–773.

FISCHER, Isabel Kristin, Die Partnerschaftsgesellschaft mit beschränkter Berufshaftung Rechtliche Einordnung und Haftungsverfassung unter Berücksichtigung der englischen LLP, Frankfurt am Main, 1. Auflage, 2015.

FREDEBEUL-KREIN, Markus/KOCH, Walter A.S./KULESSA, Margareta/SPUTEK, Agnes, Grundlagen der Wirtschaftspolitik, Konstanz, München, 4. Auflage, 2014, zitiert: Fredebeul-Krein/Koch/Kulessa/Sputek.

FUCHS, Hans Joachim (Hrsg.), Piraten, Fälscher und Kopierer: Strategien und Instrumente zum Schutz geistigen Eigentums in der Volksrepublik China, Wiesbaden, 1. Auflage, 2006.

GANSWEID, Wolfgang, Gemeinsame Tochtergesellschaften im deutschen Konzern- und Wettbewerbsrecht, Baden-Baden, 1. Auflage, 1976.

GAO, Wei, Rechtsprobleme des Investitionsschutzes im deutsch-chinesischen Rechtsverkehr, Berlin, 1. Auflage, 2014.

GERADIN, Damien/LAYNE-FARRAR, Anne/PETIT, Nicolas, EU Competition Law and Economics, Oxford, 1. Auflage, 2012.

GERBER, David J., Global Competition: Law, Markets and Globalization, Oxford, New York [u. a.], 1. Auflage, 2010.

GLÖCKNER, Jochen, Kartellrecht - Recht gegen Wettbewerbsbeschränkungen, Stuttgart, 1. Auflage, 2012.

GÖTHEL, Stephan R. (Hrsg.), Grenzüberschreitende M&A-Transaktionen: Unternehmenskäufe, Umstrukturierungen, Joint Ventures, SE, Köln, 4. Auflage, 2015, zitiert: Göthel/Bearbeiter.

GÖTHEL, Stephan R., Joint Ventures im internationalen Privatrecht: Ein Vergleich der Rechte Deutschlands und der USA, Heidelberg, 1. Auflage, 1999.

GRABBE, Hartwig, Nebenabreden in der europäischen Fusionskontrolle, Baden-Baden, 1. Auflage, 2000.

GUO, Guang, Rechtsfragen der Gründung und des Betriebs von Joint Ventures in der Volksrepublik China, Berlin, New York, de Gruyter, 1. Auflage, 1998.

HABERSACK, Mathias/HÜFFER, Uwe/HOMMELHOFF, Peter/SCHMIDT, Karsten, Festschrift für Peter Ulmer zum 70. Geburtstag am 2. Januar 2003, Berlin, 1. Auflage, 2003, zitiert: Habersack/Hüffer/Hommelhoff/Schmidt/Bearbeiter.

Davon Ritter, Lennart, Gemeinschaftsunternehmen - Die ewige Suche nach dem Schwerpunkt, S. 955–976.

Wiedemann, Gerhard, Die Beurteilung kooperativer Vollfunktionsgemeinschaftsunternehmen nach der EG-Fusionskontrollverordnung - Eine Zwischenbilanz zu Art. 2 Abs. 4 EG-FKVO, S. 1031–1051.

HANSCHEN, Ralf, Weiterentwicklung internationaler Joint Ventures als Gestaltungsobjekt des strategischen Managements: Konzept am Beispiel eines deutschen Automobilherstellers in China, München, Mering, 1. Auflage, 2010.

HATJE, Armin/MÜLLER-GRAFF, Peter-Christian (Hrsg.), Europäisches Wirtschaftsordnungsrecht, Baden-Baden, 1. Auflage, 2015, zitiert: Hatje/Müller-Graff/Bearbeiter.

HAY, Peter, US-Amerikanisches Recht, München, 6. Auflage, 2015.

HEILMANN, Sebastian (Hrsg.), Das politische System der Volksrepublik China, Wiesbaden, 3. Auflage, 2016, zitiert: Heilmann/Bearbeiter.

HERRMANN, Christoph/WEISS, Wolfgang/OHLER, Christoph, Welthandelsrecht, München, 2. Auflage, 2007, zitiert: Herrmann/Weiß/Ohler/Bearbeiter.

HERTFELDER, Johannes, Die consumer welfare im europäischen Wettbewerbsrecht: Eine Analyse der Rechtspraxis der Kommission und der europäischen Gerichte, Baden-Baden, 1. Auflage, 2010.

HEUSER, Robert, Einführung in die chinesische Rechtskultur, Hamburg, 1. Auflage, 1999.

HÖLTERS, Wolfgang (Hrsg.), Handbuch Unternehmenskauf, Köln, 7. Auflage, 2010, zitiert: Hölters/Bearbeiter.

HOLTBRÜGGE, Dirk/PUCK, Jonas F., Geschäftserfolg in China: Strategien für den größten Markt der Welt, Berlin, Heidelberg, 2. Auflage, 2008.

HOPPMANN, Erich, Wirtschaftsordnung und Wettbewerb, Baden-Baden, 1. Auflage, 1988.

HU, Jiaqing (胡甲庆), Ökonomische Logik im Rahmen des Anti-Monopolgesetzes (反垄断法的经济逻辑), Xiamen, 1. Auflage, 2007.

HUBER, Catrin, Europäische und US-amerikanische Fusionskontrollpraxis: Eine rechtsvergleichende Untersuchung, Hamburg, 1. Auflage, 2007.

HUBER, Ulrich/BÖRNER, Bodo, Gemeinschaftsunternehmen im deutschen und europäischen Wettbewerbsrecht, Köln, Berlin, Bonn, München, 1. Auflage, 1978, zitiert: Huber/Börner/Bearbeiter.

IMMENGA, Ulrich, Politische Instrumentalisierung des Kartellrechts?, Tübingen, 1. Auflage, 1976.

IMMENGA, Ulrich/MESTMÄCKER, Ernst-Joachim (Hrsg.), Wettbewerbsrecht: Kommentar zum Deutschen Kartellrecht, München, 5. Auflage, 2014, zitiert: Immenga/Mestmäcker/Bearbeiter.

IMMENGA, Ulrich/MESTMÄCKER, Ernst-Joachim (Hrsg.), Wettbewerbsrecht: Kommentar zum Europäischen Kartellrecht, München, 5. Auflage, 2012, zitiert: Immenga/Mestmäcker/Bearbeiter.

JAEGER, Wolfgang/KOKOTT, Juliane/POHLMANN, Petra/SCHROEDER, Dirk, Frankfurter Kommentar zum Kartellrecht: Mit Kommentierung des EU-Kartellrechts, des GWB und einer Darstellung ausländischer Kartellrechtsordnungen, Köln, 1. Auflage, aktualisiert in 2014, zitiert: Jaeger/Kokott/Pohlmann/Schroeder/Bearbeiter.

JIN, Fengliang, Aufgreifkriterien in der Fusionskontrolle: Eine rechtsvergleichende Untersuchung des europäischen (Art. 3 FKVO), deutschen (§ 37 GWB), taiwanesischen (§ 6 FHG) und festlandchinesischen (§ 20 AMG) Rechts, Frankfurt am Main, Berlin, Bern, Bruxelles, New York, Oxford, Wien, 1. Auflage, 2015.

KAPP, Thomas, Kartellrecht in der Unternehmenspraxis: Was Unternehmer und Manager wissen müssen, Wiesbaden, 2. Auflage, 2014.

KARL, Matthias, Der Zusammenschlussbegriff in der europäischen Fusionskontrollverordnung: Eine Untersuchung unter Berücksichtigung der Entscheidungspraxis der Kommission der Europäischen Gemeinschaften, Baden-Baden, 1. Auflage, 1996.

KASPERK, Garnet/WOYWODE, Michael/KALMBACH, Ralf, Erfolgreich in China: Strategien für die Automobilzulieferindustrie, Berlin, Heidelberg, New York, 1. Auflage, 2006.

KLING, Michael/THOMAS, Stefan, Kartellrecht, München, 2. Auflage, 2016.

KLUMPP, Ulrich, Die "Efficiency Defense" in der Fusionskontrolle: Eine rechtsvergleichende Untersuchung über die Berücksichtigung von Effizienzgewinnen bei der Zusammenschlusskontrolle nach deutschem, europäischem und US-amerikanischem Recht, Baden-Baden, 1. Auflage, 2006.

KOSLOWSKI, Peter/CHEN, Yuanquan (Hrsg.), Sozialistische Marktwirtschaft - Soziale Marktwirtschaft: Theorie und Ethik der Wirtschaftsordnung in China und Deutschland, Heidelberg, 1. Auflage, 1996, zitiert: Koslowski/Chen/Bearbeiter.

Davon Koslowski, Peter, Sozialistische Marktwirtschaft - Soziale Marktwirtschaft Einleitung, S. 1–7.

Yu, Zuyao, Die Marktwirtschaft und die Marktordnung in China, S. 61–69.

Watrin, Christian, Ordnungs- und wirtschaftspolitische Aspekte der Marktwirtschaft - Das Beispiel Deutschland, S. 80–97.

Wang, Xiaoye, Wettbewerbsrecht und chinesische sozialistische Marktwirtschaft, S. 107–117.

Peill-Schoeller, Patricia, Interkulturelles Management: Die Chance für Synergien in Joint Ventures in der Volksrepublik China, S. 217–242.

KRIMPHOVE, Dieter, Europäische Fusionskontrolle, Köln, Berlin, Bonn, München, 1. Auflage, 1992.

KUHN, Dieter/NING, Angelika/SHI, Hongxia, Markt China: Grundwissen zur erfolgreichen Marktöffnung, München, Wien, 1. Auflage, 2001, zitiert: Kuhn/Ning/Shi/Bearbeiter.

KUHN, Tilman, Kooperative Aspekte von Gemeinschaftsunternehmen im Europäischen Kartellrecht, Köln[u. a.], 1. Auflage, 2006.

LANGEFELD-WIRTH, Klaus (Hrsg.), Joint Ventures im internationalen Wirtschaftsverkehr Praktiken und Vertragstechniken internationaler Gemeinschaftsunternehmen, Heidelberg, 1. Auflage, 1990, zitiert: Langefeld-Wirth/Bearbeiter.

LEVY, Katja, Der Deutsch-Chinesische Rechtsstaatsdialog: Die konstruktivistische Untersuchung eines außenpolitischen Instruments, Baden-Baden, 1. Auflage, 2010.

LIU, Hong, Chinese Business: Landscapes and Strategies, Abingdon, Oxon, 1. Auflage, 2009.

LIU, Qiongna, Controlling in deutsch-chinesischen Gemeinschaftsunternehmen, Hamburg, 1. Auflage, 2009.

LIU, Wuchao (刘武朝), Studie der Auflagen und Bedingungen der fusionskontrollrechtlichen Prüfungsgenehmigung - Typ, Auswahl und Durchsetzung (经营者集中附加限制性条件制度研究—类型、选择及实施), Peking, 1. Auflage, 2014.

LIU, Ying/DENG, Ruiping (刘颖/邓瑞平), Internationales Wirtschaftsrecht (国际经济法), Peking, 1. Auflage, 2003.

LOEWENHEIM, Ulrich/MEESSEN, Karl M./RIESENKAMPFF, Alexander/KERSTING, Christian/MEYER-LINDEMANN, Hans Jürgen (Hrsg.), Kartellrecht: Kommentar, München, 3. Auflage, 2016, zitiert: Loewenheim/Meessen/Riesenkampff/Kersting/Meyer-Lindemann/Bearbeiter.

LUCKS, Kai, M&A in China: Praxisberichte und Perspektiven, Frankfurt am Main, 1. Auflage, 2006, zitiert: Lucks/Bearbeiter.

Davon Schmidkonz, Christian/Taube, Markus, M&A in China: Wirtschaftspolitischer Rahmen und perspektivische Entwicklung, S. 42–59.

Beyer von Morgenstern, Ingo/Albrecht, Stefan, Die Kunst der Kandidatenkür - Erfolgsfaktoren von Fusionen und Übernahmen in China, S. 76–89.

Büttner, Winfried, Intellectual Property bei M&A - Vorhaben in China, S. 90–102.

Friedrich, Roman/Tse, Edward, Joint Venture oder Alleingang? - Die richtige Strategie für das China-Geschäft, S. 129–137.

Schröder, Barthel, Markenpolitik und Joint-Venture-Strukturen von VW in China, S. 212–220.

LUO, Yadong, Guanxi and Business, Singapore, 2. Auflage, 2007.

MÄGER, Thorsten (Hrsg.), Europäisches Kartellrecht, zitiert: Mäger/Bearbeiter, Baden-Baden, 2. Auflage, 2011.

MAIER, Tobias, Das Lauterkeitsrecht in der Bundesrepublik Deutschland im Vergleich zur Rechtslage in der VR China, Baden-Baden, 1. Auflage, 2009.

MASSELI, Markus, Handbuch chinesische Fusionskontrolle, Berlin, Heidelberg, 1. Auflage, 2011.

MEHLER, Ulrich, Fusionskontrolle und Transnationalisierung: Eine rechtsvergleichende Betrachtung der Zusammenschlußkontrolle in der Europäischen Union und den U.S.A und ihrer Instrumentalisierung im Zeitalter grenzüberschreitender Unternehmenszusammenschlüsse, Hamburg, 1. Auflage, 2002.

MELLEWIGT, Thomas, Management von Strategischen Kooperationen: Eine ressourcenorientierte Untersuchung in der Telekommunikationsbranche, Wiesbaden, 1. Auflage, 2003.

MENG, Yanbei (孟雁北), Anti-Monopolgesetz (反垄断法), Peking, 1. Auflage, 2011.

MESENBRINK, Lars, Das Antimonopolgesetz der VR China im Spannungsfeld zwischen Politik und Wettbewerbsrecht: Eine Untersuchung am Beispiel des Kartellverbots und der Fusionskontrolle, Baden-Baden, 1. Auflage, 2010.

MESTMÄCKER, Ernst-Joachim, Recht und ökonomisches Gesetz: Über die Grenzen von Staat, Gesellschaft und Privatautonomie, Baden-Baden, 2. Auflage, 1984.

MESTMÄCKER, Ernst-Joachim/BLAISE, Jean-Bernard/DONALDSON, David T., Gemeinschaftsunternehmen (Joint venture - Filiale commune) im Konzern- und Kartellrecht, Frankfurt am Main, 1. Auflage, 1979, zitiert: Mestmäcker/ Blaise/Donaldson/Bearbeiter.

MESTMÄCKER, Ernst-Joachim/SCHWEITZER, Heike, Europäisches Wettbewerbsrecht, München, 3. Auflage, 2014.

MEYER, Fritjof, Nach dem Sturm erhebt sich der gebeugte Bambus: China im Umbruch, München, 1. Auflage, 1987.

MISCHE, Harald, Nicht-wettbewerbliche Faktoren in der europäischen Fusionskontrolle: Wettbewerbspolitik zwischen Schutzpolitik und Gestaltung, Baden-Baden, 1. Auflage, 2002.

MÖLLER, Silke, Verbraucherbegriff und Verbraucherwohlfahrt im europäischen und amerikanischen Kartellrecht, Baden-Baden, 1. Auflage, 2008.

MOHR, Alexander T., Erfolg deutsch-chinesischer Joint Ventures: Eine qualitative und quantitative Analyse, Frankfurt am Main, Berlin, Bern, Bruxelles, New York, Oxford, Wien, 1. Auflage, 2002.

MOTTA, Massimo, Competition Policy: Theory and Practice, Cambridge, New York, Melbourne, Madrid, Cape Town, Singapore, São Paulo, 1. Auflage, 2004.

MÜNZEL, Frank, Konzerne des Ostens: Gesellschaftsrecht zwischen Plan und Markt, Baden-Baden, 1. Auflage, 1991, zitiert: Münzel/Bearbeiter.

Davon Jiang, Ping/Zhang, Peilin/Mi, Jian, Recht und Praxis der chinesischen Unternehmensgruppen - Der gegenwärtige Stand, S. 15–30, übersetzt von Münzel.

Wang, Baoshu, Unternehmensverbindungen und das Verbot von Monopolen, S. 57–71, übersetzt von Münzel.

NEUMANN, Manfred, Wettbewerbspolitik: Geschichte, Theorie und Praxis, Wiesbaden, 1. Auflage, 2000.

NIPPA, Michael (Hrsg.), Markterfolg in China: Erfahrungsberichte und Rahmenbedingungen, Heidelberg, 1. Auflage, 2004, zitiert: Nippa/Bearbeiter.

Davon Werner, Lutz, Die aktuelle Wirtschaftslage in China und die deutsch-chinesischen Wirtschaftsbeziehungen, S. 3–27.

Taube, Markus, China als Ziel deutscher Direktinvestitionen: Gesamtwirtschaftliche Rahmenbedingungen und operative Herausforderung, S. 29–48.

Reden, Kerstin/Fischer, Ulrich A./Junkes, Joachim, Risikoanalyse und präventives Risikomanagement im Chinageschäft - Erfahrungen, Probleme und Erfolge beim Markteintritt, S. 87–105.

Nippa, Michael/Klossek, Andreas, Erfolgsfaktoren internationaler Joint Venture in China - Ein praxisorientierter Review wissenschaftlicher Ergebnisse, S. 107–134.

OMAN, Charles, New Forms of International Investment in Developing Countries, Paris, 1. Auflage, 1984.

OPPERMANN, Thomas/CLASSEN, Claus Dieter/NETTESHEIM, Martin, Europarecht: Ein Studienbuch, München, 6. Auflage, 2014, zitiert: Oppermann/Classen/Nettesheim/Bearbeiter.

PEARSON, Margaret M., Joint Ventures in the People's Republic of China: The Control of Foreign Direct Investment under Socialism, Princeton, 1. Auflage, 1991.

PICOT, Gerhard (Hrsg.), Unternehmenskauf und Restrukturierung: Handbuch zum Wirtschaftsrecht, München, 4. Auflage, 2013, zitiert: Picot/Bearbeiter.

POHLMANN, Petra, Der Unternehmensverbund im europäischen Kartellrecht, Berlin, 1. Auflage, 1999.

Professional Committee on Competition Policy and Law (PCCPL) of China Society for World Trade Organization Studies (CWTO) (中国世界贸易组织研究会竞争政策与法律专业委员会), Report on Competition Law and Policy of China 2010 (中国竞争法律与政策研究报告2010), Peking, 1. Auflage, 2010, zitiert: PCCPL/Bearbeiter.

Professional Committee on Competition Policy and Law (PCCPL) of China Society for World Trade Organization Studies (CWTO) (中国世界贸易组织研究会竞争政策与法律专业委员会), Report on Competition Law and Policy of China 2011 (中国竞争法律与政策研究报告2011), Peking, 1. Auflage, 2012, zitiert: PCCPL/Bearbeiter.

Professional Committee on Competition Policy and Law (PCCPL) of China Society for World Trade Organization Studies (CWTO) (中国世界贸易组织研究会竞争政策与法律专业委员会), Report on Competition Law and Policy of China 2013 (中国竞争法律与政策研究报告2013), Peking, 1. Auflage, 2013, zitiert: PCCPL/Bearbeiter.

Professional Committee on Competition Policy and Law (PCCPL) of China Society for World Trade Organization Studies (CWTO) (中国世界贸易组织研究会竞争政策与法律专业委员会), Report on Competition Law and Policy of China 2014 (中国竞争法律与政策研究报告2014), Peking, 1. Auflage, 2014, zitiert: PCCPL/Bearbeiter.

QIN, Zhengwei (秦正为), Neue Theorien über Sozialismus mit chinesischer Prägung (中国特色社会主义新论), Peking, 1. Auflage, 2012.

RANFT, Michael-Florian/SCHEWE, Christoph, Chinesisches Wirtschaftsrecht: Einführung für Unternehmer und deren Rechtsberater, Baden-Baden, 1. Auflage, 2006, zitiert: Ranft/Schewe/Bearbeiter.

Davon Koch, Bernd/Fromm, Buse Heberer, Gesellschaftsrechtliche Rahmenbedingungen für Investitionen, S. 95–102.

Jüngst, Oliver Jan/Wu, Zhen, Gewerblicher Rechtsschutz im neuen China, S. 135–142.

Rechtszentrum des Rechtsverlags (法律出版社法规中心), Kommentare des Anti-Monopolgesetzes (中华人民共和国反垄断法注释本), Peking, 1. Auflage, 2008.

REISER, Wolfgang, Joint Ventures in der europäischen Fusionskontrolle, Linz, 1. Auflage, 2002.

RITTNER, Fritz/DREHER, Meinrad/KULKA, Michael, Wettbewerbs- und Kartellrecht: Eine systematische Darstellung des deutschen und europäischen Rechts, Heidelberg, München, Landsberg, Frechen, Hamburg, 8. Auflage, 2014.

ROSENTHAL, Michael/THOMAS, Stefan, European Merger Control, München, 1. Auflage, 2010.

RUPPEL, Nicole, Deutsche Unternehmen in China: Chancen und Risiken unter Berücksichtigung der Produkt- und Markenpiraterie, Hamburg, 1. Auflage, 2007.

SCHMIDT, Ingo, Wettbewerbspolitik und Kartellrecht: Eine interdisziplinäre Einführung, München, 9. Auflage, 2012.

SCHRÖTER, Helmuth/JAKOB, Thinam/KLOTZ, Robert/MEDERER, Wolfgang (Hrsg.), Europäisches Wettbewerbsrecht: Großkommentar, Baden-Baden, 2. Auflage, 2014, zitiert: Schröter/Jakob/Klotz/Mederer/Bearbeiter.

SCHULTE, Josef Lothar (Hrsg.), Handbuch Fusionskontrolle, München, 1. Auflage, 2005, zitiert: Schulte/Bearbeiter.

SCHULTE, Josef L./JUST, Christoph (Hrsg.), Kartellrecht: GWB, Kartellvergaberecht, EU-Kartellrecht: Kommentar, Köln, 1. Auflage, 2012, zitiert: Schulte/Just/Bearbeiter.

SCHULTE, Knut/SCHWINDT, Karl-Heinz/KUHN, Christian, Joint Ventures: Nationale und internationale Gemeinschaftsunternehmen, München, 1. Auflage, 2009.

SCHULTE, Norbert/POHL, Dirk, Joint-Venture-Gesellschaften, Köln, 3. Auflage, 2012.

SCHWALBE, Ulrich/ZIMMER, Daniel, Kartellrecht und Ökonomie: Moderne ökonomische Ansätze in der europäischen und deutschen Zusammenschlusskontrolle, Frankfurt am Main, 1. Auflage, 2006.

SHANG, Ming (尚明) im Auftrag von Department Treaty and Law of MOFCOM (商务部条法司), Erkundung nach Rechtssystem für die

Zusammenschlusskontrolle in China (中国企业并购反垄断审查相关法律制度研究), Peking, 1. Auflage, 2008.

SHANG, Ming (尚明) im Auftrag von Department Treaty and Law of MOFCOM (商务部条法司), Theorien über Anti-Monopolgesetz und Analyse über chinesische und ausländische Fälle (反垄断法理论与中外案例评析), Peking, 1. Auflage, 2008.

SHAO, Jiandong/FANG, Xiaomin/WANG, Bing/TANG, Jinwei (邵建东/方小敏/王炳/唐晋伟), Wettbewerbsrecht (竞争法学), Peking, 1. Auflage, 2009.

SHI, Jiansan (史建三) (Hrsg.), China M&A Law Report (中国并购法报告 2008), Peking, 1. Auflage, 2008, zitiert: Shi/Bearbeiter.

SHI, Jianzhong (时建中), Anti-Monopolgesetz - Gesetzesauslegung und Erkundung nach Theorien (反垄断法一法典释评与学理探源), Peking, 1. Auflage, 2008.

SHI, Jichun/WANG, Ying/WANG, Lei/ZU, Tao (史际春/王莹/王蕾/俎涛), Auslegung und Anwendung des Anti-Monopolgesetzes (反垄断法理解与适用), Peking, 1. Auflage, 2007.

SHI, Tiantao (施天涛), Gesellschaftsrecht (公司法), Peking, 2. Auflage, 2006.

SIEREN, Frank, Der China-Code: Wie das boomende Reich der Mitte Deutschland verändert, Berlin, 1. Auflage, 2006.

SULLIVAN, Lawrence A./GRIMES, Warren S., The Law of Antitrust: An Integrated Handbook, St. Paul, 1. Auflage, 2000.

SUN, Jin (孙晋), Anti-Monopolgesetz - Rechtssystem und -theorien (反垄断法一制度与原理), Wuhan, 1. Auflage, 2010.

SUN, Xiaomin (孙效敏), Untersuchung nach unternehmerischen Problemen im Zuge der ausländischen Akquisitionen (外资并购国有企业法律问题研究), Peking, 1. Auflage, 2007.

STOBER, Rolf/PASCHKE, Marian (Hrsg.), Deutsches und Internationales Wirtschaftsrecht: Grundzüge des Wirtschaftsprivat-, Wirtschaftsverwaltungs- und Wirtschaftsstrafrechts, Stuttgart, 2. Auflage, 2012, zitiert: Stober/Paschke/Bearbeiter.

TERHECHTE, Jörg Philipp (Hrsg.), Internationales Kartell- und Fusionskontrollverfahrensrecht: Handbuch, Bielefeld, 1. Auflage, 2008, zitiert: Terhechte/Bearbeiter.

TIETJE, Christian (Hrsg.), Internationales Wirtschaftsrecht, Berlin, Boston, 2. Auflage, 2015, zitiert: Tietje/Bearbeiter.

ULSHÖFER, Matthias, Kontrollerwerb in der Fusionskontrolle: Eine Untersuchung im europäischen, deutschen und US-amerikanischen Fusionskontrollrecht, Baden-Baden, 1. Auflage, 2003.

VAN BAEL, Ivo/BELLIS, Jean-François, Competition Law of the European Community, Hague, 4. Auflage, 2005.

WAGNER, Peer Philip (Hrsg.), Das Wettbewerbsverbot im Verbands- und Kartellrecht: Eine rechtsformübergreifende Untersuchung unter besonderer Berücksichtigung von Gemeinschaftsunternehmen, Frankfurt am Main, 1. Auflage, 2014.

WANG, Xianlin (王先林), Heiße Fragen im Hinblick auf die Durchführung des Anti-Monopolgesetzes (中国反垄断法实施热点问题研究), Peking, 1. Auflage, 2011.

WANG, Xianlin (王先林), Wettbewerbsrecht (竞争法学), Peking, 2. Auflage, 2015, zitiert: Wang, Wettbewerbsrecht 2015.

WANG, Xiaoye (王晓晔) (Hrsg.), Abgrenzung des relevanten Marktes im Anti-Monopolgesetz (反垄断法中的相关市场界定), Peking, 1. Auflage, 2014, zitiert: Wang/Bearbeiter.

Davon Wang, Xiaoru/Li, Weiye (王晓茹/李薇叶), Ökonomische Analyse in horizontalen Zusammenschlüssen: Relevanter Markt, Konzentrationshöhe des Marktes sowie GUPPI (Gross Upward Pricing Pressure Index) (横向并购的经济分析：相关市场、市场集中度和综合涨价压力指数(GUPPI)), S. 71–81.

WANG, Xiaoye (王晓晔), Auslegung zum Antimonopolgesetz der Volksrepublik China (中华人民共和国反垄断法详解), Peking, 1. Auflage, 2008.

WANG, Xiaoye (王晓晔) (Hrsg.), Ausschlaggebende Probleme in Bezug auf die Durchführung des Anti-Monopolgesetzes (反垄断法实施中的重大问题), Peking, 1. Auflage, 2010, zitiert: Wang/Bearbeiter.

Davon Fang, Xiaomin (方小敏), Studie nach Kontrollrecht in der Fusionskontrolle (中国经营者集中控制若干问题研究), S. 257–270.

Yang, Dong/Zhou, Xin (杨东/周鑫), Abhilfemaßnahmen im Rahmen der Fusionskontrolle (我国经营者集中控制的救济措施), S. 271–289.

Wang, Xiaoye/Wu, Yuling (王晓晔/吴玉岭), Studie nach wettbewerblichen Problemen bezüglich des geistigen Eigentumsrechts (与知识产权相关的限制竞争问题研究), S. 469–544.

WANG, Xiaoye (王晓晔) (Hrsg.), Heiße Fragen über Antimonopolgesetzgebung (反垄断立法热点问题), Peking, 1. Auflage, 2007, zitiert: Wang/Bearbeiter.

Davon Wang, Jian/Zhu, Hongwen (王健/朱宏文), Analyse der Freigabe der Exportkartelle: Wie kann China mit Exportkartellen umgehen? (出口卡特尔豁免的理性分析一中国反垄断法应如何对待出口卡特尔), S. 41–61.

Wang, Xiaoye (王晓晔), Auslegung der Fusionskontrolle im Rahmen des Anti-Monopolgesetzes (中国反垄断法中"经营者集中的评析"), S. 94–111.

WANG, Xiaoye (王晓晔), Lehrbuch zum Antimonopolgesetz von Xiaoye Wang (王晓晔论反垄断法), Peking, 1. Auflage, 2010.

WANG, Xiaoye, Monopole und Wettbewerb in der chinesischen Wirtschaft: Eine kartellrechtliche Untersuchung unter Berücksichtigung der

US-amerikanischen und deutschen Erfahrungen bei der Fusionskontrolle, Tübingen, 1. Auflage, 1993.

WANG, Xiaoye (王晓晔), Wettbewerbsrecht (竞争法学), Peking, 1. Auflage, 2007.

WERTENBRUCH, Johannes, Die Rechtsfolgen der Doppelkontrolle von Gemeinschaftsunternehmen nach dem GWB, Köln, Berlin, Bonn, München, 1. Auflage, 1990.

WIEDEMANN, Gerhard, Gemeinschaftsunternehmen im deutschen Kartellrecht, Heidelberg, 1. Auflage, 1981.

WIEDEMANN, Gerhard (Hrsg.), Handbuch des Kartellrechts, München, 2. Auflage, 2008, zitiert: Wiedemann/Bearbeiter 2008.

WIEDEMANN, Gerhard (Hrsg.), Handbuch des Kartellrechts, München, 3. Auflage, 2016, zitiert: Wiedemann/Bearbeiter 2016.

WIENKE, Rainer, Die Besteuerung von Joint Ventures: Vergangenheit, Gegenwart und Zukunft der steuerlichen Behandlung von Gemeinschaftsunternehmen und ihren Gesellschaftern, München, 1. Auflage, 2009.

Wirtschaftsrechtsbüro der Rechtsarbeitskommission des Ständigen Ausschusses des Nationalen Volkskongresses (全国人大常委会法制工作委员会经济法室), Erklärung der Gesetzesnormen, Gesetzgebungsgründung und der relevanten Regelungen des Anti-Monopolgesetzes (中华人民共和国反垄断法条文说明、立法理由及相关规定), Peking, 1. Auflage, 2007.

Wirtschaftsrechtsbüro und Forschungsbüro der Rechtsarbeitskommission des Ständigen Ausschusses des Nationalen Volkskongresses (全国人大常委会法制工作委员会经济法室与研究室), Fragen und Antworten des Anti-Monopolgesetzes der Volksrepublik China (《中华人民共和国反垄断法》学习问答), Peking, 1. Auflage, 2012.

WRASE, Silvelyn, Europäische Fusionskontrolle: Der Oligopoltatbestand unter besonderer Berücksichtigung der unilateralen Effekte, Baden-Baden, 1. Auflage, 2007.

WU, Gaosheng (吴高盛), Auslegung zum Anti-Monopolgesetz der Volksrepublik China (中华人民共和国反垄断法释义), Peking, 1. Auflage, 2007.

WU, Zhenguo/LIU, Xinyu (吴振国/刘新宇), Unternehmenszusammenschlüsse im Rahmen des Wettbewerbsrechts: Theorie und Praxis (企业并购反垄断审查制度之理论与实践), Peking, 1. Auflage, 2012.

XIAO, Zhu (肖竹), Wettbewerbspolitik und Regierungskontrolle - Beziehung, Koordinierung und Aufbau des Wettbewerbssystems (竞争政策与政府规制—关系、协调及竞争法的制度构建), Peking, 1. Auflage, 2009.

YANG, Wei, Control Mechanisms in Sino-German Joint Ventures: An Investigation on Boards of Directors, Top Management Compensation and Career Development, Aachen, 1. Auflage, 2011.

YE, Jun/BAO, Zhi (叶军/鲍治), Rechtliche Analyse der ausländischen Fusion und Übernahme der chinesischen Unternehmen (外资并购境内企业的法律分析), Peking, 2. Auflage, 2008.

YE, Weiping (叶卫平), Analyse der Werte des Anti-Monopolgesetzes (反垄断法价值问题研究), Peking, 1. Auflage, 2012.

YU, Ji (于吉), Fragen und Antworten zum Anti-Monopolgesetz (《反垄断法》问题解答), Peking, 1. Auflage, 2007.

YUAN, Jia, Gemeinschaftsunternehmen im europäischen, amerikanischen und chinesischen Kartellrecht, Hamburg, 1. Auflage, 2012.

ZHANG, Qiong (张穹), Forschung nach Antimonopoltheorien (反垄断理论研究), Peking, 1. Auflage, 2007.

ZHOU, Wanli, Abhilfemaßnahmen in der Fusionskontrolle und Ausgleichsmaßnahmen in der Banken- Beihilfenkontrolle: Eine rechtliche und ökonomische Betrachtung, Wiesbaden, 1. Auflage, 2014.

ZINZIUS, Birgit, China Business: Der Ratgeber zur erfolgreichen Unternehmensführung im Reich der Mitte, Berlin, Heidelberg, New York, 2. Auflage, 2006.

ZINZIUS, Birgit, China-Handbuch für Manager: Kultur, Verhalten und Arbeiten im Reich der Mitte, Berlin, Heidelberg, 1. Auflage, 2007.

ZÜNDORF, Horst, Quotenkonsolidierung versus Equity-Methode: Zur Einbeziehung von Gemeinschaftsunternehmen in den Konzernabschluß nach neuem Konzernbilanzrecht, Stuttgart, 1. Auflage, 1987.

Zeitschriftenverzeichnis

ALFTER, Mette, Untersagungskriterien in der Fusionskontrolle: SLC-Test versus Marktbeherrschende Stellung - Eine Frage der Semantik?, WuW 2003, S. 20–28.

AUF'MKOLK, Hendrik, Der reformierte Rechtsrahmen der EU-Kommission für Vereinbarungen über horizontale Zusammenarbeit, WuW 2011, S. 699–712.

BAI, Xiugui (白秀贵), Studie nach dem Aufbau des Mechanismus im Rahmen des chinesischen Anti-Monopolgesetzes (构建我国反垄断法律机制研究), Hebei Law Science (河北法学) 2005 Heft 2, S. 130–137.

BARTH, Christoph/BUDDE, Stefanie, Die Implementierung des SIEC-Tests im GWB und ihre Folgen für die nationale Fusionskontrolle, BB 2011 Teil 1, S. 1859–1866; Teil 2, S. 1923–1930.

BECHTOLD, Rainer, Die Entwicklung des deutschen Kartellrechts, NJW 2009, S. 3699–3706.

BECHTOLD, Rainer, Zu den pressespezifischen Änderungen der 8. GWB-Novelle, ZWeR 2013, S. 387–401.

BESEN, Marc/SLOBODENJUK, Dimitri, Die neue Gruppenfreistellungsverordnung für Forschungs- und Entwicklungsvereinbarungen, GRUR 2011, S. 300–306.

BIN, Xuehua/HE, Qiang (宾雪花/何强), Drei Hinweise von US-amerikanischen industriellen Strategien für China (美国产业政策立法及对中国的三启示), Law Science Magazine (法学杂志) 2013 Heft 8, S. 98–107.

BISCHKE, Alf-Henrik/BRACK, Sebastian, Neues chinesisches Kartellrecht: Untersagung der Übernahme der China Huiyuan Juice Group Ltd. durch Coca-Cola, NZG 2009, S. 541.

BÖGE, Ulf, Muss die EU zum SLC-Test wechseln?, WuW 2002, S. 825.

BÖGE, Ulf, Reform der Europäischen Fusionskontrolle, WuW 2004, S. 138–148.

BÖNI, Franz/Wassmer, Alex, Gemeinschaftsunternehmen - Black Box für Kartellabsprachen?, WuW 2014, S. 681–690.

BU, Qingxiu, Anheuser-Busch/InBev: The legal implication under the AML 2008, E.C.L.R. 2010, S. 239–247.

BURGSTALLER, Markus, Marktbeherrschung oder "Substantial Lessening of Competition"? Zugleich ein Beitrag zur Reform des materiellen Europäischen Fusionskontrollrechts, WuW 2003, S. 726–738.

CAI, Gaoqiang/YANG, Luchang (蔡高强/杨璐畅), Gedanken im Übernahmefall Coca-Cola - Huiyuan (可口可乐并购汇源的法律思考), Public Administration & Law (行政与法) 2009 Heft 4, S. 63–65.

CAI, Yongwei (蔡永为), Schwerpunkte und Aufbau des Systems für Gemeinschaftsunternehmen im Rahmen des Anti-Monopolgesetzes (合营企业反垄断法规制的难点及其体系构建), Modern Finance & Economics (现代财经) 2010 Heft 1, S. 92–97.

CAO, Bo (曹博), Analyse der Verwaltungsmonopole im Rahmen des Anti-Monopolgesetzes (行政垄断的反垄断法规制探析), Social Sciences Review (社科纵横) 2016 Heft 2, S. 110–113.

CAO, Yuefeng (曹岳峰), Praxis der Zusammenschlusskontrolle in China (浅论经营者集中反垄断审查制度在我国的实践), Manager' Journal (经营管理者) 2014 Heft 3, S. 241.

CHEN, Yuxiang (陈玉祥), Forschung der Prüfungskriterien der Zusammenschlusskontrolle (经营者集中审查标准研究), Legal & Economy (法制与经济) 2008 Heft 11, S. 116–117, S. 119.

CHRISTIANSEN, Arndt, Die „Ökonomisierung" der EU-Fusionskontrolle: Mehr Kosten als Nutzen?, WuW 2005, S. 285–293.

DENG, Feng (邓峰), Leitung, Hebel und Feststellung der Position des Anti-Monopolgesetzes: Fallbeispiel von Coca-Cola und Huiyuan (传导、杠杆与中国反垄断法的定位－以可口可乐并购汇源反垄断法审查案为例), China Legal Science (中国法学) 2011 Heft 1, S. 179–190.

DING, Ding/PAN, Fangfang (丁丁/潘方方), Analyse und Vorschlag der Staatssicherheitsprüfung bei ausländischen Fusionen und Übernahmen (对我国的外资并购国家安全审查制度的分析及建议), Contemporary Law Review (当代法学) 2012 Heft 3, S. 131–138.

DING, Maozhong (丁茂中), Schwachpunkte über Kontrollkriterien in der Fusionskontrolle (论我国经营者集中控制标准的立法不足), Northern Legal Science (北方法学) 2008 Heft 3, S. 78–85.

DING, Maozhong (丁茂中), Veräußerung des Geschäftsvermögens in der Zusammenschlusskontrolle (经营者集中控制制度中的资产剥离机制), Exploration and Free Views (探索与争鸣) 2010 Heft 12, S. 63–65.

DONG, Xinkai (董新凯), Durchsetzung des Anti-Monopolgesetzes aus der Perspektive des strategischen Schutzes des geistigen Eigentumsrechts (国家知识产权战略视角下的反垄断法实施), Jiangsu Social Sciences (江苏社会科学) 2013 Heft 4, S. 132–137.

EMCH, Adrian, Antitrust in China - The brighter sports, E.C.L.R. 2011, S. 132–138.

EMCH, Adrian, Das chinesische Antimonopolgesetz in der Praxis, SIC! 2009, S. 905–915.

FANG, Xiaomin, Die Kontrolle von Zusammenschlüssen im chinesischen Antimonopolgesetz, ZWeR 2008, S. 385–411.

FIEDLER, Patrick, EG-Kommission erleichtert Voraussetzungen für Sanierungsfusionen, EuZW 2001, S. 585–589.

FIKENTSCHER, Wolfgang, Die Rolle von Markt und Wettbewerb in der sozialistischen Marktwirtschaft der Volksrepublik China: Kulturspezifisches Wirtschaftsrecht, GRUR Int. 1993, S. 901–910.

FRITZSCHE, Alexander, Die neuen Regeln über horizontale Kooperation im europäischen Wettbewerbsrecht, EuZW 2011, S. 208–213.

FURSE, Mark, Competition Law Choice in China, World Competition 2006, S. 323–340.

FURSE, Mark, Merger Control in China: Four and a Half Years of Practice and Enforcement – A Critical Analysis, World Competition 2013, S. 285–313.

FURSE, Mark, Merger Control in China: The first year of enforcement, E.C.L.R. 2010, S. 98–105.

GE, Ran (葛冉), Erste Diskussion über Anti-Monopolgesetz und sozialistische Marktwirtschaft (浅议反垄断法与社会主义市场经济), Modern Business (现代商业) 2008 Heft 18, S. 275.

GOLL, Hans, Verbraucherschutz im Kartellrecht, GRUR 1976, S. 486–495.

GONG, Xiaojuan (龚小娟), Prozessuale Probleme bei Unternehmenszusammenschlüssen im Anti-Monopolgesetz (我国《反垄断法》中的经营者集中的程序性问题), Business China (中国商界) 2009 Heft 6, S. 256.

GONG, Xin (龚忻), Analyse der Unternehmenszusammenschlusskontrolle im Rahmen des Anti-Monopolgesetzes vom „Huiyuan-Übernahme-Fall" (从„汇源收购"案看《反垄断法》中经营者集中的控制), Legal System and Society (法制与社会) 2009 Heft 30, S. 264.

GUTERMUTH, Axel, Der neue Kartellrechtsrahmen für Forschungs- und Entwicklungsvereinbarungen, WuW 2012, S. 237–248.

HAN, Huiying (韩慧莹), Vergleichende Analyse der strukturellen und verhaltensrelevanten Abhilfemaßnahmen (结构性与行为性救济措施的比较分析), Social Sciences in Xinjiang (新疆社会科学) 2014 Heft 3, S. 112–115.

HAN, Wei (韩伟), Erklärung der Zwecke der Zusammenschlüsse: Aus der extraterritorialen Perspektive (合并救济目的之厘清－基于域外视角的考察), Journal of Wuling (武陵学刊) 2011 Heft 4, S. 89–94.

HIPPE, Markus, Zum Entwurf eines chinesischen Antimonopolgesetzes, ZChinR 2006, S. 347–364.

HIRSBRUNNER, Simon, Die Entwicklung der europäischen Fusionskontrolle im Jahr 2012, EuZW 2012, S. 657–661.

HIRSBRUNNER, Simon, Neue Entwicklungen der Europäischen Fusionskontrolle, EuZW 2009, S. 239–246.

HOU, Pu (侯普), Diskussion über Anti-Monopolregelungen in Bezug auf Missbrauch des geistigen Eigentumsrechts (刍议知识产权滥用的反垄断规制), Legality Vision (法制博览) 2016 Heft 7, S. 135–136.

HU, Dong (胡东), Abhilfemaßnahmen in der Prüfungsbewertung der Unternehmenszusammenschlüsse (经营者集中反垄断评估中的救济措施), Price: Theory & Practice (价格理论与实践) 2008 Heft 7, S. 63–64.

HU, Jian (胡健), Auslegung der Gesetzgebung der Zusammenschlusskontrolle im Anti-Monopolgesetz (反垄断法中„经营者集中"的立法解读), Anhui University Law Review (安徽大学法律评论) 2008 Heft 1, S. 41–55.

HUANG, Yong, Pursuing the Second Best: The History, Momentum, and Remaining Issues of China's Anti-Monopoly Law, Antitrust Law Journal 2008, S. 117–131.

HUANG, Yong (黄勇), Überwachung und Anti-Monopol (管制与反垄断), For the Public Good (南风窗) 2008 Heft 9, S. 36–37.

HUANG, Yong/JIANG, Tao (黄勇/蒋涛), Regelungen über nicht-horizontale Unternehmenszusammenschlüsse – Ausgehend von Leitlinien zur Bewertung nicht-horizontaler Zusammenschlüsse in der EU (非横向企业合并的反垄断规制一以欧盟 《非横向合并指南 》为基础展开), Tsinghua Law Review (清华法学) 2009 Heft 2, S. 147–159.

HUERKAMP, Florian, Änderung der Tätigkeit des Gemeinschaftsunternehmens, WuW 2010, S. 1118–1128.

HUO, Ruijing (霍锐景), Analyse der Maßnahmen zur Detaillierung der Kontrolle im Anti-Monopolgesetz (浅析《反垄断法》经营者集中控制规则的细化措施), Chinese High-Tech Enterprises (中国高新技术企业) 2009 Heft 2, S. 175–176.

IMMENGA, Ulrich, Das Recht horizontaler und vertikaler Wettbewerbsbeschränkungen im Entwurf des chinesischen Wettbewerbsgesetzes (AML), RIW 2007, S. 664–668.

IMMENGA, Ulrich, Ökonomie und Recht in der europäischen Wettbewerbspolitik, ZWeR 2006, S. 346–365.

JIANG, Shan/HUANG, Yong (江山/黄勇), Darstellung der Zusammenschlusskontrolle bei Gemeinschaftsunternehmen (论中国企业联营的经营者集中控制), Law Science Magazine (法学杂志) 2012 Heft 10, S. 144–149.

JIANG, Xuande (江选德), Gedanken über Zusammenschlussfall Coca-Cola – Huiyuan im Rahmen des Anti-Monopolgesetzes (可口可乐收购汇源的法律思考一以反垄断法为视角), Legal System and Society (法制与社会) 2009 Heft 9, S. 132.

JIANG, Xuehua (蒋雪华), Forschung nach Effizienzgewinnen im Hinblick auf strukturelle und verhaltensbezogene Abhilfemaßnahmen (经营者集中结构性救济与行为性救济的效率探析), Journal of Chengdu University of Technology (Social Sciences) (成都理工大学学报社会科学版) 2015 Heft 4, S. 46–50.

JIANG, Zhongyou (江中游), Reform der Staatsunternehmen und Anwendung des Anti-Monopolgesetzes (论国有企业的改革与反垄断法的适用), Journal of Graduate School of Chinese Academy of Social Sciences (中国社会科学院研究生院学报) 2009 Heft 4, S. 68–76.

JIAO, Haitao (焦海涛), Abgrenzungskriterien des Unternehmensbegriffs unter Anti-Monopolgesetz (论《反垄断法》中经营者的认定标准), Oriental Law (东方法学) 2008 Heft 5, S. 146–153.

JIN, Shanming (金善明), Auslegung der Verwaltungsmonopole: Überlegung und Verbesserung (反垄断行政解释的反思与完善), Science of Law (Journal of Northwest University) (法律科学西北政法大学学报) 2014 Heft 1, S. 80–88.

JIN, Shanming (金善明), Logische Voraussetzungen für die Durchsetzung des Anti-Monopolgesetzes: Interpretation und Überlegung (反垄断法实施的逻辑前提：解释及其反思), Law Review (法学评论) 2013 Heft 5, S. 16–24.

JUNG, Peter, Kartelle als Gegengift bei krisenbedingtem Ausscheidungswettbewerb – Eine vergleichende Betrachtung des deutschen, europäischen und US-amerikanischen Kartellrechts, ZWeR 2007, S. 141–167.

KAPP, Thomas/SCHUMACHER, Anke, Das Wettbewerbsverbot des Minderheitsgesellschafters, WuW 2010, S. 481–492.

KELLERBAUER, Manuel/GONG, Ting, The Western Digital/Viviti and Seagate/Samsung Mergers Reviewed in the EU and China-Different Priorities?, E.C.L.R. 2013, S. 119–127.

KESSLER, Jürgen, Wettbewerbsbeschränkende Abreden in Gesellschaftsverträgen im Lichte von § 1 GWB und Art. 81 EGV – Eine methodische und rechtsdogmatische Betrachtung, WRP 2009, S. 1208–1214.

KILLING, J. Peter, How to make a global joint venture work, Harvard Business Review May–June 1982, S. 120–127.

KOENIG, Christian/KÜHLING, Jürgen/MÜLLER, Christoph, Marktfähigkeit, Arbeitsgemeinschaften und das Kartellverbot, WuW 2005, S. 126–136.

KONG, Ling (孔玲), Analyse der Bedeutung der Zusammenschlüsse (浅析“经营者集中”的内涵), Legal Daily (法制日报) 2015.03.25 Nr. 12, S. 1–2.

KÜHNEN, Jürgen, Der SIEC-Test in der deutschen Fusionskontrolle: Einige Überlegungen zu den Konsequenzen, WuW 2012, S. 458–467.

LANGEHEINE, Bernd/von KOPPENFELS, Ulrich, Aktuelle Probleme in der EU-Fusionskontrolle, ZWeR 2013, S. 299–311.

LEI, Wenting (雷文婷), Erstellung und Kompetenz der chinesischen Anti-Monopolorgane (论我国反垄断法执法机构的设置及其权限), Pioneering with Science & Technology Monthly (科技创业月刊) 2007 Heft 5, S. 142–144

LI, Bingyan/TANG, Sihang (李炳炎/唐思航), Risiken und Maßnahmen zu übermäßigen ausländischen Zusammenschlüssen (外资过度并购我国企业的

风险与对策), Journal of China National School of Administration (国家行政学院学报) 2008 Heft 1, S. 40–44.

LI, Dan (李丹), Untersuchung nach Missbrauch des geistigen Eigentumsrechts im Rahmen des Anti-Monopolgesetzes (滥用标准必要专利的反垄断法规制), Price: Theory & Practice (价格理论与实践) 2015 Heft 10, S. 30–33.

LI, Haiyun (李海云), Recherche nach Vorschriften der Zusammenschlusskontrolle im Rahmen des Anti-Monopolgesetzes (《中华人民共和国反垄断法》中的经营者集中规制研究), Journal of Wuhan Metallurgical Manager's Institute (武汉冶金管理干部学院学报) 2009 Heft 1, S. 39–41.

LI, Jian (李剑), Diskussion über die Zusammenschlusskontrolle im Rahmen des Anti-Monopolgesetzes und ihre Verbesserung (论我国《反垄断法》的„经营者集中"规制制度及其完善), Journal of Guangxi Administrative Cadre Institute of Politics and Law (广西政法管理干部学院学报) 2009 Heft 3, S. 115–121.

LI, Qing (李青), Darstellung der Veräußerung der Geschäftsvermögen in der Zusammenschlusskontrolle: Ausgehend von zulässigen Abhilfemaßnahmen in der EU (论经营者集中救济中的资产剥离机制－以欧盟《可接受救济通告》为中心), Sea of Knowledge (学海) 2012 Heft 2, S. 194–199.

LI, Qing (李青), Wettbewerbsrechtliche Regelungen bei Gemeinschaftsunternehmen: Ausgehend vom europäischen Wettbewerbsrecht (论合营企业的反垄断法规制－以欧盟竞争法为中心), Jiangsu Social Sciences (江苏社会科学) 2011 Heft 2, S. 133–138.

LI, Qingyuan/TIAN, Chenyang/TANG, Jianxin/CHEN, Xiao (李青原/田晨阳/唐建新/陈晓), Motive der horizontalen Zusammenschlüsse: Effizienzgewinne oder Marktmacht – Ausgehend von der Fallstudie von Coca-Cola und Huiyuan (公司横向并购动机：效率理论还是市场势力理论－来自汇源果汁与可口可乐的案例研究), Accounting Research (会计研究) 2011 Heft 5, S. 58–64.

LI, Wei (李炜), Ausnahmefälle bei der Anwendung der Zusammenschlussklausel in besonderen Branchen (论《反垄断法》经营者集中条款对特殊行业的适用除外), Journal of ABC Wuhan Management Institute (中国农业银行武汉培训学院学报) 2008 Heft 6, S. 87–88.

LI, Xiaole (李晓乐), Erste Untersuchung nach nationaler Sicherheitsprüfung bei ausländischen Fusionen und Übernahmen (外资并购中的国家安全审查制度初探), Journal of Zhejiang Wanli University (浙江万里学院学报) 2008 Heft 3, S. 79–82.

LIN, Xiuqin (林秀芹), Analyse und Regelungen über gemeinsame Forschung (联合创新的经济分析及反垄断法规制), Modern Law Science (现代法学) 2009 Heft 2, S. 83–93.

LING, Huining (凌穗宁), Diskussion über den Begriff der „Kontrolle" im Investmentgesetz (Entwurf zur Meinungseinholung) – Beispiele von Kontrolle durch Vereinbarungen (论《外国投资法（草案征求意见稿）》中的"控制"概念—以协议控制模式为例), Business (商) 2016 Heft 2, S. 223–226.

LIU, Dan (刘丹), Darstellung der Regelungen der Zusammenschlusskontrolle (论经营者集中的法律规制), Legal System and Society (法制与社会) 2012 Heft 22, S. 92–93.

LIU, Liyuan (刘丽园), Neue Klausel der „nationalen Sicherheitsprüfung" und Regelungen der ausländischen Fusionen und Übernahmen (新„国家安全审查"条款与我国的外资并购规则), Theory Horizon (理论界) 2009 Heft 5, S. 65–66.

LIU, Ningyuan (刘宁元), Untersuchung des Systems der Zusammenschlusskontrolle in China (关于我国管制经营者集中的相关问题研究), Political Science and Law (政治与法律) 2009 Heft 11, S. 107–112.

LIU, Peipei (刘沛佩), Gedanken über Doppelkontrolle aus dem Huiyuan-Zusammenschlussfall (汇源并购案的反垄断双重审查思考), Journal of Guangdong Institute of Public Administration (广东行政学院学报) 2009 Heft 2, S. 50–54.

LIU, Wuchao/SHI, Jianzhong (刘武朝/时建中), Treuhänder in der fusionskontrollrechtlichen Prüfung – Ausgehend von der europäischen und US-amerikanischen Praxis (论经营者集中反垄断审查中的监督受托人—欧美的经验及借鉴), Hebei Law Science (河北法学) 2014 Heft 5, S. 52–58.

LIU, Xiaoli (刘小莉), Festlegung der materiellen Prüfkriterien in der Zusammenschlusskontrolle – Ausgehend vom Fallvergleich zwischen Huiyuan und Orangina (浅析我国经营者集中审查对实体标准的认定—从汇源案与法国 Orangina 案的比较谈起), Knowledge Economy (知识经济) 2012 Heft 1, S. 34.

LIU, Xueming (刘学明), Rechtsanwendung für Vereinbarungen bei Gemeinschaftsunternehmen im Rahmen des Anti-Monopolgesetzes (中外合营企业涉嫌垄断协议的反垄断法适用), Hebei Law Science (河北法学) 2014 Heft 2, S. 178–183.

LORENZ, Moritz, Änderung der Rechtspraxis durch das neue chinesische Kartellgesetz, RIW 2007, S. 927–933.

LORENZ, Moritz, Das neue chinesische Kartellgesetz, WuW 2008, S. 814–824.

LORENZ, Moritz, Die bevorstehende chinesische Kartellgesetzgebung, GRUR Int. 2006, S. 468–474.

LORENZ, Moritz, Praxis und Perspektiven der chinesischen Zusammenschlusskontrolle, WuW 2006, S. 1245–1253.

LORENZ, Moritz/LIU, Xiu, Der Unternehmensbegriff des chinesischen Kartellrechts – Eine Analyse mit Bezügen zu den Wettbewerbsregeln des EG-Vertrags, RIW 2009, S. 33–43.

LOU, Yuwen (娄宇雯), Kurzdarstellung des unternehmerischen gemeinsamen Verhaltens: Aus der Perspektive des europäischen Wettbewerbsrechts (浅谈企业合营行为的反垄断规制－以欧盟竞争法为视角), Science Mosaic (科技广场) 2015 Heft 5, S. 175–178.

LU, Changsong (鲁长松), Darstellung des Zusammenschlussfalls Coca-Cola – Huiyuan (浅析可口可乐收购汇源案), Legal System and Society (法制与社会) 2009 Heft 19, S. 238–239.

LUESCHER, Christoph, Efficiency Considerations in European Merger Control – Just Another Battle Ground for the European Commission, Economist and Competition Lawyers?, E.C.L.R. 2004, S. 72–86.

MA, Li (马丽), Ökonomische Überlegung über Zusammenschlussfall Coca-Cola und Huiyuan (可口可乐公司收购汇源案的经济法思考), Journal of Shanxi Coal-Mining Administrators College (山西煤炭管理干部学院学报) 2009 Heft 3, S. 195–196.

MA, Yongting (马永婷), Darstellung der Schwachpunkte und Verbesserung der Vorschriften über die Kontrolle in Zusammenschlüssen unter dem Anti-Monopolgesetz (论《反垄断法》关于控制经营者集中规定的不足与完善), Legal System and Society (法制与社会) 2009 Heft 7, S. 128–129.

MACKENRODT, Mark-Oliver/PODSZUN, Rupprecht, Die Entstehung neuer Kartellrechtsordnungen in China und Indonesien, GRUR Int. 2007, S. 895–899.

MÄLZER, Susanne, Die Stellung von Gemeinschaftsunternehmen im europäischen Wettbewerbsrecht, WuW 1992, S. 705–717.

MAO, Xiaofei, Die aktuelle kartellrechtliche Entwicklung in der Volksrepublik China, GRUR Int. 2007, S. 576–582.

MAO, Xiaofei, Eine neue Epoche für die private Durchsetzung des Kartellrechts in China? - Kritische Betrachtungen zur Auslegungsrichtlinie des Obersten Volksgerichtshofs, ZWeR 2012, S. 349–367.

MAO, Xiaofei/HU, Jian (毛晓飞/胡健), Rückblick und Ausblick der Antimonopolgesetzgebung (反垄断立法的回顾与展望), Journal of East China University of Political Science and Law (华东政法大学学报) 2008 Heft 2, S. 121–124.

MAO, Xiaofei/GLASS, Tobias, Das Antimonopolgesetz der Volksrepublik China in seinem ersten Jahr, WuW 2009, S. 1036–1047.

MAO, Xiaofei/GLASS, Tobias, Das chinesische Antimonopolgesetz im Lichte des deutschen Kartellrechts, ZWeR 2008, S. 88–108.

MAO, Xiaofei/GLASS, Tobias, Das neue Antimonopolgesetz der Volksrepublik China, GRUR Int. 2008, S. 105–112.

MAO, Xiaofei/GLASS, Tobias, Das neue Antimonopolgesetz der Volksrepublik China – Ein Überblick, WiRO 2008, S. 31–32.

MAO, Xiaofei/GLASS, Tobias, RIW Kommentar: Verbot der Übernahme des chinesischen Saft – Giganten Huiyuan durch Coca-Cola, RIW 2009, S. 408–411.

MASSELI, Markus, Chinesische Fusionskontrolle Drache in der Ferne, Papiertiger daheim, ZChinR 2009, S. 337–343.

MASSELI, Markus, Das Antimonopolgesetz der Volksrepublik China, ZChinR 2007, S. 259–277.

MASSELI, Markus, Die chinesische Fusionskontrolle im Lichte der ersten Nebenbestimmungen zum Antimonopolgesetz, ZChinR 2009, S. 18–36.

MASSELI, Markus, Volksrepublik China – Aktuelle Entwicklungen im Fusionskontrollrecht, GRUR Int. 2009, S. 365–366.

MASSELI, Markus, Volksrepublik China – Aktuelle Entwicklungen in der Fusionskontrolle, GRUR Int. 2010, S. 183–184.

MASSELI, Markus, Volksrepublik China – Entscheidungspraxis des Handelsministeriums: Fusionskontrolle im Spannungsfeld von Kartellrecht und Protektionismus, GRUR Int. 2009, S. 633–634.

MAUELSHAGEN, Ilka, Vereinfachte Fusionskontrolle in der Volksrepublik China – Mehr Schein als Sein?, GRUR Int. 2014, S. 780–785.

MENG, Yanbei/JIANG, Zihan (孟雁北/姜姿含), Untersuchung nach Preisfestlegung durch Standardisierung der essenziellen Patente (标准必要专利定价行为的反垄断法规制研究), Price: Theory & Practice (价格理论与实践) 2015 Heft 2, S. 30–34.

MEYER, Peter/CHEN, Zhaoxia, Fusionskontrolle in der VR China: Schaffen Richtlinien endlich mehr Rechtssicherheit?, RIW 2009, S. 265–272.

MÖSCHEL, Wernhard, US versus EU Antitrust Law: The author compares important features of the Antitrust Law in the United States and in Europe, ZWeR 2007, S. 261–265.

MU, Yaping/XIAO, Xiaoyue (慕亚平/肖小月), Forschung nach Zusammenschlusskontrolle im Rahmen des Anti-Monopolgesetzes (我国反垄断法中经营者集中审查制度探析), Academic Research (学术研究) 2010 Heft 4, S. 69–76.

NI, Xiongfei (倪雄飞), Überlegung der Lokalisationsfrage über Zwecke des Anti-Monopolgesetzes (我国反垄断法立法目的本土化反思), Exploration and Free Views (探索与争鸣) 2009 Heft 7, S. 110–113.

OPGENHOFF, Carolin, Behandlung von Gemeinschaftsunternehmen nach der EG-Fusionskontrollverordnung, EWS 1999, S. 372–376.

PAN, Zhicheng (潘志成), Analyse der Untersagungsgründe vom MOFCOM im Fall von Coca-Cola und Huiyuan (析商务部禁止可口可乐收购汇源的相关理由), Law Science (法学) 2009 Heft 7, S. 81–88.

PATTLOCH, Thomas, Die Neuordnung des internationalen Technologietransfers in der VR China, GRUR Int. 2003, S. 695–707.

PFROMM, René A., Fusionskontrolle in der Volksrepublik China – Praktische Herausforderungen und ihre Überwindung, WuW 2014, S. 28–41.

PODSZUN, Rupprecht, Volksrepublik China – Neues Kartellrecht tritt in Kraft, GRUR Int. 2008, S. 880.

POHLMANN, Petra, Doppelkontrolle von Gemeinschaftsunternehmen im europäischen Kartellrecht – Eine Zwischenbilanz, WuW 2003, S. 473–491.

POLLEY, Romina/GRAVE, Carsten, Die Erweiterung eines bestehenden Gemeinschaftsunternehmens als Zusammenschluss, WuW 2003, S. 1010–1021.

POLLEY, Romina/SEELIGER, Daniela, Das neue EG-Kartellrecht für Vereinbarungen über horizontale Zusammenarbeit, WRP 2001, S. 494–506.

QIU, Chunlin (邱春霖), Darstellung der Freigabe unter Auflagen und Bedingungen (论反垄断法中附条件批准经营者集中制度), Research on Rule of Law (法治研究) 2009 Heft 10, S. 96–100.

RITTER, Jan-Stephan/KÄSEBERG, Thorsten, Der Regierungsentwurf zur 8. GWB-Novelle, WuW 2012, S. 661–670.

RITZENHOFF, Lukas, Die Fusionskontrolle in China: zwischen Recht und Wirklichkeit?, GRUR Int. 2014, S. 33–37.

ROSENBERGER, Hans-Peter, Die neue Gruppenfreistellungsverordnung für Forschungs- und Entwicklungsvereinbarungen im Vergleich zu ihrer Vorgängerin, GRUR Int. 2012, S. 721–734.

ROTH, Wulf-Henning, Aktuelle Probleme der europäischen Fusionskontrolle, ZHR 2008, S. 670–715.

SÄCKER, Franz Jürgen, Chinesisches Aus für eine Reederei-Allianz, WuW 2014, S. 1031.

SÄCKER, Franz Jürgen, Chinesische Fusionskontrolle im Zeichen des Protektionismus?, WuW 2009, S. 603.

SCHEIDGEN, Anja/STURHAHN, Detlef-Holger, Das Untersagungskriterium in der Fusionskontrolle – Marktbeherrschende Stellung versus Substantial Lessening of Competition?, WuW 2002, S. 31–34.

SCHMIDTCHEN, Dieter, Der „more economic approach“ in der Wettbewerbspolitik, WuW 2006, S. 6–17.

SCHROEDER, Dirk, Schnittstellen der Kooperations- und Oligopolanalyse im Fusionskontrollrecht: Gedanken zur Anwendung von Art. 2 Abs. 4 und 5 FKVO, WuW 2004, S. 893–906.

SCHWARZE, Jürgen, Die Bedeutung des Grundsatzes der Verhältnismäßigkeit bei der Behandlung von Verpflichtungszusagen nach der europäischen Fusionskontrollverordnung, EuZW 2002, S. 741–746.

SEITZ, Claudia/KOCK, Michael A., Wettbewerbsrechtliche Aspekte von Sortenschutz- und Patentlizenzen im Saatgutbereich: Schutzrechtslizenzen zwischen sortenschutzrechtlichen, patentrechtlichen und kartellrechtlichen Vorgaben, GRUR Int. 2012, S. 711–720.

SHANG, Ming (尚明), Zwecke des Antimonopolgesetzes (反垄断法的立法目的), China Surfactant Soap and Detergent Industries (中国洗涤用品工业) 2008 Heft 4, S. 42–43.

SHANG, Ming/KONG, Ling/YE, Jun (尚明/孔玲/叶军), Definition der beteiligten Unternehmen in Zusammenschlüssen (界定参与集中的经营者浅析), Journal of Law Application (法律适用) 2012 Heft 4, S. 39–43.

SHAO, Shaping/WANG, Xiaocheng (邵沙平/王小承), Analyse und Auslegung des amerikanischen Staatssicherheitsprüfungssystems bei ausländischen Fusionen und Übernahmen: Überlegung der nationalen Sicherheitsprüfung in China (美国外资并购国家安全审查制度探析一兼论中国外资并购国家安全审查制度), Jurists Review (法学家) 2008 Heft 3, S. 154–160.

SHI, Jiansan/QIAN, Shiyu (史建三/钱诗宇), Materielle Prüfungskriterien für Unternehmenszusammenschlüsse in China – Aus einer internationalen Perspektive (以国际视野看我国经营者集中的实质审查标准), China Management Studies (中大管理研究) 2009 Heft 4, S. 155–169.

SHI, Jianzhong (时建中), Wesensmerkmale und Schwäche des Systems des Anti-Monopolgesetzes (我国《反垄断法》的特色制度、亮点制度及重大不足), Jurists Review (法学家) 2008 Heft 1, S. 14–19.

SHI, Jichun (史际春), Anti-Monopolgesetz und Sozialistische Marktwirtschaft (《反垄断法》与社会主义市场经济), Jurists Review (法学家) 2008 Heft 1, S. 1–6.

SHI, Yasheng (史亚圣), Erklärung der Begriffe der Zusammenschlusskontrolle (经营者集中概念的厘定), Journal of Hotan Teachers College (和田师范专科学校学报) 2008 Heft 2, S. 42–43.

SONG, Jinyi (宋金一), Forschung nach Staatssicherheitsprüfungssystem im Zuge auf ausländische Fusionen und Übernahmen (外资并购中的国家安全审查制度研究), Trade Unions' Tribune: Journal of Shandong Institute of Trade Unions' Administration Cadres (工会论坛：山东省工会管理干部学院学报) 2009 Heft 3, S. 137–138.

SPRICK, Daniel, Die Zusammenschlusskontrolle nach dem Recht der Volksrepublik China – Eine Analyse der jüngsten Rechtssetzung unter besonderer Berücksichtigung von Zusammenschlüssen mit Auslandsbezug, ZChinR 2008 Heft 2, S. 122–138.

SPRICK, Daniel, Rechtsstaatsentwicklung durch Gesetzgebung? – Das neue Verwaltungsprozessgesetz der Volksrepublik China, ZChinR 2015 Heft 4, S. 359–371.

STRAUB, Peter, Der Missbrauch geistiger Eigentumsrechte im chinesischen Kartellrecht, RIW 2011, S. 826–833.

SUN, Bo (孙博), Forschung nach allgemeinen Interessen in der deutschen Fusionskontrolle: Aufschluss für die Durchsetzungsarbeit in China (德国企业合并控制中的"公共利益"—对我国《反垄断法》实施工作的启示), Jahrbuch des Deutsch-Chinesischen Instituts für Rechtswissenschaft der Universitäten Göttingen und Nanjing 2009 (中德法学论坛) Heft 7, S. 175–210.

SUN, Jin (孙晋), Anwendung der Zusammenschlusskontrolle in Fusionen und Übernahmen der Staatsunternehmen (论经营者集中审查制度在国有企业并购中的适用), Journal of East China University of Political Science and Law (华东政法大学学报) 2015 Heft 4, S. 17–26.

SUN, Manman (孙曼曼), Verbesserung der materiellen Prüfung in der Fusionskontrolle (经营者集中反垄断实质审查制度的完善), Commercial Times (商业时代) 2011 Heft 20, S. 105–106.

SUN, Zhangwei (孙章伟), Umfassende Analyse zum Zusammenschlussfall Coca-Cola – Huiyuan ("可口可乐—汇源收购案"的综合分析), Management Review (管理评论) 2011 Heft 1, S. 96–102.

TAN, Yuan (谭袁), Analyse und Regeln der wettbewerbsrechtlichen Probleme bei Gemeinschaftsunternehmen (企业合营的反垄断分析及其规制), Journal of Shanghai University of Political Science & Law (上海政法学院学报法治论丛) 2015 Heft 3, S. 44–51.

TAO, Lifeng (陶立峰), Fragen über die Verantwortung der Staatssicherheitsprüfung bezüglich des ausländischen Investments (外国投资国家安全审查的可问责性分析), Law Science (法学) 2016 Heft 1, S. 67–75.

TAO, Mengqian (陶梦茜), Darstellung der Ausnahmefreistellung aus dem Grund des Außenhandels (论我国反垄断法对外贸易的豁免规则), Legality Vision (法制博览) 2016 Heft 2, S. 64–65.

TETZ, Stefanie, Die neuen Vorschriften für Unternehmenskäufe in China – Was ändert sich, was bleibt gleich?, ZChinR 2006, S. 392–398.

von BREVERN, Daniel, Die "Gründung eines Gemeinschaftsunternehmens" nach Art. 3 Abs. 4 der Fusionskontrollverordnung, WuW 2012, S. 225–237.

WANG, Chong (王翀), Konflikt und Koordination zwischen Zwecken des Anti-Monopolgesetzes (论反垄断法的价值目标冲突及协调), Journal of Political Science and Law (政法论丛) 2015 Heft 3, S. 138–144.

WANG, Daochun (王道春), Darlegung der Ausnahmefreistellung in der Zusammenschlusskontrolle: Aus der Perspektive des Zusammenschlussfalls zwischen CSR und CNR (论《反垄断法》对经营者集中豁免之法律规制—以南车、北车合并为例), Journal of Hunan Police Academy (湖南警察学院学报) 2015 Heft 1, S. 93–99.

WANG, Junren (王俊仁), Forschung nach vertikalen Zusammenschlüssen (我国纵向合并的反垄断法研究), Legal System and Society (法制与社会) 2009 Heft 19, S. 46–47.

WANG, Xianlin (王先林), Darstellung des Gleichheitsprinzips im Rahmen des Anti-Monopolgesetzes (论中国反垄断法的平等适用), Research on Rule of Law (法治研究) 2007 Heft 5, S. 17–19.

WANG, Xianlin (王先林), Durchführung des Anti-Monopolgesetzes im Bereich des geistigen Eigentumsrechts (论我国反垄断法在知识产权领域的实施), Journal of Shanghai Jiaotong University (Social Science) (上海交通大学学报哲学社会科学版) 2009 Heft 6, S. 13–22.

WANG, Xianlin (王先林), Einige Gedanken über Erfassung der Leitansichten des Missbrauches des geistigen Eigentumsrechts im Rahmen des Anti-Monopolgesetzes (关于制定我国滥用知识产权反垄断指南的若干思考), Price: Theory & Practice (价格理论与实践) 2015 Heft 10, S. 25–29.

WANG, Xianlin (王先林), Einige Probleme über geistige Eigentumsrechte im Rahmen des Wettbewerbsrechts (竞争法视野的知识产权问题论纲), China Legal Science (中国法学) 2009 Heft 4, S. 5–15.

WANG, Xianlin (王先林), Geistige Eigentumsrechte unter Mechanismus des Anti-Monopolgesetzes: Interpretation und Anwendung des Art. 55 AMG (知识产权行使行为的反垄断规制—《反垄断法》第55条的理解与适用), Jurists Review (法学家) 2008 Heft 1, S. 25–28.

WANG, Xianlin (王先林), Grundmechanismus und Auswirkungen der Durchsetzung des Anti-Monopolgesetzes: Ausgang der Kontrolle der Unternehmen mit marktbeherrschenden Stellungen (我国反垄断法实施的基本机制及其效果—兼论以垄断行业作为我国反垄断法实施的突破口), Law Review (法学评论) 2012 Heft 5, S. 96–103.

WANG, Xianlin (王先林), Koordinierung und Verbesserung des Wettbewerbsrechts nach der Bekanntmachung des Anti-Monopolgesetzes (《反垄断法》的出台与我国竞争法体系的协调完善), Journal of East China University of Political Science and Law (华东政法大学学报) 2008 Heft 2, S. 117–121.

WANG, Xianlin (王先林), Überlegung des Anwendungsbereiches des Anti-Monopolgesetzes im Hinblick auf geistiges Eigentumsrecht (我国反垄断法适用于知识产权领域的再思考), Journal of Nanjing University (Philosophy, Humanities and Social Sciences) (南京大学学报哲学，人文科学，社会科学) 2013 Heft 1, S. 34–43.

WANG, Xiaoqiong/HE, Yan (王小琼/何焰), Tendenz und Aufschluss der amerikanischen Gesetzgebung des nationalen Sicherheitssystems für ausländische Fusionen und Übernahmen: Diskussion über Durchsetzung des Art. 31 AMG (美国外资并购国家安全审查立法的新发展及其启示—兼论《中华人民共和国反垄断法》第31条的实施), Studies in Law and Business (法商研究) 2008 Heft 6, S. 11–21.

WANG, Xiaoru (王晓茹), Ökonomische Analyse der Zusammenschlusskontrolle in China (中国反垄断并购审查中的经济分析), Competition Policy Research (竞争政策研究) 2015 Heft 7, S. 97–104.

WANG, Xiaoye (王晓晔), Analyse des Anti-Monopolgesetzes (《中华人民共和国反垄断法》析评), Chinese Journal of Law (法学研究) 2008 Heft 4, S. 68–82.

WANG, Xiaoye (王晓晔), Auslegung der Fusionskontrolle im Rahmen des Anti-Monopolgesetzes (《中华人民共和国反垄断法》中经营者集中的评析), Law Science Magazine (法学杂志) 2008 Heft 1, S. 2–7.

WANG, Xiaoye, Einige Fragen und Probleme des neuesten Entwurfs des chinesischen Antimonopolgesetzes, ZChinR 2007, S. 164–171.

WANG, Xiaoye, Erlass und Ausführung des chinesischen Kartellgesetzes, RIW 2008, S. 417–427, übersetzt und ergänzt vom Professor Dr. Frank Münzel.

WANG, Xiaoye (王晓晔), Gesetzgebung des Anti-Monopolgesetzes und Chinas Eintritt in WTO (入世与中国反垄断法的制定), Chinese Journal of Law (法学研究) 2003 Heft 2, S. 122–134.

WANG, Xiaoye (王晓晔), Rechtliche Fragen über Missbrauch des geistigen Eigentumsrechts zur Wettbewerbsbeschränkung (滥用知识产权限制竞争的法律问题), Social Sciences in China (中国社会科学) 2007 Heft 4, S. 130–144.

WANG, Xiaoye (王晓晔), Regelungen zum Schutz des Missbrauches des geistigen Eigentumsrechts (知识产权行使行为的法律规制), Law Science (法学) 2004 Heft 3, S. 100–106.

WANG, Xiaoye, Wettbewerb und Wettbewerbsbeschränkungen in der Volksrepublik China, GRUR Int. 1992, S. 489–494.

WANG, Xiaoye (王晓晔), Wirtschaftsreform und Anti-Monopolgesetz in China (经济体制改革与我国反垄断法), Oriental Law (东方法学) 2009 Heft 3, S. 74–87.

WANG, Xiaoye (王晓晔), Zwecke der chinesischen Antimonopolgesetzgebung (我国反垄断立法的宗旨), Journal of East China University of Political Science and Law (华东政法大学学报) 2008 Heft 2, S. 98–102.

WANG, Xiaoye (王晓晔), Zweite Überlegung der Verwaltungsmonopole (行政垄断问题的再思考), Journal of Graduate School of Chinese Academy of Social Sciences (中国社会科学院研究生院学报) 2009 Heft 4, S. 49–58.

WANG, Xiaoye, Zur Kodifizierung des chinesischen Antimonopolrechts, ZChinR 2004 Heft 2, S. 91–101.

WEELDEN, Vanessa van, Private Rechtsdurchsetzung im chinesischen Kartellrecht, ZChinR 2010, S. 209–221.

WEI, Hua (魏华), Materielle Prüfungskriterien in der Fusionskontrolle (论经营者集中审查的实体性标准), Journal of Henan Normal University (河南师范大学学报哲学社会科学版) 2013 Heft 1, S. 55–57.

WEITBRECHT, Andreas/WILLEMS, Constantin, Auf dem Weg nach Europa: Fusionskontrolle nach der 8. GWB-Novelle, ZWeR 2013, S. 365–386.

WU, Hanhong/LI, Xiuyu (吴汉洪/李秀玉), Vergleich zwischen Antimonopolprüfung und Staatssicherheitsprüfung bezüglich der ausländischen Fusionen und Übernahmen (外资并购的反垄断审查和国家安全审查的比较), Journal of China National School of Administration (国家行政学院学报) 2008 Heft 1, S. 36–39.

WU, Hongwei (吴宏伟), Hauptzwecke zur Durchsetzung des Anti-Monopolgesetzes (法益目标：《反垄断法》实施之灵魂), Jiangxi Social Sciences (江西社会科学) 2008 Heft 7, S. 7–13.

WU, Yunfeng (吴云峰), Strategische Forschung nach der Zusammenschlusskontrolle im chinesischen Anti-Monopolrecht (我国反垄断法经营者集中规制的策略研究), Seeker (求索) 2008 Heft 11, S. 135–137.

XU, Guangyao (许光耀), Auslegung der Anti-Monopolvereinbarungen im Rahmen des Anti-Monopolgesetzes (《反垄断法》中垄断协议诸条款之评析), Law Science Magazine (法学杂志) 2008 Heft 1, S. 18–20.

XU, Shiying (徐士英), Neue Untersuchung der Überwachung der Verwaltungsmonopole von wettbewerbsrechtlicher Perspektive (竞争政策视野下行政性垄断行为规制路径新探), Journal of East China University of Political Science and Law (华东政法大学学报) 2015 Heft 4, S. 27–39.

YANG, Hao/LONG, Li/LI, Xiaoye (杨颢/龙丽/李晓晔), Schreiten an der „Ehe“ zwischen Coca-Cola und Huiyuan – ZHU Xinli wird zum ersten Mann des „Antimonopolgesetzes“. (汇源„欲嫁不能“，朱新礼成为《反垄断法》第一人物), Modern Enterprise Culture (现代企业文化) 2009 Heft 10, S. 32–33.

YANG, Xiaojun (杨晓君), Erstellung des chinesischen Staatssicherheitsprüfungssystems bei ausländischen Fusionen und Übernahmen (我国外资并购国家安全审查制度的构建), Legal System and Society (法制与社会) 2008 Heft 30, S. 34–36.

YAO, Xingyu (姚星宇), Forschung der fusionskontrollrechtlichen Probleme (经营者集中的反垄断规制问题研究), Legality Vision (法制博览) 2015 Heft 6, S. 80–81.

YE, Weiping (叶卫平), Schaffung der Werte des Anti-Monopolgesetzes (反垄断法的价值构造), China Legal Science (中国法学) 2012 Heft 3, S. 135–146.

YING, Jian (应坚), Erläuterung des Aufbaus des nationalen Sicherheitsprüfungssystems für ausländische Fusionen und Übernahmen in China (论我国外资并购国家安全审查制度的构建), Economic Tribune (经济论坛) 2008 Heft 17, S. 42–46.

YU, Hao (余浩), Forschung der Zwecke des chinesischen Anti-Monopolgesetzes (试论我国反垄断法的目标选择), Business (商) 2016 Heft 3, S. 247.

ZÄCH, Roger/KÜNZLER, Adrian, Efficiency or freedom to compete? – Towards an axiomatic theory of competition law, ZWeR 2009, S. 269–288.

ZENG, Chenke (曾晨珂), Darstellung der Einstellung der chinesischen Anti-Monopolorgane (论我国反垄断法执法机构的设置), Law and Social Development (法制与社会) 2007 Heft 5, S. 72–73.

ZENG, Jing (曾晶), Erstellung des „Kontrollkonzepts“ in der fusionsrechtlichen Prüfung: Zum Vollverkommen des System der Zusammenschlusskontrolle (以“控制”弥补“经营者合并”的缺陷－兼论以“控制”为标准构建反垄断法“经营者集中”的审查制度), Political Science and Law (政治与法律) 2014 Heft 3, S. 118–129.

ZHANG, Guangliang (张广良), Schutz und Beschränkung der geistigen Eigentumsrechte durch Wettbewerbsrecht (竞争法对知识产权的保护与限制), Law Science Magazine (法学杂志) 2015 Heft 2, S. 71–78.

ZHANG, Yan/WANG, Youhong (张艳/王有鸿), Darlegung der Zwecke des Anti-Monopolgesetzes (试论我国反垄断法立法目的), Legal System and Society (法制与社会) 2007 Heft 9, S. 151–153.

ZHAO, Tingting, Volksrepublik China-Fusionskontrollbehörde genehmigt Übernahme von Alcon durch Novartis unter Auflagen, GRUR Int. 2010, S. 909–910.

ZHENG, Yun (郑云), Analyse der Schwachpunkte der Prüfkriterien in der fusionskontrollrechtlichen Prüfung: Fallbeispiele des Zusammenschlusses Coca-Cola/Huiyuan (我国外资并购反垄断审查标准的缺陷分析－以可口可乐并购汇源果汁案为例), Legal System and Society (法制与社会) 2015 Heft 34, S. 87–88, S. 108.

ZHENG, Yun (郑云), Darstellung der Probleme bei Unternehmenszusammenschlüssen (论经营者集中的反垄断法问题), Journal of HuBei TV University (湖北广播电视大学学报) 2010 Heft 4, S. 105–106.

ZHENG, Yun (郑云), Entwicklung des Begriffs der Zusammenschlusskontrolle (经营者集中概念的演变与法律定位), Journal of Liaoning Educational Administration Institute (辽宁教育行政学院学报) 2009 Heft 11, S. 26–27.

ZHONG, Zhenzhen (钟真真), Sinne und Beschränkungen der Regelungen des Verwaltungsmonopols im Rahmen des Anti-Monopolgesetzes (《反垄断法》对行政性垄断规制的意义与局限性), Price: Theory & Practice (价格理论与实践) 2008 Heft 7, S. 57–58.

ZHOU, Ruizhe (周睿哲), Analyse der Schwachpunkte der chinesischen Fusionskontrolle mit ausländischer Beteiligung im Rahmen des Anti-Monopolgesetzes: Ausgehend vom Übernahmefall von Huiyuan (从汇源案论我国外资并购反垄断规制的缺陷), Legal System and Society (法制与社会) 2009 Heft 21, S. 127–128.

ZHOU, Yi (周谊), Fusionskontrollrechtliche Prüfung in der Zusammenschlusskontrolle (经营者集中的反垄断审查制度刍议), Presentday Law Science (时代法学) 2014 Heft 1, S. 66–71.

ZHU, Yifei (朱一飞), Feststellung der Rolle der chinesischen Staatssicherheitsprüfung: Ausgehend vom Vergleich der Regelungen in den USA (我国国家安全审查制度之功能定位－兼与美国国家安全审查制度比

较), Journal of Yunnan University Law Edition (云南大学学报：法学版) 2009 Heft 1, S. 149–154.

ZHU, Yifei (朱一飞), Unterscheidung und Koordinierung von Staatssicherheitsprüfung und Anti-Monopolrecht: Aus der Perspektive der Industriesicherheit (国家安全审查与反垄断法的区别与协调一以产业安全保障为视角), Hebei Law Science (河北法学) 2009 Heft 5, S. 127–131.

ZIMMER, Daniel, Der rechtliche Rahmen für die Implementierung moderner ökonomischer Ansätze, WuW 2007, S. 1198–1209.

ZIMMER, Daniel, Significant Impediment to Effective Competition: Das neue Untersagungskriterium der EU-Fusionskontrollverordnung, ZWeR 2004, S. 250–267.

ZOU, Qinjun (邹沁君), Erforschung nach Anti-Monopolprüfung im Lichte der Unternehmenszusammenschlüsse – Fallbeispiel durch den Zusammenschlussfall Coca-Cola – Huiyuan (经营者集中的反垄断审查问题研究一以可口可乐并购汇源为例), Manager' Journal (经营管理者) 2009 Heft 18, S. 155.

Internetquelle

BAI, Renjie/LIU, Ge/FENG, Rui/GONG, Mingfang (白仁傑/刘歌/封锐/巩明芳), Auslegung der Vorläufigen Methode für die Untersuchung und Behandlung von den nicht nach dem Recht angemeldeten Unternehmenszusammenschlüssen durch ein Fallbeispiel (通过君合首例经营者集中反垄断调查案件看商务部《未依法申报经营者集中调查处理暂行办法》的实体和程序要点), http://www.junhe.com/images/ourpublications_img/jun_he_legal_update/185_20135161512362086.pdf (eingesehen am 27.10.16).

BARLOW, Andre/WU, Shane, MOFCOM's Block of the P3 Network Shipping Alliance, http://www.antitrustlawyerblog.com/mofcoms-block-of-the-p3-network-shipping-alliance/ (eingesehen am 26.02.16).

BAXTER, Simon/DEPOORTERE, Frederic/VANDENBORRE, Ingrid/FOSTER, Andrew L., Navigating Chinese Merger Control: MOFCOM Prohibits P3 Shipping Alliance, https://www.skadden.com/insights/navigating-chinese-merger-control-mofcom-prohibits-p3-shipping-alliance (eingesehen am 31.03.16).

BLEWETT, Richard/BAI, Yong, A Practical Guide to Chinese Merger Control, https://www.google.de/url?sa=t&rct=j&q=&esrc=s&source=web&cd=4&ved=0ahUKEwjRq8Conv3PAhXCvhQKHS4FB9AQFgg1MAM&url=https%3A%2F%2Fonlineservices.cliffordchance.com%2Fonline%2FfreeDownload.action%3Fkey%3DOBWIbFgNhLNomwBl%252B33QzdFhRQAhp8D%252BxrIGReI2crGqLnALtlyZe6sHGxID9rSknYC2mzBhAITp%250D%250A5mt12P8Wnx03DzsaBGwsIB3EVF8XihbSpJa3xHNE7tFeHpEbaeIf%26attachmentsize%3D436029&usg=AFQjCNHE9X1rVvzQrbA_knRFvIbzwdiP0g (eingesehen am 28.10.16).

BURKE, Arthur J./COHEN, Joel M./GOLDEN, Arthur F./HARTY, Ronan P./HOCKETT, Christopher B./LEIBOWITZ, Jon/SO, Miranda/SOHN, Michael N./ZHANG, Howard, MOFCOM Blocks "P3" Shipping Joint Venture, https://www.google.de/url?sa=t&rct=j&q=&esrc=s&source=web&cd=1&ved=0ahUKEwjmtefO1vrPAhXDNxQKHRhRBxEQFggfMAA&url=https%3A%2F%2Fwww.davispolk.com%2Fsites%2Fdefault%2Ffiles%2F06.19.14.MOFCOM.Blocks.P3.Shipping.Joint_.Venture.pdf&usg=AFQjCNHVvD9BBEJTHRcdJlKjpSx88DFnNA&bvm=bv.136811127,d.bGs (eingesehen am 27.10.16).

BURKE, Arthur J./ZHANG, Howard/COHEN, Joel M./GOLDEN, Arthur F./HARTY, Ronan P./HOCKETT, Christopher B./SO, Miranda/SOHN, Michael N., China Antitrust Review 2012, http://www.lexology.com/library/detail.aspx?g=0b223933-35f3-4f99-9ca5-5d0611262aca (eingesehen am 31.03.16).

CAI, Congyan (蔡从燕), Probleme der Gemeinschaftsunternehmen im Rahmen der europäischen Fusionskontrolle (欧盟企业合并法中合营企业法律问题

研究), http://oversea.cnki.net/kcms/detail/detail.aspx?filename=2002050995.nh&dbcode=CMFD&dbname=CMFD2001 (eingesehen am 28.04.16).

CHEN, Haomin (陈昊旻), Misserfolg: Übernahmefall Carlyle-Xugong (凯雷投资入股徐工集团告吹), http://finance.sina.com.cn/chanjing/b/20080724/09565127209.shtml (eingesehen am 21.03.17).

CHEN, Litong (陈立彤), Interpretation der Leitansichten des monopolisierten Verhaltens mittels des Missbrauches des geistigen Eigentums und Verbesserungsvorschläge (《关于滥用知识产权的反垄断指南》的特点和完善), http://opinion.caixin.com/2016-01-12/100898475.html (eingesehen am 31.03.16).

China Competition Law (中国竞争法网), Geistiges Eigentumsrecht im Zuge auf Zusammenschlusskontrolle (论与知识产权有关的经营者集中), http://www.competitionlaw.cn/info/1023/21160.htm (eingesehen am 31.03.16).

CHOVANEC, Partrick, By any normal standard, the Coke-Huiyuan deal would have been approved with flying colors., http://www.asiamezzanine.com/pdf/Patrick_article_on_WSJ_20090323.pdf (eingesehen am 31.03.16).

CHU, Feifei (储菲菲), Anti-Monopolregelungen bei Gemeinschaftsunternehmen (合营企业的反垄断法规制), http://www.cnki.net/KCMS/detail/detail.aspx?QueryID=2&CurRec=1&recid=&filename=2010158762.nh&dbname=CMFD2011&dbcode=CMFD&pr=&urlid=&yx=&v=MjY1MDBGckNVUkx5ZlkrWm5GeXprVkx6TlYxMjZIcks5RnRiS3JaRWJQSVI4ZVgxTHV4WVM3RGgxVDNxVHJXTTE= (eingesehen am 08.04.16).

CLEARY GOTTLIEB, Chinese Merger Control Developments: GE/Shenhua JV and Alpha V/Savio Conditional Approvals, http://www.cgsh.com/files/News/915a5f0e-95f3-4a17-99d4-78cfa9302a44/Presentation/NewsAttachment/5103441a-88fa-493b-b079-7a8fc747c954/CGSH%20Alert%20-%20Chinese%20Merger%20Control%20Developments%20-%20GE%20Shenhua%20JV%20and%20Alpha%20V%20Savio%20Conditional%20Approval.pdf (eingesehen am 31.03.16).

CMA CGM, The P3 Network will not be implemented following decision by the Ministry of Commerce (MOFCOM) in China, https://www.cma-cgm.com/news/486/the-p3-network-will-not-be-implemented-following-decision-by-the-ministry-of-commerce-mofcom-in-china (eingesehen am 26.02.16).

DAI, Tingting (代婷婷), Kontrolle der Gemeinschaftsunternehmen unter AMG (论对合营企业的反垄断规制), http://cdmd.cnki.com.cn/Article/CDMD-10036-2006063006.htm (eingesehen am 28.04.16).

Davispolk, China Antitrust Review 2014, http://law.stanford.edu/wp-content/uploads/sites/default/files/event/857587/media/slspublic/MCLE%20Materials.pdf (eingesehen am 31.03.16).

DONG, Lingxi/QIN, Xudong (董凌汐/秦旭东), Ein australisches Muster vom Übernahmefall Coca-Cola/Huiyuan (汇源并购案的澳洲样本), http://www.caijing.com.cn/2009-03-26/110128621.html (eingesehen am 03.04.16).

DONG, Yiliang, Neue Entscheidungen zur Fusionskontrolle: A Tale of Two Cases, https://www.heuking.de/fileadmin/user_upload/Newsletter/Deutsch/China_Desk/Update_China_Desk_07-2014_DE.pdf (eingesehen am 31.03.16).

DONG, Yiliang, New Decision of Chinese Merger Control: Joint Venture between Henkel and Tiande, https://www.heuking.de/fileadmin/user_upload/Newsletter/Deutsch/China_Desk/8_Update_China_Desk_02-2012.pdf (eingesehen am 31.03.16).

Duden Wirtschaft, Soziale Marktwirtschaft, von A bis Z: Grundlagenwissen für Schule und Studium, Beruf und Alltag., 5. Auflage, Mannheim: Bibliographisches Institut 2013, Lizenzausgabe Bonn: Bundeszentrale für politische Bildung 2013, http://www.bpb.de/nachschlagen/lexika/lexikon-der-wirtschaft/20642/soziale-marktwirtschaft (eingesehen am 29.03.16).

DVZ-Seefracht, EU-Kommission gibt grünes Licht für P3, http://www.dvz.de/rubriken/seefracht/single-view/nachricht/eu-kommission-gibt-gruenes-licht-fuer-p3.html (eingesehen am 31.03.16).

FAZ, Wirtschaftsministerium genehmigt Übernahme von Kuka, http://www.faz.net/aktuell/wirtschaft/wirtschaftspolitik/wirtschaftsministerium-genehmigt-uebernahme-von-kuka-durch-midea-14391487.html (eingesehen am 03.05.17).

FRENCH, Nicholas/DODOO, Ninette, MOFCOM blocks the proposed P3 Network shipping alliance, http://www.freshfields.com/en/knowledge/MOFCOM_blocks_the_proposed_P3_Network_shipping_alliance/?LangId=2057 (eingesehen am 31.03.16).

GAN, Xiaolu (干潇露), Wettbewerbsverbot in Vereinbarungen der Gemeinschaftsunternehmen (合营协议中"不竞争条款"的反垄断法规制研究), http://www.360docs.net/doc/info-ff934fc8b307e87100f69645-2.html (eingesehen am 28.04.16).

GEINITZ, Christian, China ist erst zu einem Fünftel eine Marktwirtschaft, http://www.faz.net/aktuell/wirtschaft/wirtschaftspolitik/eu-moniert-dumping-china-ist-erst-zu-einem-fuenftel-eine-marktwirtschaft-12335.html (eingesehen am 17.05.16).

GONG, Mingfang (巩明芳), Analyse der Klauseln über Wettbewerbsverbot bezüglich der Bildung der Gemeinschaftsunternehmen auf Basis des Anti-Monopolgesetzes (与合资公司设立有关的非竞争条款问题浅析一以反垄断法制度为基础), Junhe Law Review (君合法律评论) 2012 Heft 2, S. 30–33, http://www.junhe.com/images/ourpublications_img/jun_he_law_review/201282015333624388.pdf (eingesehen am 30.03.16).

Guantao (观韬中茂律师事务所), Einführung der Anmeldung und Prüfung der Zusammenschlüsse (关于经营者集中申报及审查有关法律问题的简要介绍), http://www.guantao.com/html/yewuguanli/2009nianlvshiyewubeiwanglu/2014/0423/16243.html (eingesehen am 27.10.16).

HE, Guanghua/CAO, Chang (贺广华/曹昌), Übernahmestreit über Xugong (徐工争夺战), http://paper.people.com.cn/zgjjzk/html/2006-07/24/content_9939400.htm (eingesehen am 21.03.17).

HE, Jiao (何姣), Kontrolle der Gemeinschaftsunternehmen im Rahmen des Wettbewerbsrechts (论企业合营行为的反垄断法规制), http://cdmd.cnki.com.cn/Article/CDMD-10533-1012477667.htm (eingesehen am 28.04.16).

Henkel, Aufstellung des Anteilsbesitzes der Henkel AG & Co. KGaA und des Henkel-Konzerns zum 31. Dezember 2015, http://www.henkel.de/blob/648288/2aac023564e69124b90fb98331bc77c5/data/aufstellung-des-anteilsbesitzes-der-henkel-ag-co-kgaa-und-des-henkel-konzerns-31-dezember-2015.pdf (eingesehen am 28.04.16).

HUANG, Yong (黄勇), Missbrauch des geistigen Eigentumsrechts im Sinne vom Anti-Monopolgesetz (反垄断法意义上的"滥用知识产权"), China Intellectual Property (中国知识产权杂志) 2008 Heft 2, http://www.chinaipmagazine.com/journal-show.asp?277.html (eingesehen am 31.03.16).

HUANG, Yong (黄勇), Mit der Marktwirtschaft zusammen wachsen - Betrachtung des chinesischen Antimonopolgesetzes (和市场经济共同成长一看中国的反垄断法), http://finance.sina.com.cn/review/20070831/18033936937.shtml (eingesehen am 30.03.16).

JACKSON, James K., The Exon-Florio National Security Test for Foreign Investment, https://www.fas.org/sgp/crs/natsec/RL33312.pdf (eingesehen am 31.03.16).

JIANG, Shan/SU, Jun (江山/苏竣), Innovation bei Gemeinschaftsunternehmen im Rahmen des Anti-Monopolgesetzes (论企业联营合作创新的反垄断法规制), Oriental Law (东方法学) 2014 Heft 2, http://article.chinalawinfo.com/ArticleFullText.aspx?ArticleId=83222 (eingesehen am 31.03.16).

JIANG, Zeming (江泽民), Behandlung der wichtigen Verhältnisse im Zuge der Modernisierung der sozialistischen Wirtschaft (正确处理社会主义现代化建设中的若干重大关系), http://www.people.com.cn/GB/channel1/10/20000529/80747.html (eingesehen am 24.01.17).

JIANG, Zeming (江泽民), Bericht im XIV. Parteitag der KPCh 1992 (江泽民在中国共产党第十四次全国代表大会上的报告), http://cpc.people.com.cn/GB/64162/64168/64567/65446/4526308.html (eingesehen am 26.05.16).

JIANG, Zezhong (蒋泽中), Zweifel an Verbotsgründen vom MOFCOM (商务部三大禁止理由均不成立), http://finance.sina.com.cn/g/20090318/23045994795.shtml (eingesehen am 31.03.16).

JUNHE Bulletin (君合研究简讯), Bemerkung zur Verordnung des Missbrauches des geistigen Eigentums zur Beschränkung oder Eliminierung des Wettbewerbs (《关于禁止滥用知识产权排除、限制竞争行为的规定》简评), http://www.junhe.com/images/ourpublications/Bulletin/Bulletin_CN/20150421.pdf (eingesehen am 31.03.16).

KWOK, Vivian Wai-Yin, Beijing To Coke: No Juice For You, http://www.forbes.com/2009/03/18/coke-huiyuan-takeover-markets-equity-china.html (eingesehen am 03.04.16).

LANGER, Robert/BENDER Matthew, Should the Antitrust Division, the FTC, and State Attorneys General formally allocate the market for antitrust enforcement?, http://www.wiggin.com/4677 (eingesehen am 20.10.16).

LI, Haidong (李海东), Ungewissheit des Anti-Monopolgesetzes (反垄断法的未卜前途), http://doc.qkzz.net/article/5d813482-9155-431b-8bfd-5880862d76c0.htm (eingesehen am 12.05.16).

LI, Xiuzhong (李秀中), Monopolverdacht bei Sony im Hinblick auf den Aufbau der technologischen Barrieren (索尼电池设置技术壁垒涉嫌在华垄断成被告), http://tech.sina.com.cn/it/2005-01-17/0714505678.shtml (eingesehen am 29.03.16).

LIANG, Zijia (梁子佳), Studie nach Wettbewerbsverbot im Rahmen der Gemeinschaftsunternehmen (合营企业不竞争条款的反垄断法规制研究), http://cdmd.cnki.com.cn/Article/CDMD-10652-1015530680.htm (eingesehen am 28.04.16).

LIU, Cheng/YU, Zhenzhen/SWITA, Gan, Non-compete clauses in JV contracts – An analysis from the perspective of the PRC Anti-monopoly Law, http://www.chinalawinsight.com/2013/08/articles/corporate/non-compete-clauses-in-jv-contracts-an-analysis-from-the-perspective-of-the-prc-anti-monopoly-law/ (eingesehen am 31.03.16).

LIU, Jinrong/HU, Yun (刘劲容/胡韵), Analyse der Neubildung der Gemeinschaftsunternehmen zur Anmeldung der Zusammenschlüsse (新设合营企业的经营者集中申报分析), http://www.westlawchina.com/NewsLetter/view.php?id=94; http://www.glo.com.cn/content/details_13_323.html (eingesehen am 26.02.16).

LU, Wangli/WANG, Xianlin (陆万里/王先林), Wie kann das Anti-Monopolgesetz mit dem Schutz des geistigen Eigentumsrechts „umgehen“ (反垄断法与知识产权如何„相处“), http://www.saic.gov.cn/gzhd/zxft/fldyzscq/ (eingesehen am 31.03.16).

LUI, Brad/LEI, Ouyang, China’s MOFCOM Blocks P3 Alliance, http://www.mofo.com/~/media/Files/ClientAlert/140623MOFCOMP3Alliance.pdf (eingesehen am 31.03.16).

MARTH, Ryan W., Antitrust Treatment of Joint Ventures: Analyzing Competitor Collaborations, http://www.robinskaplan.com/resources/articles/

antitrust-treatment-of-joint-ventures-analyzing-competitor-collaborations (eingesehen am 02.10.16).

MARTINA, Michael/BATZ, Diane/FOO, Yunchee, Insight: Flexing antitrust muscle, China is a new merger hurdle, http://www.reuters.com/article/us-mergers-regulation-china-insight-idUSBRE94116920130502 (eingesehen am 31.03.16).

MEI, Xinyu (梅新育), Untersagung des Zusammenschlusses im Fall Coca-Cola und Huiyuan bedeutet keinen Handelsprotektionismus (不意味着中国在搞贸易保护主义), http://finance.sina.com.cn/g/20090318/16175993746.shtml (eingesehen am 31.03.16).

MOFCOM, Weltweiter Investitionsbericht 2016: Andauerndes Zuwachs der Investitionen in China, http://www.mofcom.gov.cn/article/i/dxfw/nbgz/201609/20160901399570.shtml (eingesehen am 15.03.17).

MULRENAN, Stephen, Storm in a juice cup, https://prospectmediadotnet.files.wordpress.com/2012/11/coca-cola-huiyuan-juice.pdf (eingesehen am 03.04.16).

MURIS, J. Timothy, The FTC-DOJ Clearance Process before the Antitrust Modernization Commission, http://govinfo.library.unt.edu/amc/commission_hearings/pdf/Muris_Statement.pdf (eingesehen am 20.10.16).

National People's Congress of the People's Republic of China („NPC") (全国人民代表大会), Beschluss des Arbeitsberichts des Ständigen Ausschusses des Nationalen Volkskongresses in der II. Versammlung des IX. Volkskongresses (第九届全国人民代表大会第二次会议关于全国人民代表大会常务委员会工作报告的决议), http://www.npc.gov.cn/wxzl/gongbao/2000-12/06/content_5007087.htm (eingesehen am 17.05.16).

National People's Congress of the People's Republic of China („NPC") (全国人民代表大会), Grundprinzipien des Anti-Monopolgesetzes: Diskussion über den Entwurf 2 (关于反垄断法的原则规定一分组审议反垄断法草案发言摘登2), http://www.npc.gov.cn/npc/zt/2007-06/29/content_368173.htm (eingesehen am 17.05.16).

NDRC, 11. Fünfjahres-Plan über die Nutzung ausländischer Investitionen (利用外资十一五规划), http://www.sdpc.gov.cn/zcfb/jd/200611/t20061111_101124.html (eingesehen am 15.03.17).

NING, Susan/JI, Kailun/YIN, Hazel, MOFCOM cleared Joint Venture between ARM, Giesecke & Devrient and Gemalto with Conditions, http://www.chinalawinsight.com/2013/01/articles/corporate/antitrust-competition/mofcom-cleared-joint-venture-between-arm-giesecke-devrient-and-gemalto-with-conditions/ (eingesehen am 31.03.16).

NING, Susan/JI, Kailun/YIN, Ranran, MOFCOM Imposed Conditions on SOEs – GE/Shenhua Deal, http://www.chinalawinsight.com/2011/11/articles/corporate/antitrust-competition/mofcom-imposed-conditions-on-soes-geshenhua-deal/ (eigesehen am 31.03.16).

NING, Susan/LIU, Jia/YIN, Hazel, MOFCOM Issued the Second Conditional Clearance on Joint Venture, http://www.chinalawinsight.com/2012/02/articles/corporate/antitrust-competition/mofcom-issued-the-second-conditional-clearance-on-joint-venture/ (eingesehen am 31.03.16).

NING, Xuanfeng/YIN, Ranran/WU, Han/WEI, Lingbo (宁宣凤/尹冉冉/吴涵/卫凌波), Ein Meilenstein im Prüfungsverfahren: Vorläufige Verordnung über Freigabe unter Bedingungen (经营者集中审查制度建设的重要进展：《关于经营者集中附加限制性条件的规定（试行）》), http://www.chinalawinsight.com/2015/01/articles/uncategorized/经营者集中审查制度建设的重要进展：《关于经营-2/ (eingesehen am 31.03.16).

NING, Xuanfeng/YIN, Ranran/ZHENG, Ziqing (宁宣凤/尹冉冉/郑孜青), Ein Meilenstein im vereinfachen Verfahren vom MOFCOM: Anwendungskriterien für einfache Fälle (商务部在简易程序制度建设上迈出的重要一步：实施简易案件适用标准), http://www.chinalawinsight.com/2014/03/articles/corporate/antitrust-competition/商务部在简易程序制度建设上迈出的重要一步：实/ (eingesehen am 30.03.16).

OHLHAUSEN, Maureen K., Nurturing Competition Regimes: Evaluation and Evolution, https://www.ftc.gov/public-statements/2013/07/nurturing-competition-regimes-evaluation-and-evolution (eingesehen am 30.03.16).

OWEN, Bruce M./SUN, Su/ZHENG, Wentong, Antitrust in China: The Problem of Incentive Compatibility, http://papers.ssrn.com/sol3/papers.cfm?abstract_id=595801 (eingesehen am 01.04.16).

People Com (人民网), Beschluss der KP über einige Fragen des Aufbaus der sozialistischen Marktwirtschaft (中共中央关于建立社会主义市场经济体制若干问题的决定), http://cpc.people.com.cn/GB/64162/134902/8092314.html (eingesehen am 19.02.17).

People Com (人民网), Beschluss der Reformation der Wirtschaftsstruktur (中共中央关于经济体制改革的决定), http://cpc.people.com.cn/GB/64162/64168/64565/65378/4429522.html (eingesehen am 26.05.16).

People Com (人民网), Historischer Punkt: Aufbau der sozialistischen Marktwirtschaft in China (历史节点：建立社会主义市场经济体制), http://cpc.people.com.cn/GB/104019/104740/8150356.html (eingesehen am 26.05.16).

Pressbüro vom MOFCOM (商务部新闻办公室), Arbeitsbericht im Jahr 2012 vom MOFCOM (商务部召开“2012年反垄断工作进展”专题新闻发布会), http://www.mofcom.gov.cn/aarticle/ae/slfw/201212/20121208504842.html (eingesehen am 31.03.16).

Pressbüro vom MOFCOM (商务部新闻办公室), 2014 Arbeitsbericht vom MOFCOM (19): Gewährleistung der fairen Marktordnung durch Anti-Monopolgesetz (2014年商务工作年终综述之十九：依法开展反垄断工作维护公平竞争的市场秩序), http://www.mofcom.gov.cn/article/ae/ai/201501/20150100882509.shtml (eingesehen am 30.03.16).

QIN, Shuo (秦朔), Sorgen um exzessive Kontrolle wegen der Untersagung des „Huiyuan Falls“ (汇源并购案遭否决引发过度控制担心), http://finance.sina.com.cn/chanjing/b/20090318/18375994186.shtml (eingesehen am 31.03.16).

QIN, Xudong (秦旭东), Drei Verordnungen zur Klärung der kartellrechtlichen Funktionen der SAIC (国家工商总局“三定”明确反垄断职责), http://www.caijing.com.cn/2008-07-25/100076411.html (eingesehen am 03.04.16).

REIMANN, Sebastian, Das P3-Puzzle und die Folgen, http://www.dvz.de/rubriken/seefracht/single-view/nachricht/das-p3-puzzle-und-die-folgen.html (eingesehen am 31.03.16).

REN, Qing (任清), Analyse der neu veröffentlichten Leitansichten über die Anmeldung von Unternehmenszusammenschlüssen vom MOFCOM (商务部最新修订《关于经营者集中申报的指导意见》解读), http://www.zhonglun.com/blog/cn/articles.aspx?article=110 (eingesehen am 30.03.16).

REN, Qing (任清), Vergleich des Investitionskatalogs zwischen V.2011 und V.2015 (《外商投资产业指导目录》2015年版和2011年版对照), http://opinion.caixin.com/2015-03-16/100791574.html (eingesehen am 29.03.16).

REN Qing/WU, Peng (任清/吴鹏), Auslegung der neuen Regelungen im Bereich des geistigen Eigentums: Aus der Perspektive der Compliance (解读知识产权领域反垄断新规：企业合规的视角), http://www.zhonglun.com/UpFile/20150429114736978.pdf (eingesehen am 31.03.16).

SACHS, Bärbel/SCHÄFFER, Johannes, Achtung, die Chinesen kommen, http://www.lto.de/recht/hintergruende/h/reform-aussenwirtschaftsrecht-verschaerft-awg-awv-usa-china-deutschland/ (eingesehen am 03.05.17).

SAIC, Kooperation zwischen SAIC und Wanxiang für die mit neuen Energien betriebenen Autos (上汽携手万向生产新能源客车), http://www.saiccapital.com/xwzx/41190.shtml (eingesehen am 28.10.16).

SCHMITZ-BAUERDICK, Frauke, VR China präsentiert neues Investitionsgesetz, http://www.gtai.de/GTAI/Navigation/DE/Trade/Recht-Zoll/Wirtschafts-und-steuerrecht/suche,t=vr-china-praesentiert-neues-investitionsgesetz,did=1163956.html (eingesehen am 29.03.16).

SOKOL, D. Daniel, China's Antimonopoly Law-One Year Down: Part 3. The AML As a Protectionist Tool?, http://lawprofessors.typepad.com/antitrustprof_blog/2009/12/chinas-antimonopoly-lawone-year-down-part-3-the-aml-as-a-protectionist-tool.html (eingesehen am 03.04.16).

SOKOL, D. Daniel, Merger Control under China's Anti-Monopoly Law, http://papers.ssrn.com/sol3/papers.cfm?abstract_id=2207690 (eingesehen am 03.04.16).

SONG, Yue (宋玥), Regeln zum Verhalten des Wettbewerbsausschlusses oder der Wettbewerbsbeschränkung (《反垄断法》对滥用知识产权排除、限制竞争行为的规制以及工商机关有关配套规章制定情况), http://www.

euchinacomp.org/attachments/article/466/CN/SONG_a.pdf (eingesehen am 31.03.16).

SUN, Miao (孙淼), Anti-Monopolprüfung und Praxis (经营者集中反垄断审查制度与实务), http://www.euchinacomp.org/attachments/article/100/PPT%207%20Sunmiao-CN.pdf (eingesehen am 30.03.16).

USCBC US-China Business Council, Merger Reviews Rejected or Modified by MOFCOM (2008 – present), https://www.uschina.org/sites/default/files/USCBC%20-%20Merger%20Reviews%20Rejected%20or%20Modified%20by%20MOFCOM,%202008-present%20--%20ao%202015.01.12.pdf (eingesehen am 31.03.16).

von JACOBS, Nikolaus/ENDERS, Germar, Gastbeitrag Recht: Die Investitionsprüfung des BMWi beim Erwerb inländischer Unternehmen durch ausländische Investoren, http://www.dmfin.com/aktuelles/gastbeitrag-recht-investitionspruefung/ (eingesehen am 03.05.16).

von Wistinghausen, Christian, Chinas Auslandsinvestitionen, http://blog.bblaw.com/chinas-auslandsinvestitionen/ (eingesehen am 03.05.16).

WANG, Xianlin (王先林), Gleichgewicht zwischen Schutz des geistigen Eigentumsrechts und Anti-Monopolgesetz (保护知识产权与反垄断之间的平衡), http://www.euchinacomp.org/attachments/article/327/2.1.3-Wang%20xianlin-保护知识产权与反垄断之间的平衡.pdf (eingesehen am 30.03.16).

WANG, Xianlin (王先林), Zwei Probleme bei der Gesetzgebung des Anti-Monopolgesetzes im Rahmen des Eintritts Chinas der WTO ("入世"背景下制定我国反垄断法的两个问题), http://old.civillaw.com.cn/Article/default.asp?id=15267 (eingesehen am 30.03.16).

WANG, Xiaoye (王晓晔), Anti-Monopolgesetz – Meilenstein in der Reform des chinesischen Wirtschaftssystems (反垄断法—中国经济体制改革的里程碑), http://finance.people.com.cn/GB/72020/75725/105929/6415931.html (eingesehen am 30.03.16).

WANG, Xiaoye (王晓晔), Einige Fragen über die chinesische Antimonopolbehörde (关于我国反垄断执法机构的几个问题), http://www.iolaw.org.cn/showarticle.asp?id=2048 (eingesehen am 30.03.16).

WANG, Xiaoye (王晓晔), Schwerpunkte im chinesischen Anti-Monopolgesetz (中国反垄断法的难题), http://www.iolaw.org.cn/shownews.asp?id=6830 (eingesehen am 29.03.16).

WANG, Xiaoye (王晓晔), WTO fördert Gesetzgebung des Anti-Monopolgesetzes (入世催生中国反垄断法), http://www.iolaw.org.cn/shownews.asp?id=242 (eingesehen am 30.03.16)

WANG, Xiaoye (王晓晔), Überwachung des Missbrauches der öffentlichen Gewalt unter Anti-Monopolgesetz (公用企业滥用优势地位行为的法律管制), http://www.iolaw.org.cn/showNews.aspx?id=11792 (eingesehen am 03.04.16).

WANG, Zhile (王志乐), Huiyuan wird mit einer Strategieveränderung konfrontiert. (汇源重新做出战略调整迫在眉睫), http://finance.sina.com.cn/chanjing/b/20090318/17345994018.shtml (eingesehen am 31.03.16).

WEI, Michael/MUNROE, Tony, China scuttles Coke's bid for juice maker, http://uk.reuters.com/article/2009/03/18/uk-huiyuan-cocacola-idUKTRE52H29K20090318 (eingesehen am 03.04.16).

WU, Lihua (吴丽华), Entschlüsselung der Antimonopolkommission (解密反垄断委员), http://finance.sina.com.cn/g/20070901/00383937488.shtml (eingesehen am 30.03.16).

VIGDOR, William R/WILSON, Hannah C/WALLMUTH, Daniel T, Joint Venture Analysis under United States Antitrust Law, http://www.velaw.com/uploadedfiles/vesite/resources/jointventureanalysisunitedstatesantitrustlaw.pdf (eingesehen am 02.10.16).

XIAO, Liming (肖黎明), Missbrauch der geistigen Eigentumsrechte durch multinationale Konzerne (反垄断法剑指跨国公司知识产权滥用), http://www.npc.gov.cn/npc/zt/2007-09/03/content_371387.htm (eingesehen am 29.03.16).

Xinhuanet (新华网), Die 3. Plenartagung des 11. Zentralkomitees der Kommunistischen Partei Chinas (1978) (中共十一届三中全会1978年), http://news.xinhuanet.com/ziliao/2003-01/20/content_697755.htm (eingesehen am 03.04.16).

XPCHA (汉语词典在线查询), Bedeutung von Jueding (决定的含义), http://cidian.xpcha.com/d27698aairp.html; http://cidian.xpcha.com/aa6608aais1.html (eingesehen am 19.03.17).

XPCHA (汉语词典在线查询), Bedeutung von Kongzhi (控制的含义), http://cidian.xpcha.com/8c56b8kxi3p.html (eingesehen am 19.03.17).

YAN, Ming (严明), Gemeinschaftsunternehmen im Rahmen der europäischen Fusionskontrolle und Aufschluss über ein gleiches Regime in China (欧盟对合营企业的反垄断规制及其对我国的借鉴意义), http://cdmd.cnki.com.cn/Article/CDMD-10053-1011114788.htm (eingesehen am 28.04.16).

YANG, Tingting (杨婷婷), Fragen der Gemeinschaftsunternehmen unter AMG (企业合营行为的反垄断法规制研究), http://www.360lunwenku.com/thesis-130998.html (eingesehen am 28.04.16).

YU, Xia, China's MOFCOM Rejects Maersk's P3 Alliance, http://www.hg.org/article.asp?id=32948 (eingesehen am 31.03.16).

YU, Yan (俞燕), Auslegung der Exon-Florio Klausel in den USA (美国Exon-Florio条款研究), http://cdmd.cnki.com.cn/Article/CDMD-10053-2006081669.htm (eingesehen am 31.03.16).

ZENG, Xiong (曾雄), Studie nach Anti-Monopolregelungen bei Gemeinschaftsunternehmen (合营企业的反垄断规制研究), http://wap.cnki.net/lunwen-1014046066.html (eingesehen am 08.04.16).

ZHANG, Chenyang, Gesamtkonzeption und Entwicklung der Gesetzgebung des Antimonopolrechts in China, http://www.kas.de/wf/de/33.4917/ (eingesehen am 29.03.16).

ZHANG, Guodong (张国栋), Diskussion über die Anwendungskriterien und -Probleme für einfache Fälle (关于经营者集中简易案件标准及其适用问题的探讨), http://hk.lexiscnweb.com/china_legal_review/view_article.php?clr_id=85&clr_article_id=1038 (eingesehen am 30.03.16).

ZHANG, Xinzhu/ZHANG, Vanessa Yanhua, China's Merger Control Policy: Patterns of new developments, https://www.competitionpolicyinternational.com/assets/Free/cpiasiaantitrust1-1.pdf (eingesehen am 30.03.16).

ZHOU, Fay/CHENG, Yuan/FLANAGAN, Ronan, MOFCOM issues second ever prohibition decision and publishes new merger notification guidance., https://www.google.de/url?sa=t&rct=j&q=&esrc=s&source=web&cd=10&ved=0ahUKEwje552rwNnJAhVEjCwKHVmdC3sQFghqMAk&url=http%3A%2F%2Fwww.linklaters.com%2Fpdfs%2Fmkt%2Fbeijing%2FLatest_MOFCOM_Developments_Alert_June_2014.pdf&usg=AFQjCNGuhc6vT4BxQPg-IyjngI5dDppC1A&bvm=bv.109910813,d.bGQ&cad=rjt (eingesehen am 31.03.16).

ZHOU, Liang/ZHENG, Wenjie (周亮/郑雯洁), Überlegung des Zusammenschlussfalls Coca-Cola - Huiyuan: Darstellung der Heranziehung der Interessen in der Anti-Monopolprüfung (论我国企业并购反垄断审查中的利益考量一关于可口可乐并购汇源案的法律思考), http://qiduojun.csu.edu.cn/shichangguizhifa/1025.html (eingesehen am 06.04.16).

ZHOU, Zhaofeng (周照峰), Analyse der Entscheidung vom MOFCOM und der Europäischen Kommission im Fall ARM, G&D und Gemalto (评中国商务部和欧盟委员会对安谋公司、捷德公司和金雅拓公司组建合营企业的经营者集中的决定), https://hk.lexiscnweb.com/clr/view_article.php?clr_id=73&clr_article_id=919 (eingesehen am 19.10.16).

ZOU, Shengwen/SUN, Yubo/ZHANG, Zongtang (邹声文/孙玉波/张宗堂), Der Antrag auf Überprüfung des Entwurfs des Anti-Monopolgesetzes lässt die „Wirtschaftsverfassung" in den Prozess der Gesetzgebung eintreten. (反垄断法草案提请审议„经济宪法"步入立法程序), http://www.npc.gov.cn/npc/xinwen/lfgz/lfdt/2006-06/26/content_349912.htm (eingesehen am 03.04.16).

Rechtsvorschriftenverzeichnis

1. Europa

Bekanntmachung der Kommission Leitlinien über den Begriff der Beeinträchtigung des zwischenstaatlichen Handels in den Artikeln 81 und 82 des Vertrags („Leitlinien über den Begriff der Beeinträchtigung des zwischenstaatlichen Handels”)	2004/C 101/07 ABl. C 101 vom 27.04.2004	http://eur-lex.europa.eu/legal-content/DE/TXT/PDF/?uri=CELEX:52004XC0427(06)&from=DE	zuletzt aufgerufen: am 29.03.2016
Bekanntmachung der Kommission Leitlinien zur Anwendung von Artikel 101 Absatz 3 AEUV (ex-Artikel 81 Absatz 3 EG-Vertrag) („Leitlinien zur Anwendung von Artikel 101 Absatz 3 AEUV“)	2004/C 101/08 ABl. C 101 vom 27.04.2004	http://eur-lex.europa.eu/legal-content/DE/TXT/HTML/?uri=URISERV:l26114&from=DE	zuletzt aufgerufen: am 29.03.2016
Bekanntmachung der Kommission über Einschränkungen des Wettbewerbs, die mit der Durchführung von Unternehmenszusammenschlüssen unmittelbar verbunden und für diese notwendig sind („Bekanntmachung zu Nebenabreden“)	2005/C 56/03 ABl. C 56 vom 05.03.2005	http://eur-lex.europa.eu/LexUriServ/LexUriServ.do?uri=OJ:C:2005:056:0024:0031:DE:PDF	zuletzt aufgerufen: am 31.03.2016

Bekanntmachung der Kommission über Vereinbarungen von geringer Bedeutung, die den Wettbewerb gemäß Artikel 81 Absatz 1 des Vertrags zur Gründung der Europäischen Gemeinschaft nicht spürbar beschränken („De-Minimis-Bekanntmachung")	2001/C 368/07 ABl. C 368 vom 22.12.2001	http://eur-lex.europa.eu/legal-content/DE/TXT/PDF/?uri=CELEX:52001XC1222(03)&from=DE	zuletzt aufgerufen: am 30.03.2016
Berichtigung der Konsolidierten Mitteilung der Kommission zu Zuständigkeitsfragen gemäß der Verordnung (EG) Nr. 139/2004 des Rates über die Kontrolle von Unternehmenszusammenschlüssen („Konsolidierte Mitteilung zu Zuständigkeitsfragen")	2009/C 43/09 ABl. C 95 vom 16.04.2008	http://eur-lex.europa.eu/legal-content/DE/ALL/?uri=CELEX%3A52008XC0416(08)R(01)	zuletzt aufgerufen: am 30.03.2016
Durchführungsverordnung (EU) Nr. 1269/2013 der Kommission vom 5. Dezember 2013 zur Änderung der Verordnung (EG) Nr. 802/2004 zur Durchführung der Verordnung (EG) Nr. 139/2004 des Rates über die Kontrolle von Unternehmenszusammenschlüssen („Durchführungsverordnung (EU) Nr. 1269/2013")	ABl. L 336 vom 14.12.2013	http://eur-lex.europa.eu/legal-content/DE/TXT/?uri=CELEX%3A32013R1269	zuletzt aufgerufen: am 29.03.2016
Grünbuch über die Revision der Verordnung (EWG) Nr. 4064/89 des Rates	KOM (2001) 745/6 vom 11.12.2001	https://www.google.de/url?sa=t&rct=j&q=&esrc=s&source=web&cd=1&cad=rja&uact=8&ved=0ahUKEwj0gp_mv4bNAhXG5xoKHeDdD9AQFggcMAA&url=https%3A%2F%2Fwww.uni-goettingen.de%2Fde%2F	zuletzt aufgerufen: am 01.06.2016

		document%2Fdownload%2F2fff47b19853388b36ec4b68a7ae462c.pdf%2FGruenbuch%25202001.pdf&usg=AFQjCNE4ITduspboshkyBjevTVUjldpB5g&bvm=bv.123325700,d.bGs	
Leitlinien für vertikale Beschränkungen („Vertikal-Leitlinien“)	2010/C 130/01 ABl. C 130 vom 19.05.2010	http://eur-lex.europa.eu/LexUriServ/LexUriServ.do?uri=OJ:C:2010:130:0001:0046:DE:PDF	zuletzt aufgerufen: am 31.03.2016
Leitlinien zur Anwendbarkeit von Artikel 101 des Vertrags über die Arbeitsweise der Europäischen Union Vereinbarungen über horizontale Zusammenarbeit („Horizontal-Leitlinien“)	2011/C 11/01 ABl. C 11 vom 14.01.2011	http://eur-lex.europa.eu/legal-content/DE/TXT/?uri=celex:52011XC0114(04)	zuletzt aufgerufen: am 31.03.2016
Leitlinien zur Bewertung horizontaler Zusammenschlüsse gemäß der Ratsverordnung über die Kontrolle von Unternehmenszusammenschlüssen („Leitlinien zur Bewertung horizontaler Zusammenschlüsse“)	2004/C 31/03 ABl. C 31 vom 05.02.2004	http://eur-lex.europa.eu/LexUriServ/LexUriServ.do?uri=OJ:C:2004:031:0005:0018:de:PDF	zuletzt aufgerufen: am 29.03.2016
Leitlinien zur Bewertung nichthorizontaler Zusammenschlüsse gemäß der Ratsverordnung über die Kontrolle von Unternehmenszusammenschlüssen („Leitlinien zur Bewertung nichthorizontaler Zusammenschlüsse“)	2008/C 265/07 ABl. C 265 vom 18.10.2008	http://eur-lex.europa.eu/legal-content/DE/TXT/?qid=1459274580739&uri=CELEX:52008XC1018(03)	zuletzt aufgerufen: am 29.03.2016

Mitteilung der Kommission über nach der Verordnung (EG) Nr. 139/2004 des Rates und der Verordnung (EG) Nr. 802/2004 der Kommission zulässige Abhilfemaßnahmen („Mitteilung zu Abhilfemaßnahmen“)	2008/C 267/01 ABl. C 267 vom 22.10.2008	http://eur-lex.europa.eu/LexUriServ/LexUriServ.do?uri=OJ:C:2008:267:0001:0027:DE:PDF	zuletzt aufgerufen: am 30.03.2016
Terms of Reference of the EU-China Competition Policy Dialogue	erlassen am 06.05.2004	http://ec.europa.eu/competition/international/bilateral/china_tor_en.pdf	zuletzt aufgerufen: am 30.03.2016
Verordnung (EWG) Nr. 4064/89 des Rates vom 21. Dezember 1989 über die Kontrolle von Unternehmenszusammenschlüssen („Verordnung (EWG) Nr. 4064/89“)	ABl. L 395 vom 30.12.1989 ABl. L 257 vom 21.09.1990 (korrigierte Fassung)	http://eur-lex.europa.eu/legal-content/DE/TXT/?uri=URISERV%3Al26046 http://eur-lex.europa.eu/legal-content/DE/TXT/?uri=URISERV%3Al26046	zuletzt aufgerufen: am 29.03.2016
Verordnung (EG) Nr. 1310/97 des Rates vom 30. Juni 1997 zur Änderung der Verordnung (EWG) Nr. 4064/89 des Rates über die Kontrolle von Unternehmenszusammenschlüssen („Verordnung (EG) Nr. 1310/97“)	ABl. L 180 vom 09.07.1997	http://eur-lex.europa.eu/legal-content/DE/TXT/HTML/?uri=URISERV:l26046&from=DE	zuletzt aufgerufen: am 29.03.2016
Verordnung (EG) Nr. 1/2003 des Rates vom 16. Dezember 2002 zur Durchführung der in den Artikeln 81 und 82 des Vertrags niedergelegten Wettbewerbsregeln („Verordnung (EG) Nr. 1/2003“)	ABl. L 1 vom 04.01.2003	http://eur-lex.europa.eu/legal-content/DE/TXT/PDF/?uri=CELEX:32003R0001&from=DE	zuletzt aufgerufen: am 29.03.2016

Verordnung (EG) Nr. 139/2004 des Rates vom 20. Januar 2004 über die Kontrolle von Unternehmenszusammenschlüssen („Verordnung (EG) Nr. 139/2004“)	ABl. L 24 vom 29.01.2004	http://eur-lex.europa.eu/legal-content/de/ALL/?uri=CELEX%3A32004R0139	zuletzt aufgerufen: am 29.03.2016
Verordnung (EG) Nr. 802/2004 der Kommission vom 21. April 2004 zur Durchführung der Verordnung (EG) Nr. 139/2004 des Rates über die Kontrolle von Unternehmenszusammenschlüssen („Verordnung (EG) Nr. 802/2004“)	ABl. L 133 vom 30.04.2004	http://eur-lex.europa.eu/LexUriServ/LexUriServ.do?uri=CONSLEG:2004R0802:20070101:DE:PDF	zuletzt aufgerufen: am 29.03.2016
Verordnung (EG) Nr. 1033/2008 der Kommission vom 20. Oktober 2008 zur Änderung der Verordnung (EG) Nr. 802/2004 zur Durchführung der Verordnung (EG) Nr. 139/2004 des Rates über die Kontrolle von Unternehmenszusammenschlüssen („Verordnung (EG) Nr. 1033/2008“)	ABl. L 279 vom 22.10.2008	http://eur-lex.europa.eu/LexUriServ/LexUriServ.do?uri=OJ:L:2008:279:0003:0012:DE:PDF	zuletzt aufgerufen: am 29.03.2016
Verordnung (EU) Nr. 330/2010 der Kommission vom 20. April 2010 über die Anwendung von Artikel 101 Absatz 3 des Vertrags über die Arbeitsweise der Europäischen Union auf Gruppen von vertikalen Vereinbarungen und abgestimmten Verhaltensweise („Vertikal-GVO“)	ABl. L 102 vom 23.04.2010	http://eur-lex.europa.eu/legal-content/DE/TXT/?uri=celex:32010R0330	zuletzt aufgerufen: am 29.03.2016

Verordnung (EU) Nr. 1217/2010 der Kommission vom 14. Dezember 2010 über die Anwendung von Artikel 101 Absatz 3 des Vertrags über die Arbeitsweise der Europäischen Union auf bestimmte Gruppen von Vereinbarungen über Forschung und Entwicklung („F&E-GVO“)	ABl. L 335 vom 18.12.2010	http://eur-lex.europa.eu/legal-content/DE/TXT/?uri=celex:32010R1217	zuletzt aufgerufen: am 29.03.2016
Verordnung (EU) Nr. 1218/2010 der Kommission vom 14. Dezember 2010 über die Anwendung von Artikel 101 Absatz 3 des Vertrags über die Arbeitsweise der Europäischen Union auf bestimmte Gruppen von Spezialisierungsvereinbarungen („SPEZ-GVO“)	ABl. L 335 vom 18.12.2010	http://eur-lex.europa.eu/legal-content/DE/TXT/?uri=celex:32010R1218	zuletzt aufgerufen: am 29.03.2016
Vertrag über die Arbeitsweise der Europäischen Union („AEUV“)	2012/C 326/01 ABl. C 326 vom 26.10.2012 (Konsolidierte Fassung)	http://eur-lex.europa.eu/legal-content/DE/TXT/?uri=celex%3A12012E%2FTXT	zuletzt aufgerufen: am 29.03.2016

2. Deutschland

Außenwirtschaftsgesetz („AWG“)	http://www.gesetze-im-internet.de/awg_2013/ BGBl. I 1482 v. 13.06.2013	zuletzt aufgerufen: am 03.05.2017
Außenwirtschaftsverordnung („AWV“)	http://www.gesetze-im-internet.de/awv_2013/ BGBl. I 2865 v. 02.08.2013	zuletzt aufgerufen: am 03.05.2017
Gesetz gegen Wettbewerbsbeschränkungen („GWB“)	http://www.gesetze-im-internet.de/gwb/ BGBl. I 1750, 3245 v. 26.06.2013 BGBl. I 872 v. 13.04.2017	zuletzt aufgerufen: am 03.05.2017

3. Großbritannien

Limited Liability Partnerships Act 2000	http://www.legislation.gov.uk/ukpga/2000/12	zuletzt aufgerufen: am 27.10.2016

4. die USA

Antitrust Guidelines for Collaboration Among Competitors	https://www.ftc.gov/sites/default/files/documents/public_events/joint-venture-hearings-antitrust-guidelines-collaboration-among-competitors/ftcdojguidelines-2.pdf	zuletzt aufgerufen: am 25.10.2016
Clayton Act	https://www.justice.gov/atr/file/761131/download	zuletzt aufgerufen: am 20.10.2016

Federal Trade Commission Act („FTCA")	https://www.ftc.gov/sites/default/files/documents/statutes/federal-trade-commission-act/ftc_act_incorporatingus_safe_web_act.pdf	zuletzt aufgerufen: am 20.10.2016
Horizontal Merger Guidelines	https://www.ftc.gov/sites/default/files/attachments/merger-review/100819hmg.pdf	zuletzt aufgerufen: am 25.10.2016
Protocol for Coordination in Merger Investigations between the Federal Enforcement Agencies and State Attorneys General	https://www.ftc.gov/tips-advice/competition-guidance/merger-investigations	zuletzt aufgerufen: am 20.10.2016
Sherman Antitrust Act („Sherman Act")	https://www.justice.gov/atr/file/761131/download	zuletzt aufgerufen: am 20.10.2016

5. Festlandchina

Anmeldungsformular für die Unternehmenszusammenschlüsse 经营者集中反垄断审查申报表	veröffentlicht am 6. Juni 2012 vom Handelsministerium (Ministry of Commerce, „MOFCOM“), in Kraft getreten seit dem $1$2 $4 $6	Chinesische Fassung: http://fldj.mofcom.gov.cn/article/zcfb/201206/20120608166903.shtml; http://xzsw.mofcom.gov.cn/upload/attach/20150915/42971442286583388.pdf Englische Fassung: http://www.zhonglun.com/UpFile/File/201206121011281858.pdf	zuletzt aufgerufen: am 31.03.2016
Antimonopolgesetz der Volksrepublik China („AMG“) 中华人民共和国反垄断法	erlassen am 30. August 2007, in Kraft getreten seit dem 1. August 2008 Amtsblatt des Staatsrates (国务院公报) 2007, Nr. 30	Chinesische Fassung: http://www.gov.cn/flfg/2007-08/30/content_732591.htm Deutsche Fassung: Frank Münzel (Hrsg.), Chinas Recht 30.8.07/1, http://www.chinas-recht.de/070830.htm	zuletzt aufgerufen: am 25.02.2016
Ausländisches Investitionsrecht (Meinungseinholungsentwurf) 中华人民共和国外国投资法（草案征求意见稿）	veröffentlicht am 19. Januar 2015 vom MOFCOM	Chinesische Fassung: http://tfs.mofcom.gov.cn/article/as/201501/20150100871010.shtml Englische Fassung: http://www.zhonglun.com/UpFile/File/201503131526215691.pdf Deutsche Fassung: Zinser, Rebecka/Pißler, Knut Benjamin, ZChinR 2015 Heft 3, S. 285–317	zuletzt aufgerufen: am 29.03.2016
Außenhandelsrecht 中华人民共和国对外贸易法	veröffentlicht am 6. April 2004, in Kraft getreten seit dem 1. Juli 2004 Amtsblatt des Staatsrates (国务院公报) 2004, Nr. 17	Chinesische Fassung: http://www.npc.gov.cn/wxzl/gongbao/2004-07/23/content_5335694.htm Englische Fassung: http://www3.customs.gov.cn/publish/portal0/tab637/module18166/info38427.htm	zuletzt aufgerufen: am 15.03.2017

Bestimmungen über die Hauptamtspflichten, die Organisationsstruktur und den Personalstellenplan des Handelsministeriums 国务院办公厅关于印发商务部主要职责内设机构和人员编制的通知	veröffentlicht am 22. November 2006 vom Staatsrat	Chinesische Fassung: http://www.gov.cn/fwxx/bw/swb/content_449804.htm	zuletzt aufgerufen: am 30.03.2016
Bestimmungen über die Hauptamtspflichten, die Organisationsstruktur und den Personalstellenplan der Staatlichen Entwicklungs- und Reformkommission 国务院办公厅关于印发国家发展和改革委员会 主要职责内设机构和人员编制规定的通知	veröffentlicht am 25. April 2003 vom Staatsrat	Chinesische Fassung: http://www.gov.cn/zwgk/2005-08/12/content_22099.htm	zuletzt aufgerufen: am 30.03.2016
Bestimmungen über die Hauptamtspflichten, die Organisationsstruktur und den Personalstellenplan des Staatlichen Verwaltungsamtes für Industrie und Handel 国家工商行政管理总局主要职责内设机构和人员编制规定	veröffentlicht am 26. Juli 2008 vom Staatsrat	Chinesische Fassung: http://www.gov.cn/gzdt/2008-07/26/content_1056531.htm	zuletzt aufgerufen: am 30.03.2016

Bestimmungen zum Anteilserwerb an inländischen Unternehmen durch ausländische Unternehmen 关于外国投资者并购境内企业的规定	zuletzt geändert am $1$2 $4 $6, im Jahr 2003 erst veröffentlicht als die Vorläufigen Bestimmungen zum Anteilserwerb an inländischen Unternehmen durch ausländische Unternehmen unter der Leitung von dem MOFCOM, der Staatlichen Behörde für Industrie und Wirtschaft u. a. (insgesamt 6 Ministerien)	Chinesische Fassung: http://www.mofcom.gov.cn/aarticle/b/c/200608/20060802839585.html; http://www.mofcom.gov.cn/article/b/f/200907/20090706416939.shtml Englische Fassung: http://www.flguwen.com/news_xx.asp?id=13661	zuletzt aufgerufen: am 30.03.2016
Bestimmungen zur Bekämpfung von Preiskartellen 反价格垄断规定	erlassen am 29. Dezember 2010 von der Staatlichen Kommission für Entwicklung und Reform (National Development and Reform Commission, „NDRC“), in Kraft getreten seit dem 1. Februar 2011	Chinesische Fassung: http://www.sdpc.gov.cn/fzgggz/jgjdyfld/fjgld/201402/t20140228_588563.html Englische Fassung: http://www.troutmansanders.com/ndrc-anti-pricing-monopoly-regulations-ndrc-order-7---7-02-02-2011/	zuletzt aufgerufen: am 30.03.2016
Contractual Joint Venture-Gesetz („CJV-Gesetz“) 中华人民共和国中外合作经营企业法	erlassen am 13. April 1988, zuletzt geändert am 3. September 2016, veröffentlicht am 6. September 2016 Amtsblatt des Staatsrates (国务院公报) 1988, Nr. 11, S. 372 ff.	Chinesische Fassung: http://www.npc.gov.cn/npc/xinwen/2016-09/06/content_1997112.htm	zuletzt aufgerufen: am 26.02.2017

Durchsetzungsverordnung über die Staatssicherheitsprüfung hinsichtlich der Übernahme der einheimischen Unternehmen durch ausländische Investoren 商务部实施外国投资者并购境内企业安全审查制度的规定	erlassen am 25. August 2011 vom MOFCOM, in Kraft getreten seit dem 1. September 2011	Chinesische Fassung: http://www.mofcom.gov.cn/article/b/g/201111/20111107822052.shtml Englische Fassung: https://www.morganlewis.com/pubs/guobanfa2011no6_02march11.pdf	zuletzt aufgerufen: am 29.03.2016
Durchführungsverordnung zum Contractual Joint Venture-Gesetz 中华人民共和国中外合作经营企业法实施细则	erlassen am 7. August 1995 vom Staatsrat, veröffentlicht am 4. September 1995, zuletzt geändert am 19. Februar 2014, in Kraft getreten seit dem 1. März 2014	Chinesische Fassung: http://www.mofcom.gov.cn/article/swfg/swfgbl/201101/20110107351598.shtml	zuletzt aufgerufen: am 29.03.2016
Durchführungsverordnung zum Equity Joint Venture-Gesetz 中华人民共和国中外合资经营企业法实施条例	erlassen am 20. September 1983 vom Staatsrat, zuletzt geändert am 19. Februar 2014, in Kraft getreten seit dem 1. März 2014	Chinesische Fassung: http://www.gov.cn/zwgk/2014-02/28/content_2625736.htm; http://www.gov.cn/gongbao/content/2011/content_1860719.htm Englische Fassung: http://www.360docs.net/doc/info-ff5ea04480eb6294dd886ce1.html	zuletzt aufgerufen: am 29.03.2016
Durchführungsverordnung zum Wholly Foreign Owned Enterprise-Gesetz 中华人民共和国外资企业法实施细则	erlassen am 28. Oktober 1990 vom Staatsrat, veröffentlicht am 12. Dezember 1990, zuletzt geändert am 19. Februar 2014, in Kraft getreten seit dem 1. März 2014	Chinesische Fassung: http://www.gov.cn/gongbao/content/2001/content_70329.htm; http://www.gov.cn/zwgk/2014-02/28/content_2625736.htm	zuletzt aufgerufen: am 29.03.2016
Einstweilige Leitansichten zur Anmeldung der einfachen Fälle 关于经营者集中简易案件申报的指导意见（试行）	veröffentlicht am 18. April 2014 vom MOFCOM	Chinesische Fassung: http://fldj.mofcom.gov.cn/article/i/201404/20140400555353.shtml	zuletzt aufgerufen: am 30.03.2016

Einstweilige Regelungen zur Festsetzung der Kriterien für einfache Fälle 关于经营者集中简易案件适用标准的暂行规定	erlassen am 11. Februar 2014 vom MOFCOM, in Kraft getreten seit dem 12. Februar 2014	Chinesische Fassung: http://www.mofcom.gov.cn/article/b/c/201402/20140200487038.shtml Englische Fassung: http://www.jonesday.com/files/upload/ATalerts/MOFCOM%20Simple%20Cases%20rules%20EN.pdf	zuletzt aufgerufen: am 30.03.2016
Equity Joint Venture-Gesetz („EJV-Gesetz“) 中华人民共和国中外合资经营企业法	erlassen am 1. Juli 1979, zuletzt geändert am 3. September 2016, veröffentlicht am 6. September 2016 Amtsblatt des Staatsrates (国务院公报) 2001, Nr. 14	Chinesische Fassung: http://www.npc.gov.cn/npc/xinwen/2016-09/06/content_1997113.htm	zuletzt aufgerufen: am 26.02.2017
Gesellschaftsgesetz 中华人民共和国公司法	erlassen am 29. Dezember 1993, zuletzt geändert am 28. Dezember 2013, in Kraft getreten seit dem 1. März 2014 Amtsblatt des Staatsrates (国务院公报) 1993, Nr. 30, S. 1414 ff.	Chinesische Fassung: http://www.saic.gov.cn/zcfg/fl/xxb/201402/t20140227_142232.html Deutsche Fassung: Pißler, Knut Benjamin, ZChinR 2014 Heft 3, S. 254–300	zuletzt aufgerufen: am 30.03.2016
Gesetz gegen den unlauteren Wettbewerb („UWG“) 中国人民共和国反不正当竞争法	erlassen am 2. September 1993, in Kraft getreten seit dem 1. Dezember 1993 Amtsblatt des Staatsrates (国务院公报) 1993, Nr. 21, S. 983 ff.	Chinesische Fassung: http://www.npc.gov.cn/wxzl/wxzl/2000-12/05/content_4600.htm Deutsche Fassung: Münzel, Frank, GRUR Int. 1994, S. 1001–1004	zuletzt aufgerufen: am 25.02.2016
Gesetz über die Nationalsicherheit 中华人民共和国国家安全法	erlassen am und in Kraft getreten seit dem $1$2 $4 $6	Chinesische Fassung: http://www.npc.gov.cn/npc/xinwen/2015-07/07/content_1941161.htm	zuletzt aufgerufen: am 26.03.2017

Gesetz über Partnerschaftsunternehmen 中华人民共和国合伙企业法	erlassen am 23. Februar 1997, zuletzt geändert am 27. August 2006, in Kraft getreten seit dem 1. June 2007 Amtsblatt des Staatsrates (国务院公报) 1997, Nr. 6, S. 214 ff.	Chinesische Fassung: http://www.gov.cn/flfg/2006-08/28/content_371399.htm Englische Fassung: http://www.chinalawedu.com/new/23223a23228a2011/2011617lifei155124.shtml Deutsche Fassung: Münzel, Frank, ZChinR 2006, S. 407–425	zuletzt aufgerufen: am 13.10.2016
Investitionslenkungskatalog 2015 外商投资产业指导目录（2015 年修订）	in Kraft getreten seit dem 10. April 2015 von der NDRC und dem MOFCOM	Chinesische Fassung: http://www.sdpc.gov.cn/zcfb/zcfbl/201503/W020150402620481787669.pdf; http://www.mofcom.gov.cn/article/b/c/201503/20150300911747.shtml; http://images.mofcom.gov.cn/wzs/201503/20150317134821983.pdf	zuletzt aufgerufen: am 25.02.2016
Justizauslegung des Zivilprozessrechts des Obersten Volksgerichts 最高人民法院关于适用《中华人民共和国民事诉讼法》的解释	veröffentlicht am 30. Januar 2015 vom Obersten Volksgericht, in Kraft getreten seit dem 4. Februar 2015	Chinesische Fassung: http://www.chinacourt.org/law/detail/2015/01/id/148091.shtml	zuletzt aufgerufen: am 16.03.2016
Leitansichten des monopolisierten Verhaltens mittels des Missbrauches des geistigen Eigentums (Entwurf) 《关于滥用知识产权的反垄断指南》（征求意见稿）公开征求意见	veröffentlicht am 31. Dezember 2015 von der NDRC	Chinesische Fassung: http://www.sdpc.gov.cn/gzdt/201512/t20151231_770313.html	zuletzt aufgerufen: am 30.03.2016
Leitansichten über die Anmeldung von Unternehmenszusammenschlüssen 关于经营者集中申报的指导意见	veröffentlicht am 6. Juni 2014 vom MOFCOM	Chinesische Fassung: http://fldj.mofcom.gov.cn/article/i/201406/20140600614679.shtml	zuletzt aufgerufen: am 25.02.2016
Leitansichten über die Standardisierung des Fallnamen von Unternehmenszusammenschlüssen 关于规范经营者集中案件申报名称的指导意见	erlassen am und in Kraft getreten seit dem 6. Februar 2015 vom MOFCOM	Chinesische Fassung: http://fldj.mofcom.gov.cn/article/i/201502/20150200891361.shtml	zuletzt aufgerufen: am 30.03.2016

Leitlinien für die Dienstleistungserbringung im Zuge der Anti-Monopolprüfung von Unternehmenszusammenschlüssen 经营者集中反垄断审查服务指南	Keine Angabe über das Datum des Inkrafttretens, veröffentlicht vom MOFCOM	Chinesische Fassung: http://egov.mofcom.gov.cn/xzxk/bszn2016/18012.pdf	zuletzt aufgerufen: am 03.05.2017
Leitlinien zur Abgrenzung des relevanten Marktes 国务院反垄断委员会 关于相关市场界定的指南	erlassen am 24. Mai 2009 von der Anti-Monopolkommission des Staatsrates	Chinesische Fassung: http://www.gov.cn/zwhd/2009-07/07/content_1355288.htm Deutsche Fassung: Masseli, Markus, Handbuch chinesische Fusionskontrolle, S. 310–318	zuletzt aufgerufen: am 30.03.2016
Methode zur Anmeldung von Unternehmenszusammenschlüssen 经营者集中申报办法	erlassen am 21. November 2009 vom MOFCOM, in Kraft getreten seit dem 1. Januar 2010	Chinesische Fassung: http://fldj.mofcom.gov.cn/article/c/200911/20091106639149.shtml Deutsche Fassung: Masseli, Markus, Handbuch chinesische Fusionskontrolle, S. 297–303	zuletzt aufgerufen: am 30.03.2016
Methode zur Prüfung von Unternehmenszusammenschlüssen 经营者集中审查办法	erlassen am 24. November 2009 vom MOFCOM, in Kraft getreten seit dem 1. Januar 2010	Chinesische Fassung: http://fldj.mofcom.gov.cn/article/c/200911/20091106639145.shtml Deutsche Fassung: Masseli, Markus, Handbuch chinesische Fusionskontrolle, S. 304–309	zuletzt aufgerufen: am 30.03.2016
Mitteilung zur Einrichtung der Staatssicherheitsprüfung für die Übernahme der einheimischen Unternehmen durch ausländische Investoren 国务院办公厅关于建立外国投资者并购境内企业安全审查制度的通知	veröffentlicht am 3. Februar 2011vom Staatsrat	Chinesische Fassung: http://www.gov.cn/zwgk/2011-02/12/content_1802467.htm Englische Fassung: http://www.jonesday.com/files/upload/PRC%20State%20Council%20NSR%20Notice.pdf	zuletzt aufgerufen: am 30.03.2016

Preisgesetz der Volksrepublik China („PreisG“) 中华人民共和国价格法	erlassen am 29. Dezember 1997, in Kraft getreten seit dem 1. Mai 1998 Amtsblatt des Staatsrates (国务院公报) 1997, Nr. 39, S. 1670 ff.	Chinesische Fassung: http://www.gov.cn/banshi/2005-09/12/content_69757.htm Deutsche Fassung: Frank Münzel (Hrsg.), Chinas Recht 29.12.97/1, http://www.chinas-recht.de/inhalt.htm	zuletzt aufgerufen: am 29.03.2016
Regelungen der Veränderung der Anteile an Unternehmen mit ausländischen Anlegern 外商投资企业投资者股权变更的若干规定	erlassen am und in Kraft getreten seit dem 25. März 2002 von der Staatlichen Verwaltungskommission für Industrie und Handel (State Administration for Industry and Commerce, „SAIC“)	Chinesische Fassung: http://www.saic.gov.cn/zcfg/xzgzjgfxwj/200203/t20020325_46276.html	zuletzt aufgerufen: am 30.03.2016
Regelungen über die Übernahme von börsennotierten Unternehmen 上市公司收购管理办法	zuletzt geändert am 7. Juli 2014 von Staatlichem Regulierungsorgan (China Securities Regulatory Commission, „CSRC“)	Chinesische Fassung: http://www.csrc.gov.cn/pub/newsite/flb/flfg/bmgz/ssl/201402/t20140217_243966.html; http://www.csrc.gov.cn/pub/zjhpublic/zjh/201410/t20141024_262338.htm	zuletzt aufgerufen: am 30.03.2016
Regelungen zur Umsatzermittlung für die Anmeldung von Unternehmenszusammenschlüssen in Finanzsektoren 金融业经营者集中申报营业额计算办法	erlassen am 15. Juli 2009 von dem MOFCOM, der Chinesischen Volksbank (People's Bank of China, „PBC“), der Bankenaufsicht Chinas (China Banking Regulatory Commission, „CBRC“), dem CSRC und der Versicherungsaufsichtsbehörde (China Insurance Regulatory Commission, „CIRC“), in Kraft getreten seit dem 15. August 2009	Chinesische Fassung: http://www.mofcom.gov.cn/article/swfg/swfgbl/gz/201304/20130400104366.shtml Deutsche Fassung: Masseli, Markus, Handbuch chinesische Fusionskontrolle, S. 294–296	zuletzt aufgerufen: am 30.03.2016

Verfahrensbestimmungen über Ermittlung und Handhabung der Sachverhalte bezüglich der Monopolvereinbarungen und des Marktmachtmissbrauches 工商行政管理机关查处垄断协议、滥用市场支配地位案件程序规定	erlassen am 5. June 2009 von der SAIC, in Kraft getreten seit dem 1. Juli 2009	Chinesische Fassung: http://www.saic.gov.cn/zwgk/zyfb/qt/fld/200906/t20090605_61123.html Englische Fassung: http://www.jonesday.com/files/upload/SAIC_PR_2.pdf	zuletzt aufgerufen: am 30.03.2016
Verfassungsrecht 中华人民共和国宪法	erlassen am 4. Dezember 1982, zuletzt geändert am 14. März 2004 Amtsblatt des Staatsrates (国务院公报) 1982, Nr. 20, S. 851 ff.	Chinesische Fassung: http://www.gov.cn/gongbao/content/2004/content_62714.htm Englische Fassung: http://e-chaupak.net/database/chicon/2004/2004.pdf	zuletzt aufgerufen: am 25.02.2016
Verordnung des Missbrauches des geistigen Eigentums zur Beschränkung oder Eliminierung des Wettbewerbs 关于禁止滥用知识产权排除、限制竞争行为的规定	erlassen am 7. April 2015 von der SAIC, in Kraft getreten seit dem 1. August 2015	Chinesische & Englische Fassung: http://www.saic.gov.cn/zwgk/zyfb/zjl/fld/201504/t20150413_155103.html	zuletzt aufgerufen: am 30.03.2016
Verordnung über die Schwellenwerte zur Anmeldung der geplanten Konzentrationstransaktion 国务院关于经营者集中申报标准的规定	erlassen am 1. August 2008 vom Staatsrat, in Kraft getreten seit dem 3. August 2008	Chinesische Fassung: http://www.gov.cn/zwgk/2008-08/04/content_1063769.htm Deutsche Fassung: Masseli, Markus, ZChinR 2009 Heft 1, S. 44–45	zuletzt aufgerufen: am 30.03.2016
Verwaltungsprozessgesetz („VPG“) 中华人民共和国行政诉讼法	erlassen am 4. April 1989, in Kraft getreten seit dem 1. Oktober 1990, zuletzt geändert am 1. November 2014	Chinesische Fassung: http://www.spp.gov.cn/sscx/201502/t20150217_91466.shtml Deutsche Fassung: Sprick, Daniel/Chen, Ming-Lung, ZChinR 2015 Heft 4, S. 384–404	zuletzt aufgerufen: am 03.05.2017

Verwaltungswiderspruchsgesetz („VWG“) 中华人民共和国行政复议法	erlassen am 29. April 1999, in Kraft getreten seit dem 1. Oktober 1999, zuletzt geändert am 27. August 2009	Chinesische Fassung: http://law.npc.gov.cn/FLFG/flfgByID.action?flfgID=34882090&showDetailType=QW&zlsxid=01 Englisch Fassung: https://wenku.baidu.com/view/d286e4f9910ef12d2af9e709.html?re=view	zuletzt aufgerufen: am 03.05.2017
Vorläufige Bekanntmachung zur Entfaltung und zum Schutz sozialistischen Wettbewerbs 关于开展和保护社会主义竞争的暂行规定	erlassen am 17. Oktober 1980 vom Staatsrat	Chinesische Fassung: http://finance.sina.com.cn/g/20050418/12411526820.shtml	zuletzt aufgerufen: am 15.04.2016
Vorläufige Bestimmungen für die unternehmerische Verbindung zur Förderung der Wirtschaft 关于推动经济联合的暂行规定	veröffentlicht am 14. August 1980 vom Staatsrat	Chinesische Fassung: http://www.gov.cn/gongbao/shuju/1980/gwyb198008.pdf	zuletzt aufgerufen: am 15.04.2016
Vorläufige Bestimmungen zur Bekämpfung von Preiskartellen 制止价格垄断行为暂行规定	erlassen am 18. Juni 2003 von der NDRC, in Kraft getreten am 1. November 2003 und außer Kraft seit dem 1. Februar 2011	Chinesische Fassung: http://www.sdpc.gov.cn/zcfb/zcfbl/200506/t20050613_6683.html Deutsche Fassung: Frank Münzel (Hrsg.), Chinas Recht 18.6.03/1, http://www.chinas-recht.de/inhalt.htm	zuletzt aufgerufen: am 30.03.2016
Vorläufige Bestimmungen zur Beurteilung der Effekte der Unternehmenszusammenschlüsse 关于评估经营者集中竞争影响的暂行规定	erlassen am 29. August 2011 vom MOFCOM, in Kraft getreten seit dem 5. September 2011	Chinesische Fassung: http://fldj.mofcom.gov.cn/article/c/201109/20110907723357.shtml Englische Fassung: http://www.jonesday.com/files/upload/09-22-11%20Alert%20Attachment.pdf	zuletzt aufgerufen: am 30.03.2016

Vorläufige Bestimmungen zur Übernahme der staatlich organisierten Kleinunternehmen 关于出售国有小型企业产权的暂行办法	erlassen am 19. Februar 1989 von dem Finanzministerium, der Staatlichen Verwaltung des Staatsvermögens und der Staatlichen Kommission für die strukturelle Umgestaltung der Wirtschaft	Chinesische Fassung: http://www.cqjy.lf.cn/pub/2005-9/2005930154056.htm	zuletzt aufgerufen: am 30.03.2016
Vorläufige Methode für die Anmeldung von Unternehmenszusammenschlüssen (Entwurf zur Konsultation) 关于公开征求对《经营者集中申报暂行办法（征求意见稿）》意见的通知	veröffentlicht am 20. Januar 2009 vom MOFCOM	Chinesische Fassung: http://fldj.mofcom.gov.cn/article/zcfb/200901/20090106011461.shtml Deutsche Fassung: Masseli, Markus, ZChinR 2009 Heft 1, S. 68–73	zuletzt aufgerufen: am 30.03.2016
Vorläufige Verordnung über Freigabe unter beschränkenden Bedingungen 关于经营者集中附加限制性条件的规定（试行）	erlassen am 4. Dezember 2014 vom MOFCOM, in Kraft getreten seit dem 5. Januar 2015	Chinesische Fassung: http://www.mofcom.gov.cn/article/b/fwzl/201412/20141200835207.shtml	zuletzt aufgerufen: am 30.03.2016
Wertpapierrecht 中华人民共和国证券法	erlassen am 29. Dezember 1998, zuletzt geändert am 31. August 2014 Amtsblatt des Staatsrates (国务院公报) 2004, Nr. 34	Chinesische Fassung: http://www.sac.net.cn/flgz/flfg/201501/t20150107_115050.html	zuletzt aufgerufen: am 30.03.2016
Wholly Foreign Owned Enterprise-Gesetz („WFOE-Gesetz“) 中华人民共和国外资企业法	erlassen am 12. April 1986, zuletzt geändert am 3. September 2016, veröffentlicht am 6. September 2016 Amtsblatt des Staatsrates (国务院公报) 1986, Nr. 12, S. 411 ff.	Chinesische Fassung: http://www.npc.gov.cn/npc/xinwen/2016-09/06/content_1997114.htm	zuletzt aufgerufen: am 26.02.2017

Zivilrecht 中华人民共和国民法通则	erlassen am 12. April 1986, revidiert am 27. August 2007 Amtsblatt des Staatsrates (国务院公报) 1986, Nr. 12, S. 371 ff.	Chinesische Fassung: http://www.npc.gov.cn/npc/lfzt/rlys/2014-10/28/content_1883354.htm Deutsche Fassung: Frank Münzel (Hrsg.), Chinas Recht 12.4.86/1, http://www.chinas-recht.de/zivilrecht.htm	zuletzt aufgerufen: am 13.10.2016

6. Hongkong

The (New) Companies Ordinance 香港公司条例	veröffentlicht am 10. August 2012	Englische Fassung: http://www.cr.gov.hk/en/companies_ordinance/companies_ordinance.htm	zuletzt aufgerufen: am 20.10.2016

Entscheidungsverzeichnis

Anti-Monopolbüro vom MOFCOM (商务部反垄断局)
Liste der freigestellten Zusammenschlüsse ohne Beschränkungen im 1. Quartal 2015 (2015年第一季度无条件批准经营者集中案件列表)
Abrufbar unter: http://fldj.mofcom.gov.cn/article/zcfb/201504/20150400932418.shtml (eingesehen am 31.03.2016)

Anti-Monopolbüro vom MOFCOM (商务部反垄断局)
Liste der freigestellten Zusammenschlüsse ohne Beschränkungen im 2. Quartal 2015 (2015年第二季度无条件批准经营者集中案件列表)
Abrufbar unter: http://fldj.mofcom.gov.cn/article/zcfb/201507/20150701034930.shtml (eingesehen am 31.03.2016)

Anti-Monopolbüro vom MOFCOM (商务部反垄断局)
Liste der freigestellten Zusammenschlüsse ohne Beschränkungen im 3. Quartal 2015 (2015年第三季度无条件批准经营者集中案件列表)
Abrufbar unter: http://fldj.mofcom.gov.cn/article/zcfb/201510/20151001128985.shtml (eingesehen am 31.03.2016)

Anti-Monopolbüro vom MOFCOM (商务部反垄断局)
Liste der freigestellten Zusammenschlüsse ohne Beschränkungen im 4. Quartal 2015 (2015年第四季度无条件批准经营者集中案件列表)
Abrufbar unter: http://fldj.mofcom.gov.cn/article/zcfb/201601/20160101230538.shtml (eingesehen am 31.03.2016)

Anti-Monopolbüro vom MOFCOM (商务部反垄断局)
Liste der freigestellten Zusammenschlüsse ohne Beschränkungen im 2. Quartal 2016 (2016年第二季度无条件批准经营者集中案件列表)
Abrufbar unter: http://fldj.mofcom.gov.cn/article/zcfb/201607/20160701353023.shtml (eingesehen am 28.10.2016)

Anti-Monopolbüro vom MOFCOM (商务部反垄断局)
Statistiken der freigestellten Zusammenschlüsse ohne Beschränkungen bis 30. September 2012 (经营者集中反垄断审查无条件批准案件信息统计情况)
Abrufbar unter: http://fldj.mofcom.gov.cn/article/zcfb/201211/20121108437868.shtml (eingesehen am 31.03.2016)

Australian Competition & Consumer Commission („ACCC“)
ACCC opposes Coca Cola's proposed fruit juice acquisition
Abrufbar unter: http://www.accc.gov.au/media-release/accc-opposes-coca-colas-proposed-fruit-juice-acquisition (eingesehen am 31.03.2016)

Federal Maritime Commission Newsroom „FMC“
Commissioner William P. Doyle Votes on P3 Network Vessel Sharing Agreement
Abrufbar unter: http://www.fmc.gov/commissioner_doyle_vote_on_p3_agreement/ (eingesehen am 29.03.16)

Federal Maritime Commission Newsroom „FMC“
P3 Agreement Clears FMC Regulatory Review
Abrufbar unter: http://www.fmc.gov/NR14-06/ (eingesehen am 27.10.16)

Federal Maritime Commission Newsroom „FMC“
P3 Network Vessel Sharing Agreement
Abrufbar unter: http://www2.fmc.gov/agreement_lib/012230-000-P.pdf (eingesehen am 28.10.16)

Fusionskontrollentscheidung des chinesischen Handelsministeriums im Fall InBev und Anheuser-Busch (中华人民共和国商务部公告2008年第95号)
Abrufbar unter: http://www.mofcom.gov.cn/article/b/c/200811/20081105899353.shtml (eingesehen am 26.02.2016)
Deutsche Fassung: Masseli, Markus, Handbuch chinesische Fusionskontrolle, S. 339–340

Fusionskontrollentscheidung des chinesischen Handelsministeriums im Fall Coca-Cola und Huiyuan (中华人民共和国商务部公告2009年第22号关于禁止可口可乐公司收购中国汇源公司审查决定的公告)
Abrufbar unter: http://fldj.mofcom.gov.cn/article/ztxx/200903/20090306108494.shtml (eingesehen am 26.02.2016)
Deutsche Fassung: Masseli, Markus, Handbuch chinesische Fusionskontrolle, S. 341–344

Fusionskontrollentscheidung des chinesischen Handelsministeriums im Fall Mitsubishi Rayon und Lucite (中华人民共和国商务部公告2009年第28号)
Abrufbar unter: http://fldj.mofcom.gov.cn/article/ztxx/200904/20090406198805.shtml (eingesehen am 26.02.2016)
Deutsche Fassung: Masseli, Markus, Handbuch chinesische Fusionskontrolle, S. 345–350

Fusionskontrollentscheidung des chinesischen Handelsministeriums im Fall GM und Delphi (中华人民共和国商务部公告2009年第76号)
Abrufbar unter: http://fldj.mofcom.gov.cn/article/ztxx/200909/20090906540211.shtml (eingesehen am 26.02.2016)
Deutsche Fassung: Masseli, Markus, Handbuch chinesische Fusionskontrolle, S. 351–356

Fusionskontrollentscheidung des chinesischen Handelsministeriums im Fall Pfizer und Wyeth (中华人民共和国商务部公告2009第77号关于附条件批准辉瑞公司收购惠氏公司反垄断审查决定的公告)
Abrufbar unter: http://fldj.mofcom.gov.cn/article/ztxx/200909/20090906541443.shtml (eingesehen am 26.02.2016)
Deutsche Fassung: Masseli, Markus, Handbuch chinesische Fusionskontrolle, S. 357–361

Fusionskontrollentscheidung des chinesischen Handelsministeriums im Fall Sanyo und Panasonic (中华人民共和国商务部2009年第82号公告关于附条件批准松下公司收购三洋公司反垄断审查决定的公告)
Abrufbar unter: http://fldj.mofcom.gov.cn/article/ztxx/200910/20091006593175.shtml (eingesehen am 26.02.2016)
Deutsche Fassung: Masseli, Markus, Handbuch chinesische Fusionskontrolle, S. 362–369

Fusionskontrollentscheidung des chinesischen Handelsministeriums im Fall Novartis und Alcon (中华人民共和国商务部公告2010年第53号关于附条件批准诺华股份公司收购爱尔康公司反垄断审查决定的公告)
Abrufbar unter: http://www.mofcom.gov.cn/article/b/c/201008/20100807080645.shtml (eingesehen am 26.02.2016)
Deutsche Fassung: Masseli, Markus, Handbuch chinesische Fusionskontrolle, S. 370–375

Fusionskontrollentscheidung des chinesischen Handelsministeriums im Fall Uralkali und Silvinit (中华人民共和国商务部2011第33号公告关于附条件批准乌拉尔开放型股份公司吸收合并谢尔维尼特开放型股份公司反垄断审查决定的公告)
Abrufbar unter: http://fldj.mofcom.gov.cn/article/ztxx/201106/20110607583288.shtml
Englische Version: http://www.jonesday.com/files/upload/06-13-2011%20Alert%20Attachment.pdf (eingesehen am 26.02.2016)

Fusionskontrollentscheidung des chinesischen Handelsministeriums im Fall Alpha V und Savio (中华人民共和国商务部公告2011年第73号关于附条件批准佩内洛普有限责任公司收购萨维奥纺织机械股份有限公司反垄断审查决定的公告)
Abrufbar unter: http://www.mofcom.gov.cn/article/b/c/201111/20111107810069.shtml
Englische Version: http://www.jonesday.com/files/upload/11-22-11_Alert_Attachment1.pdf (eingesehen am 26.02.2016)

Fusionskontrollentscheidung des chinesischen Handelsministeriums im Fall GE und Shenhua (中华人民共和国商务部公告2011年第74号关于附条件批准通用电气（中国）有限公司与中国神华煤制油化工有限公司设立合营企业反垄断审查决定的公告)
Abrufbar unter: http://fldj.mofcom.gov.cn/article/ztxx/201111/20111107855595.shtml
Englische Version: http://www.jonesday.com/files/upload/11-22-11_Alert_Attachment2.pdf (eingesehen am 26.02.2016)

Fusionskontrollentscheidung des chinesischen Handelsministeriums im Fall Seagate und Samsung (中华人民共和国商务部公告2011年第90号关于附条件批准希捷科技公司收购三星电子有限公司硬盘驱动器业务反垄断审查决定的公告)
Abrufbar unter: http://fldj.mofcom.gov.cn/article/ztxx/201112/20111207874274.shtml
Englische Version: http://www.linklaters.com/pdfs/mkt/beijing/11_MOFCOM_decision_on_Samsung_v_Seagate_ENG.pdf (eingesehen am 26.02.2016)
(中华人民共和国商务部公告2015年第43号关于变更希捷科技公司收购三星电子有限公司硬盘驱动器业务经营者集中限制性条件的公告)
Abrufbar unter: http://fldj.mofcom.gov.cn/article/ztxx/201510/20151001144105.shtml
Englische Version: http://english.mofcom.gov.cn/article/policyrelease/buwei/201510/20151001148014.shtml (eingesehen am 26.02.2016)

Fusionskontrollentscheidung des chinesischen Handelsministeriums im Fall Henkel und Tiande (中华人民共和国商务部公告2012年第6号关于附加限制性条件批准汉高香港与天德化工组建合营企业经营者集中反垄断审查决定的公告)
Abrufbar unter: http://fldj.mofcom.gov.cn/article/ztxx/201202/20120207960466.shtml
Englische Version: http://english.mofcom.gov.cn/article/policyrelease/domesticpolicy/201203/20120308033072.shtml (eingesehen am 26.02.2016)

Fusionskontrollentscheidung des chinesischen Handelsministeriums im Fall Westen Digital und Hitachi (中华人民共和国商务部公告2012年第9号关于附加限制性条件批准西部数据收购日立存储经营者集中反垄断审查决定的公告)
Abrufbar unter: http://fldj.mofcom.gov.cn/article/ztxx/201203/20120307993758.shtml
Englische Version: http://www.linklaters.com/pdfs/mkt/london/MOFCOM_West_DigitvHitachi_ENG.pdf (eingesehen am 26.02.2016)
(中华人民共和国商务部公告2015年第41号关于变更西部数据收购日立存储经营者集中限制性条件的公告)
Abrufbar unter: http://fldj.mofcom.gov.cn/article/ztxx/201510/20151001139040.shtml
Englische Version: http://english.mofcom.gov.cn/article/policyrelease/buwei/201510/20151001148009.shtml (eingesehen am 26.02.2016)

Fusionskontrollentscheidung des chinesischen Handelsministeriums im Fall Google und Motorola (中华人民共和国商务部公告2012年第25号关于附加限制性条件批准谷歌收购摩托罗拉移动经营者集中反垄断审查决定的公告)
Abrufbar unter: http://fldj.mofcom.gov.cn/article/ztxx/201205/20120508134324.shtml
Englische Version: http://english.mofcom.gov.cn/article/policyrelease/domesticpolicy/201206/20120608199125.shtml (eingesehen am 26.02.2016)
(中华人民共和国商务部公告2015年第2号关于解除谷歌收购摩托罗拉案部分义务的公告)
Abrufbar unter: http://fldj.mofcom.gov.cn/article/ztxx/201501/20150100862331.shtml (eingesehen am 26.02.2016)

Fusionskontrollentscheidung des chinesischen Handelsministeriums im Fall Wal-Mart und Niu Hai (中华人民共和国商务部公告2012年第49号关于附加限制性条件批准沃尔玛公司收购纽海控股33.6%股权经营者集中反垄断审查决定的公告)
Abrufbar unter: http://fldj.mofcom.gov.cn/article/ztxx/201303/20130300058730.shtml
Englische Version: http://english.mofcom.gov.cn/article/policyrelease/buwei/201209/20120908366994.shtml (eingesehen am 26.02.2016)

Fusionskontrollentscheidung des chinesischen Handelsministeriums im Fall ARM, G&D und Gemalto (中华人民共和国商务部公告2012年第87号关于附加限制性条件批准安谋公司、捷德公司和金雅拓公司组建合营企业经营者集中反垄断审查决定的公告)
Abrufbar unter: http://fldj.mofcom.gov.cn/aarticle/ztxx/201212/20121208469841.html (eingesehen am 26.02.2016)

Fusionskontrollentscheidung des chinesischen Handelsministeriums im Fall Thermo Fisher Scientific und Life Technologies (中华人民共和国商务部公告2014年第3号关于附加限制性条件批准赛默飞世尔科技公司收购立菲技术公司案经营者集中反垄断审查决定的公告)
Abrufbar unter: http://www.mofcom.gov.cn/article/b/e/201401/20140100463733.shtml (eingesehen am 11.04.2016)

Fusionskontrollentscheidung des chinesischen Handelsministeriums im Fall Microsoft und Nokia (中华人民共和国商务部公告2014年第24号关于附加限制性条件批准微软收购诺基亚设备和服务业务案经营者集中反垄断审查决定的公告)
Abrufbar unter: http://fldj.mofcom.gov.cn/article/ztxx/201404/20140400542415.shtml (eingesehen am 26.02.2016)

Fusionskontrollentscheidung des chinesischen Handelsministeriums im Fall Maersk, MSC und CMA CGM (中华人民共和国商务部公告2014年第46号关于禁止马士基、地中海航运、达飞设立网络中心经营者集中反垄断审查决定的公告)
Abrufbar unter: http://www.mofcom.gov.cn/article/b/c/201406/20140600628730.shtml
Englische Version: http://english.mofcom.gov.cn/article/policyrelease/buwei/201407/20140700663862.shtml (eingesehen am 26.02.2016)

Fusionskontrollentscheidung des chinesischen Handelsministeriums im Fall Corun, Toyota China, PEVE, Xinzhongyuan und Toyota Tsusho (中华人民共和国商务部公告2014年第49号关于附加限制性条件批准科力远、丰田中国、PEVE、新中源、丰田通商拟设立合营企业案经营者集中反垄断审查决定的公告)
Abrufbar unter: http://www.mofcom.gov.cn/article/b/c/201407/20140700648515.shtml (eingesehen am 26.02.2016)

Vereinfachter Fall des Erwerbs alleinigen Kontrolle von Rolls-Royce Holding (罗尔斯－罗伊斯控股公司（“罗尔斯－罗伊斯”）拟收购罗尔斯罗伊斯动力系统控股公司（“罗尔斯罗伊斯动力系统”）单独控制权)
Abrufbar unter: http://fldj.mofcom.gov.cn/article/jyzjzjyajgs/201405/20140500597172.shtml (eingesehen am 30.03.2016)